珍藏本
纪念版

汉译世界学术名著丛书

中世纪经济社会史

（300—1300年）

上册

〔美〕汤普逊 著

耿淡如 译

2017年 · 北京

James Westfall Thompson
ECONOMIC AND SOCIAL HISTORY OF THE MIDDLE AGES (300－1300)
D. Appleton-Century Company
printed in U. S. A. 1928
本书根据阿普尔顿世纪公司 1928 年版译出

汉译世界学术名著丛书
（120年纪念版·珍藏本）
出版说明

2017年2月11日，商务印书馆迎来120岁的生日。120年前，商务印书馆前贤怀揣文化救国的理想，抱持“昌明教育，开启民智”的使命，立足本土，放眼寰宇，以出版为津梁，沟通中西，为中国、为世界提供最富智慧的思想文化成果。无论世事白云苍狗，潮流左右激荡，甚至战火硝烟弥漫，始终践行学术报国之志，无改初心。

迻译世界各国学术名著，即其一端。早在20世纪初年便出版《原富》《天演论》等影响至今的代表性著作，1950年代后更致力于外国哲学和社会科学经典的译介，及至1980年代，辑为“汉译世界学术名著丛书”，汇涓为流，蔚为大观。丛书自1981年开始出版，历时三十余年，迄今已推出七百种，是我国现代出版史上规模最大、最为重要的学术翻译工程。

丛书所选之书，立场观点不囿于一派，学科领域不限于一门，皆为文明开启以来，各时代、各国家、各民族的思想与文化精粹，代表着人类已经到达过的精神境界。丛书系统译介世界学术经典，引领时代思想，为本土原创学术的发展提供丰富的文化滋养，为推动中国现代学术和现代化进程做出了突出的贡献。

为纪念商务印书馆成立120周年，我们整体推出“汉译世界学术名著丛书”120年纪念版的珍藏本，寄望既利于文化积累，又便于研读查考，同时向长期支持丛书出版的译者、编者和读者致以敬意。

两甲子后的今天，商务印书馆又站在了一个新的历史时间节点上。我们不仅要铭记先辈的身影和足迹，更须让我们的步伐充满新的时代精神。这是商务人代代相传的事业，更是与国家和民族的命运始终紧密相连的事业。我们责无旁贷，必须做好我们这代人的传承与创造，让我们的努力和成果不仅凝聚成民族文化的记忆，还能成为后来人可以接续的事业。唯此，才能不负前贤，无愧来者。

商务印书馆编辑部

2017年10月

中译本序言

汤普逊的《中世纪经济社会史》是一本在资产阶级史学界流行较广的书。它和另外两种资产阶级历史学者所写的中世纪经济社会史(即:比利时历史家庇伦所著的《欧洲中古经济社会史》和奥地利学者道普什所写的《欧洲文化的经济社会基础》)比较起来,在内容方面有显著的不同。庇伦对于中世纪城市起源问题,道普什对于中世纪初期德意志的经济发展问题,都有自成一家的论点。他们的这些唯心史观的论点,在资产阶级史学界中有很大影响。苏联学者对他们的错误观点曾予以有力的驳斥。汤普逊对于以上两种著作也不同意,但是他所不同意的只是他们处理问题的某些方法,而不是他们的立场观点(他和他们是站在同一立场,而且还吸取了他们的一部分主张)。汤普逊自称他所用的方法是"历史论述法",寓观点于叙述之中,而反对作出系统的解释、提出鲜明的论点(见本书"序言")。比如,关于罗马帝国灭亡这个重大问题,他既不同意以前历史家的各种解释,也没有专门论述自己的见解而只是叙述了罗马帝国瓦解的过程。他在另外一本著作《欧洲中世纪史导论》中,说出了他采取这种做法的原因。他写道:"[对于罗马帝国灭亡的原因,]历史家坦白地承认他不知道。他有时能够确定事实,有时甚至能看出症结所在,但是至于分析到历史事件的为什么,他是无能为力的。"(原书第 25 页)因此,汤普逊这部书的特点,

从表面看来，似乎只提供了比较丰富的历史事实，而没有提出什么论点。但是，汤普逊和庇伦、道普什一样，都是站在资产阶级立场，运用唯心主义方法来编写历史的，只是他的论点不像其他二人那样明显而已。至于对旧中国史学界的影响，汤普逊就比其他二人大得多。他所编的教本《西洋中古史》，新中国成立前曾有中文译本（陈受颐、梁茂修译，1940 年，长沙，商务印书馆版）。不少在美国曾听过他讲课的中国留学生，回国后在各大学任教，传播他的观点。他们所散布的影响，至今尚未完全清除。目前我国学术界正在党的领导下开展对资产阶级学术思想的批判。汤普逊《中世纪经济社会史》中文译本就可以作为批判对象之一，帮助我们了解在世界中世纪史这门学科中正在进行着的无产阶级历史学和资产阶级历史学的斗争；帮助我们识别哪些是马克思列宁主义的正确观点，哪些是资产阶级的错误观点，从而运用自己所掌握的历史唯物主义这个思想武器，来对这本资产阶级历史著作进行批判，从战斗中提高自己的理论水平，来清除现今还存在着的资产阶级学术思想的影响。

下边对本书作者的经历作一简单介绍，对于他的基本论点也提出一些初步意见，以供读者参考。

汤普逊(1869—1941)是美国比较著名的现代资产阶级中世纪史专家之一。他生于美国中部的爱荷华华州，1892 年毕业于罗格斯学院，(Rutgers College)1895 年毕业于芝加哥大学研究院，毕业以后一直到 1933 年在该校担任中世纪史的教学工作，晚年又在加利福尼亚大学任教。1941 年去世。他的主要著作有《法国宗教战争》(1909)，《德意志封建制度》(1928)，《中世纪经济社会史》

(1928),《中世纪晚期经济社会史》(1931),《西洋中古史》(1933),《中世纪史》(二册,1931),《欧洲中世纪史导论》(1937),《史学史》(二册,1942)等书。通过这些著作和长期的教学活动,他在美国中世纪史学界发生了一定的影响。

汤普逊研究历史的路线和他在芝加哥大学历史系的几个同事一样(如担任古代史的布莱斯提德,教近代史的施维尔和教美国史的惹内干等),都是属于所谓"新史学派"的。这个学派对历史研究的基本主张是把历史学的范围从传统的狭窄的政治军事史扩大到整个人类社会的各方面。在资产阶级历史学界中,这种主张是始于十九世纪末德国历史家兰普莱特(1856—1915)所提倡的"新史学"运动。经鲁滨孙(1863—1936)介绍到美国,而又加以重大的改变。兰普莱特以孔德的实证主义为主导思想,把德意志民族的历史发展(他称之为"精神生活")分为六个阶段,而企图发现它的规律。鲁滨孙则以詹姆斯和杜威的实用主义为主导思想,不承认人类历史发展是有规律性的,并且反对把历史分成若干发展阶段,不主张以某种学说来解释历史。而提倡"用历史来解释历史","为历史而历史"。汤普逊正是属于这一派的。尽管他在本书中也搜集了若干社会经济史料,也讲了一些经济发展和阶级斗争的历史事实,但是他所代表的资产阶级的经济社会史与马克思主义的唯物史观是背道而驰的。

汤普逊在本书的"序言"中声明,他反对把中世纪史看成是由神学思想支配的"宗教时期"这一陈腐观点。他认为当时的天主教会拥有庞大的物质利益,绝不是一个单纯的精神机构。他并且声称:"这本书的宗旨就在于叙述中世纪这些经济社会利益和活动的历史。”从这篇“序言”和全书的内容看来，汤普逊是承认社会经济的变革对历史发展是有影响的，而且也提供了一些史料。但是作者承认这一些，绝不等于作者就承认历史唯物主义。上面已经提到，汤普逊这派人根本否认历史发展是有规律性的，而是把人类历史看成是一连串偶然事件的发生过程，他所强调的“社会经济利益和活动”，也不过是一堆偶然事件中一部分历史现象而已。

再就本书的年代断限而论。汤普逊在本书中是把公元三百年至一千五百年间看作是中世纪时代的。为什么公元三百年是中世纪的开始，他在本书中并未交代。从他的叙述中也看不出公元三百年前和三百年后，究竟有什么显著的不同。在汤普逊的另外一部著作《欧洲中世纪史导论》中（1937 年，纽约，英文版，这是汤普逊所著的中世纪史最后的修订本）指出了他这样分期的理由。他写道：“到了三世纪末，所有促成罗马文化瓦解的神秘原因都开始出现了。……从某种意义上来说，罗马帝国在它存在的前三个世纪中已经走完了一个循环；现在就需要另外一个救世主，另外一个奥古斯都，来挽救它的命运。”（原书第 9 页）这个新的“救世主”既然没有出现，庞大的罗马帝国终于瓦解了。他在这书另外一个地方又把公元四百年至八百年时期看成是中世纪的形成时期。（原书第 2 页）

可见他把公元三百年左右（按罗马皇帝戴克里先去位于公元 305 年）作为中世纪的开端，主要是按政治上的表面现象，而不是从社会发展的阶段来划分的。他虽然对罗马帝国灭亡的原因没有明确地提出自己的主张，他还是有自己的看法的，那就是把罗马帝国的兴盛和衰亡，都归结于个人的作用。足见他虽然标榜要以“经济社会利益和活动”来叙述中世纪史，但是在他的心目中，对历史发展起着决定性作用的仍然是帝王将相，而不是人民群众。足见像汤普逊这样的资产阶级历史家口头上提倡“用历史来解释历史”，“为历史而历史”，俨然只有这一派的历史观是最客观的，实际上他们的资产阶级立场和形而上学的唯心主义的反动观点就包含在他们貌似客观的叙述之中了。顺便说一下，有人被他们这种资产阶级客观主义所迷惑，也跟着说什么历史学就是研究史料，历史学就是要以史料挂帅，而据此反对以马克思主义理论挂帅。殊不知资产阶级客观主义不过是一种伪装，他们正是用自己的“理论”挂帅的。我们主张论和史结合，必须充分地占有史料，仔细的研究史料，但是理论总是统帅。而且只有掌握马克思主义理论，才能正确地处理史料。

我们知道：马克思主义历史科学是以照社会发展阶段为历史分期的标准的。中世纪是封建主义在全世界绝大多数国家占统治地位的时期。汤普逊在本书中虽然也谈到封建主义，并且认为封建主义具有它的社会、经济特征，但是他和其他的资产阶级历史家一样，只是把封建制度看成是一种政治组织形式（见本书第九章），而不是把它看作一种社会形态和社会发展中的一个阶段。根据这个定义，他认为西欧的封建制度是从九世纪初法兰克帝国瓦解后开始的。但是作者又认为罗马帝国自四世纪以来农奴制已经占了上风。那么四世纪到九世纪之间，这个漫长的时期，究竟是什么社会性质呢？由此可见，尽管作者也用了不少篇幅论述封建制度（第九章、第二十六章），但是由于他的封建制度的概念是错误的，因此他的那些论述也是似是而非的。

汤普逊在本书中也经常提到阶级矛盾，但是同样由于概念的混乱，作者对于各个时代阶级斗争的性质是没有正确认识的。他把罗马帝国末年的奴隶、隶农起义和中世纪的农奴反抗运动混为一谈。更重要的是，作者对于阶级斗争对历史发展的作用一无所知，因此他在本书中虽然也提到一些人民起义，而对它们的影响却未能清楚地看出。正是由于这个原因，他和其他资产阶级历史家一样，对于重大的历史问题就得不出正确的解答。比如对于罗马帝国灭亡的问题，上面已经提到，他一方面以不可知论的态度，认为“历史家只能坦白地承认不知道”，对此“无能为力”，另一方面他在论述中，实际上是归结于个人作用的。而对于这样的重大历史事件，只有马克思主义才能作出科学的论断，那就是如《列宁主义万岁》一文中所说：“奴隶主并不是自己交出它的统治，它的统治是被长期的，反复的，绵延不断的奴隶革命所打垮的。”（《红旗》，1960年第8期，第18页）

本书名为《中世纪经济社会史》，顾名思义，本书内容应该包括中世纪各主要国家的经济社会史，但是汤普逊在本书中只叙述了西欧几个大国，而对于东欧方面只叙述了拜占廷帝国，其余国家则未涉及。这又是资产阶级学者另外一个荒谬的看法。现代西方资产阶级学者对于中世纪史的处理，大致仍是沿用十八世纪末英国历史家吉朋（又译吉本）在《罗马帝国衰亡史》中所搭起的架子。但是，吉朋处在资本主义上升时期，在当时理智主义思想的支配下，大胆揭露教会的愚昧、反动（该书第十五、十六章），在当时是有它的进步意义的。而且吉朋的主题是叙述罗马帝国衰亡的历史，因此对于东欧他只讲到拜占廷帝国的历史，这还是可以理解的。现代资产阶级历史家如汤普逊等，在叙述欧洲中世纪的历史时，对于东欧，除拜占廷帝国外，其他一概不讲，这就使人很难理解了。在中世纪时期，东欧方面的俄罗斯、波兰、捷克、保加利亚、塞尔维亚等国的生产水平和文化成就，绝不比西欧英、法、德、意等国低。而作者却把东欧各国看成是在欧洲历史上无足轻重的，认为只有西欧各大国才是欧洲文化的代表。这种极端错误的反动观点是为西方帝国主义侵略政策制造理论根据的。

汤普逊在本书中所体现的资产阶级传统历史学，和资产阶级其他学者的历史观点，在我们看来都是一丘之貉。但是在他们之间，还是有争吵的。有一批更露骨的反动历史学者就反对汤普逊这一派的史学观点，他们认为传统历史学所采用的考证方法和比较隐蔽的态度，未免过于烦琐迂腐，而主张公开地任意捏造历史，创立“体系”，以为垄断资本效劳，为帝国主义侵略政策辩护。如美国的哥拉斯，以前也写过几种关于经济史的著作。但是在他后来所写的《资本主义与企业史》一书中，竟把资本主义说成是自从有人类以来即已存在的永恒制度，把垄断资本家歌颂为历史的主人。又如英国的历史家汤因比在他的《历史研究》一书中，竟把西方以外的国家都说成是处在瓦解过程中的社会，并且无耻地宣称美帝国主义统一全世界是一种不可遏阻的趋势，以为美帝国主义妄想霸占全世界的企图制造理论根据。

汤普逊这本书是第一次世界大战后的产物。他还是运用了西方资产阶级历史学的传统方法进行编写的。我们对于他在本书中所提出的唯心主义的错误论点，应该加以批判。同时，也应该注意到，本书还搜集了不少资料。对他的整个体系要加以批判，对于书中的资料，经过审查之后，剔除其中不可靠的部分，对于其中可靠的部分，还是可以加以参考利用的。

齐 思 和

1961 年 6 月

目　　录

地 图 目 次

地图目次

前　言

本书是一部从经济社会史观角度所编写的中世纪史。它既不是一篇经济学的专题论文，也不是一部社会学的研究著作。我在全书中力图避免前一类著作中常有的空论，以及后一类作品中总括性的论断。我所用的方法，是一种历史的论述法，往往叙述即是论点的表达。为了本书不至过分冗长，我故意省略了中世纪英国的一部分，除非当时英国的事情有涉及欧陆的地方。因为英文中已有很多关于英国的著作，这项省略似乎是有理由的。

今天流行的一种“新中世纪主义”和百年前浪漫主义运动时期中所崇尚的“中世纪主义”迥然不同。由于经济社会史观的发展，我们已可看出：很多过去的历史曾被估价过低甚至估价错误。中世纪有时被称为“宗教时代”，因为在那些时代里教会拥有莫大势力而神学思想又长期占着上风。但是中世纪欧洲千千万万劳动人民所关心的，是求得生活资料，而他们的统治者所注意的，是从农业和工商业所产生的资财里面征取赋税。当时，教会也享有很大的物质利益，远不是一个单纯的精神机构。本书的宗旨，就在于叙述中世纪这些经济社会的利益和活动的历史。

按内容和形式说，本书是从实际课堂教学中产生的。真的，我在这里所提供的很多材料，是在“课堂讨论”中同我的学生们一起整理出来的。这样获得的知识和经验，我想会有助于别的教师以及我的班级以外的班级。由于本书所属丛书〔指《世纪历史丛书》——译者〕的体例的限制，我未能广泛地引证参考资料；为了稍稍弥补这项缺点，书末附有参考书目。但是，还应指出，本书的编写是依靠广泛阅览第一手资料，而非仅仅依靠第二手的权威作品，不论后者怎样重要。

本书所附地图，有些是由作者自己绘制，用以解释在现成地图册内找不到合适地图来说明的那些课文部分。绘制这些地图的用意，不是要使学生不用历史地图册，而是作为对这种地图册的补充。最合乎学生使用的，是威廉·R. 锡倍德教授所编制的《历史地图册》(纽约亨利·霍尔特公司出版)。它最近已有新版本。为了学生方便起见，若干章的开端附有脚注，指出应参考的适当地图。如欲作更充分的研究，《牛津历史地图册》(R. 兰-蒲尔主编)以及《剑桥中世纪史》(现已出版五卷)各卷所附地图可资查考。还应指出，巴门梯尔的《历史画册》第一卷(巴黎阿蒙·科林公司出版，1900 年)包括有中世纪生活的——关于农业、工业、商业、服装和风尚的出色插图。为了课堂内应用的目的，作者绘制了一幅大型挂图，由伊利诺伊州芝加哥城尼斯特洛姆公司出版(编号：M. M. 4，或 E. E. 15)。

我的妻子曾帮助我阅读校样，罗宾丝小姐曾帮助我编制索引，在此致谢。

詹姆斯·韦斯福耳·汤普逊

芝加哥大学

第一章　罗马帝国的盛衰*

我们应该略知罗马帝国的经济社会结构作为一个背景，因为罗马帝国不单单是中世纪的历史背景，而且罗马文明的残余大多渗入中世纪文明的成分里。罗马创造了十分广大而又深厚的一种文明，因此罗马国家虽然一去不复返了，罗马法、拉丁语、拉丁文学以及好多别的罗马文明却能保持下去，对世界发生影响。我们必须注意，不要认为罗马只是一个穷兵黩武的军事帝国，也不要认为罗马文明的扩展是单纯军权的结果和单纯军权的淫威。罗马帝国却是个从事建设工程的帝国。

罗马的广大公路系统在罗马帝国的商业发展上起着很大作用，可是海路的重要性也不次于陆路。地中海是罗马扩展中的不应忽视的地理因素。这个几乎风平浪静的海面把南欧、非洲和亚洲联系起来。欧洲海岸尤多港口。非洲和叙利亚海岸虽没有这样良好的供应，可是有一群大小岛屿在气候恶劣时期可供船只躲避之所，而且在贸易上也是经常有利的停泊港口。

从尼奥波利斯到亚历山大港需时十二天，从科林斯需时七天。从南高卢的那巴到非洲的航程，如遇到顺风，仅需五天；从塞提斯到亚历山大港则需六天。从以弗所到叙利亚的安提阿的陆路行程

* 地图：锡倍德(Shepherd)：《历史地图册》，第38—39页。

当然须花费一个月的时间。在帝国的初期，在各海面上都有罗马船舶往来航行。霍勒斯常提及大海上的漂泊商人；普林尼认为罗马的海上贸易是它的最重要的商业。皇帝克劳第乌斯对罗马的海上运输的贸易和造船事业深感兴趣。尼禄和图拉真曾改进奥斯替亚、安提阿姆、奇维塔-维奇亚、安科纳诸港口；安敦·庇护曾修理特拉西那港口，建造基泰的灯塔，并对普提奥利港口加以改进。在那里，太尔人有着一个"商站"，好多储栈、店铺和办事处，像在十字军时期意大利商业公司在利凡得所设的商埠那样。

现在我们还可看到有些流传下来的关于第三和第四世纪船夫行会的重要文献；当时这些团体在帝国的大部沿海城市中都可找到。它们主要被雇用于运入粮食，它们的经营和资本雄厚的商社相勾结着，而那些被禁止经商的罗马元老往往是这些公司的匿名股东。大伽图就是投资于这类企业的一个人。虽有风浪的危险——而在帝国成立之前还有海盗的危险——又没有保险制度，但是这类营业可获得很大的利润。当时，所用的船舶有很多类型，其中最著名的要算运云石的船只和运粮快船。在罗马，沿台伯河畔，在阿文丁山脚下排列着一长行用扶梯伸入河中的码头，在那里有大储栈、仓库、贮藏室、武器库，来保藏所有从已知的世界各地方运来的商品。罗马本土也有许多市场。公元前 184 年伽图曾建造第一所商品陈列所——商场——于公所[1]内，从那时起公所逐渐变为像纽约的百老汇[2]了。某些街衢专做某些商业，在罗马城内

① 公所在罗马城市的中央，用作大会场。——译者

② 是商业中心街。——译者

也有为经营各种工业和工艺而设立的地段。商品和样子间的陈列，当占用人行道的时候，毕竟成为一种讨厌的东西，所以多米蒂安加以禁止了。

在政府控制下的，甚至由政府专利的粮食贸易，是一种巨大而有厚利可图的事业。麦子从撒地尼亚、西西里、西班牙、非洲，尤其是从埃及输入，埃及每年供给两千万摩底[①]麦子。琉息安所描写的一只埃及运粮船"爱色斯"号有一百八十呎长，四十五呎阔，有三重甲板，载重一千五百七十五吨。每次所载的货物平均约值一万五千美元。当时有整个运粮船队，即亚历山大船队或亚历山大商船分队，它的船只定期开到马尔他、里吉安和西西里各码头。当运粮船到达鲍索里的时候，这消息马上传达到罗马城。除亚历山大船队之外，从科马杜斯（公元180—193年）时代起，另有非洲运粮船队、西班牙运粮船队和撒地尼亚运粮船队。所有这些运粮船只是由那些和政府签订合同的公司来管理的。我们知道一些有关这类合同的条件。在第四世纪亚历山大船只可得4%的利润，从非洲来的船只可得1%。可是实际上那利润是超过这一项数字的，因为政府供给造船木料而公司成员享有某种特权和免税权。因此，他们终于失掉独立性质而变成为服务公家的工具了。

罗马帝国的内河和沿海贸易虽不若海上贸易的重要，可是也很活跃。在帝国的早期，奥斯替亚港已淤塞，以致重载船舶不能越过沙滩进入。因而，在鲍索里用驳船来运送船货；那时鲍索里已变为罗马城的最重要港口。后来，克劳第乌斯开始在奥斯替亚建筑

① Modius是罗马的干量名，约合英国的两加仑。——译者

一个新港，后由图拉真完成。这港口叫做“港口”、“乌尔比斯港”、“奥古斯提港”。此后奥斯替亚旧港逐渐沉入沙泥中去。奥斯替亚港和后来的新“港口”都先后充满着卸货工人、秤手、计度员、挑夫、搬运夫、船匠、小贩、封印员、公证人，等等，另加上各色各样的商人，并有一个船夫行会叫做“科狄卡里”，垄断着台伯河上运输业。

罗马帝国内所有沿海和沿河城市，在商业上，是依照上述形式组织的。在里昂，船夫组织了一个著名的团体。它的成员在尼姆的圆形剧场里享有四排座位的权利，而且君士坦丁曾赐给他们武士的等级。在里昂还有两个控制罗尼河水上交通的团体，另有一个在梭恩河上。在各条可航行的河道上，也许都有类似的组织。据我们所知，高卢的都兰斯河和塞纳河、西班牙的埃布罗河和瓜达尔几维河、意大利的阿特里亚和佩斯奇亚拉、加达尔湖畔的里瓦、科摩湖、日内瓦湖、莱茵河以及卡尔斯堡的摩洛斯河畔的达谢，都有这种团体的存在。

所以，总括起来，那整个地中海区的统一对于工商业的发展，是大有裨益的。旧时的混乱情况逐步退减，而在帝国成立之后，商业情况有日益依循经济供求规律而自行调整的趋势，不再被政府的人为措施弄得混乱了。那些生产商品的地方，由于交换的方式，获得了由它们的自然的和制造的财富带给它们的重要地位。毫无疑问，那些富人穷奢极欲的风气也人为地刺激了某种商品的生产。现在，即使我们没有统计资料，尽管有这些不很均衡的状态，但我们可妥当地说，跟着帝国的成立，一种类似经济上的平衡力量占着上风，这力量并在第一和第二世纪中继续保持下去，这种情况使我们了解为什么在安敦时代结束以前罗马世界能享有那一般所承认的普遍繁荣。

公共建设不仅在罗马城内，而且也可以在各省的许多城市里看到；这些城市的遗迹迄今还有存在，可作为这种物质繁荣的有力证据。尼尔华和图拉真所设立的慈善院，由后任皇帝继续维持到第三世纪。至少在意大利，各城市必须登记生死事件，又在第三世纪，法律家阿尔匹安设计了一种死亡率表格。

在公元200年左右黄金时代已在衰落的时候，甚至基督教作家，如爱里尼阿斯和特图良一派人的写作，还证实了这个时代的繁荣景象。从特图良的笔下，我们可看到下面一段颂扬文字：

> 的确，只要放眼看一看世界，就可知道土地耕种日多，人丁日益兴旺。现在一切地方都可畅通，为人们所熟悉，便于商业的经营。现在使人愉快的田野已把一切荒凉痕迹抹去了，丛林已被铲除而代之以春耕夏耘的陇亩、牲畜成群奔逐而野兽匿迹了。沙地已经播种了，山峪碎石已经扫除了；沼地已经排干了；过去贫困的农舍所在地，现在已被大城市占据了。岛屿已不再〔视若海盗的出没之地〕认为可怕了。到处可看到屋宇、人群、文治和文明〔国家所在，生气所在〕①。稠密的居民到处出现在我们的眼前。世界已被我们挤满了。自然物资已难于维持我们了。我们的欲望愈增加，而我们的需求也愈变迫切了。

奥古斯都（公元前27—公元后14年）所创立的帝国对各省来

① “ubique respublica，ubique vita.”

说，标志着一个更有利时代的开端。这时代除了有些间断外，绵延到安敦时期的结束（公元180年）。权力集中于一个人之手，使大批文武官吏所干的那几乎不堪容忍的勒索勾当归于停止；他们的一贯作风，原是搜刮各省的民脂民膏。而且帝国逐渐抹去了罗马公民和省区属民之间的差别，并由于两类人民的同化，保证了省区人民可享受法律上的平等保护，特别紧急状况下的政府帮助，以及那经常而有效能的行政利益。帝国的开始几世纪，对有些地方来说，是它们历史上的最繁荣的时期。这对叙利亚、高卢、非洲和埃及来说，尤为确当。埃及的人口有着显著的增加。“罗马和平”的利益，不仅在道德方面，而且也在物质方面；它在陆地上和海面上扑灭了抢劫和海盗行为，给生命和财产以保障，给旅行以便利。

第一世纪中，甚至像尼禄和多米蒂安一流最坏的皇帝，也切望保持各省内的良好行政。各省受苦最深的时期，倒是像克劳第乌斯那样懦弱而好心肠的皇帝的统治时期。第一世纪中除了疯狂的加力古拉以外，没有一个皇帝不注意于各省的福利的。提庇留、多米蒂安、图拉真和哈德良特别关心于各省的良好行政。他们的严厉监督，使各省长官的舞弊成为一种可招致危险的行动。在帝国的早期，有着审判不良长官的很多例证。就这一方面说，甚至塔西佗也承认尼禄的行政效能。但是，罗马帝国政府没有扬言过，它是为了慈善和文化的利益；它没有那“白人的负担”[①]的近代观念。它只是热衷于各省的物质发展，使它们变成为有利可图的地方。

① 西方帝国主义者，把对落后国家和有色人种的侵略，硬说成为“白人的负担”。——译者

一个地区被征服以后，紧跟着的，便是开发农业、进行殖民、筑造道路、兴建港口等等事业，所以一般的结果，那被破坏地区的物质复兴，能迅速地完成。罗马人到处应用了各种有系统的财政原则，因此在早期帝国内生产和搜刮资财之间能够保持平衡状态，使各省不致发生财源枯竭的现象。那共和国时代的包税制度以及对各省的残酷掠夺已被逐步消除，虽然这种恶习的完全铲除，直到塞普替密斯、塞弗拉斯的统治时代（公元193—211年）才能做到。至于间接税，在直接税承包制停止以后，在有些省内，还是继续承包。但是，所有的这些考虑，不是从什么人道主义出发的，而仅仅是为了行政效能而已。

在略述了背景之后，我们必须再谈一谈罗马帝国内各地区的（虽然不是每一省的）特殊经济状况。为了这样的一种概述，我们可在下列两种叙述法之间，加以抉择：年代的叙述法和地域的叙述法。如果采用了前一项，我们就必须分出三个时期：(1)共和国时期，(2)从奥古斯都到戴克里先时期（公元前27—公元后284年），(3)帝国最后几世纪时期，在西方到帝国统治消灭为止，在东方到帝国在395年狄奥多西逝世后转变为拜占廷帝国为止。至于地域的叙述法，它似乎是比较好些，因为它具有一种优点，就是可使我们能更具体地表达，还可使我们更好地观察经济社会的转变，而更清晰地了解各种过程。当然，由于交换品的种类繁多、市场数目的庞大、道路系统的复杂以及地中海沿岸和内地有着很多重要商埠，要详尽地综述罗马帝国的内部商业，是绝不可能的。

关于意大利，可以说，意大利即是罗马城，因为差不多所有的意大利产物不是在产地消费了的，必然流入台伯河畔的那个大城市。现在我们有着很多资料，足以证明：在帝国时代汇合到罗马的交易有莫大的数额，而罗马城所消费的商品种类更是不胜枚举。历史家、诗人、代人写信者、法律和铭刻都证明了这种贸易的数量、种类和价值。可是没有关于它的性质和范围的概论，留传下来。

罗马城的主要港口是那不勒斯湾上的鲍索里，可是有些商品的输入是经过次要港口的，例如安提阿姆、奇维塔-维奇亚、安科纳、奥斯替亚、布林的西、他林敦、特拉西那和基泰各港。在帝国时代意大利本部已是一个大世袭领和大地主领地的国家；大业主拥有这些土地，使用着一大群一大群奴隶来耕种，在夜间把这批可怜人关入叫做改造所的牢狱圈里。这些大领主们几乎都经营种植橄榄和葡萄并牧畜牛羊。葡萄和橄榄的种植可提供特别优厚的利润，因为罗马政府在三百年期间，用对别处输入的葡萄和橄榄征课苛重进口税的方法，来保护意大利的葡萄园和橄榄林，也就是保护意大利的种植者。在高卢，甚至禁止种植葡萄，这项禁令直到普洛巴斯（公元282—284年），才予以废止。

巴士亚是意大利北部的大商埠。它是农产品产地，也是纺织业中心。阿奎里亚是一个从日耳曼运来的奴隶和毛皮的采购基地。阿勒索出产某些陶器。维塞利在斯特累波时代，不是重要地方，但塔西佗还提及过它。维罗那在奥古斯都设立上多瑙河省份之后，变得重要，因为它毗连着勃伦纳山路。奥古斯都曾建立特里登得城，就是，近代的特棱特。米兰直到第三世纪末期，才变为重要。当时，戴克里先为了军事理由，把米兰作为意大利总督区首府，因为它控制着阿尔卑斯山通路。

公元前 241 年罗马从迦太基夺取了西西里的西部，后来又获得了岛上的叙拉古部分。曾以麦产富饶而出名的西西里岛到公元前第一世纪中期不复是罗马的一个重要仓库。另一方面，撒地尼亚和科西嘉已被西塞罗列入“共和国的三个谷物补充地”之内。

在非洲和努米底亚，罗马势力的不断进展，表现在物质文明方面甚于在精神文化方面。公元前 146 年迦太基被毁灭之后，约有六千罗马公民被赐给非洲的土地，一部分土地被售给罗马的投机商人，其中 1/3 被留给国库。结果，在罗马属非洲，兴起了一个非常有钱而又有势力的业主阶层，他们的世袭领或大地产遍布全境。在尼禄时代，据老普林尼的估计，有六个人占有非洲省全部可耕地的半数。

泰巴喀、喜坡・第阿罗得斯(比塞大)、犹提喀、哈德拉孟敦、雷普提斯・马格那、霍里亚・西利亚、塔普萨斯，都是除迦太基以外，非洲的最重要城镇。的确，城镇很多。努米底亚的情况也是那样的。在普丁革的“城市表”里，列举罗马属非洲地中海沿岸的六十个港口。

非洲人在罗马军团保护下，不受南方游牧族和西方(摩洛哥)部落的侵略，还有着那种官吏的统治，他们不求自己的致富，而以主权者的名义，经常力求有效能的治理；因此非洲人可十分安全地发展着他们非常富饶的地区。罗马的公路似网一般地遍布了全境，由东到西，由海岸到沙漠边缘。有些公路起源于迦太基人，而罗马人使用军团士兵一年复一年地加以建筑；从而把它们大大地扩展了。

总督管辖下的非洲在第二世纪，无论农业或商业都达到了顶峰。非洲内地的产物依靠动脉似的公路,得到达海岸,居留地也依靠这些公路得向腹地一步步地推进。来自辽远腹地的公路是以塔喀普、萨布拉特、奥伊亚、雷普提斯·马格那为终点,从那里连接着那些穿越沙漠的旧商队路线。这个腹地从来没有被罗马人穿入过,直到在图拉真的统治时期,那里的半游牧部族被征服以及军站设立时为止。这些军站,有的建立于沙漠中的绿洲上,例如:在比勒尔·海基夫的,由高摩达建立;在蓬真的,由塞普替密斯·塞弗拉斯建立;在加列特和加达美斯的,由亚历山大·塞弗拉斯建立。那时,地中海沿岸和非洲内地之间只在商业上存在着密切的关系而已。

甚至在奥古斯都统治时代,斯特累波已赞扬过塔喀普城为一个贸易中心,一世纪之后,普林尼也吹嘘这个城所在的绿洲的繁荣情况。雷普提斯·马格那欣欣向荣,直到364年它被柏柏尔人洗劫时为止。它是一个从辽远内地运来货物的特殊出口地;这些货物包括有食盐(产于巴克图附近著名的自然盐井)、皮革、鸵鸟、羽毛、象牙、碎金、象和别种野兽(做马戏用的)以及奴隶。

非洲省从公元前146年被征服到公元后429年丧失时为止,一向以罗马帝国的一所谷仓地位和埃及相竞争着。它主要是一个农业省份。在利用山上泻入运河的水流系统地灌溉着的肥沃土壤上,茂盛地长着谷物青苗、葡萄藤和橄榄树。非洲省产的小麦、葡萄酒和葡萄干都是出名的。可是,小麦占着第一位。它比起那来自西西里岛和埃及的小麦,既坚硬些,又饱满些。在征服埃及之前,非洲省原是罗马的最大谷仓,罗马政府曾采用特殊措施,来维持该省的治安,保护那里的沙漠边境以防止游牧部族的抢劫性的突击。迦太基的货栈里和码头上，除了当地所产的谷物外，堆积着从内地经过喜波·勒吉斯、台维斯特和图柏多·马朱斯三条大路运入的大量小麦。当时，罗马人期待着非洲省运粮船队和后来期待埃及运粮船队同样地殷切。这可以说明为什么维斯帕西安在公元69年因总督路求·派索久不承认他的新皇帝的地位，迅即把他罢黜；又为什么由于同一原因，塞普替密斯·塞弗拉斯登极时，赶快派遣军团开往非洲。哈德拉孟敦在谷物出口港的地位上，是迦太基城的劲敌，而今天哈德拉孟敦后面的荒芜不毛之地，当年曾是遍地青枝绿叶的橄榄园；从那里所出产的大量橄榄油运往罗马城去，以供市场、浴场和运动场的需要。

罗马的另一个丰富资源，是遮盖着阿特拉斯山脊并沿山坡下延到海岸附近的密林。当意大利的森林被砍伐殆尽以后，非洲木材替代了意大利木材，有些港口，有着重要的造船工业。非洲森林的逐渐伐除，没有使它的繁荣景象减色，因为削光的地面上种植着葡萄和橄榄。甚至在公路两侧，橄榄树排列成行，绿荫密布，以致略为夸张些可以说，一个人从的黎波里到丹吉尔去，一路走在它们的林荫之下。穆罕默德教的史家易宾·阿布德·哈坎所述的一件故事，使上面所说的事情，生色不少。他告诉我们，647年一个阿拉伯酋长占领苏斐图拉时，获得了大量战利品；他好奇地询问当地的富源所在，因而一个路人献给他一个橄榄。

非洲最名贵的树木是香橼树；希腊人称它为“紫茵”(thyine)，罗马人称它为“色特伦”(citreum)。这种树木在阿特拉斯山脉里，生长得很多，它的叶脉活像孔雀尾巴上的翎眼，老虎身上的条纹，豹身上的斑点，因此它受到了很大的珍视。它还有各种各样的颜色。辛尼加有着三百张象牙脚的香橼木小桌子。香橼木大多是用作镶盖木以及用作制造小艺术品。努米底亚出产的云石，特别是一种浓牛血色的，非常名贵，成为一种重要商品。运输船即重载船，装载着努米底亚云石，驶过加拉塔岛到卡拉里斯（卡格利亚里，撒地尼亚），再从那里到达奥斯替亚。这些船只也载运着木材和野兽。另有一种有价值的磨石，是从摩洛哥采石场得来的。

在非洲和在罗马帝国的其他地方一样，社会上经济和社会等级是有着很大的差别，而且，还有富者愈富，贫者愈贫的趋势。在城市里富商阶层，大多是罗马人和意大利人。另一方面，小店员和小商人，一般是布尼克人的后裔。当然，各大城市的社会结构像在这样隆盛的工商业生活里，必然会密切地接近罗马本部的社会结构。在那里，一定会有很多手工业者的行会，但是可以确实知道的，只有一个漂布工的行会。像所有的港口城市一样，迦太基、雷普提斯·马格那以及沿海城市都有着大批装卸船货的工人、码头工人、搬运夫等等。当时，奴隶制是广泛通行的。但是，在罗马属非洲省，奴隶也好，自由人也好，我们知道得很少。

罗马非洲省是一个多部族的地方；有些部族属于本地血统，其他部族，像布尼克人和拉丁人，则属于外来的血统。原始居民，包括利比亚人和柏柏尔人，虽然分成为很多部落，但在语言方面却是属同一个系统的。他们在罗马人统治下，保存了他们的姓氏，他们的宗教，以及至少保存了他们的部落部分自治权。这些部落大都始终住在山岭地带，所以，罗马从来没有办法，迫使他们接受任何城市制度；这一事实后来阻碍了基督教在他们中间的传布。布尼克居民占有了这沿海地区，已有千年之久；他们构成了那些城市的主要人口;而这些城市中,有很多是源出于布尼克人的。在罗马非洲省存在的整个时期中,腓尼基人口[①]在数字上继续地占着或多或少的优势。他们的宗教依然是古代布尼克人的信仰。布尼克语不仅是保存下来,而且还成为非洲的通俗语言,直到它被阿拉伯人所征服为止。后来,直到提庇留时代,所使用的硬币,还是刻着布尼克的印章;罗马语:“两头统治”(duumviri),在布尼克城市里,叫做“苏斐特”(sufetes);布尼克语不但继续被使用直到第六世纪为止,而且在长时期甚至成为有教育的人士的习惯用语,也有很多基督教社团,把它作为教会的习惯用语。皇帝塞普替密斯·塞弗拉斯有一个姊妹,生于雷普提斯·马格那;她说拉丁语,说得这样坏,以致皇帝因为她留在罗马城而感到惭愧。约在423年圣奥古斯丁在努米底亚的佛萨拉,建立了一个主教区,曾委派一个通晓布尼克语的人;有一次他在自己的讲道中,引用了一句布尼克成语,接着说,“我为了你们,再用拉丁语来说一遍,因为你们中不是都懂得布尼克语的”;还有关于另一个主教的例子:由于不懂得布尼克语,他在布道时,就不得不雇用一个翻译员了。

可是,尽管有这些腓尼基的残余继续保持着,但如果把非洲的罗马化认为是浮面的,那将是一个错误。迦太基除了商业上重要地位以外,从第三世纪开始时起,还是一个学术活动的中心;它确实可以亚浦利厄、特图良、亚诺比厄、息普立安、奥古斯丁这一批人,引为自豪的。

罗马非洲省的衰落,开始于第三世纪中期,当时,努米底亚的

① 就是布尼克人口,因布尼克人原是腓尼基的殖民。——译者

副总督卡伯林纳斯，为了马克息马斯、色雷克，推翻了戈谛安一世，并对所有拥护后者的城市，洗劫一空。从那时起到戴克里先登极时止，非洲省外受努米底亚人和摩尔人的不断侵掠，而内遭派系的斗争而变为分裂。所有的"皇帝屯营"，没有一个能够维持那里的秩序，或给予保护。君士坦丁在312年推翻了马克森细阿之后，曾努力恢复当地的秩序，特别是塞塔港。这个港口的名称，由他改为君士坦丁，而那省的名称改为努米底亚·君士坦丁那。后一个名称到今天还是保存在法属阿尔及利亚的君士坦丁州内。

在罗马非洲省东部，即在利比亚沙漠和近代突尼斯之间，横亘着一片广大的，一度曾是肥沃的施勒尼高原(即近代意属的黎波里)。施勒尼原由多利安人移殖，在公元前322年被托勒密征服，后来随同埃及的被占一起归入罗马的版图。罗马帝国在这个地区的建省，原是颇费踌躇的，因为那里的交通很不便利，而且容易遭到沙漠中贝督英人的侵掠。起初，罗马政府满足于仅仅占有托勒密的王室领，以及对当地主要产品通便树脂的课税；它是一种很名贵的药材。那里的人口混合着利比亚人、犹太人、希腊人和埃及人。施勒尼的贸易一度是兴旺的，但后来因为受到君士坦丁堡建立的影响而衰败了。当时，罗马政府似乎也未曾有所作为，来挽救这种衰落的趋势。约在400年时它的衰落达到了极点；正是在主教息尼细阿斯时代，从他的书简里我们可获得关于罗马帝国衰败的耐人寻味的资料。

罗马逐步征服了伊伯里安半岛(西班牙)上的各部族，使之归顺于罗马的统治；这战争从第二次布尼克战争起(公元前218年)到公元前19年坎塔布立亚人最后屈服止，延续了两百年之久。在

那里，最早建立的两省，是内西班牙省和外西班牙省。喀他基那在迦太基统治时期，原是西班牙的第一流的城市，现在成为内西班牙的首府，而哥尔杜巴（哥尔多华）成为外西班牙的首府。奥古斯都和提庇留努力把罗马权力扩展到整个半岛上。在斯特累波时代，半岛的大部分，已在礼节、风俗和语言方面，变为罗马化。后来，公路的建筑（特别是由庞培，及在他以后由各皇帝建筑的公路）、罗马公民的移入征服地、西班牙人的被强制服军役等等事情，使西班牙的彻底罗马化终于完成。当时，西班牙有好几百座城市；重要的城市有四百座，次要的城市有二百九十三座。

西班牙是罗马帝国的加利福尼亚州[①]。它的金、银、铜、铁等矿产资源，起初曾由迦太基人开采，而后来由罗马人大规模开发出来。新迦太基[②]附近的白银矿场雇佣着四万矿工，每天出产约值二万五千便士的白银。朱砂和铅是在俾替卡开掘出来的；毕尔比利斯，即近代的毕尔巴鄂，从古代起一直经过整个中世纪时期，是以产铁著名的。

在西班牙中部和北部的半干燥高原上，牧养着无数的羊群，当时，西班牙的羊毛和西班牙的皮革，都是出名的。在它的南部，橄榄油是一种重要商品，并大量地出口。根据普林尼的话，俾替卡（安达卢西亚）和喜斯特里亚所产的橄榄油，就等级论，仅次于意大利所产的橄榄油。马细阿尔曾说过哥尔多华所产的油，相等于意大利所产的最好的油。在茂密的橡树森林里，饲养着成千成万头

① 美国西南部的一州，即旧金山所在地，曾以金银矿产著名。——译者

② 就是喀他基那城，在西班牙的东南部。——译者

的猪豚；坎塔布立亚出产的火腿，有广大的销路。在罗马统治时期，加第斯(加的斯)变成为西班牙的最重要的城市，非常富庶繁华，所以第二世纪中，和古代的太尔城一样，它成为城市的代表。加的斯的鱼市场是罗马游历者所称赏的地方。它出产的熏鲔鱼、腌鲔鱼输出到罗马城去。阿布第拉及西班牙南部的其他港口的情况，也是如此。

“高卢全部分成三区[①]”。高卢不包括地中海沿岸的利维拉在内，被称为“那邦内细亚”，是在公元前121年时征服的。又在凯撒于共和国最后的一个世纪中完成了它的征服后，高卢乃分成为三大行政区；这些分区是很密切地符合古代凯尔特高卢的历史分区的。这些行政区是：拉格杜息，即位于罗亚尔河、塞纳河和梭恩河之间的领土；阿奎坦尼亚，即位于庇里牛斯山、色芬山和格罗内河之间的领土；以及贝尔吉卡，在三区中它是范围最大的一区，西界塞纳河，北滨海，东临莱茵河。在帝国早期，有两个日耳曼省，是从贝尔吉卡分割出来的。第四世纪中，奥古斯大·特累伏伦(特里尔、特累甫)成为贝尔吉卡府的首都。

罗马高卢省成为整个罗马帝国中的最繁荣的地方。在第三世纪中期以前，它很少显出衰落的迹象。它的农业、工业、商业享有高度的繁荣。里昂、波尔多、阿尔兹、土鲁斯和马赛，都是最重要的商业区。但是，“在那邦内细亚省内，特别是沿着罗尼河水流，有许多欣欣向荣的城市的崛起，使马西利亚城的繁荣逐渐减色，到了第四世纪，奥索尼阿斯不再把它列入高卢的漂亮城市之

① “gallia est omnis divisa in partes tres.”

中。"布尔日以它的铁制品出名；加奥尔以它的纺织品出名。特里甫和奥东，是政府兵器厂的所在地。甚至辽远的布勒塔尼，罗马商业也已渗入。

东方商人，主要是叙利亚人群集在马赛、里昂、波尔多、奥尔良、巴黎各城市；他们的居留地在帝国灭亡之后，还是长期地存在着。近时，为要发现考古学上的碑铭，有人进行了发掘工作；在一个高卢罗马人基督徒坟墓的石榔里(在波尔多附近)，发现了陈酒。这陈酒和放酒的玻璃瓶一样，看来是源出于叙利亚的，因为我们在卢佛尔博物院内可看到那些在小亚细亚所找出的同一类型的很古酒瓶。玻璃瓶的形式是相同的，而玻璃可能是在卢佛尔那供应瓶子的工场里制造出来的。叙利亚所产的各种酒，在早期罗马帝国内，已经非常有名；当时，叙利亚和波尔多间的贸易也已活跃。那在波尔多所发现的陈酒瓶是在法国境内所找到的第二只瓶子。1877 年在阿尔兹，还发现了一只小酒杯。

高卢随着第三世纪中期各省的叛乱而开始遭受灾难。这些反叛运动由于经济社会的紧张而声势更大，终于形成了巴古达的大叛乱。在加力伊那斯统治时期，日耳曼人侵入高卢，其成功的原因，与其说是由于阿勒曼尼[①]的威力，不如说是由于这种内部的弱点。那时，高卢存在的内部混乱和外来侵略，给商业带来了巨大的打击。举例说，在奥汾湼的克勒芒附近，上述的游牧部族破坏了雷苏城的陶器大工场，那里的商店根据近代的发掘所指出，行列绵延，长约五哩。制陶工业从第一世纪以来原是高卢一项主要工业，

① 日耳曼人的部族联盟。——译者

而现在因此受到致命的打击了。

关于罗马征服不列颠，其进程是迟缓的。这一事实的基本原因，也许在于这个国家的富源有限。凯撒在公元前55年和54年两次出征不列颠，没有获得持久的结果。事实上，他对不列颠被征服部落所课的赋税，长时期内，也无人缴纳，因为他没有留下驻防军在那里。后来，公元前34和27年奥古斯都也两次计划出征不列颠，但是他的计划都没有产生什么成果，他只得以一种空洞的宗主权名义，聊以自慰而已。有些不列颠酋长好像请求过他的保护，另有些酋长对罗马商人也准许过入境。但是不列颠继续保持着自由，直到公元43年时为止，当时，克劳第乌斯派遣将领阿格利柯拉出征该岛，获得部分成功，因而罗马从那里征收定期贡赋。至于不列颠岛的完全征服，是在哈德良和安敦·庇护时代。

不列颠的最重要产品中有铁、铅，尤其是锡。泰晤士河流域成为产麦区，从这里输出的谷物渡过海峡，上溯莱茵，以供应驻在那里的军团，因为在高卢没有东流的大河，使得中高卢谷物不能廉价运出。至于爱尔兰，虽然罗马从没征服过它，但它和该岛也许有着通商关系。

在早期帝国，沿莱茵左岸的整个地区是和高卢分开的，并设立为上日耳曼和下日耳曼两省；前者约包括瑞士西部、亚尔萨斯以及现在的法属和德属莱茵兰；后者包括近代的卢森堡、比利时东部以及荷兰南部。

罗马人在东高卢和两个日耳曼省内遍布了公路网，这些公路主要是为着军用，但附带地也大大地便利了贸易。这公路系统，虽在近代史上因它的辐射点从理姆向后推移到巴黎而作了很多更改，但还可容易地找寻出来。在罗马时代，公路从理姆像扇形般地散开来。第一条路从理姆通往莱茵河畔美因斯；第二条路经梅斯和凡尔登到斯特拉斯堡（罗马的阿根托拉敦）；第三条路到图尔；第四条路经过朗格勒（罗马的林哥尼斯）到味松省（贝臧松）。另一条大路，从里昂起上达索恩河，下达摩塞耳河经过梅斯、图尔、特累甫到美因斯和科隆，它横断了所有上述的路，并使它们互相连接着。在罗马的亚尔萨斯，有来自意大利越阿尔卑斯山的延伸路线；它沿莱茵河下行，从巴塞尔到达科隆和乌得勒支。这样，有着两条沿河流的纵路，由各条横路来联系着的。

然而莱茵河沿岸城市：科隆、美因斯、沃姆斯、科不林士、斯特拉斯堡、巴塞尔，直到帝国历史的后期，与其说是城市，不如说是军营。但是后来，这些据点变成为从事于农业和贸易的大批平民的居住区。洛林的矿业、摩塞耳河流的葡萄培植，以及养羊事业，都是重要的活动。

奥古斯都是罗马帝国边防政策的创立人。在他的政治遗嘱里，他劝告了他的后继者务须保存他所建立的边防线。后来克劳第乌斯征服了不列颠，多米蒂安组织了“十营阵”[①]，图拉真合并了达谢、美索不达米亚和亚述；在此之后哈德良回复到奥古斯都的政策；他满意于按帝国界线来巩固疆界，在没有天然屏障的地方，即用墙垣、壕沟、角面堡、塔楼等等组成边防线。此外还有严格的边境管理章程。在日耳曼，非罗马属的莱茵河岸以及沿多瑙河岸，保

① “Decuman fields”——古代罗马的军营的正门设在距敌最远的那一边，由每个军团的第十营防守，因此得名。——译者

留着一条无人地带；不让任何蛮人的船舶在这两条河上航行，而罗马舰队则在全线上巡逻着。穿过上莱茵河和多瑙河所构成三角地的人工墙垣，是由哈德良开始建造的；这项宏大的工程由其后继者继续，而底于完成。这条人为的疆界是由土墙构成的，并用壕沟木栅，以及一系列的塔楼或堡垒来保卫着的。这城垣开始于累根斯堡西南的克尔海姆向西经威森堡和符登堡的干曾霍逊，到达罗耳士和卫尔柴姆，乃折向北，在弗洛登堡过美因河，在福吉尔斯堡之南和托纳斯之北，迂回曲折地延到澜河，于是顺河流而下，达科不林士对面的莱茵河岸。

罗马的边疆警察对边界上的贸易实施严格的监督。任何人在天暗以后，不得穿越边界，也不得携带武器；要通过必须雇一个护送兵。有时甚至禁止任何人走近疆界的边缘，帝国的信使除外。一切贸易项目概须缴付进口税；甚至外国君主或他们的使节，如果随身携带商品，也须付税。另一方面，有些商品是被禁止出口的，特别是铁，无论生铁或铁制品，各种武器、酒、油、谷物、食盐以及贵金属。在边境上的固定地点，设立官方批准的市场，在那里有一个军事警察，实施监督。在所有的边境上，对一切进口物所征的正常税率是 12.5%，唯红海口岸不在此例，在那里所征的税率是 25%。

我们幸有属于努米底亚和摩里得尼亚边境的公元 202 年港口法的一部分。它有四种税率表。第一种表适用于奴隶、马、骡、牛、驴；第二种表适用于农产品；第三种表适用于皮革；第四种表是关于各色各样的进口货。所有的东西概须纳税。比起上项文件更有趣的，是高摩达统治时期的关于东方的进口货的一项税率表。其中包括六类商品；(1)香料、香粉、膏药和药材；(2)棉织品、毛皮、象牙和印度铁；(3)各种宝石；(4)鸦片和印度布匹、生丝和绸缎；(5)奴隶、马戏场用的野兽；(6)染料、毛织物、马匹。

看来倒是有趣，高卢人和日耳曼人对这些边境上的关卡，都深恶痛绝。公元69—71年在息维力斯统治下，巴塔维亚人叛乱时，莱茵河右岸的日耳曼人联合巴塔维亚人，共同要求关卡的撤销。日耳曼人虽是蛮族，但对做生意一门，却显得十分精明。日耳曼人最先接触到的罗马货币，是共和国的银币（比加蒂和塞拉蒂[①]）。这种货币在帝国早期，还是在流通。但尼禄缩减了银币（德那里[②]）的分量，因而日耳曼人拒绝接受它，像塔西佗在一段有名的文字中所记载的那样；他们要求给他们以旧的优良货币付款[③]。值得注意的，在德意志发掘出的罗马古币的窖藏里，比加蒂和塞拉蒂这些银币，数量上多于那后起的德那里银币。

里细亚在公元前15年被征服，并组成为一省；它包括多瑙河南的巴伐利亚、北提罗尔及东瑞士。勒赫河畔奥古斯大·文得力科伦（奥格斯堡）是从奥古斯都得名的，它变成为阿尔卑斯山北侧的最重要的贸易中心；由于它便于到达勃伦纳山路的地位，罗马和日耳曼的货品，就在那里交换。在里细亚之下，是诺立坎，以产铁著名。

---

① 比加蒂银币（bigati）刻着双马拖双轮车图，塞拉蒂银币（serrati）是边缘上有刻痕的。——译者

② 德那里银币（denarius），也可译作便士，原值罗马的十个铜币。——译者

③ 〔“他们的确认识并选择我们货币及货币的类型。”“formasque quasdem postrae pecuniae agnoscunt atque eligunt.”〕

班诺尼亚在公元10年组成为一省。它的本地居民几乎全部曾被出卖为奴隶。它是上多瑙河三省中的最罗马化的一省，这一点可从班诺尼亚省内的大批旧罗马区获得了证明。近代的伊塞克、阿尔-奥芬、塞兰克曼、奥索尼、汉堡附近的德意志-阿尔丁堡、伊塞格、安吉尔河畔斯坦因、腊伯（阿拉波那）、来巴哈、息塞克、庇图、彼特洛尼尔（罗马的卡嫩敦）、特勒芬、息太耶伏、奥登堡；这些地方或在奥地利，或在匈牙利，或在塞尔维亚，最初都是罗马人建立的。目前亚得里亚海东岸的大多数重要港口，也是这样的。这里的拉古萨、都拉索、萨拉，都是由罗马人打下基础的。

下多瑙河两省，即两个米西亚省，是在提庇留的统治时期建立起来的。这里，希腊的传统是很强的；罗马城市过去大多曾是希腊人的大商埠。其中最重要的，是贝尔格莱德、尼科坡力斯及伐那；它们今天还是存在着。在共和国时期，已有一条沿黑海岸的罗马公路，从赫勒斯滂海峡到达托力克·契索尼斯半岛。然而，色雷斯省是在罗马帝国时期建立的。这一省（包括近代的保加利亚和土耳其的欧洲领土），就它的早期历史来说，当然是要追溯到古希腊和马其顿时代的。在罗马帝国的统治下，色雷斯省中最重要的地点是：巴拉斯特勒（古代的阿布第拉）、拜占廷、亚得里亚那堡、菲利波利和索非亚（罗马的索第卡）。亚得里亚那堡是一个制造兵器的重要地点；在君士坦丁堡建立之前，它还是一个罗马巴尔干半岛上的主要商埠。在军营的周围，往往兴起了酒肆旅馆，商人移民遂云集在那里。贝尔格莱德城（新基德纳姆）以及摩拉瓦河多瑙河汇合处的维密那西城便是这样开始的。摩拉瓦河是一条重要的河流，因为来自萨罗尼卡的贸易，是沿河而上的，而尼西是这一条路上的一个中途站。

第二世纪中，图拉真的征服达谢，是罗马扩展领土主权的最显著表现。达谢位于多瑙河下游的北岸，即是今天罗马尼亚和特兰西瓦尼亚的地区。由于那里有丰富的矿产储藏，从经济来说，它是一个重要的占领。它的本地居民差不多整个地被杀掉或出售为奴隶，因而这地区完全被罗马移民居住。罗马人来到那里的时候，只有一个重要城市，即是达谢国王的首府——萨米士基得斯大城。这地区和“十营阵”相似，是用人工墙垣来补充喀尔巴阡山的曲折崖壁的天然屏障，以防止蛮族的侵犯。在东南欧的这一部分，和南德意志一样，所有的重要城市，大多可追溯到罗马人所创立的基础，如卡尔斯堡、托尔达(托伦堡)、克劳曾堡、图尼、塞维力那、奥尔索瓦、戚特鲁克以及在小瓦雷启亚的塞维林・巴纳特。尽管有这些基地，但这地区的占领还是很不巩固的，因此哈德良想要把罗马军队撤回到多瑙河南岸，但由于罗马移民的抗议，这计划未曾实行。所以，达谢继续是罗马的一省，直到加力伊那斯的统治时代，当时(256 年)它的很多地区已受到哥特人的蹂躏。最后，275 年，奥理略把它完全放弃了。

罗马人对希腊，比对任何其他征服地，除了迦太基外，更加残酷。他们破坏了科林斯、底比斯和卡尔息斯。他们使波的亚和优卑亚变为人烟绝迹，并没收那里的土地作为公产。他们以苛重的赋税强加在被征服的人民身上。因为土地集聚在少数大地主手里，希腊的人口有大量的减少，也有显著的移动。牧场的扩展破坏了农业。大部自由居民向城市迁徙，特别往沿海各城市，在那里工商业尽管不很兴盛，但还留存一些，并且在那里穷人可得公家的救济，像罗马的“下民”[①]那样。在希腊有许多城市完全消灭；别的城市也人烟稀少。至于爱琴海上的岛屿大部变成一片荒凉的山岩。阿加狄亚几乎回到了自然状态。

为了避免绕过马利亚角的又长又危险的航路，尼禄曾有一个开通科林斯地峡的可实行的想法。如果这计划能够实现，那会有利于希腊的航行，也会促进希腊半岛东西两岸城市之间的商业关系。公元 92 年多米蒂安为了意大利葡萄种植者的利益而禁止希腊的葡萄培植，使希腊遭受了严重的损失。诚然，第二世纪中，希腊的若干地区获得了部分的复兴，因为有几个皇帝对希腊采取了有利的措施，特别是哈德良；后者对古代希腊抱有浪漫的好感。然而，在帝国的后期，据一般情况来说，希腊是一个财源枯竭的地区。

罗马还绕着黑海北岸伸展势力，那里希腊的商业传统是很强的。关于它们的起源，我们可追溯到黑海北岸的希腊殖民地的商业关系，这些殖民地，不仅和周围的非斯拉夫族而且和第聂伯河中游的古代斯拉夫人维持商业关系。其中主要殖民地是：奥尔比亚，在公元前第六世纪从米利都移来的人建立的，契索尼斯，位于同名称的半岛上的西南角；狄奥多西亚和帕第克比姆，位于东南海岸；番那哥立亚，位于息米立亚·博斯普鲁斯的东岸，以及坦纳易斯，位于同名称的河流的河口，就是，近代叫做顿河的河口。这块罗马人泛称为“西徐斯”的，而今天我们称之为克里米亚的地区，有着丰富的原料产品：牛、羊、马、皮革、羊毛、蜜、蜡、盐；另外从其腹地可

① “下民”(Iazzaroni)是罗马城无家可归、依靠搬运货物或乞食糊口的人。——译者

获得几千几万个奴隶。

不像希腊半岛一样，整个小亚细亚在罗马帝国的统治时期，享有高度的繁荣。那里，有古老而数目又很多的城市，有稠密的人口，有从远古传下的贸易技巧，有高度发展的艺术和手艺，有当地的各种自然资源，——这一切创造了小亚细亚罗马各省的繁荣条件。这里，也存在着商人和工人的有势力的团体。

在奥古斯都时代，以弗所和士麦拿各有人口二十万人。只在亚洲一省内，有十二个城市，是罗马殖民的中心社会。在小亚细亚各省，所有的合并组成的城镇，数以百计。差不多全小亚细亚，在从拜占廷帝国到它被土耳其征服止这个整个时期，继续保持着它的商业上和工业上的优势。到了第四世纪，甚至加拉太也彻头彻尾地罗马化了。但是，卡帕多细亚，一般说来接受罗马文明较慢，而且罗马文明在那里从没有过完全的发展。它的山区和低地草原，以养马牧场出名。由于皮西底亚、弗里加、爱索立亚以及托鲁斯的盗贼猖獗，罗马政府一向认为统治小亚细亚的中央山区是一件难事。

叙利亚在罗马出现于东方之前，已有一个悠久而又重要的工商业历史。叙利亚的经济发展史可以追溯到腓尼基人的太尔和西顿两城。它们的繁荣不曾因为亚历山大的征服而下降，反而上升起来。叙利亚这个古国中的一些最重要城市，有其远古的根源。这些城市包括有阿勒颇、大马士革、劳狄栖亚、的黎波里、西顿、太尔及贝利亚。从太古时代以来，——也许在埃及开始在经济上对东地中海沿岸地区发生影响之前，——叙利亚-腓尼基人已形成为东方奢侈品经营上的卓越商人；在活动上稍弱于他们的，是散处于古代利凡得各地的犹太人。在罗马帝国中，没有一块地方，甚至小亚细亚各省也没有，比叙利亚承继着更加复杂的遗产。它是一张重写过好多次的羊皮纸[①]。叙利亚民族和语言没有越出大马士革范围之外。东方和东南方的人口，属于阿拉伯族；南方的人口，属于犹太族；那沿海一带的居民则是腓尼基人。插在这些不调和的部族之间的，有着许多源出于希腊人的城市，其中有的城市是从亚历山大大帝及其继承人，特别是塞琉息兹朝开始的。除了这些血统、习惯和语言上的分歧之外，我们还须指出其他复杂情况。南叙利亚曾一度隶属埃及的托勒密王朝，而北叙利亚则归塞琉息兹朝统治。这可说明存在两个叙利亚的原因。

叙利亚内地民风古朴，原是顽抗都市生活的。它的都市化是由塞琉息兹王朝开始而由罗马人继续着的。尤其在塞琉息兹·尼卡笃时期，叙利亚遍布着希腊式的城市。当时，犹太君主仿效它们，建造了凯撒利亚、撒马利亚和提比里亚三城。在叙利亚，尽管有对内和对外战争，但它的城市的筑造、道路的修建以及商业和工业，还是都在令人惊异地发展着。甚至那被犹太人认为是最荒僻、最凄凉的豪蓝高原也接受了一些罗马文化，然而在那里这种文化旋即消逝。在叙利亚，希腊和罗马的影响都是从没彻底深入过。那里的各种语言：叙利亚语、希伯来语、腓尼基语、阿拉美易克语、帕尔迈拉语，还是继续存在着；那里居民的部落、部族、村庄形式的古旧生活，也是这样的。然而，罗马的成分在叙利亚的结构中却是

① 原文用“palimsest”一字，指用以重复写字的羊皮纸。古时，因纸类缺乏，把初次写在它上面的字迹擦去，以便重写，像我们使用的石板一样。这里用作比喻。——译者

一个有力的因素。

罗马的阿拉伯省，面临红海的顶端，位于巴勒斯坦之南，而后者的唯一港口便是扎发。阿拉伯省的皮特拉城，即“古老的红玫瑰城”，是东方和西方商人会集的场所；托勒密王朝曾看到这地点在贸易上的战略价值。“他们要控制那横过阿拉伯半岛到迦萨的贸易通路；除了他们自己的尼罗河水道之外，它是对印度交通上的另一条路线。”

谁也不知道，埃及和印度以及东方的贸易究竟已有多少久远。埃及位于地中海的东头和红海的顶端、这双重地位使埃及获得了那控制大量东方贸易的战略地点，这项贸易原是西方各国自远古以来一直渴望的。但是，埃及的势力跟着亚历山大大帝的征服而上升，达到空前的程度。它成为欧洲的一部分而且成为欧洲文化的一个不可缺少部分。占有埃及的领土，可使那控制它的国家成为那支配着欧洲和东方间贸易上最大数额的主人翁。

不可能想象，罗马在东地中海沿岸各地扩展的时候，最后不会侵犯埃及的。有一连串的事件，促进了罗马对埃及的占领，而这些事件也只是偶然的巧合罢了。所以，凯撒和安东尼发生互相争夺地中海世界霸权的时候，埃及便成为争夺的焦点。安东尼被迫得走投无路的时候，就溜到埃及，作为避难所，所以罗马的征服埃及是势所必然的(公元前30年)。

罗马对埃及的统治，对一般省行政的常规来说，倒有各种破例的地方。其原因是：埃及有特别长久的独立国的历史，有特殊的地理环境，以及有稠密的人口。罗马人在那里维持了很多托勒密王朝的现成制度，比较上没有作出多大变革。

自古以来，埃及是以其人口的稠密出名的；在古代，号称拥有一万八千至二万所村庄和城镇；到托勒密王朝时代，这项数字，据称在三万以上。戴奥多拉斯估计埃及在被罗马占领之前的人口有七百万人，约瑟福斯估计埃及在维斯帕西安时代的人口是七百八十万人，比今天少些。在这项数目中，有着约一百万犹太人。其余的人口，包括有本地的埃及人、希腊人、罗马人以及奴隶。本地人和希腊人在很大程度互相杂处，可是犹太人的大殖民地还是保持着它的隔离性。值得注意的，在埃及农业区里，由于有大量依附农或贱农，奴隶是很少的。

古代埃及人习惯于专制统治，他们是以虚伪性、谦卑性、宗教迷信以及好小争吵的性质出名的。罗马在埃及所作的改革中，最少的，便是关于埃及的信仰方面。对于神庙，不加骚扰；对于僧侣所使用的象形文字，任它继续流行直到卡拉卡拉时代为止，甚至更后一些——到第六世纪中为止。托勒密王朝所采用的希腊文仍旧作为官方语言。罗马的各省一般是由一个省长来治理；但埃及则不然，是由一个拥有国王尊严的总督来统治的。像不列颠帝国中的印度一样，埃及是受着一个特殊类型的统治的。

关于埃及的工业生活，一般说来，奴隶劳动和资本主义都是几乎没有起过什么作用。不仅埃及土地是完全由佃农来耕种，而且我们所知的埃及手工制造业大多是在小手工业者手里；他们或者为自己工作或者出雇于主人，替他工作。

埃及对罗马帝国有其农业上的重要性之外，还在亚历山大城有着那个第一流的世界市场。它是罗马和远东贸易的基地。像近代史一样，古代史很多是关于争夺商路控制权的历史。当时，苏伊士运河虽然还没有开通，但红海在欧洲和远东间商路上的地位和它在今天的地位，却具有同样的重要性。

起初，东方的货物似乎是由印度和阿拉伯的船只运到南阿拉伯和阿比西尼亚各港口的。可是，不久希腊人加入了竞争。普林尼曾提及那在马拉巴海岸由希腊商人所建的一个殖民地。这样看来，欧洲和东方之间建立了一个直接的贸易关系。事实上，奥古斯都在公元前25年，就是在亚克兴战役六年之后，所颁布的最早法令之一，便是关于力图夺取这项贸易的控制权。为了这个目的，这位皇帝，由于错认阿拉伯，而非印度和远东，是东方货物的产地，乃命令埃及总督出征阿拉伯。这项努力是失败的。后来，罗马人发现了这贸易是来自印度的，于是对东方货物征收了25%的进口税。罗马帝国对红海上海盗的剿灭大有助于这项贸易的发展，可是尤重要的，是约在公元48年，关于印度洋上按季节吹来的贸易风或季节风的发现。此后，埃及和印度之间的东西航程就定期地进行着。但在此之前，所有的船只是依循那条沿波斯湾和马克兰海岸的又长又迂回的航线行驶着的。

和一般的想象相反，红海航路的终点，不是在海湾的顶端——因为红海的上端，富于浅滩与暗礁——而在迈奥斯-霍尔木斯（马斯尔港），即近代的拉斯・阿布・森默，在下行红海的非洲沿岸的中途。这个港口是由于上红海的航行有着危险性，由托勒密・非拉得尔斐斯在公元前274年建筑起来的。后来，在它附近，另有其他港口兴起，如阿辛诺伊、多利买和阿杜力斯各港。在这些港口里，把货物过船，再用骆驼队输送，越沙漠达尼罗河畔科普多斯（近代的库甫特），再顺河下航达到河口的三角洲。据普林尼记载，约值二千万美元的黄金，每年从罗马帝国支出去，以平衡东方贸易差额[①]。现在印度发掘出并保藏于各大博物馆的各色各样的罗马硬币，数以千计，那可证明普林尼所说的不谬。

此外，罗马的贸易企业也深入了非洲中部。在奥古斯都时代，罗马在埃及最远的南疆，是赛伊尼（近代的阿斯旺，近第一瀑布）。后来，这边界再向南推移，达到海厄拉·息坎米诺斯，它是"罗马在热带上所占有的唯一地方"。这块地方是和非洲内地"蛮族"贸易的市场，在那里所进行的是纯粹物物交换的贸易。

罗马通过埃及，控制着那条经红海和印度达远东的通路——海路。但是，还有一条横贯陆地的大商路，开始于中国和印度之间，经巴克特里亚、波斯和美索不达米亚，而终止于叙利亚的各港口，特别是安提阿港。

这一条陆地大商路上的西部各段，是经过伊朗和美索不达米亚的；这一事实一向使这两个地区内的任何政权，不管属于巴比伦人的、亚述人的、波斯人的、帕提亚人的、新波斯阿萨西或萨萨尼王朝的、或穆罕默德教哈里发朝的，能用对过境的东方商品勒索通行税以及对这运输课以苛重不堪的关说的方法，来堵塞住欧洲。例如，巴比伦和尼尼微堵塞过太尔和西顿；波斯堵塞过安提阿以及小亚细亚的爱奥尼亚希腊城邦；帕提亚堵塞过罗马；阿萨西和萨萨尼王朝以及后来的巴格达哈里发朝堵塞过君士坦丁堡和东罗马帝国。爱奥尼亚城邦由于痛恨波斯对它们的经济压迫政策，在公元前 500 和 494 年之间，曾反叛大流士，而欧洲的希腊人就给予支

① 在奥理略时代(270—275 年)，"一磅丝绸价值一镑黄金"。

援,进行干涉:这一事件引导到薛西斯的劳而无功地企图征服希腊,引导到马拉敦、德摩比利和萨拉密斯各战役。亚历山大大帝东征的动机一部分也是经济的,就是说,要打破波斯对西方商业的障碍,要消除欧洲和远东间的“中间商人”。他的东征在一个时期内,是成功的。由于波斯的覆亡,希腊和叙利亚人获得了大利,同时,东方奢侈品的价格,在地中海区城市的市场上也跌落了。

但是,在亚历山大帝国分裂和帕提亚帝国崛起后,西亚恢复了原来的局势。在这时期,罗马成为对帕提亚商业控制的反对者。罗马和帕提亚间的长期斗争,主要地是在古代史上的一个商业竞争,像从爱德华三世统治以后,英法两大商业国家为了商业竞争而发生的战争一样。在公元前 250 年和公元 226 年间,帕提亚的阿萨西朝诸王的权力扩及幼发拉底河和印度河之间的领土上,在西亚形成了一个初对希腊的、后对罗马的权力东侵的屏障。公元前 53 年革拉苏的惨败,使罗马人长期留着痛苦的回忆。罗马人对帕提亚所举行的各次正面的进攻都是以失败而告终的——公元前 36 年安东尼被打败,公元 232 年亚历山大·塞弗拉斯被打败,公元 258 年瓦勒里安被打败而成为沙浦尔大帝的俘虏(他是唯一的罗马皇帝死于俘囚里),公元 364 年朱理安被打败而阵亡。罗马在帕提亚的各次战争里,都付出了很高的代价。

罗马想要对帕提亚举行正面的进攻,都是枉费心血的。它没有能够冲入帕提亚的国境。的确,图拉真虽征服过两河流域的土地,并在那里建立了美索不达米亚、巴比伦和亚述各省,罗马虽可占有以得撒、尼士比、崔格马、撒摩撒达和帕尔迈拉,并在那里可设立海关,可是帕提亚还是这地区的主人翁,盘踞在“大商路”上。另一方面，帕提亚人对控制里海和尤克辛海[①]间山区地峡中凶悍的居民，即亚美尼亚人和伊伯里安人，一向觉得是有困难的。这一事实曾使罗马人想到那兜过帕提亚的可能性。因为那经由亚美尼亚和伊伯里安通远东的交通路线，可以不受着帕提亚的阻挠。这一观念原不是新的，新的东西倒是在于实行它。

> 早在公元前第三世纪之初，帕特洛克利斯奉着安泰奥卡斯一世之命，曾往里海去探险，他回来报告说，那里有一条重要商路，起自北印度(和中国)到达奥克塞斯河[②]，在那里乘船下行该河，或者经过奥克塞斯河流入里海的航道直达里海，或者登岸走一段陆路，以达里海。然后，把货物用船运载，横渡里海，并上溯库尔河，达到航路的顶端，再从这里，把货物运送，经过梯弗利斯……以达黑海……所以奥克塞斯河流域是一条贸易大道。它是通过里海和外高加索而进入西方世界的路线。跟着占有里海与黑海间的地峡，罗马人就掌握着这条通路的控制权[③]。

亚美尼亚原来是幼发拉底河上游的一个王国，就是，由本地君主统治的高加索王国。他们对帕提亚有着松弛的藩属关系。对亚美尼亚，罗马逐渐扩展其势力。在那里，庞培立国王第奥塔鲁斯为藩王；凯撒立国王阿利奥巴扎尼斯；奥古斯都立国王亚琪雷厄，尼

① 即黑海。——译者

② 即阿姆河。——译者

③ 麦琪(D. Magie)，《年报》，美国历史学会，1919年，第1卷，第302—303页。

禄立国王底格拉尼。然而,尼禄不久取消了这个国家的半独立的地位,并把它的领土合并成为“小亚美尼亚”;维斯帕西安在那里设立了一个省政府,并在库尔河畔建筑了一座炮台。此后罗马迅速地进行征服那整个里海地峡,直到公元 115 和 117 年间为止。图拉真又获得了“大亚美尼亚”,也把它组成为一个省。

罗马现在可以绕过帕提亚所垄断的横贯亚洲的大商路了;它由于获得那些对帕提亚没有好感的高加索臣服部族的帮助,开辟了一条新商路。这条商路连接那在帕提亚东疆之外,即近代土耳其斯坦地方的横断大陆的干路,沿着里海南岸以达现在的巴库;从那里起有两条可进行远东贸易的不同路线:一条是直接穿过海峡(需五天),上行库尔河流,到达黑海各口岸:科尔奇斯、非息斯、戴奥斯邱里亚斯(近代的伊斯库里亚);另一条是向西南上溯阿拉克赛河,下航幼发拉底河上游,达以得撒及撒摩撒达,乃至叙利亚。这两条路线都是绕过帕提亚所控制的范围的。

这两条路线中的第二条路,进入叙利亚境后即和别的路线相归并了,可是第一条路成为历史上最有意义的一条商路。由于这条商路,上述的尤克辛海各港口遂一跃而成为商业上的很重要地方;而这些港口的古老的历史可以远溯到耶孙和金羊毛的故事①。科尔奇斯城建造在一个三角洲上的,在尼禄时代有着一百二十条桥梁。在戴奥斯邱里亚斯城,有着一百三十个翻译员,来帮助处理那使用多种言语的交易。据说,在那里所讲的语言和方言达三百

① 按希腊神话,耶孙(Jason)是伊孙(Aeson)的儿子,爱奥尔卡斯国王比立阿斯(Pelias)的侄儿。比立阿斯为了使他不登王位,曾命令他去求科尔奇斯国王厄伊提(Aeëtes)所藏的金羊毛。——译者

种。这些港口的剩余品是运往特勒比遵德去的。

在罗马帝国的最盛时期，远东和西方间的商业关系比以前所认为的还要扩大。由于近代学者的研究，增加了一大批的资料。卡尔·马利·考富曼教授说过下面一段话：

> 那幅显示公元100年时中国、印度和罗马间的交通路线地图(刊登在来比锡大学比较宗教研究院1922年“会报”里)，有力地证明了：在那个时期全世界的相互交通已有高度的发展。普通读者会惊异地看到欧亚间所存在的稠密的道路网，——特别是那些位于纬线第十和第十四度之间的大批平行的贸易通路，以及那些在埃及和小亚细亚和索格狄亚那、巴克特里亚、根达拉和马拉巴下行海岸之间的很多连接路线。除了这商队路网和海路以外，这幅地图还指出：像印度河这类河流在那个时期的世界贸易里曾起着多么重要的作用①。

耐人玩味地指出，罗马在这方面的努力，在中国不是没有人知道的。那个时候，中国在西亚的边疆，远远地超过它的现时的边疆，确然包括了蒙古，并曾伸展到俄属土耳其斯坦。虽然中国对地中海世界的知识，尚属模糊，但是这“天朝帝国”却也曾约略知道罗马的。中国史籍告诉我们，公元97年时甘云出使“大秦”——在中国史上这个名词是指安提阿的。但是这使节到了波斯湾，不再前进。他向西续进的企图，也许曾受到帕提亚商人的阻挠，因为阻止

① 《法兰克福周报》，1922年6月12日，转载于《活的时代》。

罗马帝国和中国间的直接交通是对他们有利的。据中国史籍的记载，“大秦国王〔就是，罗马皇帝〕一向希望派遣使节来到中国，但安息人〔帕提亚人〕愿和罗马人进行着中国丝绸贸易，正是为了这个原因，罗马人到中国的交通路线被隔绝了。”

但是，帕提亚的这种压制外交，在第二世纪遭受了部分的失败，因为马卡斯·奥理略曾打败帕提亚，并把塞琉细亚和特息丰化为灰烬，并且那失去了的美索不达米亚省也被克复了一部分。公元166年时，中国史籍上曾明确地提及一个罗马皇帝的名字：

> 至桓帝延熹九年[①]，大秦王安敦遣使自日南[②]徼外献象牙、犀角、瑇瑁，始乃一通焉。[③]

毫无疑问，这个叫做“安敦”王者，便是罗马皇帝马卡斯·奥理略·安东尼那，但是，不可能断言：这是否是一个中国的正式使节，或冒用天朝皇帝名义的一个中国商人集团[④]也不能确定，“陆上羊肠路”，究竟被利用到若何程度，但有一本中国史——《后汉书》[⑤]写于第五世纪，曾提及一条“飞桥”，那可能就是幼发拉底河上那条有名的崔格马桥。这一本历史还提及了一些东方和西方间的贸易

① 公元166年。——译者

② 即越南。——译者

③ 《后汉书·西域传》。此处作者系转引自柏立(Bury)版，吉本(Gibbon)：《罗马帝国衰亡史》第4卷第535页。——编者

④ 按照事理，这里应是：“……这是否是一个罗马的正式使节或冒用罗马皇帝名义的一个罗马商人集团”。——译者

⑤ 南朝宋范晔撰，今本共一百二十卷。——译者

品，例如，宝石、玻璃、丝绸和染料、香膏及其他药品。又中国史上多次提到安提阿，叫做“安都”。

在罗马帝国内完全的自由贸易是没有的，因为有着许多关税势力圈；在它的边界上，征收那叫做“转口税”的内地通行税，另外对食品，大多城市还课以入市税。这些关卡有的比罗马还要古老，特别是在东方的。每一个关税势力圈不是由一个省构成，而是由毗连的几个省集合起来的。税率也不一致，一个关税势力圈和另一个关税势力圈各不相同，从 2% 到 12% 不等，后一项税率起初是对奢侈品征收的。由于所掌握的资料太不充分，我们不能把所有的这些关税势力圈确定下来。我们所可知道的，有意大利、西西里、高卢（包括两个日耳曼省在内）、不列颠、多瑙河各省（连同伊利里亚）关税势力圈。小亚细亚绝不会是一个关税势力圈。事实上，亚洲、俾斯尼亚、本都、帕夫拉哥尼亚诸省，各自成为一个关税势力圈。关于非洲各省怎样集成关税势力圈，我们不知道，关于巴尔干半岛或希腊或叙利亚的关税势力圈，我们也一无所知。跟着帝国贫困的增长和赋税负担的加重，转口税率变得越来越大了。到第四世纪那不折不扣的 12% 税率变为到处实施的税率了。

现在，我们从罗马的商业历史转到它的工业历史。在这里，使我们立刻感到惊奇的，是在罗马工业世界里行会组织的普遍存在。在这方面，本没有什么新的或特殊新颖的东西，因为属于同行业手艺人和手工业者组织的团体，在古代已是一个寻常事件。然而，重要的是，应指出这种组织的基本目的是社会性的。我们没有资料来证明：它们像中世纪行会那样，供给学徒以技术训练，或者像近代工会那样，力图提高工资、缩短工作时间等等。的确，这类事情在古代是不可能有的，因为当时很多工业是由奴隶劳动来进行的。因此，罗马行会在工业上的作用，被夸大了。它们是由社会下层分子所组成的地方社会；像近代的“互助社”和救济会一样，旨在联络会员间的感情，办理救济事宜。他们援助病人，遇到死亡事件，进行适当殡葬。他们通常是在庙宇的庭院里集会的。只有极大的行会才能自设会所。这类行会往往有一个“赞助人”，就是，一个发财的会员，他为了充任会长的荣誉，愿负担一所会场的开支。所有的行会都侍奉一个神或女神，作为守护神，正像中世纪行会侍奉它们的“保护圣”一样。它们也有各种职员，以及一种入会仪式。从铭刻里可看出：在帝国时代，罗马城内，有八十种不同的行业，都是这样地组织起来的。其中船员行会，即内河船夫行会，势力最大，组织性也最强。在它们安分守法和不“玩弄政治”的条件下，政府对它们从没加以麻烦，甚至几乎不予以注意。只在小亚细亚几个手工业人口众多而又有高度技术的城市里，我们才可找到工人骚动和工业罢工的例子。

但是，在第二世纪，可看出政府的政策已有转变。政府见到管理那些和国家应有关系的职业，可获得经济上的利益；例如，制造武器、制造军事供应品、造船、运输、食品生产和流通。图拉真曾组织面包工人行会，哈德良曾组织国家监督下的水手行会。在作为皇室大部收入来源的皇室领地上，各类工人都迅速地在国家控制下组织起来。

到第三世纪，另作出一种政策上的改变，那是一种非常重要的，甚至性质上是革命的改变。由于税收的减少，课税已成为政府的一个极端担心的事件。它提高赋税率，设计新赋税，并设立新税局。在卡拉卡拉时代，可能对若干种行业已经征税；但是，到亚历山大·塞弗拉斯的时代（224—235年），一切手艺和行业被强制地合并起来，放在国家的控制下，而行会本身也成为一个课税单位。各行各业包括有裁缝、各种纺织工和金属匠、毛皮工、皮革匠、马鞍匠、制陶工、面包工、挑夫、码头工人、船货装卸工、木匠、石匠、小贩和商人、旅馆管理员甚至妓女。后来，戴克里先制定一项法律，要求每个城市对所有的这些职业进行登记。

根据课税的各类对象，给予它们各色各样的名称。但是其中最通用最普遍的，是“金银税”（Chrysargyrum）这一名称；它从希腊文金银两个字得来的，因为这项税须用贵金属来缴纳，不像很多别的罗马税那样，可用实物来缴付的。此后，政府管理了金银的供应，规定了工资、价格和工作钟点。它是罗马后期一种最苛重、最失人心和最有危害性的赋税，因为它几乎全部落在负担已重的中等阶层身上；毫无疑问，它是促使这个阶层最后消逝的一个因素。500年时皇帝阿那斯塔细亚撤销了“金银税”，但是，到那个时候，它的坏影响已经表现无遗了。只有做小贩的退伍兵士和教士阶层是被辖免这项税的，基督教在得到承认后，基督教僧侣也列入教士阶层。

国家管理只要再进一步，就可实现政府在工业上奴役罗马世界了，果然这种情况不久就出现。这就是那使一切手工业变为世袭的一种臭名昭著的法律，规定儿子必须继承父亲的职业。再也不能想象有比它更有效地压制创造力和摧残天才的办法了。一个裁缝或一个马鞍匠的儿子，不管有多少理想力和艺术的或文学的才能，被注定要固守他父亲的缝针或钻子，一个陶工的儿子被束缚于他父亲的输盘。只有法律、医药、教育、美术，各种“自由”职业则不在此限。这是在中世纪和近代中机械艺术和自由艺术区别的起源。

在第五世纪中，由于工资的低微、工作时间的久长、赋税的苛重，或在职业上没有兴趣，有成千累万的人放弃了自己的职业。他们从原住的城市，逃往别省去，甚至逃入边疆上蛮族中去。高卢总督曾奉到一项指令，里面有下列一段文字：

> 凡是失掉了正当服务的社会，就失去了它们过去出名的繁华景象，特别是那些有很多行会人员离开的城市；这些人寻求乡村生活，隐匿于秘密荒僻的地点；但是，我们已以下列命令阻止这种勾当：不管世界上什么地方，所有被找出的逃亡者，概须强制他们回到原来的职位，不得有任何例外。

从上文看来，显然，商业和工业在罗马帝国文明中已是重要的经济和社会现象。然而，从范围、生产和影响来说，农业的重要性则还要大得多。

我们现在的土地租赁形式、耕种方法和农村经济制度，是从各种实践方面得来的混合物，从罗马帝国的罗马人，从那些第四第五世纪侵入罗马帝国并定居于帝国境内的日耳曼族得来的。在罗马共和国的早期，到第二次迦太基战争时（公元前 201 年结束）止，罗马人主要是牧畜牲口的“民族”。在这时期，农业还是在简陋的未发展的状态。大批猪群在广阔森林里寻食果实；牛羊在夏季里放牧于草地，而在冬季里则饲以干草和树根；所产谷物，仅足供制面包之用。罗马人民的骨干部分，是由自由农民阶级构成的。贵族，就是一个地主绅士兼军官的阶层，在很大程度上控制着政府。但是老百姓，除了每个自由人须担负军事服役外，还不觉得政府压力的沉重。奴隶是很少的。种田被认为是一种荣誉的职业。新新纳图抛弃犁锄从戎，成为当时代的一个最伟大的将领，像在美国革命时期中帕特南那样；新新纳图的这一故事，表明了这个时代有着朴素和民主的风气。农田是划成小块的，由所有者和他们的儿子，借助于几个奴隶来耕种的。老伽图说过："我们祖先，赞扬一个好人的时候，就称颂他是一个好种田人，一个好农民。凡是受这样称颂的人，认为是获得了无上光荣。最强壮的人、最不畏缩的兵士，就是来自农民间的。"

但是，在公元前第二世纪里，意大利曾发生一个深刻的经济革命，大大破坏了简朴的农民生活。罗马在公元前 200 和 146 年间，征服了希腊，也在公元前 146 年灭亡了迦太基大帝国；于是，一些富庶的省份归并于罗马的版图，在那里已有好几百年流传着高度发展的耕种方法。罗马遂迅即向它所征服的敌人学习这种方法。

罗马元老院命令迅速把迦太基人美哥著的有名农业论文译成拉丁文。老伽图，即著名的监察官，曾劝告罗马农民应用书中所述新方法，而他也亲自编写了一本农田管理手册。这是罗马农业丛书中的第一本；这类丛书是论述耕种、畜牧、培植水果、修剪葡萄藤、养蜂等等的。结果，罗马土地所有者，从那时起，试验了更精细的种田方法，把有技术的农夫、种葡萄者及花园匠输入意大利，还有牲畜的改良种和水果蔬菜的新种。研究土壤和种植及采用施肥、排水方法，跟建造优良谷仓及别的田间房屋同时并举。

在共和国最后百年及在帝国早期中，我们可找到其他农业作家，其中最重要的是：瓦鲁、科琉麦拉和帕雷狄阿斯。瓦鲁所出生的村庄，就是，后来诗人贺拉西所有的著名“萨平田园”的所在地。瓦鲁属于前一辈人，生活在凯撒和庞培的极盛时期。在这两人的内战里，他是拥护庞培的，但在凯撒胜利后，他很幸运，得被赦免。后来，他获得了凯撒的嗣子和继承人，罗马皇帝奥古斯都的保护，从此以后他遂专心于研究工作了。他的学识很渊博，也许他是古代最多产的作家。他享年九十岁，根据他晚年自编的目录，他曾写成七十四种大著作。他所研究的领域，包括有历史、修辞学、地理、科学、法律、教育、戏剧等。

在他的大量作品中，只有一本文法书及“农业论三卷”得以流传下来。后一书是在他八十岁时，用对话体裁写的。第一卷讲述耕种方法，第二卷讲述牧养牲畜，第三卷讲述养家禽和养鱼类。但是瓦鲁与其就是一个农夫，不如说是一个文人，他像许多富有的罗马人那样，喜欢他的田庄，因而有着关于田园管理的实际知识。但是，他对田园生活的兴趣，在于避去那个喧扰热闹的首都，和自然界接触，享受一个简朴生活。上述的著作是关于农业的漫谈，而不是关于实践的农业书。

作为一个农业作家论，科琉麦拉比瓦鲁高明得多。他是一个罗马化的西班牙人，在公元第一世纪出生于加的斯附近。父亲在他的壮年的早期去世，传给他在西班牙和意大利的庄园；在耕种这些庄园方面，他非常感到兴趣。他不但勤勉地研究当代的一切关于农业和畜牧业的论文，而且亲自远游各地，以求新的知识。西班牙在古代以及在中世纪是以养羊业出名的，而科琉麦拉对改进本地伊伯里安羊种特感兴趣，把从非洲亚特拉斯山区输入的螺角羊和本地羊交配。根据有些作家的记载，他为了购买著名的叙利亚种的牡羊往叙利亚去，就死在那里。他的《农村论》凡十二卷，就是他的辛勤研究、到处旅行、实际观察和实验的结果。幸运地，这书能完整地流传到今天。他是以优美的文笔和专门的技术写成它的；有时夹杂以轻松的哲学说教，因为科琉麦拉是向往于“诚朴的古代”，而欢息于当代增长着的奢侈虚伪风气的。例如，他说：一个土地所有者从他的庄园上租户和奴隶所得的服务，比来自外地的租户或购自远方外国市场的奴隶所得的还多。科琉麦拉对于中世纪的寺院田庄，发生了重要的影响。

第三个作家帕雷狄阿斯，可能约在公元400年时出生于高卢的波亚蒂尔。他曾著农业论十四卷。其中主要部分(第1—12卷)是依日历或历书形式排列的，依次讲述各接续着月份的工作。他广泛应用古人的著作，特别是科琉麦拉的论著和迦太基人美哥的拉丁论文译本。然而，另一方面帕雷狄阿斯却是一个开辟了新基地的罗马作家，因为他大量利用希腊的农业专著。可惜他对引用这些资料，一般仅仅注明引自“希腊作者”。只有一个例外，即指明那由叙利亚的贝鲁特·阿那托力奥斯所写的一本农业手册。帕雷狄阿斯的论文由于编制上的实用性和说明上的简明性，成为中世纪人们爱读的一本书。

罗马元老院成员或特权贵族，由于法律禁止他们参与贸易的结果，遂变得过分重视了土地的占有。另一方面，他们却使用了间接的办法来规避这项禁止参与贸易的法令，就是，使用一个灵巧的奴隶或自由人来代做生意。这说明了为什么商业活动几乎全部落在自由人手里。“发财要像自由人”曾是一句谚语。很多“新富”是属于这一自由人阶层，他们升任政府的高级官职，像克劳第乌斯时代的帕拉斯、像尼禄时代的那息萨斯。帕特洛尼阿的讽刺诗，“特立马乔[①]的宴会”，是针对这批暴发户的一种讥笑。在尼禄时代以后，罗马帝国开始把重要的行政官职委任给自由身份的人，特别是骑士阶层。但到哈德良时代。国家所有的高级官职除了财政官职以外，几乎完全不复由自由人来担任。然而，他们还是继续在行政机关内和法院内充任下级官职，但是他们必须和一大群外省人相竞争着，特别是和希腊人和叙利亚人。克利安得是在后期自由人中享有煊赫政治势力的唯一例子；他在科马杜斯时代，担任过判官长（公元 192 年）。

奴隶制是一个重要制度。我们虽可有力地争辩说在早期罗马，从需要粗劳动的经济观点来看，奴隶制有它存在的必要，但这却并没有否认了：在帝国时代，它是一个有害的因素。罗马人从最早时代起，就有着奴隶，但起初奴隶的人数是很少的。在早期，罗马农夫在种田时，除自己的劳动以外，很少需要别人的劳动；有几个奴隶就绰乎有余。下列四项原由，促使奴隶人数日益增加着：（1）农民被迫放弃耕种和大地产占有制的增长，带来了由奴隶劳动来开垦土地的办法，奴隶劳动比自由人的劳动高出一筹，因为奴隶是不担负军役的，并可被迫无间断地工作着：（2）奢侈风气的增长，把大量新的需要引入罗马生活里，而其中很多是需有奴隶的劳动来满足的；（3）在制造工业中使用奴隶日多，这项惯例在东方原早

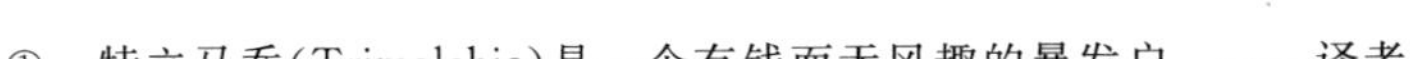

① 特立马乔（Trimalchio）是一个有钱而无风趣的暴发户。——译者

已存在，但在罗马，却只在共和国历史的后期才被采用；(4)最后，奴隶人口的繁殖，由于需要奴隶来做的经济工作的增加，由于立法改进了他们的命运，奴隶人口的增加也越来越多了。

奴隶分成为两大类，即城市奴隶和乡村奴隶；前者是属主人的城市产业的奴隶，后者是属主人的乡间住宅的奴隶。这两类的奴隶按照他们所做的职务的性质，各可再分为各种类别。一个希腊人说过：罗马人的富源在于农业，他们比希腊人较少需要使用奴隶于工业方面；这句名言在罗马帝国时代已不复适用了，因为当时我们可看到大批奴隶在矿井里和石场上，在造砖场和玻璃厂工作着，也有充任织工、染匠、漂布工、婢仆等等。农业愈衰落，资本愈多流入开发工业方面而城市奴隶的重要性也愈提高了。占有奴隶就是投资，而小农逐渐被迫得走投无路。那些被剥夺了土地的农民中，富有冒险性的，往往不顾一切地移往别的省去，特别是移往边境上新省去；但是，很多人听天由命，流入城市里，在那里他们变成为富人的扈从食客，或者沦落于城市中日益增加的游民群里，靠公共救济来糊口，靠浴场和马戏场来消遣。贫困的农民要找寻工作，甚至当个雇工，也越来越困难了。那反映公元第一世纪末期情况的《新约全书》指出在巴勒斯坦也是这样的，而巴勒斯坦是由农民居住着，那里经济和社会结构比在其他很多罗马省，要简单得多。马太福音第20章：第3、第5—7行里，曾提及有工人闲着站在市场上，等待被雇佣；西比太在他的加黎利海上的渔船上有着一队雇佣的船员，像希腊字“Misthotoi”所指出的那样(《马可福音》第1章：第20行)；一般讲，在《新约全书》的时代雇工已不复被重视了，——“雇工逃走了，因为他是一个雇工”(《约翰福音》第10章第13行)。

使用奴隶来开垦土地已成为日常事件。业主的农田，有时范围广大，包括几千亩，由一个监工来管理，而监工本人往往就是一个异常聪明的奴隶，他监督着几百甚至几千个奴隶工人。G. C. C. 以西多勒斯死于公元前8年，他在遗嘱里，在叙述他因这世纪的内战而遭受了巨大损失之后，还传留了四千一百十六个奴隶，三千六百对牛，二十五万七千头其他牲口。另外还有一笔约合二百五十万美元的现款。大田庄上的奴隶的命运是苦恼的。他们不在田野劳动的时候，被关闭在奴隶大营里；他们的工作时间是长久的；他们被监工的皮鞭赶去做工。因此，他们中间死亡率很高，但是，奴隶市场继续由罗马的战争所获得的俘虏来补充着。下面一句话几乎成为早期罗马农业经济上的格言：与其厚待奴隶，宁可使奴隶劳碌到死，另买一个新奴隶，较为合算。庄稼的价值比人还大。伽图属于这种硬心肠、辣手的功利主义的类型。对他来说，奴隶只不过是一只很聪明的牲口，而他就是以这样的态度对待奴隶的。

大土地占有制大量地增加着，特别在意大利和非洲。对这改变了的情况，小农是无法进行竞争的。他负担着军事服役，而富裕的土地所有者能驱使他的奴隶不断地工作着。大农比他能以更低的价格在市场上出售牲口和农产品。结果，在相当时期以后，独立的小农被迫得无路可走。起初，他不得不把自己的部分田地抵押，最后，须把全部抵押了。一般说，抵押的经手人把抵押品售给附近的大地主，而后者正急切地想要增加他的田亩，好几年来本已垂涎于他邻人的小块田地时机终于来到，当那些独立小农从他们祖传的田亩上被逐出的时候，这些田地就又扩大了大地主们的已经很庞大的地产。拉丁文著作里，有很多关于这弊病的怨言；当时的思想家已看到这是正在侵蚀着国家的元气。富者愈富,贫者愈贫。按罗马共和国最后一世纪的奢侈标准来判断,西塞罗过着朴素的生活,但是,他所拥有的一座宫殿,连同地基庄内,使他花费了约合四十八万多美元的钱。自由农民阶层,即作为每个健全社会骨髓的中等阶层,逐渐被消灭了。但是,有些开明公民所提出的抗议,完全无效。政府是由富有的资本主、政府承包商、随军酒食商以及有钱地主所构成的寡头政治控制着。他们对这些抗议不予理会。罗马史家阿匹安曾生动地描写这一项农业危机。

这项土地垄断的弊病遍及整个的罗马帝国。尽管法律上限制大地产的占有不得超过一定的面积,但是大地主们用分散大地产于各省的方法来规避这项限制。第四世纪的一个作家 A. 马塞里纳在他的《罗马史》第 27 章第 11 节第 1 段内写了一句名言:"世袭地产遍布世界"。这一句话是针对判官长 S. P. 普洛巴斯说的。另一个担任同一职位的辛马奇斯,在罗马城内领有三座宫殿,并在乡村里领有十五所田庄。我们不知道它们的规模怎样,但是它们的总数一定是庞大的,因为他每年的收入估计达九十万美元的价值——而当合法利率在 12% 的时候,这已尽了一个人所能搜刮的能事。这种弊病,在中意大利、非洲和高卢最大。像上文所说,在尼禄时代六个业主占有非洲省内耕地的半数。据弗伦提纳的记载,在尼尔华(死于 98 年)时代,非洲的私人地产和城市的领土同样大小。

这些大田庄有时包括整个一郡,而它们的领主以私人资格,行使着过去地方政府的行政职权。地方政府和庄园政府已变为一而二,二而一的,都是在富豪的手里。政府的合法形式,只在理论上继续存在着，而实际上已被代替。到第五世纪，帝国已变成为一个空壳。它昔日一度强大而集中的主权已经烟消云散，而分裂成一群有势力的私人土地所有者；他们执行司法、征集赋税、维持公路（当公路还在维持的时候），甚至由于情势或幻想的需要，随心所欲地发动战争。一句话，封建制度上台了。

近代法国的地方名称，还证明了第四、第五世纪这种情况。奥俾内是从一个罗马贵族名叫阿尔俾那者得名，而这个城市的雏形，就是那些在第五世纪中聚居在他的广大的世袭领地上的居民形成的。索力那克是从一个名叫索伦尼斯者得名；弗勒里是从一个名叫弗洛拉斯者得名。这些领地的大小一定是不等的。但是，甚至当时认为是小领地的，今天我们看来似乎已是够大，而那些“大田庄”则一定是大得可观的。在第四世纪，有一个富裕作家，记述了他在南法所领有的一个“中等”世袭领。在他的眼光里，它还是不够大，可是它已包括有四百亩谷田、一百亩葡萄园、五十亩草地和七百亩森林地。当日耳曼人进入罗马帝国的时候，西方罗马世界的情况便是这样。这种流行的状态，是西哥特人在西班牙、东哥特人在意大利、汪达尔人在非洲、法兰克人在高卢所看到的。他们自己的土地所有形式及他们自己的耕种方法怎样来改变这种制度呢？罗马怎样来影响他们呢？这些问题，在另一章内将给以解答。

到第五世纪日耳曼人开始侵入帝国的时候，土地垄断的弊病已非常严重，实际上一个有势力的地主贵族阶层已经占有整个帝国的土地。自由农民和自由手艺人差不多已经绝迹。他们已沦为世袭大领地的农奴；他们住在那茅舍密集小村里，这些小村往往是和大庄园上奴隶“区”毗连着的。这些奴隶在一个人监督下，成群结队地耕种那庄园里的原有的土地。至于其他部分的土地则由农奴耕种。这种土地是从继续圈围附近抵押出去的以前的自由田庄而得来的。换句话说，农奴原是自由农，虽丧失对自己土地的产权，但仍准予留在原地上作为佃户，来替大地主工作。但是，农奴是一个永远不复能回复其自由的佃户。按法律理论来说，他的劳动，便是地主所勒索的"地租"。过去这块土地原是他所领有的，现在它已变成为地主的产业，而地主已变成为他的主人了。用成语来说，他是"被束缚于领地"；因为他受到了永远还不清债务的束缚；他虽继续以劳动来支付债款，但他是永远不能还清它的；因为债务积累的速度赶上了他以工作来偿付的速度。农奴，如果逃亡的话，可加以逮捕，押回受审，作为逃避债务论罪。又如果他被判有罪的话，那么，他就完全失掉其自由，而沦为一个奴隶，因为他既然一贫如洗，拿不出分文，就应出售其本人来缴付罚金。在这样的情况下，逃亡农奴如果能以受到痛打而过关，则已是幸运的了。

农奴或甚至事实上的自由人，在走投无路的时候，常逃到日耳曼人，甚至匈奴人中间去。448年时，有一个由皇帝狄奥多西二世派遣到阿提拉那里去的使节，在多瑙河外的地方曾遇到这样的一个逃亡者。关于他们间谈话的纪录，值得阅读玩味：

> 他认为，他在匈奴人中间的新生活，比他在罗马人中间的旧生活还好。罗马臣民在和平时期的境遇，比受战祸还更痛苦，因为勒索赋税凶猛得很，又因为法律实际上不是对所有的阶级都生效的，所以，不法之徒胡作非为。富人犯罪不受处

罚，而穷人犯罪则蒙受刑法制裁。

除了上引文字以外，我们可举出一百年前另一个作家的话，来说明同一事情：

“多数人受少数人压迫。除强者以外，谁也不能逃避这批盗匪。穷人遭劫，寡妇被欺，孤儿受苦，终于很多出身名门的人，也逃亡到我们的敌人那里去了。他们因为不能容忍罗马人中的野蛮人性，想在蛮族中找寻罗马人性。”

概括说来，在第五世纪的开端，整个西欧是由有势力的地主贵族控制着的；他们占有着有时是毗连的，但多半广泛地分散的庞大世袭领，它们由两类劳动者，即部分是奴隶，部分是农奴来耕种。由于这些转变，人口的移动，在总数上是很大的。商业和工业的萎缩，使城市人口减少。农业乃成为主要的，差不多独一的生产形式。财富是由土地来代表，很少由别的东西来代表的。跟着城市的衰落，乡村中兴起了很多由住在大领主的大庄园上农奴和奴隶构成的新社会。所有的大领地渐渐变成为一个私人业主手中的地方政府的单位，因而把合法的政权抹去了。

然而必须指出，即在后期帝国的最坏日子里，也从没有过一个自由农或自耕农全部消逝的时期。毫无疑问，在罗马城的郊区，小业主早已被排挤，同样可断言，坎佩尼亚及大部分南意大利已变为大地主领地，但是北意大利的一部分则没有发生这种转变。它还保存着大量的小农。大地主领地的弊病曾被很多历史家夸大。对过去总括性的论断，我们必须审慎接受。“大地主领地”(latifundium)这一个名词是一个相对的名称。这大地主领地制度在非洲及东方各地，在罗马征服之前，原已存在。在有些地方，大地主领地的形成，并没有把农民阶层挤出，而这种制度，和像在拉丁姆、伊特鲁立亚、坎佩尼亚存在的性质迥然不同的其他大地主领地制度，继续在罗马世界里并存着。罗马作家所特别引为悲痛的，是意大利的大地主领地制度，可是他们并没有看到那些起源不同、性质也异的其他大地主领地。在高卢、非洲及其他省内，虽然大地主领地起着巨大作用，但我们无法准确地决定它的规模。但也有理由相信：各省的大地主领地和意大利的大地主领地，在性质上是大不相同的。在有些省内，大地主似乎已从农民征收劳役或实物，和封建贵族一样。举例说，在高卢，罗马贵族很巧妙地变换了旧的土地所有权，使农民阶级几乎没有觉察得主人的变动。这类情况，也许在意大利的若干部分，特别是在北部同样存在着；这些农民，毫无疑问就是普林尼所说的“隶农”(coloni)；他们是以实物缴租，并以自己的工具来耕种土地的。

我们在罗马历史和法律文献里，可看到各种描写一块大地产的名词。这些名词，虽是同义的字眼，但它们的含义却是不相等的。如果说这财产在种类上没有什么重要的区别，那么它们的经济和社会条件却是大不相同的。“世袭领”(patrimonium)是由几块土地或者往往散布各地的田庄合并而成的大地产。一块单独的土地，叫做“地产”(fundus)；它只包括着一组房屋以及附属于它们的土地；“林牧地”(saltus)是一片牧场，或一片森林地或未开垦的土地，其中可能包括或不包括一些农田。在包括农田的场合，它常常也叫做“地产”(fundus)；“庄宅”(villa)这名词原来指业主的乡村住宅或庄园别墅，后来，还用以指整个地产。到第五世纪，乡村住所经常包括了三个方面:孤单的农场、附属的小村及庄宅。"庄宅"这个词可以同样适用于而实际上是适用于后两者中的任何一方面。一个不附土地的庄宅叫做大"建筑物"(aedificium)。"小村"(vicus)这个名词是有伸缩性的;在城市里它意味着一条街道,或一个街区;在农村里它意味着一个村庄;按后来的用法,它已很少用来指示一个乡村的大建筑物,因而已变成等同于"庄宅"一个名词了。

罗马皇帝在帝国中是一个最最大的地主,他在各省中几乎都有地产。就埃及来说,那整个国家是属于皇帝的财产。其中有些财产是跟着共和国的倾覆,移转给帝国的;另一部分是从朱理安族庞大遗产的捐献得来的。阿古利巴(他的妻子是奥古斯都的女儿朱理雅)所领有的广大领地,在他死后,就移转给皇帝。在每一块新征服地上,一部分领土是为皇室保留的;所有的没收、充公和归公的土地也使这个皇室领地的数量增加着。整个说来,皇帝的领地,叫做"皇室财产"(res familiaris)或者"国库财产"。有几种财产,按其性质,是应属于国库的,例如矿地、石场、盐井、广阔森林地带。帝国政府把帝国内重要的自然资源握在自己手里。但是,它也把大量的并差不多包括每一省的麦田、农场、橄榄园、葡萄园等等,都归入国库财产之中。皇后利维亚领有巴勒斯坦的四个城市,其中之一便是亚实基伦。

所有上述的领地,是在皇帝的支配之下,他专设一个行政部门来管理它们。其中有些领地,是直接管理的,其他领地则租出去,或分成几部分承包出去,但如果我们认为从这些财产所得的大量进款,完全是私人的收益,那会是一个错误了。它们却是和近代君主国家中为了赡养王室、维持法院和支付文官俸给的拨款相同。英王的一部分收入是从康华尔直辖公领得来的，而这公领是一个王室领地。只有坏皇帝和挥霍的皇帝会滥用那些从皇家领地上所得的进款的。第一世纪中，加力古拉、尼禄和维特力阿斯的挥霍，使我们明白为什么维斯帕西安要实行节约而变为吝啬；公元69年他登极的时候，据说，国库已亏空了四千万。维斯帕西安所节省下来的，后来由多米蒂安花费光了。在第二世纪，安敦族的开明皇帝的时代，皇室国库财产的管理，是又廉洁，又有效能，而且又可得盈余。可是，其中大部再次被科马杜斯和卡拉卡拉挥霍一空。从第三世纪开始到罗马帝国的结束时止，帝国的财政状况经常是在窘迫的状态中。在后来几百年中，国库管理跟着所有别的事情一样，败坏腐化。

对皇家庄园里的居民来说，所过的生活和在别处的生活，没有丝毫不同的地方。乡村领地上的居民，是佃农或农奴；如果领地是一个城或镇的话，他们是商人或手艺者。但是，他们不是隶属于政府的普通行政官吏或长官，而是隶属于皇帝私人的管理人，即受一个代理人或管理员的管辖的。

罗马帝国和近代国家一样，所有的重要资源及各种财富，都须课税。但是，在帝国后期的情况下，课税问题变成为政府的主要利益的问题。原因是很多的：行政费用的增加、物价的上涨、货币购买力的跌落和货币制度腐化、富人用特权或规避的方法来逃税（那必然会加重那些不能逃税者的负担）、垄断和不公平的竞争、资金消耗而无法节约、民众的日益贫困化、穷人的游荡、生产的下降（因为生产阶级，无论是农民、商人或手工业者，都日益变得心灰意懒)、社会风气的败坏、政治叛乱(例如有些省的僭称皇帝的反叛，有时竟发展到好多省，并连续几年)、农民起义、盗贼横行、费用浩大的战争(像波斯的战争那样)，这一切，几乎都是毁灭性的。其中有些因素，是非常复杂的，往往连什么是因，什么是果，也不易弄得明白的。

古代政府很少理解那经济和社会势力的性质或作用，虽然近代政府也不见得在这些方面，可夸耀已有了多大进步。但是，如资本、信用、消费、价值、分配、使用价值、交换价值、流通、膨胀、间接税、不劳而获的增值、服务工业这类经济名词，甚至工业这个简单名词，会使一个罗马人觉得莫名其妙。拉丁文不能表达由我们看来似乎是简单而熟悉的经济过程，那是由于罗马生活比现代生活简朴呢？还是由于思想上的贫乏和经济上的缺乏见识呢？“米尔西斯”(merces)这一个词，在古典拉丁文中按上下文的语气可指工资、地租、房租、利息、价格。“利第脱斯”(reditus)这一个词可指公共的收入，也可指私人进款。塔西佗创造了“公共进款”(reditus publici)这一词以区别于“利第脱斯”(reditus)，他前进了一步。

上文已提过，赋税负担的加重在后期罗马帝国，——可以说从公元 200 年时起，已是一个严重的经济和社会问题；我们也已谈过一些关于工商业的课税问题。现在我们应该稍为详细地讨论着罗马帝国的课税这一个题目，特别是关于土地税问题，因为已提过，农业构成了罗马帝国财富的主要泉源。

按广义，罗马赋税可分成为两类，即直接税和间接税，尽管罗马官吏是不会理解这种区别的。主要的直接税，是人头税和土地税：前者是向一切没有罗马或拉丁公民权的臣民征收的。在皇帝的省份内(因为那些省份是属于皇帝独一的管辖权范围),土地税是按年产的一定比例额征收的;在元老院省内,土地税是每年向各省社会所课的一个规定的总额。主要的间接税,是关税以及第三世纪起所征收的“金银税”。这两类税,上文已经说明过。此外,另有较少普遍性的间接税:一种1%的售货税,一种奴隶释放税,一种只向罗马公民征收的5%的遗产税。其中好多赋税就是征收所课税的实物,如属动产,则征收所课税的财产,虽然征税吏所作的收税报告里,这些课税是以货币数字来表明的。甚至连在埃及,也是这样,在那里,征收了琉璃、纺织品、纸张等等,并在出售以前,把它们堆储于政府仓库之内。

罗马帝国对其臣民,要求担当若干种义务性的公共服务。这些服务,叫做“公役”。其中最苛重的,是在各省内及各城市内需要维持驿站,即帝国邮站,就是说,需要给养信差用的和驮物用的马匹以及骑师、马夫、厩丁,另外,还须招待那些往来的官员。其他强制性的义务是:“赏金”[①]和“献金”;前者在理论上是一种自动的,而实际上是一种强制的捐款,每隔五年从城市官吏,征集一次;后者是一种相类的税,加在帝国的元老阶层身上,实际上,就是加在大土地所有者贵族身上。各省的元老阶层,和罗马城元老院,没有什么相干。其中很多人,从来没有到过罗马城。元老的头衔,到第四世纪,已成为一种社会尊严和贵族地位的标志;它是大地产占有制的表面象征。总起来说,土地税,是由土地所有者阶级来缴纳的,工商税是由中等阶级来缴纳的,人头税由下层民众来缴纳的。

① 赏金(aurum coronarium)是各省献给胜利将军的。——译者

但是,这毕竟是一个外表现象。因为赋税的负担归根到底总是回到人民大众的头上去的。地主阶级可把加在他们身上的赋税,或以增加地租的形式转移到他们的佃户方面去,或增加对农奴和奴隶剥削。至于商人和制造家,他们可把售给消费者的货物抬高价格。

无可否认,罗马帝国,就征税方法来说,是不科学的,是粗糙的。例如,一个矿场的价值,是按它所雇用的矿工数目来作估计的。又如一块土地是按它的面积来课税的,至于土壤的肥瘠,耕种的难易,或位置的优劣,都不加以考虑。

罗马帝国从第三世纪起开始逐渐衰落,并接连不间断地衰落下去直到灭亡(其中的原因和过程,我们将在下文再谈),这种情况使课税问题,越来越被推到前台了。政府靠课收新税来弥补国库的经常亏空;同时,把旧税,更加推广开来,像 218 年卡拉卡拉扩充人头税那样;税率也不断地在提高着。

第三世纪的危机,使局势发展到顶峰了。那一世纪的好皇帝,像奥理略和普洛巴斯之流,曾企图进行这种或那种改革,但是都没有成功。直到戴克里先(284—305 年)和君士坦丁(311—337 年)时代,才有持久而又彻底的改革出现;他们大刀阔斧地革新了行政,使帝国得延长了寿命。意大利原是豁免了缴纳税赋的,而戴克里先把征取贡赋办法,同样适用于意大利了。这项措施除了具有经济上的公平性以外,还清楚地标志着:罗马和拉丁贵族所享有的特权和势力已一去不复返了;在此之前,他们的崇高身份,由于卡拉卡拉的扩大罗马公民权,原已降低下来。

但是,戴克里先所作的最重要的赋税改革,在于修正土地税。他编制了一种新的土地清丈册,并建立了一种新的课税估价法。

土地税一向是以“牛轭”[1]（这个名称是从拉丁文“牛轭”这个词得来的，大约等于一对牛在一天内所可犁耕的面积）作为单位的。过去，政府征收土地税，按照土地的面积，而不分土地的肥瘠的。现在，戴克里先按照不同的肥沃性、不同的位置、不同的使用方法，例如用作果园、葡萄园或草地那样，建立各种不同等级的“牛轭”单位。他还把“牛轭”单位折算为一定数目的牲口或劳动力。比如作为相等“牛轭”单位的劳动单位，规定为一个男人或两个女人在田地上耕作的劳动。对这些改变，大土地所有者，大声叫嚣抗议。这是很易理解的，只要我们注意到贵族拥有多么大的世袭领财产的时候。但是，这项制度是贤明的、公道的，而在戴克里先的时代，也是彻底实行的。

约在尼禄时代，物价的高涨，换句话说，货币购买力的跌落，已开始尖锐地显露出来了。几代以来，罗马吸收并垄断了那流通于地中海区的货币。罗马人用剥削各省所得的万千货币，建立了持久的投机方法和成功的高利贷制度。巨富的豪华生活引起了奢侈品的大量消费，而这种奢侈品的贸易，又使大批贵金属，尤其是白银，源源输出国外，流入西亚、印度，甚至中国。罗马帝国不能以相应的国内产品，来抵消输入的东西；结果，它的贸易差额，经常是入超的。在东亚文明国家里，帝国的粮食和制造品，却是找不到销路的。从印度来的输入商品，无可比拟地远超过那些从帝国输出到印度的东西，而当时的亚洲人，和现在一样，是有着窖藏金银的明

① “牛轭”(fugerum)是古罗马量地单位，与二万八千八百平方呎的长方形的面积相当，就是二百四十呎长乘一百二十呎阔，约二十五公亩。——译者

显倾向的。

罗马金银数量的缩减，当然也是由于罗马人把很多金银消耗于艺术方面，那自然是绝对非生产性的消耗。其次，那些边境上的蛮族地区，特别是莱茵河和多瑙河流域的地区，还窖藏或埋藏着大量金银。到了第三世纪中期以后，金银矿的出产已不足以弥补这项亏空了。

在罗马共和国时代，白银原是主要金属。但在帝国早期，制造了金币“奥勒斯”①(aureus)以及比较少量的银币“德那里”(denarius 即银便士，九十六个便士合成为一镑)和“塞斯脱”(sestertium 或 sesterce，相等于便士价值的 1/4)。第一和第二世纪里，银便士约值十八美分。在亚历山大・塞弗拉斯(死于 235 年)时代，它的价值已不到七美分了。它已含有 50%—60% 的杂金。因此，跟着银币的贬值，黄金腾贵而物价高涨了。从 250 年以后，当铜币及铜锡铅混合币流通的时候，政府乃要求以黄金或白银来缴纳税款(即金银税)，虽然它有时还以贬值的货币来支付了自己的开支。

戴克里先的货币改革，包括他的最高限价法律，恢复了银便士(德那里)的信用，采用了几种新铜币，制造了一种新金币(奥勒斯)。在公元 300 年时，白银对黄金的比价，似乎曾是稍高于 14∶1。君士坦丁的功绩之一，是他企图并部分地完成了把罗马帝国币制放在金本位之上，并把那高到 48% 的利率降到 12%。可惜这种改革不能维持久远。罗马的货币问题，和它的经济和社会问题一样，

---

① 罗马金币(aureus)有着不同的分量，而且继续贬值；在苏拉时代等于 1/31 镑，到戴克里先时代降到 1/70 镑。——译者

已经无法解决。它的整个文明继续在瓦解着。

戴克里先所进行的经济改革中最著名、又最受人欢迎的，是他的所谓价格诏令(301 年)；严格说来，它不是这一种名实相符的措施，而是一种最高限价的法律。这项诏令的序文中，已明白地指出说："朕决心要规定的，不是这些货品的价格，那会是不公道的；而是这些货品无论如何不准超过的限价。"这项法律的原意，在于保护政府来防止对各种供应品的过高索价。皇帝抱怨地说："由于垄断者的贪婪，朕对军队的供应，已成为不可能。货物的价格已增加到四倍，甚至八倍于它们的实际价值了。"但是，这项诏令所产生的效果，一定也会减少对别人，即政府圈子以外的人的勒索高价的。的确，这项诏令也列举了很多和政府没有直接关系的许多项目、业务和商品。诏令的主要目的，是防止那些谷物、羊毛和皮革囤积商人猛抬食物及其他必需品如服装、鞋子等的价格。这诏令是否曾施行于或想要施行于整个帝国，还是一个争论的问题。但是，历史家都同意这一点，即在实践上，它只是在希腊及帝国的东半部，获得了成效。

虽然不可能按近代货币来说明当时的物价是怎样，但也有理由可猜想在第四世纪中(不是按今日的条件)，物价仍然是高的。关于确定当时物价的唯一令人满意的方法，是把诏令中所列举的各种项目，来互相比较一下。一蒲式耳①的裸麦价，值三双多鞋子，一磅猪肉的价格等于今天二倍或三倍于一磅猪肉价格的各种制成品。由此可见，食粮价格是高的，为什么？因为种田劳动力的

① 蒲式耳(bushel)，量名，用以量谷类的，也可译为嘶。合 8 加仑。——译者

缺少呢？还是因为生产率的下降呢（由于土质肥沃性的递减或由于耕种方法的不良）？是否奴隶种田比不上自由人种田有利呢？好多年来，在农村里，曾否有农民流入城市的现象，使种田方面缺少劳动力呢？要是这样的话，我们又怎样来解释那农村工资反比城市工资低下呢？那是由于奴隶和农奴的竞争吗？提出这些问题，比回答它们，容易些。这项诏令在比较城市工人和乡村劳动者时，指出，城市里的自由工人所得工资是不差的。显然那陷入奴役状态的趋势，在农民中间比在城市工人中还大。现在，我们所谈的，是又复杂、又难于捉摸的各种现象，其中部分是经济的，部分是社会的，部分是政治的，而它们又错综地互相起着作用。

戴克里先时代的繁荣（连当时像拉克坦蒂阿一流的反对他的人，也予承认）与其说是由于经济建设，不如说是由于行政改革和强硬统治。就这些改革的本身言，花费是浩大的，特别是关于宫廷的改组：帝国分成四个总督区，每区有着一个宫廷；繁华富丽，仅次于皇帝的宫廷；宫廷以及省政府的官员在人数上也增加起来。毫无疑问，在戴克里先时代，赋税的负担是在加重，不是在减轻。

从君士坦丁时代起，课税问题成为政府的，也是人民的急切注意的问题。当这位皇帝建立“微贱公役制”（sordida munera）并征收一种“超贡赋”税的时候，富人们疯狂地争求特权和免税权；这种争求状况，是破天荒的。他们钻营教会圣职，或在许多异教中间求得宗教职位[①]。已成为一种令人起反感的丑事。这种勾当是有成效的，因为君士坦丁发觉了：他必须收买富人阶级的好感，来获得

① 当时，异教僧侣和基督教僧侣是同样享有免税权的。——译者

他们政治上的支持。一个第四世纪的作家萨尔维抱不平地说,“现有很多富人,迫使穷人负担他们的贡赋,同时富人又对穷人提出新的勒索,迫使他们缴付”。

君士坦丁保存了那些从塞普替密斯·塞弗拉斯(198—211年)到戴克里先(284—305年)时代逐步建立起来的垄断事业。君士坦丁的赋税管理中所做的显著变革,是“小纪”制度[①]的建立。这不是一种赋税,而是一种决定税率及重行估价课税单位(即“牛轭”单位)的办法。它的第一次规定,是在313年。它的原来用意,是使评价和课税估价,除非每次间隔了十五年时期,不应有所变动。但是,事实上这个时期不久递减到十年、五年,甚至三年了。据说“小纪”制度曾产生一个崭新的纪年法,就是,按十五年时期来计算时间,标出第一、第二或第三等等小纪,来记述事件曾发生于某一小纪的某一年代里。由此可见,第四世纪中的赋税问题,是多么重要了。这种新颖的纪年法曾保留到罗马帝国灭亡之后;中世纪史家,迟到十一世纪时为止,还是在沿用着它。[②]

在整个第四、第五世纪中,赋税负担继续加重起来,而这正是在帝国日益贫困化的时候。圣巴锡尔用下列比拟来描写这一祸害:他说,“比如有一个船夫在汹涌的波涛里驾驶着一叶扁舟,正在他应该减轻船货,竭力使船平稳下来的时候,反而有人再以行李什

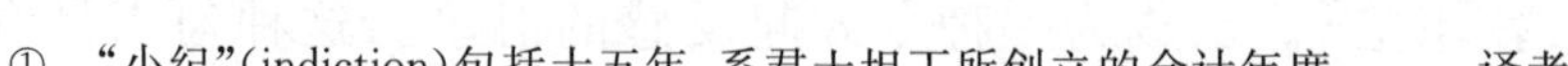

① “小纪”(indiction)包括十五年,系君士坦丁所创立的会计年度。——译者

② 找出小纪的方法,是在普通纪元年代的数目加三,再以十五除这和数,所得余数即是“小纪”,如果没有余数,“小纪”即是十五。另一确定小纪的方法,是从年代数目中减去312,用十五除之。这种老方法对历家来说是有用处的,但是对常人来说则是令人头痛的,尤其是因为按照这种计算方法,年代必须从9月1日开始,到次年8月31日为止。

物满载于他的船上。”因此政府势必一省又一省地撤销欠税，并减低课税估价。公元311年君士坦丁曾把爱提安人所欠的五年税款予以豁免，并对他们以后的课税估价，削减了1/4。公元356年朱理安对高卢人做了一种类似的事情；虽然由于安密亚那斯·马塞里纳[①](第16卷，第5章第14节)对这事的记载模糊，我们还不能断定他究竟做到什么程度。瓦伦丁尼安一世慨欢着他政府无可奈何地对人民所加的赋税负担。公元422年，霍挪留也大量豁免了非洲的赋税，在那里由于多那特异端派的叛乱及努米底亚人的侵略，全国已有一半遭到破坏的地步。

自从布尼克战争以来，罗马的私人、金融、银钱业和政府已保持密切的联系。罗马共和国和罗马帝国在这方面，都和近代国家没有什么不同之点。在格·白兰德司新近出版的《论凯撒》一书里，我们可读到下列一段文字：

在共和国的最后两百年中，罗马财富对立法和公私事务所发生的影响，日益增长起来。理财家在所有的政治关系上，越来越占着重要的位置。那些势力雄厚的团体，如雨后春笋般地一批一批兴起，来做政府的生意；就重要性来说，它们不仅和政府机关分庭抗礼而且有时还会凌驾其上……在罗马城金钱是万能的。西塞罗常常提及债券……老伽图以苛重的利率，放款给无数的借债者。布鲁特斯以48%利率放款；曾迫

① 罗马史学家(约330—390年)，著有《罗马帝国史》，凡三十一卷，留存下来的只有十八卷。——译者

使五个无力还债的元老饿死。庞培靠着他的军队和他的势力，迫使城市接受他放款的这种苛刻的交易；然后再靠这种势力来收集这些放款以及他所想要的成百万的利息。

当时，罗马共和国在各省内包税的恶习以及委派没良心政客和成功将领充任各省长官的陋规，也加剧了这种政治和银钱业之间的关系。

到帝国时代，有才干的皇帝，特别是奥古斯都、提庇里斯、图拉真、哈德良之流，取消了这些陋规恶习，并把财政管理放在廉洁而有效的基础之上。政府和银号老板间的关系虽依然继续着，但是银钱业营业却已由政府来认真监督，这监督任务，在罗马城内由城市总监，在各省由地方长官来执行。当时，地方长官按他的省属，帝国省或元老院省，分别对皇帝或者元老院直接负责。银钱业对检查人员必须公开它们的账册，并呈交它们营业的证件。这些账册分为三种。第一种，是日记账，登记每天所有的收入和支出。第二种，是流水账，登记每一个人或一个公司的存款和借款。第三种，也是最重要的账，是收入和支出的清册，记录每一笔钱款的经营和投资以及有关人的姓名。

另从各城市物质和道德的败坏方面，也可以看出罗马帝国显著的衰落状态。为了充分认识这败坏的重要性，我们必须记牢：罗马帝国是由各城市或各城邦有机地汇合而成的一个大联合。各城市宛如人体里的细胞，是最小的，可是最有活力的有机体。在罗马世界里乡土观念远远地强于我们的时代。但民族情绪却不存在。种族感觉也不显著。帝国除了它地方上接触民众的机构以外，是一个抽象的东西。罗马人的爱国心,只是在对自己的城市或乡土的爱护和忠诚方面表达出来。

在第一和第二世纪里,富裕公民为了公共目的,对城镇慷慨解囊,已是寻常事件。在奥古斯都时代,有一个阿提那城的富人遗给本城公民的财产,达一万二千塞斯脱。几年以后,又有一个马赛城的公民,把他的全部财产遗给城市。小普林尼,曾有一时抱怨自己不是一个富人,后来在发财以后,他陆续捐给他的本城科摩六十万塞斯脱,约合七万五千多美元。其中 5/6 款子,充作那免费发给穷人食粮的基金,其余款子充作建造公共图书馆的经费。在去世的时候他遗嘱以五十多万来建筑浴场和救济穷人,另给一千个自由人终身养老金。还有一个富人留给本乡四十万塞斯脱。

原在帝国的盛世,有势力的公民曾争先恐后地竞争市政官位。这批人通常是巨富;他们能以自己的资财,来维持这种官位的开支,来供给游戏和竞技场那样的公众娱乐。法律虽然使他们对中央政府向城市所征税款如有不足应负责任;但他们并不因此裹足不前。他们觉得,即使遭受可能的损失,这职位的体面却已使自己够光荣了。的确,当时"光荣"和官位是同意义的名词。但是到了第三世纪,情势迥然不同了。在那个时候,我们看到拉丁字"onus"意即"负担",作为官位的代名词了。这种改变,首先出现于塞普替密斯·塞弗拉斯时代,他死于 211 年。可是,城市衰落的象征,早在图拉真时代(98—117 年)已有显露,因为我们看到那位皇帝给小普林尼的一封信里,提及那些不愿意担任"什长"[①]的人。然而

① "什长"(decurion)是十户之长,或市评议会的议员。——译者

对城市财政上的亏空，往往应由城市本身，而非中央政府的苛捐杂税负责任的。因为城市时常在进行公共建设、兴建戏院、浴场等等上面挥霍金钱。很多城市已陷入这样严重的破产状态，使哈德良和马卡斯·安理略不得不指派查账员去稽核它们的账册以及阻止它们的浪费了。由于城市管理的不善，有时城市自治权被撤销，从而城市政府归并于省政府。这种中央集权化的过程，虽可认为是遗憾的，但却是无可避免的。凡是批判这种趋势的人，应该好好地记牢这一点，即美国联邦政府权力的增长，一部分也是由各邦政府的贪污和无能所引起的。

当什长的私人财产遭受危险的时候，他们势必榨取商人和店主，来挽救自己的破产；结果，那些苛重的捐税逐步削弱了整个帝国的中等阶级。为了挹注亏空，政府往往占取城市的公地，并照例把它们售给附近发财的地主，这批人的后嗣，后来就成为这个城市和它的周围土地的封建主了。朱理安皇帝曾以没收了的城市公地还给城市而声名远扬。到了第四世纪，城市状况达到了这样的严重地步，以致政府强迫有钱的人担任官职，并有系统地以消耗私人财富来平衡城市的预算。为了这项目的，使城市官职成为富贵家族的世袭职位。如果什长逃亡的话，他将被抓回，受处罚；他从此不得再离城市他去。

城市和乡村的一般贫困的增长，也在各省内的农民起事和沿海的海盗猖獗方面表现出来。对这些问题，各省长官往往是束手无策的。因此有许多没有城垣的城市，就赶速筑造了城垣，而富裕的地主也把他们乡间的庄宅改为有墙垣的或有壍壕的田庄了。地方将领或有野心的贵族，正好混水摸鱼，从中取利了，而在第三世纪里，有几个省份的确曾好多年脱离了帝国而独立，特别是高卢省。小朴茨默斯，是高卢的一个“僭主”的儿子，曾发表多次演说，把他所讲出的经济和社会痛苦暴露无遗。他说道：富者愈富，贫者愈贫了。他好像几乎已经预见到 284 年巴古达地方[①]发生的农民大叛乱。他大声疾呼地说，“从前我们有法院和法律。而现在弱者备受压迫了。该死的富人们！如果穷人真觉得不值得活下去的话，注意他们会使你们同归于尽的。”尽管在这些演说里，包含着很多煽动性的呼吁，但是他所描写的真情实况是显然可见的。戴克里先，在他统治的第一年里，镇压了巴古达的起义，并大力处理了政府所面临着的各种经济问题。但是，他所能做到的，只是暂时阻止了衰落的进展。他终没能够把局势长久地扭转过来。

为了摆脱负担，邱里亚[②]阶层所可找到的唯一出路，或者向上爬到元老地位，或者加入僧侣阶层。我们可以断言，在第四世纪中，好多中等阶级的上层的“皈依宗教”，与其说是由于什么宗教信仰，不如说是由于自私自利的心理。僧侣所享的“恩泽”是一个有利可图的特权。但是，追求元老的特权、更甚于追求僧侣的特权，因为前者是可传子传孙的。法国历史家佛斯特尔·得·库兰曾主张：中等阶级的上层以爬上元老地位而逃避了负担的人数，多于向下沦落者；只是中等阶级的下层，遭受着社会不景气和贫困的灾难。

我们有很多理由可支持这个论点。在后期帝国，富者愈富，贫

① 在高卢。——译者

② 邱里亚(curia)原是古罗马部族之一，这里是泛指罗马中等阶级的上层分子。——译者

者愈贫的时候,罗马皇帝越来越依靠富人了。但是相反的说法也是对的:富人越来越控制了政府,要不然的话,他们变得势力十分强大可以不把政府放在眼中了。罗马皇帝一向切望维持元老阶层的尊严地位,有时竟令人奇怪地立出法律,来保护这个阶层的威望。从中等阶级的上层对元老地位热衷追求看来,已可证明:这等级所享的特权一定大于它所负的义务。事实上,我们也已知道,它享受着范围很大的豁免权。但这些豁免权的内容是随时变更的,有时且被削减;举例说,在387年后,元老阶层必须捐助公路桥梁的修建;供应兵士宿舍,起初是自愿的,后来逐渐成为元老阶层除了少数特权者外的一般义务;至于提供新兵,起初也不是强制性的,但在375年也推广到元老阶层了。

政府官员的豁免权比元老的甚至还要大些。一般说,这批官员同时也是大土地所有者。罗马皇帝表现出对他们的特别照顾,使他们不受国库税款的追索,还特别关心来帮助他们缴纳税款。元老业主是不付苛捐杂税的。元老领地所有者,在他们的人员中,有正式的商人;他们借助他们主人的金钱、信用和名义,能够完全压倒一般得到营业许可的商人的竞争,使后者陷于破产。查士丁尼新法告诉我们:教会、地方长官和高级元老所经营的私人制造厂,由于免税特权,破坏了正规的工业组织,查士丁尼取消了君士坦丁堡的这种恶习,但是,在别的地方它可能还是存在着。

然而,元老阶层尽管享有各种特权,也不是完全免缴赋税的。君士坦丁部分为了增加收入,部分也许为了分化元老阶层,以两种新税,加在它的身上。因为社会上尊严地位甚至也可用赋税来赐给的。我们可看到元老阶层为反对皇帝的政策,所发出的很多怨言：例如，佐息马斯，在其著作第2卷第38章[①]，谴责了君士坦丁。但是，奥林拜杜鲁斯告诉我们，在第五世纪中期，很多罗马家族还有着大量常年进款。那拥有最多土地的贵族阶层，几乎完全支配着帝国内所可利用的资本，并因为大家族的数目，通过同一阶层家族间的联姻关系，经常缩减，这些庞大财产，非但不会分裂，反而越来越集中于少数人的手里了。当时，大土地所有者阶级中的趋势，就是形成规模更大、数目更少的地产。第五世纪的地产和第一世纪的地产已是大不相同了，尽管有些历史家，还没有观察到这点。

大领地领主拥有不断增加着的财富，也表现出日益脱离政府的独立性。罗马皇帝在剥夺罗马旧贵族的权力里，在缩减他们的古老的家族特权里，扩大了财富的优势；久而久之，大财产的所有权却反过来反对政府了。富人夺取了政府控制权，并在半私半公的地位上行使了这种权力。甚至在第二世纪的末期，我们已可听到各省长官对私人僭窃政权的诉苦。地方大绅士可拦阻政府官吏对罪人的追捕。克劳第乌斯·哥的克斯在第三世纪的末期，曾力求革除这种庇护犯人的弊端。可是，中等阶级上层，为了逃税请求大贵族的庇护；从而使皇帝遏阻这种发展过程的企图，成为徒劳无功。中央政权的日益衰败，看来又可怜又可笑。狄奥多西一世曾设立一种农村警察，即“治安维护者”，但在409年时狄奥多西二世，因为这种警察干着盗劫勾当，不得不取缔它，并把地方警察的职务，委托给大领主本人。换句话说，公共行政权已移转到私人手里。按狄奥多西法典，法官不得进入私人土地上开庭审判；如果有

① 他是希腊的异教历史学家，著有《新历史》（*Historia nova*）。——译者

犯人应受逮捕，执行逮捕者，不应是国家官吏而是领主的管家。只有领主拒绝执行的时候，皇帝的官吏才可使用武力。国家非取得奴隶主的同意，不得捕拿犯罪的奴隶。马约林不平地说，许多大领地已给税吏以闭门羹了。在帝国后期，大领主常常庇护着逃亡奴隶。圣奥古斯丁说过，自成一个单位的庄园，实际上是独立的。在查士丁尼新法和历史文献里，已可十分明显地看出把行使公法作为私人权利这一点了。强者侵占弱者的财产，已是寻常事情。私产很少有安全保障。有势力的人们厚颜无耻地掠夺离乡者的财产，抢夺孤儿寡妇的财产。一个罗马总督劝告一个朋友趁着一个富孀离开的机会，侵占她的财产，同时他本人发牢骚说，他自己在摩里得尼亚的财产遭受了那里的长官的侵犯。在卡帕多细亚，那些替大贵族服务的奴隶军队，曾对皇室领地进行抢劫。萨尔维在其著作的每一页上描写着小业主仰富人的鼻息。

当时，大领地越来越成为国家中的半独立国家，成为地方主权的小岛；乡村和城市的下层阶级，为了避免盗劫、蛮族掠夺，为了逃避苛捐杂税的勒索，越来越多地向那里集中，以求庇护。无论在东方或西方，小业主和隶农为求避免各色各样的苛政，请求大领主，或政府官员，或军事司令甚至或皇室领上官员的庇护。庇护已成为一种制度了。第四世纪中演说家里巴尼斯曾以全篇演说来谈这种习惯所发生的恶劣影响。有些村庄全村请求庇护，在埃及尤其如此。它的效果是：阻塞了皇帝的权力的施行，妨碍了司法的执行和赋税的征集，以至使政府权力化为乌有。尽管皇帝曾企图限制这种习惯的传布，但无论在东方或西方，它还是方兴未艾。在小亚细亚、在西班牙、在埃及、在高卢，都有这种恶习的存在。

后期罗马帝国转变过程中的基本特征是：大地主并吞着周围的小块土地，有产阶级由于庇护制度盛行，不断增加着他们的经济和政治权力。这些过程破坏了帝国政权的完整性和深刻改变了帝国社会的结构。

上述的大领地，是经济实体，也是政治实体。领地上的农奴可找得它们所需的各种东西。每个大领地，像美国内战前南方的大农场一样，是有仓库的。在法律条文和铭刻里，常常说及：为了当地平民的便利，在领地上设立了工场和商店。每个领地的社会，宛似一个城镇，有着商场和市场。我们可找出普林尼时代的资料，来证明：这些大领主的市场，是经由政府认可的。关于这些领地市场，有两块从罗马非洲省得来的碑铭，特别有力地证明了这一点。第一块是关于公元 138 年“元老院关于贝基安塞斯牧场区市场的决议”原文；它批准大地主路求·阿夫立撄那在他的土地上设立一个每月开市两天的市场，即在每个月的 2 日和 20 日。第二块，是关于一个妇女叫做安托尼亚者，她在领地上设立一个类似的市场。碑文上还曾说及别地方的领主市场。因为“牧场区”在政治上和社会上，不同于城市，往往又是规模很大的，所以，它常常自有一座或几座教堂，自有教士，而且（非洲）还自有主教。

上文已讨论过各种问题，现在我们可以谈一谈那些住在世袭贵族大庄园上乡村农夫群众（奴隶除外）的经济社会状况；换句话说，讨论隶农制的起源、性质和扩张。隶农（colonus）这个词，第一次出现于 332 年君士坦丁的上谕里。可是，在罗马社会中，这个阶级的起源和发展日期还要早些。隶农阶级不止于一个源流。从历史上看，凡是完全是独一的而又包括一切的理论，总是站不住脚的。我们至少可以找出三个源流：被削弱了的贫困自由小农；获得部分解放的奴隶；移居在荒地或空地上的“蛮族人”。有些作家认为：重税和政府的压迫，是隶农制形成的原因。另有些作家则从那些空泛而又难捉摸的经济社会力量的作用方面，来找寻各种原因。

隶农是依附的农民，耕种属于别人的土地，以金钱、服役或实物来缴付地租的农民。按术语来说，他们是自由人，可是实际上，他们在永远还不清的债务压迫之下，是被束缚于土地的。这项债务移转给他们的子子孙孙，这样就发展了一个世袭的奴隶阶层。这一类的农夫，在历史根源上、身份上，都异于真正的罗马农奴。后者原是奴隶，由于获得其主人的准许，得自行耕种着那从奴隶群耕种的大土地上划出来的一块土地。

在罗马帝国内隶农的身份，按术语来说，在法律面前是一个自由人——就是说，不是奴隶——但按经济地位来说，是一个不自由人。如遇他所耕种的土地被售出的时候，他连他的家族，一起跟着那产权的移转，而转给新主人了，因为他的债务原是由于他借以为生的土地而背的，而不是由于那土地的所有人而背的。只要他能以服役（服役逐渐由惯例来规定的）缴付他的地租，他不得从这田庄上被逐出去，他或他家族的任何成员，也不得被出售为奴隶。在这一点上，隶农的状况，是远优于奴隶的，因为奴隶仅仅是一种工具；可把他本人出售，或者出售其家属给另一主人，而使他同家属分离。

但是，尽管隶农的法律地位和奴隶的法律地位这样明显地区别开来，可是，两者的社会地位则完全混淆不清了。他们都是属同一个人支配下的“下贱”劳动者，那个人是主人，也是的的确确名实相符的地主。隶农的茅舍和“奴隶区”的小屋，是彼此毗连着的。他们的日常生活和利益又是不相上下。一个隶农的儿子继承其父亲的身份；而一个奴隶的儿子也继承其父亲的身份。历时既久，这两类人的子女，因为在一起成长起来，势必发生联姻关系。这种情况，后来变成这样普通，以致法律终于规定了这种双重身份的婚姻，所生的子女应继承其母亲的身份；举例说，如果一个隶农娶了一个女奴隶，他们的子女，也是奴隶。其次，君士坦丁关于财政政策的严峻立法，又使隶农制硬化成为永恒的农奴制了；因它不准任何人放弃他出生所属的职业。像早期的工业劳动一样，现在第四世纪中，农业劳动，也成为严格的世袭职业。[①] 跟着时间的进展，我们就看到了整村整村的隶农。

到了第三世纪罗马帝国内发生了“弃田”的问题，这个问题从那时起，使最英明的皇帝也觉得寝馈不安。促成这个问题的因素是：农村劳动人口移入城市的趋势（这趋势直到被强制隶农世袭制所阻止时为止）、资本的萎缩、没收性的课税、富裕地主的竞争、地力枯竭、自然资源的荒废（387 年圣安布洛兹“看着亚平宁山区的荒芜景象，感到伤心”）、不安全状态、盗风昌炽以及蛮族的不时侵袭。甚至早在哈德良时代（117—138 年），我们已可看到把日耳曼

① 拉伯斯雷：《土地所有权的起源》，《美国历史评论》，第 8 期，第 430 页。“农奴制较奴隶制能更好适应新的农业状况，起初是政府，其次是城市，再后是教会，采用了长期租赁的办法；最后皇帝芝诺也承认私人业主采用这种办法的合法性。第六世纪和第七世纪中，所可看到的农村经济的最普通形式，是田庄划分成为两部分：地主的住宅附近田地，由奴隶来耕种；其余的土地则分成份地由依附佃人来耕种，不管他们是自由的或依附的……所以他们和隶农化成为一体了。阿那斯塔细亚曾规定：凡是使用别人土地的自由人，当然是被束缚于这土地的。”

人输入来拓殖这些被遗弃的土地。马卡斯·奥理略大规模地使用了这种制度。他的传记作者写道："他把无数的蛮族人移住在罗马土地上。"第三世纪，那些主张改良的皇帝，曾把这办法发展到最高峰，特别是普洛巴斯；他被说成是"把罗马省日耳曼化"。他曾把汪达尔人移殖到不列颠，阿勒曼尼人〔日耳曼部落——译者〕到亚尔萨斯，革坡德人和加森基人（哥特人）到米西亚，法兰克人到安如，甚至到黑海沿岸的本都，又有几千几万的巴斯特尼人，即凯尔特人的最后一支，也从莱茵河东岸携老扶幼，移入色雷斯去。他的传记作者还写道："蛮族人替我们劳作，替我们播种。"一个君士坦丁的赞颂者夸耀说："法兰克人耕种着我们的田地"，另一个人宣称："钱马维安人和法里西安人替我们耕田。"

关于建立上述日耳曼人殖民地的经济意图，我们可从狄奥多西二世的一项法律里（公元 440 年）清楚地看得出来，该法律条文说：任何地主得向"判官长"申请那些从新近征服地息立来的劳动者。第五世纪的一个作家左息马斯，也证明了这同一的事情："好多省内的本地人口竟减少到这样的地步，以致使蛮族人移殖到那里，来接替他们，地方名称也竟被改变了。"这后一项的论证是有趣的，也是正确的。

在几个东方省内，农业的荒废是由绵延和持久的旱灾所促成的。在阿拉伯省、巴勒斯坦和息里内易卡，情况尤其是这样。

和上述提倡开垦弃田的正式企图同时并进的，有很多"擅占土地的行动。"[①]这些弃田和擅占土地的行动使罗马法律增加了一条

① 指没有权利而擅自居住在新地或空地上的行动。——译者

新的条款。罗马法律的一个基本原则，是私产的不可侵犯性。可是，在 193 年，皇帝帕提那克斯，在发给阿拉伯和叙利亚各省的一项诏令里，有下列规定：如果有人进行耕种弃田，这块田地就成为他的财产。如果旧主人在两年之内想要恢复它，他必须偿还给占据者对土地上所作的一切改进费用。如果占据者占有土地已满两年，而原主从未提出抗议过，他就获得这块田地的产权。在 193 年帕提那克斯的诏令之后，另有瓦伦丁尼安、阿卡狄阿斯及霍挪留的各项诏令。可耐人寻味的历史事实是：这项新立法反映出那久在穆罕默德时代之前，关于“死”地的阿拉伯人惯例。的确，瓦伦丁尼安的宪章，特地指出：这宪章的用意，在于维持他们中间的土地惯例。

这许多不利的力量同时起着作用，有时联合在一起起作用，使帝国人口逐渐缩减下去。在意大利早在公元前一世纪时，人口减少现象已经显然可见，而在外省内，则出现于早期帝国时代。公元 166 年的疫疠以及后来 251—253 年间的疫疠，特别严重也影响着帝国的东半部。在第四世纪，坎帕纳的萧条景象已经显著，虽然它人口的减少可能是由于外移而不是由于死亡所引起。甚至连埃及的人口，也在萎缩着；如果像埃及那样的国家，如此免除了旱灾，人口如此稠密，还有人口减少现象，那么，你们想想，其他条件不如埃及优越的地方的情况，又会是怎样呢？埃及人口缩减，已由第四世纪的一个历史家尤西比阿斯保存下来的文件证明了。他说，在亚历山大城，按救济分配处表册上所登记的四十至八十岁的人数，并不大于以前曾领取补助金的四十至七十岁的人数。由此可见，亚历山大城的人口是在减少着。

在迂回曲折地分析讨论了许多复杂的现象之后，我们最后就要面对着这一个问题：罗马帝国衰亡的原因究竟是什么呢？

为了回答这一问题，历史家曾作过很多的、也是良好的努力。可是，在一本新近出版的著作里，我们看到下面一段话："历史上两个最大的问题，即罗马怎样兴起和它怎样会衰亡，从来不曾有过，也许永远不会有着一个彻底的解决。"自从吉本的著作出现以来，历史家的观点和意见是有着广大分歧的，试把它们作一比较研究，倒是很有意思的。下面所引文字，据我所知，是关于后期罗马帝国的一个最出色的记载。可是还有很多未能说明的地方！

> 在公元最初几世纪里，罗马帝国的经济状况大部分是很窘迫的。……一个不健康社会的任何成分几乎都有。大块乡村土地，弃而不耕。应作为生产用的资金，在很大程度上，消耗于奢侈品上，而不使用于农业方面。大庄园的离乡地主[①]挥金如土，鼓励下流艺术，滥赏滥赐作夸耀过眼即逝的官场的排场。小土地所有者被不平等和苛重的赋税压得走投无路。财产逐步聚集于少数人手里，因而穷人和富人的界线越来越见分明，直到那公民和外人间或公民和自由人间的旧区别，被那上层阶级和下层阶级间的新区别所淹没了。各城市争先恐后地竞造了巍峨壮丽的大厦；这些大厦的断垣残碣，不仅告诉了旅行者或历史家那一去不复返的宏伟景象，而且给经济学家指点了关于挥霍的后果的教训。各城市为了支付它们的建

① 指不住在庄园而住在城市过奢侈生活的地主。——译者

> 筑经费，有时竟至负债累累；有时不惜以高利取得借款，以将来的收入来支付现在的费用；有时它们采用货币贬值的方法。城市的胡作胡为，竟达到这样的程度，所以，皇帝往往不得不派遣钦差大臣赋予特殊权力，来重新整顿城市财政；最后，皇帝对城市公共工程计划实施了否决权，又把制币权抓到自己手里。但是，皇帝的这种行动，是一种头痛医头、脚痛医脚的办法，而不是一种根本的治疗。果然它可使那最后的崩溃推迟一步，可是，不能阻止它的来临。同时，在这最后崩溃来临前的时代里，贫困的压力，已十分严重。这倒不是由于那种大饥荒或大疫疠所引起的灾难，而是由于那种社会有机体内神经的可怕紧张，像有人在我们社会里所可看到的那样。当时，在希腊-罗马社会里，成长了一个新的阶层——贫民阶层——而且它的人数也越来越多起来。①

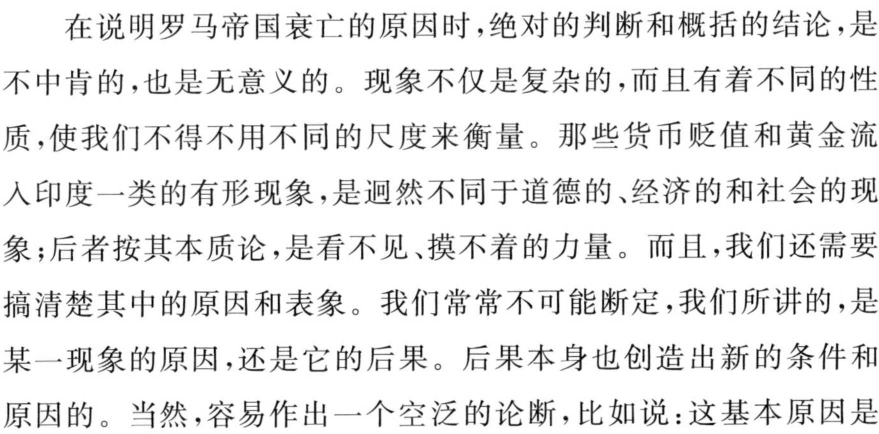

在说明罗马帝国衰亡的原因时，绝对的判断和概括的结论，是不中肯的，也是无意义的。现象不仅是复杂的，而且有着不同的性质，使我们不得不用不同的尺度来衡量。那些货币贬值和黄金流入印度一类的有形现象，是迥然不同于道德的、经济的和社会的现象；后者按其本质论，是看不见、摸不着的力量。而且，我们还需要搞清楚其中的原因和表象。我们常常不可能断定，我们所讲的，是某一现象的原因，还是它的后果。后果本身也创造出新的条件和原因的。当然，容易作出一个空泛的论断，比如说：这基本原因是

① 哈赤(Hatch)：《早期基督教会的组织》，第32页。

政治的、经济的、社会的或道德的;或者甚至较为明确地说,这主要原因,在于穷兵黩武、行政腐败、赋税过重、农业衰落、奴隶制、民众的日益贫困和地主贵族的日益发财、资金的减少、庇护制的成长、公德的丧失、风化败坏、奢侈成风、种族血统的混杂(强壮罗马血统的破坏和奴役出身者在比例数字上的增加)、那使罗马精神革命化的东方影响的渗入,诸如此类。但是,如果我们思索一下,就可知上面所提的每个原因本身,都是从其他前在的原因或条件而得来的。人口的减少,是个原因,还是个结果?贫困,是个原因,还是个结果呢?亨利·缅因勋爵说过:"再没有比这种说法,即赋税过重使罗马帝国贫困化的说法,更加荒诞无稽。"城市和罗马中等阶级上层的衰败,是个原因,还是个结果呢?吉尔柏·墨累勋爵曾说过古代世界的衰落,因为"丧失神经"。但是这一句话,是什么意义呢?而且,为什么古代社会会丧失它的神经呢?农业的衰落是因为地力枯竭呢?还是因为农民阶级的赋税负担过重和农村资本递减?是因为地主贵族占夺土地和农民沦入农奴地位呢?还是因为乡村不靖和盗贼横行?鄂图·西克曾说:基本原因,在于"优秀者的毁灭"(Ausrottung der besten)。在这项意见里,他反映出欧内斯特·雷南的主张:后者想要把犹太希腊和罗马的历史,看作一项历史规律的例证,依此规律,国家和文明,由于尽了给人类服务的责任,而变得衰老枯竭;它们死去,正是为了使一个新的文明得诞生出来。但是,如果说这意见是对的话,那么,"适者生存"这句话,无论在生物学上如何正确,绝不是一项历史的规律。是不是说人类种族像果树一样,经过几代以后,就变成不结果的呢?

基督教道德家,从圣杰罗姆到霍治金止,都说,异端主义和不道德，是罗马世界衰落的基本因素，对于这种论断，我们可完全置之不理。把古代文明的消亡，归结到上帝的意志是幼稚的，而且是无价值的。归结到奴隶制的影响，也是这样的。同样，我们也可不理睬下面所提的原因：黩武主义、暴政、日耳曼人的侵入。但是，不管它的原因如何，罗马帝国的衰亡，总是一大悲剧。

库兰杰及其一派的其他许多作家，在大地主贵族权势里找出了主要原因。他们争辩说，罗马皇帝由于增加元老的人数，由于扩大元老的特权，由于在上层阶级中细分社会等级，创造了一个具有高度贵族精神的社会。城市的中等阶级和乡村的小农被维持这庞大贵族社会的重负压得破产了。结果，我们看到工人团体被牵制于它们的工作上，农民群众被束缚于领主的土地上；因此，罗马社会不曾有那个像在近代国家里产生了商业、工业和自由职业的阶级——只有这些因素才可成为对抗大地主贵族压力的力量。

塞普替密斯·塞弗拉斯使军队成为一个放在元老院之上的政治力量，意大利历史家费勒罗认为这一行动是主要原因。辛科维奇看出古代文明的衰败，在于经济原因，而这些原因，在它们方面，主要地是由土壤贫竭所引起的。伊杭廷顿认为农业收获递减律是主要原因，收获递减是由于古代世界土地日益干旱所产生的。罗斯托夫捷夫教授认为：这地力枯竭的论点是“完全不对的”，他还指出，“这一点无论对埃及来说，或对其他很多（即使非大多数）省份来说，都是不对的。”在他看来，农业的衰落，是一个表象，而不是一个原因。罗斯托夫捷夫的《罗马帝国：社会和经济的发展》（1926年），是关于这个题目的最近论著；据他看来，罗马帝国衰亡的主要原因，似乎是在于政府的横征暴敛的政策。

> 我认为，罗马帝国生活力的逐渐衰败，可从……国家利益高于人民利益的情况得到说明……这种情况过去在很大程度上破坏了东方各帝国和希腊各城邦的繁荣，那也是希腊化时代各王国，即罗马帝国以前各国衰败的主要原因。一旦国家最高地位成为决定性的，而又能使个人利益及社会集团利益屈从的时候，它必然对民众起着一种压制的影响，并使他们对自己的工作失掉一切兴趣。但是，国家加在人民头上的压力，从没有像在罗马帝国统治下的那样使人觉得沉重。早在公元第二世纪时，这种尖锐的感觉已成为社会和经济生活中的最突出的特点，而且以后这种感觉更是有增无减……罗马人……认为更价廉更便利的办法是：把有薪俸的官员人数减缩，把无报酬的、强制为替国家服役的人数增加起来；这样，就采用了一种替高官富人阶级做工作的强迫制度……在公元第二世纪的上半期，这项制度已获得了充分发展；在埃及差不多一切官职都属于"公役"这一类……在财政管理方面，就是要对国家损失负责赔偿的制度。如果有一笔税款还没有收到，而不再能从纳税人勒索出来，那么收税吏必须自挖腰包缴付。如果他不能这样做，他的财产就要被没收出售了。

总之，这公役制，即由政府强制人民做无报酬的工作制以及"做国家工作者对国家的损失应负责赔偿制"，是祸根所在，所有的其他祸害，都是由此派生出来的；其中最重要的——如果我没有弄错了作者的想法的话——就是，中等阶级的毁灭和与此俱来的工商业毁灭。罗马帝国成为压迫的象征，它在破坏它的臣民的时候，也破坏了自己。

但是我们还是可以怀疑的。拜占廷帝国在它长期的全部历史中，是一个压迫人民并很贪婪的国家，和后期的罗马帝国似乎没什么两样。但是，它继续存在到千年之久，而当它在1453年灭亡的时候，那也不是由于内乱，而是由于外来的暴力。我们怎样来解释呢？为什么罗马帝国会灭亡呢？对这一问题，克力奥[①]也没有给予明晰的答复。

① 按希腊神话，克力奥(Clio)是保护史诗和历史的女神。——译者

第二章　罗马帝国和早期中世纪的教会

十九世纪对比较宗教史所作的研究，揭露了一项为过去学者所未认识到的历史真理，就是，一切伟大宗教的创立，与其说由于神学，不如说由于社会原因和经济条件。佛教的传布，不是因为它的“涅槃”说的受人欢迎，而是因为它主张取消种姓。当印度教的贵族和有文化的上层轻视它，拒绝它的时候，佛教在下层分子和无家可归的人中间获得了一批信徒。我们可用很多相同的原则，来说明早期基督教的传布。在历史方面，没有一个历史领域比“早期教会”的历史领域为近代的经济和社会的历史解释方法提供了更大量的新知识和新理解。教会史上的事实和世俗史上的事实，就种类说，没有什么不同之点。社会上存在的力量，在教会历史里，和在其他领域的历史里同样起着作用。如果不先了解公元最初四个世纪中罗马世界的经济社会状况和流行的理想，我们就不能了解基督教的兴起、传布和影响。早期基督教是一种城市的宗教；它是城市性的，不是乡村性的。它从一城到另一城，从一省到另一省的传布，是沿着水陆的通商大路进行的。“基督教曾适应着城市生活，而城市生活是在罗马统治范围内一切地方社会组织上的主要特征”①。

① A. J. 麦唐纳：《兰法郎克(Lanfranc)传》，第100页。

《新约全书》明显地指出了基督教的转变：即从耶稣时代的一种加黎利省[①]乡村农民的宗教转变到保罗时代的城市宗教。耶稣所引用的说明例证，是大家熟悉的东西，如葡萄园、橄榄园、无花果树、庄稼、田间野兽、空中飞鸟、风、红色夕阳。但是保罗所引的比喻，是有关城市、市场，和营帐的事情。我们只是按照保罗的游迹所至，就可发现这个重要事实。正是"在安提阿城，他们第一次被称为基督徒"。几乎所有保罗的使徒书，是写给城市礼拜会的：给以弗所人、帖撒罗尼加人、科林斯人、罗焉人。在"启示录"里所提及的"七个教会"都是在小亚细亚的城市中。在第二世纪基督教开始传入非洲、西班牙和高处的时候，第一批成立起来的基督教团体是在迦太基、加的斯、里昂各城；而且，初期的基督徒，无论皈依的是犹太人或非犹太人，多是小手艺人、手工业者、店员、商人；他们住在大城市的"街区"，在那里，各种行业都有专设的街道。保罗本人原是西里西亚城的塔苏斯的一个制幕工。该城以制造幕布而享有很大的声誉，所以拉丁文中"幕布"这一个字，就是"西里西亚"(cilicium)。保罗在科林斯，寄住在亚基拉家里，"因为他是同行"。

吉尔柏·墨累勋爵，在他的一本出色的书里，曾指出早期基督教的这种城市性质。他写道：

> 我一向认为，从历史上讲，基督教在早期几世纪中的性质，与其从它所宣示的教义中去找寻，毋宁从它所依靠的组织中去找寻；因为几乎所有的这些教义，在往昔希腊化时期的或

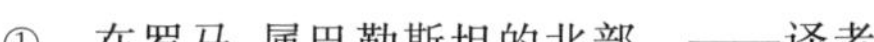

① 在罗马，属巴勒斯坦的北部。——译者

希伯来人的思想里，都找到其根源和极相似的东西。在我方面当我企图从大堆教义，如诺斯替教、三位一体说、一性论、阿利阿教派等的教义了解基督教的时候，我一无所得。后来，我试图把它作为一种互助的有着神秘的宗教基础，半秘密性会社来理解；起初它流传在安提阿和利凡得的许多大商业和制造业城市的下层社会，然后由于本能的同情，它传入罗马和西方的类似阶层中间，并且，和其他一些神秘教派一样，由于特别感动了妇女，它的影响就扩大起来了。在那个时候，历史上各种的谜底，就开始被揭穿了。[①]

古代微贱的人们，即奴隶或自由人中间辛勤流汗的群众，居住于大城市中人口稠密的街区，生活于窄狭的圈子里，做长时间的工作，领低微的工资，所以他们的生活状况是艰苦的，往往又是粗野的；对这批人，基督教所传布的博爱的社会福音："激发爱情，去做好事"以及所教导的经济的公平：劳动者应得他被雇用所值的报酬，曾引起着强烈的共鸣。

然而，有时基督教的教义，也曾激起劳动阶层的愤怒，特别是在小商人遭受着生意损失的场合。不止一次地可看到，当宗教问题成为主要争执的时候，经济上自私自利的动机，确是宗教上不容忍的基本原因。一般人是不会容忍那些有损他们利益的教义的，但是他们也不会就根据这些理由来攻击它们的。狄麦特琉，一个以弗所的银匠，曾煽动同行手艺人起来反对保罗。那里的岱雅那

① 《希腊宗教的四个阶段》，第179页。

大庙，是古代世界的奇观之一，也是来之东方几乎每一个国家的成千累万人参拜的一处圣地。那个城市的居民以及周围平原上的村庄，在很大程度上是靠着这些旅行者和香客，靠着神庙的经济来过活的。那里有大畜牧场，专门饲养供祭祀用的牲口和绵羊，并有皮革制造、毛织品、硝皮、染色、纺织等各种主要工业。在城内有着云石、地毯、镶木各种工匠以及“终生职业的工人”即金银匠；他们靠着制造女神小像来维持生活。这些小像是售给香客，作为纪念品的。这批手艺人对保罗的“用手制造来的，不是神”的说法，极感愤慨，这倒不仅仅是由于他们的宗教偏见，而且是因为他们经济上的自利心。当狄麦特琉喊出“我们这项手艺行将完蛋了”这句话的时候，他一针见血地谈出那项利益了。公元113年在俾斯尼亚城小普林尼面前审讯基督徒过程里，当地人对他们所控诉的罪状之一，是有关牲口刍秣销路的跌落，而这些刍秣原是为饲养将作祭品用的牲畜的。这一点使人想到那原始控告是由附近牧养牲畜者所提出的。从俾斯尼亚的案件，我们还可看到有时历史会重演的一个突出例子。“因为第一个公开攻击苏格拉底者，即喜剧作家阿理斯多芬，是阿提喀的农村各阶级的代言人；而苏格拉底成了商业祭司的牺牲品，也是今天叫做‘均田主义者’的牺牲品”[①]。

另一方面，基督教的训诫，有时会产生经济上的困难。凡有关一个人职业的问题往往可成为一种严重事情。异教神庙为几千几万劳动者提供了职业：木匠、砖瓦和云石匠、石板匠、镶木细工匠、黄铜匠、金银匠、漆匠和装潢匠；所有的这些行业都对于诚心的基

① 赖纳赫 Reinach：《奥甫斯（Orpheus）传》，第90页。

督徒关门；可是还有人，虽皈依了基督教，但仍从事制造偶像和宗教小饰品的。特图良抱不平地说，有些确已选任为教会职员的人们，以保罗的下列格言来作为护符："让各人保持着他们原来所做的职业"，并援引摩西在荒野里制造过一条青铜蛇这一事情，作为辩解。禁止基督徒从事这样多的手艺行业，那当然会有力地促使罗马帝国最后一二世纪的美术衰落。

一切文武官职，实际上基督徒也不得充任。因为他们如果担任这类职位，就必须出席甚至参与展览会、庆典和祝宴，这些都是和基督教的教训不相容的。担任地方长官者必须出席竞技场的比赛会，舞台上的比武角斗表演；他们也须招人承包神庙中那祭祀用的牲畜供应，以及监督庙宇收入。到了第三世纪，在生活的各部门中，在社会的各阶层中，都有基督徒，可是，他们除非和世俗相妥协——他们确是这样做的——否则不仅会难于谋生，而且，由于他们的超然和"不通世故"的态度，还会遭受群众的憎恶。

从古以来，在古代东方各帝国里，大城市里的下层劳动人民，已习惯于组成同行业的团体。这些组织从埃及和叙利亚传遍于希腊和罗马世界。一般说，这些团体有着慈善性质，是办理救济和殡葬事宜的会社。它们的成员，按月付费作为公共基金；它们有自己的集会场所，有一种仪式隆重的和半宗教的入会形式，也有他们自己的各种社会性的娱乐。在卡提林叛乱事件后，罗马政府对这些团体变得惊恐起来，乃企图取缔所有的秘密会社，因为害怕它们会变成为叛离或作乱的中心。图拉真曾命令解散俾斯尼亚的一个秘密的火斗团体。但是，那结社集会的冲力，实在强大，压制不了，所以，政府只好不加刁难，准许了那些办理殡葬事宜组织存在。这些团体在早期基督徒的组织和传布里，曾起着一个相当重要的作用，由于初期的基督徒本身就是来自罗马社会的劳动下层，所以这些团体往往成为早期教会组织的所在地。团体所在地在所有的成员都成为基督徒之后，有时就是他们的集会场所，这种团体的宗教仪式曾影响着早期基督教的礼拜仪式；这是异教影响基督教的一个途径。

基督徒财产所有权的最早形式是领有一块墓地的形式。按罗马法，死人的坟墓无论在什么地方，无论属什么阶级，都受到严密的保护。甚至对被迫害的牺牲者，也不得拒绝给以殡葬。为死人举行葬仪是很普遍的事，所以墓地上的小礼拜堂往往成为当地基督教集团的礼拜场所。在受到迫害的时期，墓地常常成了暴徒攻击的第一个目标。可是，另一方面，由于罗马人对财产权和死人坟墓非常尊重，尽管基督徒的宗教是非法的，但他们对墓地的权利还是维持着。例如，亚历山大·塞弗拉斯（死于 235 年）拒绝了一个旅馆主的申请：他要求破坏一块基督徒的坟地，来在那里建造一所旅舍。当然，这种财产严格说来，虽然是为了教会的目的，但不是属于教会的财产，而是属于一个团体的或主教以私人资格所领有的财产。在君士坦丁以前，在法律的意义上，没有教会财产这一回事，它只在事实的意义上是存在的。313 年的"米兰诏令"第一次在法律上建立了教会财产，并把一种新的财产类目，即团体机关的财产，加入了罗焉法内。甚至在那时，领有财产权起初也只限于教堂、墓地以及其他用作礼拜或类似目的的建筑物方面。直到 321 年，法律才准许基督教会享有收受赠与或传给教会作为基金的财产之权。

现有一种广泛流传的观念，说早期基督徒过着穴居生活，隐匿在地窖里、地下室里、墓洞里；那是一种荒诞无稽的错觉。他们和别人一样，是同世俗人相混居杂处着的，“和世俗人一起生活着，他们的食品、服装、住所和用具，都是相似的；他们也同样常到公所、市场、浴场、码头、市集等等，无可置疑：一个店员或商人在改信基督教后，一般地也不会改变了他的生活的外表。人们在街上或在公所里可以和他谈谈话，也没有什么理由来怀疑他的基督教信仰。”

毫无疑问，早期基督教教义，在和罗马世界当时的经济和社会制度相比之下，是非常激烈的；如果实行起来的话，那会颠覆古代文明中最稳定的状态。但是，不管早期教会所抱有的经济的和社会的观念怎样激烈，它却从没企图把这些观念付诸实施。它把它的活动局限在实际条件内。博爱和慈善的福音，反映在施舍方面：如救济孤儿、寡妇、疾病残废者的苦难，救济第三世纪中那些被送到石场里、矿井里的基督徒囚犯，赎回那些被非洲摩尔人所掳的俘虏，赈济荒灾，维持传教师的生活，照顾那些旅行途中的基督徒，因为款待客人的义务是神命的。在这些社会服务方面，早期基督徒的工作，都是慈善性的。可是，教会很少做那改进自己范围以外状况的工作。它单纯地根据宗教理由来谴责事业界中的很多活动，但是，尽管有批评和谴责，教会从没提出过一个建设性的改良方案。在有些方面，

基督教团体，把他们原来要消除的灾祸，反而加剧起来。

在一般的社会情况下，孤女将会出嫁，很多寡妇将会再醮。但

是在基督教社会中，兴起了一种永远童贞和永远守寡的趋势，而这种趋势，是由许多伟大传教师培养出来的。的确，出嫁并不是一种罪孽，但是它是一种弱点的招供；第二次出嫁，差不多被认为是一种奇耻大辱。因此，教会所供养的童贞姑娘和寡妇，在人数上与日俱增的比例，一倍倍地加多起来了。

如果认为早期教会，曾倡议过什么革命的社会性质的运动，甚至什么彻底改良性质的运动，那会是一个错误。在古代文明的最危急时期，教会在理论上和实践上都接受了现成的制度。它可能曾作过努力，来减轻奴隶阶级中难免的苦难，可是，它从没否认过奴隶制度的合法性。它曾给奴隶以物质的和精神的慰藉；可是，它承认奴隶制是当然的事实。拉格坦蒂阿的常被援引的一句话是："在我们中间，主人和奴隶没有什么区别；要不是相信他们是和我们平等的话，没有什么理由可以说明，我们可以弟兄的名义来称呼他们；"这句话，不是词藻，便是单纯教条主义。对主人和奴隶间关系的"公道性"，教会从没否认过。关于古代世界贱视劳动方面，教会所做的，也远不如一般所相信的那样，它从没主张过像那常说的"劳动的尊严"；它所教训的是忠实劳动的义务，以及劳工应得他雇佣所值的报酬。所以，就作为社会主力量论，教会的伟大时代，不是在早期，而是在中世纪时代。

有些史家认为：早期教会拥护并实行了一个人道主义的社会经济的伟大纲领，企图在世界上建立一个又新又好的社会。那些史家是被浪漫主义或虔诚情绪引入迷途的。而且，他们还漠视了许多异教思想，特别是斯多噶学派的思想，这些思想对于纠正当时代的某些社会上的大弊病，曾产生类似的巨大影响。在第三世纪中改善罗马法并使那些最不合于人道的特点趋于稳妥的，不是基督教，而是斯多噶学说。斯多噶学说还教导了人生在世的价值，不管一个人属于哪一个阶级，并灌输了罗马公民权的尊严和义务的思想。在人道主义方面，斯多噶学说比早期基督教有更普遍的意义。确然，它是对上层阶级而不是对下层阶级呼吁的。然而，那是因为它不是一种情绪和感觉的福音，而是一种理性的福音。它是不像基督教所做的那样，诉诸阶级觉悟和阶级矛盾的。斯多噶学说，完全和基督教一样，规定了忠实劳动的义务以及对劳动的诚实报酬的义务，可是，它不像基督教那样，进行着一种积极的、物质的和表面的慈善事业。另一方面它培养着一种内在的、精神的和理智的慈善事业，那倒是基督徒所不曾想到的。斯多噶学说，是容忍异端的；而基督教则反是，斯多噶学说是从不嘲笑异端的，而基督教则正是如此的。斯多噶学说教导着全人类的爱而早期基督徒所说的爱，则是只为了他们自己并只在他们自己中间的。用任何标准来判断，斯多噶学说是崇高而又是开明的学说；今天其中有些教训，还是使人感动的，而且有助于人类摸索前途。现在，没有一个思想家，不会对马卡斯·奥理略和埃皮克提特①，肃然起敬的。

在有些方面，基督教是古代悲观主义的一个新的反映，就是说，它反映出在基督教时代开始前后几世纪里，那渗透着古代世界的悲观主义。它采用了，但变成这样采用了希腊罗马悲观主义哲

① 奥理略和埃皮克提特都是属斯多噶学派的大学者，前者是罗马皇帝，著有《默想录》(*Meditations*)；后者本人虽没有著作，但其门人阿利安(Arrian)搜集其格言，蔚成《便览》(*Enchiridion*)一书。——译者

学中富有特征的思想，例如，藐视人性和对理性的不信任，以及寻求世俗快乐是徒然的一种主张；它依据这些学说，培养着禁欲、苦行和独身主义一类的实践。对这种信徒来说，忍受痛苦，使来世可以享福；生活是苦恼的；事物的虚幻和不公平，是现实的标记，也是最公平的证明；失望是使人希望来世的一种新的原因。古代悲观主义通过基督教终于变为它的反面了。

在“前尼斯”[①]教会史上，就是说，在君士坦丁时代前的教会史上，一个重要的问题，是基督教直线的扩展；即从奴隶和下层工人阶层到罗马帝国的富人阶层和有钱贵族的自下而上的扩展。基督时代的最初两个世纪中，所有的皈依信仰者，差不多全部来自卑微的平民、奴隶、自由人、手艺者和商人。圣保罗适当地描写这些人说：“按世俗标准来看，没有很多聪明时人，没有很多有势力的人，也没有很多高贵的人。”神父作家们经常把一个富人或一个有崇高社会地位的人之皈依信仰事件，作为特别庆贺的事件。关于本都城一个有钱的船主人马桑的信教，即是一个例证。

直到第二世纪的最后时期，基督教才开始在罗马社会的上层中间急剧地发展着；在第三世纪中，尽管已经开始普遍的迫害，但这项进展还是稳定地持续着。253 年受难于瓦勒里安的迫害的教皇哥尼流，是属于著名的哥尼流氏族；它是一个罗马最老的家族。瓦勒里安的诏令，用没收财产、降低社会地位以及放逐来处罚基督徒；那就表明了在那个时候已有上层分子和有钱人皈依了基督教。当然，地中海世界的东半部比西半部，有着更多的基督徒。基督徒

① 就是在第一次尼斯会议(公元 325 年)之前的时期。——译者

人数最多的地方，是叙利亚和小亚细亚。在本都，整村整村地皈依了基督教。可是，希腊长久顽固地保持着异教地位。特图良约在200年时著文，认为在迦太基的人口中基督徒占有1/10。第三世纪中期，在意大利存在着六十个有组织的教区。251年时，罗马教会有着四十六个神父、七个管事、四十二个侍僧、五十二个读经者，维持着一千五百个孤儿寡妇；由此可见当时罗马也许有着三万到四万个基督徒。其中奴隶和自由人的数字是很大的。

在第三世纪中，罗马教会的财政力量对于教皇权力的发展是一个重要因素。

> 从各地教会和京都[罗马城]间的频繁交接来看，可知下列事情对所有的教会，尤其是在它们需要财政援助的时候，是极端重要的：取得和罗马城教会的联系，接受它的支持，知道它对旅行的“弟兄们”的如何招待，以及有权替囚徒和矿场里做苦工的人们请求它的大力干涉……在帝国中，没有一个团体对和那伟大“罗马教会”的关系，可以漠不关心的。甚至辽远地方的教会团体，也通过财政的援助……被束缚……于“罗马教会”了①。

历史家们曾多次想要估计罗马帝国内基督徒的数目，尤其是在第三和第四世纪基督教开始形成为一种力量时的数目。但是由于资料的缺少，这些估计，不过是一种猜想罢了。吉本估计帝国在

① 哈那克(Harnack)：《教义史》，第2卷，第159，164页。

250年时，有一亿两千万人口，其中有基督徒六百万，就是人口的1/20。这两项数字，当然过高。舒尔茨曾把同一时期的帝国人口，算作一亿，其中1/10是基督徒。哈那克在他的《基督教的使命和扩展》一书中，承认了关于这类资料的有限，而力避作出总括的论断。他说道："在戴克里先迫害（公元303年）以前的五六十年的时期中，发生了教会第一次的大扩展。"他依据所可得的资料来分析，区别出四种类型的省区：(1)基督徒在人口中约占半数的省区，在那里，基督教在第四世纪的初期，是传布最广的宗教；(2)基督徒在人口中构成很重要部分的省区，在那里他们有着影响领导阶层的势力；(3)基督徒零星地散布的省区；(4)基督教的传布非常薄弱的省区。

有各种原因可以说明基督教的迅速扩展和最后胜利，可是，对这些原因的重要性，要作出决定，都是困难的。但是，经济和社会的势力是在这些因素中的最有影响的因素。这里，再援引哈那克的下面一段话：

> 我们很难决定那作为基督教特征的各个势力在产生推动力方面的比重：也就是确定：这种推动力有多少从它的一神论得来，从耶稣基督的教义得来，从它的永生希望得来，从它的积极施舍和社会救济制度得来，从它的纪律和组织得来，从它进行宗教上的混合主义的能力和轮廓得来，还是从它在第三世纪里所发展的技巧得来，而这种技巧超过了任何迷信的魔力[①]。

① 哈那克(Harnack)：《教义史》，第2卷，第336页。

另一重要的决定因素可能是：异教徒和基督徒在人口繁殖率上有着高低的差别。因为在异教徒间存在着杀婴的风气，而在基督徒间这种杀婴的恶习，则被禁止的。

教会经过戴克里先时代最后一次的大迫害，比前更强。帝国政府的失败，正是教会的胜利。可是，在精神方面，教会是受着损伤的。很多最勇敢、最优秀的人才已经死了。剩下来的，大多是属于起码等级的人，懦弱而少勇气，为了策略而竟愿牺牲原则；为了保全自己的生命和财产，他们妥协了，甚至变节了。

十年之后，即在313年时，君士坦丁在米兰诏令里，准许了宗教容忍。于是基督教遂成为一种合法的宗教。基督徒的人身和财产获得了法律上的保护。但是，第四世纪基督教的胜利在人类历史上是一个付了极大的代价而获得的胜利。跟着君士坦丁之后，统治阶级、富人和奔走名利之徒，遂大批地涌入了教会，他们同时带入了他们的原有的道德品质和社会准则以及他们所习惯的行为方式。结果，教会和世俗的界线被模糊，宗教从属于政策和政治，"起码"的男男女女侵入了教会，理想越来越低，突如其来的巨大财富，起着腐蚀作用，而精神也硬化了。

第四世纪中，教会历史上的突出事实是教会急剧转变。它不复是一个由穷人和中等阶层的人所组成的宗教社会，而变成为阶层式和官僚式组织的团体，崇尚奢靡、争权夺利的团体了。为了获得那有财有势的异教贵族的支持，为了取得他们的财产，教会向世俗投降了。教会权威的增加，是用丧失精神活力的代价来取得的。这种道德堕落的速度令人惊异，和它腐化的程度一样。堕落情况竟达到了这样严重地步，还不到一个世纪已有不少重视道德的人士宣称：教会对它的兴盛所可叹息的理由，反而多于对它第三世纪所蒙受的灾难和迫害。试把原始基督教和第四世纪的基督教比较一下，所可获得的结论必然是令人沮丧的。历史的分析往往就是病症的诊断。研究第四世纪教会的道德和宗教生理，不是研究它的健康状态，而是研究它的疾病；研究它的精神损伤、它的各种腐败和弊端。

基督教僧侣，像异教教士、大学教授、雄辩家及医生那样，可以豁免税役，即那些压在很多人身上的重税。结果，为了免缴赋税，有"一批不信上帝的人争求圣职"，尤其是那负担很重的中等阶级的上层。那些寻求圣职和钻营名位之流侵入教会职位；他们争求登用，把政治"关系"、社会势力甚至贿赂，来影响教会和政府，以求实现他们的目的。

由于这种出乎意料的情况，不到一年，政府震惊于它的进款的减少，不得不采取措施来限制僧侣的特权，以防止纳税人的逃税。圣杰罗姆写道："我倒不抱怨这项法律，而是抱怨那些促使它成为必要的原因。"但是，当政府准许教会免缴像别的富人们必须缴付的所得税的时候，当政府除道路和桥梁税外不向教会征收任何税款的时候，它怎样能够限制这种弊端呢？从世俗的和教会的立法的数量上看，可见政府对限制经济流弊的努力，没有获得良好成就；我们可找到在整个两个世纪中，关于这一问题的立法，特别是在360—361年和398年瓦伦丁尼安一世、狄奥多西大帝及其儿子所制订关于禁止授圣职给中等阶级上层分子的法律。在439年，瓦伦丁尼安三世在西罗马皇帝中作了最后一次的努力，以求防止人们用成为僧侣来规避他们对国家的义务之流弊；他把圣职限于授给那些财产不满三百苏里德(约合一千美元)的人。但是所有这些限制性的立法都没实施过。这种弊端在罗马帝国存在的整个时期中从没纠正过来。第五世纪中圣奥古斯丁抱怨地说,很多人进入了教会,只是因为他们希望可获得某些世俗利益而已。查士丁尼为了解决这个问题,终于把政府的政策掉转头来,以管理城市财政之权授给主教。在民政方面,主教的特权,甚至还要广大。他督察低级城市行政官、行使从前由保民官所执行的否决权,监督公共建设和城市拨款,稽核城市账册,最后他还亲自选择城市管理员。很有意思,拉丁文"episcopos"(英文 Bishop〔主教〕是由此得来的)这个字,是有时用以称呼异教庙宇的财政官的。

主教的政治势力和财富这样的发展,对教会所发生的影响,当然是使教会和世俗间的界线比前更加模糊了。有人认为,教会是不赞成这种宗教和世俗职务间的密切联系的,它欢迎政府对阻止富人闯入它的教士团体所作的努力,"作为防止不足取的教士的办法。"但是,我是没有办法来找出资料以证明这种说法的。教会一旦尝着权力的甜味之后,再也不愿离开那世俗筵席了。

关于限制主教追求帝国政治势力的立法早已出现。阿塔内细阿对教会中剧烈争夺有利可图的职位的现象,发出长叹。在撒狄卡会议(344 年)上,奥赛阿痛骂主教争求"宫廷上世俗爵位和权力",而这会议的第七项立法企图限制这种行为。半世纪以后,杰罗姆还是在指斥这同一的弊病。非洲的主教,由于这种恶习,变为臭名昭著。较小的主教,整个来说,是丑态百出地争求帝国恩惠,来获得更有实利的登用。下级主教,往往力图使用宫廷势力,来绕过京都教会,甚至长老为了逃避主教的管辖,也使用这同样的方法。

现有很好理由可以相信：第四世纪中教会官职在数目上增加，一部分当然是合法的，因为在新形势下，给教会展开了更大的机会和更广的活动场所。然而，无可否认，高级教士所享有的荣誉和报酬，在吸引很多人加入僧侣等级方面，构成了一个有力因素。利希脱估计：在君士坦丁时代之后，在帝国一百二十个省内，长老的数目达到一千八百个之多。尽管我们没有什么像统计数字一类的东西，可资证明，可是那些保留下来的材料，尽足以使我们至少约略地计算出这大量增加的幅度。在教皇哥尼流时代（250 年），罗马教会曾维持一百五十四个僧侣。如果说，在狄西阿迫害时期，大教堂尚维持这样数字的职员，那么 313 年后这项数字该是怎样呢？据阿塔内细阿的估计，322 年时属于亚历山大城教会的，有着十六个长老和二十四个管事；甚至在阿利阿叛乱后，335 年时，还有着十六个长老和五个管事。教会立法原早已力求把僧侣的不必要增加加以限制。可是，335 年时阿塔内细阿还是带着五十个主教来出席太尔会议。400 年时，霍挪留曾规定：教会应要求修道士帮助教士工作。但是显然，这种限制性的立法没有达到了目的，因为生在第五世纪中期的索左门还说道："在很多教会里，流行着不同习惯……例如在叙利亚，许多城市只是共有着一个主教；而在其他地方，甚至一个村庄里，也委派了一个主教，像我在阿拉伯和塞浦路斯以及在弗里加的诺维细安人和蒙退那人中间所亲眼看到的那样。"在这一点上，是很不一致的。甚至在利奥大帝时代（440—461 年），我们看到还有教皇抱怨地说：在一个长老已是绰乎有余的教会里，竟然指派了主教。教会为了维持这种教士队伍，开支庞大，尤其是因为主教们仿效着省长衙门的豪华风尚和仪式。当我们注

意到这一点的时候，就无怪乎巴锡尔对宗教行政上的浪费，发出长叹息了。

但是对教会纪律来说，财富的迅速大量增加比特权和豁免权甚至发生更大的破坏作用。第四世纪中僧侣拥有"宠幸阶层的特权和富人阶层的势力"。在君士坦丁之前，基督教是穷人的宗教，而教会也是穷的。慈善救济事业几乎用尽了一切来自信徒的捐款。下层僧侣天天在市场里、商店里工作着，只求糊口，而不领薪给。教会的不动产，主要在于墓地以及冒充作工人团体集会的场所。这些建筑物往往又小又不牢固，所以时常从一个老的地方移到另一个新的地址。在瓦勒里安和戴克里先两次迫害之间长久和平时期(258—303年)，跟着基督徒人数的大量增长，他们的教会在数目和规模方面，都扩大起来。但是，那维持僧侣阶层和教会建筑物的费用，还是依靠着捐款。那时，没有，也不可能有赠与基金的。

但是，在313年后，财富像潮水般地涌进来了。不仅发还了戴克里先时代所没收的私人的、教会的、基督教财产，而且有大批新的丰富赠与，赐给教会。君士坦丁的早期诏令之一，命令把"基督徒过去时常集合的场所"，还给基督徒，不管这财产已经收入国库，或已经转移到私人手里。对于后一情况，所有人可从国库获得补偿。君士坦丁甚至拨出公款，来修理老教会房屋并建造新教堂。但是，这些赠与也许是从皇帝的私人钱袋里拿出来的。姑不论它的来源如何，君士坦丁和他的母亲赫勒拿，的确，在给教会的赠与方面是很慷慨的。教皇西薇士德一世的传记中，包括有一张长表，列举那些接受君士坦丁从国库领地拨出来的土地赠与的教会，即在罗马城以及在意大利别处的教会。罗马、君士坦丁堡、耶路撒冷、希力奥波力、尼哥米底亚、安提阿、伯利恒、迦太基以及其他城市，通过帝国政府的资助，都有着教堂点缀着。这些教堂好多不是新造的建筑物，而是像拉特蓝宫殿那样，属于皇帝的大厦；据说是由君士坦丁献给教皇的。早在324年时，已有一本收租卷册，里面特别注明："在意大利、非洲和东方某些房屋、商店、花园和田庄是属于罗马三个教堂的，即圣彼德教堂、无墙垣的圣保罗教堂和圣约翰·拉特蓝教堂。"到吉雷西阿斯一世时代（492—496年），教皇领地显然是广大的，而且它的管理，是依照伟人格列高里（590—604年）书简里十分详尽地透露出来的组织方式进行的。

教会被赋予一种接受遗产的无限极力。"领受每个人在临死时愿意留给最神圣天主教会的产权证。"[①]把遗产给教会，成为一种宗教义务的形式。为了使教会致富，许多基督徒剥夺了他们家属的财产继承权。好心肠的主教限制了这种赠与的流弊，但他们尽管指责流弊，还是坚持着原则的。圣奥古斯丁，在其一次讲道理说道：忠实基督徒"应把基督放在他们的子女中间来考虑，并使他成为分得他们的遗产的一个人"。根据攸西比阿斯的话，君士坦丁曾命令，一切殉道者的财产，如果他们没有继承人的话，应给予教会。瓦伦丁尼安一世和狄奥多西大帝曾规定：凡死而不留遗嘱的或没有嗣子的教士或修道僧所遗留的财产，应归给他们所属的教会或寺院。一项补充法令，还规定了一个死去的主教的全部财产，

① "Habeat unusquisque licentiam sanctissimo catholico venerabilique concilio, decedens bonorum quod optavit relinquere."

除非这些财产是在他升任主教前获得的，或者从他的父母遗传下来的，应留给教会和救济事业。根据罗马法条文，凡是关于叛教和异端的罚款或没收的财产，都归入国库；可是，在实际上，其中很多款子是流入僧侣的钱柜的。教会的不动产，曾被宣布为不可剥夺的，如果出租地产超过了三代的时期，那是教会的违法行为。

第五世纪中对教会的赠与增加起来了。关于这方面，宗教历史家掌握着丰富资料。索左门说过：要描写狄奥多西的姊妹浦尔契亚所建筑的巍峨壮丽的祷告厅，所创立的穷人和旅客的救济所以及修道院的房屋，那不是一个短时期所可做到的。"上帝、教士们以及一切罗马帝国的臣民，都可作为她慷慨解囊的证明人。"她曾以精致地镶嵌着黄金和宝石的桌子，赠给君士坦丁堡的教会。索左门接着说，"如果有人怀疑我的记述的话，让他去查一查那公主的管账员所保藏下来的账册吧。"有一个西班牙的富裕的女继承人米兰尼亚，十二岁出嫁，二十岁守寡；她的慷慨气魄比君主还阔绰。她的同时代的史家帕雷狄阿斯，作出下面的一段描写：

> 她曾把所有的丝绸衣裳，赠给神圣祭坛，她剪裁了她的其余绸服使它适合教会的别的用场。她曾把她的金银付托给一个长老（他是来自达尔马提亚的一个修道士），并曾把金银经过海路输送到埃及和提贝易德去，数达一万个大流[①]；她送出一万个大流到安提阿去，但对巴勒斯坦，则送了一万五千个大流。她曾捐赠一万个大流给那些岛屿上的教会，给那些被放

① 大流是古代金币名。——译者

> 逐的苦人，而且，对西欧的人们，我指那里的教会和修道院内的人们，对接待旅客的招待所，对一切贫困的人们，她还曾亲手分发了她的赠与品。此外，她一定还曾捐出四倍上述数字的款子。

第四世纪教会史上的一个有趣的现象，是那争造教堂的热情。教会遭受了一种强烈的“建筑热症”，这种活动，一部分固然是由于正当的扩展愿望，来适应人数越来越多的新需要，可是，一部分是由铺张炫耀的病态狂热而产生的。连早期的寺院主义也遭受了这种气氛的影响。尤西比阿斯写道，“许多教堂又从地面上巍峨地高耸着，豪华气象，远非过去被破坏了的教堂所可比拟。”在一个短时期内，这种狂热竟达到了这样程度，以致头脑清醒的教士像圣杰罗姆那样，提出了抗议反对这种无谓的浪费，而这种资金原可更好地用在其他方面的。杰罗姆不是没有理由地抱怨说，教会变得太浪费了，教会对它们的外表装饰比对管理它们的教士们的品质，给予更多注意。“今天，许多人建造教堂，考究它们的光滑云石墙垣、柱子，黄金闪烁的天花板，镶嵌着宝石的祭坛。可是，对于基督的牧师的选择，则满不在乎了。”

但是，这一时代的感情，却是和安布洛兹一致的；他写道，“教士应该特别以适当的华丽来装饰着上帝的庙宇，使主宰的宫廷辉煌显赫。”杜森曾列举在200年时期罗马城内新建的或修复起来的二十三所教堂，他还列举从西薇士德一世任教皇(314年)到霍密斯达任教皇时期(514年)，在罗马城外的五十所教会；而且他承认了这项资料还是不够完全的。从那些关于建造教堂活动的资料看来，结论必然是：这种开支一定是远超过正当的需要；其中很多是属于奢侈和浪费的。尽管有私人的赠与和政府的资助，那几百所建筑物所需的经费必然是一个很重的负担。

另有一个弊病，教会必须予以对付的，是那些无所事事的富人们钻入教会队伍的情况，对他们来说，基督教已成为一个时髦的东西。

> 基督教会被迫害火焰炼得纯洁的时候，对有野心的俗人来说，是没有什么吸引力的。担任教士职位是太危险了；所以除了纯洁而又热心的基督徒以外，再也没有人要担任它了……然而，当教会的世俗地位，由于它在整个帝国中的优势，无可估计地提高以后，它遂成为实现野心的途径；同时它的财富，对懒惰和荒淫之徒提供了淫乐放纵的前景[①]。

轻佻的、有时放荡不拘的男男女女，在玩腻了崇拜埃西和奥赛烈司，或弗里加的神秘教，或其他一些在后期罗马帝国占有势力的，像克拉勒姑娘[②]那样的无数东方宗教之后，在觉得厌倦于彷徨的岁月之后，为求得另一种新奇东西来鼓动他们的疲乏想象力，就力图在基督教里找寻一种新消遣。现在宗教迫害的危险已经过去，而且皇太后对新承认的信仰，又给予保护；所以社会上钻营名利之流，群集于教会了。后期罗马帝国贵族，在加入教会以后，完

① 李亚：《僧侣独身制度》，第 63 页。

② 指意大利尼姑圣克拉勒（1194—1255 年）；她曾建立“穷苦姑娘教团”，后称穷苦克拉勒教团。——译者

全未曾放弃他们的世界观、阶级和人生观以及他们的传统和偏见。另一方面，由于教会已向世俗妥协，俗人在教会里也不觉得有什么不惯情况。第四世纪中这种基督教贵族的图景，不是一幅动人的图景。

当大批轻佻放荡不做事的富人们，从上面来侵入教会的时候，在同一时刻，另有乞丐骗子群，装成贫苦和忠诚的样子，从下面来涌入教会；他们是被基督教的新财富和救济工作所吸引而来的。大城市的贫民，原是惯于依靠公共救济度日的，现在发现了一个新的供应场所。在一种意义上，教会的这种腐败阶层被抛弃了，而这一阶层原是几百年来由罗马施行有害的社会经济政策培养出来的；但是问题是：教会是否曾把它所要解除的祸害，加剧起来，因为它欺骗的慈善，提倡了一种大规模的乞食制度。圣安布洛兹不平地说，“乞丐的贪心不足，从没有过比今天更甚者。他们鼓足勇气而来。他们之所以来，除了他们是在流浪的理由以外，再也没有什么了。”圣巴锡尔抱怨地说，要在真正贫苦者和骗子之间作出区别，是困难的。在教会圈子内，行乞已成为一种职业，像在外面异教世界里，有数以千计的人久已干着这勾当那样。到第四世纪末期，罗马城的基督徒乞丐群，几乎形成了一个特殊的等级。安密亚那斯·马塞里纳记述了下面一件故事：“367 年时，当兰伯庇阿将军举行某种盛大竞赛会而分发大量的赏赐的时候，因为不堪忍受那批群众往往夺取那些发给穷人的赏赐所发生的骚扰，为了表现他的慷慨和对群众的蔑视，他一怒从梵蒂冈招来了一大群乞丐；并给予大量赠品，使他们发财。”

毫无疑问，教会的财源，绰乎有余地可供给它在第四世纪中的

正当需要。但是，僧侣阶层的贪得无厌以及市政当局把维持城市中流氓无产者的负担推在教会身上的倾向，两者都使教会急于争取新的财富。在教会力求摧残异教运动里，经济自利心确是一个因素。异教教士们，大多是有钱的土地所有者。僧侣阶层又垂涎于各种异教神庙所拥有的大量基金，这些神庙在罗马世界里的每个城内、每个省内都可以找到的。在君士坦丁的儿子们时代，教会开始了那剥夺异教庙宇财产的运动。君士坦丁原来规定了帝国内基督教和其他宗教间的平等地位。异教信仰不受排斥，异教庙宇不受骚扰，它们的财产受到保护，它们的特权继续维持。可是到341年时，昆斯坦斯禁止了城市内举行祭祀。君士坦都曾以亚历山大城太阳庙以及它的全部财物和进款，赠给亚历山大城教会。狄奥多西还把塞拉匹神庙的全部基金给它。约在347年时，有一个名叫马脱那斯的作家（不要把他和那同一名字的早期异教作家混同起来），曾出版一本题为“异教的荒谬”的小册子，里面，他为了教会的利益，曾拥护那没收全部庙宇的财产的主张，甚至提出了并辩护了劫夺异教神殿的要求。

皇帝的贪婪心理，被主张没收财产者巧妙地玩弄着。异教神庙的地产、黄金器皿和祭坛用具，代表着一项庞大财富。由于统治者的恣情挥霍，行政制度改组后的政府开支的激增，以及宫廷的奢侈风气，尽管把赋税一倍倍地提高起来，但政府维持开支却越来越感困难了。有些骗取政府和宫廷官位的基督徒拚命要钱，怂恿皇帝走上这条掠夺的道路；他们曾指出皇帝有合法的权利，来夺取那些神庙的财产，因为依据罗马法，所有的神庙土地，理论上是帝国的一部分，又因为皇帝对罗马帝国内各种信仰，是世俗的当然首领，所以他可随意将任何神庙财产并入国库里。各种异教的无组织性，又是它们的处境的另一弱点。这些异教，种类繁多，没有共同信仰，也缺少像基督教那样的普遍性；这一事实，使它们容易成为这项掠夺政策的牺牲品。它们是不能团结起来的。

皇帝朱理安曾力图重振异教摇摇欲坠的势力，因此，他在几百年中蒙受了诽谤，直到近时由于研究的结果，他的性质才从他所遭受的冤屈里拯救出来。他曾敏锐地看出异教信仰的弱点，努力使它们复活起来。他曾看出基督教由于它宗教的社会化性质而拥有力量；在他一封著名的书简里，他指斥了异教教士阶层没有发放救济金、救助贫苦者和受难者，也没有维持医院和学校像基督徒所做的那样。他谴责了竞技场上的野蛮行动以及舞台上的淫猥表演。可是，异教徒没有能够响应皇帝的这项号召，使自己适应于那改变了的环境，使自己的宗教变为社会化起来。这是它的最大弱点，也许就是它之所以失败的基本原因。那些怠惰的教士，实际上大多把神庙的财产用在世俗方面，为了自己的享乐而消耗它们，至于神庙，则任其荒废。

从本质上看来，朱理安的下列措施，无论在理论上或实践上，是没有什么不公道的地方的：他以立法来取消僧侣阶层所独享的特权和豁免权；他从公共账册上勾销了那批像水蛭般地缠住的领取恤金的基督徒；他禁止了主教们免费使用政府的驿站系统，他们享有别人不能享有的免费权利，由政府开支，在陆上海上来来往往；他强制了教会发还那些异教庙宇的财产，而这些财产是教会用贿赂朝廷方法所取得的，或者，是擅自掠夺来的；他要求基督徒和帝国的其他公民一样地履行着民事上和军事上的义务。

但是，朱理安关于限制教会弊端的方法，非但没有成为对教会的一种补药，来祛除它内部的一些渣滓和腐朽东西，反而使它更坚决反对异教。像英国亨利八世掠夺寺院财产那样，当时，掠夺异教财产，是一个逐渐的过程，历时好多年代。这项过程是由君士坦丁的儿子们开始的；据说，在他们的朝廷上，“有些人吃用着那从神庙劫夺来的财产，从而他们从最穷的穷汉而变成为富翁了。”但是，主教和朝臣们一旦尝着劫夺的味道之后，都渴望着更多的财富。在东方，亚历山大城主教提阿非罗，是这项偶像破坏运动的领导人。在西方，这运动的最热烈首领，是米兰城圣安布洛兹；他详细引证了犹太人在安泰奥卡斯时代的行为（载在《玛喀比书》中[①]），作为教会应该依循的先例。

这一问题，到狄奥多西一世时代，即在基督教升到帝国国教地位的两年之后，发展到最高峰了。392 年的诏令，在法律上没有排斥异教，但是，异教徒从教会要求排斥异教的叫嚣里，从皇帝的日益亲基督教的倾向里，已看出对他们的不吉之兆了。394 年时，罗马军队中一个法兰克军官阿波卡斯特刺死了瓦伦丁尼安二世。该军官因为不敢篡夺西方的皇位，乃立犹琴尼乌为皇帝。当时，异教徒就马上拥护新皇，而新皇也立刻用恢复异教神庙的财产，使异教徒重得收入，来求得他们中间的拥护者。这种措施以前格累细亚和瓦伦丁尼安都是拒绝采行的。在狄奥多西平服异教叛乱之后，跟着，发生了对异教的一般性取缔，即对一切异教财产的普遍没

① 玛喀比是在安泰奥卡斯四世时代宗教叛乱的首领之一，属犹太族；《玛喀比书》就是《内经》中之二卷（玛喀比书一、二两卷）。——译者

收。那时基督教取得了宗教上和物质上的全面胜利。我们很幸运还保存了一首为庆祝这事件的基督教胜利歌的手抄本。然而，神庙本身还是没有一般地被捣毁；只是它们的财产被没收，它们的神殿被封闭而已。当时，没有像亨利八世时代英国教会所遭受的那样破坏景象。“从我们所可得的关于破坏特殊神庙的唯一记载里看，可知所有被破坏的神庙，都是有臭名昭著的仪式的神庙，或者是那些神庙，它们的存在使社会中基督徒观念受到特别的侮辱。”教会已经有着它所需要的足够房屋。而且，可能有人还会追悔曾把异教神殿改作为基督教圣所的举动。直到第七世纪重新建造教堂的时候，庙宇才被拆卸、破坏，它们的石头才被移作建造新建筑之用。潘提昂庙被保存下来，改作为一所教堂；那是一个明显的例子。东方基督教比拉丁基督教在偶像破坏运动方面远远地更激烈，因为在那里，僧侣激起了群众的疯狂并煽动了群众的暴动。君士坦丁堡的圣约翰·克立索斯吞和亚历山大城的息立尔（海派希亚牺牲在他手里的）表明了那些力主毁灭异教者的情绪。然而，甚至异教神庙在各省内已被封闭，祭坛已被捣毁，僧侣已被剥夺了进款而分散之后，异教崇拜还是在辽远地区，在没有教士的状况下，偷偷摸摸地保存下来，直到第七世纪时为止。

毫无疑问，第四世纪中使教会腐化的最坏源流，是它大量而迅速获得的财富。这在教会史上，原是数见不鲜的。不幸，那时没有像圣法兰西斯这一类人来号召教会离开它的粗野和物质的方式。“教会中的节约剩余”从来是不大的。但是，可以怀疑，基督教是否会像 300 年至 800 年之间的几世纪中那样堕落下去。当时高级僧侣们的贪得无厌、他们的力求猎取遗产、他们的世俗性、他们的挥霍性、他们任用私人和诈欺取财的行为，都成为基督教道德家和讽刺家的好题材了。圣杰罗姆在400年时写的又诙谐又讽刺的“主教的日子”一文和朱未那尔及琉息安[①]所写的，是属于同一类型的。

简直令人丧气的，是在第四、五、六世纪中的宗教文学里，看到现在名义上基督教欧洲的大部分人会这样深深地沉溺于多神教的道德，异教的神话、习惯、风俗，拜物教，信仰符咒里。哈那克写了下面一段辛酸而确实的话：

> 神学家们经常在心里想着僧侣、官吏和“良好”社会……而一般人……的生活却不是按照这种信仰，而是按照那第二等级的基督教的；就是，那表现在圣徒故事里、在偶像崇拜里、在尊敬天使和殉道者里、在十字架和符咒里，在把弥撒看作魔术崇拜里的基督教……我们在伟人格列高里方面和在第七次宗教大会的最后决议里所见到的基督教，就是第一等级基督教，显示和那种隐藏的、彻底迷信的和多神教的“基督教”之间的最密切的结合，而从第三到第八世纪几百年的时期乃标志着这种融合过程上的各个阶段。[②]

为了和庸俗道德妥协，教会曾付出代价，也为了实施这种庸俗道德，教会拥有了一种为古代世界从没有人知道过的工具，而这工

① 两人都是罗马的讽刺作家。——译者

② 哈那克：《教义史》，第4卷，第106，304—305页。

具是有着特殊的社会动力的。吉本论及古代人民的时候，说过："他们在现世生活里的行动，从来不以什么来世的报酬或惩罚的严肃信仰来支配的。"但是，在教会势力支配之下，社会上作恶的人们，会受到了那在来世生活中被处罚的威胁。基督教曾大力地引用宗教制裁方法，作为一种道德上的警察力量，以求维持公共秩序和保护财产，而这种力量在古代世界里是从不知道的。虽然不可能估计通过教会纪律和惩戒制度对社会管理上所发生的影响究有多少，但是，这种制度的力量和效果，是无可否认的。

整个来说，关于第四、第五世纪的教会，历史的裁判是一个对它不利的裁判。有一位生于或死在教会史早期里的最大学者，记载了这一种意见，作为他对教会的深思熟虑的判断：

> 基督教本身以最有效的方式，助长了社会的腐朽状态；既然如此，它就不可能把群众提高，来建立一个按最中庸字义名实相称的基督教社会；相反地，它对群众的许多需要和愿望，一再地作出了让步。有很多因素，促成了这最后结果，尤其是政治史上的冷酷的发展和经济上的困难状况。与此密切地联系着的，是撤销贵族、自由人和奴隶之间的古老区别，跟着而来的，宗教上和智慧上的"野蛮性"透入了上层等级，而这种野蛮性在下层等级里从没被克服过。[①]

"黑暗时代"的形成，至少，由于教会的腐败不亚由于罗马文明

① 哈那克：《教义史》，第4卷，第270页。

的衰败，或“蛮族”的侵入。

在罗马帝国内，教会所发生的影响远不是一个建设性的影响，而是一个头等重大的瓦解和分化的影响。在这点上，它所起的作用，像所有的东方宗教一样，是朝向摧毁古代社会的整个机构，但是，正因为它是东方宗教中的最大的宗教，所以它所发生的效果，也是最大了。詹姆士·弗雷泽勋爵，一位比较宗教史的卓越作家，写过下面一段话：

> 希腊和罗马社会，是以个人屈从国家的概念作为基础的；它把国家安全，作为行为的最高目的，放在个人安全之上……所有这一切，由于东方的宗教传布而改变了；东方宗教灌输了灵魂和上帝间的感通的思想，而灵魂的永生作为唯一值得争取的目的了；与此相比，国家的盛衰兴亡都降到了微不足道的地位。无可避免的结果……乃是吸引信徒越来越多地脱离了公共服务，使他们的思想集中在他们的精神情绪方面，培养了他们对现世生活的轻视；他们把现世生活，认为仅仅是为了更好的和永生的生活所作的一个试练而已。在一般人的观感上，那圣徒和出家人对现世蔑视，对天国心仪神往的生活，是人类的最高理想，而这种理想遂替代了那旧有的英雄和爱国主义的理想；爱国者和英雄们愿意舍身为国，赴汤蹈火而不辞……所以，那生活的重心，似可说，从现世移转到来世了；不管另一世界可获得了多少，但可无疑问，这个世界，由于这项转变而招致了重大损失。政治机体的总瓦解就出现了。国家和家庭的联系，也放松了；社会的机构分崩离析，因而陷入了野蛮状态；因为文明

> 只有通过公民的积极合作，以及通过他们把私人利益从属公共利益的愿望，才有可能。当时，人们拒绝了保卫祖国，甚至拒绝了继续生育。由于他们念念于自己灵魂的获救……他们满意于摆脱了他们周围的尘世而长逝，而这个世界他们原本视同罪恶的本原。[①]

尼斯会议以后，最早时期神父的著作满纸洋溢着教条主义争论的气氛，或充满着对那批从加黎利派来的传道师和护道师的态度和品德所作的轻蔑谩骂的激烈言词，或放出迷信的气味，当我们逐页翻阅这些著作的时候，我们就有无谓争辩和幻灭之感。当时，在东方，有三个伟大的卡帕多细亚人：巴锡尔和尼萨·格列高里（肉体上的胞兄弟，又是精神上的双生子）以及纳塞安曾·格列高里；在西方，有圣安布洛兹、圣杰罗姆和圣奥古斯丁；这六个人曾举起拼死效忠于基督教的旗帜；他们比任何别人是更多可敬而更少有可责的理由的。

蒙退那派，是曾建议给僧侣以规定工资的第一个教派。

因为僧侣阶层越来越多地变成为社会里的一个特殊阶层或等级，所以教会的老式经济制度，对新的条件已不复适合了。在使徒的时代，僧侣原是自己维持生活的，这种经济上独立的理想继续存留，直到第四世纪时为止。最后由于君士坦丁和狄奥多西对教会所作的变革，一个新的原则就迅速发展起来，就是说，凡是在祭坛供职的人应依靠祭坛来生活。因此，教会负担起那维持僧侣生活

① 弗雷泽：《三神传》(*Adonis*, *Attis*, *Osiris*)，第1卷，第299—301页。

费用的责任，教会的这一改变是重大的。

我们可合理地想象：从教会财产的大量增加情况看来，在313年以后僧侣的工资可以充分满足他们的需要。这些工资，在大多数场合下可能是够的，即使僧侣们的贪欲不曾使他们大胆地从事外面的商业买卖行为，以图扩大他们的收入。我们有少数几个例子：在狄奥多西一世时代，有一个马朱麻的主教芝诺能把麻布织工的生涯和他主教的职责成功地结合起来；另有一个在阿卡狄阿斯时代的梳羊毛工人利奥即卡帕多细亚的僧侣，巴锡尔曾使他经营着固定贸易。394年时，圣杰罗姆写道："救济穷人，果然是一个主教的光荣，可是从贸易里积聚私人财产，却是教士们的耻辱。"圣安布洛兹，在他的"牧师的责任"一篇论文里，警告说，"应该扫除那爱钱的欲念。教士们不该从事贸易。利润便是狡诈的标记。"他劝导了教士们从事农业，而不要做生意。教会里禁欲主义的培养原不是单单由于对独身生活卓越品质的信念而来的。它一部分是用作一种方法，来阻止僧侣中间肉欲主义和世俗性的增长，一部分也是为了防止那些荒唐的僧侣、教士或主教把教会资金挪作私用的弊端。

从第三世纪起，主教在管事协助之下，掌管着教会财产。不是每个主教，像那尼亚的约翰主教一样认真地记载着所管的事务。由于流弊的不断发生，341年安提阿会议就不得不规定了教士和管事应具备关于财政管理的知识。在加尔西顿会议上所提出的主教盗窃公款一案，使教会财产管理的整个事情有了结论。这里，正式决定了每个主教应指派一个僧侣，充当财政管理人员，在他领导下来管理主教区财产。教会关于限制由经商给僧侣带来的腐化影响的立法是卷帙浩繁的。僧侣不该常逛十字路口和市场，不该在旅馆周围徘徊着，不该出去“兜揽生意”，不该用别人名义来赚钱，不该充当财产的保管人，不该做遗嘱的执行人，也不该去猎取遗产。451 年加尔西顿会议，把这种性质的一系列的立法明白地记录下来。但是，从几百年来形成的贪婪心理，已成为教会易犯的罪恶。僧侣们恶劣地滥用“水能灭火，所以慈善能灭罪过”这一行著名诗句，来骗取信徒的赠与。这种思想，在中世纪的土地赠与或物品的赠与里，时常可以看出。原在神父时代，基督徒在他们贫困状态下——因为他们所有的财产，是很少的——进行着施舍，来扩大福音，救济病人，帮助穷人。可是，从第四世纪起，给教会的赠与，大多基本上不是为了别人的利益，而是为了拯救施舍者的灵魂。这是一种表面上不自私而实际上自私自利的行为。到了一个时期，一个人在他的遗嘱里，必须把他财产的一部分，遗给教会；如果没有嗣子的话，他还须把全部财产遗给教会。这种图利的圈套，在 398 年迦太基会议法规第 103 条里表现得很明显；它规定：富孀必须热心替上帝服务。

安密亚那斯·马塞里纳是最后一个拉丁历史家，关于他是一个异教徒还是一个基督徒这一问题，原是可以争辩的，但是，很少有人会否认他是一个诚实的作家。的确，在第四世纪中所有的作家中，他是一个最不偏不倚的观察家；他对当时的主教所作的描写，远不是阿谀的；这些描写证实了下列一项论断：即这批基督十字架的正式代表们，不得认为是有道德修养的人。367 年时，达马萨和厄赛那斯在争夺教皇位的冲突时，各从罗马流氓无产者中间招罗了打手和暴徒。这是一个打到底的搏斗；当搏斗过后，有一百三十七个尸体横陈在西西尼那斯大厦前的大道上；“这是一所基督教会，”安密亚那斯带着轻蔑口吻接着说。

你以为卡帕多细亚的乔治，是怎样的一个人呢？他是亚历山大城的掮客、银行家和主教。第四世纪中，再也没有一个主教，这样地抓住了那由君士坦丁和狄奥多西一世的新恩泽所提供的物质机会，把它更有利地利用着。他把基督教化作资本，把权力转变成红利，并使教会成了营业的工具，就效率和气魄论，今天华尔街的每只豺狼对他也将羡慕不止。他一度曾服务于帝国的财政机关，在阿利阿教争论中，他放弃了这项职位，转到那由教会提供的经济剥削更广大范围去活动。在阿塔内细阿流放之后，他担任亚历山大城阿利阿主教，他表现了一个工业巨头的卓越才干。他在小麦市场上干着投机生意，组成“托拉斯”来开发埃及沙漠的硝矿，“垄断”食盐贸易，占取广大沼泽地带，在那里种植纸草和芦苇，来制造纸和笔，最后还组织公司，来独占亚历山大城的殡仪馆生意。

卡帕多细亚的乔治也许是一个极端例子，幸而，当时也有抱着真正责任感的主教。当帝国政府日益衰败的时候，主教座，正是由于政府的放弃职守，被迫担任行使那些原属于各省省长的职权。据记载，塞浦路斯的主教，提奥多里塔斯，从他的主教座的收入项下，拨出款项来建造两座桥梁，照管公共浴场，建筑通水道以供应城市的饮水。在这同一岛上，另有一主教埃匹非尼阿，他先花掉了自己的祖传产业，继而使用了教会的财产，来救济穷人和遭船难者。有不少主教帮助那被压迫的罗马中等阶级。在这类聪明而精力充沛的主教中，最引人注意的一个主教，是息多尼阿·阿坡利那里，即第五世纪高卢的克勒芒主教。

> 他相信一种基督教，就是，和世俗相接触来革新世俗并支配世俗的基督教……在清晨时间，他接待所有的来人，听取控诉，调解纷争，办理很多属于一个行政长官的职务……他有着和市议会有关的重要职务……他必须监督他教区内的土地耕种。第五世纪中不管在世俗事务或宗教事务方面，城市社会中的真正首领往往是伟大教士。元老阶层尽管有着广大土地和富有教养，但他们的权力一般不会超出他们庄园内农奴之外的。[①]

在今天社会活动家中有诚实的人士，甚至有理想家，同时也有自私自利夸夸其谈、言行不符的政客，第五世纪的教会情况也是这样的；在野心的、汲汲于名利的主教、钻营官职者、社会上向上爬者中间，也有若干理想家。圣奥古斯丁在所有的这类理想家中，是最伟大的理想家，也是在这些早期基督教会中的最热心的基督徒。他同时是一个乌托邦主义者、一个理想家、一个传统主义者、一个热情的天主教徒。他很少意识到历史远景，可是，对于教会历史的发展，在神父时代，没有人，除伟人格列高里以外，比他产生了更大的影响。奥古斯丁，由于情势的逼迫，由于天才和品质的关系，比别人适于向世界表明教会对人类的永久价值。在《上帝国》(*De civitate Dei*)一书里，他力求以下列信念来说服他的当代人：如果

① 第尔：《西罗马帝国最后一世纪里的罗马社会》，第214—215页。

没有理想，则人类的前途是破碎的；一切由人类设计出来的制度，连罗马的国家和帝国政府在内，在促进社会福利方面，即使是暂时的，也不能像教会那样成功的。在奥古斯丁看来，有机体的社会，是一个依照教会方式组织并加以管理的社会。奥古斯丁对第五世纪的社会主义的关系，正如卡尔·马克思对近代国家社会主义那样。在他看来，高尚的灵魂和优越的法律都是从教会那里得来的。国家应是教会的仆役；民事和市政制度、商业、工业，简言之，各种人类的力量，包括体质的和道德的在内，只有通过那作为指导力量和权威的教会，在服务里才可找到它对人类服务的方法。对社会服务，只有通过对上帝服务才行，而教会便是它的神圣工具。那幻想家所想象的社会职务，从没有过一个比他更好的说明者。

但是尽管有着上述的美好指示，第五世纪的教会历史，整个说来，却表明了：无论如何，它的腐败程度是在增长，而不是在减少。在 313 年以前，看来，未曾有过对教会的买卖圣职和僧侣的不道德行为的很多控告，因为当时教会中的一般贫困和危险的状况，阻止了这类恶习的发展。但是，当教会迅速积聚了财富以后，当钻营职位者涌入了教会中以后，不久，买卖圣职乃成为一个严重问题了。在尼西亚的补充教会法里，规定了："任何人不得从担任主教或长老职务者方面接受任何礼物；任何人有授予或接受报酬情事，将给予剥夺圣职处分。任何人违犯上项教会法规者，宗教会议里的神父们应给他以开除出教的处分。"撒狄卡会议同样地制定了法律。那些古老的使徒教规，有着相同的意义。巴锡尔在总主教的地位，给他属下主教们的一封长信里，说明了僧侣在钻营职位方面的各种非法行为。

下引一个例子，可说明那操纵教会职位丑事的性质和范围。在400年春天，召开了宗教会议，那是由圣约翰·克立索斯吞担任主席的，大部分是由来自亚洲、本都和色雷斯的主教们组成的。在会议上，瓦伦第诺波立斯主教，尤西比阿斯，曾提出对他的总主教以弗所的安东尼那关于买卖圣职的控诉，当时，后者坐在会议席上。克立索斯吞曾指派三个主教组成的委员会，前往以弗所去调查。但是，安东尼那通过阴谋诡计拦挡了这项调查，不久那个犯罪主教，没有受罚而死去。于是，有两个敌对的派别，起来进行着激烈竞争。各提出了自己的候选人，以求填补那空缺，而且，各运用了权力所及的各色各样方法以夺取位置。

正在教会胜利的那一世纪里，像蒙西诺尔·杜森所写的那样，“教会对于任何要过着一个真正基督教生活的人来说，已成为一个不可能居住的地方了。”不可避免的反抗行动，是一定会来的。心地纯洁的人，遂逃往沙漠中去。寺院主义连同它的理想化的贫困和禁欲主义，遂应运而生，作为对教会世俗性和粗野性的谴责。第四和第五世纪的教会历史，说明了歌德的一句意义深长的名言：“每一种思想，只要它受到公众承认以后，就会起着暴君式的作用。它所带来的优点，马上就转变为缺点了。”

在基督教成为罗马帝国的国教以后，教会原来可能想到的无论什么社会、经济改革方案，都被抛在九霄云外了。由于掌握着财富和政治权，它变得保守了。而且，教会的整个精力差不多被吸引到教义争论方面去。在今天的情况下，几乎每一个人都有着一套改革社会的理论而教会已成为一个这样活跃的社会力量的时候，很难理解那时为什么大家如此集中心思，来激烈地争辩着那些像神学和教义一类的和平常社会利益没有多大关系的事情。但是，如果我们思索一下，理由是很清楚的。那个时代，对宗教问题的讨论自然日益热烈，因为政府对政治的自由讨论加以压制以及正当的地方政治活动日益萎缩。结果，在当时的宗教问题上，人们就找到了讨论和研究的领域。各阶层的人们对当时流行的神学论题，热烈地讨论着，像我们今天讨论着政治问题一样。这项讨论的兴趣，从社会的最上层，延及社会的最下层。尼萨·格列高里有一篇关于群众对神学兴趣的有趣文章，流传下来。他描写第四世纪的君士坦丁堡时，说：

> 这个城市布满着手艺人和奴隶；而他们都是有学问的神学家，在店铺里也在街道上，进行传道。如果你要向一个人兑换一块银币，他会告诉你，圣子在哪些方面是和圣父不同的；如果你要买一块面包，他就会告诉你作为回答说，圣子地位低于圣父；如果你问浴室已否准备好，他的回答是：圣子是从虚无中生出来的。

虽然这些异端邪说都带着一种教义的性质，但如果我们深入一层去观察，就可看出其中很多是染着经济和社会的色彩的。对近代人来就，初看，果然难于理解为什么这些枯燥乏味的神学争论竟会激起了这样大的普遍兴趣。但是，如果我们回想一下就可获得说明。因为在教会反异教的运动里有着经济的动机，所以，在第四和第五世纪对异端的大冲突里，也可找出了经济因素。

教会的庞大财富（主教们日益成为这财富的唯一保管人和分

配者）自然而然地保证了主教们的正宗信仰；因为很少有人愿意为了辩护一种可疑教义而冒着丧失这样一个有利可图的管理权的危险。“一切异端，当他们遇到有丧失权力的危险时候，是会接受信仰的。”没有一个主教，会转到异端方面的。那是没有好处的。因为政府所赏赐的特权，只是给予那些不同于分裂派和异端的天主教会即“大教会”的僧侣们的。正宗信仰对主教们来说，是一条有利的道路。但是，另一方面，教会财富所具有的吸引力往往会激起其他僧侣们的野心和贪欲；后者力图排除主教而自己取得那些资金的管理权。对这样的野心家来说，可走下列两条道路中的任何一条：不是以异端罪控告主教，以求推翻他；便是开始辩护一种流行的异端，以期取得群众的支持。

有些异端，像弗里加的蒙退那派，西班牙的普立息力安派，从经济观点来说，反对教会财富所发生的腐化影响，反对主教们的奢侈风气，拥护简朴严肃的宗教生活。另一类的异端，是留恋于使徒时代的教会，因为那时在若干教会团体内，流行着一种兄弟式的共产主义。这一类的激烈派和梦想家都是拥护一种教会新社会主义的。

教会中所流行的异端，特别是对阿利阿教派的激烈争论，不仅扰乱了教会的教义，而且败坏了教会作为一个社会有机体的组织。在选择主教时，大多不以德性，而以正宗信仰，作为标准。而且，由于有叛离正宗派的行动，僧侣的人数减少了，而教会为了补充它的空缺，使它的机构能照常工作，在选择新任人员里，就往往不能过分挑剔；另一方面，大批求职者，像近代钻营职位者在一个党派胜利后的情况那样，涌入教会，来求职业。圣巴锡尔在给他的一个通信者的一封信里，伤心地写道，“教会的法律，是在混乱状态中。那些不敬畏上帝的野心家，闯入夺取了高级职位，而现在，大家知道，高级职位已成为对不敬神者的奖品了。结果，凡是一个对宣誓愈觉有愧于心的人，大家反而认为是一个愈适合于充任主教的人。”

下列情况不是没有意义的：那些正宗教会所要斗争的最流行而又最强大的异端，都是在阿利阿教派的埃及、一性论教派的叙利亚和多那特教派的非洲，就是说，在那些国家里，在那里希腊化时期的文化或罗马帝国的拉丁文化，原是一种由征服者所强加于上的外来文化。其中每一个国家，过去都有过独立的地位和一种比希腊或罗马还古老的文明。埃及人、叙利亚人、迦太基人，尽管是基督徒，然而在罗马帝国的机构内，是被压迫的民族；所以，这些民族，当帝国的羁绊逐渐松弛而重税的负担和行政的腐败增长的时候，就渴望着恢复它们的民族独立地位。那些关于教条和神学的争论，遂使帝国东方国家内的离心的民族力量解脱出来。同时，国家和正宗教会的结合，使这一种反对势力达到顶峰。阿利阿派、一性论派和多那特派都成为在这些有关国家内民众表达民族情绪的工具；也通过它们，民众提出了抗议，反对重税，反对拉丁主人的大地产占有权，反对行政上的营私舞弊，或者反对那些像十八世纪英国的印度总督一样，有进行掠夺的特权的正宗派和统治阶级所享有的不公平的豁免权与特权。在这些国家里，虽然教会和国家是分不开的，但民众对僧侣阶层的愤恨，比对贵族还甚。其原因是：教会是最大的土地所有者，并迫使农奴或真正奴隶来耕种它的田亩。当历史家看到这些异端是由经济上的不公平和社会上的冤屈

的意识所激起的时候，当他看到异端运动包含着土地社会革命的种子在内的时候，他对它们就会发生了一种新的兴趣；并了解为什么它们能够获得民心和在民众间能够拥有势力。他还可了解，为什么穆罕默德教能够这样容易地征服了这些怀有二心的地方。正宗教会徐徐替代了罗马帝国，成为社会上的统治势力；正像帝国那样，“正宗教会是坚决地反对民族区别的，而异端和分裂派，则是欢迎这种区别的”。

因为正宗帝国和正宗教会联合一起来加强它们的压迫政策，所以常有地方上异教徒和异端派合作事件的发生。社会上不公平状态和苛重赋税也是促成这种合作的因素。政府和教会，由于害怕农民的起事（这些起事可能是由某些骤贵的军事长官激起的），在取缔乡村异教方面，一向采取了稳健政策，直到 407 年时，才颁布严峻法律，命令捣毁祭坛神像，封闭乡村庙宇神殿。

当我们从第四世纪的历史翻到第五世纪历史的时候，那在教会里最足以引人注意的重大变革，是教会势力向乡村和农业区的侵入，在那里异教在大业主世袭领上的农夫阶层、农村奴隶和农奴人口中，还拥有很多信徒。上文已指出过，基督教运动是在城市方面的。但是，到了 400 年时，教会已把城市异教几乎根除无遗了，于是它开始着那所谓“田野的福音宣传”运动。这运动的第一步，是由教会哄骗劝诱皇帝给它以帝国领地内的广大地产，因而教会得插足于农村地区。这项企图是很有成绩的，特别是在东方，所以，小亚细亚的很多新主教区就是过去帝国的大庄园。卡帕多细亚省主教领有几乎该省的全部土地。在西方，非洲主教对于皇室领地虎视眈眈，毫不踌躇地使用了欺诈方法，来夺取这些土地。我们看到历史家左息马斯(当时的几个非教会作家之一)嗟叹国库愈穷而教会愈富的情况。不久以前,大土地所有者,或者由于情感或者由于策略,也已开始以别墅和世袭领赠给教会。息多尼阿·阿坡利那里在第五世纪的中期所写的《书简》里,指出:教会在高卢各省内,已是一个拥有过多土地的地主。的确,由于西哥特人的移殖的结果,教会的财产暂时被剥夺,因为西哥特人是阿利阿教徒;可是教会终究从天主教法兰克人获得了多于它损失的补偿,像我们将在下文看到的那样。

基督教传布到农村地区,在那里大地主在自己的庞大世袭领范围以内几乎是个独立国王;因此就产生了庇护制或教会里的僧职授予权。乡村教区,往往和这些世袭地产同其大小,正像美国南方的"产棉地带"的牧师区和大种植园会同其大小一样。业主长久习惯于强迫农民信仰他们所信的同样的宗教,不管是属于异教或正宗信仰的,或属于当时许多异端中的任何一种的圣奥古斯丁的书信证明了:在第四和第五世纪里,世袭领主在他们的世袭领上,当场应用了"谁统治,谁决定宗教"这项原则,[①]就是说,他们要求他们的农奴和奴隶接受自己的同一信仰。奥古斯丁在一封信里,曾祝贺一个领主,因为他强制了他的农奴信奉正宗信仰。在另一封信里,他指斥了一个领主曾强制他的农奴同他一起拥护了多那特教义。正宗信仰的皇帝的诏令以及宗教会议的立法都规定了下列条文:地主应以强制他们的农奴和奴隶信奉正宗教信仰一事,作为自己的一种义务。

① "Cujus regio, ejus religio."

领主们既享有了这样独立地位的传统，当然愿意和那些愿在他们领地上建立教区的邻近主教作有利的妥协，而主教们也愿承认这些条件。领主以“庇护人”的地位，指派教士，往往就指派他的因此而获得解放的一个农奴；他还为了自己的目的保留着权利，来使用那教区教会的部分进款，不仅是从赠与得来的，而且从结婚、殡葬和洗礼得来的收入。如果教会的财富由于获得忠实信徒的赠与而增长起来，领主还是保留按照原来比例取得进款之权；当然，经过若干年后那项收入会变成很大的。我们很详尽地知道这些农村教会的起源和传布的历史以及这些农村教区的组织。阿卡狄阿斯及霍挪留的一条法律，清楚地说到了这些领主的教会。在蛮族时代，农村教会大多落到领主阶层的控制之下。这种私人利用教会的情形，是由那跟着罗马帝国的衰落而来的一般领主独立性所产生的结果。领主，即他的领地的主人翁，拼命从自己领地内排除自己的以外的一切权力，愿意有着自己的教会，有着自己的教士。他的领地有着它的地方教会，像它有着它的地方市场、它的地方磨坊、它的地方酿酒作坊一样。这种地方教会，是领主贵族的一个赚钱机关。

哥特人、勃艮第人和伦巴人的国王，尽管属于阿利阿教派，但也未曾特别禁止在他们王国内把财产赠给天主教会。然而，异端毕竟使对天主教僧侣的赠与缩减了；由于阿利阿教会在日耳曼各王国内所接受的那些赠与财产，天主教僧侣对阿利阿教派和日耳曼国王的矛盾愈加尖锐化。毫无疑问，这种嫉妒是那两个教派间所以仇恨的一个因素。所以，496 年当法兰克国王克洛维斯(481—511 年)皈依基督教的时候，其他蛮族王国内的正宗僧侣阶层大为高兴。因而当克洛维斯进行征服西哥特人和高卢的勃艮第人的时候，当地的天主教僧侣曾给予热烈的赞助，而他们的出力也取得了报酬。因为那些被占据的阿利阿教会所属全部财产，都分给了他们。

法兰克人的改信天主教，使在高卢的教会财产大量增加了。远在日耳曼族征服以前，僧侣已成为取得宗教性赠与的能手，又由于教条、崇拜和纪律的发展，那修行的"功德"得到提高，而教会财产的神圣性和不可侵犯性也建立起来了。这类说教，容易被新信教者接收；因为他们对忏悔形式的赞成倾向比对实行基督教的主要原则还大。在法兰克人占领北高卢后实行土地分配时，教会的财产已被尽力地保护着，而法兰克人改信基督教也大量增加。墨洛温朝诸王，在对教会的赠与方面，原是很慷慨的。克洛维斯赐给圣里迈教会大量土地；多哥伯特一世(629—639年)曾把图尔的全部收入给那里的圣马丁教会。此后，地主贵族遂相继仿效了王室的行为。到了第七世纪，许多教会拥有了七千或八千处庄园；那些领有二千处庄园以内的教会，还只认为是小有产者。当本尼狄克丁寺院主义开始传入高卢的时候，法兰克僧侣们对修道僧的来临，曾觉得讨厌，其原因是，后者要同前者竞争着赠与了。

教会所领有的土地，是大块农田；它们在管理的形式和性质方面，等同于罗马贵族的"散布各地的世袭财产"，的确，它们就是原属于这批贵族的地产。教会整个地采用了这些土地上原有的管理制度，事实上，正是从教会世袭领的管理制度中，我们可知道很多关于过去罗马管理制度的东西。几百个有时几千个奴隶和农奴，住在这些大地产上人数拥挤的村庄里；他们在一个"指挥者"或管事的指挥下，耕种着土地，情形和贵族的大地产管理，是完全相同的。每个大农场构成了一个经济单位。在每个大地产上有着堆栈、谷仓、牲畜棚；在奴役的工作人中，除了种田者和牧人以外，还有着铁匠、车轮制造匠、石匠，这样，每个农场在经济上是自给自足的。教会从土地上所得的收入用在支付僧侣的工资、建造教堂房屋、维持学校和医院、救助穷人等等。所有的剩余产物，则在公开市场上出售；为了这个目的每个主教有着一个代理人，有时有着几个代理人。由此可见，教会在土地领主的地位上，怎样变成了有钱贵族的竞争者，也可见它的竞争（由于它的特权而愈来愈厉害）怎样使挣扎的小农一蹶不振；因为小农在经济的竞争里是站不住脚的。常常当他被迫典出他的土地的时候，当地主教接受了这抵押，并和富有贵族一样硬心肠地取消他的赎回权。

教会在经济上的巨大变革，即从穷困到富有的地位，使教会的精神和品质也改变了。僧侣还在宣传着穷困的理想化，空谈着“有福的穷人”和“有福的驯服者”，并传布着慈善的训诫；可是事实上，教会已成为一个有钱的贵族团体，它虽明白标出了它的宗教誓约，而实际上却是一个开发它所有的资源的一个庞大机构。在第二和第三世纪，教会曾表现出真正的人道主义，真正的愿望，来救济贫病者，来改善奴隶阶层的状况。但是从第四世纪起，在教会里出现了两个不同的集团：一个是纯粹宗教和仁慈的，另一个包括世俗性的贪婪分子，他们的慈善行为是为了夸耀、为了策略。这一集团灌输着“驯服”的德行，为的要使那些不满意的和被压迫的仆役和奴隶阶层安心处于屈服的状态里。教会向中世纪欧洲的“贱农”和奴隶阶层详细地讲述着天堂上的幸福和极乐生活；构成了一个极好论点来说服他们听天由命地在社会经济制度的压迫下劳动着。在第十世纪中，维罗那主教拉特里那斯伪装神圣地确告农奴和奴隶说，一切人们都是弟兄，同时劝告他们遵守那项使他们受着束缚的神命，说"上帝慈悲地注定那些人要做奴隶；他看到，对他们来说自由是不相称的"。

为了开发它的广大地产的利益，教会现在已成为一个农奴制和奴隶制的支持者；它不仅反对解放奴隶，甚至把奴隶制扩充到原来没有这种制度的地方。教会所宣称的对同胞的博爱和慈悲以及伟人格列高里所高谈的"天赋自由"（但他没有把它实施过），是旨在讲给虔诚信徒听的陈词滥调，从没骗得过精于斯道的人。

> 现在没有资料，可证明：当时有很多人对上述言论中所表达的宗教见解，是怀有同感的。不管这些言论怎样影响着有些优秀崇高人们的心灵，但是，它们要反对大多数人们，是无力的，要反对那在中世纪世界有无可估计的经济重要性的奴隶制度，也是无力的。看不到什么遗迹，足以表明：在相当大的程度上有过认真的努力，要改变这些状况的。[①]

教会有时指斥过奴隶贸易，但没有指斥过奴隶制度。原因是那时这种贸易大多是在犹太人手里，并使他们致富，后来又是在穆罕默德教徒手里。教会从没有只字抗议过出卖基督徒为奴隶；更谈不上出售异教日耳曼人和斯拉窝尼亚战俘给基督徒了。狄奥

① 比拍：《中世纪教会和奴隶制》，《美国历史评论》，第14期，第677页。

多·坎特布里的“悔罪录”里，曾提及准许一个父亲出售他的儿子，如果后者年龄已超过十四岁。779年时查理曼力图管理奴隶贸易，命令所有的出售必须在一个政府或教会的官吏面前进行，但是没有一句话曾谴责这种行为。的确，按法律，每个教区的神父有权领有两个奴隶，一男一女。寺院是大奴隶主。我们看到在整个中世纪时期西班牙、法国、德国、意大利、英国，有着教会奴隶。主教不得释放教会的奴隶，除非他们以自己的财产来补偿教会的损失。有这样一些例子：被解放的奴隶曾担任圣职而成为神父；后来被免职，又降到奴隶地位。最坏的，教会在原来按罗马法没有奴隶制的地方，创立出奴隶制。教会处罚叛逆背信罪，不仅使犯罪者本人变成奴隶，而且使他们的后代永远沦为奴隶。在西班牙，妇女犯有与人通奸罪者，被宣告为奴隶。如果贵族等级的妇女三次遗弃她的丈夫，她被判令苦修；即使她的丈夫死去，她也不得再嫁；但是如果一个平民妇女犯着这行过失，则她被出售为奴隶。按查理曼的法律，应把占卜星相者给教会作为奴隶。教会的避难权，有时拒绝给予奴隶。在法庭上奴隶不得做原告。连一个被解放的奴隶，也是没有做原告的资格的。直到他们的第三代，这项禁令才可撤销。至于对待奴隶的态度，僧侣的残暴是和世俗主人一样。最可恶的，是教会的人常常把他们的奴隶切断手足或使他们饿死。倘使有属于同一主人的两个奴隶已结婚而其中之一已获得自由，而另一个人不能赎出自由的话，那个人可以再婚。

第三章 蛮族世界和大移动*

在罗马帝国的后期,比如说第四世纪,蛮族世界包括莱茵河以东、多瑙河和尤克辛海以北的全部北欧,并无限地延入亚洲。在这广大地区的人种、"民族"和部族的波动里,最重要的是日耳曼族、斯拉夫族和匈奴族的历史。

我们在日耳曼制度中可找出关于原始游牧和畜牧生活的遗风,尤其是在"百家村"制度中。"百家村"看来原是由畜牧条件所产生出来的土地分区;后来由于部落成为军事组织,"百家村"遂变为一个募兵地区,也成为一个政治单位。有人估计,在畜牧阶段,一个日耳曼家庭需要三十头母牛来供给它牛奶、奶油和牛肉。在一个日耳曼平方哩(约合现今二十一平方哩)荒地内,能够养活的,不多于六个家庭,也不多于一百八十头牲口。所以,一个"百家村"作为能够提供一百个战士(包括父子在内)的畜牧区,也许是那足以维持二十个家庭生活的地区,它大约包括三日耳曼平方哩,即约合六十三美国平方哩的一块土地,或多或少,按照畜牧的情况而定。这样,古代"百家村"就成了一个经济的、军事的和政治的单位,比美国的"区"(三十六平方哩)还约大两倍。这区域内的社会生活反映出这种情况。

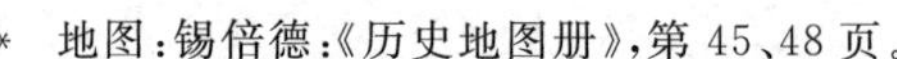

* 地图:锡倍德:《历史地图册》,第45、48页。

> 游牧营的牲口在荒野里，不能没有牧人伴随而走来走去；它们必须分为畜群，而在畜群放牧的地方，必须由武装牧人来保卫，以防盗贼和野兽。产乳的母牛必须安放在妇孺的营帐附近，其他牲畜必须由牧人赶到远处；牧人在经过长久时间以后，才得回到营帐。又必须把若干数目的人员用于打猎；有些人还须保护营帐；一些耕种工作也必须去做。[①]

古代日耳曼人逐渐从畜牧阶段过渡到一个较多定居性质的阶段，因而发展了一种简陋的农业，也许是从一个早期的零星耕种成长为经常的生产。这项转变似乎是在凯撒（公元前 50 年）和斯特累波（公元 1 年）时期与塔西佗（公元 100 年）时期之间发生的。前两人曾描写苏维汇人、伦巴人和赫芒达列人大多是游牧的部族——“他们不专心于农业”[②]。在百年以后，塔西佗则描写他们都是有着一种定居的农业生活。

关于早期日耳曼人耕种方法的性质以及它发展的程度，历史家们颇有争论。这问题原本是困难的，而由于渗入了凯尔特人的和后期罗马的方法，它愈加变为复杂化了。但是，我们必须试图了解这一问题，因为不管它是怎样复杂，它是深深地影响了中世纪的经济历史和社会结构的。

当日耳曼人组成定居的农业住所的时候，他们好像起初经常使用一块地作为牧场，另一块地作为耕地。然而，他们渐渐发现了

① 《英国历史评论》，第 12 卷（迈曾的一篇评论）。

② “agriculturae non student.”

下列现象，虽然还不懂得其中道理：把同样一块土地继续耕种，会引起土质的枯竭。因此，由于很多年代所累积的经验，他们采用了每年让一半耕地休耕以及每季交换耕地和休耕的办法。这就是所谓“田-草”[①]制度，即交换的耕作制度。后来也逐渐清楚地认识到谷物轮种制的必要，这一发现想必需要多年学习才获得的。

笼统地说明这些转变，是一件易事。但是，想要作出专门性的说明，则难题就产生了。举一例说，在一段著名的文字内，塔西佗论及他当时的日耳曼人说过：“他们每年交换耕种”[②]。他所讲的，是指耕地和休耕地的交换呢？还是谷物的轮种呢？如果他意指前者，那么日耳曼人在公元100年时所达到的发展阶段，远低于后者的情况。其次，这些转变，是由日耳曼人从自己的农业经验里发现的呢？还是从凯尔特人榜样里或从罗马人的榜样里学到一些东西呢？如果是后者的话，这两种影响中每一种的特殊性质和程度又是怎样呢？为了回答这些问题，所写的卷帙，已经汗牛充栋。

凡是农业生活必然要使每一个居住区有着确定的界线。“马尔克”(Mark)便是这样。可是，有一个麻烦问题就发生了：在早期日耳曼人中，有的居住于一个没有圈围的、即空旷的村庄(Dorf)，有的居住于一栋一栋周围环绕着田亩的住宅(Einzelhöfe)。日耳曼人这种社会聚居形式上的不同，也指出了他们在历史的影响上和接触上的分歧。关于这些，我们可深入中世纪中找寻证明，如在房屋、小舍、街衢、田地、篱笆、树木、土地丈量、地名方面，以及在土

① “田-草”(“field-grass”)制度，即是一半地播种，一半地长草的制度。——译者

② “arva per annos mutant.”

地登记、庄园测量、租册等等方面。就这些资料来说，那一去不复返的一个时代的历史，在欧洲地图上，还是留着痕迹的。

那种居住于村庄的制度，是在原始日耳曼人中创立起来的。它最早成立的地区和保持它最纯粹形式的地区，正是日耳曼人的最老家乡，就是，萨勒河和威塞尔河流域的领土。当日耳曼人向外扩展的时候，他们带去了这种村庄形式，但是在别的地方，他们的居住制度由于接触了不同的种族和社会条件，曾有所变化。在西方，他们先后受到了凯尔特人和罗马人的影响；在东方，受到了斯拉夫人的影响。孤单住宅是凯尔特人的一个居住形式。圆形村庄(Runddorf)是斯拉夫人的一个居住形式，从对称方面看，这种形式远胜于一个典型的日耳曼村庄，后者是由许多茅舍松散地集合起来的。结果是，在这"最古老日耳曼"以外，可找到社会单位的双重或混合的式样。当日耳曼人移动的时候，他们有时采用了凯尔特的式样，有时把带去的村庄式样，在征服地上建立起来。在"民族大移动"运动过了以后，日耳曼型的地区，出现于高卢和意大利，同凯尔特型和罗马型的地区同时并存着(这里，必须注意到它们和罗马庄宅的接触)。而且甚至在日耳曼痕迹早已消逝的地方，像在勃艮第、萨伏衣和全部亚奎丹，我们还可知道，这样的集合是一度存在过的。在西欧，凡是经过日耳曼人征服的各地方(在不同的程度上遍及法国、西班牙、意大利和英国)，日耳曼人"把自己制度特征的烙印，盖在那些原来有着另一种制度特征的土地上"。

然而，我们必须小心谨慎，不要对这两种形式加以太明显的区别，也不要把每种形式的起源完全归因于不同的种族习惯。凡是

研究社会的历史家，如属可能，必须经常判断什么是“某种种族型的经常伴随物”和什么是事物的环境和经济的来源。对于经济因素，必须予以重视。在日耳曼境内有丰富自然牧场的地区，畜牧业是胜过种谷业的，这种优势，可以造成一种日耳曼的住宅式样。有人这样地主张过的。可是，斯拉夫人的圆形村庄，当然是由于畜牧业的流行而产生出来的，据这一例证，似乎可争论，在畜牧业占优势的地方，日耳曼村庄的圆形式样应该早已发展起来。在凯尔特人旧残余不显明的地方，我们也可看到日耳曼人中的孤单住宅；在这样的情况下，这种住宅，大多可能是由于一个人或一个家庭所做的清除森林工作而产生的。在瑞士的日耳曼人区，我们可找出关于这方面的显明证据，在那里，岩石层和袋形谿谷是有利于孤单田舍的形式的。一般说来，在日耳曼境外的日耳曼村庄，在平原和可耕地上，在大公路沿线地带上是数目较多，而在崎岖的土地上，或偏僻的乡村区，或在清除了森林的土地上以及沼泽地上，我们所看到的，倒不是孤单田舍的占着多数，而是这种田舍比别处多些罢了。

每个日耳曼人村庄，包括有三类土地：(1)耕种的田亩，(2)草地，(3)森林和荒地，这就是所谓“公地”，即开放给大家而没有开垦的土地；可是跟着社会人口的增加，有时也从中划出新地来耕种。这里，我们要特别谈谈第一类的土地。

在村庄的每一块耕种地或可耕地上，把地面划成为狭长条地，叫做“耕地”，再留一条未翻动的泥土或掘出两条对立的犁沟作成的田塍或阻格，使它们彼此分开。这些地带，是真正的田地。它们的大小平均约有四竿(rods)阔和四十竿长(合二百二十码或一富浪或 1/8 哩)。这些地带再分成为小耕地或小田地,后来叫做"竿地"(virgates)或"码地"(yardlands)。大耕地叫做"海德"(hide)、"伊勃"(hube)、"伊夫"(hufe),等等,它的面积约有一百二十唡,那是中世纪所通用的田赋单位。"海德"可能原来是在粗放耕种流行时期所需的较大单位;而码地和竿地的较小单位,是由于粗放耕种转变到精耕细作,从海德分裂出来的,而加速这种转变的,是像节约以及农夫子女的增多这一类的社会因素。每一个农夫的"田地"是他所领有的分散土地的总和。这"田地"不是由那些连成一片的田亩,而是由许多耕地汇集而成的。不管过去地产的原始性质怎样,现在这些条地已是农夫自有的土地了。我们不可能正确地说出,每个家庭所占有的田地平均究有多少面积。在这一点上,田地面积大小相当的程度不会超过今天美国的,在那里有着各色各样大小不同的田亩。一个农夫多些,另一个少些;那是取决于节约、勤俭、遗产、结婚等等的。

显然,早期日耳曼人的农业操作方法和田地制度,使所有的田舍必须互相接近、位于同一块土地上。如果每个田舍主人住在自己的任何一块条地上(在他所有的这样多的条地中,哪一个作为房屋基地最为合算呢?)他会远离了他的其他条地,正像他住在村内一样。而且如果他的田舍位于村庄之外,那么每隔一年,他会置身于休耕地的中间,而牛羊绕着他的田舍吃草。在这些情况下,我们看来不管怎样奇怪,"聚集"的村庄在当时却是十分自然的。这"聚集"的村庄,也可说明中世纪特殊的星形道路系统,从作为中心的村庄放射到周围田地去,再从干路分出小路到各块条地去。

对早期日耳曼人土地占有制和耕种方法的了解,是很重要的。

有些史家曾认为，这种田地的特殊安排是从过去公社土地制演化而来的，“这过程就是一个公有土地不断缩减的过程。”问题是重要的，因为再也不能想象出比土地私有权的起源更实际的问题了。在这些制度和方法中，我们会找出原始日耳曼人公有制的证据吗？

没有人怀疑，关于森林和荒地公有制是流行过的，但问题是：个人所有制，或者个别所有制真的是从过去耕地公有制演化来的吗？还是像有些人看来，由此足证不是共产主义，而是共同耕作以及同一原始的村庄企业如耕种和收获一类的合作呢？即使在这一点上，公社精神也许强调得太多了，因为村庄的纪律（日耳曼人的管理一向是严格的）可能是使村民需要共同行动的一个统治因素。邻人做什么事，每个人就得做什么事。村民不得随心所欲地去耕耘、播种或收获。季节性的职业当然是循环的，但是地方当局特别强调了季节性的需要。这强制的集体劳动可能是支配的力量，不是公社的精神，更谈不上共产主义了。

有些历史家企图从古代日耳曼土地所有制里，寻求原始共产主义的遗迹。此外，还有一种学派按照同一的证据，认为那争取平等占有土地的热烈愿望，是早期日耳曼土地保有制的决定因素。别人看来，为求得平等而这样地分配可耕地这一观念，似乎是太唯理主义了。这种解释，也许把十九世纪民主平等观念套到过去历史上了。可是，这项理论比公社的理论，较可说得过去。因为平等的分配也能流行于或原来流行于一个自由的或者一个不自由的村庄社会里。

有一个极端的学派嘲笑着“马尔克”的整个观念。依据该派的意见，原始日耳曼人既没有国家，又没有村庄权利，又没有轮种制，又没有强制性的耕种。土地是很多的，因而没有占夺土地的动机。各个人得占据他所需要的土地，在收获之后，就把它抛弃来耕种另一块新地，如果他愿意这样的话。那时没有村庄社会，也没有"合有制"，也没有公共所有制，也没有共耕土地制。"马尔克"只不过是一块界线模糊的领土罢了；"公有权"(Allmende)也只不过意味着各人在集团所占地区的界限以内得开垦若干土地之权罢了。

我们姑不谈这类问题：公社所有制是否曾先于个别所有制；或者认为这是否仅仅是共耕制即村庄合作制；"耕地的按期互相交换制是否曾先于私有财产制；"可是，当日耳曼人初次被罗马观察者所知道的时候，他们确然已有着土地私有制度。但是这制度，不是像人们从简朴的甚至原始的农夫情况所推论出来的那样单纯，相反地，它表现出十分复杂的形态。

现在，我们来谈关于早期日耳曼人另一个麻烦而多争论的问题：日耳曼基本民众的地位是自由的还是不自由的呢？对于这一问题的讨论，已费了很多笔墨。中世纪历史轴心的角度，似可说正是取决于这个问题的答案。这是一回事，如果古代日耳曼人群众以自由民地位开始，而后来被压制到农奴地位；但那是又一回事，如果他们在日耳曼原在一个不自由的状态下开始，而在遍布并占领西罗马帝国以后几百年中，依然是不自由，直到十一和十二世纪农奴制衰落为止。

不幸，对这一问题的讨论，经常不是平心静气的。许多，甚至大多近代德意志历史家，由于过分受到民族自豪感的影响，自然而然地坚执反对上述的第二种解释。他们把十九世纪早期盛行的自由民主思想，注入过去的历史里。另一方面，那些没有被这些观念和偏见所歪曲的研究近代经济和土地问题的历史家，对民主-民族主义学派的论点，却也很少找出了直接的证据。他们并不否认有些自由村庄存在过，但主张，大部分村庄是由不自由人居住着，至于孤单住宅（Einzelhöfe 或 Salgüter），它们是由农奴耕种的领主财产。他们争论说，日耳曼人中的贵族地主制度，远不是采自凯尔特人和罗马人的办法的，而是日耳曼人中的旧制度；而封建占有制是由早期罗马和日耳曼占有制延入中世纪上期的。大多数早期日耳曼村庄，不是从自由村庄而沦入庄园地位的，而是从不自由村庄而后来变成为庄园的。按我们现有的知识范围，一个科学假设充其量不过是一个可能的东西。但是，那主张日耳曼人的社会组织是基于享有平等社会地位和平等土地所有权的自由人集合体的理论，看来是已经粉碎了。

日耳曼人有一些堡垒，似乎像防舍那样，它们是用木头筑成，建造在险要而不易达到的地点，并环以木栅和沟渠。当有敌人侵犯的时候，它们用作躲避和抵抗之所。这样的一个建筑叫做“堡”（burg）。堡这个字是在后期拉丁文里所能找到的第一个德文字，在第四世纪中它出现于拉丁文。日耳曼人自己是没有城镇的；他们在进入罗马帝国的时候，对罗马人有城垣围绕的城市，颇不信任。安密亚那斯·马塞里纳写道：“城垣的圈围，在他们看来似乎是捕人的罗网，而城市本身是埋活人的坟墓。”

从远古以来，日耳曼人和波罗的海区的人民以及地中海地区各国的人民之间已存在着贸易关系。早在公元第五世纪，黑海北岸的希腊殖民地从辽远的北方，已获得琥珀和毛皮。在古代，琥珀是颇被珍视的，而波罗的海的海底枞树林，那时是而现在还是世界上琥珀供应的主要来源，这些琥珀经过大风暴而被冲到海滩上的。由于原在运输中落下的零碎琥珀的“发见物”，我们发现了一条古代商路。这一条路是上行维斯杜拉河或尼门河，再从那里下行第聂伯河或第聂斯德河以达尤克辛海。伊特拉斯坎人和后来的罗马人的琥珀是从同一来源获得的，一条路是上溯奥得河或易北河和摩尔道河，以达亚得里亚海的顶端；另一条路是从波罗的海滨到莱茵河，再经过摩塞尔河到罗尼河而达到马赛（即希腊人所称的马西利亚）。普林尼在他所著的《自然史》中曾引述那生于公元前第四世纪的希腊地理家和探险家马西利亚的皮特阿斯一句话：哥顿斯人（哥特人）是从事于琥珀贸易的。

日耳曼人和高卢的凯尔特人间的贸易，毫无疑问，在凯撒第一次记载它（公元前 50 年）之前，老早已经存在；日耳曼人以琥珀、毛皮、奴隶及战俘来交换马匹。凯撒告诉我们说，涅微伊人反对在他们中间出售葡萄酒，因为它有兴奋的作用，但是苏维汇人欢迎商人，因他们得有机会来出售从和其他日耳曼部落战争里所虏获的战利品。罗马商人跟着凯撒完成对高卢的罗马征服之后，迅即进入日耳曼。公元前 25 年时因为有几个罗马商人被杀死，一个罗马将领马卡斯·芬奇阿斯被派出征日耳曼人。在早期帝国，罗马和日耳曼间贸易关系是密切的。一个重要的罗马商人居留地，位于涅克河畔，近斯图加特的马尔巴赫，曾维持几百年之久。除了琥珀、毛皮和奴隶以外，罗马人还输入甜菜（提庇留所喜欢的一种德意志蔬菜）、鹅毛、硬球般的肥皂以及头发（因为南欧的黑发姑娘曾珍视日耳曼人的红黄色头发）。当时，毛皮已成为罗马的一种“时髦”东西；到了第五世纪，穿着日耳曼式褂子以代替罗马式外衣，曾风行一时，以致皇帝霍挪留加以禁止。

在多瑙河上游区的几个罗马城中，最重要的是奥古斯大·芬得力哥鲁，即奥格斯堡。在奥古斯都时代，它仅仅是一个没有城市权利的市场；后来，它成为一个城市。塔西佗说过赫芒达列人是日耳曼最重要的部落，它和“里细亚省的最宏大的居留地”有商业联系；当他说这句话的时候，虽然没有提及奥格斯堡，但毫无疑问，他的意思就是指它的。

阿尔卑斯山外各省的经济，当然受着边疆情况的支配。木材、牲口和兽皮是从里细业运来的。诺立克以产铁著名，但也有其他金属如白银和黄金；还有兴盛的养羊业和养畜业。君士坦士湖东端的布累根茨有一些商业。在班诺尼亚，卡能敦是和多瑙河中游蛮族进行贸易的地点，直至第三世纪为止。它毁灭于第四世纪中。可是，在这里甚至罗马统治消失之后，罗马商人的居留地还是在多瑙河畔的累根斯堡（勒齐那·卡斯特拉）继续存在着。

罗马文化影响、罗马商业甚至罗马行政制度，的确深入到日耳曼的内地，深入到按正式边疆我们不会猜想到的地方。近代考古学的研究已揭露出下列各种遗迹：一条从莱茵河下游到威塞尔河口的旧罗马道路，美因河流域的几条罗马道路，穿过沼泽地用木条构成的几条道路以及在西日耳曼罗马建造的几座城堡，后者久被认为是墨洛温朝的建筑物。

从碑刻方面，我们可知道莱茵河和多瑙河之间商业的重要性。尽管这些地方不像南方诸省有着很多庙宇、戏院、凯旋门，然而，在那里罗马遗迹还是重要的，如巴塞尔附近的戏院、罗提尔的精细镶嵌物、巴登威勒的浴场。为了这样的奢华享受，大量的商业资财一定是不可少的。

莱茵河和多瑙河流域的长期和平，约有二百五十年之久，使这项贸易继续地扩大，并一定使日耳曼的西部和南部的日耳曼人部分开化了。碑刻提供了有趣味的证明：在奥格斯堡有一个富商，在卡萨尔有一个银行家，在马尔巴赫和累根斯堡有几处外商居留地。古币的发现也说明了这种事实。古币的大部分是属于早期帝国的。因为在第三和第四世纪当罗马货币夹杂着铜或铅而贬值的时候，日耳曼人精明地只接受那种纯金的旧币。若干年之前，有人在捷克斯洛伐克的特普力茨附近的泉水里发现了这些古币，显然是由在马科曼族间经商的一个罗马商人在那里铸造出来，作为一种供神用品的。还在达克附近找出了青铜饰品，这些东西一度曾是小贩的商品的一部分；为了安全，他们曾把它们埋藏于地下。的确，当时曾有一条可直达波希米亚的罗马商路。

罗马-日耳曼贸易的发展，如果没有遭受着行政上的限制，绝不会限于当时的情况的。帝国政府管制了边境上的一切交通路线。多瑙河外的魁迪族、马科曼族以及其他日耳曼部族被迫留出河的北岸若干哩领土作为无人地带；蛮族船舶不准在河上航行，罗马水师还在莱茵河和多瑙河上巡逻。显然，这种在边境上对商人和商品所实施的严格的警察管制延续了好几百年。边境市场设在规定的地点，并有着规定的时期；如果它们被封闭了，日耳曼人会痛恨这种剥夺行为的。这些市场的地点我们可从罗马编年史上找出。甚至匈奴人也是重视它们的。这些地点，就是罗马巡河水师的“码头”。在日耳曼人开始侵入的时代，这项商业遭受着严重的影响，不仅因为日耳曼人的敌对行为而使它不安全，而且因为罗马下令禁止了通商。举例说，公元372年，一群商人因不顾禁令而擅渡莱茵河，被皇帝朱理安的水师所捕获；因而他们的财产就被没收。

亚基列是和日耳曼人贸易有着最密切联系的一个北意大利城市。它位于亚得里亚海的顶端，伊孙左河口，约距现在的的里雅斯特德二十哩。亚基列也是意大利和达谢间商业的主要集散地。

> 它〔亚基列〕运出酒、油以及地中海沿岸各省所产的名贵织品，越朱理安阿尔卑斯山和卡尼克阿尔卑斯山达到班诺尼亚与诺立克；在那里换取它们的牲口、它们的皮革、从波罗的海运来的琥珀以及它们从边疆战争中所俘获的大批奴隶；这些战争是它们和多瑙河外及喀尔巴阡山外的日耳曼人和斯拉夫人永远进行着的。[①]

在四百多年的时期中——就是说，从公元前27年罗马帝国的创立到公元378年亚得里亚那堡战役为止——罗马帝国虽在它的威力下降着的时候，但也能维持对日耳曼人的控制权，在这长时期中，虽有着偶然的边境战争，但大体上他们之间的关系是和睦的，有几万，也许有几十万日耳曼人和平地进入了罗马帝国，并居住那里。现在，我们必须讨论这项移民的性质和范围，因为这必须认为是一个殖民运动。这项"和平侵入"终究深刻地影响了罗马帝国的经济情况并更改了它的社会结构。

日耳曼人通过参加军队，极其容易地进入罗马帝国境内。在

---

① 黎德：《罗马帝国的城市》，第337页。

帝国的整个历史里，它继续招募日耳曼兵士。马卡斯·奥理略（死于公元180年）数以千计地挑选日耳曼人，多到这样的程度，以致高贵出身的罗马人竟拒绝在蛮族军团里服役。可是，大体上日耳曼人却是优良的兵士。皇帝的卫队大多是由日耳曼人组成；在帕拉泰因山上皇宫守卫室墙壁上，还存留着由尼禄的一个卫兵所乱涂的一幅有趣味的漫画。奥理略·维克多论及第三世纪军团时说过："我所说的兵士，几乎都是蛮族。"皇帝瓦勒里安在某一次重大战役之前，曾写信给他的手下大将，就是后来的皇帝奥利连，说道："你应带着哈特多孟、哈尔德加斯特、黑尔德孟及卡洛维克出发"——这些人都是日耳曼军官。皇帝格累细亚很欢喜日耳曼兵士，竟使其他士兵大抱不平。我们还可看到：日耳曼军团不仅是驻在罗马的各边疆上，甚至在亚美尼亚和阿拉伯边疆上，而且内地也有日耳曼人驻防军，特别是在高卢省。第四世纪的《帝国要人志》（*Notitia Dignitatum*）指出：苏维汇人驻在巴叶、里曼以及在奥汾涅；法兰克人驻在勒内。406年立比阿立法兰克人[①]曾竭力堵塞汪达尔人的侵入洪流。在第四世纪有两个法兰克人，阿波加斯特和包多，都是格累细亚的和狄奥多西大帝的亲信将领。在第四世纪中帝国军队的统帅，也是日耳曼人，例如，斯底利哥、亚伊细阿斯、里塞默等。

然而，还有比军团中的日耳曼士兵人数远多而重要性更大的事情，就是各日耳曼部族以"同盟者"的名义居住于边境各省内。

① 按第四世纪法兰克人分为两支，住在莱茵河两岸者，叫做"立比阿立法兰克人"（Ripuarian Franks），意即"河滨法兰克人"；另一支住在舍拉河（Sala R.）流域者，叫做"萨利安法兰克人"。——译者

他们类似以前的罗马退伍兵那样；他们在战争时应服军役的条件下，领取了土地赠与来耕种。这些日耳曼殖民者，如果住在罗马业主的土地上，当然不得不应用罗马人所用的同样的农作方式。但是，当他们住在他们自己的田地上，他们保留着日耳曼房屋式样、日耳曼耕种方式、日耳曼土地丈量制。罗马省区的条件，果然深深地影响了那些移民的身份，但是对他们的旧习惯，却未曾妨害。所以，下列情形，特别是在高卢存在着（因为意大利和西班牙很少受到这种殖民运动的影响，直到第五世纪的真正征服为止）：罗马测量员所用的"百亩"法[1]，凯尔特人土地保有制的旧形式及日耳曼人的耕种和土地占有制的新形式都同时并存而又交叉着；当然，这些形式甚至像居民那样会渐渐混合起来。

另有一种异于日耳曼"同盟者"的日耳曼移民即是"隶农"（loeti 或 coloni）；他们移殖在人烟稀少或荒芜的地区（法律上无主人的荒地），由罗马人给予田地，甚至谷物种子以及役畜，使可着手耕种。这一类移民后来和各省内罗马奴隶阶级相混合，而形成了中世纪的农奴阶级。在这些隶农中，有很多人原是战争中的俘虏，但是也有其他日耳曼人；他们从没和罗马交锋过，由于他们背后部落的压力，从本乡被挤出来，力求在帝国内取得一块安身之所。他们原不是奴隶，甚至也不是农奴，虽然后来沦落到农奴的地位。他们也被分配在皇室（国库）的大地产上，或被分配给那些缺少劳动力的富裕业主。早在帝国灭亡之前，罗马人通过各省区内成千成万日耳曼人"隶农"的居留地，一定会熟悉蛮族的很多风俗习惯的。

---

① "百亩法"（centuriation），就是以百亩作丈量的单位。——译者

日耳曼人每次几千人不断地渗入了罗马帝国境内，因而罗马人和日耳曼人间的相互影响是很重要的。因为在第五世纪当日耳曼人以整个部族并在征服者的地位上涌入帝国境内的时候，他们发现在那里已住着很多他们自己的同种族人，后者已经采用罗马的生活方式，并在某种程度上已经受到罗马文明的同化。而且，甚至那些长久留在日耳曼境内的部族，也在不小的程度上，已接受罗马的影响。这对哥特人来说，是特别正确；而对法兰克人和伦巴人来说，则是大为不然了。

这整个蛮族世界久已遭受深刻的不靖状态所激荡，而这种情况是注定要引导到第五世纪的"大移动"；就是，那被德意志历史家生动地称为"民族的漫游"。这里我们讲到历史上一个最广泛而又最有力的现象——移民了。我们必须对这些声势浩大的移民的原因、方法和方式以及移民的路线和影响，加以分析。

毫无疑问，这些移动的基本原因，在于粮食供给的不足。这可能是偶然的、暂时的现象，如在畜牧部族中遭到兽疫病时的情况，或如在农业部族中遭到旱灾时的情况；或者由于生产方法上的简陋，也可能造成经常缺乏的现象。在古代，经常有着一种人口的压力加在生活资料的上面。为了减轻压力，乃采用了战争和掠夺，就是，强的部族对弱的部族的排挤行为。这些运动变成了移民的原因，也是移民的结果。

有一个伦巴历史家保罗管事曾写道：伦巴人在斯堪的那维亚半岛上，由于人数的增加，分为三组，并用抽签办法来决定其中哪一组应该外移。日耳曼人有时由于旱灾和饥荒的影响，被迫进入罗马帝国境内。罗马地理家斯特累波曾清楚地看出：古代日耳曼人迁移的动机,与其说是由于他们职业上的农业性质,不如说是由于他们职业上的畜牧性质,以及由于食粮缺乏的经常威胁。凯撒曾探寻日耳曼人骚动和好战倾向的经济根源,在于人口的增加和土地荒,并扼要地表达这思想说:"当时……由于土地荒和人口的倍增,他们发动战争。"[①]他还说,当日耳曼人移动的时候,他们还有着未开垦的广阔地带。所以,引导日耳曼人进入罗马帝国的原因,不是在于"因为国内缺少地盘",像吉本所想象的那样,而是在于农业的简陋制度、在于因生产过低所产生的粮食供应的缺乏以及在于爱好掠夺的品质。他们常常把自己的地方遗弃。日耳曼的人口不是过剩的。依据两个最著名的近代历史家也是统计家的估计,在莱茵河和多瑙河之间的领土上(这是到第五世纪留下来的唯一日耳曼,因为斯拉夫人已满布于所有的东半部,那里一度曾由哥特人、伦巴人、汪达尔人、勃艮第人、马科曼人、魁迪人等等居住过),总共有着不多于一百万居民,住在二十万平方哩的领土上。在这个地区之内,估计有二十三个部族,而其中没有一个部族能有多于六千到八千战士的。由于他们的农业的简陋形式,日耳曼人是营养不足的,像一切生活在窄狭范围内的原始民族一样,他们迫切地追求生存资料。圣安布洛兹,也许是第四世纪所有的作家中对情况观察得最锐利的作家,他正确地写道:"里细亚已认识到自己土地肥沃的危险。它以它的富饶吸引了一种敌人的侵犯。"

移民果然可用和平伸入的方法来实现——这是在第五世纪前日耳曼人移民的方式——但多半是用战争方式来进行的。然而,

① "cum. . . bella inferrent propter hominum multitudinem agrique inopiam."

移民有时不采用实际转移的方式，而采用扩展的方式以及征服或兼并新部族和新土地于本国的方式。举一例说，法兰克人征服了高卢，后来又征服了大部意大利和部分西班牙，但是他们没有从西日耳曼的老基地撤退出来。我们很少找到整个部族移入一块空地的实例，可是伦巴人的占领波河流域，像在下文所述的那样，是属于这类性质的例证。然而，无论如何，新占领即意味着那强有力的种族的控制。

这类变更所产生的结果，当然是征服者和被征服者间的血统的混合以及他们之间的制度的融合。关于血统混杂的过程，由于下一事实，一般是进行得很便利的：被征服人民中的大部男人已经死去，而剩留下来的主要是女人。在所有的混合中，我们应该注意下列重要因素：两种人口的和他们活力的比例、本地的和侵入国的制度的力量和伸缩性、混合的程度、时间的因素以及最后气候和自然环境的影响。

我们不应由于上述抽象的事实和对移民史的冷静分析，而看不见下列情况：它们果然是属于最重要的历史事件，可是，同时也是属于最残暴的历史事件；战争、掠夺、屠杀、奴役、饥荒、破坏，是它们形影不离的伴随物。虽然如此，它们毕竟有着良好的后果，因为它们是历史上芟除劣等居民和腐朽文明的一种方法。

但是，遭劫的不是全在被征服者的方面。在德意志，特别在日耳曼的西南角，在那里来自亚洲的冲击和部族的压力达到了最大的激烈程度，弱小部族在部族“碾碎”的过程里，被磨得粉碎，而强大部族也只能用联盟方法来维持自己，像阿勒曼尼克和法兰克联盟的情况那样。正是这个压力，常常用以说明日耳曼各部族冲入罗马边境的疯狂行动，那终打破了这长距离的整个防线。405年时，拉特给萨斯的入侵意大利，不是属于一个部族或一个“民族”的行动，而是属于各部族的零星部分的行动，一群携带妻子儿女的亡命之徒的行动；他们要从所处的绝境里求得一个出路。他们的命运最后是被罗马军团饿死于多斯加纳山区里。幸免的几千人都被出售为奴隶，价格这样低廉，每一个人只售一个奥勒斯（aureus）。当时，牲口的价格还高些。但是，这些可怜的牺牲者还是高价购进的，因为几千人由于遭受了饥饿的影响，不久就死去。

日耳曼各部族的大移动，不是一个暂时的偶然事件，而是一个连绵进行着的并早在入侵之前已经开始的行动。关于它们的起源，我们可追溯到公元前第二世纪的末期，辛布赖人的入侵，再到阿立奥维斯塔和苏维汇族的入侵。即在这遥远的时期，他们不是纯粹的战争队伍，而是正在行军的部族：男人、女人、孩子，带着奴隶和牲口，全体移动，来找寻土地。这项移动沿着整个帝国的边境继续进行着，但它的进展在一个长久的时期中被遏阻着。起初，那些驻防边境上的罗马军队有充分力量来捍卫多瑙河边界。在第三世纪，由于一次很猛烈进攻的结果，大批日耳曼人穿入了帝国境内，而且暂时摧毁了莱茵河上的罗马统治；可是后来他们还是被伊立连族诸帝逐回。

第五世纪的“大侵犯”是上述大运动的最后一幕，恰恰发生在这一时期是因为那时罗马政府已经没有力量来对付日耳曼人的移民。即在那时，日耳曼人除了少数例外，还没有以大队人马，以征服者的地位而来。他们结成小队而来，渐渐渗入，定居于这里或那里，起初在帝国沿边境上人烟较少的地方，然后再从那里逐步向内地伸入。但是他们是作为殖民者和移民、作为农民进来的；只在他们的入境被拦挡的时候，他们才使用武力。现在历史家们对下列旧观念已经放弃：日耳曼人是像可怕的天灾般地进来的，而罗马人被弄到走投无路的。事实上，日耳曼人的进入是常常被欢迎的，因为罗马农民把日耳曼人看作反对帝国政府的吸血税吏的保护人。由他们看来，主人的改变不能比目前更坏，可能是好些。里昂和罗尼河流域的居民，故意放纵了勃良第人占领他们的领土。这些粗鲁的蛮族，可能是粗暴无礼的，他们用牛油来整理头发，有着制革所的气味，但是，他们是性质良善而豪爽的大汉，公平地对待着无防御的省民。

依据各种情况，我们很可以说，这种移民带着一种"大迁徙"的性质。正像美国人越过阿利根尼山进入俄亥俄河流域"新西方"的"西进运动"的历史一样，正像那个运动后来越过平原沿着圣大非和俄勒冈路线进入"远西"[①]的扩大地区被这批开荒者的后裔所忆念的一样，所以在那些住在罗马帝国境内的日耳曼人中，对他们祖先在大迁徙时期中冒险、艰难、战斗和胜利的回忆，常留在心头，而且这类事件已成为他们种族的故事和民谣了。在第六世纪当约但尼斯进行编写哥特人的历史的时候，除了民间歌谣告诉他一些消息以外，他没有关于这个早期的资料。在他的著作中的一章里，他描写哥特人在长期移民的过程中（至少历时一百五十年），所遭遇的一些危险：他们从维斯杜拉河口前行，直到有一天他们看到"被深蓝海水冲破了的静寂天涯"，而尤克辛海的一片汪洋出现在他们

① 指美国西部沿太平洋各地。——译者

眼前，这是一个历史的图片，描写着正在迁移的哥特人的先锋怎样陷入第聂伯河各支流间俄罗斯的危险沼泽地带——那个广阔的普里柏特沼地，在面积方面和爱尔兰一样大小。他说：

> 这块地方被关闭在动荡的沼地中，因而由于水陆两种因素混淆在一起，自然界使人不能进到那里。甚至到了今天，据说，旅行者还听到鬼怪野兽的叫嗥，还看到人的幽灵在那些危险的沼地里挣扎着。

按日耳曼人每次移民的历史，都可以有把握地说：虽然抢劫是一个动机，掠夺是侵犯的附随物，但是日耳曼人的推动力却是要找寻生活所依靠的土地。约但尼斯还告诉我们哥特人怎样终于达到了“所想望的土地”。408年时，阿拉列曾要求诺立坎、伊斯的里亚、威尼斯和达尔马提亚各省作为他的人民的家乡。当这项要求被拒绝时，他把他的要求减低到上述的最后三省。

每次移民的成功，个别来说是由于各种特殊的原因以及由于各种情势的特殊结合。然而我们可发现一般的事实，并寻出一个对整个运动的说明。但是，为什么出现了这种情况：那些在第一和第四世纪间曾被罗马阻止的移民运动，到了第五和第六世纪，变成为这样的广泛和这样的成功？原因不在于日耳曼族的人数或权力的增长。那一定是由于帝国完整的破坏、内部机构的破裂、帝国抵抗力的缩减（对帝国衰落的因素和原因的考察，已这样地指出了）。“罗马由它的仇敌看来，好像是一个硬壳，包藏着柔软的核。”一旦外壳被戳穿之后，蛮族就可流入而充满了它的内部。日耳曼人已在罗马军团里充当士兵；他们已移殖于空地和荒地上，主要在边境省份，正因为如此，罗马平民已向帝国中心缩退。

从勃艮第人和法兰克人移入高卢的历史里，我们可获得关于上述后一现象的有力证明。勃艮第人渡过莱茵河后，首先住在柔拉和发特地方，这些地方当他们进入的时候，很可能是没有罗马居民的。至于科隆下面的下莱茵兰、比利时及东北法的情况，我们有明显的证据，可说明罗马居民已从这些地方退出；也有证据，可说明法兰克人在第五世纪渡过莱茵河而涌入了一块无人的地区。

在近代时期，这些地区发现了几百处罗马古币窖藏的"发见物"。这些事情的意义不言自明。因为古币的种类和"发见物"的数字都是和法兰克人的侵入有关的。情况当然是这样：当政权在边境省份崩溃时，罗马人向内地迁移，但是因为盗贼猖獗，不敢随身携带钱币，乃把它埋藏地下，希望日后回来时掘出。在这些"发见物"中，很少找出第二世纪的古币，但是在第三世纪当边疆时被冲破而又经常修复的时候，就可常常找出古币。在第四世纪戴克里先和君士坦丁的改革使行政刷新以后，古币的"发见物"又变少了。但是第五世纪，就是"大侵犯"时期的窖藏是很多的。这些"发见物"的地理分布情况，也是有意义的。在下莱茵兰、比利时和东北法，比在任何别的地方所发现的古币为多；这说明了罗马人从这块领土上的撤退，几乎是完全的。

历史上的沉默也证明了这一点。关于法兰克人的第一次扩充，我们没有文字的记录，因为没有罗马人曾看到这事情。法兰克人慢慢地迁入，并散布在一个荒芜的土地上，在那里，甚至城市也已人烟绝迹。

在罗马帝国另一部分，就是，在意大利的波河流域，在第四世纪我们可看到一个差不多无人地带的类似情况；在哥特战争时期，意大利的人口可怕地下降，当时皇帝查士丁尼的军队，在贝利撒留和那锡士两个将军统率之下，破坏了由狄奥多理东哥特人所创立的兴盛王国，从而使北意大利变成为一个荒地。然而，那项衰败在东哥特人占领以前已经开始，其原因是：赋税繁重和行政腐败已把当地居民逐出或毁灭了。

568 年时，当伦巴人散布在波河流域的时候，这地区几乎是一片空地。这个最小的日耳曼部落的经验，清楚地表明了“大移动”的性质。早在公元 100 年时，塔西佗论及伦巴人时说：“这批人却以他们的人数稀少而自豪，因为他们被这样多、这样强的部族所环绕，必须设法保存他们的生存，不用消极的服从，而用经常的战斗；在危险中找得安全。”伦巴人连续地移动，从他们被知道的时期直到 568 年进入意大利时为止。这一事件在历史家中成为一个很多争执的问题，因为按照我们所有的证据，难以区别什么是他们的历史和什么是他们的传说。但是，在日耳曼部族中很少比他们走得更远，搬迁得更多。保罗管事，一个伦巴族的历史家，告诉我们说：“他们遭受饥饿的大劫难”，在纡回漂泊之后（显然从下易北河区开始的），“他们进入了鲁吉兰（在多瑙河北岸、诺立坎的对面），在那里因为土质肥沃，他们停留了几年”。几年以后，他们再“从鲁吉兰出发，定居于广阔的平原上，这平原在蛮族的语中，叫做‘斐尔得’(Feld)”，这只能是现在的匈牙利平原。在这里，他们陷入匈奴人的漩涡里，直到阿提拉死时为止，而后在一个时期中又降为日耳曼赫留来部族的附庸。在他们迁移的过程中，在某一地方，他们走到

长着亚麻的一片绿野，错误地认为它是湖海。跟着，在多瑙河下游，他们和吉比德人发生了战争。那时，鞑靼族阿佛尔人已冲过罗斯平原，侵入了多瑙河区，强迫伦巴人把他们牲口的十分之一交给自己。伦巴人从这危险的地位在568年侵入意大利，以求出路。由于他们人数的稀少，伦巴人已成为一个混合的部族，因为他们似乎在这些迁移中曾零星地吸取别的部族的因素，因而他们的语言和他们的制度也受到了这种混合的影响。

日耳曼人在罗马人眼光中，既不是仇敌，也不是陌生人。在他们之间，没有种族矛盾的存在。在多事的第五世纪之前，这两个种族彼此熟悉甚至互相混杂，已有四百年之久。当罗马帝国像破屋一样地逐渐倒塌下来的时候，日耳曼人填补了那些破坏了的省份（它们好像是这大厦中的房间）并和本地居民并肩杂处在那里。罗马人更加蛮族化了。同时日耳曼人更文明化了。他们和教会一起，制定了新制度的式样，并从罗马制度的残余以及从他们自己的更有活力的制度中形成了一种新文明。这两种制度跟着时间的进展融合起来，形成了一种既不是罗马式的、也不是完全日耳曼式的政府和社会。

蛮族人民在罗马帝国内建立国家的历史后果，是很重要的。姑不计及那些消逝了的国家——汪达尔、东哥特和西哥特——还有由几个“部族”国家组成的集团，它们曾统治着整个中欧洲、高卢、德意志和北意大利；就是说，那些后来合并成为法兰克帝国的国家。在其中每一个国家里，罗马帝国制度曾被一再废除，但是，教会还是保存着罗马传统的。

这样建立起来的国家，是住着新人民的。这个事实的重要性是什么呢？日耳曼人的来临更换了人口吗？这一个极有趣味的问题，曾经过热烈的讨论。当然，它不容有一个单一的或明确的答案，必须按照各国的情况来区别。关于进入帝国的蛮族人数，没有文献可供给我们以直接的资料，但是我们可推论他们的人数和罗马的居民相比较，并不算多。从这一点，有人曾作出结论说，他们的影响是表面上的，他们没有留下任何永久的痕迹。

这是一个极端的见解。事实上，我们知道帝国的有些地区已深刻地日耳曼化，在这些国家里，在中世纪时期，居民、私法、习惯，特别是造屋方法，甚至言语都指明了：日耳曼影响的优势是无可否认的。这些国家就是，英国、巴伐利亚、阿尔曼尼亚、北法和东法、莱茵兰以及伦巴第。可是，这些地区正是在帝国末期由罗马居民遗弃最多的边境部分。起初，日耳曼人"隶农"和侵入的部族大批住在那里，像上文所讲的那样。日耳曼人看到在这地方上只有他们自己人，遂有时间来繁殖并创造新居民。

在罗马居民继续存在的地区，发生了各民族间的混合。人口中原先的成分在数字上是占着优势的，但是蛮族的后代形成国家中的统治部分，朝臣、首长以及大土地所有者，一言以蔽之，日耳曼人对于新王国的组织和创立，具有一种真正的势力。所以，蛮族侵入的影响在没有冲突的地区比较大些，而关于这项历史的文献，在数字上是最少的。

因为罗马帝国制度，无论在行政、经济或社会方面都是基于土地占有制的，而且因为日耳曼人移动的主要动机是在于求得土地，所以日耳曼土地解决办法的性质，是一个很重要的历史事件。如果设想那项办法是整个地、粗暴地剥夺罗马地主阶级的土地，那是完全错误的。

第一，日耳曼人口和罗马省区人口相比较，在数字上，实在是太少了，以致他们不可能在任何大的程度上这样做，即使有此心愿。我们可按照在五人中抽一个战士的标准来计算他们的人口数，作出一个保守的估计：西哥特人不会超过十五万人，东哥特人不会超过二十万人，勃艮第人不会超过八万人；克洛维斯法兰克人当他进入高卢的时候，只有六千个兵士。这样的数字，在八百万人口的意大利，在一千到一千二百万人口的高卢，在八百到一千万人口的西班牙，还算是什么呢？

第二，必须记牢，在日耳曼兵士寄宿民家的帝国制度里，久已存在着一个管理罗马人和日耳曼人间土地的分配先例，按照这先例，一个户主须把他的房屋和土地划分，自己保留 2/3，把其余的 1/3 给他的不速之客，后者有时委婉地叫做“客人”。

日耳曼人有时把这种分配比例倒转过来，但是他们中间从没有人完全劫夺和剥夺旧主人的。勃艮第人（关于他们的居留地我们知道得较为详细），曾占取耕地的 2/3，奴隶的 1/3，每幢房屋及它的附属物的 1/2，森林和未垦地的 1/2。高卢和西班牙的西哥特人曾占取土地的 2/3，可能按同样的比例，占取房屋及其他财产。意大利的东哥特人似乎只占取了属于国库的土地，而对于地主阶级的土地，未曾加以骚扰。如果狄奥多理的宰相卡息奥多拉的话可以相信的话，对东哥特人是没有恶感的。因为他说：“土地的分配促进了地主们的和谐。”还须记牢，卡息奥多拉本人是一个罗马人。汪达尔人在非洲的土地解决办法，是相似的。伦巴人是最凶狠的剥夺者，他们的政府对罗马省民压迫得最厉害，而法兰克人最为宽大。

关于法兰克人,他们之所以有着比较缓和的政策,是因为他们是天主教徒,天主教主教能为居民定出一个比别处宽大的解决办法。至于所有的其他日耳曼人,他们都是阿利阿异端派而被信仰天主教省民及他们的天主教主教所痛恨的。在这紧张局势里,可奇怪的是,阿利阿派日耳曼人就他们的土地分配而论,是和天主教徒同样地缓和。拍拉的坡来那斯的奇异经验(他是奥索尼阿斯的孙子,罗马诗人中的最后一人,住在波尔多附近的富裕业主),表明了蛮族的解决办法是合乎一般情理的。他的地产由于哥特人的占领而变为乌有。他的很多余产又被一个硬心肠的亲戚所吞没。在晚年,他住在马赛附近自己所有的一小块土地上。有一天,他出乎意料地从一个哥特人手里收到了在波尔多附近他的庄园账上的一笔结款,这个哥特人就是他曾被迫分给自己庄园的人。这忠实的人不愿无补偿地占有着他的土地。这一件事不得认为是一个例外。"所有的证据都足以表明罗马大家族在蛮族侵入的过程里,很少曾遭受暴力或没收财产的痛苦。"

应该指出,这些土地是由日耳曼人用抽签方法来分配给自己人的,并在对蛮族国王服某种兵役的条件下,所有人得世世代代领有它们。在其他方面,他们是被豁免赋税的。这里,我们至少看到那后来封建制度的一种萌芽。的确,那些领有原属罗马人土地的日耳曼人,采用了当地的经济制度,而变为完全一样的土地业主了。罗马旧业主的田庄变为中世纪封建制的庄园。在进入的日耳曼人中间,占有本能发展得这样早、这样强烈,以致勃艮第法律规定:任何人不得出售他们的土地,除非售给另一个土地业主。日耳曼业主对他的不自由的佃人是倾向宽大的——不管这些佃人是由他所带来的日耳曼农奴，或者是原在他的土地上的罗马佃人——其原因是：他对罗马的田庄管理制，不如旧罗马业主熟悉，而日耳曼对奴役状况的管理不像罗马人管理得那样严格。然而，我们一定可清楚地看出，"工业生活的枢轴跟着蛮族的进入而转变了。"这类工业很多，甚至大多是属于农业性质的。可是，罗马商业在蛮族王国里并没有消灭。我们就要多谈一些关于日耳曼各王国的经济和贸易。

罗马国库所属的富饶庄园，都被在意大利、在高卢、在西班牙、在非洲的日耳曼国王所占有；在非洲，这些庄园构成了汪达尔王国的全部省份。因为日耳曼国王没有建立赋税的一般制度，这些庄园遂构成了王室进款的来源，并和过去一样地继续管理着。从它们得来的进款，用作政府官吏的薪给以及蛮族宫廷的维持费。然而，其中有些庄园是分给那些追随国王的主要首长，后者因此就变成为最大的土地业主，即封建时代的地主贵族的祖先。

匈奴人及他们的首领阿提拉，在历史上不像日耳曼人那样，没有产生过持久的影响，所以对他们的历史可以更简略地谈一谈。他们的几乎是唯一的影响，是他们以无限压力给日耳曼世界最后的冲击力，这迫使各部族全部涌进了罗马边疆。匈奴人所发生的影响，在欧洲的想象力方面远大于在欧洲的政治方面，因为关于他们的荒诞故事和关于他们的残暴性，在第八世纪以前保罗伦巴人的著作中没有出现过，而阿提拉的各种故事，还是后来经过马扎儿人的来源而流传于后世的。

从人种方面来说，匈奴人是属于鞑靼族，不是属于雅利安族，他们和地中海世界的居民甚至连疏远的种族血统关系也没有，日耳曼人却是有的。从社会方面来说，他们是野蛮人，而从经济方面来说，他们是游牧民族——“他们的国家是在马背上的”。这句话就衡量出匈奴人和日耳曼人之间的莫大距离了。公元375年时，匈奴人冲过“乌拉尔大门[①]”出现于欧洲地区；他们猛扑那住在南俄罗斯和近代罗马尼亚的哥特人；当时，他们的进攻，使日耳曼人和罗马人都充满着惊惶情绪。我们还可看到同时代人描写他们的生动记载。安密亚那斯·马赛里纳说，他们是丑恶可厌的人，虽知道取火但很少用火来煮食，穿着肮脏的兽皮。

> 该族中每一个人日日夜夜在马背上生活着；在马背上他们做买卖；在马背上他们饮食……其中没有一人耕种过田地，甚至连犁锄的柄也没有碰过。他们都是漂泊在外，没有一定的居住地，没有家庭或法律或固定的风俗；他们像永久的难民一样，以他们的马车作为他们的唯一住所。

但是，匈奴人在居住于下多瑙河流域（近代的匈牙利、特兰西瓦尼亚和罗马尼亚）的七十五年间，曾拾取一些罗马文明的虚浮表面。“阿提拉的宫廷和营帐，从整个性质看来是富于肉欲的；但是，这肉欲性比那第一批横渡亚速夫海的匈奴人的肉欲性，还远不及

① “我们认识到，这是一个怎样极无防御的欧洲边境，通过那里的空旷地点，所有亚洲的游牧部族，如匈奴人、阿伦人、阿佛尔人、保加利亚人、蒙古人进入了欧洲；他们的骑兵队驰骋草原，搜索敌人或战利品，他们的马车载着他们的家眷和牲口跟在后面，除了有时受到有些大河的阻碍外，所向无敌；如果河流太深，不能跋涉，则他们乘着膨胀的皮囊渡过。”——布赖斯：《外高加索和阿拉拉特》（*Transcaucasia and Ararat*）。

其污秽与可厌，这批人的习性曾由安密亚那斯描写过。”阿提拉的“宫廷”是一个大木房，它的地板和墙垣都是用木板做成的；而墙垣和地板都用兽皮盖着，以御寒气。在它的附近，有着比较逊色的住所，在那里住着他的妻妾，其中最漂亮的一所，是他的爱妻克勒卡住所，可是连她也没有毛毯和地毯。匈奴人虽然来自东方，但没有采用东方的这些奢侈品。那些房屋全部连在一起，以打入地下的木栅来环绕着，因而形成了一个凹凸不平的广场。

阿提拉生活费用的大部是从那些在他的权力下被征服人民——罗马人、希腊人、日耳曼人——得来的；他们被迫缴纳牲口货物。但是，他的最大的财源，是向君士坦丁堡软弱无能的皇帝进行勒索。公元 423 年时，他从狄奥多西二世取得了 350 镑黄金的贡赋；次年，他勒索了双倍于这项数目的黄金。这皇室的常年“补助”，继续了十五年之久，直到 447 年时为止，当时，这数额名义上已加了三倍，虽然同时阿提拉还要求一百二十五万（合美元计算）作为“欠款”。

为了征集这笔巨款，拜占廷帝国必须使用它那复杂的一切财政机关：

> 每一个元老被课某个数目的款子，往往大大地超过他的实际财产；但凡是列在他名下的数目，不管他有与没有，是必须缴付的……在有些情况下，高贵妇女的家藏珠宝，或者那些一生过惯豪华生活的人们的家庭用具，就在市场上陈列出售。

普力斯克斯，生在这个时期的拜占廷历史家，伤心地说道：

> 国家的财富和皇室的宝物，不是花费于他们的正当用途，而是挥霍于可笑的铺张、俗气的虚饰以及一切娱乐和一切荒淫无度的事情，在这方面，凡是稍有理性的人，即使国家已达到繁荣的高峰，也不愿浪费金钱的。

当普力斯克斯出使阿提拉而路过色雷斯的时候，他看到城市人烟绝迹，原野尸骨满地。他曾把一幅生动的图景，流传下来，描写这个蛮族宫廷，它的宴乐、它的吟唱诗人、王室小丑的嬉戏、一个丑形的侏儒、酩酊的祝饮、奇怪的服装、极为稀奇的语言，即混合着匈奴语、希腊语、拉丁语、哥特语的喧嚷；大汗沉默地但不无威严地坐在这喧扰场面的中间，由他的披着蓬松毛皮的卫兵和两个秘书在旁侍奉着；一个秘书替他办理希腊文件，另一个秘书替他办理和罗马皇帝与帝国省长的通讯事宜。

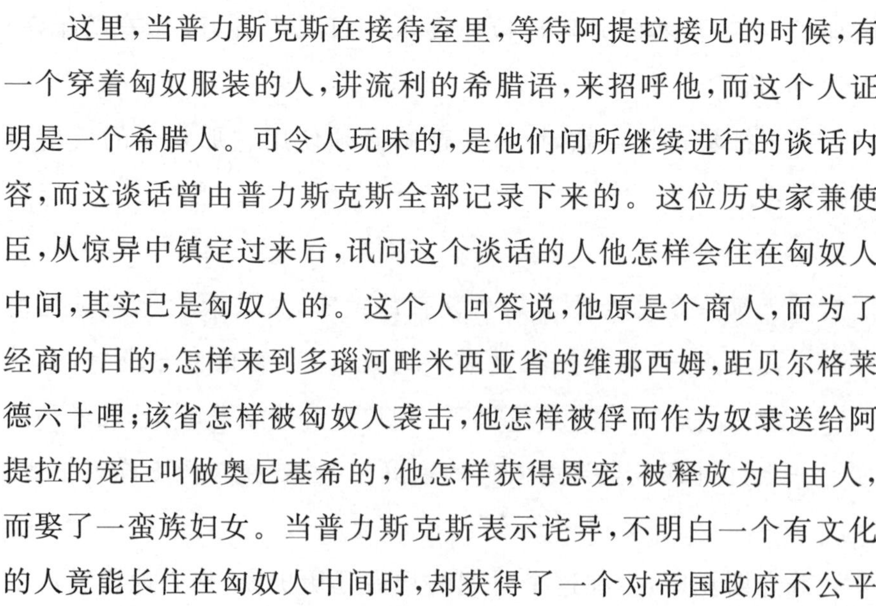

这里，当普力斯克斯在接待室里，等待阿提拉接见的时候，有一个穿着匈奴服装的人，讲流利的希腊语，来招呼他，而这个人证明是一个希腊人。可令人玩味的，是他们间所继续进行的谈话内容，而这谈话曾由普力斯克斯全部记录下来的。这位历史家兼使臣，从惊异中镇定过来后，讯问这个谈话的人他怎样会住在匈奴人中间，其实已是匈奴人的。这个人回答说，他原是个商人，而为了经商的目的，怎样来到多瑙河畔米西亚省的维那西姆，距贝尔格莱德六十哩；该省怎样被匈奴人袭击，他怎样被俘而作为奴隶送给阿提拉的宠臣叫做奥尼基希的，他怎样获得恩宠，被释放为自由人，而娶了一蛮族妇女。当普力斯克斯表示诧异，不明白一个有文化的人竟能长住在匈奴人中间时，却获得了一个对帝国政府不公平的严厉控诉，作为答复。

> 他说道："我认为，我的现在生活方式比我过去好得多。因为当战争过后，人民过着安逸的生活，完全自由自在，毫无顾虑。但是，在罗马境内，人民在战争中容易遭受挫折，因为他们把安全希望寄托于别人，而不是掌握在自己手里。他们的暴君是不将容许他们使用武器的。"

这里，这个讲话者埋怨道，内战和掠夺是后期罗马帝国的臭名昭著的祸害。

> 他接着说，"而且，还应想到税吏所干的一切残暴行为、密告者的无耻以及司法方面的极不平等。如果一个富人犯了法，他总是可设法逃避处罚；但是，如果一个不明事理的穷人犯了法，他必须遭受严厉处罚，除非在宣判之前，他确已死去；后一种情况，从法院颟顸作风所造成的丑事看来，不是不可能的。但是，我认为最可耻的事情是，一个人必须付钱来获得他的合法权利。因为一个受害的人，如果不先付一大笔钱给法官和官吏，甚至不能获得法院的受理。"

他补充说，就是奴隶制在匈奴人中也比在罗马帝国内要缓和一些。

这一事件是在多方面值得玩味的，它揭露了罗马帝国内被赋税压榨的人民，甚至看待匈奴人像他们久已看待日耳曼人那样作为救星，来摆脱那蛮干和残暴的政府。这种揭露就不无意义。

阿提拉曾宣布，下多瑙河南岸罗马方面的米西亚一带领土，一百哩宽，三百哩长——东自近代保加利亚的西斯佗华西至多瑙河湾是一块匈奴的“沼地”或边境领土。在这里，有一个大市场，那所市场过去原是设在马格斯的，那时已设立在纳苏斯（即近代的尼西），距摩拉瓦河口一百五十哩。该河和瓦尔达耳河一起现在形成，过去几百年中已形成在爱琴海沿岸萨罗尼加和多瑙河流域之间的大商路。

阿提拉在453年死去，因此多瑙河流域被奴役的人民获得了解放，但是，他们已陷于绝境。当时，有一个历史家在阿提拉时代曾察访过东哥特人那里，根据他的记载，我们可判断匈奴人对东哥特人所产生的退化影响；他说：东哥特人也倒退到游牧生活，竟至这样的地步，以致他们已把农业忘了。因为这个区域已被扫荡得像打谷场一样地光滑，居民已陷于饥饿状态，这里或那里设着一个有城垣的市镇，在那里有着蛮族人和少数冒险的罗马或希腊商人交换物品的地方性市场；这批商人很大胆地进入这一地区。《圣塞维立那传》生动地描写了这种凄凉景象，这一景象由于阿佛尔人、保尔加人和马扎儿人连绵的袭击，延续了五百多年之久。多瑙河交通路线仍然是一个封闭的道路，直到十字军东征时期为止。此后，所有的东方货物经过意大利达到西欧，或者由海路运到马赛及罗尼河口，从那里再散发到北欧去。

在意大利，这种商业的主要经营者，是威尼斯，它的兴起是和阿提拉的侵犯意大利密切地联系着的。当时亚基列被匈奴人化为荒地，这个城市和巴土亚以及许多小镇的居民惊恐万分，纷纷逃至

亚得里亚海礁湖内的泥泞浅滩上；这些低礁的最高地，即里发斯·阿尔特斯，注定要在后来时期成为威尼斯的里阿尔托[①]。巴土亚人居留区，是亚得里亚海未来王后[②]的核心。在这里，居民是依下列职业为生的：在盆里煮海水来制造食盐，捕鱼以及逐渐和大陆及大陆以外各地进行贸易。在第六世纪，卡息奥多拉曾这样地描写他们的。威尼斯的两栖地位，也使它没有遭受凶猛的伦巴人的侵犯，因而兴旺起来，二百年后，它的势力强大，甚至能对查理大帝挑衅了。

① 里阿尔托(Rialto)——威尼斯城的一个著名小岛，为商业活动中心；美国纽约“百老汇”的一块地方，也称为“里阿尔托”，是游乐赌博的场所。——译者

② 就是威尼斯。——译者

第四章　罗马帝国内的日耳曼王国*

西哥特的西班牙、汪达尔的非洲、东哥特和伦巴的意大利、教廷的罗马和拜占廷的意大利

关于那些建立于罗马帝国内的大部分日耳曼王国的内部经济和社会的历史，我们只需简略地谈一谈。因为除了法兰克王国和不列颠的盎格鲁-撒克逊联合王国以外，所有的蛮族王国的寿命都是没有延续到第八世纪以后的。

第一个日耳曼王国，是西哥特王国，那是建立在阿奎丹高卢和西班牙领土上的。王国的高卢部分，由于法兰克人的扩展，在 507 年被消灭。而它的西班牙王国在 711 年穆罕默德征服半岛——半岛的大部——之前倾覆了。如果土鲁斯而不是托利多[①]还是王国的首都，而南高卢继续是王国的领土，那么，西哥特人的命运也许就不同了。因为那里"存在着阿奎丹的吸引力，富饶、土质肥沃和优秀的罗马文化传统"。因为西哥特新政府的开支比罗马旧政府

* 地图：锡倍德：《历史地图册》，第 50，52 页。

① 土鲁斯在南高卢，托利多在西班牙。——译者

的开支要少，赋税的负担也比过去罗马时代的负担要轻，所以没有疑问，这政府的改组是人民所乐于接受的。

但是，西哥特人由于人数太少，不能有效地保持西班牙的辽阔地面。他们遭受着加里西亚和北琉息退尼亚（葡萄牙）的苏维汇人的敌对以及比里牛斯山脉里顽强的巴斯克人的侵袭。可是，这些祸害还不如他们政府的无能来得严重。社会的、宗教的分裂从没被克服过。甚至他们已变为天主教徒之后，"古法"（"Antiqua"）依然是哥特人的法典，同时那仿效狄奥多西法典的"阿拉列简明法"（Breviarium Alarici）是罗马人的法律。而且，从一开始起，哥特贵族对国王就是一个威胁，而对下层群众是一个阻碍。贵族占有范围极大的土地。他们的平均财富，估计在十五万和二十五万美元之间。另一方面，大省区俾替卡是由西班牙-罗马贵族控制着的，他们从玛约里安以来，就领有这个省，国王无力使他们屈服。

大地主由他的忠心的卫队环绕着，实际上，能够长期不理睬国王的命令，直到偶然国内发生革命时，他自己归依了失败的一方为止；其时，他看到为了胜利者的党徒的利益，自己被剥夺了土地，他和他的子女被降到被人轻视的"贱民"阶层……这些时代是不安静的。国王远在别处，而大地主近在咫尺，实际上，在他广大的、往往非法占取的领地之内，已俨若国王了……经过若干代之后，那些毫无疑问在西哥特新社会制度内一定曾存在过的小土地所有者……已不复见了，而且在这国家的后期发展里，实际上我们看到只有两个阶级存在着——那些和王室多少密切联系着的大贵族……和他们的依附者，即乡

> 下人、小人或贱人;后者虽在理论上若干方面异于不自由人,但实际上却已陷入和奴隶不相上下的地位了[①]。

在西哥特西班牙,像旧罗马帝国一样,重税的压力和司法的腐败迫使日耳曼小土地所有者降到经济上依附和社会上卑微的地位;这批小土地所有者,本来在哥特人中存在着,像在其他日耳曼人中一样。隶农和奴隶在西班牙所处的境遇比在任何其他日耳曼人建立的王国内所处的,也许更坏些。在城市里,也没有力量与这种压迫状态相抗衡。因为系出罗马的城市居民,人数上虽超过哥特人三倍,但都是胆小如鼠而且也已贫困了。

西班牙在西哥特人时期,尽管有国内的丰富自然资源,但却不是一个很繁荣的国家。他们的文化是一种半野蛮人的文化,他们在农业方面,似乎是特别落后。他们的情况既然是这样,我们就不能希望他们把国家的富源顺利地开发出来了。

哥特人的工业是承袭并墨守着罗马文明传入西班牙的工艺技术的。其中主要的是:开矿、金属器制造、羊毛纺织和制革。但是,在开矿方面没有什么成绩可言。

然而,现有证据可以说明,西哥特人有着贵金属、宝石和华丽服装的各种财富;就是说,王室和统治家族领有这些东西。那些叙述穆罕默德教征服的阿拉伯作家,盛称征服者所获得的丰富战利品,特别是从那些西哥特国王住过的城市,例如托利多、哥尔多华、塞维尔和美黎达各城获得的。这些战利品中,包括有无数的绣着

---

① 《英国历史评论》,第2卷,第221页。

金丝花纹的华丽外袍、精制的金链子以及长串的珍珠、红宝石和翡翠。据说，在托利多，阿拉伯人曾找到一百七十顶纯金王冠，镶着珍珠、红宝石及其他各种宝石；一千把国王所使用的宝剑；若干只放满着珍珠、红宝石及其他宝石的小箱子以及大批笨重的金银制成的花瓶。在托利多，两个阿拉伯人曾发现一块华丽毯子，交织着金线条纹，装饰着纯金细链。像这类的财宝足以证明，在西哥特的西班牙，有着物质的财富，至少属于半野蛮性类型的财富。但是，那并没有表现出人民的一般繁荣景象，也没有提出关于工业或农业活动的什么证据。

在西哥特的法律里，有关商业方面的很少，而有关社会阶级的很多，几乎构成了一部单行法典；这一事实足以表明王国内的主要经济活动以及主要社会阶级，即大土地所有者。也可以看出，它和南高卢、汪达尔的非洲，特别是和东哥特的意大利各港口进行着若干数量的海外贸易。“简明法”中说及“海外商人”和“商人”，关于后一个名词，我们不能断定，它是指坐商，还是仅仅指贩卖商人而言。但在拜占廷帝国征服地中海沿岸并在八十多年时期中控制它的时期里，这项海上贸易近乎被破坏而被缩小为只是沿海的贸易。因为皇帝查士丁尼在征服汪达尔的非洲之后，曾把他的矛头转向西班牙。他的军队果然从未能深入它的难于进攻的内地，但帝国舰队曾占领喀他基那、玛拉加、塔拉科那、加的斯、巴斯塔尼亚、塞维尔和阿塞杜那各城市，并在 544 到 629 年保住了它们。当时，哥尔多华，即拜占廷帝国总督府的所在地，像我们即将在下文所看到的那样，已成为哥特亡命之徒和不满意分子进行阴谋的基地。

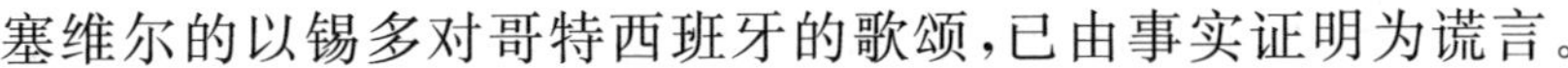

塞维尔的以锡多对哥特西班牙的歌颂，已由事实证明为谎言。

他赞扬“西班牙的富饶和繁荣”，说它是在印度和赫斯拍立第[1]之间的最美丽的国家，“是宇宙的珍珠和饰品”；这些自豪语是最无聊又是最似是而非的谄谀。“商业、工业和艺术从没有过真正的兴盛。”狄奥多理哥特人，曾以年幼国君的摄政地位，从哥特的意大利统治哥特的西班牙达十五年之久。当他讽刺地说：“坏罗马人模仿着哥特人而坏哥特人模仿着罗马人”一句话的时候，他总结了西哥特西班牙的祸根所在了。

上述的恶劣情况，当国王由于害怕闹事的地主贵族而投入僧侣的怀抱的时候，变为更糟糕了。因为西班牙僧侣的顽固性，在西欧天主教世界的僧侣无出其右。这样，西哥特西班牙遂成为历史上最受僧侣束缚的国家。

随着僧侣获得政治上的胜利，出现了很多严峻的法令。非天主教徒连一个人也不准住在西班牙。犹太人特别蒙受着无情的迫害，而他们是国内唯一的冒险商人阶层。托利多的第九次宗教会议(655 年)禁止犹太人举行他们自己的宗教节日庆祝，并强制他们参加基督徒的节日庆祝；第十二次会议(681 年)重申这些禁令；第十六次会议(693 年)禁止犹太人集合在港口城市的码头上，即在“商人云集的地点”上，第十七次会议(694 年)竟把每一个犹太人降为奴隶，或者属于僧侣，或者属于国库。

犹太人在他们走投无路的状态下，勾结了海峡对岸非洲的穆罕默德教化的柏柏尔人，在那里犹太人是享有伊斯兰教的保护的。697 年当阿拉伯伟大首领穆萨来到柏柏尔人中间之后，他就把基

① 按希腊神话，赫斯拍立第(Hesperides)是极西方之金苹果花园。——译者

督教西班牙毁灭了。

> 没有疑问，萨拉森人的迅速成功至少一部分可归因于他们和犹太人的秘密谅解。在西班牙哥特领主脚下的基地，已被挖松，在每一个大城市里，可能都可找到一帮犹太人叛徒……在穷人中，特别是在奴隶和农奴中，也在犹太人中，[对阿拉伯的征服——译者加]很少有抱怨的理由，因为他们的命运已显然有所改善。至于大批贵族和主教，他们像风扫落叶般地被赶到雷翁地区和阿斯都里亚山脉中去，而且被禁在那里了[①]。

西哥特人在西班牙住了三百年之久，可是他们差不多没有留下什么痕迹。在西班牙语言里，很少可找到哥特词汇；而581年利奥维吉德为反抗巴斯克人所建筑的堡垒维多利亚，是他们所建造的唯一的城市。

汪达尔人不像哥特人那样，虽然他们中有些战士曾在罗马军团中服务，但从没在多大的程度上服从过罗马的纪律。而且，在406年，他们进入高卢的时候，他们也不像好多日耳曼人一样，是辅助的部队，而就是侵犯者。在那个时候，意大利正在遭受着阿拉列的威胁，因而皇帝霍挪留不得不从不列颠撤回全部军团，还从高卢撤回大部军团。因此汪达尔人得在七年中横行高卢各省；那时，高卢是罗马帝国中的最美好的、最繁荣的地区。从《圣巴特里克传》里我们得以略知汪达尔人在那里所造成的破坏景象，因为巴特

① 《英国历史评论》，第2卷，第221页。

里克，当他从爱尔兰逃出的时候，可能曾在波尔多登陆，然后他上行格罗纳河而抵达布罗温斯。413 年时，西哥特人来到高卢，把汪达尔人逐出，429 年时，他们又被西哥特人从西班牙驱逐，乃渡海峡而至非洲。

应该知道当时的罗马非洲省的情况，因为这种情况对汪达尔人的来临以及汪达尔人在那里所建王国的性质，是有着很大影响的。迦太基非洲，在 146 年罗马征服之前几百年中，本属于腓尼基人或布尼克人，因为它是太尔城的一块殖民地。但是，尽管罗马统治了这国家几乎有六百年之久，曾建造城市，修筑道路，并令人惊异地发展了非洲各省的物质文化，可是罗马从没曾把那古老的血统或它的民风一笔勾销。本地语言，直到最后还是布尼克语，而在乡村区域它竟是唯一的语言。而且，腓尼基异教的习惯，甚至把儿童献祭摩洛克神[①]的恶习，还是偷偷摸摸地保持下去。在那里拉丁文化和罗马行政只是虚有其表罢了。罗马非洲省对罗马的关系，正像不列颠印度对英国一样。所以，了解这在拉丁和东方种族与文化之间的根深蒂固的矛盾，便是了解 429 年汪达尔人从西班牙渡海过来的时候所发生的事件之第一把钥匙。

第二把钥匙，是了解那罗马在非洲所发展起来的土地占有制的庞大程度。关于农奴制和奴隶制的负担，在非洲是严重的；又因为这批不自由者大多是本地人，所以，尖锐的种族、宗教、经济和社会的矛盾，表现在反对罗马的统治。

① 摩洛克(Moloch)——闪族神，崇拜者以人身作为祭品，尤其是以初生的婴孩。——译者

当基督教成为罗马的国教并宣布“政教联合”的时候，事情益发严重起来了。因为那时正宗教会和政府对异教的战争正在推进着。在非洲，异教的抵抗是很顽强的，还由于农民对教会的痛恨而获得了增援。农民之所以痛恨教会，是因为教会由于皇帝从国库领里滥给土地赠与也变成为大地主了。所以，当多那特异端派发展的时候，它曾获得大批信徒，同时，由反叛的农民和奴隶所举行的社会和土地革命在非洲就应运而生了；这革命基本上是由经济压迫和社会不满所推动，而又由宗教情绪的刺激所引起的。游僧（我们可叫他们“夜骑士”）的武装队伍出没乡间，烧毁田庄，杀死业主阶级和天主教教士。因为这些大地产各有自己的教会、自己的教士，而罗马业主为了和国教教会有着极密切联系，曾强迫他们的佃人皈依正宗教会。

那被世俗的和教会的大地主勒索得发疯的又被国税迫得破产的农民，那被剥夺了田宅的小土地所有者，那找不到职业的自由手艺人，这一切下层而失业的分子，把他们的信心寄托在多那特教派所提倡的社会革命方面。这一运动，开始是一个宗教分裂运动，而后发展成为一个政治叛乱，而且越来越落入愚昧无知的农民群众控制之下。像在历史上很多别的时代一样，社会骚动和宗教热情的这一结合，反映在建立各种极端激烈的团体方面，而这些团体是从一般群众里形成的。这个革命曾以有力的速度蔓延开来。逃亡的奴隶、无力还债的债务人、破产的小业主以及游荡无事的人们都归向革命。非洲各省听任遭劫。大地主恐惧万分；如果他们离开他们的庄园，他们就会碰到那些麇集路上的凶狠奴隶或农奴的队伍拦路打劫。放债阶层已无办法来收他们所放的债款；对征收人员，武装的暴徒帮会是以杀死来相威胁的。其中有些帮会有他们的首领，他们自称为“圣人队长”！

当努米底亚的首领吉尔多，一个罗马化的非洲伯爵，企图利用叛乱来摆脱罗马统治的时候，情势达到高峰了。为了实现自己的野心，他趁着宗教分裂和社会革命的机会，占夺富人的庄园，并从各省骚动的而又强暴的暴徒中，找到了支持。最后，局势混乱发展到这样严重的地步，以致多那特教和异教中的稳健派开始倾向正宗教会，作为恢复社会秩序的唯一的方法，虽然多那特教派，作为一个党派来看，还是支持着吉尔多，以期使非洲摆脱那罗马统治的压迫。

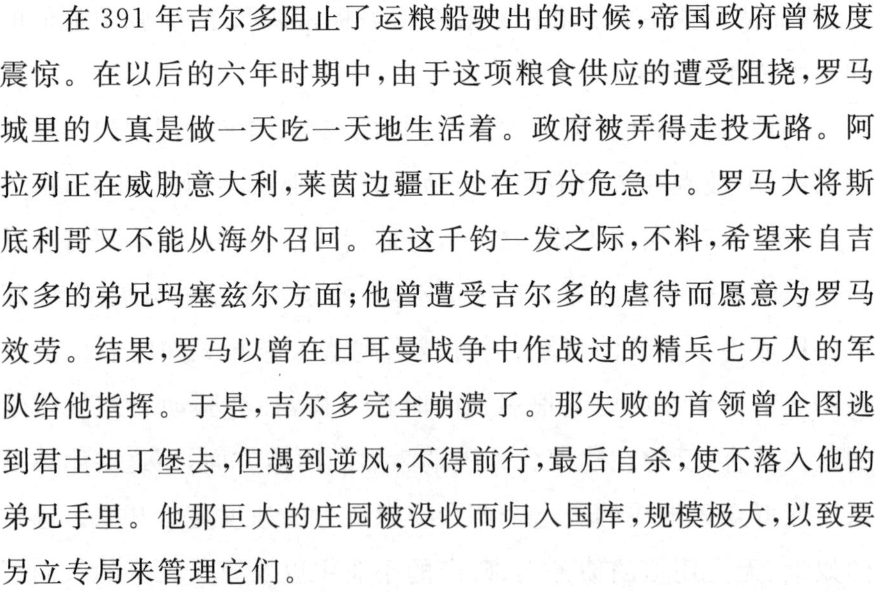

在391年吉尔多阻止了运粮船驶出的时候，帝国政府曾极度震惊。在以后的六年时期中，由于这项粮食供应的遭受阻挠，罗马城里的人真是做一天吃一天地生活着。政府被弄得走投无路。阿拉列正在威胁意大利，莱茵边疆正处在万分危急中。罗马大将斯底利哥又不能从海外召回。在这千钧一发之际，不料，希望来自吉尔多的弟兄玛塞兹尔方面；他曾遭受吉尔多的虐待而愿意为罗马效劳。结果，罗马以曾在日耳曼战争中作战过的精兵七万人的军队给他指挥。于是，吉尔多完全崩溃了。那失败的首领曾企图逃到君士坦丁堡去，但遇到逆风，不得前行，最后自杀，使不落入他的弟兄手里。他那巨大的庄园被没收而归入国库，规模极大，以致要另立专局来管理它们。

于是，帝国和天主教的严刑峻法接踵而来。多那特教派的教会被捣毁，他们的财产被取去，他们的买卖和遗传财产之权也被剥夺。地主们对他们庄园上的农奴和奴隶创立了恐怖统治。老的恶习也恢复起来。本地的布尼克人和努米底亚居民忧郁痛苦。最后，倒不是一个怨恨的罗马指挥官的阴谋，而是这些不满意分子的首领同西班牙汪达尔人的秘密谈判，加速了罗马非洲统治权的崩溃。429年时，汪达尔人以反叛的民众的同盟地位，渡过了海峡。在以后十年中，那整个非洲国家遭受了蹂躏，而迦太基城在439年终于陷落。

十年战事，使非洲人口大为减少，使无限广阔地带变为一片荒凉。但是最残暴的事情，不是由汪达尔人所干，而是由狂怒而发疯的本地农民和粗暴的努米底亚人所干的，他们焚毁了他们主人的村庄和别墅。吉本"未曾轻信，这是汪达尔人的通常行为：即在他们所要定居的地方他们把橄榄树及其他果树都连根拔去"。值得注意的是我们所有关于汪达尔征服的记载，都是从失败者方面得来的，而"汪达尔主义"这个词在法国革命以前还未曾制造出来，作为破坏性的形容词。当时，高级天主教僧侣全被放逐，但对于属于罗马出身的或属于正教信仰的下层阶级，"大部分人民群众，耕种广大皇室领地的被践踏的奴隶，在沙漠边缘仅求糊口的饥饿隶农，甚至在吉坡和迦太基城的商人和手艺者，那有政治手腕的给塞立克对他们不曾企图使用迫害方法，来强制他们全部改信阿利阿教"。

关于汪达尔人的土地处理的性质，我们在上文已经讲过。这办法和在罗马帝国内各处日耳曼人所采用的办法，没有什么不同之处。但是，就那些构成汪达尔王国社会的社会成分看来，它的性质就大不相同了。在意大利、在高卢、在西班牙所建立的日耳曼王国内，人口的大部是属于一个消极的而又驯良的拉丁血统或拉丁化起源的血统。而在非洲，下层民众，主要是那些混合着努米底亚人和摩尔人血统和精神的布尼克人。而且，他们曾协助过汪达尔人的征服；也没有像意大利、西班牙和高卢那样，有着宗教上的分歧，而使他们和汪达尔人疏远。因此这两个种族的混合跟着就开始，并迅速完成。结果，汪达尔人的日耳曼性质就很快失掉。所以，关于腐蚀了汪达尔人活力的原因，与其说是那炎热的气候及使人消磨精力的奢靡风气的影响，倒不如说是这种血统的混合，就是，他们和那远异于而又远低于欧洲日耳曼王国的农民血统的种族的混合。汪达尔人口的品质，由于和一个劣等的，而不是和一个平等的或优等的血统相杂交而降低了；他们变成为一种品质较低的而不是一种较高的杂种，像西班牙血统在热带的南美和印第安人与黑人相混合那样。汪达尔人在和本地人口比较之下，经常是少数人口——所有移居在帝国境内的日耳曼人都是这样的——按比例看，他们也许还少于其他迁徙的日耳曼部族。他们甚至还比西班牙哥特人更少使用自己的语言，竟至没有一个他们的汪达尔文字留传下来。

关于汪达尔非洲的商业，我们所知道的又少又肤浅。普洛科匹阿说过，迦太基在汪达尔人统治下，和过去一样地是一个繁荣城市，这一说法，未可信以为真。可是，也有证据可说明那里过去的商业，虽在程度上不及以前，却曾恢复起来。迦太基和罗马食粮贸易的中断，使非洲失掉一个市场，而使罗马经常陷入半饥饿的状态。值得注意的，在456年时，列塞默对汪达尔舰队作战获胜，使罗马的麦价跌落。当贝利撒留出征汪达尔人的时候，他从那些和迦太基贸易的西西里商人方面曾探听一些关于这个国家的消息。

因为汪达尔土地上的出产并无改变，又因为汪达尔人曾变为爱好罗马的生活方式，似乎有理由可设想：汪达尔非洲的大宗贸易一定是和在罗马占领时期不相上下的。我们还从普林尼知道，非洲的主要产品是羊毛、杉木、酸枣木、云石、宝石、一种类似肥皂的泥土、象牙、兽皮、黑人奴隶及马戏场用的野兽。关于最后一项，狄奥多理哥特人是完全依靠非洲来获得的。汪达尔的最基本的工业似乎是制造刀剑。关于日耳曼人占领非洲的一个有趣味结果是北日耳曼贸易远及南方，因为琥珀、头发和鹿角雕刻品，可在非洲和西班牙出售。

然而，汪达尔人主要是海盗。一种最稀奇的事情是，这原住内地的日耳曼部族，这样迅速地习惯于海上生活，他们利用了阿特拉斯山所产的木材以及罗马人的造船坞，而变为海盗，变为对西西里和其他岛屿以及对西班牙、高卢和意大利沿海进行掠夺的恐怖的对象。455 年时，汪达尔的劫掠罗马城，不像 410 年时哥特人劫掠罗马城那样，乃是一件放恣而预谋的掠夺行动。他们的舰队甚至向东驶入爱琴海，蹂躏希腊各岛屿。这些对商业上的掠夺行为，成为查士丁尼在 533 年出征汪达尔王国的一个主要原因。

令人有轻松之感的，是从汪达尔人的肮脏历史转到最高贵的日耳曼族——东哥特人的历史，转到日耳曼征服中的最高贵的人物——意大利狄奥多理大帝（489—526 年）的历史。

在第五世纪中，意大利的衰败，又普遍又迅速，特别是在它的后半期；在 476 年时，凯撒世系在西欧归于结束。玛约里安（489—526 年），唯一的值得怀念的皇帝所颁布的改革法，指出了那社会经济病根，它正在破坏整个西方帝国，也许首先是意大利。当时，人口数量曾这样地迅速下降，以致尽管有教会的禁欲主义，法律却禁止未满四十岁的妇女们带者面纱，命令一切寡妇在五年内必须再醮，违者的一半财产将没入国库。生活费用曾这样地高涨，以致有些家庭强迫子弟们加入僧侣等级。税吏的贪婪曾变成这样地厉害，以致为了保护纳税人免受行政官吏的勒索，曾设立保卫官署。城市居民逃入乡村，以求避免这些经济压迫。货币贬值而又混乱。然而，这些改革都是具文，从下一事实，可以想见。根据这些改革减轻了最难堪的财政负担为理由，竟把税率提高起来了！关于一切公德心的堕落，有一个最奇特的事例，可资证明，即用法律来保护公共建筑物，以防捣毁。在意大利各城市内，首先是在罗马城内，充满着古老的宏伟建筑物、浴场、公所、皇宫；它们那时久已荒废而不复使用，所以石匠和造屋匠或任何需要云石的人，从这些建筑物采取石头，好像它们是天然的采石场那样。僧侣是在干着这种勾当中的最可恶的罪人，他们曾拆毁庙宇宫殿，来建造教堂。甚至云石雕像也被化作石灰。这种“汪达尔主义”在国内表现的形式继续了千年之久。“古代罗马的毁灭”，是由罗马人自己造成的。

其时，意大利变成了那些来自多瑙河区的日耳曼军事冒险家的掠夺物，他们不是殖民者，也不是侵犯者，而是真正的佣兵队长，他们的兵士争先恐后地夺取恩赐地，一般说，就是为剥夺财主或者国库的借口。结果，在全意大利，地主开始在他们的乡村住所设防，建造堡垒以求自卫，那是中世纪城堡的先驱。恩诺狄阿斯留传下来一篇关于哥特人进入意大利时全国惨象的记载。他说，满地荆棘，田野已大部变为荒芜了。

可是，跟着狄奥多理(489—526年)统率东哥特人到达意大利的时候，它的一个新的好日子破晓了。狄奥多理名义上是以君士坦丁堡的皇帝的总督地位来统治意大利，但实际上他是一个独立的日耳曼国王。他意图尽其力之所能，像罗马统治者一样来统治；所以，东哥特王国，在一切日耳曼人所建立的王国中是罗马化最强烈的。不像在高卢和西班牙那样，罗马地主阶级似乎未曾被剥夺他们任何部分的土地。

如果那没收 1/3 的土地的办法行使于意大利，那末，那里的地主阶级会遭到劫难了，可是所有的证据都指出，哥特的征服是异乎寻常地和缓的。因为有着广阔的荒芜地带，哥特人的居住区可能不是从剥夺土地所有者方面得来的。当然，在某种情况之下，一定会有强暴的剥夺行为的。例如狄奥达特的行为，他是一个哥特贵族，在多斯加纳曾为自己建立了一个公国。但是，贵族阶级没有遭受着普遍占夺土地的损害。贵族保存着他们广大无边的领地，即他们的巨大财富。哥特人曾以分取土地上的产物为满足。因此，罗马业主得以仍然保有土地，这一事实在将来是很重要的。甚至那些在私人手中的国库领地，也未曾加以骚扰。关于这些事情，卡息奥多拉[①]的证明是有力的。

对本地罗马贵族的安抚，是狄奥多理的政策的一部分。的确，他对这一阶级的态度是太宽大了；他们滥用了所获得的特权，竟至率领他们的武装农奴和奴隶的队伍，互相战斗，互相越界来抢夺土地，最后他们还和查士丁尼携手，而毁灭了这个王国。为了取得大

① 卡息奥多拉(468—568 年)是狄奥多理的秘书和大臣，著有《哥特史》(*De Rebus Geticis*)。——译者

业主的支持，狄奥多理对待下层阶级比旧罗马政府还严厉。他曾禁止自由人、奴隶以及隶农控告他们的主人；这项法律把农业人口中的大量群众完全委诸业主的司法管辖了。

意大利所遭受的一个最大的祸害，是由人口缩减所引起的粗劳动力的缺乏。狄奥多理首先所注意的事件之一，便是要补救这一缺点。在他和鄂多瓦战争的时期中，勃艮第人曾侵入北意大利，掳走了几千人，作为奴隶。狄奥多理曾派遣巴费亚主教圣埃匹非尼阿，到阿尔卑斯山外，要求收回这批人。当时勃艮第人部分为了恐惧，部分为了取得赎金，乃放回了他们；于是，那荒废土地上才重新有人居住。

对于罗马留下来的财政制度，哥特政府未曾作出什么新的修改。罗马度量衡制和罗马驿站制继续下去。各种旧直接税甚至那在东罗马已由阿那斯塔细亚取消的“金银税”也保留着。至于间接税，它们在工商业的发展和中等阶级的形成受着奴隶制阻碍的社会里，原是无足重轻的。狄奥多理曾降低了进口税，以期发展一个哥特的商船队，但是，对进口税的征收成为麻烦的根源。当时，最失民心的赋税是对各种买卖征值百抽四的交易税，由买卖双方各付一半，这项税收曾由瓦伦丁尼安三世和狄奥多西二世所建立而变成了经常化。当然，买方是实际付税者。为了部分补贴，哥特国库对有些供应粮食和某种工业出品给大城市和宫廷的商人，赐以特权，这特权取了一个有重要意义的名称，即垄断权（monopolium）。在意大利，哥特的赋税不如过去罗马赋税那样的苛重。政府的开支更是少得多；教会和公共教育机关都没有领到什么定额补助费；军费的开支在和平时期原是很少的，而和平时期继续了四十年之久。官吏俸给看来是远低于罗马官僚制政府的官俸;而且其中大部分可能是由行政费内开支的。

上文已讲过,在帝国后期,意大利农业情况是多么凄惨。对于这种情况,狄奥多理不曾采取什么积极挽救办法,因为他不能改变那大地产占有制和奴隶劳动的普遍状态。然而,农业也曾经复兴过,因为所建立的政府已消灭那长久性的叛乱和盗风了。在四十年的和平时期,意大利的人口是在增加着。同时代的目击者,甚至那些不会被人疑心对异端政府有所偏袒的天主教徒,也承认恢复繁荣。我们可看几件重要的事实。有两个私人地位的公民,斯皮斯和杜密提阿斯(他们的名字听起来像罗马人),曾建议用自己的经费来抽干斯波勒陀附近的大沼泽地,条件是国家将把这干涸的土地的产权,给予他们。这一事件指出了,大部分荒地可能在哥特的统治时期已被占取。另有一个公民伊西厄斯,曾进行抽干逢丁大沼地,而对于这一计划,过去帝国政府是从不能够完成的。

然而,在有些年内,意大利的谷物收获是不够的。如果说意大利曾输出麦子,这只是对西哥特或西班牙而言,而且只是在特殊的情况之下。一般地说,麦子还需要不断地输入;国王的命令不仅禁止谷物的出口,而且还禁止谷物从一省到另一省的转运。如果说生活费用尽管在人口增加的情况下是在降低着,真正贫苦的人还是须依靠公共救济而过活;而且粮食管理局在罗马城和拉温那所处的重要地位,还是像在过去时代一样。除了军队谷仓以外,还有很多其他谷仓;常常在饥馑时期,将军总督规定出粮食的最高价格;而地主们被迫接受这最高价格,不得拒绝出售。一个同时代人说过,在哥特统治时期,食品的价格减低了 1/3。当时,谷物交易是一种用执照来管制的专利贸易。

在狄奥多理统治时期，单从农业方面来说，意大利曾得益不浅，可是资本的缺乏还是一项阻力。当时有着两种耕种方式，即由奴隶耕种和由佃人耕种。但是，在好政府之下，土壤的肥沃性部分地抵消了那方法上的缺点。谷物、葡萄酒和油脂是那里的主要产品。牛羊、马匹和猪在南方诸省，出产很多；维罗那的葡萄酒是名贵的；布拉替安出产优等干酪。那些茂密地生长在山区的栗子树供给一种重要的食品。渔业欣欣向荣。波河上的渔夫组成为许多团体，而政府从这里获得海员的供应。亚平宁山上的森林虽大部被伐除，但意大利并不缺少像松柏一类的木材供应。开采金矿业在布拉替安进行着，开采铁矿业在达尔马提亚进行着，但是，意大利还有相当数量的金属从西班牙输入，因为在这方面，意大利不是自给自足的。

至于工业组织没有改变。富人们在自己家内有着作坊和手工艺人。有些旧罗马行会，包括自由人或穷苦自由人在内，继续存在，但是这些组织遭受严峻管理制度的压迫，像狄奥多西法典上规定的那样。儿子必须继续他父亲的职业，行会的成员除了娶同行手艺人的女儿外，依法不得娶其他女人，这些规则都足以使工业结构成为一种等级制度了。

关于工业方面的唯一例外是制陶业。对这项工业狄奥多理似乎曾给予特别保护，不是为了自己，而是为了给三个元老恩宠；这些元老使用了他们的奴隶、自由人和穷苦自由人来经营这项事业。国王为保护制陶业所颁布的命令，是属于这类性质的唯一命令，从而它有着双重的意义，因为它也暴露了罗马元老在实业界里的活动。

在东哥特意大利市集中，最重要的是在琉卡尼亚的科索立那镇附近的圣息普立安的市集；在那里南部各省人民常来交换谷物、牲口、衣服及其他商品。它也是一个重要的奴隶市场。在狄奥多理死后(526 年)，卡息奥多拉抱不平地谈及某些“暴徒”的暴行；这批暴徒曾抢劫那些在圣息普立安节日集会的商人所携带的东西。因为圣徒的节日，是一个教会里的圣日，也是一个市场上的假日。

当时，意大利的经济只是比较繁荣，因为哥特政府对现行制度未曾进行改变。“专利”制度还是有效。工业管制条款还是繁杂的。征税制还是和内地商品的自由交换相抵触。狄奥多理，像罗马皇帝一样，建造引水管和浴场，在城市公共建设和道路建筑方面花了大笔款项；他还维持公共游戏场，虽然他曾企图取缔这些剧烈表演中的不合乎人道的行动。度量衡和货币制没有变动。帝国驿站制还在继续。狄奥多理的政府不像西哥特政府那样，对犹太人采取了容忍的态度。

东哥特人的首都，设在拉温那，因为罗马已迅速地变成为教皇城。这个“哥特和拜占廷时代的庞培”[①]是一个旧威尼斯，虽然早在第六世纪，那填满礁湖的工程已使那些原为罗马船只往来行驶的地方有开辟果园和花园的可能[②]。

如果东哥特人能安然继续统治意大利的话，他们可能在式微的罗马帝国之内，造成一种最合乎人道的、高度发展的罗马-日耳曼文明。可是，它遭到了一个有力的阻碍：哥特人只占人口的一小

① 庞培(Pompeii)——意大利的坎佩尼亚南部的沿海古城，于公元 79 年维苏威(Visuvius)火山爆发时被灰石所埋灭。——译者

② 指新威尼斯。——译者

部分,可能还不到 1/10,而大部居民都是热心的天主教徒,他们以沉郁的仇恨心理,对待阿利阿教哥特人的统治,把它看作异端的统治。天主教僧侣和罗马贵族又把这种仇恨情绪孜孜不倦地培养出来。特别是罗马贵族,他们住在由几千个农奴和奴隶佃人所围绕的设防庄园里,像封建主一样,力图建立地方政权,因而对政府所加的政治束缚,深为愤慨。

最后,正是在狄奥多理逝世的那一年(526 年),当他的女儿担任摄政和他的孙子担任名义上统治者(一个微妙的政治局势)的时候,东罗马皇帝查士丁尼在君士坦丁堡登极;他决心消灭西欧的日耳曼各王国,来恢复旧罗马帝国过去所拥有的广大地区,再使地中海成为一个罗马的内湖。533 年对汪达尔人的征服及 544 年对西哥特西班牙沿海岸的占领,都是属于这宏大计划的。

但是,在这个计划中,东罗马皇帝所付代价最高而所遭困难最多的部分是意大利的恢复。因为东哥特人不是像汪达尔人那样的一个堕落种族,他们的政府也不是像西哥特人政府那样一个软弱而又腐败的政府。帝国政府为恢复意大利的统治权,进行了十七年的长期战争(535—552 年),而且只在差不多把全部哥特族歼灭之后才能完成。战争是在 535 年从占领西西里和那不勒斯开始的,次年,意大利南部各省遭受了蹂躏。当贝利撒留的胜利消息遍传各地的时候,意大利居民自发地进行了声势浩大的起义。从喀拉布里亚到多斯加纳大地主,即使只用镰刀和铁耙,都把他们的佃农武装起来。在许多城市里,狂怒的民众屠杀了哥特的驻防军。

我们无须详细地追叙这长期而又残酷的战争,但其中有些事件是值得注意的。在这些年代里罗马城曾遭受四次围困,经此大破坏后，它的面貌已不复是一个古代式的，而是一个中世纪式的罗马城；它所经历的转变竟至这样的深刻程度。在536年贝利撒留一举占领了罗马城；哥特人围困了它一年（537—538年），未得逞；后在546年罗马城被哥特人占领，但不久被贝利撒留夺回并加强防御；在549年，它第三次被哥特人进攻而陷落；最后在552年，贝利撒留的后继人那锡士，为了帝国的军威，收复了罗马城。

从这些事件里，可以看到几种重要而突出的事实。在第一次围攻里，查士丁尼对非洲的征服显然有其便利之处，因为从迦太基到奥斯替亚的运粮船可以粮秣供应罗马城。可是，那粮秣的供应还是很不够的，所以在城内凡是不用于战争的牲口和马匹，都被杀了。可是，这又引起了一个严重问题。原来，罗马人用麦子磨粉，是利用马或牛来带动磨石的。但是，在特拉斯特维尔，还有几所水力磨坊位于查尼邱兰的山坡上，面对着现在叫做彭特·西斯陀桥，在那里利用着图拉真所建的高引水道所泻下的瀑布。可是，哥特人已把引水道割断，因而这些磨坊也停工了。在这危急状况下，贝利撒留曾把两只驳船并排停泊在台伯河急流中，而后以磨轮悬挂在两船的中间来磨碎麦子。这种异想天开的方法，没有失传。从那时起直到最近时期，台伯河上的水面磨坊已成为罗马城的寻常现象。

在第二次围攻里，哥特人截断了奥斯替亚港因而阻止那来自非洲的小麦供应。贝利撒留也不怕什么，把所有的非战斗员的居民都赶到城外去，并强制在这些空地上播种谷物。这一事实是值得注意的，因为它表明了过去罗马城内稠密的人口现在一定已经大大地缩减，而且另从别的资料方面我们知道，在第三世纪建造的两座奥理略城垣之间的地面上已是人烟稀少。当时，麦价猛涨到荒年时期的麦价水平，几乎达到了一先令一磅的麦价，居民曾挨饿节食，来养活士兵；“战时面包”即用麸皮和切细的草根或青草制成的面包是家常便饭。在这样艰难的情况下，那些随军卖食品的以及军官们正好投机讹诈，发了横财。

饥荒情况果然跟着战争的结束而消逝。但是，罗马城在很重要的一方面已由于这些围攻而改观了。原来在几百年中，政府大厦、凯撒宫殿以及同样豪华的罗马贵族住宅是建造在山丘之上的。卡匹托莱丘顶上，屹立着卫城、元老院大厦以及神庙；帕拉泰因丘顶上，高耸着巍峨的皇宫，其中突出的是塞普替密斯·塞弗拉斯的堂皇的纪念碑；阿文丁丘顶上点缀着八十座私人宫殿。由于那些引水管的破坏，这批贵族阶级的分子被迫抛弃了他们的宅邸，到城市的平坦地方找寻住所；在那里，贫苦阶层住在台伯河的两岸，以浅井或河水作为他们饮水的来源。因此，那些被废弃的宫殿经过若干年后，墙坍壁倒，变成为猫头鹰、蝙蝠和毒蛇的栖息所了。最后，它们失掉它们的一切原来面貌，倾倒而成为大堆泥土；而中世纪居民遂在那里放牧牛羊了。巨大浴场也已破毁。所以，罗马不仅迁移了它的政府地址和它的社会重心，而且它的习惯也改变了。

现在，罗马中心是在哈德良和圣彼得陵墓周围的地方。哈德良陵墓在罗马被围攻的时期中，已改成为卫城，在那里它的原有性质和外貌的各种痕迹几乎完全抹去了。在连续几次的围攻里，哈德良的巨型云石像，安敦尼朝诸皇的坟墓，彩色的云石地板、梯阶、壁板、光滑的云石表门，一切东西除了大厦的坚硬砖石心子以外，都已被拆毁而破坏不堪了。当帝国守卫军用尽了军火的时候，他们“就使用那些装饰大厦的很多雕像，作为投弹，并把这些雕像向哥特人投掷。打碎了的艺术品，神像及皇帝和英雄的雕像，像落冰雹那样，纷纷大块地落下。那些正在进攻的哥特人受到了神像身体的压力而倒毙；这些神像也许曾一度装饰过雅典的神庙，像坡力克利塔或普拉克息特利[①]的作品那样”。那著名的云石福恩神像[②]及哈德良像的巨型头曾在十七世纪被发现，它们都已经破坏，并已长久埋藏在城堡周围的壕沟里。但是，那首先如此破坏古代艺术精华的耻辱，倒是不应加在罗马人和哥特人身上的。因为塔西佗说过，维斯帕西安的一个弟兄，在那分裂罗马的内战时期，曾在卡匹托莱丘顶上以云石像筑成障碍物进行防卫。

“哈德良石堤”像圣安极乐堡垒（伟人格列高里时代这样称呼的）一样，在千年以上的时期中，曾成为罗马城的堡垒，的确，在名义上至今还是一个堡垒。与古代式罗马城如此转变为中世纪式罗马城的同一时期，它也差不多摆脱了异教传统的最后痕迹。虽然教皇住在拉特蓝宫里，但大部分居民住在圣彼得大教堂的周围；那是新罗马城的宗教和社会的中心。很早已有香客来到这里，而且在这里已有旅馆和商店；在台伯河彼岸的特拉斯特维尔，住着工人群众，即手艺者和匠人。在圣彼得教堂荫影下和在圣迈克尔即基督教战神像的铜翼下，罗马民众后来居住了好几百年。

但是，另有一个后果，它也是从割断引水管产生而深深地影响着罗马城的生活的。我们还可看到这些破裂了的引水管拱门的遗

① 两人都是古代希腊的大雕刻家。——译者

② 福恩（Faun）是意大利牧野神之一，具有人类的面容而有尖锐的耳朵，细小的角，有时并有山羊的尾或半羊半人的形状。——译者

迹，它们像史前的恐龙一样，还傲然横跨于坎帕纳地方[①]。由于这些引水管的破裂，洪水曾泛滥于坎帕纳，使罗马城周围几哩的广阔区域成为沼地；从这里蒸发出的带着传染性的水汽，在几百年中曾是"罗马疟疾"的根源。普林尼在公元前第一世纪里，曾以坎帕纳的麦田而骄傲。但到了第六世纪，它们已成为疟疾来源的沼地了。

由此可见，为了这一切原因并在这样的情况下，古代式罗马城消逝而中世纪式的罗马城就出现了。

现在，我们可简略地谈一谈哥特战争的结局。拉温那在540年被占领。战事遍及了半岛全境。到处发生着疫疠、饥馑和荒凉状态。一年复一年，很少田地有人播种，野生谷物茁长而没有人去收获。城市居民饿毙于街道上，乡民逃往山区和森林中去。豺狼激增，它们找到了这样多的尸首来大嚼，以致它们在许多地方变成为一种恐怖。甚至出现了人吃人的行为。当战争停止的时候，意大利一半已是坟墓了。东哥特意大利，对当时来说已具有价值，而对将来而言可望有利于文明的发展；所以，它毁灭的历史，是人类史上的最悲惨的一章。

人类的毁灭，由于疫疠的猖獗而增加起来；这疫疠似乎就是几年之前曾使地中海沿岸国家变为如此荒凉的黑死病。一本历史书上说："畜群独自留在牧场上而没有牧人来照管。你可看到不久之前人烟稠密的农庄或设防地区，现已完全沉寂了：听不到田野中的人声，也听不到牧人的哨声。冬季已至，而庄稼没有人去割，葡萄

① 指坎帕纳·第·罗马(Campagna di Roma)——罗马周围的起伏平原。——译者

园内藤叶已落，葡萄已熟烂得光油油而无人去采。没有过路人的足迹。人类的住宅已成为野兽的栖息之所。”

有很多哥特族人曾逃往阿尔卑斯山外阿勒曼尼部落中去。据一个近代史家说，“由于他们的被逐，文明倒退了一千五百年。”然而，不是所有的哥特人或者被逐出，或者被歼灭的。尽管有着长期的残酷战争和大规模的掠夺行动，在下一世纪里，我们还可看到为数不少的哥特人在帝国政府里和教皇政府里担任着行政职位，他们还是以显著人物或要人著称；这一事实表明了，有些哥特贵族在他们的国家覆亡和他们的种族毁灭之后，想必是留存下来的。

查士丁尼的狂妄战争，使他贪得无厌地搜刮金钱，在这残破的意大利领土上设立了总督，驻在拉温那，通过总督，他建立了拜占廷经济压迫的精密机构。亚历山大“剪刀”，即皇帝的臭名昭著的征税官，在任内大发其财。按法律，他应得所征税款的 1/12，所以，对于他所能课征的范围，除了民众的负担能力以外，再也没有别的限制了。甚至军队的饷银，他也要窃取，对于破坏纪律的事件，他也要勒索苛重罚款。“一切意大利人，凡和哥特国王有过金钱交易者，或者在他们手下做过一官半职的，都必须交出一切所收款项的详细账目，即使这些款项是在四十年之前，即在狄奥多理统治的早期，由他们经手的。”

查士丁尼死于 565 年。他不及亲见他的工作遭到部分的破坏，为了这工作他曾消耗无可估量的鲜血和财物，并曾把沉重的负担横加在意大利的身上。568 年，伦巴人即“大移动”中的最后一支日耳曼族，进入了意大利。整个意大利，由于哥特人的长期战争，已变成这样地广人稀，以致伦巴人差不多进入了一片无人之

境。北部的大多数城市已经破坏；米兰城不止一次地被蹂躏。虽然米兰后曾恢复起来，但那锡士[①]没有来得及完成了他的城市建造计划。

只有巴费亚城抵抗过。伦巴人迅速地蹂躏了整个波河流域包括威尼斯和利古里亚在内。当我们讨论伦巴人的野蛮性的时候，值得注意的是，我们听不到残暴的事实。也许很少有人能够进行抵抗。"实际上，除了佩鲁查的一个例外以外，帝国所保留下来的地点，不是在海滨的像热那亚和安科纳那样，便是由水流环绕着的像孟都亚那样，或是有航路可直达的，像格里摩拿和皮阿森扎。伦巴人对航海术一窍不通，所以留在内地；希腊公侯，即东罗马皇帝的代理人，统治着沿海口岸：拉温那、安科纳、那不勒斯、阿马斐、索伦多、基泰和大兰多。"伦巴人所曾占有的唯一港口，是比萨，但那也是好久以后的事。

下面是一个有趣味而又重要的历史事实。意大利沿海地区缺少着农业富源，伦巴人已占领波河流域的肥沃腹地，威尼斯占有着海滨的位置，而且是东方贸易的自然通路；这一切因素迫使威尼斯比以前更加努力，来发展它的海上贸易。现在热那亚也出现了，它是一个无城垣的小渔村，从罗马时代以来久被遗忘，可是注定要变成为威尼斯的最凶猛的贸易竞争者。威尼斯在603年时虽然失掉巴士亚和孟都亚，归于伦巴人；但它的海岛地位使它免去骚扰，而它的人口由于来自大陆上的难民而增加起来，这批难民逃避伦巴

① 那锡士（473—573年），在554年被东罗马政府任为意大利总督，在567年被免职。——译者

人，和早期居民逃避匈奴人一样。在中部意大利，罗马城是难民的庇护所。坎佩尼亚的居民逃往逢廷沼地去；琉卡尼亚和布拉替安的居民逃往西西里去。主教们放弃了他们的主教座，僧侣们放弃了他们的寺院，城市空虚，田野荒芜。在北部意大利有不少于十五所主教区，在好几年内没有首长。

然而，我们不应夸大本地居民放弃波河平原的事实。可能有大举驱逐地主的行动，可是在几年以前已有各种势力，起着促使他们人数缩减或退出的作用。

> 中等阶层的贫困化，阿拉列、阿提拉、盖塞立克、鄂多瓦和他的赫留来族，狄奥多理和他的东哥特人的先后侵入（尤其是那标志着东哥特战争后期的血腥报复），往君士坦丁堡的迁徙，所有高贵出身和有教育的人涌往官厅所在地（不管在拉温那或在君士坦丁堡）以求一官半职的趋势，有些人被教会吸引去，有些人被修道院吸引去……这一切原因，毫无疑问，产生了意大利乡村贵族可怖缩减的情况，甚至在伦巴人到来加速这过程之前就是如此①。

在意大利被奴役农民中，一定有很大部分顽强地依恋着乡土的。我们看到下一事实可资证明：罗马的土地丈量制（百亩单位）曾遗留下来，的确，在伦巴第这制度从没被废除过。而且，意大利的地方名称，几乎全部都是罗马的，而不是日耳曼人的，这表明了

① 霍治金：《意大利及其侵犯者》，第6卷，第589页。

伦巴人人数稀少的情况和当地居民依恋乡土的性质。此外,伦巴语言或艺术对当地的影响,确是微乎其微,那也说明了这同一的事实。从本质上看,意大利的语言和艺术的发展,还是严格地循着罗马路线的。

从征服的性质上及从社会成分的程度上看来,伦巴人的居住区是不同于罗马帝国内别处的日耳曼人居住区的;所以它深刻地影响了北意大利的历史,并在和法兰克高卢、东哥特意大利或西哥特西班牙比较之下,也不同方式地影响了北意大利的历史。伦巴人是以征服者地位而来,不像别的日耳曼族以帝国政府的辅助者而来的。他们统治着那怀有敌意的本地居民,还受到教皇和拜占廷帝国总督的威胁,他们在人数上这样稀少,永远不能遍布整个半岛。因此,伦巴人使他们的日耳曼制度的外壳(如果可以这样说)强化起来,来防卫自己。再也没有一个日耳曼族,像伦巴人这样顽固地保持着日耳曼人的本来面目,或这样长久地保留下去。但是,伦巴人的野蛮性,与其说是讨厌的,不如说是古怪的。

我们已提过,那些在别处分割罗马人土地给自己人的日耳曼人,叫做客人,这土地叫做“份地”(sors),而这所有权叫做“客敬”(hospitalitas)。但是,伦巴人似乎不是把土地本身取走,而是取去土地上产物的 1/3(是否为净的或总的产物,不得而知),似乎让罗马业主享有完全占领权,即使说不是所有权。但是,这业主阶级的地位那时是怎样呢?这种缴纳实物的形式,是暂时性的,还是永久性的呢?最早的伦巴法律,即《洛塔列(636—652 年)法典》差不多是在征服一百年后出现的,不曾反映出原始解决办法条件,而第一个伦巴历史家还是生存在征服两百年之后的人;而且他的记载这样地模糊而混乱，以致难于理解。如果说大业主阶级被降到隶农或农奴的地位——伦巴属民中的“长老阶层”(aldii)可能是这样的——那么，不自由阶级一定会比他处或比以前被贬到更低的地位了。有些历史家虽然否认罗马业主被这样地降低身份，但是，大多想要给予不利的解释。然而，也有人主张说，这种严峻的政策只在征服的早期曾施行过，后来是把部分土地还给罗马业主的，或者把征收1/3的地租改变为征收1/3的土地的；另有人主张说，当伦巴人习惯于他的新的生活方式之后，他遂完全剥夺了旧地主的土地，从而消灭了他们产权的最后痕迹，因此长老阶层被降到和农奴一样卑微的地位了。无论如何，伦巴人的征服对罗马居民所加的负担，确比他处日耳曼人的征服要苛重得多。如果说有什么高等罗马人阶层遗留下来，我们完全不知道这一点。我们也丝毫不知道关于城市中工人阶级的地位和状况。但是，有趣味的，后来发现了显然属于伦巴族的一个人数很多的中等阶级；这件事在西哥特西班牙最为少见，而在法兰克高卢也是不显著的。的确，城市和城市生活的重要性，在伦巴第比在欧洲任何别的地方表现得早一些。

《洛塔列法典》是一种草率粗陋的法典，很少反映出罗马法的影响。当然，它是用拉丁文写的；语法很不通顺，但是其中包含有一种粗鲁的正义观念，足证伦巴人是一个专横部族。法典中所列各种罪行是一个粗野甚至强暴的农业社会的证明，而这精神和制度正是属于日耳曼族的。

在百年以后，卢易特普兰(712—744年)即最伟大的伦巴国王，颁布了一个新法典。试把这两种新旧法典作一比较，倒可以发人深思。现在，我们可看到关于产权、契约、典当等等的很多条文，也可看到文化提高了的各种象征。现在，有着旧罗马居民，而且，和在其他日耳曼王国内一样，有两种法律同时通行着：一种是为日耳曼人的，另一种是为罗马人的。当时，奴隶和农奴所处的境遇是平妥的。然而，动产的价值和土地价格相对比，还非常高；这表明伦巴人在第八世纪还没达到那稳定社会所具有的安居状态。我们有极其有趣的资料，证明城市中存在着一种从事工业的阶层和小手艺职工，尤其是科摩城一个石匠师公会(Magistri Comacini)，他们的建筑技术后来创造了伦巴-罗马式建筑；当时，法兰西和德意志都需要这批人来担任建筑师和石匠。还可找到资料，证明波河上及其支流上的商业接触和造船业。伦巴货币是以拉温那的拜占廷币制为本位的；第七世纪中的金银比价似乎是十八比一。715年时，威尼斯和卢易特普兰曾谈判一种通商条约，规定威尼斯得转运利凡得商品上溯亚达河及的斯诺河，经意大利湖，越阿尔卑斯山路而达德意志和法兰克高卢。

可是，从整个来说，伦巴人在这个时候对贸易观念很少发展，那不是因为他们缺少这一观念，而是因为他们的政治局势不利于这一方面。当时，他们的王国被虎视眈眈的敌人包围着：拉温那总督、教皇、阿佛尔人以及阿尔卑斯山外的法兰克国王。商人可能是间谍。这闭关的和排外的政策，反映在拉特契斯(744—749年)和爱斯图尔夫(749—756年)所颁布的法律里。前者曾禁止任何伦巴人不得国王的准许即前往罗马城、拉温那、斯波勒陀、贝尼温陀、法兰克区、巴伐利亚、阿勒曼尼、希腊或阿佛尔区，违者将处以死刑并没收其财产。后者曾建立一种通行证制度，禁止和罗马人的一切贸易。如果有任何伦巴人做了这种生意，他将丧失他的财产，须把他的头发剃成“罗马人的式样”，并须游街示众，受人嘲笑。伦巴人“在头脑中还存在着他们祖先的非常鲁钝的野蛮性。他们还不像三百年以前西哥特人和东哥特人那样愿意和他们的拉丁邻人并居杂处”。

在罗马-东哥特意大利的废墟上，查士丁尼曾建立拜占廷帝国省行政制度，像他在汪达尔非洲所建立的那样。它是一种带着强烈的军事倾向的文官政府。这一点，以及它的财政机构都是这制度最显著的属性。但是，在第七世纪中也曾作过努力防止像亚历山大“剪刀”一流恶徒所干过的征税舞弊情事。城市和乡村大地主贵族有向君士坦丁堡请愿之权，以求昭雪。起初，各省省长不是由上级指派，而是由地方绅士选举出来的，但是，这种宽大措施，在流行的军事情况的压力下垮台了。货币是稳定的，度量衡是被管理的，但十分奇怪，这些度量衡的标准，由教皇保管；这是如下文所述的许多证据中的一个证据，可说明教皇世俗权的徐徐成长。但是，省长和总督同样利用职权，竭力搜刮，他们在任期内，积聚尽量大的财产。

指出拜占廷的统治和希腊文明，在意大利半岛的南部比起北部和中部，强烈得多，这是重要的。北方的焦点是在拉温那。希腊-东方的影响仅微乎其微地渗入中部意大利，这地区顽固地保持着意大利和罗马的特性。然而，在南方，像那不勒斯、撒列诺、巴利、大兰多、布林的西各城都被盖上了拜占廷文化和制度的烙印——西西里也是这样——即后来在那里建立的萨拉森和诺曼人的统治也没曾把它们完全抹去。在这三个区域以外，另有威尼斯城，它在政治上是自由的，而在商业上是自有其一套政策的。

显然，拜占廷政府的目的，在于尽可能使意大利完全希腊化。当时，各省的省长是希腊人，僧侣大部分是希腊人；那里有几十所希腊修道寺院；甚至有几个教皇也是希腊人或希腊—叙利亚人。东罗马皇帝由于他们追求希腊化的热情，竟指望教皇座本身迁移到拉温那去。他们曾清楚地认识到，教廷是罗马文明的枢纽。这一梦想，在西欧拉丁文化衰败情况下，似乎不是完全不可实现的。

当拜占廷帝国的财政主要由于埃及和叙利亚被穆罕默德教徒所占取而越发窘迫的时候，它在剩余领土上所实施的财政政策也越多掠夺性了。皇帝昆斯坦斯(663—668 年)由贪婪的行为，使自己变成臭名昭著。在所有的东方皇帝中，独有他一人把大部时间消磨在意大利和西西里，意图或借口使用西西里作为反对那时正在蹂躏非洲北岸的萨拉森人作战的基地。他曾一度克复过迦太基。“西西里、撒地尼亚、喀拉布里亚以及非洲省的农民，长久记着昆斯坦斯的收税吏的压迫手段。他们的勒索竟至这样强横程度，以致为了满足他们的要求，丈夫被迫出售为奴隶而离弃其妻儿，儿女被迫出售为奴隶而离弃其父母。”没有疑问，这些蛮横行为使已陷于绝望的西西里居民宁可欢迎萨拉森人的征服，以求改变主人；他们认为，这总可好些，决不会更坏。甚至罗马城也不能幸免于搜刮。从第五世纪以来，没有一个皇帝曾住过“永不灭之城”里。帕拉泰因虽在徐徐衰败的过程里，但至少一部分还可住人。但是，罗马城已处在一片凄凉景象之中。昆斯坦斯在他停留罗马的十二天中，从潘提昂[①]屋顶上拆卸了镀铜瓦片，如果他有胆量的话，可能

① 就是罗马城的万神庙。——译者。

将同样地拆卸了圣彼得大教堂的瓦片。事实上他曾把许多教堂内祭坛上的花瓶和珠宝连同积存的各省税款，一起运到西西里去。

昆斯坦斯的可憎的掠夺行为是由南意大利和西西里这样富饶的情况所激起的。因为事实指出，在那里的港口上商业和贸易是活跃的。当时，穆罕默德教的海权还未曾兴起。第六和第七世纪所发的执照，揭露出相当繁多的职业类别：染师、缝工、制蜡工、毛皮商、丝商以及普通商人。我们在拉温那、俄特兰陀和那不勒斯还可看到旧罗马行会制度或同业公会的遗迹。在各城市里都可遇到“叙利亚人”（其中必须包括亚美尼亚人和东方的犹太人在内）。在拉温那和罗马城有一个叙利亚人的正式“居住区”。萨拉森对叙利亚的征服无疑地可说明为什么意大利有大量的叙利亚人。这批人是经营丝绸、香料等奢侈品的商业巨子，也是银钱兑换商。在这项贸易里，他们所碰到的唯一竞争者是威尼斯人，因为到第七世纪，威尼斯也已着手对埃及的贸易。

更奇怪的是我们看到色雷斯人的殖民地，他们被保加利亚人逐出，而由帝国政府移殖于帕诺马斯和那不勒斯的周围的；另有一个保加利亚人的殖民地，他们随后被阿佛尔人逼迫，而由贝尼温陀公爵引入他的公爵领内原已荒芜的空地上居住的。在百余年以后，有一个伦巴历史家写道：“他们直到今天，还是住在这些土地上；他们虽然讲拉丁语〔意大利语，当然，还没曾形成起来〕，但本国语言也未放弃使用。”

从意大利—拜占廷社会的横断面可以发现三个阶层：在底层，是奴隶和农奴的混合人口，包括乡村里的雇农和城市里的工人与小手艺者在内，其中很少人是自由的；其次，是小土地所有者和低级官吏；最后，是大官员和大土地所有者。尽管帝国政府有严密的机构，但帝国对大部居民的统治，却是半封建式的。自由的所有权还是存在的，但有着消灭的趋势。僧侣和大土地所有者已变成封建领主，他们的“地产”虽常常是分散的，但加在一起，它们的面积却是很大的。奴隶制在和缓着，而农奴制在增长着。这类强大的贵族，稳步地力争摆脱政府的全部控制；各种行政上的舞弊又使“庇护”制度得以扩展和传布；而在封建制成长过程里，这制度本是一个最有力的因素。小自由农为了获得保护，自动地让出他们的自由权利。有些人，因为贵族垂涎他们的土地，被压制到农奴地位。另有许多软弱而又无办法的人们，力求托庇于教会的护翼之下。可是，由于教会的严峻的土地管理政策的影响，农民宁愿请求世俗地主的保护，而不愿请求教会地主的保护。伟人格列高里埋怨地说，教会农奴逃亡到世俗土地上去以求保护了。

现在，由于上面的讨论，我们可进一步来谈在中世纪意大利第三个重要国家的历史，也是一个历史上的特殊国家，“彼得的世袭领”，即教会国家的历史。在上文里，我们曾讲过在西欧各地教会怎样变成为一个大土地所有者和一个世俗权力。这个具有封建性质的过程，对世俗人说来，不是一件新奇的事，而对僧侣说来，这却是具有革命性质的转变，因为他们的管辖权范围原本是在精神方面的。每个主教，每个住持，都变成为地主，而教廷变成为最大的领主了。我们可相当正确地追寻教皇的世袭领和世俗权的成长过程；这过程历时好几百年，从君士坦丁时代起，当时帝国政府和私人开始以大批土地和金钱赠给教廷，直到在伟人教皇格列高里一世（590—604 年）时代，教廷的封建管辖权已通行于意大利、西西里、撒地尼亚和科西嘉的辽阔地面上为止。按一个世俗统治者的地位论，在意大利或在任何别的地方，没有一个教会是可与教廷相比的。过去，帝国的意大利领土曾巩固罗马皇帝的权力，同样，现在教皇所领有的广大土地足以把教皇提升到国君的地位和权力。《伟人格列高里传》的第五十三章内列举了二十三个教皇世袭领，须知其中有很多“世袭领”包括属于教皇的很多省份或城市的大部面积。曾有人计算过，如果把在格列高里第一时代罗马城和它周围的隶属于教皇的地产合并成为一块接连土地，它会包含有四十平方哩的面积。

但除此之外，教皇在萨卑那姆、在匹栖那谟、在坎佩尼亚、在拉温那周围、在波河流域、在喀拉布里亚、伊梨利根、西西里、在科西嘉，甚至在阿尔卑斯山外的阿勒拉特，都领有土地，它们的总面积估计达一千八百平方哩，它们所出产的收入，按现代货币计算，约合一百五十万美元以上。虽然教皇在理论上，根据查士丁尼的论旨，所享有的政治权利比起别的主教所大无几，但是实际上他已站在大部意大利，尤其是中部诸省的事实统治者的地位上了。他的领地是广大的，他的教会是富裕的，而他又是圣彼得的继承人。在罗马城内，他是行政长官，也是教长。他指挥警察，管理市场，铸造货币，维持民事和刑事法庭，修建城垣和引水管，补助学校和医院，统率民军，以及被攻击时捍卫城市。“那由教皇因领有广大土地而行使的权力，在帝国权力的衰弱时期，已差不多近于一个主权者的权力了。”

这些广大地产是作为庄园来领有的，在那里有几千几万人居住并劳动着。在这些地产中最富饶的，是西西里的麦田；它们过去

曾属于帝国国库的。单单这些麦田，按照当时的十八比一的金银比价，估计曾出产合八万美元以上的收入。伦巴人的侵入在好多年内使教廷丧失了所有的北意大利的世袭领——科替安阿尔卑斯山区，在那泥、奥赛摩、安科纳、乌马那和威拉·马格那——直到卢易特普兰收复了这些失地为止。但是，作为对这些失地的部分补偿，君士坦丁五世曾赐给教皇撒加利一世诺耳马和宁发尔的两块富饶的领地，这两块地在六百年以后，估价值五百万美元。

所有关于这些地产的行政管理，是依靠一个有权力的官僚机构，并完全按照过去罗马皇帝管理庄园的办法进行的。中世纪统计文献，遗留下来的在数目上原是不多的。但是，幸而我们获得了格列高里一世时代关于管理教皇领的丰富资料；就是，格列高里的《通讯集》以及罗马城居民的户籍簿一册。因此，可以清楚地看到管理方法的主要轮廓。土地分成小块给农民，收取现款租或实物租。劳役未曾起着这样重要的作用，像我们后来当庄园制已成为一种流行的、高度发展的经济和社会制度的时候所可看到的那样；但是很显然，授田取租虽是主要形式，但种田须负担劳役的制度也已广泛流行。每个庄园交给一个管家来管理，管家须向教皇提交详细报告；因为财产的处理权是属于教皇的。格列高里一世是一个信仰坚定而又有慈悲心的人，也是一个富有办事才干的人。他是兼有宗教精神和实践常识的一个杰出人才。他使用大部教会的资源作为维持费和慈善费，但是他精明地以余款购进更多的土地。他注意市场情况，出售木材给无森林的埃及，麦子给君士坦丁堡，撒地尼亚生铁给东罗马皇帝制造武器，出售橄榄和橄榄油于任何可能出售的地方。下引摘要，取自他给西西里的副管事兼教廷代

表彼得的信里，是不言而喻的：

必须用心阅读在你往西西里去的时候我给你的训令……我们已查明，属于教会的农夫对于麦价非常抱怨，因为要他们缴纳的数目，在丰收时期，没有保持在适当比例。我们的意思是，在一切时期，丰收也好，歉收也好，比例的尺度应依照市价。由于船难而损失的谷物，必须责成全部赔偿，但是，有一条件，即关于装运谷物在你方面并无疏忽之处。

这里所说的，是指从西西里运到罗马城的麦子。麦子是在所有人自负危险责任的条件下装运的，但是，教皇供给那些属于教会的船舶作为运输工具。如有损失情事，有责任的一方须负责赔偿。

我们也已知道；在有些教会的庄园里，有一种极不公平的勒索行为，即农务管理人要求从七十升中抽取三升半〔田庄管家就是这样向农民敲诈的〕。这是可耻的，必须制止。

凡是年老不孕的母牛，或看来已很不中用的公牛，应即出售，这样至少还可从它们身上捞得一些利益。至于牝马群，养着很无好处，我愿把它们全部分散，为繁殖的目的，只保留年轻的四百头；这四百头应分发给我们田庄的管家，给每个人若干头，要使他们能在未来年代里从中获得一些利润给我们。因为这对我们来说是很为难的：花费了六十苏里德给牧人而从畜群方面连六十便士也收不回来……

……应同我们整个领地内的牧人协商出一种办法，使他

> 们能种地赚钱。所有属于教会的农具，不论在叙拉古或在帕诺马斯，必须在它们因年久而锈成废铁以前售出……应温和谨慎地对待农夫……应把你所征集的全部缴款带来，连同你的全部账册……前次你送给我一头可怜的小马和五头良好的驴子。小马我不能骑，它是这样的一只可怜的动物；那些驴子虽然不差，我也不能骑……应从其他谷物生产者或出售者，收集价达五十金镑的本年收获的谷物，并把谷物储存在西西里各地，不使它发生霉腐；我们将于二月中派遣尽量多的船只往那里，来装运这些谷物到我们这边……这里食粮已经这样地缺少，以致将有饥荒景象；除非苍天保佑，能把西西里的粮食收集运来。

从上面所引的话可以看出，公元600年时，意大利和全部西欧相同，差不多整个地陷于自然经济的状态里，在这状态里，农产品和原料是主要的，几乎是唯一的商品。所有的工业也主要是以农业为基础的简单工业，例如纺织、制革、制造木器、打铁、制草鞋、染色、制肥皂、烘面包等等。这些职业还保存着它们古代罗马的行会形式，但是农奴制和奴隶制的稳步扩展，促使这类组织迅速地分化。我们偶然可看到镶木细工、制玻璃工一类的高级技术工人；当然，他们都是由教会雇用着的。

由于罗马、拉温那和君士坦丁堡间，叙利亚和亚历山大城间的接触，我们看到某种程度上的高级商业。在罗马城和拉温那有希腊商人和叙利亚商人居留地；他们主要是经营丝绸、香料、乳香以及教会所需的东方名贵商品。丝业工人是意大利实业界中的天之骄子，并自高自大地以特殊称呼(oloseri capratae)作为炫耀。为了进行国际贸易，在拉温那和罗马城，还有着银钱兑换商人。

伟人格列高里，就他的才干、纪律性和坚韧而论，是一个真正的罗马人。当他赎回那些在伦巴战争里被掳的俘虏的时候，他也曾提倡那作为一种剥削制度的农奴制；对于奴隶制，他没曾作出什么改善的举动。教皇公库的勒索，比起世俗领地上的勒索还苛重。教皇够聪明地曾看出他的征税权的强制性，并灵活地利用这项权力。举一个例说，他曾发出命令说："因为在教会的庄园里住着很多犹太人，我愿望：如果其中有人愿成为基督徒，他们的一些缴款可以还给他们，使别人受到这种利益的刺激，也产生同样的意愿。"其次，在第六世纪，在乡村低级农民中还存在着旧时异教习惯的很多残余。格列高里就使用了他的地主的权力加以取缔，像下文所指出的那样：

> 告卡格利亚里主教：由于你的疏忽，容许了那些属于你教会的农夫到今天还保留着异教信仰……如果我在撒地尼亚岛上能找出属于无论什么主教的一个异教农夫，我将以这件事严厉责罚那个主教；但是，如果有这样顽固不化的农夫，竟拒绝皈依主宰上帝，他必须负担着这样苛重的税款，用重税的处罚迫他赶快走上正路。

教皇的大量进款，在使用方面和在征集方面，是同样地灵活的。教廷须供养僧侣，维持教会，照顾穷人，救济病人、医院、学校、孤儿院，不仅在罗马城内的而且多少在意大利各省的。但是，因为教皇也是世俗统治者，他还须维持罗马城及其附近的民事和军事政府。格列高里一世曾企图恢复有些破碎了的引水管，抽干一部分教廷沼地，并移民到荒地(agri deserti)去，像在他以前罗马皇帝所做的那样。由于继承了与过去皇帝差不多相同权力和地位，教廷必须负担过去帝国政府在罗马城所负的一切责任。其中也许最麻烦而又最困难的负担是粮食救济，即按照习惯以麦子、橄榄、有时还以酒肉，赐给罗马无产者。在罗马城居民中这类懒惰、腐败的渣滓，是由帝国罗马传给教廷罗马的一项遗产，也是一项最大的经济负担；这个最麻烦的社会问题，在好几百年中教廷政府必须处理。为了维持这批流民的生活，教廷耗费了它的财富，教皇变得心神不安，并且必须把原可用在其他有益事业方面的经费消耗在这方面。教会的救济事业是不健康的，它的钱款是浪费了的，像在帝国时期罗马城，为了无产者发给面包和演马戏那样。那在格列高里一世死后不久所流传的一件故事，指出了教廷的财政已陷入恶魔圈子内。据说，格列高里的继承人萨卑尼那斯停止了他的前任所做的浪费的救济工作；理由是，麦仓已有近于空虚的危险，而罗马城的忠实的民众已遭受着饥荒的威胁；但是，这“伟大主教”的幽灵曾在萨卑尼那斯梦中四次出现，警告他所采用的政策。不管怎样，罗马城后来不久的确就遭受了一个严重的饥荒。

教廷的庞大收入，对伦巴人在意大利扩展统治来说，是一个巨大障碍。因为如果说东罗马帝国政府以军队供给拉温那总督，那么这些驻兵的饷银大多是由教廷公库支付的。其次，当主张宗教改革的热忱乃至皇帝利奥·爱索立安的粗暴促成了著名的“圣像破坏的争论”(公元725年)从而产生了帝国政府和教廷冲突的时候，教廷的敢于抵抗，教皇的巨额进款当然是有影响的。教廷的这项抵抗政策，是由复杂的动机所引起的，即宗教的、政治的、经济的动机。但是，无可置疑，意大利的政治解放，至少罗马城和中部意大利的解放，以及为教皇建立一个独立的世俗权，都是属于这一计划之内的。在教皇和皇帝的冲突中，政治和经济的利益是和正宗信仰的热忱混在一起的。论性质这争执是一个分裂叛变运动，也是要从东方帝国的控制下解放意大利——或意大利半岛上尽量多的地方——的革命运动；它是一个拉丁文化和希腊文化间的冲突，在同样程度上，也是一个矛盾的宗教见解上的争执。利奥三世的"异端"是教皇反叛拜占廷的一个借口，也是一个原因。一句话说，"圣像破坏争执"是两个敌对文化间的冲突，即"文化斗争。"

我们可从下一事实，知道这项争执是具有基本的政治经济的性质：教廷意大利点起"圣像破坏"的叛乱的导火线，是帝国政府在意大利各省和西西里征收人头税这一事件。在此以前，世俗的和教会的土地，都曾按习惯缴付地税，当然，不是没有怨言的。但是"户口调查"是一种新型的税，即人头税。

没有疑问，那主张改革的皇帝，当他制定征收人头税及其附带的必要条件即户口调查或出生登记的时候，曾意图把一个亏空很大的预算平衡起来；这项努力是聪明的。户口调查，在巴尔干各省和在亚洲原已不受欢迎，而在意大利和西西里则更激起了双重的反抗；一方面它是一种新的不公平负担，另一方面它是一种被群众所认为由一个异端统治者所加的征课。所以，抗拒这项税收的激烈程度，就是当时人心的背离的标志。有人曾把利奥三世的命令，比诸埃及国王的杀婴命令，另有人曾把这人头税说成是穆罕默德教对非穆罕默德教臣民所征人头税的模拟品。招致真正怨恨的还在于超年度征税这一事实，就是说，皇帝为了弥补他的收入的不足，曾企图预征下一年度的税款，这样一来，就要在一年之内征集两次税款。教皇对帝国的这一行动提出抗议，认为非法，并鼓动意大利各省起来反叛帝国的政权。

单就意大利和西西里来说，利奥三世对收集税款的关心，甚于对实行他所提倡的那些不受欢迎的教义和宗教仪式。他很懂得，圣像破坏主义本身在意大利不能达到什么有利的目的。但正是由一个异端统治者来创立一种失民心的课税，这一事实使天主教派在他们反抗中占得优越地位。教皇根据那所提的所谓异端为理由，对皇帝进行战斗；但他的真正动机，是拒绝付税，以及使意大利半岛上尽量多的地方，尤其是中部拉丁各省，脱离帝国的统治。

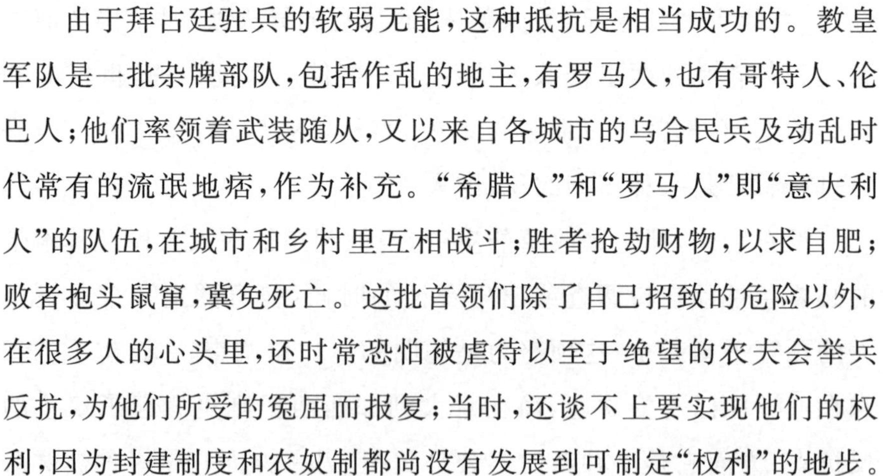

由于拜占廷驻兵的软弱无能，这种抵抗是相当成功的。教皇军队是一批杂牌部队，包括作乱的地主，有罗马人，也有哥特人、伦巴人；他们率领着武装随从，又以来自各城市的乌合民兵及动乱时代常有的流氓地痞，作为补充。“希腊人”和“罗马人”即“意大利人”的队伍，在城市和乡村里互相战斗；胜者抢劫财物，以求自肥；败者抱头鼠窜，冀免死亡。这批首领们除了自己招致的危险以外，在很多人的心头里，还时常恐怕被虐待以至于绝望的农夫会举兵反抗，为他们所受的冤屈而报复；当时，还谈不上要实现他们的权利，因为封建制度和农奴制都尚没有发展到可制定“权利”的地步。

732 年时，由于奉派讨伐意大利叛乱的皇家舰队遇难，利奥三世的计划已部分挫折了。皇帝因为不能占夺在教皇控制下的中意各省，乃把西西里、喀拉布里亚、亚浦利亚、基泰、那不勒斯各教皇领没收归入国库，并使这些地区内的主教区脱离罗马的管辖权。皇帝甚至企图切断南意和中意各省之间的贸易关系。一句话，他把南意的希腊即希腊化的各省与中意的纯拉丁各省隔离，并使它们屈服于君士坦丁堡的压迫之下。教廷虽然失掉西西里的丰富麦田、喀拉布里亚的产木区和矿场、那不勒斯和基泰的橄榄林和葡萄园，可是它在威望和精神力量方面已无限地增长了。因为那对东罗马帝国和对希腊文化的令人烦恼的屈从已被消除。教廷现在已站在披着宗教外衣的一个纯粹罗马的和一个全然拉丁的组织的地位，而崛起于中部意大利了。教皇已成为享有世俗权的国君，他的权力仅次于伦巴国王的权力。在下文里，我们将看到：这日子已不在远，那时伦巴人在意大利的统治，由于法兰克干涉而趋消失；教皇的世俗权因获得那消灭了的总督区的领土而增加起来，并从事实上的权力转变到合法的权力，一个复兴的西罗马帝国在800年时，通过法兰克王和教皇的合作而建立起来了，在帝国内，查理曼是皇帝，而教皇是最高主教。

第五章　寺院制度的兴起和传布

寺院制度的出现，是约在教会成立后两百年的时期。但是，寺院制度的根源在历史上可追寻到基督教纪元前很久。它的基本教规——禁欲主义和孤寂形式——可在以前的许多宗教里找出。在基督教前五百年时在印度创立的佛教，有着成千累万的和尚以及数以百计的喇嘛庙；在古代埃及有着信奉安蒙[①]的尼姑，在孟斐斯虔诚崇拜塞拉皮斯[②]，她们的信条在罗马帝国时期曾传布到希腊和意大利，虽然还找不出埃及境外的塞累匹斯教派隐居所的遗迹；在古代犹太人中，德拉倍太教派是禁欲主义者。虽然还没有发现资料，可说明佛教和基督教间的实际接触，我们知道，在第二世纪佛教向西传入帕提亚，可能也传入亚美尼亚。使徒时期的基督教灌输无我、禁欲和自苦精神。独身主义和童贞洁操曾由阿利振和息普立安[③]两人热心提倡过。

所以，当东方宗教在罗马帝国内继续伸展势力的时候，基督教是不可避免地要感受这些接触的影响的。起初，寺院主义的理想和教规是和基督徒格格不入的。特图良约在公元 200 年时著文抗

① 安蒙(Ammon)——古代埃及的主神。——译者

② 塞拉皮斯(Serapis)——古代埃及神。——译者

③ 阿利振(185—254 年)是早期教会中很有学问和创见的人；息普立安(200—258 年)也是教会的神父之一，于 258 年殉道。——译者

议说，基督徒不是“摈弃世俗生活的婆罗门、赤脚仙[①]、森林隐士”，那表明在教会内寺院主义的趋势已经普遍存在了。在尼斯会议前好久，基督教禁欲主义者的团体在埃及已开始兴起。据传说，“高僧”圣安多尼于251年曾带领若干受狄西阿迫害的难民，逃往沙漠中去。索左门写道，在第四世纪，已有一本管理这些团体的规程书。无可置疑，基督教寺院制度是采自东方的异教信仰的。例如，“柱顶圣徒”[②]与圣西缅·斯替来特斯之流，都是仿效那些在希拉波立[③]庙中类似苦行僧的。

可是，教会的内在原因和条件所发生的影响，也许比起外在的暗示和接触还发生效力。寺院主义是以它的出世观念、它的忘我精神、它的严肃性来抗议那教会中已腐败透顶的世俗性、财富和虚浮性的。“隐士是对宗教社会的一个活生生的批判。”在西欧第一个著名的异端，是西班牙的普立息力安，他属于这一类型的一个清教徒。而且，那在后期罗马帝国的紧张而虚伪的文明，造成了一种对新观感或新事物的渴望心理；而寺院制度就满足了那种厌倦情绪，这种情绪正是萦绕着许多人的心头的。另有些人，对社会已觉得烦闷，对政治已觉得失望，对道德已觉得悲观；对他们来说，退隐到沙漠中去是“一个绝望的出路”。教会在这热情浪潮里，看到了一个新手段使基督教的自我牺牲生活理想化。现在，殉道是不再可能了；那种火烧般的炽热情绪，固然曾在过去受苦的风潮时期激

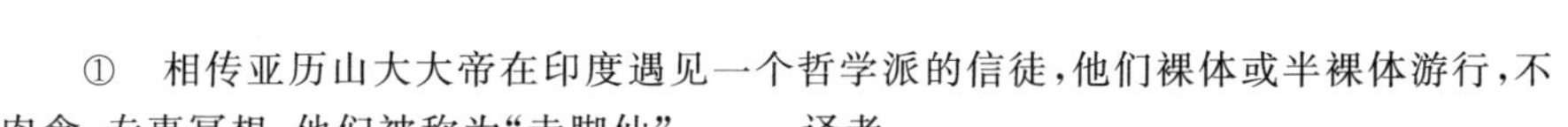

① 相传亚历山大大帝在印度遇见一个哲学派的信徒，他们裸体或半裸体游行，不肉食，专事冥想，他们被称为“赤脚仙”。——译者

② 指栖身于柱顶上的苦行修道僧。——译者

③ 在小亚细亚古代大弗里家的一个城市。——译者

起早期信徒赴汤蹈火的决心，而现在却已逐渐冷淡了。

寺院制度起源于埃及，是一件很自然的事。埃及位于地中海角落，这一地位使它成为东方和西方之间的接触地点。埃及的气候和地形又是最适合于寺院主义的生活的。在尼罗河流域，有着不很高的山岭，那里的无数自然洞穴，足供原始禁欲者以居住所。那干燥的气候和隐士自己的孤寂生活，使他不需要很多衣服，而且他所需的微少生活资料，即枣子和黍稷，也是容易获得的。第一批像圣安东尼[①]（约 251—356 年）和底比斯·保罗（约 262—340 年）那样的修道僧，当采取那种生活方式的时候，不曾注意到别人也会去做这同样的事情的。但是，像这批人活得神圣和死得神圣的情况，那驱使成千累万人到沙漠去的宗教迫害，再加上疯狂的热情，这一切使这运动大大地扩展，以致有人估计到第五世纪末期，埃及的隐士和修道僧，在数目上已几乎等于城市的人口了。

这批狂热者有时过着过度的自苦生活：他们由于把感觉和肉欲错乱地混为一谈，生活于污秽不洁的环境里，居住于蚤虱毒蛇和昆虫之间，长夜不睡直至精神错乱为止，吃那令人作呕的食品，使自己半饿着，练习如癫如狂的柔软操，像西缅·斯提里特斯所做的那样；这种状态已类似忧郁病甚至癫狂症了。从这些情况里，无可避免的会有一种组织形成起来，因而那沙漠中的隐士逐步成为修道院的修道僧。许多修道院是设立在旧庙宇或堡垒内的。图拉真在巴比伦（在后来的开罗附近）所建造的炮台，曾被派作这项用场

① 寺院制度的创始人，251 年生于上埃及，隐居沙漠中修道，死于 356 年。按年代，和上文所引传说中的“高僧”圣安东尼似乎不是同一个人。——译者

的。差不多每一个沙漠中的绿洲都被占据着。在这些地方建造了防御工程，以防止盗贼的侵袭；而在第六世纪，帝国政府曾利用它们来保卫边境，例如，赛那山上半宗教、半军事的著名寺院，曾扼守那里的通路，以拦阻那来自北阿拉伯半岛的侵犯。

在瓦伦斯统治时期（364—378 年），寺院已正式备案，并获得了领有财产之权。这些寺院以庞大社会集团的地位，又以领受大量基金的法团地位，曾作出一种社会和经济的改革；按当时的情况论，这改革是具有革命性的。在埃及这一运动达到了极端，但是，在东方的无论什么地方，在巴勒斯坦、叙利亚、小亚细亚、希腊以及在爱琴海和爱奥尼亚海上的岛屿上，凡是寺院制度所传布到的地方，都有着同样的效果。在 337 年君士坦丁去世的时候，罗马帝国内有十五所寺院。在 527 年当查士丁尼登极的时候，有九十所寺院。到了第八世纪，各地村落变为人烟稀少，田野变为杂草丛生，荆棘满地，其原因是当时有许许多多的人已离乡背井出家为僧去了。

巴锡尔高僧（329—379 年），一个有品格而能干的希腊人，曾在黑海附近的本都城，建造一所寺院。《巴锡尔规程》又规定了寺院范围内外的生活细节；这规程后来曾以宗教会议和皇帝的许多决定，予以补充，并由查士丁尼把它们汇集编为帝国寺院的法规。“巴锡尔规程”遂成为东方修道僧团体的组织法了。

在埃及，有全城是完全由僧侣居住着的，像今天我们在西藏所看到的那样。海洛尼马斯在《天堂篇》里，曾描写奥科伦喀斯克城的情况，他说：

> ［它］这样地布满着修道弟兄们的住所，以致那里的城垣

几乎被冲破了；弟兄们竟这样多。而且，在城垣以外还有环绕着城垣的寺院，它们的数目竟多到这样地步，使人会想起它们形成了另一个城市，城里的圣殿和那里的庙宇，以及它们周围的墙垣和空地，充满着僧侣们。那也会令人想起，僧侣在人数上不致比城里的普通居民少得太多，因为他们的人数是这样多，甚至连城门口的房屋也被他们住满了，有些僧侣还住在城门旁的堡垒内。据说，住在城内的僧侣人数，达到五千人，而住在城垣周围的僧侣，也有五千人。那里主教曾声称；他有一万僧侣和两万童贞姑娘受他的管辖。

根据帕雷狄阿斯的记载，在提贝易德的塔贝那附近，约住着七千个修道弟兄们，而在可尊敬的帕科密阿斯[①]住过的各寺院里，还住着一万三千个弟兄们；此外，还有其他寺院，其中每所寺院约有三百、二百或一百个僧侣住在一起；他们都是用双手来劳动并依靠劳动而生活的……在他们的服务周内，每天，有些僧侣起来后即去做他们的工作；有些人去做烹饪，另有些人去安排食桌，把面包、干酪、醋瓶和饮水瓶放到桌上。有些人，每周只吃一次。其中每个人是按照那给他的字条的指示去做工作的。有些人在"天堂"[果园]里工作，有些人在花园里工作，有些人在铁铺里工作，有些人在面包房里工作，有些人在木匠间里工作，有些人在漂布场里工作，有些人把枝叶编成篮子和席子；有人是在编网，有人是在做草鞋，另有人是在抄写。这一切人，在做他们的工作的时候，都是依次背诵

① 埃及人，在公元340年在尼罗河的一个岛上建立了第一所寺院。——译者

着赞美诗和圣经的。

帕雷狄阿斯遗留下来一篇文字，约写于 390 年，叙述尼特里亚山上的大寺院，在那里，除了几百个“世俗弟兄”以外，还住着五千个僧侣。这寺院在埃及领有几千亩冲积地的肥土。它出产大量谷物、橄榄、枣子、牲畜、羊、骆驼、马、驴。从那里所得的一部分是用于维持埃及的教会，以及维持避难所、医院、学院等等。但是，它的大量剩余品，则是在亚历山大城市场上出售的，由于它的生产成本低和数量大，并在那里和大地主和小农进行激烈竞争。大地主还能苟延残喘，而小农却慢慢地破产了。

这些新状况产生了新的弊病。财富开始像潮水般地涌入教会基金内，同时由此带来了各种腐蚀的影响，在第四世纪它们竟达到了破坏教会的神圣的地步。从宗教方面看，僧侣们是激烈的狂热者，从经济方面看，他们已成为贪得无厌者。在第五世纪早期，亚历山大城曾被僧侣和游民群洗劫，这一事件对亚历山大城的贸易是一个严重的打击。

那寺院数目激增的趋势，加上了僧侣们的有些奢侈浪费作风，到第五世纪中期已成为政府惴惴不安的一个重大根源。人们纷纷进入寺院，以求规避纳税，以求逃脱军役，或者要找寻一个安逸的生活方法，依靠虔诚而又慷慨的基督徒的赠与而生活着。他们把自己的亲戚朋友藏匿在那里。逃亡奴隶、逃走农夫，有时也有犯人逃到那里找到庇护所。有野心的和轻薄的修道僧，杂处在忠实的修道僧之间。僧侣的个人安贫乐道的宣誓不曾防止由僧侣团体来获得共同财产，因而奢侈风气和下贱行为潜入寺院之内了。那依照寺院"规程"的生活，已成为办不到的事情。451 年在加尔西顿宗教会议上，教会和帝国政府曾共同努力纠正这些混乱状态，因而决定各寺院的基金须经主教的批准；各寺院须有适当的补助金，使它不致依赖捐款来维持；各种规程须严格实行；以及三年时期的修行学习——而这些规定，都曾被住持视若具文。

寺院制度无可避免会扩展到西欧的。第四世纪中，基督徒已采用古代异教徒到圣地进香的习惯。"圣地"和埃及，先后就成为基督徒进香的地点，而这些朝圣者乃带回了寺院制度的理想和习惯。寺院制度向西方扩展和两个重要人物的名字是分不开的：圣杰罗姆和卡息亚那斯。圣杰罗姆在他的晚年时期，曾在伯利恒为自己建造了一所隐居所，并曾以他的著作来促进寺院制度的传布。他是一个严肃的清教徒，是第一批起来反对教会的世俗性和财富者之一。卡息亚那斯在马赛附近的南高卢曾建立两所寺院，从那里运动遍传于高卢全境并进入了西班牙。在第五世纪早期，那些在里维耶拉岸外的岛屿，尤其是雷朗岛，已由修道僧们移殖。不久，多斯加纳海群岛上，也群集着修道僧们。米兰·圣安布洛兹虽然从来不是一个修道僧，而他却以颂扬静寂生活的幸福，来大力地提倡这一新运动。393 年，有一个名叫詹姆士的，"来自东方波斯的内地"——请注意东方的影响——在坎佩尼亚曾建立一所离世绝俗的退隐所。在同一年，诺拉的保林，一个富裕的罗马业主，曾出售他的财产"逃避烦扰的世俗生活，来消磨他的晚年岁月"。另有一个东方隐士，退隐在奥汾涅的山区里。当时，都尔周围的下罗亚尔河区域已成为西欧的提贝易德[①]，因为那里有着大批修道僧

① 提贝易德，在埃及底比斯周围的地方，为古代寺院制度的发源地。——译者

的住所，他们在石灰岩上为自己所挖掘的洞穴，像在泥岸上的燕子窝那么稠密。都尔的圣马丁（316—396 年）这个名字和这僧侣殖民地是永远相联系着的。圣马丁寺院的修道僧们曾力图训练居民从事农业，并分发种子给他们。

在圣奥古斯丁时代，遁世者或隐士的生活在非洲省出现了，在那里僧侣人数增加得这样快，以致奥古斯丁（由于他的拉丁秉性，他厌恶这种无秩序状况）随即着手管理这项运动。在汪达尔人来到的时候（429 年），那里存在着很多寺院，常常位于大业主住所的附近。在那十年战争的时期，这些寺院都成为避难所，因为这是一个显著的事实：汪达尔人虽属阿利阿教派，但却是尊重这些会社而不曾加以扰害的。他们之所以有这种容忍态度，是因为各地的僧侣会社，在东方也好，在西方也好，都不是教士的团体，而是那些决心过寺院生活和宗教生活的俗人的团体。只要他们脱离世俗而对政治不进行干涉，他们在各阿利阿教王国是相安无事的。在教士生活和修道生活之间的这一区别是很重要的，应该记在心头，因为这区别一般人还不了解。

但是，西方寺院制度虽然是从东方输入西方的，但在内容和实践方面，根本上却不同于东方的寺院制度。东方专心于怪诞奇特的苦修形式，而西方则是重实际的。东方僧侣过着一种孤寂的生活，致力于无效果的冥想或致力于无目的的闲荡；他们中间除了一些有志于研究学问而抄写手稿的人以外，都依靠着虔诚而不适当的捐款来维持生活。相反地，拉丁西方的僧侣们在他们的思想和行动方面，是诚恳、清醒、活泼、勤苦，并依靠自己工作而生活的。西方人受不了像圣西缅·斯替来特斯或隐士那样的“柱顶圣徒”的行为:他们自愿流放于沼泽地上,让昆虫刺伤,训练他们的肉体受苦,他们或者在荆棘中祷告几天,或者弯腰曲背,继续留在痛苦的位置上,或者大家一起在麻袋里坐几天;也受不了像圣安东尼的行为:他的皮肤"黑到像埃塞俄比亚人一样"积堆着皮垢,并以"蝎子和野兽作为他唯一的伴侣"。

从西方和拉丁寺院制度的健全状态和效能来说,我们看出罗马精神和希腊—东方精神之间的基本差别。前者是重视条理和实践的,而后者是倾向于淡而无味的神学论辩、不容忍的态度、无聊的白天梦想,以及夸大和过度行为的。但是,寺院制度在西方开始的时候,就遇到一个严重的危险:东方影响可能占得上风。西方寺院制度依靠下列两个伟人而摆脱了这个危险:卡息奥多拉和纽西亚的圣本尼狄克。526 年时,当狄奥多理大帝逝世的时候,他的一个著名大臣,也是一个富裕地主即卡息奥多拉,退隐到在喀拉布里亚的斯基拉西地方他的庄园去,把他的庄园房屋改成为一所寺院,并集合了几个虔诚信徒,他们在那里的花园里,读书和研究,并间以温和而有益健康的运动。为了管理这个小团体,卡息奥多拉曾起草一种简明规程,这规程和以前其他类似团体,不管在东方或西方所制定的规则是有所不同的,特别在要求劳动方面。

另有一个比起卡息奥多拉年轻,而对拉丁寺院制度起着更大影响的同时代人,就是安布立亚城的纽西亚的圣本尼狄克。据传说,他的生存时期是约从 480 到 543 年,但是可靠的说法,只是他生存在第五世纪后期和第六世纪早期的意大利而已。在他的传记中,我们难于区别出什么是故事,什么是历史。在那俯瞰坎佩尼亚风景秀丽的平原的突出的高地上建立的蒙特·卡栖诺寺院(520

年?)是开始西方寺院制度第一次有组织运动的标志。蒙特·卡栖诺寺院曾成为意大利、高卢、日耳曼、英国和西班牙的几百所寺院的母院,所有这些寺院都是受《本尼狄克规程》管理的。依据那传留下来的版本,这项规程是一个法典。但是,从批判的理性来说,我们有理由可相信:这原始的规程是一个很简单的东西。它通过实际经验获得了补充和发展;其中基本要素包括有"巴锡尔规程","卡息亚那斯的制度","阿尔兹的凯撒规程"以及爱尔兰的伟大圣徒圣科兰班的规定。凡是属于寺院的职员,都是由住持来指派的。在有些盛产葡萄的寺院里,那看守酒窖的位置,是具有重大意义的。按理论,住持个人只可支配着他所属寺院收入的 1/3,应把剩余的进款,作为维持修道弟兄们的生活、发给服务工资、修建房屋、救济穷人等经费。但是,事实上住持只是对着自己的良心负责罢了。

起初,本尼狄克制度是慢慢地成长起来的。约在 544 年时,本尼狄克的第一批信徒之一,格列高里·摩勒斯在罗亚尔河畔圣马尔地方,建造了一所寺院。跟着伟人格列高里的接任教皇位(590—604 年),情势乃迅速改变了。本尼狄克制度在意大利发展得最快。到了第七世纪中期,本尼狄克规程已通行于高卢。788 年时,查理曼在法兰克帝国内各寺院强制施行这项规程。至于它传入英国的日期,我们不能确定,虽然据传说这和圣奥古斯丁在 596 年到英国去传教事件是有关联的。在西班才,直到第十世纪才被采纳。

毫无疑问,格列高里一世的伟大人格对本尼狄克寺院制度的传布是起着很大作用的。但是,我们也须注意其他因素,特别是经济和社会性质的因素。在意大利，这运动正是在查士丁尼对哥特人进行可怕战争的同一时期。在法兰克高卢，它也是在第七世纪可怕的内战进行的同一时期。这些战争的破坏性影响：几千几万的无家可归、无依无靠的人，穷困、饥饿、疾病、不安全；这一切立刻产生了一个迫切的社会经济需要，各种救济办法也是由此而来的。对难民和穷人，寺院遂成为救济所、寄宿所了。

本尼狄克制度因切合于时代的需要所以应运而生，当时其他寺院因不能办到这一点而失败了。那理由很明显。本尼狄克制度不像东方和希腊僧侣所做的那样，也不像若干西方僧侣集团似乎要做的那样，要依靠信徒的捐赠来过着懒惰的生活。从一开始，它就强调懒惰是罪恶之母，并坚持劳动的责任和自食其力的尊严性。规程中包括着下列一段：

> 懒惰是灵魂的大敌。所以，僧侣应经常做事，或者做手工劳动或阅读圣经。这些工作时间按照季节排列如下：从耶稣复活节到10月1日，僧侣应从第一小时起，去做工作，劳动到第四小时为止，从第四小时到第六小时的时间应用于读经……〔第九小时以后〕僧侣应再工作，劳动到黄昏为止。但是，如果由于地方的情况或寺院的需要——这些事情会在收获时期发生——要做较长时间的工作，他们不应认为受到不良待遇。因为真正僧侣，应以他们的手的劳动来生活，像使徒和神圣教父所做的那样。

然而，应该仔细察看，不像一般人所相信的那样，圣本尼狄克规程没有命令、也没有强制手工劳动，但只推荐它而已。像十二世纪的评注家第次·鲁拍特所指出的那样："劳动是容许的，或者是作为可以耐心考虑的意见提出的。"在同一世纪里，可尊敬的彼得，即克里尼的伟大住持，曾嘲笑僧侣需要用他们的手来做工这一观念，他说要僧侣做手工劳动是"不合适而又不切实际的办法"。

中世纪寺院制度为了规避安贫乐道的誓约，把庞大财产归于集体所有。不管从道德方面对这种办法给予怎样的批判，无可置疑，中世纪欧洲由于大寺院田庄的管理适当而获得了莫大的物质进步。农业是和早期日耳曼人的无定居的习惯相抵触的，而且日耳曼人的耕种方法，在和寺院田庄的精细经营制度比较之下，是粗鲁简陋的。甚至贵族的大世袭领，也没有管理得那么好。有些中世纪寺院原有着伽图、瓦鲁科琉麦拉和帕雷狄阿斯等所著的农业书；后来，寺院也编写了自己的农业指导和农业方法一类的书籍。大贵族地主也注意那些可使他们的土地开垦得更好的办法。最后，在十三世纪，当有力稳定的政府对西欧的封建混乱状况占得上风的时候，田庄管理手册以及根据这些手册所写的农业论文，开始在英国、法国、西班牙和意大利流行了。有一个近代作家告诉我们说：

> 每一所本尼狄克寺院，基本上便是一个模范田庄；它保存了罗马田庄的外表，并依照习惯的方法进行农作。关于谷物和畜种的改良，我们不可能区别什么是由僧侣们所作的，什么是由罗马人输入高卢和不列颠的；但我们至少可以说，教会殖民地在原来耕种方法有被全部遗忘的危险的地方，把它保存

下来了。

我们知道，寺院制度曾把关于农业、牧畜、种果等等的罗马科学方法通过中世纪保留下来（对于这些方法日耳曼人原不熟悉，后来他们也是从教会学来的），但是，除此之外，寺院当扩展它们的土地的时候，还抽干了沼地，清除了森林，并且开垦了中世纪欧洲的大块荒地。英国格拉斯吞柏立寺院的基地，原是一片茫无边际的沼泽地，经过好几百年它变为岛上一个最富饶的农业区。东方诸州的“分兰区”[①]原来全部都是沼泽地。当伊里大礼拜堂创立的时候，教会房屋是建造在宽广几哩的沼泽中的唯一的高地上的；因为那里盛产鳗鱼（eel），所以该地就叫做伊里（Ely）。今天这块地已是青枝绿叶的田野了。可是，在一本古旧的《伊里志》中有一首短诗，指出在“诺曼人征服”之前，著名国王卡纽特是乘船到过伊里的：

“伊里僧侣快乐地唱着歌，
卡纽特王荡桨前进。
‘朋友们，划船向岸靠近，
听听我们僧侣的歌声’”。

在开垦荒地方面，寺院制度在中世纪比起任何别的力量有着更大的影响。僧侣们由于自动找寻离世绝俗的生活，乃深入森林

① 分兰区（Fenland Country），意即沼泽地区。——译者

的深处；而这些森林地逐渐被清除而变成为可耕种的田野。他们又因力求山区间交通迅速，在鞍形峰巅上通过隘口建造道路；他们还抽干沼地，建筑堤岸。一句话来说，寺院制度基本的经济职能，在于农业和简单工业以及在于殖民。在十二和十三世纪中，息斯脱西安教派[①]的历史也是这样的。下面是给一个诺曼住持的通告："你正在建造房屋的那个地点，是不适合僧侣们居住的，因为那里既缺少饮水，而森林又远在他处。这两个要素是为一个寺院生存的绝对必要条件。"

寺院中每天的日程如下：在参加早晨祈祷仪式后，僧侣们集合在牧师会所。住持给每一个人分配当天他应做劳动的数量和种类。其次，举行几次简短的祷告，祈求他们工作上的赐福。于是弟兄们拿了工具，两人一排地前进，不声不响地走到田地去做所分配的工作。从耶稣复活节到10月初，他们从早晨六时起这样地做工作，有时做到十时；有时做到中午，工作时间的长短是取决于季节的。圣本尼狄克不能容忍东方寺院制度所实行的各种过度行为和狂热的严肃方式，他是一个头脑明晰的罗马人，不赞成这种事情的。伙食虽然简单但是丰厚。吃肉是有限制的，当然在一个地中海区国家里肉类不是很缺乏的。对于鱼类、葡萄酒或奶油没有限制。僧侣每天吃两顿饭，每顿他可有八盎司面包、一品脱葡萄酒、两盆蔬菜加上水果。僧侣的衣服用羊毛制成，来适应季节。当然，当寺院制度传布到北欧国家的时候，有些食品的更动成为必要了。最显著的是，在有些气候上不可能生产葡萄的国家里，遂以啤酒来

① 1098年法国僧人罗柏特(Robert)在息斯脱西安创立的教派。——译者

代替葡萄酒作为饮料。

像古代耕种方法由僧侣保存下来的那样，古代文明的各种工业也是由他们的作坊保存下来的；他们所保存的，在程度上比起世俗贵族庄园所保存的还大。僧侣在制造啤酒方面，虽不能说是有所发明，但至少可说是有所改进的。制造响铃是寺院的一种特殊工业；其起源可追溯到凯尔特人。制造铅管是寺院的另一种几乎专有的工业。埃塞尔乌德曾构造一根放水铅管，把它埋在僧侣宿舍的地下。寺院也是最早使用泥灰石作为肥料的。

在墨洛温时代，教会和寺院土地上也许很少出产酿酒的葡萄。那继续不断的战争使葡萄园受到了破坏。而且葡萄酒的贸易，像做其他任何事情一样，随处会碰到阻碍的。在“罗马和平”不复有效之后，大贵族在他们的土地上开始征收私人性质的过路税并从事勒索，这种情况在法兰克帝国的早期继续存在着。他们在港口、渡头、桥梁——随便什么可能的地点——勒逼商人缴付捐税，使贸易受到摧残。但是，教会和寺院早已开始获得了免税特权；这使它们在葡萄酒贸易方面取得巨大的便利，像它们在葡萄酒酿造方面所已享有的那样。大部分葡萄酒一般是在出产它的庄园里消费了的，可是，有些最好的葡萄酒（而最好的葡萄酒一向是从自寺院里来的）是在别处出售或甚至运到外国去的。波尔多、南特、卢昂、布伦周围的各寺院和西班牙、爱尔兰和法里西亚进行着葡萄酒的贸易；在这全部时期里，英国人只知有法国的葡萄酒。葡萄酒在圣得尼斯市集上售给从全国各地来的商人，甚至从不列颠和法里西亚来的外国人。但是，那些长途跋涉、经营最名贵商品的商人，都是从教会和寺院里来的。在僧侣中间，禁欲主义甚至节约原则跟着

财富和奢侈风气日益增长而已垮台；他们有着一种特殊商人，即“教会商人”，来替他们处理产品，来作为他们的商业代理人。其中有人为了这项贸易曾远到拜占廷和东方去；当时，在欧洲水陆沿线的内部贸易方面，特别是在葡萄酒贸易方面，这种商人是占着重要地位的。现在我们有一项资料，可证明在墨洛温时代曾有大量勃艮第葡萄酒是由属于吉美厄治、圣汪列尔和非坎普三所寺院的“商人”装运，沿塞纳河下行，经过卢昂出海的。

然而，本尼狄克制度不是没曾经过竞争而取得胜利的。在公元600到800年的两世纪中，爱尔兰寺院制度就是它的劲敌，而这一运动是有很大意义和很大影响，所以我们必须在下面谈一谈。就爱尔兰的影响说，它的性质是奇异的，甚至可以说是独特的；其原因大多是由于这民族的纯粹凯尔特作风。在所有的西欧国家和民族中，只有爱尔兰从来不曾成为罗马帝国的一部分，虽然罗马人从阿格利柯拉在维斯帕西安时代周航不列颠群岛以后，已经知道爱尔兰。结果，爱尔兰人发展了一种脱离外来影响的文明和文化。古代凯尔特部落曾达到它的高度发展。每一部落各有着在它的酋长统治下的自己的领土；部落就是它的政治和社会集团。在乌尔斯特的，有奥顿涅尔、奥尼尔、奥杜格尔多斯、奥汉隆斯各部落；在康诺得的有奥哈拉斯、奥克里斯和奥康诺各部落；在林斯德的有奥法勒尔和奥托尔斯两部落；在闵斯德的有奥德威尔斯、奥康尼尔各部落。这些领土原来都是小“王国”而后来变成为州县了。在这些地区，部落与部落曾进行着战争来夺取控制权；它们也曾组成部落联盟，来夺取对其他部落领土的控制权。全爱尔兰“国王”大体上是一个傀儡；而他拉是一个想象上的、感情上的首都，不是一个政

治上的首都。早期爱尔兰有着一部精密法典,即著名的"布里昂法典"。当时,社会差别已很显著。私人财产主要在于牲口。土地是属于部落的共有财产,或者属于部落的一族的财产。农业未曾达到高度的发展,因为这地区是满布着森林和沼地的;但是关于工业技术,像编篮、制革、制造金属器,特别是制造金饰品这一类,爱尔兰人表现了一个高度发展的水平。古代爱尔兰人的歌谣、故事和诗有着高度想象力,充满着神话和幻想,注定要对中世纪文学发生一种深刻影响的。

"布里昂"是执行法律的法官的名称。诗人的地位是令人羡慕的,因为他常常附着于酋长的宫廷,他又是一个哲学家、编年史家和修辞学家。事实上,诗人就是布里昂。诗人或布里昂是执行法律的。部落的世系、部族的历史、君王的大财产和浪漫史,都写成诗歌来背诵的。准备做一个诗人,是一个长期而又艰苦的教育,并且需要一个专门化的教育。事实上,对一个儿童来说,获得所谓"文学的修养"意味着对他是很有好处的,是将来发达的机会。

尽管古代爱尔兰和大陆或罗马帝国在政治上从没有过联系,但是在罗马帝国的后期,它和它们在商业上联系的痕迹是可以找得出来的。在第四和第五世纪,罗马商人似乎从高卢曾直接航行到爱尔兰岛以及爱尔兰海面上的不列颠各港口。圣巴特里克曾乘那装运猎犬、陶器、貂皮、提篮开到波尔多去的一只船,从爱尔兰的俘囚里逃出。这项商业关系在罗马帝国灭亡之后,还是存在着,而且,在蛮族王国时期,确曾更加活跃起来。在公元 600 年前时,圣科兰班也曾乘过一只上面所述类似的船渡过海峡到达布勒塔尼;当他被逐出法兰克王国而送至南特的时候,他在那里曾看到一只装着爱尔兰商品的船。圣菲力柏特是第七世纪的人，他在罗亚尔河口讷穆提尔岛上曾建造一所寺院；他的传记中有一段文字，描述一只爱尔兰船，“满载各色各样的商品”怎样驶入了港口。

但是，还有一件比起这大陆和爱尔兰间的商业关系更重要的事情，即是基督教的传入爱尔兰；这为爱尔兰的寺院移民和向国外传教铺平了道路。现已确切证明，基督教在第四世纪从不列颠传入了爱尔兰。有一个罗马传说告诉我们，在国王里坎尔时代(429—458年?)，教皇闻悉有基督徒在爱尔兰，乃派遣了帕雷狄阿斯到那里去(431年)。圣杰罗姆在高卢曾遇到过爱尔兰基督徒。图尔的第一位主教可能是出身于爱尔兰的。但是，帕雷狄阿斯的使命似乎是没有成功的，也许因为他不懂得爱尔兰语。爱尔兰的真正基督教化，是从圣巴特里克开始的。他出生于不列颠西南部的一个罗马化的不列颠族。他被爱尔兰海盗所捕获，在爱尔兰过了六年的俘囚生活(约405—411年)，后来逃到高卢，在雷朗和奥舍耳读书，而在432年时回到爱尔兰去。爱尔兰社会的部族性质立刻把它的烙印盖在爱尔兰寺院制度上。在一所寺院之内所有的同伴，往往都是血缘的亲族，外族人是不得参加的。正是这种部族性质可说明怎样并为什么在爱尔兰人中，寺院组织比起主教组织要强得多。整个部族都住在寺院里，这些寺院看来就是市镇。

关于爱尔兰在第六及以后的几世纪中所出名的学术，不能归功于圣巴特里克的。他缺少教育，他的拉丁文又是粗浅。在他的《忏悔录》里，他告诉我们，他不是一个有学问的人。几百年以前，有一个抄写员，即从《亚尔马志》中抄写他的《忏悔录》的人曾说过，他以前所抄写的部分，是从“圣徒”亲笔手稿中抄下的，但他觉得手稿很难读,因为它又古旧又写得不好。如果这是确实的话,那么圣巴特里克看来不会把佛吉尔和西塞罗的学问传入爱尔兰的。任何伴随巴特里克的高卢人或不列颠人,会把古典学术带入爱尔兰也是不可能的。可是在第六世纪末期,乌尔斯特的班哥和亚尔马以及南爱尔兰的林斯马尔,都是爱尔兰的最著名又最兴盛的寺院。那里的学术标准比起在伟人格列高里时代的罗马城内的标准,或比起高卢的学院里的标准要高得多。这种学术是从第四世纪的学术无间断地发展而得来的。它怎样会传入爱尔兰以及是谁把它传入的,已是历史上的一个谜。但是我们几乎可以断言,我们完全不能设想古代爱尔兰的古典学术是由高卢的、或不列颠的传教士带来或提倡的。问题的解决关键,似乎是约在公元400年时,也许由于406年汪达尔人大举入侵高卢的结果,有些高卢学者曾出亡到爱尔兰去。高卢的文法学家佛吉力阿·马洛曾有若干著作流传下来;他似乎曾是土鲁斯学院中的一个属于异端派的修辞学教师;他对爱尔兰的早期古典学术确是有影响的;可能他一度曾是逃亡到那里的一个难民。他生存在汪达尔人入侵和西哥特人征服南高卢的时代。

学术就是这样地传入爱尔兰的——通过文人而不是通过传教士的。圣巴特里克在他的《忏悔录》里曾说过,这些高卢文法学家,是"从高卢来的,他们是属于异端派的修辞学教师,由于学术高超,自命不凡,以轻蔑嘲笑的态度对待着"不学无术的圣徒。这些高卢人一定多半是住在南爱尔兰和东爱尔兰的;换句话说,是住在闵斯德和林斯德的;这两省由于它们面临大陆和不列颠的地位,毫无疑问,经常是爱尔兰的文明中心。这些难民正是来自一个罗马化的凯尔特国家；也正是到了一个纯粹的凯尔特国家。但是除了学者以外，似乎还有别种人从高卢逃亡到爱尔兰的。因为不久我们就可看到在爱尔兰酋长的支付俸给单上有着高卢雇兵。那带入了爱尔兰的新学术是属于最好的学术传统。正在大陆上古典学术开始消逝的时候，它被移植到爱尔兰去。在第六世纪末和第七世纪初，当爱尔兰僧侣传教士开始涌入法兰克高卢和日耳曼的时候，僧侣的愚昧无知和教育的退化情况使他们感到惊讶。《科兰班传记》中说，“在那个时候，由于主教的疏忽，国家里几乎不复有基督教的信仰了。”

都尔的格列高里所描绘的墨洛温朝僧侣的情景，是令人痛心的。有两个主教戴着军帽，穿着甲胄，进行过战争，而在和平时期他们则是不折不扣的强盗。有一次宗教会议曾罢免他们，但是，他们“表演悔过的滑稽剧后”重新复位。法兰克僧侣恬不知耻地干着自私自利唯利是图的勾当。他们利用“救济灵魂”这句话来勒索金钱或骗取土地赠与。因为河水不会上涨到比它的源流还高的水平，所以我们不能期待法兰克的人民大众会升到高出于僧侣的或甚至等于僧侣的水平。法兰克人是披着一袭基督教薄薄的外衣的异教徒。当特德柏特为反对哥特人和拜占廷人而侵入意大利的时候，他的士兵曾以妇孺的身体投入波河作为人体祭品，向倭丁神[①]献媚。关于传教工作，墨洛温朝教会从没做过什么。在些耳德河彼岸，在下谬司河流域，在国王有些庄宅外不多几哩的地区，异教还占着最高地位。

① 星期三（Wednesday），即是从倭丁神（Woden）命名的。——译者

爱尔兰人的冲动的本性，加上根深蒂固的宗教热情，以及那使爱尔兰人足迹遍世界的爱好漂泊和冒险精神；这一切都使爱尔兰人像潮涌般地进入了苏格兰、英格兰和高卢。《圣加尔奇迹录》中正确地说，游历是符合爱尔兰人的本性的。有一个法兰克史家告诉我们说，从他的柳条编成的小袋，可在远处认得出爱尔兰人来；因为法兰克人所带的服装，是放在皮袋内的。

但是，爱尔兰人之所以向外迁徙，一部分是因为有着经济社会因素所起的作用。爱尔兰人向来是一个繁殖力强的民族，我们有理由可认为，人口的压力连同与此俱来的饥饿灾难，也是一个因素。爱尔兰农业的落后状态以及它的广大森林区和沼地，使这情况更严重起来。圣科兰班传记的作者描述了在圣科兰班儿童时期爱尔兰的和平状态。可是，我们不得不认为，他是为了圣徒的目的，加以理想化了。到第八世纪，爱尔兰确然是在部族对部族的连绵战争状态中，各部族力求剥夺对方的领土，或者如果办不到这点，至少要赶走对方的牲口。爱尔兰基督教似乎不曾遏阻这种好战的倾向；相反地，爱尔兰僧侣们也参加了他们部族的军事出征，甚至寺院和寺院也曾打起仗来。试看下面一段记载：

> 公元763年，克朗马克诺厄寺院团和杜罗寺院团在阿卡莫因地方进行了战斗，在那里顿尼尔的儿子德尔莫德·达夫以及杜罗寺院团的二百人同被杀死。麦卡德的儿子布勒塞尔和克朗马克诺厄的寺院团赢得了胜利。

另有一段记载，在816年时，科伦西尔的“寺院团”曾被打败，后来他们到他拉，“咒骂国王”。爱尔兰军队对别的王国内别的部族的寺院和僧侣们无情地进行洗劫和屠杀。克朗马克诺厄、基尔得尔、克洛那德和阿尔马各寺院都曾遭受过爱尔兰基督教部族军队的抢劫，在那里僧侣和他们的部族弟兄们并肩作战。在第九世纪，闵斯德国君斐林，虽然是一个住持，也曾洗劫乌尔斯特的寺院，并杀死了它们的僧侣和教士们。

爱尔兰的僧侣，像东方的僧侣而不像西方的本尼狄克派那样，是倾向极端严格和严肃性的。爱尔兰寺院生活的特点，是对灵魂救济的热烈追求和内省方法，因而它成为传布苦修和忏悔思想的主要力量。特别是他们的悔罪苦修制度，这制度通过英国教会传入欧洲大陆，它和古代天主教会的制度大不相同，并对中世纪教会发生了深刻的影响，至于爱尔兰忏悔制度的形式也是这样的。格列高里一世完全不曾注意到凯尔特型的悔罪苦修的锻炼。无须用言语来指出那对中世纪早期那样的一个贪婪强暴的社会所发生的节制影响；因为这制度一定会发生了这样的影响的。教会对社会性的和刑事性的犯罪所征收的罚款和所加的处罚，包括精神的和物质的，不仅对蛮族法典给予了补充；而且它们常常在压制和惩办犯罪方面有着更大效力。

爱尔兰圣徒的《传记》，特别是圣科兰巴、圣科兰班和圣加尔的传记，是属于我们所可获得的最生动而最有价值的历史资料。其中第一人是改变皮克特人和苏格兰人的信仰的人，其他两人是在大陆上的传教士。圣科兰班的“规程”是从爱尔兰早期的僧侣制度流传下来的唯一的爱尔兰寺院规则；它虽然不是在爱尔兰编写的，但无疑地是反映爱尔兰寺院传统和习惯的。在第七世纪早期，爱尔兰寺院制度和本尼狄克寺院制度以竞争者的地位，在法兰克王国内相逢了。这个或那个寺院制度不久替代了或吸收了圣马丁的古老高卢寺院制度。但是，须经过两百年时期之后，本尼狄克派才能替代或吸收爱尔兰的寺院。在这一时期中，爱尔兰僧侣在佛日山脉、在瑞士、在南日耳曼以及在北日耳曼建造了寺院。阿尔卑斯山上的大山峰由于它们的荒野和隔绝人世的地位，特别吸引了他们。如果说正是爱尔兰寺院首先把基督教和文明带入了瑞士，那倒不是夸大其词的。

《科兰班传记》差不多可说明爱尔兰寺院在大陆上扩展时期的每种特点和状况，为了这个原因，这里引述几段摘要。从下面一句话，可看出爱尔兰僧侣的热爱漂泊，其中也夹着传教热忱。"他住在寺院好多年以后，向往到外地去，来服从上帝给亚伯拉罕的命令：'走出你的国门，离开你的亲属，离开你父亲的家，往我将给你指出的一块地方去'……因此，集合了一群弟兄们以后，……他们乘船渡海，到布勒塔尼海岸去。"在法兰克王国，科兰班曾受到王后布纶喜德斯的欢迎。"在那个时候，有着一片广大荒野，叫做佛卡塞〔佛日〕其中有一座久已废圮了的城堡，叫做安那格拉特〔安尼格勒〕，"在那里就建造了一所寺院。这里是孤寂荒野，岩石重叠，在它的周围森林中狼熊时常出没着。这城堡原是一座罗马的炮垒，在第四世纪建造，堵塞佛日山脉的山路，以防阿勒曼尼人的侵犯的，当时他们已渡过上莱茵河而蹂躏着亚尔萨斯。这地区的地主贵族，态度和蔼，给这小小居留地以粮食和种子，直至那里能生长谷物为止。

由于僧侣人数的增加，科兰班去找寻另一地点，而在卢索维姆

他找到了一块地方。“这里有着大批石像竖立在森林中，它们在古时是受到可怖的仪式崇拜的。”但是，这地址不是一所古老的异教庙宇的地址，像传记作者所设想的那样。不是这样，那里在古时有一所罗马浴场，而这些“石像”不过是那些一度曾装饰过浴场的破碎了的雕像。跟着罗马文明的衰微，这地方已变成废墟。卢赛威尔[①]的起源就是这样。但是，这地区不久变为人口稠密了，因为有大批移民流入，他们清除森林，开垦荒地并建立村落。他第三次去找寻一块新的孤寂的地点，而在上摩塞耳河流域的丰坦那（丰坦）找到了，在那里有泉水涌出。在那里砍伐树木，开垦土地，播种谷物。弟兄们中有四个名字是列出的，很有趣味。三个是爱尔兰人，一个是苏格兰人。但是这地区的地主的名字是瓦尔德伦，这名字表明了他是属阿勒曼尼族的日耳曼人。有人告诉我们说，僧侣们在手工劳动的时候，是戴着手套的。“这些手套，高卢人叫做‘Wanti’，”这是近代法文手套“gant”这一个字的来源；他们制造了啤酒，“啤酒是从蒸煮小麦或大麦所滴下来的汁液来制成的，除了爱尔兰人以外，所有的北欧部族都喜欢啤酒甚于其他饮料。”僧侣们也建立果园和葡萄园，还制造鞋子和鞍具。

在关于科兰班的小松鼠一段记载里，可看出爱尔兰人那种在他们周围豢养小野兽的嗜好。爱尔兰寺院照例饲养着小鹿、土拨鼠和大鸦（他们偷东西的伎俩是很有趣的）以及小熊。圣加尔有一只小熊，它习惯于搬运他的木柴，并从他的手里吃东西。在一首日耳曼人中最古的诗即《熊的生活歌》（*Ruodlieb*）中，说及有会舞蹈

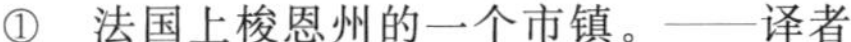

① 法国上梭恩州的一个市镇。——译者

的熊。这首诗虽是用拉丁文写的,但正确地反映出日耳曼人的风俗和习惯。瑞士人喜欢小熊的风气以及伯尔尼地方的著名熊井,无疑地是受到阿尔卑斯山区爱尔兰僧侣的影响而产生的。

最后,对寺院制度,我们将作怎样评价呢?这制度曾被热烈地拥护,也同样被猛烈地谴责,但是从几百年的长时期看来,寺院制度应予拥护呢?还是应得谴责呢?像一切人类制度一样,它绝不是十全十美的,而且常常是腐化的;既不是不可批评,也不是可以不屑一顾。无可怀疑,它尽管不符合我们的时代精神——虽然寺院制度在基督教世界里还有其地位——却是中世纪精神和状况的一个自然表现。如果只靠着容忍,或滥用权力或欺诈,它不会延续了这样久长的。它一定能够适应时代的若干方面需要的,包括精神的和物质的。它不会只是通过单纯的惯性或者纯粹消极力量的影响,而能够持续下去的。从近代标准来判断,寺院制度的根源是自私自利的,因为僧侣的主要目的是要拯救自己的灵魂,用隔离世俗的方法来使自己的灵魂不受污染,用禁欲的方法来使自己的灵魂洗去渣滓。可是,寺院还发给救济品,给饥饿者以食物,给无衣者以衣服,给孤独者以安慰,给孤儿寡妇以保护,给旅舍和学校以维持费。是否可认为这一切事情都看作"功德"去做,要使施舍者可在天堂获得光荣呢?还是在做这些事情的时候有着纯粹的慈善心、真正的人道主义呢?

不管寺院制度的基本动机怎样,很少人会否认僧侣在"黑暗时代"对社会的服务是具有重大价值的。

第六章　东罗马帝国(395—802年)查士丁尼(527—565年)*

在上面一章里，我们叙述并分析了古代文明的衰落。在西欧方面，罗马国家的文明遗迹虽然在它崩溃以后还得留存下来，而且在和教会的及日耳曼人的制度相混合下，形成了新社会、新文明、新政治集团，但作为一个政治实体来看，已是一去不复返了。

然而，在东方，罗马帝国经过整个中世纪时期，继续存在着，按传统和政治制度，它是罗马的，但按语言和文化则是希腊-东方的或希腊化的。皇帝的正式称号，用“Romaikos”①一字来表明这一双重性。大批日耳曼侵犯者曾经过它的各省领土内，但没曾定居在那里。东欧和西亚方面，没曾感受到那个长期的晦暗状态，即像西欧所知道的那个大倒退的状态。我们在东罗马或拜占廷帝国历史上所看到的历史继续性，是一个最动人的伟大历史事实。不是说，它的历史经过几世纪的悠长时期继续停留在不动的或静止的地位上。拜占廷帝国在几百年时期中，无论在内政和外交上，都是有着深刻变化的。但是，问题是政府和文明能胜利地控制着所有的反对势力和革命，而无间断地“延续着”。拜占廷帝国对外来势

* 地图：锡倍德：《历史地图册》，第52页。

① 这个字意即罗马皇帝，用拉丁文和希腊文合成的。——译者

力的抵抗力或同化力以及它复原的力量是很大的。拜占廷是罗马帝国在东地中海的一个延续。在这几世纪中，君士坦丁堡还是卓越的首都、国际的枢纽、东西交易的自然中心。尽管有战争和外敌的侵犯，它的商业关系未曾中断过。由希腊人、犹太人、叙利亚人、阿拉伯人、保加利亚人、意大利人转运的利凡得产品，甚至在最混乱时期，仍然能达到西欧的市场上。哲学理论、艺术、文学和法律也跟着商人的足迹而来。由此可见，商业是旧世界和新世界间的、东方世界和西方世界间的纽带，也是那些流传下来的文明思想的转运工具。

但是在这项活动里，对欧洲来说有威胁，也有利益。因为当欧洲文明陷于"大移动"剧痛里的时候，古代东方文明以及那差不多早已被亚历山大大帝的征服所抹去了的古代文明的记忆在世界上重新抬起头来，开始摆脱"希腊化"的桎梏。萨萨尼王朝统治下的波斯人、叙利亚人和埃及的科普特人复活了他们对民族传统的回忆；东方像在亚历山大大帝以前一样，又成为一个反对西方思想的文明舞台。第五和第六世纪的叙利亚人是欧洲商业上的霸主，他们在意大利、高卢和非洲的各大城市里所建立的殖民地，成为他们的特殊观念日益向外扩展而且侵入西方的中心。在这时期，服装、风俗、信仰、艺术纪念品、故事，即人类活动的各种形式，都盖上了东方的印章。到第六世纪，东欧洲已屈从于来自东方的逐步侵犯，而它的后果是深刻的。在东方服装的采用方面，在东方风俗的渗入方面，在以法律推行东方社会制度方面，在消除那些不曾顺利地生根于埃及和叙利亚的罗马-拜占廷制度方面，东方国家宣布了它们恪遵不变的东方。在一千年时期中，君士坦丁堡是反对这项从东方兴起来的潮浪的屏障。

现在,我们正在开始认识到,拜占廷帝国对西方文明所作的巨大贡献,从查士丁尼时代到十字军东征时止,关于一个司法行政的伟大制度,关于希腊文学,关于商业、工业和艺术,在君士坦丁堡遗风犹存。尤其是巴尔干山之南和维斯杜拉河之东的文明乃是君士坦丁堡的产儿。我们开始在摆脱着西方资料,即图利的西方商人、有成见的西方教士、嫉视拜占廷文化的西方学者他们的著作上的偏见。东罗马的历史有它的雄强时代(即第八、九、十世纪及十一世纪的一部分)以及它的繁荣和力量,我们应以正确的眼光去看它。

问题就自然而然地发生了:为什么作为拜占廷文化中心的君士坦丁堡,当所有的其余世界受着日耳曼人、斯拉夫人或阿拉伯人的蹂躏和侵扰的时候,还能保存文明并发展这样丰富的遗产?主要是因为它的沿海地位。君士坦丁堡靠着海生存,靠着海维持,最后也因为海而覆亡。它的地位对于进攻退守两方面都是理想的。只要它的水师封锁了博斯普鲁斯和赫勒斯滂海峡后,它的三方面就成为不可迫近的地方,于是它可从容为那保护西北方的长城布防了。海面曾使君士坦丁堡成为牢不可破。而在进攻方面,海面给它向任何方面攻击的机会,向北也好,向东或向西也好。

但是我们应注意的,主要还不是海面对一个被围的君士坦丁堡的重要性,而是君士坦丁堡的沿海地位对贸易上的影响。我们所以谈及别的方面,只是因为在下面的讨论中,不要把这个城市的巨大工商业即它的财富所在,看成它的力量的唯一源泉。的确,除了我们必须予以相当重视的一个有利的攻守地位以外,还有其他因素，那就是在危急时期有出任艰巨的有才干的人以及皇帝在宗教制度中所占优越地位的重要性。像这个城市的军事地位一样，这些因素是重要的。

那长城背后的权力，就是使帝国军队如此强大的权力、给这城市以军饷和给以世界地位的权力，是从帝国的特别是君士坦丁堡的商业和工业的力量得来的。自从君士坦丁堡成为当时的最有力量的和最辉煌的朝廷所在地后（这朝廷由于采取了东方的奢侈风尚，愈加辉煌），东方的商品和宝物集聚在它的城垣之内。从来不曾有过一个首都比君士坦丁堡占着更便利的地位，而成为世界上第一流的商业城市。君士坦丁堡不仅是黑海沿岸和爱琴海岛屿的市场；而且利凡得是它的属地；叙利亚和埃及缴纳贡赋；它的商业利益远布到中国和印度。那条在亚伯拉罕时代已有几百年之久的大商路是从亚洲而来越过波斯高原和美索不达米亚平原的，原是以腓尼基人的太尔港为它的西方终点，而现在它是以君士坦丁堡为终点了。那位于三大陆的十字路口的、红海商路顶端的亚历山大城也把奥马兹和印度的财富倒入了它的腰包里。东罗马帝国各城市人烟稠密。君士坦丁堡至少有五十万居民，甚至号称百万。它的收入预算证明它有数量庞大的资金。有人曾估计，帝国政府的收入在它的极盛时期，达到了现代法国货币三亿法郎，等于六千万美元。

从来不曾有过一个政府和一个社会组织得那么稳固或那么精密。“地方城市的进取心和主动性由于中央政府的全能性质而消沉下去；而且那中央集权化的教会制度引到同一的结果。各方面都向君士坦丁堡求得指示和保护。”社会组织被看作一个庞大的行政机构,里面每一个人有他的作用,即使不是同样重要的,也是同样必要的。各个公民所扮演的角色,不是由他自己所选择的、所提议的。国家对个人实行控制,指定他应站的地位,并尽力保持他站在这个地位。个人人格是不加考虑的;臣民只是在政府庞大机器里的一个齿轮罢了。个人由于必要和责任,甚至也由于宗教,不得不服从国家的管理。帝国的立法,从戴克里先到君士坦丁和查士丁尼的立法,都引到这同一的结果:把所有的社会活动集中于政府手里,为了实现这个目的,建立了各种机构,目的一旦实现后,则以不可更动的组织来保持这种情势。

这种制度是起源于政府的财政需要,在这一方面拜占廷帝国的国家社会主义是不同于今天的那实行国家社会主义的国家的。后一种国家在它的活动里被看成是一个施惠的和开明的行政者。帝国为了获得必需资源来满足国库日益增加着的需要,为了祛除那由自由竞争所产生的生产和分配上的波动方程式,为了便利政府的行政工作,把一个大民族所有的各种社会和经济活动都缜密地管理起来。不幸,像柏立所说的那样,“在古代社会的历史上任何方面,就现有的纪录来说,再也没有像它们的工业、它们的商业和它们的经济使我们那么样地如坠五里雾中。”关于君士坦丁堡的宫廷阴谋写了这样多,而关于它的文化和经济却写了这样少,这正是一件可悲的事情。

第五世纪,在东方和在西方一样,是一个剧烈的过渡时期,可是在西方,正当天平的一端向下倾斜的时候,在东方,天平的一端在一度急降以后,旋即上升了。

在狄奥多西大帝死后(395 年),帝国即告分裂,此后七十五年间,对东方各省说来是一个衰弱、腐败和悲惨的时期。它们曾遭受西哥特人、匈奴人和东哥特人的蹂躏;其原因主要是政府的无能,政府的腐败,对处理日耳曼移民政府未能守信,它那使乡村人口减少、使经济破产的经济政策以及它那依靠以蛮族制蛮族的办法。虚弱和腐败是第五世纪大部分时期的特色。当时,政府不能挡住蛮族侵入的洪流,因而出现了像芬雷所描绘的那幅惨象。多瑙河南岸的农业和人口几乎都被消灭。色雷斯和马其顿人烟稀少到这样地步,以致那里开始不用本地古代语言。一般人已很贫困,因而商业萧条,甚至以前希腊富商的生活标准也相应降低了。在若干省内,上层阶级已被肃清,因为在丧失奴隶和农奴后,他们就不得不放弃他们的土地,或者他们成为纯粹务农者。由于普遍的贫困状态,城市也衰败不堪。像公路和桥梁一类的国家财产,都是任其腐烂下去而已。

这些灾难固然很大,但在东方不像在西方那样地普遍流行着,从这里可看到东方帝国所以能有较大持久性的一个理由。特别是这些灾难的影响,不曾达到这样有力的地步,致使中等阶级破产,并使大的阶级形成起来。在第五世纪中,西方各省的工商业果然已陷于破产,但地中海贸易还在希腊人手里,而从这项工商业以及从色雷斯矿业所集聚起来的财富,使皇帝常常能够贿赂蛮族,以求免除部分的侵犯。其次,在东方没有像在西方那样存在着有势力的异教贵族来破坏政府。“在希腊人社会组织中,民间党派曾和基督教联盟,给社会灌注了那种挽救东方帝国的力量。”还有一个事实,也是有助于这项挽救工作的,就是在狄奥多西二世死后(450年)出现了两个主张改良的皇帝:一个是利奥一世(457—461年),

他放弃了接受蛮族人参加军队的政策，并开始从帝国内招募刻苦耐劳的本地人当兵。另一个是阿那斯塔细亚(491—518年)，他为了他的缓和的宗教政策，曾被宗教作家所歪曲；但是就他财政管理的成绩来说，他是值得表扬的。他曾撤销那对工业有破坏作用的金银税，减轻什一税，并修改由市民团体负责收税的麻烦制度①。"在他的领土以内凡是遭受过敌人侵犯的城市，他常准予免除七年的全部税款。"他曾拒绝"波斯王中之王"库波德的讹诈，库波德向他要求补偿那为反对"白匈奴人"保卫高加索山路而蒙受的损失；他声称，这项债务应由两个文明帝国共同负担，继即发生战争，他虽然没曾赢得光荣，但至少也没曾带来耻辱。凡是要懂得历史和地理的人，必须注意这些山路，因为它们是属于历史上最著名的要冲一类。一条是达里厄尔山路或伊伯里安大门，通过高加索；另一条是德尔朋山路，位于高加索大山脉的东端，在山与海之间的狭路。在前一条路上，今天还可看到一个很古老堡垒的遗迹，据传说这些堡垒是由大流士和亚历山大大帝所建造起来的。阿那斯塔细亚的伟大建设工程，是那从玛摩拉海到黑海五十多哩长的"长城"，这个城垣注定要在拜占廷历史上起着重要作用的。

当第五世纪过渡性时期的危险过了以后，帝国在查士丁尼(527—565年)的长期统治下，重新获得了坚固立脚点。我们很可以把查士丁尼看作罗马帝国的重建者；他对内曾规定帝国结构的性质，对外曾树立帝国边境政策的路线；他曾赋予帝国以形式和精

① 从市民团体(curiae)负责征收城市税制(the curial system)改变为由总督委派的税吏(vindices)收税制。——译者

神，而帝国曾继续保持着这种形式和精神，直到它在千年以后灭亡为止。

查士丁尼的政策是一个复兴帝国的伟大计划，对外方面，它在西方采取了征服和扩展的策略，在东方采取了防守疆界的策略；对内方面，它采取了行政改革的措施以及对帝国各种资源采取行政奖励的措施。关于西方，我们已在叙述汪达尔、西哥特，特别是东哥特各王国的后期历史里讲过。本章里我们将专讲东方了。

东罗马帝国是一个海洋性兼大陆性的国家。它包括有欧洲的巴尔干半岛、亚洲的小亚细亚、亚美尼亚、叙利亚和巴勒斯坦以及非洲的埃及和利比亚。它是一个横跨欧亚非三洲的帝国。海上交通加上古代罗马公路系统而成一整体。在这一切地区之内，帝国的政策是中央集权化政策，那就是要巩固它的行政制度，压制东方人民中民族的或宗教的地方分裂主义，并以铁圈般的堡垒环绕边境，来防御欧洲的保加尔人[①]和斯拉夫人，亚洲的波斯人。帝国的身躯和头部躺在欧洲，而它的四肢则伸展到小亚细亚和埃及。

埃及站在世界商业的十字路口。它位于红海的顶端、东方和西方接触点上。它正是各大陆的大门，也是东方和西方的水陆交通线的最密切连接的地点。境内有一条大河和规模宏大的港口，有平坦的原野和沙漠中的绿洲，足以招引游客商人来到那里。太尔的威廉论及中世纪埃及的时候曾说过，它是“两个世界的市场”。

到中世纪时期的开端，埃及已经受过五百年以上的罗马帝国统治。在那里最重要的城市和港口是亚历山大城。在这时期中，

① 即保加利亚人。——译者

埃及被波斯人征服(616年),不久被罗马人重新占领(626年),最后被阿拉伯人长久占领着(642年)。阿拉伯人初以佛斯塔特为政治首都,而后来他们迁都于开罗。关于这些政治上的变革到时候再加论述。

从农业观点来看,埃及的地形有两个特征——那从尼罗河下游延伸到尼罗河上游的长约千哩的狭长条肥沃流域以及河口广大的三角洲冲积地。事实上,三角洲地带在早期曾向东西两方沿海伸展,虽然向西伸展还远得多。在整个中世纪里,从亚历山大城到施勒尼的整个地带是水利良好、土质肥沃、交通便利、人口稠密的地方。

这个国家的全部地区都出产谷物,特别是在尼罗河流域。园圃蔬菜和园圃水果产量充足,所以园圃也列入拜占廷的和后来阿拉伯的地税项目之内。上埃及的绿洲生产一些靛青,但它的价值不大。香膏树也许是从阿拉伯半岛输入的,在中世纪后期出产于下埃及的希力奥波力附近。尼罗河两岸及三角洲盛产着纸草芦苇,而从它制造出来的纸张长久提供了埃及出口品中的一个重要项目。在中世纪的后期,三角洲上种植甘蔗,用以制糖,特别是在罗塞达和达米伊塔。糖是用牛拖的磨子来磨压甘蔗汁经过煎煮而制成的。埃及糖坚硬而透明,以整块或碎粉的形式出售。在整个中世纪,麻布也是埃及的一项重要制品和出口物,但是关于亚麻的种植,我们所知的不多。牧畜是埃及农业经济中的一个古老部门。马匹出产于利比亚。息里内易卡是以它的优良马种和专家骑师出名的。在寺院农场上可看到骆驼群和猪群;无疑地这是埃及农业的一项特征。

米伦在论述埃及在帝国统治的时期所发生的情况时采取了悲观的看法。他说，根据稀少的记载可看出定额地租似乎增加得很多，而比例地租则依然不动，甚至下降着。他从阅读所得的"一些不很详尽的资料"作出了"关于埃及在罗马人统治的最后一世纪的一般情况的判断"；他所得的印象是一个"绝望的贫困"的印象。现有很多事实足资证明寺院团和教会是当时大地产所有者。帝国赋税的负担越来越重地压在埃及身上。查士丁尼进行征服意大利和非洲的时候，曾千方百计地用各种赋税的形式来吸取埃及的富源。虽然农业劳动者和租种农民一定受过苦，但埃及仍然是出产丰富、人口众多的国家。

埃及的出产富饶，使它对君士坦丁堡每年能输出二十六万夸脱[①]谷物。610 年时，当弗卡斯听到了埃及反叛的时候，他就捕拿停泊在港内的亚历山大城运粮船的大船队。亚历山大城曾运送大量麦子到阿拉伯半岛，"未曾影响它每年运送到君士坦丁堡的数量。"615 年，由于尼罗河未泛滥而出现的严重情况(向来是一个历史的偶然事件)，埃及全境发生了毁灭性的饥荒。教会的两只船从西西里装运粮食到亚历山大城进行救济。在同一年，我们也看到记载说，"亚历山大城的主教约翰在波斯人侵犯之后，为了重建耶路撒冷的教会曾捐献一千头骡子、一千袋谷物、一千条咸鱼、一千瓶酒、一千磅铁和一千个工人。"据说，他也曾派人护送去"大量黄金、谷物、衣服等等"。

亚历山大城在罗马帝国的极盛时期曾是埃及的京都。就文化

① 一夸脱(quarter)，在美国等于二十五磅，在英国等于二十八磅。——译者

和工业来说,世界上所出产的最好东西都辐辏于此。贸易像流水般地通过这个欣欣向荣的大城市。游历家曾把拜占廷帝国统治下的亚历山大城称做“忙城”。那里,没有一个人闲着无事的。那里制造玻璃和纸,织造精致的麻布。这最后一项职业遍布埃及全境,除了农业以外,再也没其他职业像那样普通的;但前两项职业大多限于亚历山大城内。其他职业也差不多,在各城市村庄里流行着那作为罗马世界特征的行会制度。其中列出的有铜匠、烘面包工、啤酒商、油商各行会。作为帕诺波立斯的寺院所存在的工业而被提及的,除了直接有关农业的以外,有金匠、烘面包、木工、浆洗布匹、编篮、硝皮、制鞋和裁缝各种行业。在阿拉伯征服时期中所经营的工业中,有陶瓷制造、金饰制造、金属上涂彩色和象牙雕刻各行业。在奥科伦喀斯存在的行会中,有养蜂者行会;而在同一市镇里,我们看到了一份关于售蛋章程,由此可见饲养家禽技术在古代埃及还是重要的。

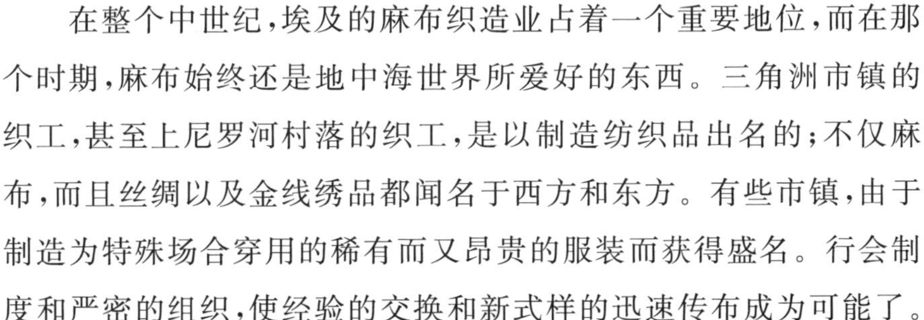

在整个中世纪,埃及的麻布织造业占着一个重要地位,而在那个时期,麻布始终还是地中海世界所爱好的东西。三角洲市镇的织工,甚至上尼罗河村落的织工,是以制造纺织品出名的;不仅麻布,而且丝绸以及金线绣品都闻名于西方和东方。有些市镇,由于制造为特殊场合穿用的稀有而又昂贵的服装而获得盛名。行会制度和严密的组织,使经验的交换和新式样的迅速传布成为可能了。

另一值得提出来谈一谈的埃及地方工业是造船业。亚历山大港和克列斯马都是坚固的海军港。亚历山大港是拜占廷舰队的一个重要基地,也是它的一个主要船坞。看来不是不可能的,阿拉伯人的征服“和下一事实的认识相联系:只在拥有一个舰队条件下才能长久保持新获得的领土,例如叙利亚沿海市镇”。阿拉伯人曾继续使用埃及作为一个海军基地。

捕鱼是个相当大的埃及地方工业,而咸鱼是一种出口品。亚历山大运河的出海海道是“经常开放着的,不仅对那些从大海来的商船,而且对天天带着船货到市场来的渔船”。据说,波斯人曾乔装着码头工人乘着渔船而潜入亚历山大城的。

无论如何,埃及绝不可称为一个矿业国家,可是它也出产了几种至少值得指出的矿物。那画家和硝皮匠所常用的明矾,出产于上埃及和努比亚,而亚历山大城成为它的巨大集中港口。天然碱或硝石十分重要,因而曾有一块地方以它命名。上埃及有绿宝石矿,从古代起那里开发出绿宝石和绿柱玉,直到1359年时才被最后开尽。在埃及还可找到红宝石,但在品质方面它们次于从锡兰运来的货色。

在一切工业和技术方面,本地科普特人即古代埃及人的后裔似乎曾是那维持着埃及标准的阶层。做这工作的是他们,组织行会的也是他们。拜占廷人似乎一向曾占有着一个侨寓的、做官的上层地位,横加在埃及社会之上。他们大部分在阿拉伯征服的时候就往他处去了。波斯人未曾长久居住在埃及,因而他们所发生的影响只是临时性的。

亚历山大城想必是一个很大而又很繁华的城市。它的美丽街道、它的灯光、它的公共大厦、豪华浴场以及很多其他景色,使到来的阿拉伯人不禁眉飞色舞,称羡不止。在三角洲上,还有其他几个城市,虽不太闻名,但却有很大重要性。达米伊塔和罗塞达位于尼罗河的不同出口处,是两个热闹的、兴旺的城市。有一个最著名的制造业市镇,就是那位于满剎拉特湖中一个岛上的廷尼斯;它在第六世纪变为一片大洼地,当时海水突破堤岸,淹没了三角洲上一个美丽的、最肥沃的部分,把许多小村落、大量农场、园圃和果园的土地完全毁了。廷尼斯到中世纪后期还是以纺织业出名,就它织品的精致来说,只有达米伊塔和沙塔的出品堪与伦比;而在十一世纪还以制造刀业驰名。沿尼罗河上行的路线上有塞易斯、希力奥波力和底比斯,它们对商业方面有或多或少的重要性。珀琉细安(科普特称之为珀勒摩)位于东面的苏伊士的狭长地峡上,是从东方进入埃及的锁钥。它距海约一哩半,近尼罗河的珀琉细安港湾,并有一个海港。阿斯旺、阿敦里斯、贝伦涅斯、阿达布及其他地方都位于辽远的南方,是上尼罗河和红海沿岸穿越沙漠的各商路的必经之地。

从上文所说的看来,埃及商业显然有着两种类型——起讫点都在埃及境内的商业和以埃及作为媒介或通路的商业。埃及的大宗自然贸易是谷物贸易,它是一种国内贸易,供应三角洲上大城市的粮食;也是一种国外贸易,运输贡物给罗马、君士坦丁堡及其他城市,并通过贸易商行供应许多地中海沿岸港口的粮食。亚历山大城和拜占廷帝国内其他城市一样,由于发放公粮的弊病而蒙受痛苦;当查士丁尼时代的亚历山大城总督霍比斯特斯为了增加帝国的贡赋停止发粮的时候,它已达到每年二百万嘝的数量。进口货中除了木柴、铁及其他低级金属和琥珀以外,只有很少是从西方来的。亚历山大城及其他城市的特点在于它们的贸易大多是出口贸易。在进口贸易方面,埃及人对通过他们境内的许多东方物品征收了通行税。从古代起,生丝就是从东方输入以供廷尼斯、达米伊塔及其他市镇的织工所用的原料。

查士丁尼为了使亚历山大城对君士坦丁堡的粮食供应不受街上每次民众暴动中暴民的劫掠和破坏的危险，曾以坚固的墙壁为亚历山大城腓利码头附近的谷仓设防。而且，因为船只常常停留在达达尼尔海口一个月等待顺风，他在那里曾建造仓库，以便需要船只另运谷物到君士坦丁堡的时候，船只就可立刻卸货回到埃及去。

埃及的教会早已获得大量土地赠与，而在这个时候差不多把眼前任何别的东西都紧抓在手里。

> 教会有着自己的商船队。据说，其中有一只船载运着二万斛的谷物，途遇暴风，离开航路，远漂至不列颠，那里正在发生着严重饥荒。这只船载锡而返，后来，它的船长在彭坦波里斯售出了锡。另有一次，我们听到由三只船组成的船队，每只船载运着一万斛谷物，在亚得里亚海中它们遭到飓风，丧失了全部船货。它们都是属于教会的，除了谷物以外，还载运着白银、细薄纱及其他贵重物品。教会曾参加那项亚历山大城和君士坦丁堡间的大量谷物贸易也是无可置疑的；那就是由查士丁尼缜密地改组了的贸易[①]。

埃及成为东方贸易通路的重要性，与其说是开始于罗马时代，不如说是开始于查士丁尼时代以及在科斯洛厄兹统治下的新波斯

---

① 蒲脱勒：《罗马统治下的埃及》，第49—50页。

帝国崛起的时代。到了第六世纪,地中海沿岸居民对远东奢侈品所形成的嗜好远甚于罗马时代所流行的风尚。波斯所垂涎的正是这项庞大而又繁盛商业的控制权;而波斯处在这样支配的地位,不管那项商业是经过亚洲陆路而来的,或经过波斯湾和红海水路而来的。拜占廷和波斯间的长期争执基本上是贸易战争,其中丝绸贸易是它们争夺的主要对象。

有一个波斯故事中说,第一只蚕蛾是从约伯的疔疮里出现的。但确然无疑,丝织工业是起源于中国的,也许在公元前1000年以前已在那里进行着。最古的中国史籍说,丝织甚至在那时已是一种古旧技术。这工业差不多带着一种神圣工业的性质。几百年中,它局限于华北各省,并为了朝廷的利益而被垄断着;凡是图谋泄露生丝制造的秘密或输出蚕子的行为都为政府所严禁。只有制成品容许越过边境。中国人运丝绸到土耳其斯坦和印度的市场;从那里它沿着早在公元前150年前已熟悉的商路即"丝路"[①]到达地中海。亚理士多德是希腊作家中第一个提及蚕蛾的人。从亚历山大大帝时代起,东方商人把丝织品输入了欧洲。但是,在古代世界里它一向是珍贵的商品。当凯撒穿着丝服出现于戏院里的时候,他被认为是显示了闻所未闻的豪华;在提庇留时代以前,贵妇是不穿丝绸的。早期帝国也曾禁止过男人穿着丝绸服装。甚至在第三世纪,丝绸的价格按分量是等于黄金的。

在运输丝绸方面,中国商队从来没曾越过土耳其斯坦的西方

① "'丝地'(Land of the Seres)是西方人指称中国的一个最早的名称。'Ssu'读作'Sz'是中国的名称,而蒙古人把丝称作'Ser',显然后一名称跟着这产品而进入了希腊和罗马"。——苏特喜尔:《中国和西方》,第8页。

边境，虽然有些中国人的帆船曾行驶到锡兰以西。从中国商人所达到的地点，各种商人继续着丝绸的运输工作。但是，不管丝绸从陆路或水路运来的，波斯人总是首先获得它；他们疑忌地防范，使丝绸不致经过别人的手而只经过他们的手转运到东罗马帝国去。在陆地上以及在海面上，波斯人是东方贸易的主人翁。边疆上的有些城市曾被特别指定为两国间的丝绸贸易站，而且两国税局就设在那里，来征收它们所课的关税。那些开始于第五世纪而后由查士丁尼重行制定的严刑峻法，以罚款和没收财产的方法惩办任何诈欺或走私行为。这些城市是：幼发拉底河畔的卡利尼克斯、美索不达米亚罗马边境上的尼士比以及亚美尼亚的阿塔克萨塔。这样一来，波斯人得维持陆上丝绸贸易的完全垄断。他们在海上的地位几乎是同样坚强的。他们的舰队巡逻着波斯湾和阿拉伯海。他们是印度的贴近邻人，和印度王公维持着友好关系。有大批波斯商人在印度和锡兰经商。在那里，他们享有免税权以及很多特权，并建立了范围大、势力强的居留地。所以在查士丁尼时代，君士坦丁堡几乎是完全依靠着波斯来获得那已成为它所必需的丝绸供应。按照罗马经济的突出垄断性和集权化组织，在一个商业团体监督之下，一切进口丝绸都被收购。在这种丝中，有的已经是制成品，很多还是在原料的状态，用以供给太尔和贝鲁特的帝国制造工场。在这些城市里，也有一种经营重织和搀用中国丝绸的大规模贸易。

当528年波斯战争切断了横过大陆的丝绸贸易的时候，查士丁尼曾企图同阿比西尼亚国王阿克苏谟(530—531年)缔结同盟，来发展那红海和印度间的商路。但是，希腊和阿比西尼亚商人发现：波斯人在锡兰市场上由于享有特权，势力已这样牢固，以致他

们的地位已成为不可进攻了。而且,波斯舰队的巡逻阻挠着他们在阿拉伯海上航行的船舶。532年的和约,使情势回复到旧有的基础之上。540年时,第二次波斯战争爆发了。东方商路的切断,又一次使工业陷入严重困难状态里。帝国政府曾用规定丝的最高关税率方法来解决这困难,这项努力获得了应有的效果。私人制造者因无力支付那购买生丝所必须的价格,乃按法定价格出售。这法律是针对他们而实施的,而管理政府工厂的拉基塞斯伯爵却可以不予理睬。太尔和贝鲁特两城的繁荣景象消逝了;它们的织丝工人不是饿死便是逃到波斯帝国去,帮助敌人经营丝业。丝价飞涨到这样的程度,一磅紫色丝的售价在四千美元以上。在走投无路的状态下,皇帝查士丁尼在533年同意赠给波斯人一万一千磅黄金,名义上作为波斯人保护高加索山路来防止"白匈奴"侵犯所付的酬劳——那是以前阿那斯塔细亚所拒绝支付的——但是,实际上作为恢复丝绸贸易对波斯人所付的代价。此后边境上的商站又重新开放了。

但是和查士丁尼一样,波斯科斯洛厄兹大帝怀抱着帝国主义的和征服的野心;540年在哥特战争中,波斯人曾蹂躏叙利亚、占领安提阿、渡过上幼发拉底河,而进迫亚美尼亚,也就是进入小亚细亚的大门。542年时,贝利撒留从意大利被召回来,收复了失地,于是和约再度签订。然而,波斯人不遵守所规定的税率,尽量征课丝绸贸易所可负担的税款,甚至还超过这个范围。君士坦丁堡遭到了尖锐的危机。私人工场关门,而政府工场是在亏本经营着。

在这个关头,中亚细亚的事变部分地拯救了查士丁尼。关于从中国到波斯的丝绸运输方面，索格狄亚那的商人原是最重要的中间商。但是在第六世纪，一个广大而疆域不明的突厥帝国开始在中亚细亚形成起来，并扩展它的势力于索格狄亚那。波斯因为害怕那和索格狄亚那的通商关系会被卷入和突厥人的战争，所以停止了这项贸易，宁愿经由海路从锡兰和印度方面，来获得它所需要的一切丝绸。结果是查士丁尼以前和阿比西尼亚人所没能办到的事情——绕过那波斯人所控制的东方商路——现在他和索格狄亚那商人可以办到了。于是，第一世纪中罗马和帕提亚〔安息〕的历史重演了。那条古代商路，即从巴克特里亚下行阿姆河到达咸海，从那里绕过下里海越里海地峡到达黑海这条商路，重新开放。另有一条商路，也是上行阿拉克赛河，越亚美尼亚到达特勒比遵德，即希腊人所称的特拉比左斯(Trapezos，之所以这样称呼它，因为这个城的脚下的岩层，形状奇突)，这是"属于魔城一类的城，位于拉戚斯坦锯齿状山脊和突出的峭角之间，在这峭角顶上据传说有'万人'扎营过"。在查士丁尼的最后一年(565 年)，波斯人的控制就这样地遭受了侧面的攻击。从这个时候起直到阿拉伯人在西亚崛起时止，在君士坦丁堡的街头上时常可看到索格狄亚那商人和突厥商人。

我们可以用最后一件事来结束关于丝绸贸易的故事。552 年时，欧洲侥幸找到了一种方法，至少可以部分地摆脱对中国丝绸的依赖性，也同样地摆脱了波斯的残暴行为。因为在那一年，有两个曾在东亚住过的景教僧侣，把蚕蛾子放在竹杖内偷运到欧洲来了。又经过多年的辛勤工作，希腊的丝业建立起来了；在希腊，桑树似乎长得很盛；但是西方丝业的开端，却在于这一事件。到了十字军东征时期,丝绸制造业已遍传于希腊、南部意大利和里维耶拉意大利[①]以及西西里了。

现在,我们必须转到讨论东罗马帝国的内部情况:它的工业、查士丁尼的行政政策和征税制。在第六世纪的开端,东罗马帝国的工业机构包括着在政府管理下的一大批排他性的贸易的和工业的团体。这些团体起初为了它们成员的经济利益而自愿结合起来,后来发展成为国家的工具,按照它的利益,来管理工商业了;转变的过程,历时在百年以上才告完成。早在第四世纪初期,国家已使一个团体中的成员资格成为世袭的和强制性的。拜占廷帝国的经济组织,是一个最高度社会主义的组织;但却是一个自私自利的组织,因为它的管理方法是受统治者的和他政府的利益所支配,而基本上不是受社会的利益所支配的。工业是一项属于国家范围内的事务。

除了团体成员在私人地位上须付的赋税以及他们工业上附带的捐税以外,有些团体还须履行若干种有关政府职能的义务。那些大的即"批发"的团体,应监视某些税款的征集,监督巨大公共工程的建造以及从埃及运输食粮的供应。这些负担,叫做"非常公役"。那些小的团体负担着"微贱公役":包括缴付地方捐税、看守桥梁、公路等等。若干种需要技巧或技术经验的职业,如染师、制车匠、珠宝匠等等,享有着免除"公役"的权利。但是,他们的团体也是受政府管制的。最后,可举出一个团体组织的极端例子,甚至在公路上和桥梁上工作的奴隶们也是属于奴隶"公会"的。

① 里维耶拉意大利(Riviera Italy),指意大利西北部沿地中海的风景区。——译者

除了管理工商业团体的事务以外，政府还直接经营着若干种事业。其中最著名的是捕骨螺或螺壳业、军械局以及国家织造工场。几乎所有的重要工业品都是从这国家工场（扩展到帝国的各港口）里制造出来的。

第五和第六世纪东罗马帝国内的主要工业是制造丝织品、有光泽的陶器、用于镶嵌细工的彩色石和十字架。最后一种是一项主要工业，所用的材料是黄金、白银、宝石、褐炭和象牙。刻花是这工业的附带部门。叙利亚是以它的彩色玻璃、精制织物和绣品出名的。

帝国政府所经营的规模较大的专利事业是：矿场、采石场、盐井、造币厂以及制造武器、军事配备和兵士服装的各工厂。有一时期，政府曾企图垄断丝织品的制造，但是由于不能满足政府的需要，私人工厂重新准予设立。政府的补助和垄断性的控制，在一个时期内有着鼓励工业的效果；突厥大使曾参观查士丁尼国家工场，曾对机轴上的产品表示惊异。但是，查士丁尼的垄断政策也有着危险的效果，即迫使他的数以千计的最好丝织工人往他的商业敌人即波斯人那里去了。在他的沿海通行税站上和边境城市里，他设置了那些叫做“商务专员”的官吏，他们的责任就是在私商有机会收购之前，以低价来收购全部丝绸。他也曾制定严格的度量衡制、沿海港口章程，并曾建立一种港口征税制度；这种税率后由他的后继者规定为10%。奈斯波拉斯对那些住在赫勒斯滂海峡彼岸的商人所购的家庭奴隶，每人征收两个诺密斯麦塔[①]的附加税。

① 诺密斯麦塔（nomismata）是拜占廷帝国的一种货币名称。——译者

采石场原来是依照契约出包于私人的，但是，由于条件的过分苛刻，承包人变为无利可图；因此，它们后来由政府收回经营。所有的其他工业都是私营的，但也受着国家的严格管理。国家对每一种工业都加以课税，而且硬要一切职业，除学术性的职业以外，负担公役或个人劳务。政府的工业管理，因为各种职业都已组成为行会而变为容易办理了。

至于农业，它是按照由罗马帝国传下来的大农场制度组织起来的。农奴制广泛流行着，而农奴的状况是苦不堪言的。除了在山区以外，实际上再也没有自由农，只有属于租户阶层的农民；他们的状况也不见得稍优于农奴的状况。在边境省区内，还有成千累万的隶农即边境农民，论身份和状况他们接近农奴，但他们负担的捐税较轻。

埃及仍然构成帝国的大谷仓，每年供给君士坦丁堡食粮五百五十万摩底[①]。这项供应当然是由政府缜密管理着的。大量食粮的供应还来自附近的色雷斯、小亚细亚和黑海地区。主要食粮是小麦、咸肉、鱼类、干酪、火腿、酒和蔬菜。大贵族地主阶层(“有势力”的人)继续着罗马的特权传统；他们不顾法律的规定，靠着牺牲无保障的小土地所有者和穷苦农民来扩大自己的地产。“地主不住领地制度”发生了各种弊端，一任土地上的劳工常常遭受管事或管家的虐待。这些“有势力”的人拥有武装的仆从，他们又富又强暴，在他们的地方上也是政府的大患；当为了一个共同目的而联合起来的时候，他们就可发动一次革命。

①　见第5页译注①。

那些构成国家收入基础的赋税是土地税、"金银税"(这是加在商品上的苛税,曾由阿那斯塔细亚取消,而后由查士丁尼恢复的)、人头税、房屋税、商业团体税、海关和港口税以及市场捐。除此以外,政府还征取旧罗马的"义务服役"以及那用以供应首都粮食并配备与维持军队的各种捐税。这些税款的征收,大多出自富裕市民阶层和大商业团体的。但是,因为这个阶层越来越穷,他们的责任也就成为空谈。收入最丰富的税是土地税,但是由于大土地业主的势力,土地税的负担大多落在小土地所有者身上了。

戴克里先所采用的财政制度,已把那寺院土地上的农奴制扩展成为农村经济和农村社会的一个基本制度。两百年以后阿那斯塔细亚以强制那些住在一块土地上满三十年的自由农永远不得离开他们土地的命令,创造了一个新的农奴阶级。拜占廷立法的目的,经常是要保证固定状态以不变为度。就这一场合来说,法律的目的是要防止弃田数目的增加。查士丁尼对农村财产无情地课以残酷的土地税,叫做"联保地税"(epibole),依此规定,附近业主当附近土地被它的所有者遗弃的时候,或所有者无力付税的时候,应负付税的责任。在疫疠流行的时候,当城市中的几条街的房屋和乡村中很多的田庄变为无租户或无主人的时候,这种征税方法造成了混乱局面。从理论上说,这项附近业主连带负责制应对富人和穷人同样地实施的。但是实际上,富人能够拖延缴纳,甚至逃避这项法律的实施,因为他们往往是宫廷或政府的官吏,无论如何有着崇高的社会地位和朝廷的势力。这样,这项义务就沉重地压在小土地所有者身上了,而政府对于他们的不满,原是没有什么害怕的。

真正的问题是，从道德方面和技术方面来说，拜占廷的整个财政制度是不对的。正像柏立说过：

> 对近代学者来说，必要记牢两个事实：它们在熟悉近代国家土地问题的人们所不可想象的一种形式下，有力地影响着那项发展……这立法是完全以财政的考虑为基础的；而法律的直接目的，是要尽量减少国家方面的麻烦，来充实国库：使国库充实而不使帝国富裕的浅见政策；罗马法上很不完备的信贷制度，即那阻碍了投资而使土地成为几乎唯一投机对象的制度，在土地问题上，如上文所说，在一种特殊方式下……起着反作用[①]……

没有疑问，查士丁尼时代的赋税是很重的。他使国家财力枯竭的长期战争，他国内的庞大建设，他朝廷上的豪华风尚，消耗了千千万万的进款。而且赋税的负担由于强征勒索以及由于上上下下几乎每个官吏的贪污腐败行为而加重起来。查士丁尼不是一个守财奴；他的贪婪是为了铺张浪费的。因此，在敛钱方面他是很少选择手段的。他的官吏搜刮愈多，他的进款也会愈多；而且他还要留些不义之财在他们的腰包里。所以，我们可看到：卡帕多细亚·约翰或彼得·巴塞姆斯在主持一个庞大的蛮横赋税制度的时候，曾用酷刑敲诈勒索，迫付税款，同时他们卖官鬻爵，做小麦投机勾当，甚至克扣军饷，以求获得更大的收入。在各省内，我们也看到：

① 柏立版，吉本，第5卷，第533页。

约翰·兹波斯在亚美尼亚曾实施商业垄断,他以低价购进一切商品,而后以高价强制居民买回它们。那绰号叫做“厚颚畜生”的约翰,曾使费拉得尔菲亚地方人财两空。这些例子并不是个别的。在新征服各省内,民众都是在赋税负担和压迫之下呻吟着。无疑地,在查士丁尼的政府中也有良好忠实的人。但是,不管用什么方法,必须获得金钱。查士丁尼的破坏性的帝国内政政策使外族易于侵入,远远地抵消了他为抵抗他们所作军事努力的效果。阿那斯塔细亚的统治时期曾是一个帝国内部的复兴时期。他曾取消对工业有破坏作用的赋税即“金银税”,并取消“市民团体征收城市税制度”。但查士丁尼竟使新的征税制度比起旧制度来成为还要巨大的勒索工具。为着首都和军队而征收的粮食税比以前多了十倍。那人为的货物缺少和高物价是由商业上的苛捐杂税所造成的,而垄断制度的建立又使工业破产。政府已成为一个极端专制的和中央集权化的政府了。在查士丁尼统治的初期,市政机构还是有力量的。希腊城市在公共建设和学校方面还有地方自豪心理。但是他后来破坏了所有的这种地方自治权,剥夺了自由城市的收入和自由权,还在很大程度上消灭了那占重要地位的希腊族的民族精神,因此,他把帝国的一个屏障撤除了。

“很难说,究竟是统治阶级间对一切经济和道德法则的藐视,还是中下层阶级的无可救药的愚昧无知状态,构成拜占廷帝国使人更可痛心的景象。”我们看到,帝国政府滥征各种赋税和关税,征取粮食来维持军队和首都,并强制运输它们,以及发给专利执照(甚至面包);到处是横征暴敛景象。听任士兵领不到饷银而变为毫无纪律,村庄变为人去楼空,而田野不毛;边境炮垒无人防守,蛮族因而侵袭帝国。于是,帝国就不得不用巨金来收买他们(以及波斯人)。地震曾使几个整个城市必须重新建造,包括安提阿在内。542年的疫疠又使帝国陷于瘫痪。558年时疫疠又出现了。当时,查士丁尼不用削减朝廷的奢侈费用,而用削减军事抚恤金和谷物补助费来节约经费。最后他还采用了货币贬值的办法。在他统治的末期,国内混乱、哗变、焚掠事件,层出不穷。帝国已陷于垂危状态了。

查士丁尼时代所建造的大厦(其中圣索非亚大教堂迄今还是令人惊叹的纪念品)、石子路、港口工程、灯塔、息德那斯河两岸防止塔苏斯水灾的堤坝、达达尼尔海峡和亚历山大港口的设防仓库和小麦栈房、为着招待到耶路撒冷去的过路香客而设的半旅馆半医院性质的"公家接待所",这一切建设,就事情的本身论,尽管是善良的,但曾消耗巨额金钱和千百万人的强制劳动,所以,就建造它们所付的代价来说,则是得不偿失的。像法王路易十四那样,查士丁尼曾消耗精力于"好大喜功"的欲念,并为了追求"光荣",他牺牲了不可计算的鲜血和资财。有一个拜占廷的大学者认为:"他统治的主要缺点,在于财政管理上的腐败。"

由于查士丁尼的不健康的财政政策和他的浪费行为,帝国从来没能够产生充分财源以满足他的欲壑。如果没曾有巴尔干半岛山中的丰富银矿以及亚美尼亚的金矿,他的政府也许已经垮台像西班牙政府在十七世纪当秘鲁和波多西矿业开始失败的时候所遭的命运那样。

在565年查士丁尼逝世后,帝国面临着一个持续多年的危机。566年时查士丁尼二世的一项诏令宣称:"朕见国库空虚,军队如此混乱，以致国家处在蛮族的不断侵犯和侮辱的危险中。”然而，他由于沉迷于帝国主义的观念，对帝国的惨淡景象视而不见；及至破产和垂危状态迫近的时候，则以禅位了之。“分离的要素开始以全副力量起着作用；矫揉造作的制度已在垮台；现在帝国开始迅速而又明显地变质了。”在一般分崩离析的状态下，“不公平状态在首都和在各省内到处存在：富人为他们的财产而惶恐，穷人为他们的生命而担心；普通长官都是无知或贪污的；偶然的纠正办法，看来都是蛮横而凶暴的，民众的不平之鸣不复能以一个立法家和一个征服者的动听名义平息下去了。”

正在这危急时期，由于受到亚洲突厥部落的压力，也许还由于受到巴尔干半岛上肥沃土地的引诱，斯拉夫人进入帝国来找殖民地，像过去日耳曼人由于同样的形势所迫而进入帝国那样。

第四和第五世纪的蛮族侵入曾破坏黑海北岸希腊殖民地，但到了第六世纪，那早期游牧部族的地位已由斯拉夫族，即维尼德人、斯克拉维尼斯人和安特人所接替了。他们的原住地似乎曾是喀尔巴阡山和波罗的海之间的地区，但是他们逐渐散布于俄罗斯平原，最后南下尤克辛海和希腊殖民地相接触，因而和君士坦丁堡相接触；而君士坦丁堡的文明对俄罗斯曾在各方面发生过有力的影响。

关于斯拉夫族在什么时候第一次开始定居于多瑙河南岸，这一问题还没有定论。斯洛文人的确在阿提拉时代之前，可能早在300年已开始渗入到那里。他们一定曾参加过第三世纪的边境扰乱，而且由加理略所安插在米西亚和色雷斯居住的卡皮人，可能就是斯拉夫人。现有明确的资料可证明：斯拉夫人在第四世纪中是以隶农的地位居住于半岛上的;在第五和第六世纪中有些罗马军官是斯拉夫人。在哥特人移入意大利之后,东方各省荒地上有斯拉夫隶农居住着。从这些事实我们发现一个和日耳曼人渗入西方帝国完全相类的事件。所有进入巴尔干半岛上的少数日耳曼部落,都已转移到西方去。斯拉夫人定居下来。因此,西欧洲成为日耳曼化,而东欧洲成为斯拉夫化了。

562年时,阿佛尔人对罗马领土举行他们的第一次侵袭。斯拉夫人尽管好战,而却是寻求住所者,可是阿佛尔人,像他们的近族匈奴人一样是单纯的掠夺者。不久,斯拉夫人和阿佛尔人的侵袭变为越来越多,越来越狠;所以奥曼写道:在570和600年之间不是"夸大其词地说……老的人口几乎消灭殆尽了"(在巴尔干山之北),而在马其顿和色雷斯则大大地削减了。这样,拉丁语的省民几乎全被消灭,除了住在达尔马提亚群岛和山岭要塞中的,从那里他们后来出现为瓦雷契亚人。577年时,至少有十万斯拉夫人曾涌进色雷斯和伊梨里根省内,从那一时期起斯拉夫人可以认为是在巴尔干半岛的人口中的一个重要成分了。

皇帝摩里士(582—602年)曾拼命地抵抗那联合的敌人。他曾保住多瑙河畔的堡垒,但是在堡垒后面,只是"疏散地住着斯拉夫人的一片荒野而已"。罗马居民向北移住,没曾达到巴尔干山之外。然而,通商大路还是保卫着的。到了摩里士的统治末期,斯拉夫人已经定居在整个马其顿和帖撒罗尼迦的周围。至于他们在这样早的时期是否已到达希腊,这一问题还是有争论的。柏立说现有一些资料可证明他们是到达的。

在这混乱局面里,皇帝摩里士是一个悲惨的而又是一个英勇的人物。他是一位有能力的将领，战略论的作者，又聪明又有效能的行政长官。因为认识到丝业对拜占廷的重要性和突厥人支持的不稳固性，他努力和波斯取得妥协，因而给科斯洛厄兹二世援助，来干涉巴勒姆的叛乱。

但正是由于这位皇帝的聪明，就有了敌人。摩里士知道斯拉夫人和阿佛尔人的侵入威胁着帝国本身的完整，所以曾限制拉温那总督军队的饷银，因而触怒了伟人格列高里；对后者来说，阿佛尔人和斯拉夫人的侵入巴尔干半岛，在和伦巴人侵入意大利相比之下，是一件无所谓的事情。此外，摩里士也曾遭受希腊教会的强烈反对，因为他禁止了寺院接受新的成员，而加入寺院原已成为一个逃避军役的好方法。这种逃避行动已成为一项公开的弊端。在每一次发出召集新兵命令的时候，大批"逃避者"就涌到教会里，要求接受寺院生活，往往出资来购买这项特权。的确，那些不顾廉耻的住持们竟做着这样性质的好生意。摩里士在财政上和军事上的百般苛求，在国家危急的时期原是必要而又有理由的，可是，这种措施使他失掉民心，终于使他被篡位者弗卡斯(602—610 年)所推翻；后者的统治是集放纵、残暴和奢侈之大成。当非洲总督之子希拉克略把这僭主最后推翻的时候——因为在君士坦丁堡没有一个人曾敢反对这僭主——他把所获得的不义之财尽沉入赫勒斯滂海峡，留下了一个空虚的国库和一条血路。

希拉克略的统治(610—641 年)标志巴尔干半岛斯拉夫化过程中一个决定性的前进步骤。在他登极的时候，如上文所说，斯洛文人已定居在卡尼鄂拉，并在伊梨里根、色雷斯、马其顿、米西亚，可能也在希腊，有着很多居留地。正在那个时候，他采取一个对半岛前途具有十分重要意义的步骤了。希拉克略曾号召塞尔维人和克罗特人从喀尔巴阡山区移到达尔马提亚和伊梨里根来。他们被给予的土地,也许就是由旧有的罗马人和希腊居民所曾经放弃的土地,不过柏立认为正是在这时期,本地居民逃往达尔马提亚海岸去建立了新的市镇(拉古萨、加他罗、斯帕拉托等等)。

这些新部族,在德拉夫撒夫区的斯洛文人和半岛上别地区的斯洛文人之间,插入了一把楔子。克罗特人散布在下斑诺尼亚、伊梨里根,并向东达到德里纳河岸;换句话说,散布在克罗地亚以及在部分波斯尼亚、黑塞哥维那和达尔马提亚。塞尔维人占据了这三个地区的其余部分,就是"老塞尔维亚"(即诺威巴萨州)、北部马其顿以及在亚得里亚海沿岸,那曾包括门的内哥罗在内的一个地区。这些人便是所谓"沿海塞尔维人"。

这些新斯拉夫集团只是松懈地从属拜占廷帝国而已,它们从开始时起,就在自己政府之下保持着大量的地方独立性。所有的斯拉夫侵入者,在他们的进入时期是在低文明的阶段,但是他们有着不可磨灭的爱好独立和憎恨权力的情绪,因而他们没有国王,但却有部落酋长,叫做"统领"(zupans)。在危险的时期,各统领在会议上推选一个"大统领"——那是国王的萌芽。斯拉夫人组成为公社,有着公有财产。公社首长是从主要家族中选出来的;他们形成了一个贵族阶层。斯拉夫人是从事农业的部族,变成为"固着于土地,那倒不是由于农奴制,而是由于种田者和业主间的情感上的联系"。

另一个闯入巴尔干区的外族是保加利亚人,他们在678年胜利地建立了保加利亚王国。保加尔人〔保加利亚人〕是属乌格罗-

宾尼克族。他们是从伏尔加河和顿河沿岸“老保加利亚”来的。到今天在喀山附近我们还可看到保加利亚人古都的遗址，即巨大而不成形的泥邱；这些泥邱现在是比任何俄罗斯公侯国还古老的王国的唯一纪念物；王国兴盛于第六和第七世纪，还在保加利亚部族侵入多瑙河流域使拜占廷皇帝寝馈不安之前的时候[①]。

在希拉克略统治时期，保加利亚人叛离了阿佛尔人，把阿佛尔人从他们在老达谢所占的地区逐出；而后渡过多瑙河，征服了米西亚的“斯拉夫七部落”，并建立了自己的王国。君士坦丁四世同他们签订条约，把多瑙河和巴尔干山之间的领土让给他们，并为了保全色雷斯向他们纳贡。在那里，微贱的斯拉夫人被降到一种类似农奴的地位，而斯拉夫贵族得准予参加政府。这两个民族立即开始了血统的混杂，结果成为文化史上一个奇特的事实。那突厥系的保加尔人在语言和文化方面，在不满两百年时期，已完全斯拉夫化了，所以在今天保加利亚人，实际上(除了名义上和血统上稍微混杂以外)像任何其他巴尔干民族一样，就可认为是斯拉夫人。至于保加尔人的语言，一点儿遗迹也没留传下来。这一事实可说明斯拉夫种族具有那令人惊异的同化力。

然而，保加尔人比起斯拉夫人拥有一种优越性。他们有着一种从一个中央集权政府所得来的力量。他们的汗是一个绝对的专制国王，而以严格的东方仪式和人民隔离着的；他又是一支训练精良的军队主帅。这可说明他们为什么建立了一个强盛的王国并拥有伟大威力。直到中世纪后期，在纯粹斯拉夫人的国家中，再也没

---

① 布赖斯：前引书。

有一个国家在疆土大小和力量方面堪与伦比的。

关于各部族移入巴尔干半岛的过程，还有一个要讨论的问题，就是希腊的斯拉夫殖民地化问题。关于这项侵入和占领的范围，在历史家中曾有过讨论。有的人主张，在摩利亚和中部希腊的希腊人曾完全被根除，而近代的希腊人只是拜占廷化的斯拉夫人。这一理论是根据第九世纪君士坦丁合法继承人的说法的：希腊全国已变成斯拉夫人的和蛮族的世界了。芬雷说过，在希拉克略时代，斯拉夫人曾深入伯罗奔尼撒，不久遂占领它的大部地区，但那些设防的市镇还是留在希腊人手里。柏立认为到第七世纪中期，希腊的乡村部分已经斯拉夫人化了，而各市镇依然是完全希腊化的。他还以为斯拉夫和希腊人一定曾经混合过，因为我们没有听说过什么冲突。在第八世纪，一个出生于希腊的斯拉夫人曾担任君士坦丁堡的教长。

现在，我们讲到了第八世纪的开端时期，正是巴尔干历史上的一个转折点。不仅从帝国的观点来观察，它是标志着拜占廷帝国异于罗马帝国的开始时期，而且从巴尔干地区部族移动的观点——本节讨论的特殊观点——来考虑，它也是标志着蛮族侵入和移入巴尔干区的终止时期。

我们现在来谈一谈帝国在四个世纪被蛮族侵犯之后，在欧洲方面的状况。它的实权，北以巴尔干山为限，西以斯特鲁马河为限，而帝国在希腊的势力是很不稳固的。名义上它在欧洲的统治权还伸展到旧有的疆界，除了保加利亚王国以外；但是实际上，它在马其顿、伊梨里根、达尔马提亚和希腊的斯拉夫附庸国都是独立的。尽管希拉克略有很大才干，但他的统治时期却看到了这些领土的丧失。吉本说过,在希拉克略以后,“罗马的名称已缩减到君士坦丁堡孤零零的城郊了。”甚至在第六世纪,拉丁的知识也越来越少了。400 年时,约有 1/4 的省民说着拉丁语;620 年时,不到 1/10 了。柏立说,到第八世纪的开始,“罗马法,像拉丁语一样,在帝国内不复有人懂得了,帝国正在变为完全希腊化,当时它已经失掉叙利亚、非洲以及希马斯半岛[①]上的北方各省”。

利奥三世所颁布的希腊文“法典”,使我们能够估价所发生过的一些经济变革。隶农制已不可复见了。再也没有人被束缚于土地;但他们不是自由租户,便是属于有着公有土地的自由公社的居民。农奴制已经消逝,因为它是和斯拉夫人的风俗不相容的,也因为老的隶农阶层已被扫除。斯拉夫人不像日耳曼人那样,没有什么符合于农奴制的东西,因而原在这里易于建立起来的封建制度没有能建成。

第二个重要转变是关于力量的比重,保加利亚王国扩展到一个可畏的程度,对斯拉夫人如此,对希腊人亦然。这一民族的人口至多不会超过三万至五万人,包括男人、女人、孩子在内。正是由于他们的政治和军事组织,他们才能统治着他们的斯拉夫邻人的,而从人种来说,他们自己是在被斯拉夫人吸收着。因为他们提供了政治统一的原则,所以“保加尔人的移入保证了半岛上斯拉夫人的优势”。在整个第八世纪中,皇帝和保加利亚人进行战争,因而在第九世纪初期以前保加利亚人不能推进到巴尔干山以南。

保加利亚跟着它的基督教化,有了巨大的进步。它的商业发

① 就是巴尔干半岛。——译者

展了。它成为亚洲的很多产物和君士坦丁堡的制成品转运到日耳曼和北欧去的一个媒介。早在 716 年时,它和帝国已签订一项条约,规定保加利亚边境上所征关税的数额,这项条约在后来每一次战争结束时都曾予以续订。802 年时,由于破坏这项条约的规定,帝国和保加利亚立刻发生了战争,而这一战争是在帝国对保加利亚所进行的战争中损害最大的一次。

其时,当帝国丧失巴尔干半岛上全部腹地和希腊的大量领土于斯拉夫人和保加利亚人的时候,它在亚洲和埃及所丧失的领土同样巨大,而且有更多令人惊异的景象。608 年时,波斯人征服了叙利亚和巴勒斯坦,蹂躏了亚美尼亚、卡帕多细亚和加拉太。619 年时埃及陷落于波斯人手里。查士丁尼的并由他后继者奉行的严格正宗信仰,使帝国内各种基督教派都曾蒙受迫害;因而叙利亚人和埃及人对波斯人的进展,遂以纵容或至少漠不关心的态度来报复。为了理解这种基督徒同非基督徒敌人的合作必须注意,像上文所述的,这些东方民族已以敌对拜占廷统治的新的民族精神而骚动起来;拜占廷的统治对他们来说在政治上是一个外人的压迫,在经济上是一个外人的剥削。他们自己的基督教特殊形式,原是表述他们民族独立愿望的工具。帝国统一和正宗信仰是携手并进的。分裂主义和民族主义也和异端教派合在一起的。“芝诺所颁布的策略性的‘统一诏令’[①]为东方的统一铺平了道路;而查士丁尼的政策妨碍了和解,产生了分裂;那使波斯人以及后来萨拉森人

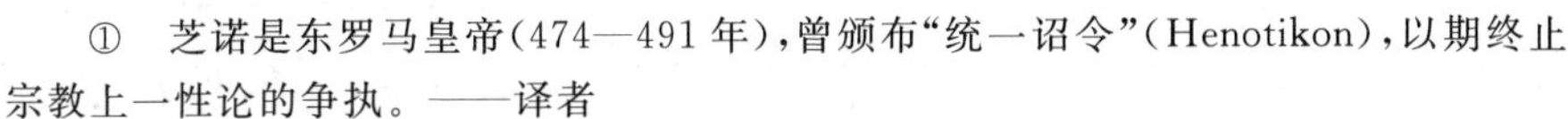

① 芝诺是东罗马皇帝(474—491 年),曾颁布“统一诏令”(Henotikon),以期终止宗教上一性论的争执。——译者

的侵入变为轻而易举了。”

奇怪的是，君士坦丁堡居然还有力量渡过这些重重的难关。拯救它的活力一定是从它的商船队得来的。城市的制造业还是继续着。它同西欧洲还有着稳步增长的商业关系。埃及西部是在很繁荣的状态中，里比亚出产大量麦、稻和枣椰。希腊人因为他们独霸海上，能控制对地中海(或尤克辛海)任何部分的联络线，在那里可能有着贸易，或可能获得必要的供应品。因此，大海和船舶挽救了这个伟大城市。610 年时，推翻弗卡斯的力量，来自帝国中唯一的未曾呻吟于虐政和外患下的部分。商人阶层对希拉克略的出征可能是负着大部分责任的。后来，正是由于控制海上，他对波斯的出征成为可能。

希拉克略在击退帝国敌人和克复叙利亚和埃及方面，是获得成功的，但以鲜血和金钱以及领土的破坏付出了无量的代价。他之所以能够出征波斯，大多是因为教会给予了一笔借款，当时，教会已认识到这项危险，因而曾提供金银器皿和宝物给皇帝。还采用了节约办法，例如取消谷物补助金。于是在紧张局面过去后，帝国安定下来，筋疲力竭，徐图恢复元气。一到有能力的时候，希拉克略要把教会的债款归还。为了做到这一点，他曾征收极其繁重的赋税。当时，各省已经遭难，而国库空无所有。希拉克略愚不可及地曾对叙利亚和埃及的一性论教会征取贡赋，为的要归偿希腊教会给他垫付的款项。同时他对巴勒斯坦的犹太人进行了迫害，因为他们被控告是波斯人的秘密同盟——也许是真的。

希拉克略不曾亲见那在阿拉伯半岛上空形成的穆罕默德教侵入的战云。那些还很少知道阿拉伯人名字的、也不害怕他们的各部族,不到五十年就匍匐在“信徒统帅”之前的尘埃中了。

波斯据它的内部情况而言,不见得比拜占廷好些。波斯国王从来没有力量能够消灭那里有势力的帕提亚封建贵族;政府是残暴的,它的征税和查士丁尼的征税一样地苛重,一样地恶劣;袄教僧侣靠着特权的保护,横行不法地对待着那住在庙宇地产上的不自由阶级;对于经常发生的地方居民的反叛,以极度残暴的手段,以古代亚述人全部驱逐被征服者出境的方法来惩罚。像在下一章内所看到的那样,穆罕默德教对埃及、叙利亚和波斯的征服,是一件又快又容易的事情。

在第七世纪的末期,拜占廷帝国的情况已濒于无政府状态了。从694到716年的二十二年之间,皇帝更换了六次。萨拉森人在亚洲已征服叙利亚、巴勒斯坦、亚美尼亚、乔治亚和卡帕多细亚;在非洲,已征服埃及、里比亚、的黎波里以及迦太基总督区;在巴尔干半岛上,一个强大的保加利亚王国已建立于色雷斯和米西亚两个旧省中;斯洛文人、塞尔维人及其他斯洛文部族已满布于半岛上的西部,从瓦尔达耳河和摩拉瓦河直到亚得里亚海岸;希腊的希腊化文化已逐渐被消灭,或者被外来的斯拉夫人同化了。帝国的真正极力已局限于君士坦丁堡,在它背后的亚得里雅那堡平原,萨罗尼加一类的港口以及小亚细亚、南部意大利和西西里。在这最后两个地方内,从巴尔干和伯罗奔尼撒来的成千成万的难民以及从叙利亚、埃及、的黎波里和迦太基来的成千成万的其他难民找到了庇护所。在这些土地上,从希腊和东方来的移民变为这样地稠密,以致本地的文化和制度也改变了。

其次,像在百年前一样,海权是使拜占廷帝国免于灭亡的起死

回生的因素。海权保存了那政治统一所遗留下来的东西，它保持了商业上的活动。可是，如果717年的革命不曾带来一个能阻止无政府状态的皇帝，帝国也许要早好多年慢慢地死去了。这位皇帝就是利奥，俗称伊索立安(717—741年)。他是一个主张改革的最伟大统治者和行政天才，是一个拜占廷帝国或任何别的帝国可引以自豪的人物。

实际上利奥是一个康玛其尼的叙利亚人，不是伊索立亚的本地人。他系出帝国“边防区”内一个耐劳的山区部族；这些边境省区几百年来原是帝国边境上对波斯的防御屏障。好久以前，最贤明的皇帝早已看到这些勇敢而自由的部族的价值，按照一种封建保有权，曾把他们分驻于沿东疆的世袭的、不可分割的、免税的军事采邑上。在东方，那最后熄灭的异教是在小亚细亚的山岭地区内，在那里，由于以弗所的约翰即“异教徒中的使徒”的传教活动，异教在查士丁尼时代终于被铲除了；约翰还在那里建立了九十九所教会和十二所寺院。利奥是一个名将，也是一个政治家。在他的统治的第一年，他就击退了穆罕默德教军队对君士坦丁堡的第三次大围攻，而他的改组海军还遏阻了在未来百年中穆罕默德教的海权成长，这样一来，帝国的统治和帝国的商业得以保持不堕。作为一个有力的立法家来看，利奥仅次于查士丁尼本人，而在公平和聪明方面则远胜于他。

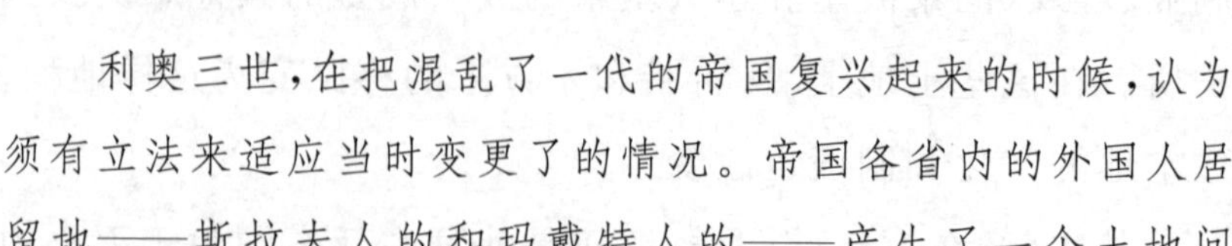

利奥三世，在把混乱了一代的帝国复兴起来的时候，认为须有立法来适应当时变更了的情况。帝国各省内的外国人居留地——斯拉夫人的和玛戴特人的——产生了一个土地问

> 题,对这一问题他用他的"土地法典"来处理。斯拉夫人的和萨拉森的海盗行为的增长,使海上贸易需有更大的安全保障,对这方面他用"航行法典"来处理……对一般生活上的关系,他也用完全新的方式来制定法律①。

我们可依下列各项来讨论这位大改革家的工作:

(1)"法典"②,即民法和刑法的改革,反映出新颖而深刻的社会思想。

(2)土地改革和土地问题。

(3)商业改革——"罗得岛航海法典"。

(4)教会改革特别是寺院改革③。

"法典"是在740年时颁布的,"可以称作一本基督教法律书。它是以应用基督教的原则来改变帝国法律体系的一项认真的企图。"罗马法由于它的刚性和无伸缩性,由于它的异教传统,已变为过时了,已不复适应于改变了的社会状况和帝国内新人民的需要了。所以,利奥三世企图以更动那些管理私产、结婚和离婚、监护人制、未成年人的权利、遗产等等的法律条文,来消除旧法律规定和新情况之间的矛盾。一般讲来,这些法律条文是宽大而又合乎人情的,举一例说,在婚姻关系上,承认夫妇共有财产权。

① 柏立版本,吉本,第5卷,第525页。

② "法典"(Ecloga)是利奥三世所公布的法典,也称"伊索立安法"(Isaurian Laws)。——译者

③ 为了阐明其中很多困难而错综的问题,我将擅自使用引语,大多引自柏立教授版本的吉本所附的精辟注释。

至于刑法上所作的改变，同样是不平凡的，可是恐有许多不妥之处。毁损身体第一次采用作为刑罚的一种方式，这办法在罗马法里是没有的。这种刑罚可能是受着巴尔干部族的著名残酷行为的影响的。另一方面，“法典”取消了那按照等级和财产的差别而量刑的恶习，从而对社会上一切阶级的人，就实行同罪同罚的原则了。

关于土地问题和农民阶级的状况，如果利奥三世的立法曾变为持久的话，那么后来拜占廷帝国的历史，将要另编一章了。

斯拉夫人的侵入、财政的压迫以及有时把大批省民从一个人口众多地区强制移到一个荒僻地区的办法，这一切曾使社会经济发生了深刻的转变。很多农奴已经逃亡，躲在侵入的斯拉夫人中间。所以，土地法的修改曾是必要的。但是，利奥三世，由于那种如此突出表现在他全部立法上的激烈主义，已认为那完全取消农奴制的时机已经成熟了。“农业法”中表明以租种农民来代替农奴；租种农民缴付什一税，或按合伙制来耕种，即土地所有者供给土地和役畜而租户则供给劳动力的办法。当然，这些改革在世俗的和宗教的大地主之间，曾引起很多的叫嚣。富裕的业主和富裕的主教和住持曾站在同一立场，反对这些改革。这反动势力，在第九世纪后半期当巴锡尔一世（867—886年）的立法恢复旧制度的时候，遂取得胜利了。

拜占廷的商业，尽管数额大、种类多，但在整个中世纪时期，由于不良的信贷制度以及由于禁止希腊商人在帝国外部贸易的浅见政策而受了损害；这政策使所有和西欧的商业经营都落到威尼斯和热那亚人的手里了。除了这些不利因素以外，还有爱琴海和亚

得里亚海中海盗猖獗状况以及地中海中穆罕默德教海盗船的威胁。这些危险曾引导商人和船舶所有者来组织股份集团,他们共同分取了利润,也共同分担了损失。意大利商人正是从拜占廷方面获得了那种组织股份公司的商业办法。

我们容易看出利奥三世许多关于土地的立法对教会土地上所产生的影响。教士阶层,特别是那些富得多的僧侣们,猛烈攻击皇帝关于改善农奴制的措施。他们的政策原是对他们土地上的农夫实行残酷剥削的。这项憎恨情绪由于重新实施旧的人头税以及关于需要出生登记的法律而加剧起来;这项登记是为征收人头税当然所需的条件。教会曾庄严地声明说,这出生登记的立法,是世俗权力对家庭团结关系的侵犯行为;家庭是一个神授的社会制度,而教会便是它的主要保护人。他们还曾说,利奥的征收人头税是仿效着穆罕默德教徒的。僧侣最后一项不平的原因,是关于实施那阻止利用寺院保护逃避军役的摩里士的法律。

寺院有力的宗教和财政影响,再加上它们所享有的豁免权和特权,使它们成为对政府的一种威胁。僧侣可经常依靠着下层群众的狂热支持;大城市中的穷人,由于被现象所蒙蔽,认为僧侣是群众的朋友,因为寺院是以粮食和衣服的补助形式来分发救济费给这批穷人的。他们竟忘了下列事实:僧侣对寺院土地上的农奴劳动进行了又大又残酷的剥削;僧侣所享有的免税权增加了别种课税;僧侣所夸示的施舍,从他们的庞大财富看来,只是九牛一毛而已。

利奥三世认识到这种不公平和危险状态。但是,他所进行的寺院改革,也只是暂时性的,直到东罗马帝国历史的结束时为止,这种寺院舞弊和腐败的祸害继续存在着。从来没有一个皇帝能够实现过有效改革的。

看来倒是有趣味的,在利奥三世的有些立法里,可以看出那类似公债的东西。

> 一个小有资本的人,如果愿意的话可以购买一种"终生年金券",另外再加一种官衔。当然是虚名的官衔,甚至高级官衔[①]也拿出来出售,而虚名高位者有权领取一种年金,叫做"俸禄",那给他所付款的10%。还有很多帝国朝廷中有薪给的小官位可以公然购买,而购买者可把它们转售出去,或传给他们的后嗣。这些投资可产生约占投资额2.5%[②]的好处。

在几百年以后,西欧政府才从拜占廷获得了暗示,采用出售官职状作为政府债券的办法;而英国的"整理公债"[③]今天还是在出售着。

利奥三世对旧赋税制度的改革是和他别的改革同样地彻底的。恶劣的"城市团体负责征税制"予以撤销,征税事宜改为由中央政府直接担任。正是由于他的课税制度的公平合理,赋税的负担变为可以负担的了。跟着他的统治和他的改革,拜占廷帝国进入了一个新的生命阶段。"无政府状态"过去了。政府已有充分力量来渡过各种难关。在749年的大疫疠里,死了百万以上的人口。

---

① 这里指 Prospathar 官衔。按拜占廷官衔共分十八级,本官衔是第八级。——译者

② 柏立版本,吉本,第5卷,第534页。

③ 英国整理公债(Consols)于1751年整理而成,年息为3%。——译者

这些缺口是以迁徙省区城市中和爱琴海岛屿上的居民来填补的。人烟稀少的村落，重新住满了人。虽然被污辱为“破坏圣像者”——“破坏者”——但利奥三世却是一个历史上最有能力的和最勇敢的统治者，具有拿破仑的智慧和效能的统治者。

但是，他的改革中没有一件是持久的。传统，首先是教士和大地主贵族的既得势力，是太强大了。恶劣的“联保地税”从来没曾取消过。下文我们将回到这一问题，会看到它怎样影响了十字军东征前的拜占廷帝国。

利奥三世于741年逝世。在此以后，“破坏圣像争论”还是在变幻无常的状态下继续着，直到842年由于情势所迫，不得不放弃这项政策时为止。毫无疑问，一大部分主教、军队的将领和上层阶级是赞成那运动里体现出来的宗教和民政方面的改革的。但是，僧侣和民众都是拼命地反对；前者，是由于自己的利益，而后者，由于愚昧无知的原因。民众反对情绪在拜占廷帝国的欧洲各省内比在小亚细亚各省内还激烈。这一差别也许可以部分地说明：为什么保加利亚人侵犯巴尔干半岛比起穆罕默德教徒进攻小亚细亚较多效果。可是，那些主张破坏圣像的诸皇帝所作的努力，不是完全徒劳无功的。他们所作的民政改革，不是完全由反对派取消了的。僧侣所得的胜利也不是一个完全的胜利。要是不然的话，那接下去的时期不会有那政治、军事、文学和艺术复兴的特征；而马其顿时期(867—1057年)之所以出名，即在于此。

第七章　穆罕默德和伊斯兰教的兴起*

要了解穆罕默德教的兴起和传布，必须知道一些阿拉伯半岛上自然地理。因为历史上也许再也没有像阿拉伯族那样的一个种族，这样明显地是一个环境的产物，而有着由周围自然条件形成起来的种族特征。

阿拉伯位于亚洲大陆的西南角的一个半岛。但它是有着大陆大小的半岛。从形状看来，阿拉伯是一个巨大的四边形，其中没有两条平行着的边线的。沿红海岸约长一千五百哩，沿阿拉伯海岸约长一千二百哩，沿波斯湾岸约长九百哩，从巴士拉横过半岛顶端到苏伊士约长九百哩。从红海顶端到墨士卡特的长对角线，约有一千八百哩。从表面的面积或平方哩的数目看来，阿拉伯半岛大约占着美国的1/3大小或比俄国以西的全部欧洲还大。

> 从地理和经济来说，阿拉伯真正是一个孤岛，是和其余的世界由海岸或甚至更多隔离性的沙漠阻碍分隔开来的。在海岸，山脉逶迤；和叙利亚隔着移动的而又荒凉的沙漠地带，有一片广阔的荒野牧地向美索不达米亚和波斯延伸着。内部有更多的绵亘着的牧地，只在春雨之际，能生长东西；大山脉间

---

* 地图：锡倍德：《历史地图册》，第53页。

有细长深谷；很少永远常青的绿洲盆地。也门除了交通不便以外，则显然不同，它位于半岛的极南端，是一个古代文化和富饶的地区，也是河流众多、谷物丰收，具有城市和生活安定的地区。[①]

关于南部阿拉伯半岛（也门）过去的繁荣景象，现在还有不少的证明。所有的古典作家，如希罗多德、普林尼和斯特累波，以萨巴或谢巴这名字，常常把它说成是世界上最富的国家。它依靠着大规模的水力系统，用笨厚的石墙来限制国内的水流。它有一个水库周围达十八哩，深达一百二十呎。在这条件优越的领土上，人口很稠密，有成百成千的城市和村庄；他们使农业发展到最完善的地步。巨商派遣他们的商船队远达中国，还派遣他们的商队往来于叙利亚和非洲沙漠。他们为自己采购东西，也受别人委托做买卖。他们的货栈堆满那些来自各地方的物品——银器、铜块、锡、铁、铅、蜂蜜、蜡、丝、象牙、乌木、珊瑚、玛瑙、麝猫香、麝香、没药[②]、樟脑及其他香料。也门盛产谷物，它的产量可供三十年之用。棉树、甘蔗和椰子树，枝叶茂密地生长着。麦加的香油、阿拉伯树胶、荆毯花树[③]浓汁以及出名的乳香是它的重要出口品；也有食盐、黄金和珍珠出口。在一个包括几百年而情况不详的时期谢巴继续处于繁荣状态中。在此之后它转向衰落，而它的全部居民遂向外迁徙了。过去的天堂转为一片渺无人烟的荒野。至于它衰落的开始

① 《民族》杂志，1917 年 11 月 8 日，第 505 页。

② 热带所产的树脂，一般是琥珀色，气香而味苦。——译者

③ 大多产于热带，树叶作羽毛状。——译者

时期和原因，则湮没无闻。

那些住在半岛内地而后来征服过世界的粗野部族的情况，则迥然不同了。他们真的做一天吃一天，而食粮是他们的永远存在的问题。他们主要依靠着他们在家内饲养的骆驼乳以及他们从沙漠绿洲和沙漠边缘所得的枣椰来维持生存。沿海地区固然可贮藏麦子或稻子。以防无收入的季节或旱灾，但是骆驼乳是不能贮藏起来的。它每天依靠着青草的供给，所以内地部族继续在移动，由于生活所迫逐水草而居，没有一定的住所。

由于内地阿拉伯人的艰苦的经济生活，他们种族血统的自豪心更加强了，而这自豪心原是反映在阿拉伯政府和社会组织的民族性质方面的。绿洲的棕树以及他们畜群所产的乳和肉，是阿拉伯人生存资料的唯一来源。阿拉伯半岛，如果没有棕树的话，绝不能维持任何数量的人口的。

> 为了经济目的而组成部族组织……这种目的在于保卫他们产枣椰的绿洲以及他们牧地上的家畜，也是为了袭取他们邻人所有的同样东西……人口的人数太多，不可能由贫瘠的土地来维持……在不可计数的世纪中，那丧失了绿洲的部族可能在生活上遭受这样的困难，以致征服别的国家对它们来说已成为一件必要的事情。

沙漠是具有为人力所不能改变的性质的。甚至在顺利的年头，那日益增加着的人口也常常尽力之所能来利用绿洲的地面以及它周围的草原，而在不顺利的年头，居民则将被迫去侵掠邻近的部族或侵掠沿海的村落。如果遇到一个绵长的旱灾时期，则整个部族会被饥饿所迫而迁移他去了。

在阿拉伯人自己中间：

> 尽管他们承认（甚至在穆罕默德时期之前已经承认），按语言的统一，按生活和文学的类型，他们都是属于阿拉伯族，但他们分裂为个别的而且常常敌对的部族，住在地理上由山岭或移动的沙土间隔的地区。这样，他们过着和他们牛羊群相同生活，跟着他们部族界限以内的牧场而移动，或者草率地耕种着各人所可得到的小块土地。他们的历史是一个掠夺牲口因而常常发生流血斗争的历史，也是各种部族势力甚至霸权的消长、漫无止境的强凌弱的冲突的历史。但是在这历史的背后，一切都在培养着阿拉伯人的民族自觉心；而这自觉心是由一种奇异的、具体的可是主观的力量（它是至少在一个时期曾升为世界上伟大力量之一）所激发出来的，而且正在等待时机，来投掷一块新酵母于世界各民族之间[①]。

这样看来，地势曾把它的烙印盖在阿拉伯人的性质之上。由于情势所迫，他变成了不安定、浮动、漂泊和好战。也由于情势所迫，他实行杀婴和进行战争。他之所以如此，是因为吃饭的人太多，而妇女不是好战士。在穆罕默德之前好久，阿拉伯部族已逐渐渗入边境上的绿野。早在公元200年时，阿拉伯人已开始窜入罗

---

① 《民族》杂志，1917年11月8日，第505页。

马帝国的远东各省内。在 420 年时,萨拉森骑兵曾出现于埃及的军团中,而“狄奥多西法典”(439 年)中曾提及他们是驻在东方军事采邑内的边防队伍。在这里,这种部队在查士丁尼时代还是存在的(《法典》,第 11 卷,第 59 页)。所有近时作家都同意,在穆罕默德出现之前,曾有着一个严重的旱灾时期;各部族都处在极端骚扰的状态之中,它们特别容易接受任何一个新的领导,只要它替他们指出一条生路,逃脱那沙漠中的苦恼生活。

不管我们是否接受那“悸动性变动”的理论,但在穆罕默德出现之前已有大旱灾却是事实。瑟拉拉特部族的残余现在住于红海东北的大沙漠中,既很穷苦又很衰弱;不言而喻,过去他们在一个时期曾是一个又大又强的部族。在穆罕默德时期以前,那里发生了大旱灾,在七年时期中没曾下过雨。因此,食粮和饮水奇缺,几乎整个部落终于不得不迁移他去。他们经过埃及,向西移动而定居于突尼斯。这次迁移和穆罕默德教是没有什么关系的。它发生在那新教出现之前,但却可证明那罕见的旱灾情势已这样严重,以致发生大批迁移和不安状态。第七世纪中的连绵的干旱证明了像帕尔迈拉一类的城市的甚至沙漠整个边地的完全破产。于是,阿拉伯人开始了从没有过的迁移运动。不仅瑟拉拉特一个部族,而且很多部族开始感觉到贫困的压迫。他们的骆驼死于口渴,他们的羊群找不到牧场,于是空前规模的掠夺成为他们唯一的出路了。

必须注意,麦加城,即先知的诞生地,不仅是一个宗教的中心,而且是一个贸易和商业的巨大中心;那诞生于贸易环境里的新教,一定是会强烈地沾染着商业的色彩的。麦加城同叙利亚、埃及、埃塞俄比亚和印度,有着商业联系,尤其重要的,它是叙利亚和也门

间一条大商队路上的中间站，而这一条商路是东方和西方间国际贸易所经过的孔道。在穆罕默德出现前好久，麦加居民唯一的糊口方法是经营商业。该城位于汉志的晒成焦土的地区，在那里，海岸一带多疫疠而平原含盐质。它是长不满二哩、阔只有九百呎的一条狭窄地带，几乎是完全依靠贸易来维持的。商队的延迟到达就意味着城中居民的饥荒。由二千头骆驼组成的商队时常在街头上可以看到。每头骆驼平均载运着四百磅重量的丝绸、香料、象牙、金属和香粉。在异教优势的末日，据说每年经过那里出口的东西，合一千五百万美元，其中半数是利润。每年大商队出发到叙利亚去，满载商品而归，麦加人把这些商品按高度利润售给附近的贝督英人。阿拉伯人被迫使用商队来经营商业，因为他们容易碰到强盗的拦劫、容易陷入苦难饥饿的境地。所以，在阿拉伯人中好客是个自然美德。古兰经明白规定了招待旅途中的商人，作为信徒的一项义务；它还宣称在沙漠中建立并维持水井和蓄水池以及维持休息所或商队宿舍是上帝所喜悦的事情。多年以来，麦加城又是阿拉伯人的宗教中心。一个旅行者，不管从什么地方来的，在卡巴庙里无数的神像中总可找出一个神像来献给他的礼品的。麦加城是朝圣者的集合所，也是商品的交换所，而且那些朝圣商人在庙宇内作为祭品而遗留下来的有价值的东西，也是一个很不小的财源。

伊斯兰教从它的开始时起就和工商业有着联系的。古兰经规定了鼓励并保护工商业作为所有信徒的义务。先知所出生的部族，是麦加城的统治者，也是神庙的保护人；差不多西阿拉伯半岛的全部商业都是由这部族垄断着的。所以，先知当然也不会不认识到那一项职业的重要性；它是他部族人的文明和财富的来源。

穆罕默德巧妙地调和了阿拉伯民族的两种倾向。对那些沙漠中的部族,他提供了进行战争和获得战利品的机会;而对那些沿海市镇中的部族,他提供了经营工商业的机会。阿拉伯人对外征服也是为着商业而进行的。商队杂在他们军队中,毫无阻碍地来来往往;兵士尽力保护商人和他的商品,因为兵士诚心地相信,做这种工作就是履行一种像粉碎不信神者一样神圣性的义务。

> 不管伊斯兰教可以意味着什么,意味着宗教也可以,就阿拉伯和世界的关系上说,它却意味着阿拉伯人各部族从相互间的掠夺转到对外地进行大掠夺的转折点。从此之后不复有什么阿拉伯人部族,而只有阿拉伯人,即穆斯林人,非穆斯林人的对立;阿拉伯内部不复有很多血族的斗争,而只有一个对整个外界的血族斗争。在穆罕默德出现前和出现时,阿拉伯内部曾出现过一个经济和种族的危机也是相当明显的。阿拉伯人至少在百年的时期中处于惶惶不安的状态中。外来的影响曾起着作用;内心的力量曾放出花朵;人口增加起来,正在冲破着各种阻碍。谁也不能正确地说,其中每个因素究有多少相对的价值;但可说,一切因素都是在起着作用。而且,在它们的影响之下,阿拉伯人有一时期曾是一个民族,不仅是在观念上而且在实践上的[①]。

下面的说法并非夸大其词:伊斯兰教所提出物质呼吁,就它的

① 《民族》杂志,1917 年 11 月 8 日,第 505 页。

广泛的扩张来说，是和它所灌注的宗教观念起着同样的效用的。它对战斗者约许战利品，对死亡者约许物质的天堂。对沙漠中的野蛮部族来说，抢劫从远古以来就被认为是一种光荣的职业。所以我们不应指责他们热烈地皈依那种宗教；这宗教对他们约许了丰富的战利品，并使他们以他们那些只有可怜的生存资料的荒芜、不毛、炎热的沙漠区，来换取波斯、叙利亚和埃及的富饶繁茂的原野。

内哈汪德的战役(641 年)决定了西部亚洲的命运。波斯归入了穆斯林统治之下。沿波斯边境上的阿拉美易卡农夫曾欢迎阿拉伯人作为救星。阿拉伯人在一个长久的时期中，已从沙漠地区辗转到边境上的绿野里，而且其中很多人已变为基督教化。但是，他们也蒙受着苛重负担和压迫的痛苦。当阿拉伯人推进到底格里斯-幼发拉底河流域时，有成千累万的本地的阿拉伯基督徒名副其实的前来会合，来帮助他们对波斯的富庶城市进行抢劫。特息丰开放了它的城门，神话式的战利品落入了他们手里。不久，他们占领了整个伊拉克。

> 最恳切地欢迎穆斯林教义者是：城市的下层居民、手工业阶层和手艺人；按祆教教义，他们的职业已使他们变为不纯洁者……这样，从法律的目光看来，他们已是被遗弃者……因而热切地皈依了一种使他们在一个宗教团体中同时享有自由和平等地位的宗教[①]。

① 亚诺尔德：《伊斯兰教的传教》。

跟着，阿拉伯人征服了叙利亚。阿拉伯人同叙利亚一向是有着很密切的贸易联系的；叙利亚在阿拉伯征服世界的事业中是首先被蹂躏的国家。当时，它是世界上一个最富的国家；在那里，几乎无须耕耘就可产生麦子、棉花、大麦、稻子、桑树、橄榄、枸橼和桔子。黎巴嫩山顶上覆盖着最好的森林——橡树、条悬木、大枫树。它是一个景色奇异的国家；依据一个阿拉伯诗人的话，那里每一座山在它的顶上都带着冬天景色，在它的肩膀上带着春天景色，在它心胸里，带着秋天景色，而在它的山脚下则带着使人酣睡的夏天景色了。如上文所说，在第七世纪前好久，贪婪和饥饿，已驱使阿拉伯部族离开沙漠而进入了东方和西方的边境，对波斯帝国和拜占廷帝国弱到怎样程度，他们已很熟悉。他们既彻底地认识到这一点，所以他们以停止侵掠为条件，向拜占廷政府要求并获得了经常的补助费。对波斯战争也给东罗马皇帝带来了庞大的债务；因而他被迫把财政的螺旋钉扭紧到极度。小亚细亚的居民负担着重税，又由于宗教斗争而苦不堪言。在基督教和异教人民中间，已为一个新教义和政府的变更铺平道路。所以当皇帝希拉克略以虚伪的节约为借口，来撤销帝国边境上异教贝督英部族的补助费时，不仅它们同新兴的穆罕默德政权缔结同盟并开始以侵掠来弥补自己的损失，而且甚至很多犹太人、被压迫的基督徒、附庸民族以及奴隶都转到新信仰方面去了。犹太人大开城门，而被压迫派别的首领们以财帛和武器来助战了。

看来令人惊异的是穆斯林很容易地占领了安提阿、阿勒颇和大马士革，以及叙利亚和巴勒斯坦的很多其他城市。其中一个原因是，叙利亚的居民虽然在很大程度上已经希腊化，但还没曾充分

地希腊化以致同化于拜占廷的制度。阿拉伯人和西亚其他闪族间果然有着宗教上的分歧，可是正教的拜占廷人和“异端”的省民间的分歧更甚于此。而且在西亚方面，那些人数众多的犹太人永远不会遗忘罗马曾使他们在过去时代蒙受着这样多的苦难；现在同一的罗马，或者像他们所称的“以东”，在拜占廷的外衣下还在以基督教的名义对他们进行迫害。对他们来说，那些信仰一神的阿拉伯人在血统方面比起那些“企图以三位一体来劝说世界的坏以东人”当然还接近些。

穆罕默德教徒在征服叙利亚以后即进行征服埃及。波斯人的征服埃及虽为期甚短(616—626 年)，但已揭露拜占廷政府在那里的无力和脆弱情况，而这项经验对阿拉伯人来说是不会忘了的。从远古以来，在埃及和阿拉伯之间已存在着商业关系。穆罕默德也许亲自到过埃及。当然，他不会不知道这个国家的，因为在古兰经里他说道：“阿拉伯和埃及之间从没有过仇隙。这两个国家是姊妹国。”“阿姆尔・伊宾・厄尔・阿斯”即征服埃及者，过去原是一个在埃及经商的商人，对埃及的地理和居民已经熟悉。而且，像上文说过，在埃及边境上已有相当多的阿拉伯殖民地。616 年时，在侵入埃及的波斯军队中还有着阿拉伯人和叙利亚人的骑兵，对这批人那些早已定居在埃及的阿拉伯人一定曾予以积极的同情。还须记牢，埃及的本地人为了异端曾受到迫害，而在财政上还被拜占廷政府穷凶极恶地剥削着。因此，像在叙利亚一样，他们对阿拉伯人的征服不是漠不关心，便是积极赞助。对他们来说，改变主人可能会好些，绝不会更坏的。最后那丰富的战利品也引诱着阿拉伯人的侵入。埃及甚至比叙利亚出产更多的牛乳和蜂蜜，出产更多

的麦子。这种谷物已成为麦加城内很需要并大量需要的东西，因为穆罕默德已把到麦加朝圣的义务加在一切信徒身上。因为埃及在几百年中曾是罗马的、后来又是君士坦丁堡的仓库，所以现在它成为麦加和麦地那的仓库了。经济的自利心、实际的政治和宗教的热忱，在穆罕默德教征服尼罗河流域时是互相结合起来的。那位可畏的埃及征服者曾向奥玛哈里发报告说："埃及是一头产乳的骆驼，一棵绿叶的枣树，一粒白珍珠，一块黄水晶，一方绿宝石，一幅彩色的绣品。"

尽管这些征服是巨大而迅速的，但穆罕默德教的扩展和推进的力量远没有因此而耗尽。伊斯兰教新月旗，像大镰刀割草般地向西穿过里比亚、息里内易卡、的黎波里、突尼斯、阿尔及利亚、摩洛哥。

> 显然，在整个第八和第九世纪中，阿拉伯半岛上人口的增加超过了它所能够维持的数量。半岛上那自然的高度生育率，又以伊斯兰教早期军事成功所获得的财富和幸福而提高起来。但是，因为这些天外飞来的幸运不能显然提高它的内部生产，所以剩余的强壮人口，在两世纪中无间断地从边疆上向外流出，大部分向埃及方面去（因为抵抗力最少），直至下尼罗河的狭长流域里充满着那些不法之徒为止……那不安定的群众，部分由于埃及统治者的勇气和手腕，部分由于他们自己要获得比起枯竭的尼罗河区域能提供更丰富掠夺物的地方，乃立即再向西推进，并以遥远的开温作为目的地。的确，先前有很多阿拉伯人已立脚在突尼斯、阿尔及利亚和摩洛哥，他们

看到那里的社会制度和风俗和他们自己的很相近，曾定居下来，并且部分地柏柏尔人化了[①]。

穆罕默德教征服地中海的长距离海岸比征服波斯、叙利亚和埃及所费的时间长得多。其延迟的原因，部分是在新征服地上必须组织伊斯兰教的政府，部分是需要时间来发展用以进攻君士坦丁堡的穆罕默德教海权，因为阿拉伯人是不习惯于海面生活的。他们在 648 年占领了塞浦路斯，在 653 年占领了罗得岛；在 654—673 年间，多次进攻了君士坦丁堡；在 667 年对它进行了第一次大围攻；在 672—673 年再度对它举行了围困。其次，虽然非洲各省内本地居民，无论基督徒或异教的摩尔人、努米底亚人和柏柏尔人，都痛恨拜占廷政府，但有城垣的城市，特别是迦太基城，以及错综地布置着的炮台、卫城和军用路网使征服的进展推迟了。因为当时阿拉伯人对围攻战术和袭击设防城市还没曾熟练。的确，塞普顿城曾维持到 709 年为止。

伊斯兰教徒原是具有沙漠居民天性的，尽管在他们不习惯的海面上已表现出他们的威权，但对海洋还是不信任的，所以他们决定以开温（建立于 670 年）作为非洲各省的首都；开温位于广阔而肥沃的平原上，从那里，阿拉伯政府的权力遍及非洲海岸和沙漠地区。当地居民虽属于不同种族，但由于类似的生活方式有很多共同之点；他们遂欣然接受了伊斯兰教。开温的位置，在突尼斯南一百二十哩，距加柏斯湾三十至四十哩；在埃及以西，北非洲再也没

① 《英国历史评论》，第 14 卷，第 783 页。

有像它那样重要的其他地方了。由于这沙漠中的地位(虽然不是没有饮水的),它当然可完整地保存着它阿拉伯人的性质,而沿海各城市以有罗马和拜占廷居民以及历史上的联系,是做不到这一点的。的黎波里、突尼斯、波那和修达各城因此成为同地中海对岸的比萨、热那亚、阿马斐等等进行贸易的沿海城镇。不久,这些新征服者也冒险出海,而大海遂变为他们进一步征服的通路了。所有地中海沿岸各地都不能幸免他们的侵掠。他们对各岛屿进行侵犯,西西里遂被他们占领。他们原是海盗,可是不久也认识到经商的好处。意大利各港口不顾教会的禁令,开始和异教徒建立了通商关系。我们将叙述在十字军以前中世纪商人怎样同萨拉森人做交易而常出现于他们的港口。

罗马人从来没曾能够粉碎柏柏尔和摩尔氏族,他们住在近代摩洛哥的难于跋涉的山地中。这些由本地首长统治着的氏族中,有五百十六个名字流传下来。这些山中居民虽然强悍,可是对伊斯兰教的武力降服了。

698 年时,大马士革的奥米耶朝哈里发曾派出那个可畏的穆萨,不久他的声名遂震动了世界。一个又一个部族很快地屈服于他的武力之下。他在山岭中对柏柏尔的战役真是以人作野兽来打猎的。但是,在被征服以后,柏柏尔人成为所有臣服于伊斯兰教部族中的最狂热、最好战的部族。正是柏柏尔人在柏柏尔酋长统率之下,真正地实现了穆罕默德教征服西班牙的计划。酋长塔里夫·伊宾·马力克·阿布左拉是于 711 年 4 月在西班牙海岸那和他的名字永远分不开的地点——塔里法登陆的。

政治腐败、经济压迫、社会不满以及对犹太人的蛮横迫害——

这一切如上文所提过，在基督教西班牙都是结合在一起的——使西班牙民众像叙利亚和埃及的民众一样，把穆罕默德教看作救星了。另一方面，无限的战利品的前景对柏柏尔人和阿拉伯人也是一种引诱力。在西班牙有很多古城、富裕的教会、古老寺院，在那里几百年来积聚了财富。此外，它的平原满布着牲畜，它的矿产富饶得难于置信；安达卢西亚是个风景优美、土质肥沃的园地。

穆萨在热勒斯·得·拉·弗龙德拉的胜利（711 年 7 月）后，曾正式向哈里发报告关于征服的历史，指出他所得的掠夺品达到了怎样庞大的数量。他曾俘获成千成万的俘虏。穆萨写道："我的营帐像在最后审判日各族人的大集合。"在开温市场上一个壮健的男人，只值几盎司胡椒。有挑选出来的基督教美女三万人被送到亚历山大城、安提阿和大马士革的奴隶市场上去。教会几百年来所积聚的财富都被占夺。犹太人从他们的压迫者的灾难中，特别获得了丰收；他们利用着兵士的无知，以微不足道的款子购进了祭坛上的神器、装饰宫廷美女的珠宝以及一切富丽昂贵的奢侈品。后来，犹太人在欧洲政治上和财政上所获得的优势，就是从萨拉森征服西班牙开始的，因为它使他们获得了莫大财富。

萨拉森人越过比利牛斯山对法兰克高卢的侵袭，由于 732 年时查理马德尔对他们的胜利而告结束；这侵袭对法兰克地区没有什么持久的影响。结果也没有造成穆罕默德教的征服；的确，他们在埃波罗河外的出征，只不过是掠夺的侵袭而已。这一点可以下列有趣味的事实来证明，这些侵犯者是一贯地攻击寺院的，因为他们像诺曼人在下一世纪所发觉的那样，很快发现寺院是大量金银器皿和珠宝等财物的贮藏库，也是藏着钱币和贵金属的地窖[1]。

在750年巴格达城建造的时候，穆罕默德教已控制着阿拉伯半岛、旧波斯帝国以及除小亚细亚各省以外所有原属拜占廷的亚非两洲的领土。它拥有着非常富饶的地区，全世界贸易的中心，并统治着千千万万最勤劳的农民、精巧的手艺者和狡猾的商人。它是所知道的陆上海上最古老商路的主人翁。

可是，在日益推广领土圈时，伊斯兰教的扩展力量还没有被它的第一批庞大征服而耗尽；它的光芒放射到那些从来没曾落入罗马或拜占廷统治范围的土地上。自从亚历山大大帝时期以来，西亚从没看到过像伊斯兰教所进行的那样一种变革。穆罕默德教依循那条从叙利亚越波斯而达中国的横跨大陆的大商路，仿效那批景教徒的榜样（他们被逐出于叙利亚，后避难于亚洲中心并在那里建立了基督教—东方文明）而达到并渡过了阿姆河，即亚历山大大帝的“极东”。

可怪的是，阿拉伯人在商业上所具有的大胆和敏感性以及他们的传教热忱，在早期没曾引导他们沿非洲东岸来伸展他们的势力。这项扩展没曾大规模地发动起来，直到十三世纪为止，虽然据传说，在“徙志”节[2]（622年）后不久，有一批阿拉伯移民队曾渡过巴布·厄尔·曼得海峡，深入阿比西尼亚，并逐步伸展它的势力远

① 法兰克人在都尔胜利以后，奥斯特拉西亚军队曾把大量战利品分配给自己，但是很多落到寺院里。下文曾提及一大批纯粹阿拉伯黄金的寺院宝物；见《论味达斯特团体的报告》，第4章（*Sermo de Relat Corp Vedast* C4）。载《德意志古文献》，文艺编，第15卷，第402页，第40—41行。

② “徙志”节（Hegira）另译“黑蚩拉”是穆罕默德从麦加出奔麦地那的日子（622年9月15日），这一年是伊斯兰教纪元的开始。——译者

达奈格耳河。然而，这项传说很少根据，所以历史家们不予信任，而把穆罕默德教的深入西苏丹归因于埃及和努比亚的影响，并且认为这事件是在后来出现的。

现在，我们要讨论关于穆罕默德教国家的内部经济、殖民形式、对被征服人民的待遇、行政组织，特别是它的财政措施。那认为阿拉伯人是无情的剥削者和暴虐的税吏这种广泛传布的观念是错误的；这是基督教欧洲对穆罕默德教仇恨心理的遗产，而这仇恨形成于十字军时期，更通过奥托曼土耳其人而流传下来的。

我们必须从原始阿拉伯人讲起。他们尽管有些恶习，可是具有几种高贵而严肃的美德。其中最突出的是：

> 他们的伟大荣誉观念，在战争里或在家内，在对被征服者的宽大，在对陌生旅客的保护，在对妇女的尊重或在对部族和邻人的忠诚都有表现，连在可怕的血缘报复方面也表现出忠心……对一个阿拉伯人来说如果拒绝给陌生人保护，那是对全部族的一个无穷尽的耻辱，可是这种情况会不会出现，是很可怀疑的……黑夜一到，阿拉伯酋长的篷帐近旁就点起了灯火，来招引那些徘徊在沙漠中的旅客到那里获得阿拉伯人的款待和保护……另一种荣誉表现，是在恪守所作的诺言。一个有荣誉心的人决不自食其言的；当阿拉伯人由于和希腊人及波斯人接触变为道德堕落的时候，他们才采用了宣誓的形式。

在这崇高的荣誉观念的基础上，穆罕默德建立了一个新的阿拉伯

社会;他是一个伟大宗教家,也是一个伟大社会改革家。古兰经,像《旧约全书》在古代希伯来人中间一样,是一本宗教书,也是一本法律书。因为在每一塞姆族中,政府已是一种神权政府。这是塞姆族的创举。穆罕默德关于家庭,婚姻,父母和子女间的权利义务,禁止杀婴,照顾孤儿、老人、穷人、病人、精神病者、奴隶以及关于财产的领有和遗产的种种立法,同"狄奥多西法典"及"查士丁尼法律汇编"的基督教和罗马立法对比之下,在理智、公平和仁厚方面,当然是没有什么逊色的。一切穆罕默德教徒在法律前的平等地位,穆罕默德教社会里没有对抗的阶级差别,没有什么教士的等级——因为在伊斯兰教里每一个人就是他自己的教士——穆罕默德教社会还摆脱了像拜占廷帝国内的主教和住持那样的有野心而贪婪的教士阶层所发生的弊病,——这一切品质使早期穆罕默德教盖上了一个新的和兴奋的活力的烙印。

穆罕默德教徒在战争中固然凶狠,但却是仁慈的胜利者。他们对被征服人民所提出的著名口号是"古兰经、贡赋或宝剑",使波斯人、叙利亚人、埃及人、犹太人(作为"被保护"的民族)得自由保留着他们自己的宗教、自己的风俗、自己的语言、自己的生活方式;他们在缴付人头税的条件下,可获得政府保护的保证。人头税是在对一切穆罕默德教属民所征正规赋税以外的一种附加税。它是对不信伊斯兰教的成年男人所课的税。富人每年应缴四十第伦(第伦"dirhem",如果不管汇兑价值的波动或近代购买力的差别如何,按重量计约值二十分美元),中等阶层的人每年应缴二十第伦,穷人每年应缴十第伦。但是,妇女和未成年者、真正衰老者、真正贫穷者是可免缴的。

由于征服的结果，穆罕默德教继承了那灭亡了的波斯的领土以及"基督教国"的亚非各省领土。它从这些领土上获得了丰富资源以及它们控制红海、波斯湾和横贯亚洲商路的地位；可是除此之外，它从隶属民族波斯人、叙利亚人、犹太人的稠密的人口中，还获得了甚至更大的资源；因为这些民族从远古以来就以经商本领和机械技巧而出名的。伊斯兰教采用了一项贤明的政策，即承认这些非穆罕默德教属民是"盟约的人民"，准许他们保留他们自己的宗教、自己的语言、自己的社会制度；这样一来，那些原来也许会倔强的属民变为安静而勤劳的公民了。阿拉伯权力之所以能均衡地发展起来，是可归结到这一政策的。应该指出，甚至当伊斯兰教本身的宗派主义使巴格达哈里发朝的政治统一破裂的时候，它的文化统一，无论物质的或精神的，还是保持着的。

那些曾呻吟于拜占廷帝国所实施的宗教迫害和财政压迫之下的千千万万人民，利用了这个新的宗教形式和社会自由，这是不足为奇的。另一方面，伊斯兰教也得到好处。因为阿拉伯人需要农民阶层的心甘情愿的劳动，基督教手艺者的精巧技术以及亚历山大、安提阿、大马士革、阿勒波各大城市中商人阶层的商业进取心。

为了免付人头税，为了取得资格在军队中任职(文官职位是公开地对非穆罕默德教徒开放的)，很多人转信伊斯兰教了。基督教徒对穆斯林在人口比重上的优势也慢慢地下降了，而且越来越有利于穆罕默德教，因为穆罕默德教人口的增加率在速度上远过于本地的基督教人口。这是由于穆罕默德教实行多妻制度的缘故。原在穆罕默德时代以前，在阿拉伯半岛的贫瘠土地上，人口一向是对生存的一种压力，而饥荒是一个经常状态；所以曾用杀婴方法来消除那人口过多的景象。可是，跟着那已知世界上的最富饶土地落在他们手里以后，杀婴已不再需要了。而且，如果阿拉伯人曾看到，像他们一定曾会看到的那样，那在他们的人数和稠密的基督教人口之间所存在的大不相称情况，那么他们自卫的本能就要使他们赞成多妻制了。史籍里指出，穆罕默德教人口是在稳定地增加着；而这一增加不可能完全以那些脱离基督教的皈依者的增加来说明的。在上层分子中，通常是有着很大的家庭的。富人们以希腊人的、科普特人的和波斯人的奴隶姑娘，作为小老婆。阿尔·摩吉拉·伊布·秀巴有四个妻子和七十六个小老婆，据说有三百个子女。到832年时，埃及穆斯林对基督徒在人数上的优势已确立起来，因为那时阿拉伯人开始定居于村落和乡村里，不像以前那样只住在大城市里了。

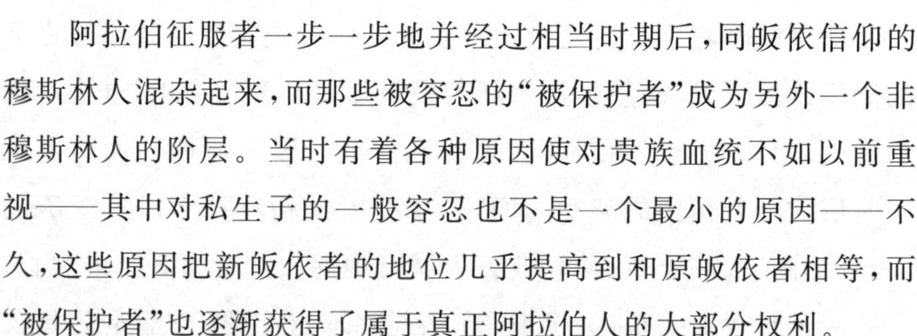

阿拉伯征服者一步一步地并经过相当时期后，同皈依信仰的穆斯林人混杂起来，而那些被容忍的“被保护者”成为另外一个非穆斯林人的阶层。当时有着各种原因使对贵族血统不如以前重视——其中对私生子的一般容忍也不是一个最小的原因——不久，这些原因把新皈依者的地位几乎提高到和原皈依者相等，而“被保护者”也逐渐获得了属于真正阿拉伯人的大部分权利。

现在我们来讲穆罕默德教国家的课税制度。如果可把一个大国的财政状况作为它的繁荣或贫困的尺度和证据来看，那么，埃及、非洲、叙利亚的居民生活在新月旗帜下比起在过去拜占廷统治下要快乐些。古文献证明，课税的标准是公平的，是依照纳税人的能力和状况而分出等级的。姑且不谈如上文所说的由非穆斯林人所缴付的人头税，我们只就财政问题可以看到，国家的主要收入

（除了很重要的战利品收入以外）是“则卡”（Zekah），就是规定的赈款税；这是向极穷者以外一切穆斯林人所课的捐税，有一定的比例，约占他们的骆驼、羊、金钱、土地上产物等等的2.5%；这笔进款用以发给军队的饷银、支付那些办理征税官员的俸金以及救济穷人。最奇突的行政上的特点是，按照规定的比例把每年国库的盈余分配给忠诚者。奥玛尔曾命令就穆斯林的总人口作出详细调查，把因出生或死亡所造成的每一增减随时正确地登记出来。国库盈余的分配是从先知的家属开始的。先知的爱妻阿适每年领取一万二千法郎；他的其他寡妇领取一万法郎；那些曾参加过柏德勒战役的“助手”和“流寓者”各领取五千法郎；哈里发领取同样的数目。分配数目依次递减到每年三百法郎，那是给也门的某些平常人的。那些在穆罕默德出奔后离开麦加到麦地那的妇女们每年各得领六千法郎。那些在怀抱中的孩子们各得一百法郎；跟着他们的年龄可加到二百或二百以上的法郎；弃儿同样是由国家的公费来抚养的。这种财政制度对伊斯兰教帝国的统一和权力所产生的巨大影响可想而知了。

这中央集权制，是由驿站制度补充的，驿站网遍布全国，使各地都和巴格达相联系着。在帝国一切最重要城市和首都之间都有驿使路线，中间还有换马站。有一时期，这些驿站的数字在全帝国范围内达到了一千左右。当时，传递邮件的速度是真可令人惊奇的，因为我们看到有一个驿使在三天之内走了七百五十哩。鸽子传信的方法也曾使用。政府划出一部分公款建造道路和修理大公路。政府赞助——差不多替代了——私人热忱来挖井、建造旅馆、设置里程碑以标志路程的距离。哈伦·阿尔·拉希德的爱妻祖巴伊达曾建造从麦加到麦地那的巴尔-沙基路，即东方大道，并沿着巴格达到麦加的整个路线开掘水井，建立旅舍。她为麦加城建造了十哩长的引水管。在这些建筑方面，她总共用去了两百万金币的巨款。

关于政体，阿拉伯人采用了拜占廷的行政制度。甚至希腊语在以后百年多的时期中仍然是埃及的官方语，直至阿拉伯人口和皈依者人数的增加使阿拉伯语成为大多数居民的自然语言。近三十年来，在埃及出土的大量的“草纸”——官方报告、土地登录簿、租税卷册、丈量簿——对这问题提供了很多新的材料。这些文件指出阿拉伯的征服埃及大部分是和平地进行着的；课税是公平而又轻微的；行政舞弊是严密防止的；生命、宗教和财产都是受到保护的。

埃及有一个特设的灌溉行政部，每年并委派稽查水闸堤坝的专员。地方水闸由地方村庄来管理和维持。吉本说：“曾拨出三分之一的贡赋作为常年修建水闸运河之用的。”蓝-蒲尔说，“阿姆尔曾用灌溉方法来发展土地上的生产，并实施那从远古传下来的劳役制度。在冬夏两季，保持着十二万劳动者在工作，来修建堤岸和运河”。偶然，像在615年时，尼罗河由于丝毫未发生泛滥，而产生了一向与此俱来的可怕后果。

亚历山大城固然还是一个富庶的城市，但它不复是一个埃及的首都了。阿拉伯人太害怕拜占廷舰队的攻击而失掉它，也许有着太多的沙漠地区，以致不愿以海口作为他们政府的所在地。阿姆尔曾确定以弗斯塔特为新首都，位于图拉真所建造的古代罗马炮台的附近。弗斯塔特继续是埃及的首都直到969年开罗建立起来时为止。

英国的朝圣者阿基尔夫约在 670 年时曾游历亚历山大城，说它是全世界贸易的中心，有“无数的人”到那里来购买东西；在法提马朝时代，亚历山大城曾被算作一个很繁荣的城市。就制造业来说，它们几乎完全是拜占廷统治下工业的延续。织布业也许由于西欧和哈里发的共同需要（为了哈里发曾织造许多华丽的织品）曾有改进，而且在数量方面也大有增加。亚历山大城、廷尼斯和开罗都是又大又兴旺又富饶的城市。1047 年时，波斯旅行家那塞里-库斯兰曾访问廷尼斯，看到它的繁荣景象，大吃一惊。他说及那里的“一万爿店铺和五万个男居民”。在岛上的港口内有一千只船停泊着，而该岛并不生产什么东西，完全依靠着贸易来获得一切供应品的。尼罗河的涨潮冲去了那环绕着的咸水流，并以淡水灌满了地下“水池和水库，够维持一年时期”。当时，科普特人所穿的好看的花布比以前要昂贵。在苏丹的织布机上所织造的布匹只是供他自用的；一条头巾可值四万地那；但是这些织品是永远不拿到市场上出售的。除了这些王室专用的织品以外，织造一种叫做光滑缎（bûk alimûn）的绸缎，即光彩夺目的短缎，它织得这样精细，据说在白天每一小时内它会改变它的颜色的。廷尼斯的钢刀业的出品和它的织机上的出品几乎是齐名的。

孜孜不倦的阿姆尔曾想用经济和商业的带子把埃及和阿拉伯联系起来。他的第一项努力是开掘在红海顶端从尼罗河到克列斯马的古代运河，约有九十哩长；跟着，埃及的麦子可从尼罗河启运无须换船而直达阿拉伯海岸。阿姆尔还曾计划用一条运河来切断苏伊士地峡；但奥玛尔禁止了这项计划，因为他害怕这条运河将会使拜占廷人进入红海来截断朝圣路程并干涉商业。不久,克列斯马运河开始淤塞了;约在 761 年时,它实际上已被破坏,为的是要迫使反叛的麦地那因断粮屈服。然而,这一条运河曾是从红海到地中海商品运输的经常道路。

可是,很多红海贸易是通过红海西岸的贝伦涅斯港的,从那里,用大篷车载运货物越过沙漠而达上尼罗河,再把货物装在木筏上,顺流而下。这条经过沙漠的路程约需三十天时间。另一条,是横过苏伊士地峡而达到珀琉细安(法拉米西)的通路,在此之前,珀琉细安早已是有些历史重要性和富饶的港口。这条路程可缩短陆运时间约四至五天,而且,如果上红海的港口曾有所改进,它的用处还会大些。

在努比亚战争之后签订了一项条约,依据这条约,努比亚每年应进贡三百六十个奴隶给驻在埃尔-喀斯的埃及官吏;埃尔-喀斯距阿斯旺五哩,是埃及边境上的市镇;另以四十个奴隶来交换小麦、大麦、扁豆和马匹。条约和奴隶贡赋继续有效达六百多年之久。

意大利和埃及之间的交通似乎从来没有完全断绝过,甚至在阿拉伯的优势时期也是如此。722 年时,威力巴德曾看到一只从埃及来的船停泊在那不勒斯港口内;在第九世纪,亚历山大城的织品确曾通过威尼斯人的活动运到意大利来,虽然其中很多是经北非洲来到阿马斐的。827 或 828 年时,威尼斯人曾出现于亚历山大城,他们并携回了圣马克的圣物,"他似乎已成为他们的守护神,因为他是基督教埃及的保护者,也是他们在到这个最早的远方市场去的又长又危险航程上的捍卫者"。

在查理曼时代哈伦·阿尔·拉希德曾派遣大使往法兰克皇帝那里去;大使所经过的旅程是先沿着北非海岸西行,然后渡海而到达意大利。当时,作为礼物赠给查理曼的一只象是由陆路牵到的黎波里,再从那里装船渡海而到达意大利的威尼斯港。即在那时,基督徒和穆罕默德教徒在对方的国家里显然都是可享有相互的安全保障的,也许商人们曾利用了这项机会。我们果然找不到条约来证明阿拉伯和基督教国家之间在早期已有着商业的关系,但我们不能援引这一事实作为那早在800年时没有商业关系存在一说的辩解。像玛斯·拉特立指出的,在一个很长时期中,很可能所有的协定都是口头的,而商人们做他们的生意是没有什么正式协定的。直到进行规模相当大而需要保护的贸易时,才会意识到条约是必要的。

第八章　墨洛温朝、喀罗林朝的法兰克高卢和日耳曼，查理曼(768—814 年)*

在上文讲到日耳曼侵入的一章里，我们已经指出，法兰克人怎样慢慢地渗入并扩展于下莱茵河和索谟河之间的地区，当时他们没有遇到什么阻碍，因为罗马居民早已放弃这一区域。单就他们达到索谟河来讲，法兰克人的移动是一个移民性质的移动。但是，到了 486 年时，他们达到了有人居住的领土边缘；从那时起，法兰克人的扩展是一个征服性的移动了。他们迅速蹂躏了那名义上还在帝国统治下的北高卢、东南部的勃艮第高卢以及西南部的西哥特高卢。到 567 年时，法兰克人的统治在西方已达到比利牛斯山和大西洋，而在德意志，除了保持着在黑森的原有法兰克领土以外，他们还征服了阿勒曼尼人(496 年)、瑟林吉亚人(532 年)和巴伐利亚人(552 年)。这样，不仅是那从日耳曼人侵入中诞生出来的最伟大而又最持久的国家建立了，而且是一个新型的国家形成了。因为法兰克王国是把罗马从没统治过的自由德意志和征服了的罗马省份联合起来的唯一日耳曼王国。它是一个日耳曼-罗马王国，和任何别的日耳曼王国不同而且远远地具有更大的意义。在法兰克王国内，两个基本种族成分即罗马和日耳曼人的比重，势

* 地图：锡倍德：《历史地图册》，第 53 页。

均力敌，那是在以前任何王国内所未曾有过的。

在另一重要方面，法兰克国家也和其他王国有不同之点。它是天主教的，而不是阿利阿教的，像其他国家那样。我们已讲过，宗教分歧怎样成了东哥特王国和汪达尔王国灭亡的一个因素；它怎样成了西哥特西班牙大大衰落的一个根源。相反地，在法兰克王国内，教会成了政府的支柱，而且——也许具有同样重要性的——在罗马天主教居民和法兰克人之间，不存在对立的情况。这一事实产生了政治上的和谐和效能，也促进了两族人民间的通婚。一句话来说，从开始时起，法兰克国家没有内部不和景象。这种统一性所产生的道德和社会效果的意义，我们便无须费词来说明了。

在法兰克人到达之前，高卢主教区原是富饶的。当教会被承认为国教以后，它就已由立法保证享有承受遗产权，获得赠品权及领有土地权。它不倦地灌输着现世慷慨解囊的人们将来在天堂上可得丰富报酬这一观念。它的口头禅是"施舍将有好报"。法兰克僧侣狡黠地利用了一般对圣徒的热诚崇拜，以求增加教会的基金，那是第六和第七世纪的一个突出宗教现象。正是圣徒，而且往往仅是一个当地的被崇拜的圣徒，成了真正的业主。当时所流行的强烈的人身和所有权观念，要求给精神的教会以一种具体的人身表现，即使保护神是一个看不见的人物。圣徒被看作精神上的教父和教母，而祈求圣徒的佑助成了一般的情况；因为圣徒会在天堂上为他们的被保护者说情的。一个教会施主的名字，是登记在教会登录簿上的。

施主可以分成为三类。那些越来越多的出身于地主贵族的主教把他们祖传的土地献给他们所管的主教座。法兰克历史家都尔·格列高里曾举出很多这样的例子。其次，富裕的世俗地主是慷慨地捐给教会地产的。最后，法兰克国王是最慷慨的施主，竟使王家土地缩减到损害墨洛温朝政权并实质上促使该朝衰落的地步。法兰克教会为了使这些资源永不减少，按照 398 年迦太基宗教大会的决议，禁止了教会土地的割让。

教会法规曾规定：四分之一的进款将用作主教家庭的开支；四分之一将用作救济穷人；另一四分之一将用作维持僧侣阶层；最后的四分之一将用作维持原有的教会建筑物，或者建造新的教会建筑物。法兰克僧侣们曾是大兴土木者。也许在十一世纪宗教复兴之前，中世纪时期再也没有别的世纪建造了这样多的新教会。当时，有些主教是有才干的理财家。据记载，有两个主教，在为教会用去了大量款子之后，死时库存还有两万金币。

土地所有权，不仅提供了庄稼、水果、葡萄、木材及其他物质资源；它也提供了农奴作为这些庄园的耕种者。那领有三十所庄园的主教或住持，就是领有三十个村庄人口的人，因为每个庄园都有它的村庄；因而他就成为几千佃农的业主。其中每个庄园构成一个特殊的经济社会单位。在每个村庄里，主教或住持有着几座仓库和谷仓、一所磨坊、一部葡萄汁压榨器或一间酿酒房。大部分佃农是从事农业的，但也有从事农业社会所必要的家庭工业、工艺和织布、硝皮、制革、制造木器、锻炼金属等业的。剩余的自然产物和超过需要的手工制品是拿到本地市场上去出售，而市场本身往往是在主教或住持控制下的。

以文明程度来说，法兰克人比其他日耳曼族野蛮一些。但是这文明尽管还显出野蛮的粗俗恶习残暴，它比起哥特人的文明实质上还是健全得多的。的确，墨洛温朝诸王几乎都是残暴、无信、恶毒的，而都尔·格列高里的《法兰克诸王史》(约在600年时)看来大部分是记载着战争、暗杀和谋杀事件的编年史。这些国王都是由幸运的征服惯坏了的不肖子；他们放纵了自己的野蛮恶习，同时还培养了他们所接触的那些没落的罗马社会的恶习。

但是这个国家的真正力量，不是在于国王，而是在于大地主阶级，它属于高卢-罗马或新日耳曼或混合的血缘和传统。这个统治阶级必然包括着主教地主；在它的下面，是基本民众，即罗马人和日耳曼人，包括自由的和不自由的在内；由于都是天主教徒，他们还有着混合成为一个整体的趋势。由此可见，法兰克社会是一个有机的，由种族成分混合起来的社会，不像在其他日耳曼王国内，是一个由不同的而又敌对的成分结合起来的社会。

意大利、南高卢和西班牙的宗教矛盾曾使罗马人和日耳曼人分隔开来。在法兰克高卢，这种敌对状态是不存在的。而这产生了重要得不可估计的结果。教会曾大力促进法兰克统治的稳固和扩展。教会从没有对这统治权进行挑战，像在阿利阿教国家内教会所做的那样。它安然保存着它所领有的广大地产，并顺利地抵抗了墨洛温朝诸王几次对它课税的企图。主教们当然都是属于高卢-罗马世系的。直到第七世纪，我们才开始看到法兰克血统的僧侣。在高级僧侣中，很多是狂暴粗野的，因为他们也不能避免这时代的风气。可是，其中也有伟大而善良的教士，像法兰克最早的历史家都尔·格列高里那样。教会尽管纵容它的施主的犯罪行为，可是有时却成功地缓和了法律的残酷性，特别是通过实现庇护权方法。尽管有很多僧侣放荡不拘，盗用宗教进款，教会所做的实际慈善事业却是巨大的:在这内战几乎经久不息而下层社会遭受贫困和可怕灾难的时代里,它进行着救济穷人、维持医院和救济照顾孤儿寡妇的工作。教会作为社会机关来说,不是整个地不忠实于它的责任的。

至于高卢-罗马贵族方面,他们由于安然拥有大地产而不受任何形式的压迫,已把法兰克的统治完全看作自己的统治一样。他们的行政经验对法兰克国王来说,是无价之宝。墨洛温朝军队中有些最好的将领,是属于高卢-罗马世系的。

在罗马省政府崩溃的时期,高卢的至少是南高卢的城市生活已获得新的力量。在第六世纪中,我们还可看到“市议会”、城市“两人共职制”和“保护官”。所有的大城市以坚固城垣环绕着,甚至小市镇也筑有防卫工事。城市间的争斗——看来是由罗马长期统治没有完全抹去的古代凯尔特氏族间或各部族间的敌对情绪所产生的叛乱——加深了墨洛温朝诸王子间的冲突。

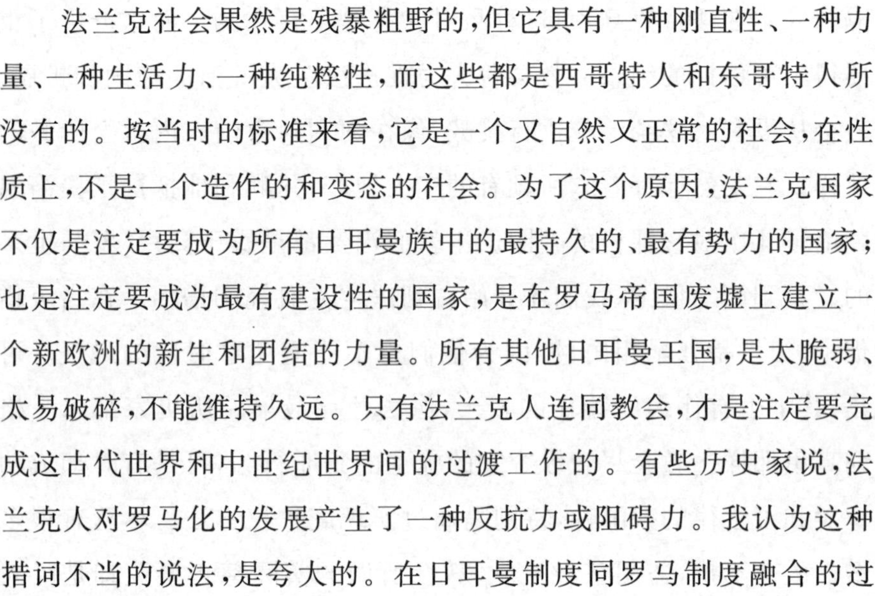

法兰克社会果然是残暴粗野的,但它具有一种刚直性、一种力量、一种生活力、一种纯粹性,而这些都是西哥特人和东哥特人所没有的。按当时的标准来看,它是一个又自然又正常的社会,在性质上,不是一个造作的和变态的社会。为了这个原因,法兰克国家不仅是注定要成为所有日耳曼族中的最持久的、最有势力的国家;也是注定要成为最有建设性的国家,是在罗马帝国废墟上建立一个新欧洲的新生和团结的力量。所有其他日耳曼王国,是太脆弱、太易破碎,不能维持久远。只有法兰克人连同教会,才是注定要完成这古代世界和中世纪世界间的过渡工作的。有些历史家说,法兰克人对罗马化的发展产生了一种反抗力或阻碍力。我认为这种措词不当的说法,是夸大的。在日耳曼制度同罗马制度融合的过程里，无论在精神或职能方面，都有着为两种制度同时各起作用的余地。但是，要从墨洛温和喀罗林制度中挑选出什么例子来说，这是纯罗马的，或纯日耳曼人的；倒是一个困难的工作。

如果我们来把法兰克社会研究一番，并把它同罗马后期的社会对比一下，我们就可清楚地看出这一过渡。法兰克社会除了僧侣以外，还包括有四个阶层，而它们的地位，是以财富来决定的。最下层的是奴隶；在他们之上是农奴，按理论，农奴是自由的，而实际上，由于债务的牵累，已是固着于土地上的，自由人，即小土地所有者；最上层是大地主，叫做“贵族”或“显贵”。在法兰克人中间，没曾有过种族的贵族。这贵族等级是通过做官和地主制度而兴起来的。法兰克政府曾是一个地主政权。由于征服高卢的结果，广大的帝国国库领地，在法兰克人占领的领土之内的土地，以及也许在法兰克人已经定居而还未占领的一切土地，当然归属作为征服者的国王或皇帝继承人所有。这样，就把一个巨大的权力源泉，放入国王手里。法兰克国王既然占有了帝国国库领地，就成了一个大地主，的确，除了教会以外，是最大的地主。这些领地，不仅是作为进款的一个来源，而且是作为报酬他臣属的手段。国王的赐给土地，在初期，看来简直是赠与性质；但到后来，才完全认识到，王室土地在建立一个王室行政制度上，具有巨大价值，因而就发展成为一种封建式的庇护制度了。

我们有必要来谈一谈关于王国政府的支持者所属的那些阶级。一般讲，这批支持者原是国王所熟悉的人；国王在登位之前，就已依靠他们的服务。国王有着自己的侍从或卫兵；也就是，由于密切的个人联系而附着于他的人们。这些人在他领导之下去作战，分担他的危险，也分享他的光荣。国王从他们中间挑选那些在他的新地位上为他服务的人们，并以他新获的土地来报酬他们。这方面的最好例子，便是那由国王的战士队所产生出来的法兰克“亲兵队”。另有一种接近国王的人是他的半自由和不自由的奴仆，特别是那些管理他家务的人。国王从这批人中间找得他所需要的熟练于服务的人。墨洛温朝宫廷大臣的官衔“宫相”（Major domus）、“家宰”（Senescalcus）、“元帅”（Marescalcus）、“大法官”（Camerarius），都是原来用于不自由奴仆的头衔；这一事实可指明这些重要官职的微贱根源。但是国王的侍从和王族没曾供应王国政府所有的新官吏。人数越来越多的别种人，特别是地主阶级，认识到担任王室官吏所带来的益处，因而力图争求那项职务；但是，在开始时，大多数的新官吏看来完全可能是从密切围绕国王的人们中挑选出来的。

“庄园”或王室领地散布于全高卢和莱茵河区，总称为“国库领”。其中有的是位于旧罗马城市内的地产，像在巴黎、奥尔良、理姆、德里佛斯、麦次那样，但是其中大多数是大农庄，而国王所喜欢的是位于像克利奇、奇尔、乔济、埃皮内、马伦海一类大森林附近的庄园，因为法兰克国王是热爱打猎的。耕地、草地和牧场、森林、鱼池、采石场、矿场可能都包括在一块领地之内。庄园内的住宅区都有着一座高卢-罗马建筑式的庄园大厦，一般是用木材建造在领地中最适合的地基上，两侧并附有寄宿国王官吏的小房屋以及马房、仓库、储藏室和仆役间。当时，国王是没有固定首都的。随便什么地方，国王临时驻扎在那里，就是政府所在地，因为他的官吏、随从、服役者、卫兵和家奴的整个队伍，是跟他一起从一个庄园移动到另一个庄园去的；的确，那在一个几乎完全是农业经济的时代是必要的；当时商业和贸易既稀少，道路又窳败，而现款税又是很少的。国王正像俗语所说，是"吃着穿着自己的东西"的。地方赋税，主要以实物来缴纳，例如，缴纳十五分之一的收获、十分之一的猪和牲畜，等等。所以，王室庄园成了国王收入的最重要的泉源。

墨洛温朝诸王曾以土地赠与来报酬他们官吏的服务，而后来贵族地主就领会到下列事实：王室服务可提供有利可图的职业；而且一个懦弱的或年幼的国王可被哄骗或威吓从王室领地内无条件地拨出土地赐给他的宠臣。因为男爵、宫廷官吏和军队指挥是以恩赐土地来维持的，自然而然地这些行政官员就会成为地主阶级；相反地，有势力者或大地主势必侵占行政官职。一种真正的封建社会结构、一种真正的封建政府形式，无论在理论上或形式上，还都是远在将来，可是以后的封建制度的根源，在墨洛温朝时代，可以说是已经存在了。政府大员即男爵，或多或少已是不可罢免的，他们的任期已渐渐成为世袭性的，而大地主，世俗和宗教的，也有着脱离王室政权的倾向。这种情况之所以产生，大多是由于内战；在内战里，国王力图以拨给国库领的土地来取得支持者。的确，那完备的封建保有权——采邑制——是在喀罗林朝时代发展起来的，但是，在墨洛温朝的后期，王室土地的赐与已接近那种形式的保有权了。这种贵族地主的独立倾向，又由于给保有者以特权的这种成长着的惯例而加速起来。"特权"原来是只给予宗教贵族，主教和住持的，而这特权所发生的效果是使僧侣的庄园脱离地方男爵的管辖范围。国家官员往往是盛气凌人的，也往往是贪污受贿的，因而他们被禁止进入这样的庄园内去审理案件，或去征集税

款；这样一来，特权享有者就只对国王负责了。但是，因为国王常常是远在别处，或者是懦弱的或年幼的，贵族很快就看出从这特权里可获得使他们的庄园享有更大独立地位的手段，因而他们从王室强取了各种免除权。由此可见，由于这项惯例，王室的权威和王室的收入同样蒙受了损失，地主贵族的权力急速成长起来了。在第七世纪中，宫相便是这个跋扈阶层的代表。

宫相这官职，原是一个卑微的职位，甚至是由奴隶出身的人来担任的。当时，每个王室庄园的收支，是由一个管事或管家来监督的；因为朝廷是从一个王室庄园移到另一个王室庄园的，国王的首要官吏宫相遂查核这些所在地的庄园账册，这样，按一种意义来说，宫相成了国王进款的控制者，也是他恩赐的分配者。于是，这官职不知不觉地成了一个有政治势力的官职，所以如遇到一个懦弱的或年幼的国王统治时期，宫相会成为真正摄政者。在他的职权中，有着批准让与王室领、给予或扣留王室恩赐、征集赋税等各种权力。"王宫就是国家；谁在国王宫廷中势力大，谁在法兰克王国中势力就大。"由于这种情况的结果，613年时，地主贵族，采取使贵族领袖兰登·丕平永久占取宫相职位的方法，获得了王国的控制权了。

地主制度的成长，对自由人的状况产生了重要的影响。在第五世纪末期，当法兰克人进入高卢的时候，在他们中间可能有几千个日耳曼自由人，但是到了第七世纪，自由人的人数显然已大大地缩减了。地主阶级的压迫行为、官方的胁迫、由偶然饥荒和疾疫所引起的"艰难时期"，首先那两次长期的内战时间(573—613年和674—687年)的混乱状态，使很多自由阶层的人降到了农奴的地位。那些在国王、他的官吏和他的朋友手里的大地产，在相比之下，使那些在自由人手里的自由地成为微不足道；这种情况不仅使自由人看来显然比新地主低下一级，而且也提供了机会可把自由人降到依附他们的有势力的邻人的地位。后一项过程，徐徐发展着，直到墨洛温朝后期才成为普遍。普通自由地和大地产之间在早期虽已显然有着差别，但是，大多数自由人，看来还是保持着独立地位的。长期内战，一方面对弱者和无保卫力者来说，是有破坏性的，另一方面对强者和拥有自然的财产资源和私人扈从的人来说，倒是有利的。这种小自由地，在简朴的状况下，原足以维持一个家庭的生活，可是，现时在一个更复杂的社会状况下，在重税负担的压迫下（大多由于无数次战争的消耗而产生的结果），已不复能满足土地所有人的需要了。又当安全保障实际上已经消逝的时候，自由人遂需要私人的保护；因此，头脑简单的自由人不管什么条件，竭力取得有势力官员或富裕地主的庇护。由于屈服于这双重压力下，大批普通的自由人把自己的土地让与一个附近的地主，然后依“请求方式”再收回这些土地，或者领取那个地主的别的土地。这样一来，地主在附近的村庄社会内赢得了控制权，而且有时竟顺利地使整个一个村庄降到他的庄园附属地的地位。自由人所以这样地放弃了他的土地，也许不是经常出于自愿的。在国家官吏所提的他们属民所遭压迫的例证中，常常提及“强占别人的土地”的事件。

另一类成为地主的佃农的自由人，包括着那些原来自己没有土地的人。国王对未被占据的土地的要求，剥夺了农村社会向外扩展的机会。由此产生的结果是：或者把一块全部仅足以维持一个家庭的自由地，分给几个继承人，或者是使居民中的一部分人没有土地。这些无地的自由人，在地主的大庄园上找寻雇佣工作而成了农奴。

在墨洛温朝时期，仍在使用“请求方式”的罗马办法和罗马名词。其原因可在后期墨洛温王国内所存在的状况里找到。小土地所有者“委身”于大地主的保护之下，因而成了这个领主的佃农，正是在这一种关系中，我们可看到那封建时代的宗主和附庸间关系的开端；无地的人沉沦为农奴，因为不仅个别地而且整个自由村庄被大地主并吞了；这是第八、第九和后来世纪的庄园制度的起源。这批人遂和罗马后期的隶农与“外来的隶农”相混淆了。这一过程的结果是：一方面使地主获得了一群忠心的随从以及一批管理他的庄园的职员，另一方面使那些没有土地的人或者宁愿以一种不安定的自由权来换取一种安全而更有利的依附地位的人获得了一个保护人和生存资料。自由小土地所有者之所以沦落到依附佃农的地位，可从墨洛温朝后期的经济困迫的状况里得到正确说明。

有必要指出，地主阶级在王国北部（在奥斯特拉西亚）比在任何别的地方都强大。村庄的名字一般地直到第七世纪才出现便是一个重要证明；那表明了从那个时候起，村庄和庄园生活才开始成为一个固定的经济单位和社会形式。这些名字往往是从地主豪族的名字得来的。但是，在罗亚尔河以北，一直延伸到日耳曼地区，可以看到像-海姆（-heim）、-豪曾（-hausen）、-因根（-ingen）这一类地方名字的尾词；这可以使人相信，在这地区日耳曼人占领的地方比起南部要多；的确，从很多其他资料我们也可知道这一事实，特别是从一种语言学性质的资料。在这些不自由的庄园村庄中间，插入其他日耳曼自由人的村庄，后者保存了古代日耳曼村庄社会的社会性质和经济制度，直到被卷入封建制度圈子里为止。

在农奴阶级的下面，还有着大量奴隶人口，他们是从罗马文明遗留下来的，但也包含着一些日耳曼奴隶。这些奴隶的大部分，也和农奴一样，是田地上的普通劳动者。其余部分，是在富有的业主的田庄上和庄园住宅内的家庭奴仆。从这个时候起，农奴和奴隶阶级混淆起来了，或至少是界限不清了，而他们的命运也变为同样痛苦的了。主人对他的奴隶有生杀之权；尽管 643 年的夏龙宗教会议禁止了把基督教奴隶出售到王国以外去，然而国内和国外奴隶贸易仍很兴盛，释放奴隶的事情是稀罕的。在奴隶地位下降中，几乎只有一件事实，是具有进步性的，就是，准许奴隶结婚，以及不复把奴隶的子女认作私生子。从流传下来的遗嘱文献里，我们可看出这时代的社会态度：在文献里把农奴和奴隶并列作为财产，虽然严格说来，只是奴隶属于动产范围，并把奴隶和农奴的子女像小狗或小猪般地混合在一起，看作一窠之畜或一窠之雏。

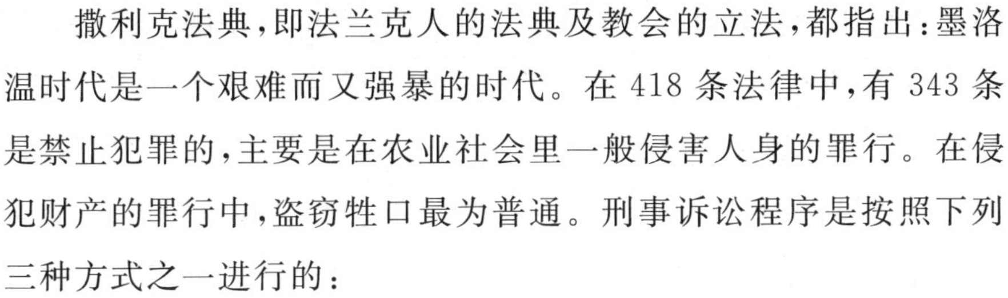

撒利克法典，即法兰克人的法典及教会的立法，都指出：墨洛温时代是一个艰难而又强暴的时代。在 418 条法律中，有 343 条是禁止犯罪的，主要是在农业社会里一般侵害人身的罪行。在侵犯财产的罪行中，盗窃牲口最为普通。刑事诉讼程序是按照下列三种方式之一进行的：

(1)宣誓证明制。按日耳曼旧法律，法律上的证明基本上是以用宣誓来证实的供词的价值为根据的。被告无须提出证据，说明他对所控的罪行没有犯过；但必须宣誓说，自己是无罪的，并必须获得若干其他叫做“证明者”的人来共同宣誓，不是因为他们知道他是无罪的，而是因为他们相信他所说的话是真实的。

(2)神意裁判法，即用热铁、沸水或投入深水的方法来审判。

当宣誓证明还不够的时候，就采用神意裁判法；理由是神力会暴露出被告的声明是否真实。凡是拒绝受这项考验的人，当然，就是承认有罪。关于冷水的神意裁判法的心理是极其奇特的。如果被告有罪的话，水不会接受他，因而他会浮起；如果他无罪的话，他会沉下去。这的确是一个左右为难的处境；如果他浮起而免于溺死，他将作为犯罪论而遭受处罚；如果他溺死，他被信以为无罪者，而像正人君子一样地永远留名。当然，事实上，冷水的神意裁判法往往也未曾走到这样极端的地步。

(3)决斗法，即搏斗裁判法，有时叫做上帝的裁判法；理由是无罪者一定会获胜。这最后一项方法只应用于自由人和贵族中间；因为农奴和奴隶都是不准带武器的。

"蛮族法典"的一个特征，是赎杀金(wergeld)制度，即为犯罪而缴付罚金的制度，而这制度在法兰克人方面实行到过分的程度。这些罚款都分门别类地分成等级；对于一只手臂、一条腿、一只脚、一只眼睛、一个指头、一颗牙齿的损伤，各应罚付多少都有规定。这些都是古代日耳曼人的办法。对犯罪的类型，教会加上了渎神罪、强奸(尼姑)罪、巫术罪；国王还加上了叛逆罪。在这些处罚里，社会特权是被慎重地保护着的。暗杀或伤害一个法兰克人比暗杀或伤害一个罗马人处罚得要重；同样，杀害一个贵族比杀害一个自由人处罚得要重；杀害一个自由人比杀害一个农奴或奴隶处罚得要重。

由此可见，法兰克制度，在政府的形式方面和社会的结构方面，都包含着封建制度的要素；但这是初步的没有常规化的封建制度。这些制度有的是起源于罗马人的；其他是起源于日耳曼人的；虽然严格说来，它们产生于古代文明的政治、经济、社会的衰落状态多于种族的根源，因而它们是过渡性的现象。

墨洛温朝诸王曾努力保持他们在高卢所见的罗马课税制度，但成效甚小。罗马人所遗留下来的财政制度已逐渐消灭。无论在征收老的照例的赋税或建立新的赋税方面，都有困难。两种在残缺不全形式下留存的赋税，是土地税和通行税。由于豁免权的存在，征集税款大多已被弄到无法办理的地步。罗马“关税”原来是按值抽 2.5% 的税，而现在蜕化为对一切商业运输差不多是任意加税了；商品和运输工具都须缴税，像下列法律名词所指出的那样：桥梁税、车轮税、徒步或小贩税、河岸或登陆税。关于土地税，法兰克人接收了那保存于城市档案中的罗马土地丈量册，但是它的征税机构十分复杂，以致法兰克人不能理解。从开始起，法兰克人自己已拒绝缴付土地税，所以土地税只在罗马居民中才可征收。而且，当地主贵族不论罗马人或法兰克人，变为更有力量的时候，他们就拒付这样的赋税了。580 年时，纽斯的里亚国王曾命令修改土地估价法，但是贵族起来反抗这项重新估价的企图；由于困难丛生的结果，契尔柏立克遂亲手把土地簿册付诸一炬。罗马的土地税不知不觉地蜕化为一种封建贡赋，那是由贵族以贡税(taille)的名义对佃农的土地所课的税；这样一来，它就转入封建制度内了。这些古代的土地丈量册经过相当时间以后，失掉它原来的面目，以致它们和后来的寺院统计簿间有什么关系是可怀疑的。

关于商业方面，如果认为日耳曼人的征服高卢立即使商业归于破毁，那是错误的。罗马帝国的物质文明对蛮族的影响，曾予抵抗。贸易、工业和城市生活慢慢地萎缩下去或变动了，可是，没曾有过突然崩溃的情况。过程是一个逐渐衰落的过程。

在墨洛温朝统治时期，高卢和东方的商业关系没有中断。马赛、那旁、阿利斯依然是南法的主要港口。东方和西方的商品交换看来还是相当频繁。当时的资料指出，在重要城市里，还有相当多的商业活动。这种情况只不过是延续着罗马时代所存在的情况而已。法兰克王国政府毫无更动地接受了罗马人的公路制度；我们知道在第六世纪或更早时期，阿尔卑斯山是经由大圣伯尔纳德或小圣伯尔纳德山路越过的；从马赛到热那亚的全部沿海道路是经常使用的，虽然没有疑问，当时的战争曾产生一些混乱。西班牙的情况，也是如此；它和南高卢保持着经常的联系，并由于罗马道路的存在，比利牛斯山可在两处通过。除了罗马大公路以外，还有很多次要一些的道路，来联系各个城市。当然，这个时代的商业，不及高卢-罗马时代那样活跃，有些过去活跃的商业中心在蛮族入侵时期已经毁灭；但是也必须指出各个地方情况的特殊原因。北法比南法农业发达，而当时的工业主要是农业的附属品。

我们有文献可证明：法国的南部和中部城市的商业是很繁盛的，因为来自东方的船只把那些远方国家的主要产品源源运入。意大利、希腊、叙利亚和埃及商人云集在地中海沿岸城市里，他们甚至远达高卢的北部。很多大商业是在犹太人手里，而他们在法国的南部和中部的人数，是很多的。看来很奇怪，这批商人似乎是很愚昧的。有人告诉我们，他们不会写字，他们雇用抄写员替他们写信和记账。主要的进口物是小麦、酒、油、枣子、香料、胡椒、生姜、沉香、象牙以及丝织品，而很多丝织品是由僧侣使用的。关于高卢的内部商业和工业，缺乏正确的资料。可能，在帝国时代，有些城市的重要工业已经消逝。我们还知道一些关于比哥尔的纺织品以及加奥尔的亚麻布。

地方市集把乡村居民吸引到城市中去，我们知道，其中有些定期市集有着很古老的起源。关于巴黎市集、特罗伊市集以及加奥尔附近的市集，在墨洛温朝文献里，已经说及。629 年时，达哥伯特曾建立圣登尼斯市集。随着寺院数目的增加，市集也越来越多了。这些市集是在圣徒节日举行，有时还在纪念圣徒的教堂前面举行。由于道路不安全和各地通行税激增，商业经营越来越困难了。在罗马时代这类通行税原是用以改进道路、建筑栈道、建造桥梁、修理公路的；但是，在法兰克时期，它们丧失了这些原有的特性，而公共收入归入了官吏或当地贵族的私囊。法兰克国王和贵族的无知与贪婪心理使这类课税增加了。的确，偶然有过一个官吏曾提出抗议，而至少有一次，克鲁太尔二世曾被迫取消其中若干弊端，并恢复了古代的征税制度（公元 614 年时），但是，随着王权的衰落，地方的篡夺行为和特权继续增加；教会和寺院遂得利用特权来征集税款。

由于盗贼横行，路上往来很不安全，特别是当时散布在高卢的很多森林边缘的道路；这种不安全情况曾迫使商人们结队或在护送下旅行。可是尽管不安全，这些道路显然还有工人、手艺人和小贩时常来往；他们从一个城市走到另一个城市，把现款藏于挂在他们颈脖上的小袋里。他们在夜里寄宿于那时城市内、私人住宅内或寺院内所设立的旅舍，如果他们幸而走近一所的话。有一个奇怪的事实：旅行者宁愿走羊肠小径而不愿走罗马的康庄大道；其原因是双重的，一来可安全得多，二来可少受通行税的勒索。这种说法可从发现古代遗物的路线，获得证明。商人们喜欢走水道甚于陆路，而当时的商业使用着罗马人所熟悉的船舶车辆，正像都尔·格列高里及福图内塔斯所说的那样。工业除了在南法以外，主要是那些附属于农业的工业，像硝皮工、制革匠、木匠、织工、陶工各业那样，或者是附属于宫廷的工业，像金银匠那样。这些行业，都是用拉丁名词标志出来的。文献还说及石匠和雕石匠。我们看到他们修理城市的墙垣、城中的引水管以及建造一所教堂。我们不能断言这些工人属于哪一阶级，他们是自由的，还是不自由的。

在法兰克时代的早期，城市既不是像古代城市，也没曾披着像它后来所具有的特征的外衣。尽管它是萎缩，但在城市居民中，还有着很多社会等级。法律虽把所有的等级混合在一起，然而我们也有可能把他们区别开来。除了高级王室官员以外，还有地方望族以及在这个时代的很多从事工商业的自由人。在旧罗马商业集团中，有的是势力雄厚的。600 年时凡尔登城的公司曾向国王借得七千金币。叙利亚人、东方希腊人以及很多犹太人还是在经营商业。奥尔良城的冈特雷姆入口处指示我们：在高卢中部，甚至在一个城市中，要说各种不同的语言。

甚至在这早期，我们已可看出那些注定要改变城市生活性质的重大象征。那在帝国的末期已进行的经济革命，在第六和第七世纪中还是在发展着。随着城内人口的缩减，我们开始看到市内有空地、花园和果园。文献证明了这些葡萄园、花园及果园和房屋同时并存。这一事实在战争时期，是一个严重的弱点。但是，在十一和十二世纪人口再增加的时候，这些空地必然是很重要的。

法兰克高卢的基本居民，属罗马世系的和从日耳曼起源的，是专门从事农业的。法兰克人大多从罗马人方面获得了他们的农业知识；在庄园制度成立以后，在日耳曼村庄丧失了它们的自由并降到庄园的地位以后，我们看到庄园的耕种方法怎样影响了日耳曼村庄的耕种方法。罗马的影响从植物、水果以及农具：犁、耙、货车的各种名字方面，显然可见。葡萄是由高级奴隶来种植的，那保护他们的赎杀金，可资证明。牲畜牧养在法兰克人的生活中，起着重大作用；尽管有豺狼为害，牲畜群还是很多的。香宾盛产羊，德意志盛产猪。乳酪的使用显出了一种拉丁的影响。德文 Cheese（干酪）一字是从拉丁文 caseum 得来的。"白脱"（Butter）也是从拉丁文派生出来的。几百年来，罗马人遵守着耕种的"两田制"以及长方形田制，而日耳曼人保持着他们村社祖传的田地"长条制"。甚至这些自由村庄退化到庄园村庄以及庄园制度的财政压迫都不能使这些历史悠久的耕作方法完全融合在一起或有所改变。

最专门性的、最精细的、最有利的农业形式，是葡萄种植。哥特人在第四世纪已从罗马人学会了饮葡萄酒，并在他们占领西班牙和意大利时期发展了这种嗜好。法兰克人当他们进入高卢的时候，看到遍地都是葡萄园，特别是在罗尼河、玛恩河、摩塞耳河和格罗内河各流域。

然而，在入侵时期，精耕细作在日耳曼人中间是非常少见的。据我们所得关于巴伐利亚人和斯瓦比亚人的资料，他们对葡萄园尚一无所知。"撒利克法典"曾提及那久已从事的葡萄栽培业，可是葡萄酒的酿造还是在低级阶段。罗马人是法兰克人的导师。在第四和第五世纪，当萨利安和河滨[①]法兰克人住在莱茵河沿岸的

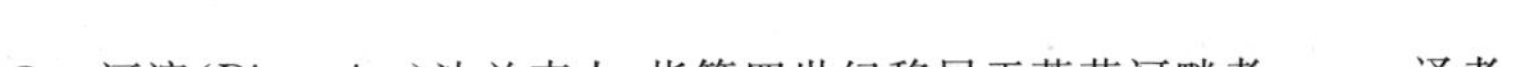

① 河滨（Ripuarian）法兰克人，指第四世纪移居于莱茵河畔者。——译者

时候，他们很少从事高级农业——只有少数花园和葡萄园。葡萄种植业，在河滨法兰克人中间，直到第六世纪当它在波恩周围已变为重要的时候，仍不普遍；即在那时，萨利安法兰克人尚以为葡萄属于奢侈品一类；约在200年后，他们才从事葡萄种植业。起初，葡萄种植业只是被看作一般农业的一部分，到后来才认识到它的特殊重要性。

当时，有人曾想出各种方法，使当地所产的葡萄酒味道美好，如烧煮、加香料等，可是，没有疑问，其中有很多一定是很坏的。因为外国葡萄酒日益昂贵起来，贵族，世俗的和教会的，曾想法把葡萄带到他们的土地上种植。尤其是僧侣们，他们为了圣餐，需要葡萄酒；于是寺院像其他地方一样，变成了主要种植者。僧侣们开垦荒地，种植葡萄，并教导其他的人怎样去种植。凡是不用于自己消费的葡萄酒，便送往市场上去出售。不久，他们不但满足了当地葡萄酒的需要，而且还给予商业以一种从来没曾梦想到的刺激力。

从后期发展看来，莱茵河和摩塞耳河流域的葡萄种植业最为重要。但是，在中世纪时代，还有大批葡萄园在其他地区兴起；虽然为期不长，但这里也值得谈一谈。其中最重要的是多瑙河沿岸的那些在罗马时代开始培植的葡萄园。在斯瓦比亚，最初有葡萄酒是在716和720年间。在巴伐利亚，第一批长成的葡萄，是在慕尼黑附近的加斯太堡；那是由弗莱兴主教在724年移入那里的。在瑟林吉亚，葡萄最初是在786年生长在多道夫地方。最受欢迎的是夏龙、马康、第戎以及摩塞耳河区所产的葡萄酒。贝稷亚的葡萄酒，也是受人欢迎的。西班牙葡萄酒甚至在南高卢都很著名，而萨拉哥撒产的葡萄酒，最受欢迎。意大利，甚至东方，输出稀有名酒，例如加沙的葡萄酒；喝这种酒一般是要加水的。法兰克人在冬季，常饮热酒。都尔·格列高里曾提及酒和蜜的混合饮料。在北高卢和德意志，啤酒是更受人欢迎的饮料，在那里法兰克人消费了大量啤酒。我们不知道，什么植物曾用作酵母，因为忽布球果直到第九世纪，才输入那里。啤酒中也混合着蜂蜜。当时的作家还曾说及用芬芳植物，如玫瑰花和水果一类所制成的饮料。这是一种永远保存下来的古法。

尽管受到罗马的强烈影响，法兰克人的社会生活，依然是很像日耳曼式的。男人只留上唇的胡须。大部分法兰克人继续穿日耳曼式的服装。只有很少数的上层分子装出罗马人的式样。甚至在富人中间，也很少有人能够买得起丝绸、金线编带和绣花的奢侈品以及叙利亚的红皮鞋。在房屋建筑方面，富人采用或模仿罗马人的别墅式样，有宽敞的房间，周围有花园和草坪为边缘，还有货栈、马房、谷仓、附属房屋以及奴役间。这整个一组房屋叫做“田庄”(hof)。法兰克农夫住在树枝和芦苇搭成的小屋里，但是罗马血统的农夫一般是建造石头小屋的。孤单的石屋，往往用一条沟渠和木栅来围绕着，构成一所“田舍”(curtis)，那在整个中世纪仍是小业主住宅的普通形式。今天德文中关于造屋的词汇，都是从拉丁文得来的；例如，窗户(fenster)、石灰(kalk)、房间(kammer)、柱子(pfeiler)、阳台(söller)、砖瓦(ziegel)。

当高卢的商业继续沿着罗马的老路进行的时候，东德意志的商业由于法兰克人连接了高卢和德意志，扩展到了超出以前罗马帝国的范围。当时还在野蛮状态的瑟林吉亚人和萨克森人经营着毛皮和皮革、蜂蜜和蜡的生意；直到第八世纪，他们才有高级的商

业。瑟林吉亚人是以貂皮来缴付贡物的。当时,法兰克人的贸易甚至越过易北河及扎勒河而达德意志边境以外。

在这个时期,可以从亚得里亚海向北到丹麦划一条线把欧洲分为两部分,即斯拉夫人的东方和日耳曼人的西方。可是,尽管这两个种族互相敌对,看来从法兰克时代早期起,在日耳曼人和斯拉夫人之间却存在着某种数量的边境贸易。日耳曼人希望扩大商业,这是他们向东扩展和征服斯拉夫人的一个重要动机。有人提及早在第七世纪上半期,已有冒险的法兰克商人曾深入斯拉夫人的荒野,来换取奴隶、琥珀、獭皮和貂皮。

在达哥伯特一世时代(629—639 年),有一个被称为叛徒的法兰克商人,名叫萨摩的,同异教的波希米亚人、摩拉维亚人和克伦地亚人建立了商业关系;据说,他终于放弃了基督教,并建立了一个短命的蛮族国家;这一国家的领土从德拉瓦河和西利西亚起延伸到瑟林吉亚的边疆;势力强大,足以打败法兰克军队,地位重要,足以使拜占廷皇帝希拉克略来求它结盟。

从下一事件可以得知,法兰克国家和萨摩国家之间,在第七世纪中存在着频繁的商业接触:631 年时某些法兰克商人曾在波希米亚被杀死;于是,达哥伯特曾遣使到萨摩去,而这个不机敏的使者侮辱了萨摩,因而萨摩的确把他赶出了境外。此后,达哥伯特统率了由阿勒曼尼人、巴伐利亚人甚至从意大利来的某些伦巴人所组成的军队,来讨伐这个国家;但是,在伏加斯提勃斯一役,遭到了惨败。萨摩曾完全把异国作为自己的家乡,据说,他至少曾娶十二个妻子;如果我们相信弗雷德卡的话,他有二十二个儿子和十五个女儿。他统治了三十五年。在他逝世后,他所统一的领土似乎又按原来的构成部分分裂了。

在下一世纪的《斯图密的传记》里（他是邦尼非斯的门人，弗尔达的住持，死于779年），曾指出一条经常的贸易路线：从扎勒河越瑟林吉亚森林而达马因斯。然而，这种法兰克权力的东进趋势，主要并不是起因于商业上的冒险，而是起因于内部经济社会力量的扩展要求。因为地主制度日益发展，那些被剥夺和被驱逐的人们曾避到森林中去，在那里开垦荒地，并建立一个新住所。森林成了穷人的家。但是，私有财产权的绳索也逐步缠绕着森林了。从勃艮第和西哥特的法典里，可以看出私人占有制侵犯了森林的痕迹。佛日山上的森林在都尔·格列高里时代（约600年），亚尔丁山上的森林在第七世纪早期，都开始被侵占了。

那种有势力的地主贵族，即领主的兴起，是在墨洛温朝后期的一个发展，也是当时正在成长的封建趋势的一种表现。领主经常是某一地方的领主。这个阶层在奥斯特拉西亚力量最强大，是属于法兰克族的而非属于高卢—罗马族的贵族。564年时，他们第一次显示出自己的；当时奥斯特拉西亚的息泽柏特同他的弟兄纽斯的里亚的契尔柏立克作战，他曾请求莱茵河彼岸的部族来支援他，并以塞纳河沿岸他已征服的城市赠给他们，作为酬劳；那将会等于又一次日耳曼人占领东北高卢的战争。但是，奥斯特拉西亚的贵族反对这样做，而他们的抗议获得了成功。在两个凶狠的女王，布伦希德斯和弗雷艮德斯之间的长期斗争中，地主贵族扩大了他们的权力。613年时，地主贵族，由兰登·丕平代表，占夺了宫相职位的控制权，于是他们成了控制王室的力量。这种新形势等于一次政治社会革命，使奥斯特拉西亚的大地主获得了对王室的控制权。此后，墨洛温朝诸王居“统治”之名，而没有治理之实。除了656年和687年间的一段时期外（在这时期反对宫相擅权的行动暂时得到了胜利），奥斯特拉西亚的公爵一直控制着法兰克王国。赫斯塔尔·丕平（687—714年）、查理·马德尔（714—741年）和矮子丕平（741—768年）依靠地主贵族并为了地主贵族，治理着法兰克王国；最后，于752年，矮子丕平废止了契尔得立克三世而自己戴上了王冠；后来他的儿子查理曼使这个王朝非常光辉灿烂。

墨洛温朝的倾覆和752年矮子丕平的登极，不仅仅是一次政治和王朝的革命；奥斯特拉西亚族由于长期控制宫相职位，因而替代了墨洛温朝。那也是一种具有重大意义的社会和经济的变革，因为现在大地主贵族已经完全得势。法兰克的政府、社会和经济，在精神上，在形式上，都已成为半封建式的，虽然当时还未曾想出“封建”这个名词，来表明这种新形态。喀罗林时代是以政府和社会确立在那可以称之为封建贵族组织的一个基础之上而著名的。这项改变是奥斯特拉西亚巨头的权力逐渐增长而必然产生的。

如果我们把弗雷德卡的门人对第七世纪世界的陈朽情况所发出的悲观论调和喀罗林朝早期历史家的证明作一比较，“我们就可认识到在第七世纪中欧洲达到了怎样的一个低潮状态，而奥斯特拉西亚的征服和改革带来了一个多么伟大的复兴”。

法兰克王国的真正权力泉源和重心是在北部，即在奥斯特拉西亚。查理·马德尔依靠奥斯特拉西亚巨头的支持，曾把奥斯特拉西亚、纽斯的里亚、勃艮第和阿奎丹各分裂的王国统一起来。而且，北方——不是南方——是一个真正进步而有建设性的政策的中心。征服异教的法里西亚，赞助邦尼非斯在东德意志的伟大传教和殖民事业，如创设弗尔达、赫斯斐尔德、阿莫尼堡各地的寺院以及建立弗莱兴、爱尔福特、弗里茨拉尔各地的主教区，都证明在第八世纪法兰克民族向外扩展和行政管理的力量都还很强大。

这过程由于萨拉森人的入侵高卢而加速起来；其中都尔战役（732 年）和亚威农及尼姆的围攻（737 年），都是主要的战事。南高卢各省的罗曼语居民，特别是在布罗温斯省的（那里的地主阶级不及北方的那样有势力），早就憎恶法兰克人的统治。在这种场合，种族和社会的矛盾发展到了这样严重的地步，以致有些南方的主要贵族对穆罕默德教徒的推进，竟视若无睹。因此，查理·马德尔的军队几乎全部是从讲日耳曼语人数较多的北方，抽调出来的。752 年的王朝和政治革命证实了法兰克地主贵族的胜利。使封建主阶级权力增长的另一原因，在于马德尔运用了下列的军事策略：征用那些属于教会主教区和寺院的大批土地，并把它们作为采邑来赐给他的支持者；这一措施保证了他们对政府的支持，也实质上造成了贵族的中央集权。这种行动是激烈的，但在紧急状态下，却是可以采取的，虽然教会曾指责它是“掠夺行为”①。

马德尔所采行的这项措施，只不过是为了政府的利益而利用那教会久已使用过的办法而已。这是一种出借或租借的制度，把

① “看来查理·马德尔在遭遇到困难局势而做的事情，的确不是对教会财产一般地下令没收。关于这点，他似乎曾受到不公平的谴责。但在许多场合，他曾使用那在理论上属于王室的收回赠与的权利，为的要从这里的主教区或那里的寺院取得土地把它们赠给勇敢的将领；他派遣这批将领去统治辽远的省份，担任郡守或抵抗弗里西亚人或萨拉森人。在这样的许多场合下，土地的真正使用权并不会变更，但这‘恩赐地’租种者被指令不把他们的地租（用我们的名称）缴给教会而应缴给郡守”。——霍治金，第七卷，第 61 页。

土地租借给人,取租的或不取租的,定期的或不定期的,承租人耕种它们并占有它们的用益权。这叫做恩赐地制度,而所以授予承租人耕地是为了恩泽。如果把土地授予僧侣以取得他们的支持,那是不取租费的,而这样赠与的土地叫做“农场”。如果租给俗人,那是收取租费的,叫做“恩赐地”,那成为后来封建采邑的起源。查理·马德尔原作为紧急措施所采用的办法,后来成为喀罗林政府的一个经常制度。王室以教会土地和王室土地分封出去,这样,整个贵族阶层,世俗的和教会的,由于这些封地所产生的义务而受王室的束缚。

另一与这政策近似而会产生更多流弊的办法,是把教会官职从那时起越来越多地授给俗人——当然连带授给他们处理所属教会的收入之权,为的要把教会资产用于世俗的目的。这类“俗人”住持和“俗人”主教,只在名义上是教士;他们所有的想法和爱好都是封建式的。这样一来,教会和世俗间的距离缩短了。教会封建化了,并且加入了当代的封建体系。作战的主教和作战的住持连同他们的扈从都被编入法兰克军队里;军事艺术成了主教一项重要才干。随着这项新政策,“兼职制度”的流弊接踵而来了。查理·马德尔的忠实朋友和支持者迈罗,“只因剃去头发而是僧侣,”曾充任两所寺院的“俗人”住持。他的侄子雨果甚至还不止于此,曾担任五所寺院的住持。

如上文所说,那在后期罗马帝国和早期蛮族时代成长起来的庇护制度,在法兰克人时代,获得了以前未曾有过的一种形式和固定形态。在这时期,封建制度胜过一切,并渗透一切。地主贵族一心要在庄园牧师区内保持教职授予权。地主委派他们所需要的人充任牧师，正像他们指派他们的管理员和管家一样；他们控制牧师区内的收入；他们保留对牧师区财产的所有权完全像对他们庄园上房屋的所有权一样，他们出售、遗传或随意用别的方式让与它们。对这种弊端，查理曼无力管理，更谈不上取消了。他曾七次尝试，而七次宣告失败。所以，封建制度维持了多久，这弊病也继续了多久。

但当法兰克国家这样地经受革命的变更，从而封建的政府形式、封建的社会结构、贵族的中央集权制替代了散乱而又无效能的墨洛温朝制度的时候，一个性质上迥然不同的外部革命，一个不利于西欧“基督教国”经济情况的革命，也在第八世纪中发生了。这是萨拉森人对地中海区的征服。759 年矮子丕平曾占领那旁，并把萨拉森人逐出高卢境外。但是在 697 年萨拉森人征服了迦太基，711 年征服了西班牙，于是他们获得了基地，来经常进攻西西里（664 年、740 年及以后常常进攻，直到 831 年占领巴勒摩、843 年占领墨西拿为止）、撒地尼亚、科西嘉以及法国和意大利沿海地带；由此而产生的结果，使地中海区的基督徒商业破坏不堪，直到十一世纪为止。最近西欧获得了一个写在埃及“草纸”上的文献例证，那是属于 787 年的，从这例证，我们可推论：那个时候阿拉伯人阻碍地中海交通的力量已日益加大。到了第九世纪中期，伊斯兰教成了一个强大无比的地中海强国。

与伊斯兰教对西方商业封锁地中海的同时，喀罗林朝国家形成为一个没有外国市场即没有过去繁盛的东方贸易的国家，一个由地主贵族统治的几乎全部是农业经济的国家；这两种事件的同时发生，绝不是一种偶然事件。两者之间是有着联系的。从经济观点看来，喀罗林时代是一个倒退的时代。在墨洛温朝时代，在某种程度上讲还有古代罗马的商业和贸易习惯。在喀罗林朝，这些状况都已消逝了。到第九世纪，那原为高卢最富饶省的布罗温斯变为一个最贫苦的省了。在那里，叙利亚人的居留地已不复可见。科比的僧侣们曾长久享用从福斯港口所得的大量通行税的收入，到716年，则钱袋里已是空无所有了。马赛降为杂草丛生的港口，终于湮没无闻约有200多年之久。除了贸易衰落以外，还有下列其他各种证据，说明法兰克境内经济状况的显著变动：墨洛温朝的人头税已经取消，城市已在萎缩状态，商品已不流通而具有地方性质。农业活动几乎已占压倒商业活动的上风，一种消费经济已代替以前（至少部分的）交换经济，关税已蜕化到地方的、专横的通行税，造币厂和市场已合并在一起，而墨洛温朝的虚金本位已引人注意的转变为实际的银本位；因为，如果喀罗林国家和流行苏里德金币的地中海地区保持着一些联系，喀罗林朝诸王会把货币单位降低到它以前价值的三十分之一的。下一商业名词的更动也足以表明喀罗林时代西欧改变了的经济和商业情况。古典拉丁字"emere"（"购买"）已不可复见，而代之以"comparare"，意即"物物交换"或"讨价还价"。"mercator"（"购买者"）变成为"comparator"（"商人"），"forum"（"公共集会场所"）变成为"mercatus"（"市场"）。

法兰克人的货币制度是一个复杂而又专门性的论题，这里无须深入讨论，除非币制的改变反映出商业的逐步衰落和经济的逐步转变情况的地方。当法兰克人和罗马人接触的时候，他们熟悉了君士坦丁所制定的罗马币制；依据这币制，九十六便士合成一镑。十七世纪所发现的契尔得立克的库房证明了这一点。但这是货币史上的一件奇事：墨洛温朝诸王既然采用了罗马币制而又放弃它，恢复旧的克尔特金银货币制，像凯撒所曾改动过的那样；对于凯撒的金币，从莱茵河到喀尔巴阡山，远达多瑙河区的日耳曼人，在入侵之前，已经熟悉。对这种货币，法兰克人渡过莱茵河后，首先知道。然而有一个重要的不同点，即墨洛温朝的苏里德币恰等于旧金币的一半价值，当然关于辅币的价值，也有相应的改动。必须知道，这变更不是一种货币的贬值，而是认为使用小货币作为购买工具比大货币要方便；换言之，这证明了在公元前第一世纪和公元后第六世纪之间的700年时期中，货币的购买力已大大地增加了——也许增加到50%。墨洛温朝政府已不是完全蛮族的，因为它能够察觉出在几世纪中逐渐发生的经济变革的性质，还能够实行这改变，并且使旧的日耳曼的赎杀金配合于新的情况。

撒利克法典里的和解费和罚款的等级表明白地指出，有一种旧的货币情况曾一度存在过；罚款在第七世纪中必须予以修改，使它们配合于新的货币情况。这就明了为什么经常重复这样的词句，像“六百地那（便士）合十五先令”，“二千五百地那，就是六十二先令，”以及“一百二十地那合三先令”。一百头牲口定价为二百金苏里德。银币是用以付小笔款子的。这种货币是银地那或银币，四十银币合一个罗马金苏里德。黄金对白银的比例是约一比十二。至于货币在第六世纪中的购买力，则难于作出估计。如果说罗马金苏里德约值五美元金币，而一头母牛，上文已提过，定价为二金苏里德，那么一头母牛在第六世纪的价值则将是十美元。今天甚至一头平常的母牛在市场上也许可售得一百美元。因此我们可作出结论：金钱的购买力在第六世纪比起现在至少要大十倍。

在墨洛温朝时代，黄金还是在流通，但是数量越来越少；部分因为它由于贸易而流到东方去了，部分因为时局的不靖引起了窖藏贵金属的风气，还加上了有大量黄金“冻结”于神圣器皿和教会的饰品方面。到第八世纪，黄金不复出现于公众的眼前；这种情况一直继续到十一世纪为止。关于这种改变的经济上的倒退性质，上文已经提过。黄金完全不出现的情况使喀罗林朝采取了一种新币制。墨洛温朝的货币（苏里德），如上文所述，原是以四十便士作为一先令为基础的。矮子丕平发行了一种合十二便士的新苏里德，然而有理由可相信，这种贬价不像看起来那样剧烈，老先令经过腐蚀耗损，似乎实际上已经减值，而且，由于黄金流通量的缩减，白银的经济价值已经提高。尽管老苏里德合四十便士，新苏里德合十二便士，而真正的结果也许是：把新先令提高到老先令相等的价值或差不多相等。这第二次以白银来代替黄金的币制变更，使改动“赎杀金”制成为必要，因而产生了法兰克社会上各等级地位的一个重要调整；而且，这改变证明了在货币购买力方面此时有些突如其来的增加；因为像上文所指出，西欧的对外贸易被地中海上穆罕默德教的领海权所破坏。试以目前的情况来作一比较，如果说金钱的购买力在墨洛温朝可作为一比十，它在喀罗林朝也许可作为一比十二或还少些。农业变得越来越重要，而工商业越来越趋衰落，“自然经济”越来越占着优势，所以罚款常常以实物即产品来缴付，虽然在账上还记着实数现款。换句话说，一个人是用值多少先令的牛羊，用值多少先令的谷物等等，来缴清法院的罚款的。

所以，从历史上看来，欧洲的著名币制是起源于第八世纪的经济变革以及早期喀罗林朝的立法；这种币制是：十二铜便士合一银便士（即先令），二十先令即二百四十铜便士合一镑。但是镑不是硬币；它只是一种价值的标准。银便士即先令是流通着的最大硬币。

喀罗林朝的赋税制度，和它的币制一样，反映出当代改变了的经济状况。上文已说过，墨洛温朝已看出不可能再征收罗马的土地税。贵族拒绝缴纳它，而僧侣享有它的豁免权。但是，贵族和僧侣把自己所拒绝缴付的税，却向他们的佃农征收；到了第八世纪，土地税已成为庄园化的税，即由每个庄园主从他的土地上的住户征收的税。在同样情况下，虽然在第九世纪以前还没有达到同样的程度，关税或商业税也已成为一种庄园主所征的税。简言之，在喀罗林朝时代，几乎所有的进款都由地方当局征集，也由地方当局用去。很多今天认为属于公共性质的服务，像道路、桥梁一类的国内建设，当时不认为是国家义务而认为是地方义务，作为强迫性的地方服务即劳役来执行的，并且是由业主加在他们的佃户和依附者头上的。所有的军役是由承担者自己开支。政府什么东西也不供应。“军役税”也许是人民所负担的课税中的最苛重者；它的重负压得很多穷苦的自由农降到了农奴的地位。

19 世纪，当经济史观开始使用的时候，历史家有一种风气，即把欧洲商业的大复兴以及政治的深刻变革都归功于查理曼。但是，通过细密地、批判地研究文献之后，我们知道，商业在和农业相比之下，在喀罗林朝复兴里并没起重要作用。的确，查理曼的立法对帝国内的商人表示关切。但关切所及的范围是狭窄的。在查理曼时代，所有的独立经营的商人都不属于法兰克人血统。他们都是外族人；市场制度是由于他们享有特权而兴起来的。建立市场原是属于国王的权利，直到第九世纪，封建领主趁法兰克帝国的分裂，篡夺了这项权利为止。除几乎专靠商业谋生的犹太人和叙利亚人以外，很少有职业商人，直到法兰克人征服了伦巴意大利并合并这罗马国家于帝国版图为止；这一事件看来曾使那些经营利凡得商品而富有冒险性的伦巴商人，越阿尔卑斯山来和北欧建立了通商关系。阿尔琴的一封信上曾提及一个“带着商品的意大利商人”。这些商人不是做普通生意，而是以奢侈品供应宫廷、教会以及最富的贵族家庭。其中有很多人是国库或寺院的仆从或随员，像下列公文程式老套语所指出的那样：“为了某某寺院的应用和需要，”运输地方产品和地方制成品往圣登尼斯、里昂、根特的圣巴伏和圣齐尔兹等地的市场和市集去，并在那里采购所需要的商品。寺院由于它们的财富和所享有的豁免权，是最活跃的贸易因素。它们的船舶往来于每一条通航的河流，它们的商队在各重要公路上都可遇到。圣登尼斯寺院在符腾堡的埃斯令根、在亚琛和芒斯特、在塞纳河盆地的德勒和爱丹普斯，都有仓库和市场，还在罗尼河畔的里昂有一所堆栈和市场，在伟恩也有一所市场。

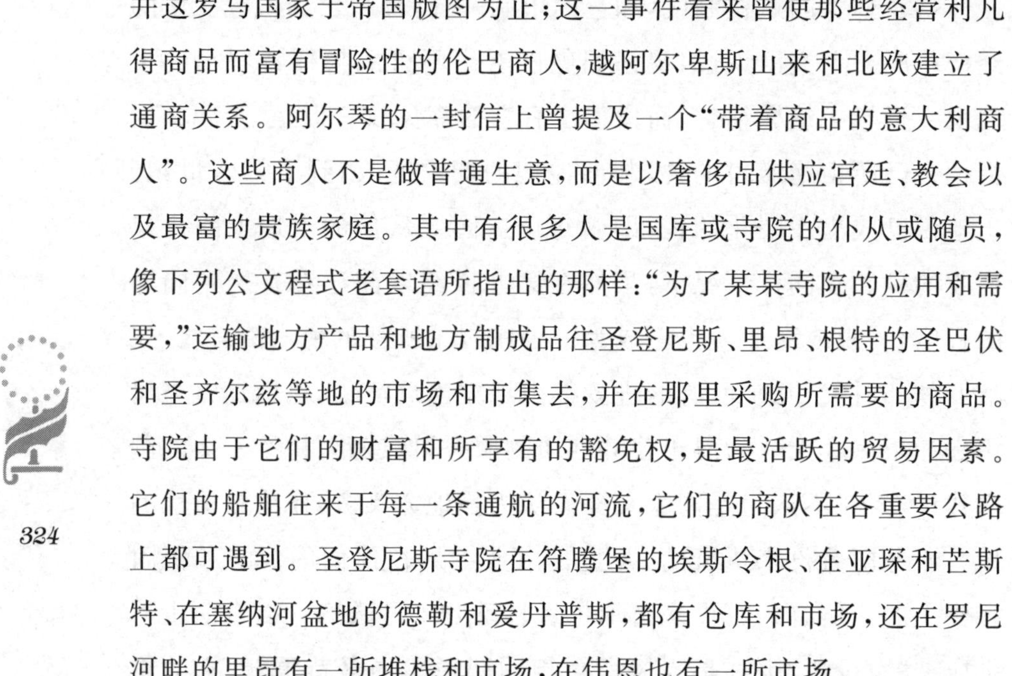

关于喀罗林朝的工业，除了关于像织布、制革、锯木、打铁、制皂、酿酒这一类的地方性或家庭需要的工业可资证明外，像商业一样，其他证明是有限的。所有的高级手工业者像金银匠、制玻璃匠那样，受朝廷和教会雇用，来做建筑和装潢工程，这些受雇者，大部即使非全部，都是意大利的或拜占廷的手艺人。可见喀罗林帝国内一定很少有精巧的本地法兰克手艺工人的。

近代历史家以荒诞而宏大的经济观念套到查理曼时代；其实，这些观念是近代的而非中世纪的商业企业的反映，向后投射于中世纪时代的反映。查理曼曾徒劳无功地企图征服威尼斯，不是为了使法兰克人可控制威尼斯的有利可图的利凡得商业，而是要压制威尼斯的奴隶贸易，要扩展他的统治权于威尼斯，因为它是伦巴的谋叛者和拜占廷的阴谋者的庇护所。408 年时法兰克人征服了阿佛尔人，那曾被夸大地说成是因为查理曼希望打通到达君士坦丁堡去的那条下多瑙河道路；这条道路从蛮族入侵以来曾被封锁；但事实上他的意图仅仅是要征服一个时常侵犯东日耳曼和北意大利边境的可怕的掠夺性仇敌而已。同样，查理曼和哈伦·阿尔·拉希德所建立的关系，是为了实现西方基督徒朝谒圣地和圣墓的要求，为了保护往那里去的朝圣者；在这些谈判中没有什么促进东方和西方商业关系的观念，作为推动力。至多可以说，朝圣者往往沿途做些生意，而小贩和走单帮者不时冒充朝圣者以求免付通行税；这种舞弊逃税在 795 年查理曼和奥法所订的著名条约里受到了谴责，其中有下列一段文字：

> 对于为了敬爱上帝或为了拯救自己的灵魂而愿访问神圣使徒的出身地的香客，让他们安然通行，不受任何干涉；如果有人不是为追求宗教目的而是为图利，杂在香客中间，就让他们在适当的地点，缴付惯例的通行税。

查理曼立法中对公平交易和公平度量衡的注意，基本上也不是为了经济的理由，而是为了道德的理由。在 794 年，在“艰难时期”的一个年头，查理曼曾颁布他著名的限制最高物价的法律；这项法律的用意，与其说是为了经济目的，不如说是为了救济穷人的苦难，那是由教会制定的一种基督徒的义务。皇帝对于那些抢购小麦及其他食物而进行投机的商人的残酷行为，果然深恶痛绝，但那并不是以他的经济意识为出发点的。很多历史家还忽略了这一事实，即这项限制性的立法是用一个教会会议决议的形式，而不是用颁布诏令的形式发布的。

关于查理曼的注意于维护道路和桥梁，我们也可作出大致相同的解释。他的诏令都是带有这种性质的。但是在这方面，他的基本目的，也不是为了促进商业而是为了保证他的军队又快又有效力的移动。有人异想天开地认为：建造那永未完成的"查理沟"（"喀罗林沟"），即那切断上多瑙河和上莱茵河间狭长分水岭（在弗兰哥尼亚柔拉山的威森堡附近）的运河是出于促进商业的意图。其实，它的主要目的是为设置一条由北到南，并在亚琛和累根斯堡之间由东到西的完整水路；而累根斯堡是整个东南日耳曼的军事基地。那在马因斯跨莱茵河上的大桥，基本上也是一项军事工程。甚至查理曼所爱好的居住地，即宫殿或大庄园宅邸的位置（像亚琛、赫斯塔尔、米尔森、英格尔亥姆、都尔内、狄顿霍芬、尼威根、基尔赛）也是依据军事急需而选定的。这些庄园都是沿着军用大路，排列成为梯形，彼此间隔着适当的距离，在那里供应品的仓库和驮物的牛马，是经常准备好的。这些路线沿着河流从亚琛以及从比利时的国库庄园密集的地方辐射出去；人们按上述地点就可找出道路。

然而，我们不应因上面的概述而认为查理曼时代是没有对外贸易的。一个包括高卢、日耳曼、意大利以及部分西班牙的大帝国一定会有而且确曾有过和其他国家的关系。那些关系自然是和邻近国家发生的，而所交换的商品是属于有关地区间的自然产物。意大利同拜占廷与穆斯林领土的接触，使它成为利凡得奢侈品的唯一进口地，因为东地中海区由于拜占廷的舰队，而不像西地中海那样害怕穆罕默德教徒的海盗船。但是，南高卢和西班牙“驻防区”的商业则微不足道。高卢的比斯开湾各港口，如贝云和波尔多，是西班牙橄榄油和西班牙栗子的进口港；橄榄油像《圣腓力培伯特》所指出的那样，在整个西南欧方面，在寺院里用作食料，而在教堂里则用作点灯油。东方货物尤其是丝绸，尽管穆斯林和基督徒间有战事，还通过伊斯兰教西班牙而进入了高卢。奥尔良·帖奥度尔夫详细地描写了他所亲见的丝绸外套，“染着各种颜色”，并有格外漂亮的式样；他还描写了来自哥尔多华的麻布、羊毛衣料和皮革物，白的、紫色的和大红的都有。

布勒塔尼、波亚图和爱尔兰之间的贸易关系，上文已提过，早在罗马帝国后期已经建立，而在第五和第六世纪爱尔兰接受基督教后，更增加起来了。圣科兰班曾搭乘往来于高卢和爱尔兰之间的航船，到达了南特，并带来了貂皮、提篮和陶器。查理曼时代对爱尔兰的外交和商业关系比在墨洛温朝时代密切得多。但是又有一件难事：要分别谁是沿路做生意的爱尔兰朝圣者，谁是真正的商人。这些朝圣者几乎总是和商人们结伴同行的。

当然，我们所知道的关于奥斯特拉西亚、法里西亚和德意志的贸易活动，比关于法兰克帝国任何其他部分的要多，因为法兰克政权的总部是在奥斯特拉西亚。查理曼的首都亚琛对莱茵河和它的支流的整个地区来说，位置优越，处在北德意志（萨克森和瑟林吉亚）和北高卢间的交接点上。如果研究中欧的河流系统，我们可清楚地了解喀罗林朝及以后的各商路。因为几乎所有的大路，都是沿着河道的。

在第七世纪中，本尼狄克特派僧侣在法兰克王国的异教的边境上所进行的积极传教活动，是后期墨洛温朝时代的一个破格，因为这一世纪原是有很多内战的混乱时期。当王国的本部已信奉基督教以后，异教还在边境上苟延残喘着：在柔拉山和佛日山区，在上谬司河和摩塞耳河流域，尤其是在法兰德斯、不拉奔和法里西亚，在那里满布着茂密的森林和广阔的泽地。在这些辽远的地方上，在600和680年间建造了拉克斯厄、斯达维洛特、麦尔默第、圣巴伏、圣奥麦、圣柏坦、圣里奎尔、圣汪列尔各大寺院，还依次建造了新教会。这些传教团的成功是与它们的世袭领地的增长密切有关的。农业、牲畜牧养以及有关农业经济的技术和手艺曾大踏步前进；寺院成了当地的市场，并从水陆两路输出了它们的剩余产物给其他市场。在这一方面，不容置疑，后期墨洛温朝和早期喀罗林朝时代，是这些地方的一个物质繁荣时期；这种繁荣状态继续到第九世纪北欧人再使它们蛮族化为止。在僧侣指导之下，当地居民(其中大部分是寺院的农奴)排干沼泽地，清除了森林，并把荒芜地区，变成了牧场或良田。

在喀罗林朝早期历史上一个最重要的经济事件，是法兰克人的征服法里西亚。在罗马帝国的盛世，这个地区，约当于现在的荷兰南部，曾是一个令人惊异的商业活动地区。法里西亚人在盐沼地上放牧了成千成万头绵羊(法里西亚羊毛是出名的)，他们曾是下莱茵河和不列颠间横过海峡贸易的中间商人，也曾是罗马高卢省和日耳曼人间的中间商人。从第五世纪中期到第八世纪上半期法兰克人征服它为止，从商业观点来说，北海几乎是一个法里西亚的内湖。盎格鲁-撒克逊人的征服不列颠使法里西亚与下日耳曼同旧属罗马的不列颠的联系，比以前关系更加紧密；并扩大了法里西亚商业的活动范围。普洛科匹阿，一个第六世纪的历史家，甚至说，法里西亚人曾参加过萨克逊人侵入不列颠的行动。当然，他们的商人在早期已出现于伦敦和约克城。

在同一时期，法里西亚人找到了斯堪的那维亚的国家，并深入了波罗的海。瑞典美拉湖畔的贝卡、瑞典大陆上面对哥特兰岛的边谷、南芬兰的贝基奥、威堡附近的边谷、挪威脱伦典渡口的边谷安、后来的卑尔根附近的比耳克罗恩，这一切地方都曾是法里西亚人的贸易站。爱尔兰海被一个第六世纪的历史家称为“法里西亚海”。当法兰克人渡过莱茵河的时候，在科伦和马因斯，已有法里西亚商人。所有这种贸易的力量是从莱茵河支流上近后来的乌得勒支的杜尔斯特德，发挥出来的。

在邦尼非斯改变法里西亚人信仰的计划里，兼有商业的野心和宗教的热忱，因为查理·马德尔和矮子丕平的宝剑支持着这种传教活动。在跟着发生的战争中，法里西亚人作战是为了自己的贸易自由而防止法兰克人吞并它，在程度上相同于为了他们的宗教而作战。他们很快就看出：法兰克人的基督教意味着法兰克人的商业征服。正是查理·马德尔最先预见到这个问题，并以征服法里西亚的方法来解决了它。早在753年的一件公文里，可看到在圣登尼斯市集上已有法里西亚商人。我们还知道，在第九世纪里，法里西亚商人曾在摩塞耳河区及亚尔萨斯采购葡萄酒。养羊已成为法里西亚沼地上的一种有利的事业，而法里西亚羊毛曾是喀罗林朝时代的一种重要的原料。杜尔斯特德是这地区的主要商埠,它的市场和造币厂是名闻远方的。稍逊一些的是发尔赫棱岛上的威特拉城。这两地在第九世纪中都被北欧人破坏,结果使杜尔斯特德的贸易上行莱茵河,后退到提尔和科伦,即向内地退到伊塞尔河流域,在那里兴起了德文特城。法里西亚的征服和那里羊毛贸易的发展,跟着使法兰克人和英国人的联系进一步密切起来。比德提及在伦敦有过一个法里西亚商人。在795年,查理曼和麦细亚王奥法签订了一项条约,来互相保护在他们领土上的对方商人。具有重要意义的,是喀罗林政府所征唯一真正的商业税,是在布伦附近克旺都维克的"海峡"诸港口、在什留塞斯(斯类斯)以及在杜尔斯特德征收来的。所有其他像桥梁或道路的通行税,仅仅是作为维持费的。

但是,报应是注定要跟着法里西亚"帝国"的倾覆而来的。法兰克人原不是善于航海的,因而那曾经由法里西亚人占领过的地方,在第九世纪就被"外侵团"[①]占夺了。北欧人之所以能够兴起、扩展并表现出他们巨大的商业力量,是由于法里西亚人的势力的毁灭。大北方的商业开发的遗业落入了北欧人而非法兰克人之手。

东日耳曼和斯拉夫人贸易关系的发展,上文已提过,早在达哥伯特时代便已开始,而在喀罗林朝还在继续。在征服萨克逊之后,805年时(也许这年代是不可靠的),查理曼第一次制定了法律管

① "外侵团"(Vikings)即北欧人,在第八至第十世纪时期,侵掠欧洲西海岸的海盗。——译者

理这边境贸易，并且沿着从易北河口到中多瑙河为止的斯拉夫边境，建立了一连串的设防商站。这些商站是：巴杜威克和瑟塞尔（靠近后来的汉堡）、萨克逊的爱尔福特、易北河大湾的马德堡、哈尔斯大德（靠近后来的班堡）、在瓦尔德·那布河和普弗赖姆特河合流形成的那布河畔的普弗赖姆特（在后来的奥柏普法茨）、福察姆、罗耳士以及那布河口多瑙河畔的累根斯堡。

尽管法兰克史料除了提及被禁出口的兵器甲胄以外，没有说到这项边境贸易的性质，但我们可从其他来源知道：这贸易主要包括有毛皮、蜡（大量的蜡用以制造教会用的蜡烛以及用以封文件）、蜂蜜、亚麻（斯拉夫人种植大量亚麻）、大麻以及奴隶。日耳曼硬币在斯拉夫人中间开始流通之前，亚麻布条曾当作货币，像在早期殖民地时代，美洲印第安人使用贝壳珠[①]那样。织布、制陶器和木刻是他们的主要手工业。咸水或淡水捕鱼，是一种普遍的谋生方法。当时，波罗的海沿岸的斯拉夫人是海盗和贩卖奴隶者。爱因哈德的《编年史》（808年）说勒立克小港（靠近后来的威斯马，这座城直到1237年时才建立起来）是丹麦商人所常到的地方。这些商人主要是什列斯威人。在东南日耳曼，巴伐利亚和“东方驻防区”很少有什么商业痕迹遗留下来。威尼斯商人努力穿过勃伦纳山路，也许到过奥格斯堡，并冒险前行，远及累根斯堡，尤其是在阿佛尔人失败以后。阿佛尔人的庞大宝库，储藏着两百年来从巴尔干和北意城市得来的掳掠品，数量惊人，像亚历山大大帝所占据的大流士宝

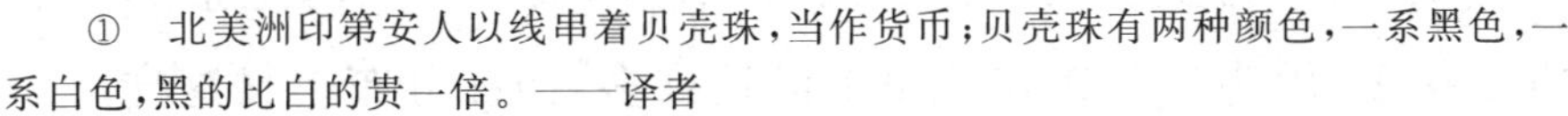

① 北美洲印第安人以线串着贝壳珠，当作货币；贝壳珠有两种颜色，一系黑色，一系白色，黑的比白的贵一倍。——译者

库那样；当所有积聚的硬币和金银器皿投入西欧的时候，它们的影响使法兰克货币的购买力暂时跌落下去并使物价上涨起来，直到这些金银在贸易中被吸引到东方去，或再度被窖藏为止。有人估计，在779到799年间，镑的价值比804年以后的价值，要多三分之一。据编年史家的记载，胜利的法兰克军队曾带走十五货车的黄金、白银、宝石和丝绸。

有人认为查理曼统治下的欧洲复兴，是以商业和工业的大复兴为特征的；这是一种证据很少的夸大之词。绝不是这样的。当时，农业状况凌驾于商业和工业活动之上是证据确凿，无可争辩的。喀罗林政府的整个体系，社会阶级的各种类型，都是以土地占有制为关键的，就是说，少数人拥有大量地产而多数人则陷于依附状态。这个时期主要地是一个农业状态和自然经济的时代。欧洲的政体，欧洲的社会，都是属于也产生于一种风行的土地制度，而查理曼最有建设性的经济活动，是和农业相联系着的。甚至在这一范围内，他的努力也是限于使王室领（国库领）的行政系统化和制度化。他的立法对僧侣和贵族领地的管理，没有什么关系；这些领地的管理，完全和他自己的大庄园的管理相同，而且，其中有的比王室大庄园管理得更好；所以皇帝责成每个郡内的郡伯去考察这些庄园，以图改进他自己的土地。喀罗林朝的"盛世"是由于皇帝、僧侣和大土地所有者的顽强努力，他们在庄园管理方面采用了优良的制度。皇帝做了什么，主教、住持和贵族也做了；主教、住持和贵族做了什么，皇帝也做了。但是，关于王室领地的资料，我们所可获得的，远多于关于教会世俗领地的资料；而且，皇帝的立法重要得多，因为王室领在数量上既这样多，而在分布上又这样广。

有一个苦心研究的学者曾估计说：喀罗林朝的王室领包括有一千六百十五个单个的领地；其中很多和“县”甚至和“州”同样大小，村庄星罗棋布。它们包括无数的广大农场（庄园或村落），“宫殿”、葡萄园、森林、矿地和采石场。“领地”是由许多村落或庄园集合而成，组成为一个行政上的经济单位，每一个庄园或大农场受一个地方管事的监督，而地方管事则受地方郡伯的监督。这些领地中，有的是很大的，包括三十、三十五、六十三甚至七十所庄园。这个庞大遗产的核心，是奥斯特拉西亚公爵的家族领地（在近代的比利时）。由于喀罗林朝合并墨洛温朝的王室领，它大大地增加起来，而其中大部位于下莱茵河和摩塞耳河流域以及东北法。这一地区的面积可在地图上划出下列一线来表明：从喀罗林朝旧都赫斯塔尔起，下行瓦兹河到它和塞纳河的合流处，上行塞纳河到玛恩河口，上行玛恩河到维特列·勒·法兰西——差不多是彭提昂的所在地。即在墨洛温时代奥斯特拉西亚公爵的一所庄园——从那里到摩塞耳河的狄顿霍芬，下行摩塞耳河到科不林士，从那里下行莱茵河达乌得勒支，于是又回到赫斯塔尔。在这广大的梯形领地里（今天包括大部比利时、卢森堡、东北法、洛林和莱茵日耳曼），是最大的、最富饶的、最密集的王室领。在和这一片广大的世袭领比较之下，其余的国库领则是相隔很远地分散着的——在德意志、在意大利、在高卢的其余部分，而它们的收入也较差。后一类的庄园是用作维持当地官员的，而在遇到这些地区发生战争时，则用作军事供应地。上面所指出的那一片广大土地的中央地位、接连的性质、土壤的肥沃、如此适宜于种植葡萄的摩塞耳河和下莱茵河狭长温暖的流域、浑斯特列克的金属以及可航行的河流网——这一切

条件互相匡济，使这块美好的地区得成为法兰克王国的核心。我们知道这区域内约三百所大庄园的名称和地点，还有更多的庄园现在已无从稽考了。

所以，显而易见，管理大庄园对查理曼像对中世纪其他的国王一样，是一件主要事情。查理曼是一个异乎寻常的有才干的统治者，对他的财产，事无巨细，都亲自监督。每所庄园放在一个管事或管家的管理之下，管事负责保持它，还须作出资产和进款的常年报告。有大批这种庄园的账册，流传到今天。作为这些管事的指南，查理曼（他是方法的首倡者）亲自制定了一种庄园管理手册，叫做“庄园诏令”。这诏令包括有七十节，其中有的很长，使人惊异地得以窥见当时的农业经济情况。但在摘引这有趣味的文件以前，应先描述查理曼到他的一所庄园时所住的“庄园大厦”。它是由排成四方形的几幢房屋集合而成，几乎所有的房屋，都是一层楼高。它耸立在用木栅来保护的广场的中央。入口道路的两侧，种着树木。人们穿过外门后，再穿过内门，就立刻进入了宽敞的居室。在这叫做大“厅”的背后有别的房屋排成四方形，环绕着一块种着花的草坪；各幢房屋的外边用像回廊那样的绕着方场的圆柱廊接连起来。在后边，但和建筑物的主要部分相连接的，是其他的建筑物，即厨房以及仆役与随从的房间。距这些房屋最远的是仓库马棚。

在广场之内有别的建筑物，像谷仓、畜栏和厢房等，还有一块菜圃。高的木塔内包括有最好的卧室。它的阳台，在夏天是一个凉爽的地方。各种东西都是用木头制造的。在十二世纪之前，石头建筑物除了教会大厦以外，是罕见的。在 1100 年前砖头是很少见的。罗马人原是出名的制砖者，但是这制砖的技术在“黑暗时代”已经失传于北欧，而在好久时期内，没有复兴起来。

在大厅的内部，摆着一张大桌子及几条凳子，但是最舒适的座位，是靠室内周围墙壁放着的箱子，这些箱子用作保藏东西的。它们的上面盖着熊皮、狼皮和鹿皮的外罩。墙上挂着麋鹿的有叉角的头，或野猪的或熊的头。地板上在夏天铺着沙土，或盖着柳条。唯一的炉灶装在厨房里(厨房靠近餐厅)，厨房在冬天充作卧室之用。各种东西，除了面包外，都放在无遮盖的火焰上，在罐头里、在平锅内或烤、或煮、或煎。烤东西是用铁钎，由厨司把铁钎转来转去，使各面同样受到火炙而不致有一块地方被烧焦。炉灶很大，足以烤整个一头牛或者一头野猪。烘面包有时是在装着出烟管子的火盆里进行的。然而，在大多数场合下，烘面包的火盆是放在户外的。木柴或炭是唯一的燃料。没有火炉的房间，有时用烧旺的炭盆取暖，但是那时必须小心地注意通风。

一个法兰克贵族在大庄园住宅内的生活，果然是粗陋的，但并不有别于十七和十八世纪美国弗吉尼亚的大农场主的庄园住宅生活。差不多一切生活必需品都是就地生产出来的。制服装用的羊毛，剪割、清洗、梳刷、纺织都是在庄园宅邸内进行的。兽皮由农奴鞋匠来硝制并制成鞋子。兽肉是用盐腌、火熏、醋渍的。各种家庭和农业工艺都是由庄园上的农奴来做的——制鞋匠、硝皮工、染工、织布工、铁匠、制车轮匠和木工。但应注意，没有说及在领地内存在着什么市场，就是说，商业还未曾高度发展。在“庄园诏令”内，只有第五十四节内提到了市场，命令管事应注意“朕的农奴不得游逛市场或市集”。

下面从查理曼的真实训令中引来的摘要，大部分是不言自明的。如果看来有需说明的地方，我加上了几句话：

每个管事应编制关于朕一切进款的常年报告；应记入：由朕的耕夫所赶的牛来耕种朕的土地，由朕庄园上佃农所耕种的朕的土地；应记入：猪、森林、田地、桥梁和船舶、葡萄园和应缴葡萄酒给朕的人、干草、木柴、火把、木板及其他类型的木材；荒地的范围；蔬菜、玉米、高粱；羊毛、亚麻和大麻；树生的果实；栗树；接枝的树木；花园；甜菜根；鱼池；皮革、毛皮和兽角；蜂蜜、蜡、牛羊油脂和肥皂；桑实酒、蜜酒、醋、啤酒；新谷和陈谷；母鸡和鸡蛋；鹅；金属匠和金属工人的数目、制剑者和制鞋者；柜、箱和量器；小牡马和小牝马。管事应在圣诞节时，把上列各项分门别类，有条有理地报告给朕，使朕得知朕所有的东西以及每种东西的数量。

在朕的各庄园里，朕的管事应具备尽量多的牛舍、猪圈、羊棚和山羊舍，而且他们绝不得缺少这些东西。加之，他们应保有由朕的农奴为了他们的服务所提供的牛只，这样我们的牛舍和耕犁无论如何不致由于朕庄园上的工作而短少起来。

朕的管事必须极端仔细地供应那些用手制备的东西：脂油、熏肉、咸肉、葡萄酒、醋、干酪、白脱、麦芽、啤酒、蜜酒、蜂蜜、蜡、面粉；这一切，应制备得极端整洁。

查理曼曾想把他的大庄园变成为活像一个绅士的乡村别墅一样，请看下文：

每个管事在朕的每个庄园里，为了点缀园景，应经常保有鹅、孔雀、野鸡鸭、鸽、鹧鸪和雉鸠。

诏令中有下列一项条文：

为使朕的妇女工作，应按照所指定的适当时间，来给予她们材料，如亚麻布、羊毛、大青染料、朱红、茜草根制的颜料、理羊毛梳、起绒草、肥皂、润滑油、器皿及其他必需的东西。

关于房间设备的条文规定：

在朕各庄园内的房间里，应具备床被、坐垫、毯子、枕头、床单、桌布和凳布；铜的、锡的、铁的和木制的碗盏；铁架、链子、锅钩、手斧、斧头、螺钻、小刀以及其他一切种类的工具，使无须到别处去拿或向邻人移借。

上面所引的诏令，尽管是这类规程中的最完备而又最重要的，但不是一个个别的例子。在很多场合，这位皇帝显出他是重视王室庄园的有效能管理的，尤其是在指令开出详细的账单方面。很幸运的是其中一个账单保存得完整无缺，还保存了另一张片断的账单；这些都是中世纪统计文献中的最有价值的例子。

那流传下来的关于查理曼的一所庄园的清单如下：

阿斯那帕领地庄园上有一所石头造的王家大厦，式样极好(显然是其中最好的一个地方),有三间房间(大厅、餐室、厨房);整个大厦四周,都有阳台,有十一间妇女卧房;下有一间地下室;有两条柱廊;在广场内另有造得很好的七所木房,还有同样多的小屋和附属建筑物;一所马房、一所磨坊、一所谷仓、三所栈房。庭院用密密的篱笆围绕着,有一个石头大门,还有一个阳台。有一个内庭,也用篱笆围着,种着水果树。

下面分别列举室内用具和工具的数目和类别;农产品计有大麦、小麦、裸麦、雀麦、大豆、豌豆、蜂蜜、白脱、猪油、脂肪和干酪;最后,列出牲口头数,包括有五十一头大牲口,五头三岁的、七头两岁的、七头一岁的、十头两岁的小马,八头一岁的、三头牡马,十六头母牛,两头驴,五十头带小牛的母牛,二十头小阉牛,三十八头一岁的小牛,三头公牛,二百六十头公猪,一百头猪,五头野猪,一百五十只绵羊,二百只一岁的小羊,一百二十只公羊,三十只带小羊的母山羊,三十只一岁的山羊,三只公山羊,三十只鹅,八十只小鸡,二十二只孔雀。从这项清单里,我们可看出家具以及家庭设备方面多么贫乏,而食粮与牲口的储备多么丰富;这种对比明显地指出农业经济已达到一个高度发展的阶段。其次,对于货币,没有提及什么,这一事实也说明在查理曼帝国内,流通的货币是很少的。

除了建立国内的普遍和平外,查理曼还在两个方面促进了葡萄种植业;和平对葡萄种植者来说一向是重要的,因为葡萄不能像小麦那样在一个年头里成熟。第一,查理曼在自己的庄园上有很多葡萄园,在那里,种植葡萄和酿葡萄酒,是在他亲自指导下进行的。他对所有的地中海区人民用脚踏葡萄来榨酒的老方法,采取很自然的反对态度而命令以手压方法来替代它。他委派特别管事，接收葡萄园作为他们自己的，来培植它们。他从没把制造葡萄酒当作王室的专利事业；相反地，他采用了各种方法传布它。第二，他以很多土地、赋税权与通行税豁免权，赐给教会和寺院。因此，在这时期，教会和寺院的土地上的葡萄园就大大地增加起来。很多僧侣地主包括正规的和世俗的僧侣①致力于深耕细作的葡萄种植业。所有的阳面斜坡都成了葡萄园。僧侣甚至把葡萄种植到那些收成不会很好的地方去，像巴伐利亚高原、瑞士以及瑟林吉亚的腹地。皇帝的这种榜样影响了世俗贵族；后者对葡萄种植业也感到兴趣；在这时期，还兴起了一种办法，即划出庄园来专种葡萄，并实行更精细的耕种方法。当时有一个阶层成长起来：他们尽管是不自由的，并向庄园主缴纳他们的大部产物，但还是在租户而非农奴的地位上种植他们的小块土地或葡萄园。

由皇帝保护的犹太人，是在南法经营葡萄酒的大中间商。794年法兰克福的宗教会议通过决议，来防止垄断或抢购葡萄酒，并在葡萄收成不佳时防止葡萄酒出口。在查理曼和哈伦·阿尔·拉希德间的交往中，法兰克商人带回了那些用以酿造葡萄酒的香料，从而法兰克葡萄酒开始输出到东方去。查理曼的征服开辟了到东北欧去的新商路；因而商人往斯拉夫边疆去做生意，以法兰克葡萄酒来换取从波罗的海来的琥珀和毛皮。

勃艮第葡萄酒是经过塞纳河运到巴黎和卢昂的。莱茵河和摩塞耳河上属于行会的船夫，以莱茵和摩塞耳葡萄酒来交换法里西

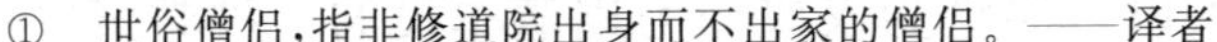

① 世俗僧侣，指非修道院出身而不出家的僧侣。——译者

亚羊毛，生意很兴隆。法兰克高卢境内一切河流上都大量运输葡萄酒，这种运输大多是在寺院控制之下。由于它们享有大量特权和免税权，也由于它们拥有各中心地点的许多码头和货栈，它们成为过去罗马时代"海员"的真正继承人。寺院的代理人和犹太人分享葡萄酒贸易的近似专利的权利。

在上述的查理曼手册里，我们可看到大庄园上的农奴、农民和租户农民之间的区别。按日耳曼法律原来的规定，每个自由人应有一块自由地。但是，一般趋势迫使他失掉这块土地。每个自由人必须服军役，而战争又是常有的；又因为这些战役经常是在春夏两季进行的，所以当他的田地最需要他的时候，他被召而离去了。如果他因此来不及耕种，或因为他的收获失败，他这个自由人就要负债了。起初，他被迫抵押出他的土地的一部分，最后也许全部。一般来说是附近的地主或教会接受这个抵押品。同样的过程在古代罗马曾发生过，现在又重演了。于是，富者愈富，贫者愈贫。当抵押的土地被取消赎回的权利时，那自由人就必然要沦为佃农。如果他还是不能清偿他的债务，他将失掉他的自由，而陷入农奴地位。当查理曼在世的时候，自由庄园的数目——所谓自由庄园，就是庄园内份地的权利由自由租户所保有——似乎是大于不自由庄园的数目。到第九世纪中期，在查理曼的孙子时代，这项比例就倒转过来了。

"军役"即强制军事服役这一项毁灭性的负担，强有力地迫使大寺院和大贵族土地上的自由人降到依附地位，甚至农奴地位；因此，那也成了毫无办法的人们往边境去谋生的一个原因。诏令中三番四复地指责自由人以自愿沦为农奴作为逃避军役的一种救济办法。

> 自由人委身于奴役，因为他们不再能维持自己；他们不是一两个人这样做，而是集团地或全村庄都这样做。约在820年以前的时期，在纽弗勒特有十四个自由人把他们的土地送给圣泽门寺院，而自己做了农奴，“因为他们没有能力来满足国王要他们为战争服务的要求”。[①]

非常明显，“小自由人的确获得了他们劳动的新出路，但是这种出路必然要和他们地位的降低相联系的。他们以独立的地位来换取一个更有利的而又更好地被保护的依附地位”。庄园制度的扩展、采用更为完善的农作方法，特别是在国库或教会庄园土地上，慢慢地使自由小农陷入原属自己土地上的佃农或农奴的地位，这些土地的所有权从他转移到某一个附近贵族或高级僧侣的手里；要不然的话，那改变了的情况也会把他从他祖传的土地上逐出使他成为一个无家可归的流浪者——“一个浪人”。小土地所有者在当时正在进行着的经济社会的转变里，是不能和大业主相竞争的。有些历史家主张：一个比军役更大的苦难，是喀罗林朝官吏的压迫和诈财行为。果然这是当时一个公认的弊病，可是对虐政的怨言，自从政府开始时起即已存在，可不必予以重视。

多柏特在他所著的一篇出色的专论《巡阅使》里，说得好：

> 我们有丰富的资料，可证明法兰克贵族的贪婪性质。我们看到他们无止境地靠着牺牲皇帝或者那些还残存的自由平

---

① 库尔敦：《中世纪的村庄》，第108页。

民,来扩大自己的财富……只有"巡阅使"才能够对这种趋势进行斗争……贫苦的独立自由农没有比当时的实际情况消灭得快,也许必须感谢这"巡阅使"的制度。

关于这种情况,查理曼晚年的立法是很清楚的。803年的《兰哥巴第诏令》中有下列一段话:

朕听到:伯爵的官员以及有些属于他们的有势力的附庸,不仅从教会的奴仆(就是,住在由教会所赐给的采地上的人)方面,而且从其余的老百姓方面,征收地租并强制使用劳动力,如收获、犁耕、播种、拔树根、装货于马车上等等;所有的这些弊端,必须予以停止,因为有些地方的老百姓在这样情况下已被压迫得苦不堪言,以致很多人由于耐不住他们的命运,背离他们的主人或保护人而逃亡,因而土地复归于荒芜状态。

811年时在亚琛公布的《关于出征队的诏令》里,查理曼感慨地说:

穷人愤恨不平地说,他们是从自己的土地上被逐出来;他们受主教与住持以及其代理人的驱逐,也同样受伯爵及其"百户长"[①]的驱逐。他们说,如果一个穷人不愿交出他的土地给

① 百户长(centenarii)是隶属于伯爵的小地方官,在最小的地方单位即百户区内,主要办理司法事务。——译者

> 主教、住持或伯爵，这些大人们就捏造出某种借口把他拖入法院；要不然，他们继续命令他充任军役，直至这可怜的人完全破产，不得不交出或出售他的土地。而在这同一时期，他的邻人由于已经交出自己的土地（因而成为一个农奴而非自由人了）得准予安居在家而不受烦扰。

这种小自由人和穷苦农民的逐步降低身份的过程，是和法兰克人向帝国边境的扩展密切联系着的。

我们看到，法兰克人的"东进政策"或向东挺进的政策，在墨洛温朝时代已经开端；而到了查理曼时代，这项政策加速推行起来了。小土地所有者和被剥夺的自由人逐渐向东推进，到达扎勒河及上美因河那里的地旷人稀的盆地；为的是要逃避那些数目和范围越来越大的大庄园对他们所加的压力（这些庄园包括世俗的和教会的，位于莱茵河以西及中莱茵兰）。而且，在第九和第十世纪，在下摩塞耳河和莱茵地区，已出现土壤枯竭的迹象。当然，关于中世纪时代的人口，是不可能有准确的统计的。但是，近代学者已作出一些相对的论断。在喀罗林时代，条件优越的地区像摩塞耳流域那样，似乎曾有相当稠密的人口。的确，沿着那些作为重要的贸易大道的河流，尤其是沿着谬司河，地名的数目那时比现在似乎是要多。从后期墨洛温时代直到北欧人的侵入时期，在塞纳河和莱茵河之间，人口密度据估计，曾达到每平方哩三百人之多。在喀罗林朝后期，东法兰克王国，即日耳曼的人口据估计，有二百五十到三百万人。800 年时，上摩塞耳河、西格河和上美因河流域开始被日耳曼移民渗入，像扎勒河流域在查理·马德尔时代曾被殖民化

那样(这种移殖主要是由邦尼非斯派寺院进行的)。看来,没有任何大量法兰克人跟着萨克逊的征服而涌到那里。

794年时,巴伐利亚独立地位的倾覆使东南欧空前地开放给法兰克殖民,主要是僧侣和贵族的涌入。他们争先恐后地夺取土地,要想奴役当地居民来开发那里的土地。在多瑙河区,殖民化的特征就是在于僧侣和贵族的性质。

显然可见,这传教兼殖民的混合运动,是直接受着法兰克朝廷的鼓励而进行的,比起北方来,是一个较少民众性和较少自然性的扩展。从亚琛入巴伐利亚的道路是经美因河穿上法兰哥尼亚的天然的——而非军事的——道路;在那里,由邦尼非斯在741年建立的符次堡主教区,是喀罗林朝传布福音和征服东南欧的基地。在这些教会农场上的艰苦劳动都是由被征服的和"皈依基督教"的斯拉夫人担负着。早在这个时期,"斯拉夫"(slav)这个名词已等同于"奴隶"(slave)这个名词;而教会以征收什一税对那个种族来进行有系统的剥削,也已成为一个陈规了。

在未被占据的土地上的斯拉夫人的村庄维持着一种朝不保夕的生存地位,它们四面被新成立的寺院和来自辽远西方的日耳曼移民的居留地包围着;日耳曼移民在森林中砍除树木,为自己开辟新土地。然而在这些日耳曼人中,很多不是自由人,而是隶属于大业主的农奴;这批大业主把他们全部从人口拥挤的法兰克领地上迁移到他们的边境的新领地上。毫无疑问,同这些农奴混居杂处的,还有喀罗林朝社会中人数相当多的下层分子,也就是789年《伟大诏令》第75条中所说的"客人"、"外人",和"乞丐"。他们被经济困难和社会压力逼迫得东飘西荡。这批人由于没有家庭或村庄的联系，乐于在某一个大地主领地上的茅舍里获得栖身之所，即使要丧失自由和付出艰苦劳动的代价。791 年的大荒灾可能增加了这一阶层的人数，因而它可能成了促使日耳曼人向东南欧移殖的一个因素。因为萨克逊还未被征服，居民向那里东进的任何显著趋势还没有表现出来。

从亚得里亚海的顶端到易北河口这一条边境上的斯拉夫居民，在日耳曼人征服和殖民的浪潮里，不是被驱逐，就是被淹没。因此产生了不可遏阻的冲突，其中种族的优势、宗教、语言、贸易、风俗以及生活所靠的土地都成为争执的问题。在日耳曼人方面，这斗争变成为一系列庞大的传教运动和殖民征服。僧侣传教士深入斯拉夫人的荒野，致力于和平的或强制的改变汶德族①的信仰，而且伸出了半神权王政的宝剑来保护教士或替被汶德人杀死或逐出的教士复仇。但是，种族和宗教仇恨心理的背后，还有着居民渴望土地的强烈要求；他们争取田地来耕种，以求糊口；因为在那时所实行的农作的原始状况下，欲求饱暖是一件不易的事情。所以，忧郁的汶德族农民清除了寺院周围的森林，耕种了这土地并饲养牲畜；因为这些边境上的寺院资产从经济观点来说，只不过是边界上的牧场而已。查理曼看出了在边境上寻找新住所的垦荒阶层所具有的意义。在他的诏令里，他曾两次指令他的官员说，“无论在什么地方找到有气力的人，就给他们森林地来开垦吧”。

但是，所有向东南欧的进展曾受到阿佛尔人阻止，甚至很多被他们破坏了。而在第八世纪末期之前，日耳曼人占领的范围已经

① 起初居于日耳曼北部及东部的斯拉夫大族。——译者

远达恩斯河畔。在791、793和796年,查理曼曾三次征讨这些凶猛的劫掠者。以后还在803和811年两次讨伐阿佛尔人,终于征服了他们。803年在累根斯堡会议上,皇帝曾正式组织"东方驻防区"(那在好多年后将成为奥地利公爵领),并把它同从易北河口到亚得里亚海顶端的保卫东境的一连串"驻防区"联系起来。与此同时,对阿佛尔人,像对刚被完全征服的萨克逊一样,行使了强制改变信仰的办法并加上了什一税的重负,为的要使他们完全屈服。

当从人烟稠密的奥斯特拉西亚各省来的居民这样地泛滥于东日耳曼边境上的时候,南高卢的居民也在"西班牙驻防区"找到了一个类似的出路,即在比利牛斯山和埃波罗河间的领土上;这领土由查理曼征服并建成为一个缓冲省,来保卫帝国西南侧,以防止伊斯兰教侵犯。但是,在半岛上,条件与政策基本上是(和东日耳曼)不相同的。东日耳曼的殖民运动本质上大多是自发性的,又是个人主义的。但是,在西班牙,法兰克的殖民运动是政府的一个周密考虑的政策。这领土,在711年以来穆罕默德教徒和基督教徒之间的战争过程里,几乎被蹂躏得一片荒芜;这一征服地,全部被看作王室领,而按封建和庄园的条件,仔细地分配出去。这些封地,在数字上虽不多,而在范围上一般却是广大的。它们大多是赐给法兰克的文武官员,但也有一些是赐给哥特贵族的。法兰克人移入西班牙而愿永留者,人数不多,因为距他们的故乡实在太远了。但是查理曼切心要有一个有势力的贵族小集团,住在"驻防区"内来代表法兰克政权的统治。所以,为了获得这样的一个集团,他把土地封给了在那里作战过的他的将士。这批受封的法兰克附庸召来了他们的部下士兵,也把土地封给后者作为亚封地。这些土地

是按领主制度，由农奴来耕种，或者出租给佃农的。

另有一种赐地的形式是赐“宅地”(adprisio)，即赐一种自由地的特种形式，有些像美国过去的“住宅”惯例那样。同样的土地让与形式，在法兰克帝国的别的部分，可能也曾流行，但是这个名词似乎是独一无二地用于比利牛斯山区的土地让与的。

接受这种赐地者，并不都是西班牙人，但是其中大多数是西班牙人。诏令指出“为西班牙人”、“关于西班牙人”的字样。谁是这些西班牙人呢？有些人在阿拉伯人进入时，曾逃入山区而后来又回到他们在平原上的老家；这种“驻防区”内的居民，就是西班牙人吗？初看起来，这一种说法似乎是有些道理的，但是较多可能的是，他们是从法兰克征服地南方来的基督教西班牙人；他们现在看到了一个基督教政权已在他们的邻近地区建立起来，所以，他们就逃出穆罕默德教统治而到了那里。这批西班牙人的移入不仅是为了政治和宗教的目的，而且是由于加达鲁尼亚、鲁息雍和塞普替美尼亚的富饶土地以及法兰克国王的宽大条件所吸引而来的。其中也有阿拉伯人中间的不满意分子。812 年时，这一类的土地所有者曾派遣四十人的代表团去觐见查理曼，在那一年的训令中列举了他们的名字。这一张姓名表是有趣味的，因为它指明了住在“驻防区”内的几个民族的姓。其中差不多所有的人都可分成为两类，即用罗马化名字的本地人和哥特人。但是，我们还可看到所举出的其他民族的姓：伦巴人卡则勒拉斯，加斯科尼人亚达里克斯，左赖曼(可能是个摩尔人)。虔诚的路易曾说，这批西班牙人自觉自愿地接受了法兰克王国的保护。所以，他在赐他们土地时，曾给以良好条件。

除了这批拥有许多不自由的劳动者和自由的居民的大地主以外，寺院也成了在“驻防区”内广大土地的集体所有者。在这里和在东德意志一样，寺院是文明的开路先锋。正是在这一时期，建造了下列基督教西班牙的大寺院：阿尼尔、科尼斯、拉·格拉斯、阿尔兹·苏·德赫、蒙托留、提比里、圣喜拉尔、塞普替美尼亚的普萨尔蒙第以及里柏利、柏舍琉等等“驻防区”内的寺院。这些寺院组织很快地蔓延开来。当一所寺院建立得很好以后，移民云集，于是僧侣们分散到新地点上去，建立了一所小圣所，在那里起初只有一所小礼拜堂和一所招待游历者的旅舍。但是，这些小圣所不久便吸引了移民来耕种它们的土地，马上这些地点成为一个小社会了。在鲁息雍和加达鲁尼亚的村庄中，很多是起源于寺院的。

关于西班牙穆罕默德教徒和南法人民进行贸易的最早的证据，是在812年时。在这一年，奥尔良主教帖奥度尔夫由于一个重要使命往法兰西的极南部去，参观了那旁和阿尔兹。在阿尔兹，有人为了报答某种恩惠曾献给他水晶和珍珠；有人曾送给他那些面上刻着阿拉伯文的金银硬币，他曾看到有些人有雕刻着人像的花瓶以及“来自凶狠阿拉伯国家里”的染料和布匹，还有宝剑、哥尔多华皮革、珠宝以及各种显然由阿拉伯制造的布匹。必然要得出的结论是：除了战争以外，在阿拉伯人和那个地区居民之间，还有着其他的关系。在这两个民族之间，尽管有着宗教分歧，但通商关系还是存在着；除非因为要交换货物，阿拉伯钱币和阿拉伯货物不会在那里出现的。当然也可能，这些东西是从掠夺穆罕默德教领土而来的掳掠品。

查理曼大大地增加了世俗僧侣的地产，但对修道士来说，他不是一个伟大朋友。在 779 年，他使什一税的征课合法化(以前什一税是由信徒们自愿捐助的)，虽然老早在 585 年，马康宗教会议上已决定，凡拒绝缴付什一税者，将受到驱逐出教的处分。这样一来，他使教会在它固定基金及从供献得来的浮动而又不确定的进款以外，又获得了一个新的收入源流。查理曼又以被征服的萨克逊、伦巴意大利以及西班牙的大量土地，分配给僧侣们。甚至最卑微的牧师区内的传教士，也被给予一个完整住宅和男女农奴各一。在他 811 年执行的遗嘱里，他把他所有财产的三分之一遗留给法兰克帝国内二十一个大主教，并命令：每一个大主教应保留那分配给他所辖省的总额的三分之一，而把其余的部分，分给他的副主教。然而，查理曼对法兰克僧侣的慈善行为和忠实，并不怀着什么幻想。正在他写遗嘱的同一年里，他对主教曾发出一个询问形式的诏令，他问主教们：出家的僧侣和没有出家的僧侣有什么区别。他讽刺地问道，“凡是没有停止千方百计地想法增加自己财产的人——以天堂来约许，以地狱来恫吓，诱使老实人放弃他们的财产而变为贫苦，剥夺他们的合法继承人的继承权，以致他们不得不靠着抢掠过活——，是出家的吗？凡是贪得无厌，竟至贿赂证人的人，是弃世绝俗吗？”皇帝还谴责地主僧侣们所干的勒索勾当。他说，“穷人们大声叫骂那些剥夺他们的财产的人。他们埋怨主教、住持及他们的代理人，和埋怨郡伯及他们的部属一样。”查理曼所谴责的这些弊病，注定要在封建时期越来越变严重。

教会对法兰克帝国的经济社会生活所发生的影响和所起的作用，是很大的；在喀罗林朝比在前朝，还大得多。教会的会议上也讨论过世俗事务并就世俗事务制定了法律；若干有势力的俗人代

表也曾出席会议;查理曼任用主教和住持充当外交官、巡阅使,甚至战争中的司令官。但是,教会的最大影响——除了宗教以外——是通过它成长着的封建势力而表现出来的。上文已说过,教会曾获得大量的土地赠与,它并把这些土地租给人耕种,要不然,直接由住在教会地产上庄园村庄里数以千计的不自由居民来耕种。此外,还有很多自由的土地所有者,在经济困难和社会压力之下,为求教会的保护,放弃了他们的独立地位,并把他们的土地"委托"给教会。有条件地把土地让给主教区和寺院的这一项惯例于墨洛温朝时代已开始出现,但到了喀罗林朝时代,它就成了一个有组织而又有系统的制度;这制度的精髓,按性质和倾向,都是封建式的。在上述的"请求让地"的交易中,很多是以赡养贫穷、疾病和无保护的人为目的的;它们有些像近代的"终身赡养费制",依此,所投的资本,在受惠者死亡时,归于发给赡养费的机关,使他的继承人受到损失。其他很多类似的交易,对教会财产的增加与巩固是有帮助的;因为教会由此得拥有数目庞大的依附农田。社会方面也获得了利益,因为这种制度使它有安定的社会秩序和穷人救济的办法;另一方面,这种制度给教会带来了一种危险,即教会变得注意财产和世袭领的事务,多于注意宗教事务。而且,僧侣所得的土地捐赠迅速地增加着,那激起了世俗贵族的憎恶。从这时期以后的几百年中,我们看到高级僧侣和高级贵族间的冲突事件层出不穷,而这冲突的根源是属于经济性质的。甚至僧侣阶层也分成为两个敌对部分。因为世俗僧侣憎恨修道士的较孚众望,后者的寺院通过信徒的捐赠和遗产一般拥有更丰富的基金。查理曼的同情显然是寄予世俗贵族方面。他似乎已害怕寺院势力的过分

强大。因此，他合并了许多寺院及它们的财产于国库。他从来没有鼓励过寺院制度，的确，在他统治的时期，很少寺院曾由别人建造起来。

这样地变为封建化的不单是宗教中心，像主教座和寺院等。而且，乡村的牧师区和地方教会也卷入了这种过程。由于流行的庇护制度，因而几乎不可能在脱离地主贵族的庇护下来建立乡村牧师区。一个当地的业主，在他的土地上建立了教会之后，就以庄园主的地位，要求有权选择教士来为那里的教徒执行宗教事务，而这些教徒一般都是他的佃户。此外，这保护者也控制着牧师区内的收入，甚至从送给牧师区教会的捐赠和遗产里，也取得利益。一个业主之所以建立一所当地教会的动机，往往远不是无私的或虔诚的。在封建时代，投资建造一所教会或创立一座寺院是最为有利的。

> 那建造一所教会或小礼拜堂于自己土地上的业主，就成为那所教会或小礼拜堂的所有者。他可指派一个奴隶或一个农奴去担任职务(叫做“牧师职”)。他可征收殡葬费和洗礼费。他可强制他的农奴去做礼拜。他可出售或者让与这所教会。他可罢免这牧师，或鞭挞他，或在指派他时，要他赠送礼物。他可使用他充当书记、管事或种田的仆人。他可使用他侍奉膳食、养犬、牵引地主太太的马匹或看守羊群。[①]

“依靠祭坛生活”成了地主阶级尽力使用的一种剥削形式。

① 斐西尔:《中世纪帝国》第1卷，第254页。

第九章　法兰克帝国的分裂
(814—912年)*

第九世纪中的最重要历史事实,是法兰克帝国的瓦解。瓦解的真正原因是封建制度,而封建制度基本上是一种经济和社会力量。大地主阶级原是查理曼政府所建立的基础,但在第九世纪中它获得了支配王室的力量。即在查理曼的统治时代,那瓦解的要素和过程,已可看得出来。在这样早的时期,他所建立的行政机构,已开始被地方地主的利益渗入而受到了侵犯;而且,地主的权力,由于吮吸着帝国的血液,迅速地变为日益强大。"恩地"①、采邑和免除权的制度终将引导帝国到毁灭的结局。

虔诚者路易(814—840年)的懦弱、父子间的斗争、弟兄间的战争(结束于843年瓜分帝国的凡尔登条约)、男爵们的谋叛作乱;所有这一切无非是封建分裂主义的特殊表现而已。各种事情已变为地方性的了,没有全国性的事情了。

那么,封建制度是什么呢?封建制度即由个别私人在或大或小的领土范围内,在或高或低的程度上,代表或占有,夺取或行使公共权力的制度。它是由地主贵族,俗人或僧侣,男爵或主教或住

---

* 地图:锡倍德:《历史地图册》,第56页。

① "恩地"(precaria)是由于请求而赐予的土地,即一种有条件的占有地。——译者

持在一定的领土范围内,对那里所有的居民办理行政、执行司法、征收赋税的制度。在这样的一个政体里,政府的实质是分裂的。王座只保留了一个空洞的宗主地位(宗主权),只是一个名义上的权力,而国王被缩成为一个阴影而已。在第九世纪中封建制度的办法,还在萌芽状态,还在酝酿的过程里。这是潜在的封建制度,注定要在以后两百年间成长得更有力量,并随着它的成长,愈益巩固;终于形成了那封建时代的欧洲,而它的权力在1150和1250年间达到了最高峰。封建制度是一种政府的形式,一种社会的结构,一种以土地占有制为基础的经济制度。

喀罗林帝国的封建性清楚地表现在虔诚者路易817年时把帝国分给他的三个儿子的事件。他们是罗塞耳、路易和丕平。从这一项文献的序言里,显然可见,那分裂帝国的要求是由地主阶级倡议的。为什么?因为按当时流行的土地保有权制度,在国王死亡后,所有的"效忠"和"委身"契约都立刻失效,必须予以续订。只有自由保有地(自由地),不在此限。换句话说,所有属于"采邑"的土地,都失掉产权。新王可依自己的意见,决定同原来业主重订或不重订契约。尽管习惯上有成规,法律上却没有强制国王续订契约的办法。显然,当整个业主阶级想到这样多的土地所有权或土地的财产会晴天霹雳般地破裂了时,他们自然会感到惴惴不安,因而为了避免这种灾难,他们请求皇帝立刻解决这未来的问题。因为法兰克帝国是由采邑和保护权集合而成的一个又广大又复杂的国家,所以,一旦皇帝去世,混乱状态必然会接踵而起的;除非是防患于未然,立即把领土分配给那些应继承他的诸子之间。皇帝理论上的不可分裂性和实际上的统一性,遂因封建阶层的必然的利益

而牺牲了；这一阶层遍布帝国境内，而它的忠诚当然也分裂在三个王子之间。法兰克帝国分成为几个王国，是不可避免的，也是不幸的。

这一事件是封建制度的胜利。虔诚者路易诸子之间的残酷斗争即由此而发生。而且，每个贵族竭力以公平的或肮脏的手段来扩大自己的产业。为了获得新的土地赠与，他们哄骗、威吓或者背叛他们的宗主，为了剥夺邻人的土地，他们进攻他们。他们还强求别人承认自己对土地的世袭占有权。而另一方面撤回封地的权力，是公共权力为防止私人篡夺政权和政府的瓦解的唯一保证。

但是，诸王子之所以互相仇恨，还有比这残酷的领土竞争和争夺“忠诚者”更深一层的原因。各王子都拼命迫使皇帝分配喀罗林王室的世袭领，即国库领，并为自己争取其中最大的可能部分。国库领本身不仅是一个巨大的物质财产；而且国库领还可用以赐给采邑、分发荣典、换取“忠诚者”的支持以及增加政治权力。这些王室领分散在帝国全境，从比利牛斯山到多瑙河弯曲处，从罗马城之南到法里西亚；在面积方面，它们的大小不等，从小农庄或庄园到由成千成万农奴住着的广阔无限的可耕地带。从这些土地上得来的进款构成了王室最大的、最实质的财源。喀罗林国库领的广布性质，连同其庞大的进款（由于查理曼所采用的有效能的管理方法的结果），使国库领像广阔的网一般地笼罩着帝国。国库领的分隔和分散的情况对法兰克帝国的解体所起的作用，比地主贵族的地方政治野心还要巨大。帝国的连续多次的瓜分，以凡尔登的瓜分（843 年）和米尔森的瓜分（870 年）为顶峰，根本上就是国库领在皇帝诸子之间的分配。

国库领的中心位于中欧这一历史事实,可说明第九世纪中欧分割的原因,并使这些地区成为诸王间的战场,这一战场后来就是那些从法兰克帝国废墟上终于出现的各民族国家间的战场。未来法国和未来德国间的分界线,在第九世纪已经划出,因为国库领的最大的一块,是位于它们之间的。东方和西方的国王都垂涎于 843 年创立的中间王国的领土,希望获得那里的富饶王室土地,因而分裂了这领土并瓜分了这战利品。如果喀罗林国库领位于另一地区,或者从来没曾分散过,欧洲那个历史上遗留下来的战争,可能已经避免了。

有人说得好:“如果喀罗林朝诸王曾能向前看而不是向后看,他们将会永远放弃了帝国的观念,退入米尔森条约所规定的广大疆界之内,并在他们的世袭领上建造了一个强有力的公国;他们将在事实上为自己要求了那正在出现的封建体系中的主要地位。”

查理曼曾清楚地看出,保存国库领的完整在政治上和经济上具有重大意义,尤其是保存奥斯特拉西亚大中央区的国库领的完整。在那里,他“实际上永远没有”让与过一块领地。在他长久统治的全部时期中,只曾让出九块领地。他所赠送出去的领地——而它们的数目是很少的——都是从那些孤单的庄园中赠出的。他坚决保持着所有的沿军事路线或河流的领地,或在各省中形成了一片接连的领地。在和这富饶而又广大的一片中央王室领相比之下,其他的国库领都是相隔很远地分散在日耳曼、意大利、南高卢和西高卢,并且在收入方面也较差,由于距离太远、位置太散漫、管理也太难,这些领地是没有多大价值的。它们的用处,在于维持当地的官吏,并在这些地区遇到战争时,作为军事供应地;可是从经济观点来看，是不能和中欧洲的一块领地相提并论的。国库领是虔诚者路易的诸子所垂涎的对象，也是封建贵族所眼红的东西。国库领的瓜分是帝国分裂的基本事实；破坏国库领的完整，就是毁灭帝国的统一。因为法兰克帝国的基石，便是国库领。国王权力的丧失与封建贵族权力的获得，是以国库领的分割或分散为比例的。国库领的完整维持了多久，封建集合体就维持了多久，即对王室的封建反叛被阻止了多久。因为贵族的领地在数字上少得多，而在连接情况上也差得多。

但是，王室土地只是喀罗林朝又广大又富饶的领地的一部分。中欧这一地区有许多寺院，而这些寺院也都是大土地所有者。这些寺院有很多是喀罗林朝建造的，因而是隶属于王室的。王室享有授予僧职之权；所以它不仅控制着这些“王家”寺院的管理，而且也染指于它们的进款。还有别的寺院，是从墨洛温朝落入喀罗林朝控制之下的，因此，很多寺院，在中欧肯定超过半数，同国库领打成一片了。这些寺院的土地和王室财产没有差别。主教区也是这样的；主教的职位是在皇帝的庇护之下，而从主教的采邑方面，王室抽取大量进款。郡伯职位也是同样地授予的。总之，帝国政府是一个庞大的地主组织，而皇帝由于他的双重地位，即最大的地主兼地主政府的首脑，成为一个权力无限、财富无限的地主统治者。

上面所说的庞大财产包括有喀罗林朝的王族土地、王室土地、等同于国库领的教会土地，由土地基金支持的政府和宗教官职（土地基金不仅提供进款，也构成保护关系），这一切对诸王子和那些支持他们要求的地主贵族来说，是值得争取的。这一阶级的欲念

在前一世纪里，是被查理·马德尔所激起，当时他曾夺取大量教会土地并把它们分配于贵族之间；而在第九世纪中这种欲念获得满足的机会了。

虔诚者路易的掠夺成性的诸子，各受一群渴求土地的贵族和高级僧侣的煽动，后者希望获得采邑，或获得一个赋予基金的教会或政府职位。主教和住持巧妙地以请求"恢复"那些曾由查理·马德尔在 732 年所没收的教会土地为借口，提出了这类要求。这位皇帝，好心肠而又懦弱，不能抗拒这压力。他的用意原是要保持国库领的完整，可是，他的传记的作者写道，在他统治的早期，他已这样地滥赠王室土地，"无论在古代史上或在近代时期(应注意'近代'这词是指第九世纪的)，王室都从没有这样慷慨"。

一而再，再而三，进行新的而永远不会满意的领土瓜分，可以说是分配封建化的土地——在 829、831、833、834、836、837、839 年。疆界的交叉、臣服关系的混乱以及由这些连续多次的瓜分所激起的封建的和个人的憎恨心理，这一切，终于造成了如此严重的一种局面，以致只有走上内战的道路。在所有这些瓜分中，不容置疑的是王室土地经常散失。主教区、寺院和各郡的分配办法都是一样的。经济因素已成为这问题中的唯一因素。("大家都了解：要分配主教区、寺院、郡、国库领以及一切在上面所说的规定范围内的东西，连同附属于它们的全部东西。")[①]两个兄长不平地说，幼弟查理获得了最好和最肥沃的部分(的确，给了查理以最肥沃和

① "Omnes videlicet episcopatus, abbatias, comitatus, fiscos et omnia intra praedictos fines consistentia cum omnibus ad se pertinentibus in quacumque regione consistebant, etc."

最优良的部分)①。到839年这斗争的经济性质显然可见了。在进行瓜分以前的会议上,初次使用了关于王室土地、主教区、寺院以及各郡的进款清单。但是,这些“财产统计文件”,对这项目的来说,是太少和微不足道了(因为缺少地方资料)②。

下一年(840年),虔诚者路易逝世,那就成为各派党徒发出暴动的信号。罗退耳决意要获得并保持在莱茵河和塞纳河间的和在阿尔卑斯山和法里西亚间的奥斯特拉西亚王室领的大中央区;路易决心要获得在莱茵河流域人口稠密的城市以及富饶的产葡萄酒的土地(……莱茵河两岸的几个城市以及附近盛产葡萄的地方)③;秃头查理着眼于获得位于塞纳河和谬司河间密集的王室领(……在谬司河和塞纳河之间……给查理的……主要地区……他自己将坚决保持)④。三兄弟都“赶快以武力或以赐给采邑来拉拢忠臣”。很多人,或者由于希望获得更多的东西,或者由于害怕丧失已得的东西,急不及待地委身于这个或那个弟兄。罗塞耳宣布,一切附庸,无论在帝国的什么地方,除非支持他否则就要丧失土地。有些谨慎的人观察形势,等待潮流的趋向,决心际会风云,飞黄腾达。在这微妙复杂的形势里,所有种族、乡土、语言以及旧臣属关系的区别,都弄得模糊不清。我们难以断言,在这混乱局面里,高卢大多支持查理,或者日耳曼大多支持路易,或者“中央地

① “ad Carolum vero plus fertilem et optimam largivit partem.”

② “propter ignorantiam regionum.”

③ “... nonnullae civitates cum adjacentibus pagis trans Rhenum propter vini copiam.”

④ “... inter Mosam et Sequanam... ad Karolum... potissimam regionem... sibi debeat vindicare.”

区"和意大利主要归顺罗退耳。几乎全部阿奎丹都反对查理,东伦巴第拥护路易,莱茵兰——或者说是那里的附庸——分裂于路易和罗塞耳之间,一切都在个人利益或地方观念支配之下。在派系之中,再也看不出地理的或民族的决定因素了。僧侣阶层和封建贵族都分成派系。没有一个社会阶层,像没有一个国家一样,在它的臣服方面,是一心一意的。所有的喀罗林帝国旧时伟大统一的观念,都已化为乌有;只有少数失意的政客对帝国的瓦解,还感到伤心。无论什么地方,找不出分裂的直线。欧洲是在混战的状态里。

对这项难解的纠纷,除战争以外,再也没有别的解决办法了。于是,发生了封特内战役(841年),在那里罗塞耳对他的弟兄路易和查理英勇地作战——编年史家描写他怎样乘马冲入战场,昂然站在马鞍上,挥舞宝剑像舞打禾棒。因为丕平[①]现已死去了,弟兄中没有一人肯承认他的儿子丕平二世对他父亲阿奎丹"王国"的继承权。有一个当代的历史家一语道破了这大规模战役的封建性质。他说,"在这战争里,每一个人或者为了扩大自己的领地,或者为了保卫自己的财产而搏斗"。封特内战役是一场派系之战。弟兄互相敌对。郡伯尼塔尔(从他的笔下我们看到这冲突的最清晰的历史)站在查理方面作战,而他的弟兄安吉尔伯特却站在罗塞耳的旗帜下。据说,在所有的继承都依循男系的时代,香宾却有准许女系继承的风俗,其原因是贵族在封特内战役里屠杀已尽。

可是,不到一年,罗塞耳同意了谈判和平条件。在耶稣复活节

① 丕平是查理、路易和罗塞耳的弟兄,死于838年。——译者

时(842年),两个弟弟会集于凡尔登,长兄罗塞耳的使节也来到那里,当时罗塞耳已有倾向谈判的意思。两个弟弟同主教们经过四天的商议之后,做出一项答复,即罗塞耳可保持他的旧领土,意大利、罗尼河流域以及“中区地”(但这最后一地不包括查理所要求的亚尔丁和喀波那里——“炭林”在内)连同那里的一切王室领,主教区、寺院及州郡。但是,罗塞耳拒绝了,他说这不够报酬他的党徒,特别是因为他必然要补偿一切在别的王国内丧失了采邑的人。为了避免更多的流血,在这一点上让步了。

瓜分的一般性质,现在已经拟定,因而初步条约于842年6月15日,在梭恩河上近马康的一个岛上签了字。至于解决办法,委托给一个委员会进行。路易到萨克逊去镇压那里的农民起义,查理侵入阿奎丹,来压制他的侄儿丕平,而罗塞耳则往亚尔丁山的森林去打猎了。委员们也把他们的会议地点迁移到科不林士的圣卡斯特教会去。他们早就知道他们没有掌握十分完备的资料来作出公平的分割,因而在夏季时期他们派出了许多“调查员”去搜集有关的统计资料并作出有条有理的报告。可是,这项调查所花的时间,超过了预计的时间。的确,“调查员”和委员们在整个漫长而又寒冷的冬季里,共同进行了编辑资料的工作。正是这个季节的严酷气候,减弱了贵族们的贪婪欲念,再也没有一个人叫嚣新战争了。

读者当听到中世纪政府、中世纪教会、中世纪业主是精明的账房时,也许会发生惊讶之感。他们的档案柜内塞满地租簿、赋税表、收支纪录簿、丈量册、财产清单等等。这全部管理技术可追溯到罗马帝国时代,而中世纪僧侣和封建贵族就是从那里获得了这种技术的。上文已讲过,伟大的格列高里所掌握的统计资料,一定非常完备。当日耳曼人定居于罗马各省并建立他们的王国时,他们利用了各省政府档案中的土地丈量册来在他们自己和罗马业主之间分配土地。据都尔·格列高里在580年关于契尔柏立克的记载,墨洛温朝曾企图修订这些赋税册,使之符合于当时的情况,但没有成功。契尔得柏特曾派遣官员往波亚叠去登记当地居民的资产。到了第六世纪已用"多页簿"("polyptichum")这个名词来称呼这类统计文件。查理·马德尔在颁布他著名的《还俗令》之前,已作出教会土地的"估计"。邦尼非斯曾要他所建立的寺院保持详细账册。751年当丕平把他父亲所没收的教会土地部分还给教会时,他在事先已做好规划书。765年时麦次·克洛杜冈进行了他的主教区内的户口调查。查理曼的各项诏令和《庄园诏令》指出了,大皇帝曾是一个多么精明的管事员。对每一个派出去的"收税吏",都发给一张征税表;他所征收的不得超过那张表上所认可的税款,违者将加以罚款和免职的处分。这类表册中,有些片断一直流传到今天,特别是《简明实例》。

有充足的证据来确定下列事实:喀罗林时代的盛世是以国家和教会方面力图整顿它们庄园的管理为特征的。喀罗林朝的复兴产生了大批规划,要把王室庄园以及从它们分出去的采邑的行政管理系统化起来。关于王室行政所作的这些努力,对安排宗教机关,不会是没有影响的。兰普勒赫做得对,他以《简明实例》和《普律姆租簿》相比较,来表明这两个领域间的联系。查理曼在777年曾命令进行萨克逊人的户口调查。在他的妻子喜尔得加德去世后,在783年编造了关于她的财产清册。在787年还编造了关于圣汪列尔寺院的财产清册。在803年,对全部应服军役的法兰克人,进行了户口调查。808年时,进行了另一次户口调查,调查所有领有少于三所庄园的法兰克人。812年时,对一切采邑,包括世俗的和宗教的在内以及国库领,进行了一次详细登记,“使朕得知朕有多少财产”。在这调查册内列出了个别庄园、建筑物、住宅房屋、家具、谷物、牛羊、马匹、家禽以及按职业分类的人口。在第九世纪,这项统计资料的卷册大大地增加起来。829年时,虔诚者路易曾命令全帝国进行军事户口调查。846年时,主教们在摩城会议上曾向秃头查理请愿,“编造”(当时所用的术语)“一张表册要列入您祖父和您父亲时代属于王室的领地以及那些作为采邑而保有的土地”。不幸所有这些世俗财产清册,已经失传,但是还有两种寺院清丈册的实例:一种是在圣泽门寺院于811和826年间所编的《财产统计册》内,另一种是在圣勒米寺院的《财产统计册》内(约870年);它们都是第九世纪的两种无价之宝的统计古文献。我们知道,有很多这类寺院清丈册曾在这个时期编制出来。秃头查理,看来是由于贫困所迫,对这类财产清册,是颇感兴趣的。

从上面的证明看来,842年时派出委员会来登记一切有关行将分割了的王室领和采邑之举,不是一件空想的事情。亚琛的王宫各局以及地方档案局当然掌握着一切必要的资料,而每一个宗教机关也都知道它所有土地的范围、从这些土地上所得的资财以及在这些土地上工作居民的人数和等级。

在843年夏季的后期,委员会又在凡尔登集会,在那里,委员们有着一切由调查员所搜集的统计资料,因而于8月10日签订了最后解决条约。非常明显,在这领土的分割里,经济利益是占着最高地位的。土壤的肥沃、产物的种类、人口的多少以及地位的接连,都是主要考虑之点。这分割是把主教区、寺院、州郡和王室领划作三份来分配,对于它们的面积和它们的资源,也曾特别予以注意。路易曾坚持要法兰哥尼亚的富饶葡萄园,并曾以放弃科伦周围的下莱茵河领地来换得了它们;而这下莱茵河土地给予了罗塞耳。这样看来,路易为了经济的利益,不惜牺牲了原来所主张的"语言区别"的原则。

显然可见,这样一种分割领土的形式,就是,把主教区、寺院、州郡和王室领像一把纸牌般地分出去,漠视了也违犯了任何关于自然疆界、关于种族、关于语言的区别,连经济的安排,也因此有所不便。王国间的界线形成了一张杂乱无章的网;有的符合有的不符合于种族和语言的区别,有的依循几哩的自然界线,像河流那样,但多半是穿过河流、越过山脉的。每种财产,以那时所使用的话来说,是放在天平上权衡过的。如果一份财产证明是太大,不能作为单一的分配物,那么,把它弄碎或分裂开来。以二十世纪眼光去看,这样的办法似乎是令人惊异地不公平的。但是应该记牢:那时既没有种族感觉又没有民族情绪存在。王国只不过是封邑的集合体。封邑是庄园的集合体。政治思想是完全属于地方性的——属于一省、一郡或一块封邑。两个统治的集团,即僧侣和贵族是属于同一阶层,属于同一等级,在各王国内都是相同的。农民,即农奴和贱农,也是属于一个等级,可是属于一个微贱的阶级,被束缚于他们的地主的领地上。在各王国内,他们的身份和状况也是无分轩轾的。这样看来,人们的政治观念,是沿垂直线起作用的;下面的人,无论贵族或农奴,仰视在他上面的人;上面的人,也无论贵

族或农奴，俯视在他下面的人。当时既没有关于社会或领土幅度的意识，也没有民族的或国家的情绪。

如果有人对第九世纪内战的经济性质还有怀疑的话，870 年的事件可完全证明这一点。不顾他们的侄子路易二世对洛林王国的权利，也不顾教皇的抗议，两个叔父于 870 年 8 月 8 日，在米尔森竟签订了分割条约，按照“分裂而征服”的古老办法，把“中间王国”瓜分了。我们确切地知道，这次分割是怎样实行的，因为我们掌握着详细的文献，而这些文献表明了过去在凡尔登是怎样做的。整个王国曾被认作“领地”。843 年的经验还没有忘掉，统计的清丈册和地图也没有遗失。“那次分割是十分精密的，表册上列举了所有的点滴，像立契约者做的一样。”条约条文，先为路易，后为查理，列举出所有的主教区、寺院、州郡来归入各人所有。关于国库的庄园，没说出名字，但也包括入主教区和地方表册上，像一句老话常说的那样：“连同在它的范围内的一切庄园，领主的和附庸的。”[①]路易获得了两个大主教区、四个主教区、四十三所寺院、三十一个郡、四个“半郡”及两个“区”(郡的片断地区)。查理获得了三个大主教区、六个主教区、三十三所寺院、三十个郡以及四个“半郡”。里面，没曾提及天然疆界，也没曾就到人口的血统和语言的差别。就尽量努力分割得公平这一点上看，米尔森条约比 843 年所进行的有损害的领土分割已前进了一步。因为两个国王实际上各被授予了完全包围于其他王国领域内的领土。封建制度真的胜利了。

① “cum omnibus villis in eo consistentibus, tam dominicatis et vassalorum.”

到了喀罗林朝诸王历史的末期，他们在东方和西方浪费了他们的世袭领，因而把自己的立脚地挖松了。甚至当他们幸而获得了新土地的时候，他们也把这些土地消耗净尽。例如，906年时，有势力的巴本堡尔族从法兰哥尼亚被逐出而它的广大领地归国库所有了。当时，这些土地就分配给朝中受宠幸的贵族，而教会由贪婪的马因斯·哈托为代表，也取得了其中的一大部分——“财产和土地……归国库所有而作为王室赠与分配给贵族”。[①] 到了911年，日耳曼庞大的国库领，除了分散的零星小块土地外，什么也没有了。国库领在法兰哥尼亚有八十三块，斯瓦比亚有五十块，巴伐利亚有二十一块，瑟林吉亚有十二块，萨克逊有五块，佛里斯兰有五块。这些中莱茵的产葡萄地是最富饶的部分——“因为这些地方盛产葡萄”。[②] 就这一方面看，西方喀罗林朝比东方喀罗林朝更贫困。

但是，瓦解的过程还没有跟着帝国的分裂和国库领的分散而达到终点。封建制度和瓦解的势力，同样在各王国本身，也起着分裂和分解的作用。因为帝国曾变为一个广大而无定形的封邑集合体，所以各王国势将分解为个别的封邑，而由于各省内地方上有着人种、语言和风俗的历史残余，这种分解的速度就更加快了。这一过程在法国和在意大利比在德国，更走极端；其原因是：在“罗曼”语地区内[③]，两种伟大而不相同的文化，即罗马文化和日耳曼文

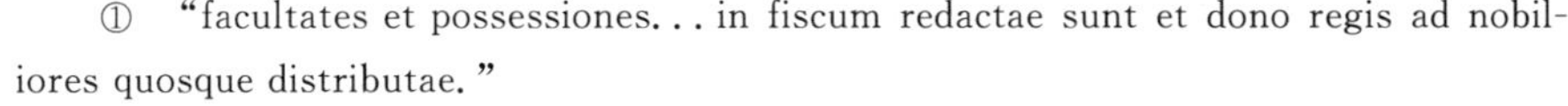

① “facultates et possessiones... in fiscum redactae sunt et dono regis ad nobiliores quosque distributae.”

② “propter vini affluentiam quae in his locis exuberabat.”

③ 指拉丁语系地区。——译者

化，虽互相混杂而尚没有彻底融合起来，而在日耳曼方面，人种、语言和制度的单纯性较强。

当时，有组织的强盗帮会——而强盗们也是贵族出身的，编年史家称这批人为“邪教徒”、“盗匪”、“暴徒”，而称他们的帮会为“匪党”（herizuph）——横行全国，在国王、教会及其他贵族的土地上，进行掠夺。这批“恶魔党徒”，像大主教欣克马尔有一次曾称呼他们的那样——理姆教会的土地上曾遭受他们可怕的劫掠——结成了一个帮会，其中成员以永不互相叛卖、经常共同行动的誓言团结起来。但是，所有的这些暴徒不是完全属于俗人。若干主教正是一样贪财，一样强暴。主教凡尔登·哈托在卦特内战后，变节投降了罗塞耳，由于他的肆无忌惮和贪得无厌的扩充主教领，变为臭名昭著。主教和住持之间存在着永恒的仇怨，他们像贵族一样地为争夺土地而互相搏斗着，而且像狼吃狼一样地互相厮杀着。欣克马尔的胞侄及同姓名的主教隆城·欣克马尔，曾受秃头查理的委托来管理若干王室领，不料他们把这些王室领并入主教领内，并且竟以武力来抗拒国王收回它们的企图。

在这样互相攻击的状态下，并由于这种使用暴力的方法，喀罗林朝时代旧有的大土地占有制已渐渐地缩减为小土地占有制了。查理曼时代的广大领地四分五裂，分成为较小的领地，因而出现了一群小业主贵族。连农庄和庄园在这压力之下，也趋于瓦解。庄园分成为小块地，即以前单一庄园的零碎部分。在第九世纪历史的纷乱实验室里，喀罗林国家的要素分解为分子，而分子再分解为原子。各种东西——政府、法律、制度、社会——都是有着几乎无限的地方分化和分裂主义的倾向。第九世纪的分裂主义不是一个种族或血统的问题，而是一个家族的问题，因为这些家族的利益已变为地方化了。

然而，我们会犯错误，如果认为法兰克帝国的分裂只是一个破坏性的过程。一个改变和转变的时代在历史上很少是一个完全衰败的时期。第九世纪经历了新欧洲即封建欧洲的分娩的痛苦。按这个伟大意义来说，这是一个酝酿的时期。喀罗林朝的各种制度已不复适合于正在前进着的新时代，因为它们既没有必要的活力，也没有必要的伸缩性来在发展了的新条件下保持它们本身或帝国。封建制度的胜利是必要的，也是不可避免的。到了第九世纪中期，法兰克帝国已成为一个庞大无比的过时货了。新的势力正在与腐败和分化的旧势力并肩而同时起着作用，就是说，它们在一个更为符合时代条件和时代精神的新基础上，起着重行团结政府和社会的作用。从腐烂的旧东西所造成的土壤上，注定要成长出新的更为繁盛的封建欧洲。尽管大封建主掠夺王室领地和王室特权的行为是自私自利的，尽管他们的策略往往是残暴、贪婪和不公平的，他们甚至干着篡夺和抢劫勾当，他们甚至常常使用暴力，可是封建制度的本质却是不差的，这从长期历史上看可以得到证明。

看来，有系统地使用主要从下级封建主募来的武装队伍，可归功于塞普替美尼亚・本哈特。可是，前途将是掌握在这些暴徒手里。他们将成为法国的贵族、附庸、十字军队伍的祖先、公爵和显贵。国王柔弱，这批人强大，所以当地社会自然而然地倾向集结于强有力者的周围。帝国制度往往和地方制度格格不入，并且往往压制它们。而地方男爵却懂得它们，反映它们，而且应用它们。

但是,这种地方自治的新精神,不一定是集结在最大的地方巨头和世袭领主的周围。这类巨头多半属于法兰克人系统,因而不足以代表当地的情绪和矛盾。其次,小封建主、低级贵族以及那些害怕自己的自由地被强大贵族并入封邑内的自由人,有时还有那嫉妒地方上俗人优势的地方主教或有势力的住持;这批人是反对大贵族的企求的。他们了解:这些野心贵族是披着"公共福利"的外衣,争取他们自己的利益。他们对高级贵族抱着嫉妒和怀疑的态度。所以,当高级封建主努力反对王室或互相反对的时候,低级封建主和自由人则努力反对高级封建主。低级贵族不时赢得胜利,因而国王由于害怕大贵族的权势,常常以他的势力,来支持小贵族,甚至来支持一个地方上既乎人望又有力量的本地人,尽管他完全不是贵族出身的。法兰克老贵族,由于多次内战、"北欧人"的侵入以及萨拉森人在南法沿海岸劫掠的结果,已经可怕地缩减;这一情况使这新的男爵阶层更加容易抬头,而封建制度遂按照新贵族生根于土壤的程度而成长着。

在第九世纪,这批"白手起家"的草莽英雄的成长,是一个有趣味的政治社会现象,也是一个实例,可说明"补偿律"在一个紊乱的无政府时期,对挽救社会瓦解所起的作用("这样,群众以习惯法来遏阻我所反对的盗劫和掠夺,好像依法行事一样"——给"汇合处"①的通告,860 年)。② 坦尼描写了这项过程:

① "汇合处"(Confluentes)指科不林士城,因位于摩塞耳和莱茵河的汇合处而得名。——译者

② "Istas rapinas et depraedationes quas iam quasi pro lege multi per consuetudinem tenent."—Adnuntiatio ad Confluentes,860.

> 在查理曼以后,各种制度都没有了。但是在这时期,从国家的瓦解里培养了尚武好战的一代作为补偿。每个小首领稳固地立脚在他所占据的或他所保持的领地上。他保有这领地,不再在受托的地位或在使用的地位上,而是作为财产和遗产了。那成为他自己的庄园、自己的村庄、自己的郡邑了。那不复属于国王;他要求它是属于自己权利范围的。在这个时期,保护人,即保管人,就是一个能够战斗或能够保卫别人的人……贵族按当时的语言,就是战士即士兵……他的世系是无足重轻的。他常常是一个喀罗林朝的郡伯、一个国王的受封者或新近无主人的领地上的一个强硬业主。在一地,他是一个尚武的主教或者一个豪勇的住持;在另一地,他是一个皈依基督教的异教徒、一个退伍的匪徒、一个发达的冒险家、一个粗暴的猎人……无论如何,这时代的贵族是勇猛的人,有权势的人,善于使用武器的专家;他不逃走,不付赎金,在队伍的前头挺出胸膛稳固站立,以他的宝剑,来捍卫寸土尺地。为执行这种服务,他无需乎贵族祖先的[①]。

必须认识到,由于封建制度的成长,欧洲人感觉到从后期喀罗林时代的愁苦状态里获得了转机。尽管有弊病,封建制度比濒于无政府状态的混乱总是好些;在男爵的法院里,连农奴也有了地位。“所以我们看到欣欣向荣的状态和成长着的文明,在野蛮、无秩序和暴虐政治的混乱局面里,酝酿起来了。”

---

① 坦尼:《旧制度》,第6页。

老贵族对这些“暴发户”的憎恶，可以说明当时贵族的倾向。当虔诚者路易提拔一个农奴子厄波充任理姆大主教职位的时候，高级贵族和高级僧侣都大声抗议；因为随着教会越来越封建化，主教也日益从封建家族里遴选出来。反宫廷派对塞普替美尼亚·本哈特所控的罪状之一是：他本人虽属高贵出身，但靠拢低微身份的贵族，甚至靠拢平民出身的人们。844年当秃头查理为了他被控叛逆而把他恶毒地杀死的时候，他的犯罪行为，事实上不见得比很多别的贵族要坏；他们也力求建立地方政权。但是，他犯了一个不可宽恕的“破坏等级”的罪行，因而大封建主把他彻底毁灭了。而在日耳曼，斯瓦比亚贵族仇视胖子查理的首相刘特华，并驱逐他下台，因为他是出身微贱部族的。当朱狄司公主和法兰德斯的鲍威尔淫奔的时候，康边宫廷大为震惊，因为在贵族的目光中，那是一件下嫁的丑事。“有些大贵族无疑是从老根上生长出来的嫩枝，或者是老树干上的接枝，但大多数是不谈，不注意，也不知道这种世系的。”在两三代之内，这些暴发贵族的地位就和旧贵族不相上下了。当法兰克旧贵族逐渐从地面上消亡的时候，新的白手起家的贵族遂取其位而代之了。王座不仅对土地巨头丧失了它执行司法、征收赋税和征集军役之权，而且对封建等级制之外的农民和手艺人，也丧失了控制权。它在这种社会和政治退化的状态下，依靠社会的有机性而获得了拯救。社会安排的新形式、政治权力的新形式遂应运而发展了。

为使旧庄园体系维持久远，一种像查理曼时代所流行的秩序是必要的。可是，当欧洲被北欧人、萨拉森人、匈牙利人所骚扰而又被内战弄得四分五裂的时候，则情况已经改变了。战争破坏并分裂了领土。战争已使人口移到设防地点、城堡庇护所或者有城垣的寺院去。这过程产生了重行分配土地的需要。村庄已被破坏或改变面貌。社会生活集中于村庄的或市镇的集团,因而把它们联结起来的重要性也增加起来了。城堡和炮垒、设防的寺院和有防御工程的庵堂,替代了旧式庄园,作为庄园组织的中心。城寨成了领主的住所。领主的隔离状态需要以分封土地的方法来分裂领地,就是分裂旧领地并构成新的封建的和领主的“权利”。结果是封建制度的进一步发展。

城堡的建造,最鲜明地表现出这个新时代的暴力和地方权力强大的性质。在查理曼时代,当治安权可以有效地行使时,当帝国全境有法律和秩序而只在边境才有战事时,业主阶级曾住在不设防的乡村住宅上而农民也住在空旷的村庄里。但到了第九世纪这项情况已经改变;当时的帝国境内战争频仍,盗贼横行。安全,即保护生命和财产,是社会最急切的需要;当政府——特别在法国——显得无力保障安全的时候,大地主贵族阶层的成员就自行处理事情,建造了城堡来捍卫他们的领地以防止北欧人的侵犯或防止他们周围的强盗抢劫。可是,这种措施不一定是由于政府的疏忽所引起。贵族自然而然地认识到:替国王建造城堡将要加强王室,而这是他们所不愿干的。秃头查理曾不止一次地被迫中止那些为防御北欧人侵犯王国所必需的炮台工程,因为他不能获得守卫炮台的人。贵族是太爱疑心了。当路易三世在安得那赫战役之后企图在喀姆布莱附近建筑城堡,以防止北欧人侵入的时候,因为这个理由,他不得不放弃了这项计划。

建造城堡的权利,是一项主权,也是一项王室特权。现在这项

权利被封建主篡夺了。在法国和意大利——但尚没有在日耳曼，因为在那里国王的权力还强——这些建筑物开始兴起，那是封建制度的一个真正表现。人们可以想象，这种建筑物无论在北方或在南方的沿海，都有需要的正当理由：在北方海岸，北欧人一年比一年更加猖獗起来，而在南方海岸法国和意大利的沿海城市遭受着萨拉森海盗的掳掠。但是，实际上城堡的建造也在国境的正中心进行着。因为随着领土的封建化，每个封邑都有它的边疆。连微小的地形差别，像一个小山脊、一条溪流那样，也成为一条界线了。每一块形势有利的地点，像一座峻峭小山、一个悬崖绝壁、一个两河合流的河湾（在那里成了一个自然可资防御的三角地带）那样，都被占夺而设防了。而在没有这些地势的平坦空旷的原野上，则采用了粗笨的工程；堆起一个人为的土山，在山上建造城堡，而挖出了泥土的渠，正好成为城堡周围的壕沟。

国王向这新的无可奈何的形势屈服了。862 年时，秃头查理曾颁布一道著名的诏令；他先在序言里描写了令人可悲的混乱状态，然后在正文里承认了自己对保障安全的无能为力，因而指令：每个地主贵族应以建造城堡作为社会义务。这是一项多余的《罪己诏》，因为在他周围，这些阴森森的建筑物已经高插云霄。“保护”多半是一个空洞的借口。这些城堡成了强盗男爵的巢穴、匪帮的集合所；他们劫掠周围的乡村，赶走农民的牲口，拦劫商人和旅客，敲诈主教和住持。无防御的自由人和农民，被劫的僧侣、香客和商人大声抗议。他们很古怪地捧着圣经说：北欧人的侵入是偶然的，在掠夺之后就走了，但是这批强盗们像穷人一样经常缠绕着他们。因此，在 864 年秃头查理命令拆毁城堡，而这些城堡正是两年以前由他认可而建造起来的。这项命令只是说说而已。国王对他提倡建造城堡的行为果然自认不当,可是,他没有破坏它们的力量了。封建制度已到了可以不理会国王而站住脚跟的程度了。

然而,建筑这些城堡,从当时的需要来看是有正当理由的。在设防寺院的墙垣周围,在上面造着城堡的山脚下,不自由的居民集结起来,感激领主的保护,即使它是残暴的、蛮横的。封建早期的急切需要,是保护和安全。那是以付出自由的代价来获得的。农民的屈从农奴制,不是全部出于男爵的强暴;常常有乐于接受的。自由人的归入封建体系,也不是完全由于强者对弱者恐吓的结果。封建世界的委身制和附庸制,庄园世界的农奴制和贱农制,都曾是社会的需要。它们遏阻了无政府状态,它们保护了生命和财产;正因为这样,它们代表着社会进步的现象而非社会衰退的现象。

在小说里,这些城堡被说成是石头造的建筑物,有城垣、城塔、吊桥、城门的格子吊闸等等。但是这些东西,是在城堡建筑的后来的远为进步的时期所发展起来的。欧洲的这些早期城堡,是用木料建造的,形式上很像美国早期边疆上的炮台,例如芝加哥的皮特炮台、文森兹炮台、第耳本炮台以及后来的“远西”[①]堡垒。它们仅仅是四方形的木头防舍,有宽阔的屋檐,陡峭的顶,还有几个洞口;如果使用浸着松香水的发火箭头使屋顶着火,或者敌人迫近城堡周围的木栏或木栅放火燃烧墙垣时,可以从这些洞口,把水倾入。城池仅仅是一条沟渠,有横过它的吊桥。窗户是窄狭的裂口。在

① 指美国的西部,太平洋沿岸地区。——译者

由城池和木栅围着的广场之内，有几所房屋，当警报发出的时候，有逃入城堡以求领主保护的农夫寄宿在那里，并且可以寄放牲畜群。每个城堡的不可缺少的附属物，是一口水井。在第九世纪，城堡除非建造在平地上，必须依靠蓄水池和雨水。在一百呎或二百呎或三百呎高的山顶上，穿过坚硬的岩石来挖出一口水井，需要几百个农奴好多年的辛苦劳动。

城堡的兴起和它们的遍布欧洲，在生活方式和文明性质方面，产生了一个深刻的变革。它们开始了一个新时代，一个军事占优势的时代，就是封建时代。在第九、第十，甚至十一世纪，即在封建制度已自觉有力并发展成为一个巩固的政体之前，生活对社会上一切阶级来说，是又困难又粗野的。只在封建制度成了一个有秩序的制度的时候——至少达到像人类政府在任何时代所可办到的合理管理程度——城堡里的生活才变为又文雅又舒适了。到那个时候，军事建筑也已进步到这样的程度：城堡不复仅仅是木头防舍而变为宽敞甚至雄壮的石头建筑物了。坦尼生动地描写了第九世纪这种颓废文明的情况：

> 在这战争连绵的时代里，只有一种统治是合适的，即以一群人的统治来面对敌人，而封建制度便是这样；我们单从这一特征，就可判断它所防御的危险以及它所要求的服务。西班牙《编年通史》上说，“在那些日子里，国王、伯爵、贵族和武士，为了随时作好准备，把马匹放在房间里，在那里他们和他们的妻子一同睡”。子爵在他的塔楼里保卫着一个豁谷的入口处或一个渡头的通路，边境上的郡伯绝望地奔赴漫天烽火的边

境去,枕戈达旦……他的住所仅仅是一个篷帐和躲避所;草秸和树叶铺遍大厅的地板上,这里,他同他的武装骑兵休息着,如果他有睡觉的机会,他便卸下靴踵铁;墙垣上的枪眼几乎连日光也不能透入;主要是防止被箭头的射中。

由于这些勇士,农民得享安全。他们不再被屠杀,不再被牵去作俘虏,他同他的家属不再被赶在牛羊群里走着,颈脖被架入叉耙里。他敢于出门犁田、播种并依靠自己的收获;他知道万一遇到了危险,他和他的谷物、牲畜能够在炮台脚下的木栅圈内找得避难所。由于需要,主塔[①]的军事首领和旷野的早期居民之间,逐渐有了默契,而这就变为一个公认的习惯法了。他们替他工作,耕种他的土地,代他运货,付他报酬,付若干房屋费,若干牲畜费,若干继承或出售费;他们被迫维持他的部队。但是当他享受了这些权利之后,如果出于骄傲或贪婪心,他还收取超出他所应得的东西,他就错了。至于游荡的可怜人在普遍混乱和破坏状态下恳求他庇护时,则将遭受更苛刻的条件。土地是属于他的,没有他的准许,不能居住在那里;如果他指给他们一方土地,如果他准许他们单纯住在那里,如果他要他们工作或以种子供给他们,那么,按照他所规定的条件行事。他们将成为他的农奴……

当我们清楚地想象在那些日子里人类生活的状态之后,我们就能够了解为什么人们愿意承认最可憎的封建权利……人们生活于或可说开始生活于粗鲁而又残酷的统治之下;他

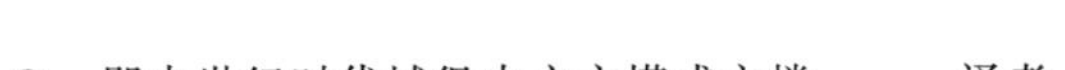

① 即中世纪时代城堡中之主塔或主楼。——译者

们遭受粗暴的待遇，可是获得了保护。领主，即主权者兼业主，在这双重名义下，为自己保持沼地、河流、森林、一切野兽；这倒不是一个大害，因为当时的原野差不多是一片荒地，而他在空闲的时间进行打猎来扑灭大的野兽，尤其是狼。他独自拥有这些资源，只有他才能够建造磨坊、炉灶和酿酒坊；设立渡口或购买公牛，并为了取得补偿，他征收使用它们的捐税，或强制人使用它们。如果他是聪明的善于管理人们的人，并且要从他的土地上取得最大的利润，他会逐步放松或者准予放松那个网眼，因为网拉得太紧，贱农和农奴在里面工作，反而不能生利。由于习惯、需要、自愿的或强制的顺从性所发生的效果，领主、贱农、农奴到底各自适应了他们的地位，由共同利益而团结起来，构成了一个社会，即一个真实的团体。领主领，伯爵领，公爵领，成为世袭领；由于盲目的本能大家爱护这世袭领，大家对它效忠。领地同领主以及他的家属遂混淆起来了，在这一关系上，居民引领主以自豪；他们乐于讲述他的武功；当他的马车队通过马路的时候，他们拍手欢迎他，由于同情，他们为他的阔绰豪壮而欢欣鼓舞。如果他变为鳏夫而无嗣的话，他们将派遣代表团去请求他再娶，免得在他去世以后，国家将陷入因继承权而战争的局面，或受邻人侵犯[①]。

正是在这世袭领文化和领主情感的基础上，中世纪时代的物质和道德文明建立起来了。

---

① 坦尼：《旧制度》，第 8—9 页。

历史上罕有某种进步而不伴随着某种衰败的现象的。关于喀罗林帝国灭亡的整个历史,便是这项真理的明证。在第九世纪,北欧人的侵入破坏了布勒塔尼的农奴制,虽然也可公平地说,封建制度从没在那里有力地流行过——倒不是因为在凯尔特人的心里对封建制度,有什么种族反感,而是因为那里土壤的多岩石、大森林和广阔的沼泽地和像封建制度那样的以土地为基础的政体是格格不入的。甚至在塞纳河流域(在那里封建制度已是最根深蒂固的),北欧人的侵入产生了两种相反的作用,一方面促进了农奴制,另一方面削减了农奴制。懦弱的农夫退缩到城堡的庇护之下,因而接受了奴役,作为获得安全的代价;勇敢的农夫以逃亡并参加北欧人的队伍而摆脱属于土地的农奴地位。那著名首领哈斯丁斯不是一个北欧人,而是一个逃亡的法兰克农奴。

如果有什么方法能够确定资料的话,那么,关于第九世纪人口减少的历史是有趣味的,也是有教育意义的。但是由于资料这样少,除了概述以外,没有别的办法了。然而,这是一个确定的事实,在意大利、法国和日耳曼,都有严重的人口低落现象,也许在日耳曼人口减少得最少。在法国南部地中海沿岸和北高卢,情况最严重,前者遭受萨拉森人的蹂躏,后者遭受北欧人的侵犯。可是中高卢和意大利内地,虽然逃过了这些盗匪的掳掠,但由于男爵和男爵间的冲突以及当时的混乱状态,也受灾深重。

第九世纪人口的移动,如果有可能追究的话,也是有趣的。这里,再一次可看出静的和动的趋势。当成千累万的自由人落入农奴地位时,坚决而又耐苦的农夫,逃入森林深处居住,以避乱世;而在百年以后,当最混乱的时期过去以后,教会和封建主在那里发现了这些森林里的小村庄，于是它们又把这种居民抓入什一税的圈套里和庄园制度的罗网里了。像这一类的移动，是太难捉摸而不易追根究底的。但从下列两个例子里，我们可获得较多资料，来说明整个区内的居民从他们旧地方移到或被移到一个新地方去。在法兰德斯，大批居民部分由于北欧人的骚扰，而更多因为低海岸上遭受海水泛滥，离开了那里；关于他们的流亡记载，我们还可看到。乌得勒支的匿名编年史家早在第九世纪，曾描写这种居民说，"差不多像鱼一般地在水中生活着，水从四面八方包围着他们，所以他们除非乘船，很少同外界接触"。圣柏坦的编年史家曾记述839年的一次洪水，说洪水冲破了当地的天然堤岸——他称之为"堤坝"，溺死了很多人并驱走了更多的人。有的难民被赶到日耳曼去，有的溯莱茵河上行，另有人渡过海峡到英国去。

大批居民从一区到另一区的移动是殖民，虽然"殖民"这个名词多半是用在比此更加严格的意义上。中世纪殖民史上著名的一章，是关于早在虔诚者路易时代对"西班牙驻防区"的殖民。查理曼战争（在西班牙北部对穆罕默德教徒的战争）曾使比利牛斯山和埃波罗河间的大块领土，变成一片荒芜。这荒芜地带甚至蔓延到塞普替美尼亚。为使这破坏了的地区再有人居住，虔诚者路易把这些荒地赐给宠臣，而后者使用了不自由的佃户来开发他们所得的土地。但更有意义的是按宽大条件发放大量自由地以利移民。在第十世纪，当罗尼河流域萨拉森人被逐出以后，所遗留的人口稀少地区，也行使了这同一的殖民方法。

在人口移动方面，战争、盗劫、洪水和饥荒是四个最大的因素。单纯饥荒，除非很严重而又为时很长，是不会迫使人口迁移到别处去的。然而,农夫在恶劣气候条件下所遭受的痛苦,远非我们所能想象得到。一个长久的寒冬可以冻死他们的苗芽,一次旱灾,一个多雨的春季,一次谷象虫或蝗虫的灾害可以毁坏他们的收获。有的荒灾是地方性的,其他的荒灾范围较大。我们看到,在第九世纪中,有六十六次这样饥荒的记载。这一世纪是多灾多难的世纪。这种灾难对破坏社会禁忌的风俗、对疏松人和土地的关系、对增加无业游民、对恶化农奴的地位所产生的种种效果,是可以想象的。当然,这种灾难,即使在较小的程度上也使地主阶级受到影响,因为他们是从耕地上汲取他们的生活费用的。至于这种情况和不满状态如何影响到贵族阶层的渴望土地,甚至他们的反叛和盗劫行为,我们只能推测,但可断言,绝不是没有影响的。我们确切知道:842—843年的严寒冬季曾影响凡尔登条约的签订。

在第九世纪,犹太人问题初次出现于中世纪的历史上。看来,在此之前,他们大部分曾住在西班牙和意大利。但到了第九世纪,他们向北散布,而进入了高卢。显然,在法兰克人征服北西班牙和萨拉森人侵犯法国南方海岸时,是有一批犹太人随着他们去的,当时,萨拉森人从海岸曾深入罗尼河流域。犹太人掌握着大部葡萄酒贸易而他们又是利凡得商品——丝绸、香粉、香料等等——的转运巨商。他们在法国的人数又因罗塞耳一世在意大利驱逐犹太人而增加起来,其中很多似乎是来到高卢避难的。里昂·阿哥巴曾发表一篇著名的《论犹太人的傲慢》的论文来反对他们,那是在中世纪文学里最早的一次反闪族主义[①]的表现。

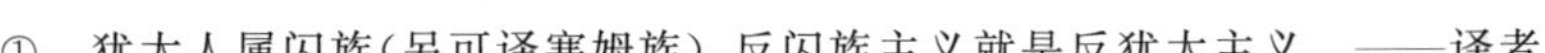

① 犹太人属闪族(另可译塞姆族),反闪族主义就是反犹太主义。——译者

但是，这大主教[1]的行为不是单纯地一个固执人的行为，而他之所以进行争论的动机，也是完全光明正大的。他正面反对一个罪大恶极的风俗，而这一风俗是由帝国中犹太人即大奴隶贩子所独有的。他曾禁止他所属主教区内的基督徒把奴隶售给犹太人来输出到西班牙阿拉伯人方面，而且还力图用种种方法限止这两个种族间的接触。然而，因为皇帝支持犹太人，所以阿哥巴只能向宫廷上的大臣以及主教们热烈呼吁，以期使事态符合于教会原则……真实的情况是这样：在虔诚者路易时代，特别在他续娶第二位皇后朱理司以后，犹太人的地位可以公平地说，已达到威胁基督教的程度。查理大帝曾容忍犹太人；而路易还加上了他个人的偏爱；所以在他的统治下，他们享有在漫长的中世纪时期中无与伦比的繁盛地位。他们在他的保护下成为一种特殊人物，同贵族和教会站在平等地位；他们的特权还由一个皇家大员，即犹太人的总监来保障着；——后者竟僭用犹太人国王的称号。他们不负担军役，他们是帝国商业不可缺少的商人，又由于他们长于理财，普遍以包税任务委托他们。凡是足以满足他们民族的或宗教的偏见的事情，样样都做到了。他们享有基督徒不得享有的权利，完全的言论自由，每周一次的市场延到星期天，使外族人得举行礼拜式[2]。犹太人建造他们的教会并保有他们的土地与牧场；他们完全安全地种植葡萄园并建立磨坊。在皇帝宫廷上，

① 指里昂·阿哥巴。——译者

② 犹太人以一周之第七日（星期六）为礼拜日，基督教以一周之第一日（星期日）为礼拜日。——译者

他们以特殊隆重仪式被接待。他们携带妻子到那里，在人丛中只以他们的特别漂亮服装而引人注目。皇后朱理司对他们非常亲近，而朝臣也学时髦，竟出席犹太教集会，并赞扬犹太教传道士的布道甚于自己僧侣的布道。然而，犹太人在法国，不能按照普通法律程序来收回债款。所以，他们必须上诉于皇帝[①]。

奴隶贸易，差不多全部在犹太人手里。奴隶是战俘，大部是从日耳曼边境上捕获的丹麦人和斯拉夫人。但是，在萨克逊的斯特林加的动乱被残酷地平服之后，可能提供了一些萨克逊人奴隶。值得注意的是在第十世纪，古典拉丁文"奴隶"("servus")一词不再意味着一个作为动产的奴隶，而意味着一个农奴了；当时另有从日耳曼东部边境俘获的斯拉夫人(Slav)得来的"sclavus"这一名词，成了指奴隶的通用名词了。据十世纪的两个史学家的记载，我们知道，这些犹太奴隶贩子的总部设在凡尔登，在那里他们有一个筑着围墙的广场来圈禁奴隶。从凡尔登把这些奴隶装船，上行谬司河，而后他们上岸步行，横过陆地低分水界达梭恩河，再装船下行梭恩河达里昂，从那里下行罗尼河达亚威农，在那里把奴隶从船上卸下，再走陆路前行，过卡卡逊、那旁、珀皮南和巴塞罗纳，最后到达穆罕默德教西班牙。有时把奴隶从马赛由海路运出。但是第九和第十世纪地中海中海盗很猖獗，所以这种海运是罕见的。这些奴隶的数目(其中包括有很多妇女，特别是斯拉夫妇女)一定是

① R. L. 蒲尔：《中世纪思想史的实例》，第47—48页。

很大的，而这项贸易一定是很赚钱的。从西班牙史料，我们知道，哥尔多华的闺房用语是斯拉夫语。哈里发的卫队，也是由斯拉夫人组成的。我们有理由可怀疑皇后朱理司的宠臣塞普替美尼业·本哈特从赞助奴隶贸易而获得了利润；阿哥巴的敌对他，可能除政治原因以外还有人道主义的原因。

但是，奴隶贸易不是第九世纪中法兰克高卢的唯一商业。有人说过，法国的盗风和混乱状态已经普遍存在，使商业的经营不复可能。可是，秃头查理时代的商业活动和商业幅度有力地反驳了这项说法。甚至北欧人侵入的破坏性，也无疑地曾被夸大。

对这一时期历史的细节，我们愈深入研究便愈觉得必须以保留态度来对待十八世纪本尼狄克派学者所得出的总括性的旧论断；他们说，"至于文化、政治和商业方面很少有古文献可以教导我们"。资料虽然少，时代虽然艰难，但第九世纪所保留下来的文明遗迹，多于一般人所设想的。海上商业，由于地中海上穆罕默德教海权的阻挠，果然已经消逝，可是内地贸易还继续保持着，在规模上比过去所猜想的要大。在下文，我们将看到连北欧人的侵入也不是完全对贸易有损害的。

有些著名史学家常常主张：在第九世纪——甚至在第十世纪——商业和贸易差不多已完全停顿，而这种说法曾广泛被人相信。但是，查理曼帝国的商业繁荣状态不曾跟着他的逝世而立刻消灭。他所创立的良好海防制度，只是逐渐衰落下去。一直到838年时，我们还可看到虔诚者路易恢复海峡舰队。在841年以前，北欧人对法国的侵掠还不算凶猛，而在秃头查理时代之前，萨拉森海盗船也没有成为一个严重的危险。法里西安布匹贸易，在虔诚者路易时代(814—840 年)里继续进行着。甚至在北欧人入侵的整个时期,这项贸易还得维持下去。下谬司河畔的马斯特立希、提罗安尼的圣汪列尔寺院以及亚贝威勒附近的圣里奎尔寺院,都是布匹织造业的重要地点。甚至在第九世纪的晚期,虽然杜尔斯特德曾五次被北欧人侵犯,而两次被焚烧,可是法里西安布匹贸易还得存留着。829 年时在瓦牧可以看到法里西安商人的居留地;886 年在马因斯发现了另一居留地,在那里辏集着多瑙河商路及从伦巴意大利来的贸易大道,而在喀罗林朝和萨克逊朝时代马因斯是莱茵区的商业中心。威特兰,位于谬司河口,重要性虽次于克匡都维克,但还被称为一个"商埠",是一个小安特卫普[①]。

下莱茵河、谬司河和谢耳德河的地区,从罗马时代以来一向是一个转运的重要地点,就是,以北欧、不列颠、斯堪的那维亚的商品来交换南欧和东方商品的一个地区。可资证明的是有大量从别的地方来的货币曾在这个地区发现,或者是有大量在"低原国家"造币厂制造出来的货币曾转运到别的地方去。第六世纪的法里西安货币是模仿拜占廷货币的。在墨洛温时代,在杜尔斯特德、在马斯特立希、在赫伊、在第南特所造的货币,比在高卢本地法兰克造币厂所出的货币,并不见得少。杜尔斯特德造币厂所出的货币给瑞典和波兰提供了最古的钱币类型。虔诚者路易时代是以船为国徽的;克旺都维克货币上也刻着这一图案,而克旺都维克是法兰克帝国的主要海峡港口。在第九世纪后半期,马斯特立希被称为一个刻在它的钱币上的"港口";都尔内和瓦仑西恩的情形,也是这样。

① 即尼德兰的大商业中心。——译者

布勒塔尼的半岛形状，在早期已使它容易遭受北欧人的侵犯；北欧人一定有时曾阻断下罗亚尔区同布勒塔尼、加斯科尼与爱尔兰之间的贸易关系，而这种关系从查理曼时代之前起已是相当深的。可是，波特芬沿岸的食盐贸易、比斯开湾渔业，甚至布勒顿—爱尔兰贸易，在整个第九世纪中，仍继续下去。显然，布勒塔尼同南法海岸的海路贸易一定曾存留着，至少直到第九世纪末期为止。圣加尔的"高僧"不会是无缘无故地说，那些侵入那旁港口的北欧人船只曾被误认为布勒顿船只。但是，要引述在后期喀罗林时代布勒塔尼商业的很多细节，是不可能的。最有关系的资料，是848年的一项特许状，规定在公爵诺米诺时代倍因斯的领主对商人以及运输商人在乌斯特河上的权利。勒敦附近的巴隆寺院的僧侣及缅因的巴索林姆寺院的僧侣都要求那港口税的一部分；这港口税是根据一个早期赐给的而提不出证明的特许状对商人及乌斯特河上运输征收的。公爵因为没有书面证据，曾召唤四个有关牧师区的最老居民来证明，他们宣称：从很早时期以来，航运权是属于倍因斯的领主，而不是属于巴隆和巴索林姆的住持的。难道不可假定其他布勒顿港口和"闸坝"（而它们在数目上是很多的）有类似的商业活动吗？

对南特和下罗亚尔区的商业来说，北欧人的偶然侵犯的确是个不幸，但更大的不幸，倒是法兰克人和本地布勒顿人为争夺那里的统治权所进行的残酷斗争。伯爵蓝伯特和布勒顿公爵伊立斯波各向北欧人乞援。这冲突当然把教会卷入了漩涡，公爵支持南特主教区的一个候选人，而国王支持另一个人。结果，国王的被保护人另外给予都尔的大主教职位（885或886年）。而那胜利的主教阿克太得到南特港口税的一半,但后来他被伊立斯波的继承人撒罗门逐出。他在被逐以后,进行报复,竭力破坏南特的商业名誉;造谣说该城在 853 年已被北欧人全部毁坏,并说它庄 868 年还完全是一片荒凉,但事实上,北欧人在 853 年的占领仅仅是一个暂时现象,而 868 年时南特已恢复它过去的商业繁荣状态。布勒顿商业的真正遭受破毁,是在 907 年伟人阿郎死后才发生的。

对北欧人阻塞横渡"海峡"交通所发生的怨言,最早见于 846 年时卢普·得·菲利厄所写的第七十一封信里,在信上他抱怨说,"担心海上交通的中断"[①]。他所指的,是香客旅行的中断,但这同一怨言也可适用于商业方面。但是,直到 840 年虔诚者路易去世时为止,法国内地贸易,确是很少受到北欧人影响的。841 年 3 月 21 日,秃头查理曾率领军队,乘着二十八只商船,渡过塞纳河出征,这次出征终于引起了封特内战役(841 年 6 月 25 日);当时,这些商船曾从塞纳河口上溯到卢昂,而逃出了其他一切河上船只被罗塞耳的手下人破坏的命运。喀罗林朝诸王子内战的爆发,是在北欧人深入王国腹地的同一时期,在此之前,法国中部各城市大部还过着它们在查理曼时代享受过的生活。法尔康所著的《圣斐立柏特传》写于第九世纪,书中说波亚叠是一个人口稠密的城市。甚至在十世纪的起初二十五年中,沙脱尔城据说也是这样。圣登尼斯的住持喜尔杜因死于 842 年,在他所写的一篇圣徒的《传记》里,有下列一句话,当然,他所描写的主要是他那个时代的巴黎,而不是皇帝多米蒂安时代的巴黎:"京都巴黎城……人口稠密,商品富

① "Intermissa transmarinorum cura."

足,街衢纵横,河流环绕”[1]。弗勒里城的修道僧亚得里瓦尔德死于878年,说得同样生动:“巴黎城是多么著名的首府,过去它以荣誉、财富、土壤的肥沃、最安静的居民而光辉灿烂;称之为富饶的地市与商业中心,是很适当的。”圣泽门·得斯·普勒斯寺院的一个修道僧爱蒙,在巴黎第一次[2]被拉格涅·罗德布洛克占领之后,曾描述巴黎说:“在过去人口稠密的……最出名的巴黎城内。”[3]在上述两句引语中都有“过去”字样,证明该城已受到损害。可是,甚至在北欧人侵犯的高潮里,尽管有四次侵袭和一次又长久又猛烈的围攻,巴黎的商业还是存留着。北欧人只有一次曾穿入城内。在845、856、861、865、885—886年,巴黎近郊曾受到严重损害。但是巴黎人向来是遵循同一战略的,即让河的两岸遭受蹂躏而逃避到岛上去。这里僧侣和教士、商人和手艺人都来寻求避难所。从下列情况,我们知道,城内商业并没有完全被破坏:861年1月中,北欧人在立足于下塞纳河维塞尔小岛上之后,突然在隆冬之际,发动了侵掠,掳走了若干商人。战争和对北欧人的贸易是携手并进的。在《圣柏坦编年史》关于865年这一年的记载里,有一段奇怪的消息,指出了这一点。在那一年,塞纳河两岸有骑兵队巡逻。左岸的队伍执行了它的职责,把一支五百名北欧人的队伍逐出了卢昂,后者是正沿着旧罗马大道向沙脱尔挺进。在右岸由于伯爵阿拉德的

① “Parisiorum civitas, ut sedes regia... constipata populis, referta commerciis ac variis commeatibus, unda fluminis circumferente.”

② “Quid Lutctia Parisiorum nobile caput, resplendens quondam gloria, opibus, fertilitate soli, incolarum quietissima pace, quam non immerito regum divitias, emporium dixero populorum.”

③ “Urbem quondam populosum... opiniatissimam Parisiorum civitatem.”

疏忽,有一支二百五十人的队伍穿入巴黎周围,搜寻葡萄酒,可是失败而返。巴黎近郊的居民主要是手艺人和小商人,其中大多数也许是依附于下列寺院的:圣宅未、圣麦利、圣泽门·勒·琅、圣劳郎各寺院以及圣马丁·得斯·香普教会。可是在法国,还是有一些自由工人存留着。皮特里诏令(864 年)指出了这一点,虽然这些工人无疑地在递减着。

差不多所有讲述秃头查理时代的作家,似无理由地主张:国王的立法到处证明了政府的腐化和社会的瓦解。可是,有重要意义的是 862 年以前关于桥梁的立法,是纯粹属于商业性的,而无关王国防务的。查理关于市场、贸易等等立法,难道不可认为是商业复兴的标志吗?的确,僧侣阶层——特别是寺院——是这项复兴的主要受益者,因为大部市集和市场都是授给它们的。但问题是:法国在商业被一般说成是几乎全部破坏了的时期,还有活跃的贸易。

查理像他的祖父一样,认为商业是属于王室的资产。可是,实际上,他们两人都曾赐给教会权利在他们的领地上建立每年一次的、每周一次的或别的市场。在第九世纪,这些市场数目上曾大大增加,但我们不知其详。僧侣们的贪财和男爵们的图利野心与掠夺行为,当然阻碍着商业活动,可是这些新的小市场的激增却标志出:一种经济上自发自生的过程,假定可以这样说的话,是在起着作用。从一方面看,王室的特权赠与可认为是王室对商业控制权的衰落象征。但是从另一方面看,这些赠与证明了一个进步而非退步的过渡,因为它使社会适合于新的社会经济条件。第九世纪的突出现象,是城堡、木栅和墙垣的迅速增建;如果说仅仅是为了防御,是不能完全说明这种新的现象的。

我们必须经常注意到：在中世纪社会里，各种有机的因素——宗教、军事和商业的——在形成城堡和寺院周围的这些“集团”里，曾起相互影响的作用。在十一和十二世纪里，关于政治组织和社会结构上的巨大变革，有很多根源。但是，这种丰饶多产的社会过程的开端是可追溯到北欧人入侵时期以及第九世纪的暴力时期的。对这两世纪的历史，我们愈深入详细研究，我们愈多发现：这时代就社会变革的起源、社会对新条件的适应、新制度的进化各方面来说，是丰饶多产的。如果说有关的资料少，那不是因为时代不开化所以不曾留有纪录，而是因为纪录已被毁灭。然而，还算幸运，我们有足够的纪录来证明那个时代的有机性的生活。关于这些“新市镇”的著名例证，可在法国的东北部找到。法兰德斯、布鲁日、柏基、伊泊尔都是由于地方社会集中于一个城堡的周围而产生的。但是，在很远的南方也可看出同样的情况，例如，在鲁息雍。

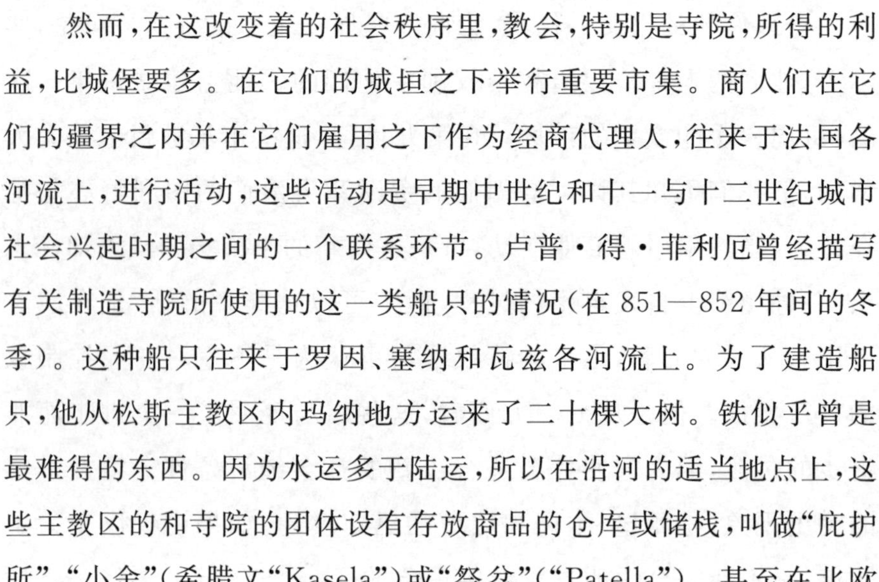

然而，在这改变着的社会秩序里，教会，特别是寺院，所得的利益，比城堡要多。在它们的城垣之下举行重要市集。商人们在它们的疆界之内并在它们雇用之下作为经商代理人，往来于法国各河流上，进行活动，这些活动是早期中世纪和十一与十二世纪城市社会兴起时期之间的一个联系环节。卢普·得·菲利厄曾经描写有关制造寺院所使用的这一类船只的情况（在851—852年间的冬季）。这种船只往来于罗因、塞纳和瓦兹各河流上。为了建造船只，他从松斯主教区内玛纳地方运来了二十棵大树。铁似乎曾是最难得的东西。因为水运多于陆运，所以在沿河的适当地点上，这些主教区的和寺院的团体设有存放商品的仓库或储栈，叫做“庇护所”、“小舍”（希腊文“Kasela”）或“祭盆”（“Patella”）。甚至在北欧人入侵期间，寺院还在急切地申请沿河港口的特权；这一事实指明了法国内地贸易还是有利可图的。843年时，准予科米里寺院被免交罗亚尔、塞纳、玛恩、萨特各河上及“朕领土内其他河流上”的一切通行税；852年时，给予都尔附近的圣辛福林寺院这河流两岸的各一港口；859年时，免除圣泽门·得·奥舍耳寺院的各种通行税；同一年，免除标力修道僧的通行税，并给与他们“在叔尼克街上”的一个市场权；860年时，赐给乌耳赫尔教会从这主教区商业上所得全部进款的三分之一；862年时，圣乌尔班寺院获得国王的批准，建立了一个每周一次的市场，864年时，圣登尼斯寺院获得了彭他兹的市场权；867年时，圣瓦斯特寺院获得了“海峡”沿岸的并非不重要的柏尼瓦尔港。但是，圣汪列尔寺院似乎曾把“不入虎穴，焉得虎子”的原则，推行到最极端的地步，因为863年时这寺院实际上获得了塞纳河下游的科德柏克作为储货港口，而这港口正是位于北欧人入侵的道路上。

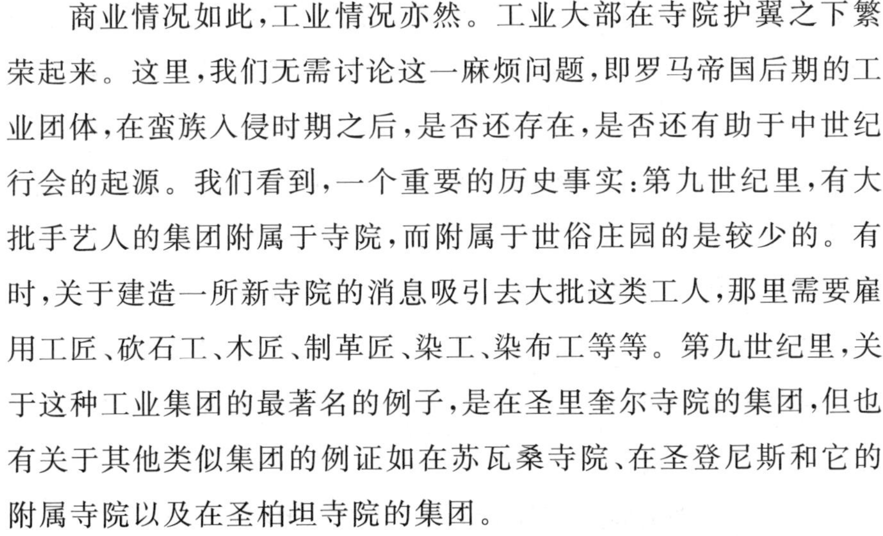

商业情况如此，工业情况亦然。工业大部在寺院护翼之下繁荣起来。这里，我们无需讨论这一麻烦问题，即罗马帝国后期的工业团体，在蛮族入侵时期之后，是否还存在，是否还有助于中世纪行会的起源。我们看到，一个重要的历史事实：第九世纪里，有大批手艺人的集团附属于寺院，而附属于世俗庄园的是较少的。有时，关于建造一所新寺院的消息吸引去大批这类工人，那里需要雇用工匠、砍石工、木匠、制革匠、染工、染布工等等。第九世纪里，关于这种工业集团的最著名的例子，是在圣里奎尔寺院的集团，但也有关于其他类似集团的例证如在苏瓦桑寺院、在圣登尼斯和它的附属寺院以及在圣柏坦寺院的集团。

关于圣里奎尔和圣柏坦寺院方面，有详细的资料可以表明：各种行业是集合在寺院周围的“各街区”的——据圣柏坦寺院《编年史》记载，是“依行业集聚的”。在圣里奎尔，我们看到有马具匠街、面包工街、皮货业街、鞋匠街、葡萄酒商人街、漂布工人街等等，总共有十一个“街区”。这一文献表明了第九世纪一个市镇的整个工业组织的情况。应该注意：虽然各行业看来是分得很细的，但没有例证说明圣里奎尔手艺人间会社的内部联系。然而，关于苏瓦桑鞋匠这个例证中，我们曾发现一句令人捉摸不定的话：“鞋匠保护同盟”（“Clientala sutorum”）。但这句话也只不过是指一个同业人结合的会社而已（也许是起源于日耳曼人的?）。那是喀罗林朝立法所力求取缔的会社，也是欣克马尔的著名条文法所提及的会社。

上述法国第九世纪里商业和工业活动的例证，可驳倒当时的修道僧们的悲愤之谈，所以我们必须以保留态度来看他们所描绘的那种可怕的混乱景象。当割让诺曼底给洛尔夫的时候，卢昂还是有一小撮商人的。无可否认，寺院的困苦状态往往故意描写得过分，为的要说服国王来增加它的财产。当然僧侣们常常忍受艰难和愁苦，但这是在完全相对的情况下而言的。他们受的苦比老百姓少，而且他们因此而获得了大量的补偿。布尔乔亚尖锐地说过，“僧侣们借助于伪造的证状，一般所得的比所失的要多”。

关于法国这一时期的商业活动，我们可从“丹麦金”[①]的历史，获得其他有价值的例证。商人曾好多次缴纳这种捐税。860 年时

① “丹麦金”（“danegeld”）是为防御或进攻丹麦所课的捐税。——译者

"国王查理对教会的仓库以及一切商人住所,也对穷人征收了捐税"[①],在下一年,这些商人(或其他像他们一样的商人)像上文所说,突然遭受了北欧人对巴黎近郊的侵袭。866年时商人再次为了缴付什一税而被估产。然而,关于那时法国的商人阶层,877年的康边大《征税令》以及同年后来不久在基尔赛所颁布的对这命令的补充条例,都提供了最详尽的资料。在前一项命令里,行商和坐商按照他们的财产都须缴纳"丹麦金"。但征集这项捐款的手续证明是麻烦的,所以六周以后,在基尔赛于877年6月14日从王国的其他商人另征收一项规定的款额——从卡皮人(也许是叙利亚商人)和犹太商人征收十分之一(他们资本的十分之一?),从基督教商人征收十一分之一。

弄清楚上述的商人集团的来历,是很有趣的。877年法令所提及的坐商一定是有关860、861和866年所提及的那些商人;他们以巴黎作为基地,利用河流作为交通大道,经过法兰西岛和香宾,进行贸易;并且也许在塞纳河上游察柏斯进行越过阿尔卑斯山的贸易。在1121年路易六世所发执照里第一次正式承认了"巴黎水上商人";他们是否就是这种水上商人的先行者呢?如果是这样的话,那么我们这里得到了证据来说明巴黎商人公会从第九到十二世纪已有一贯的即使是模糊的历史。

还应弄清楚基尔赛诏令里所提及的那些行商的来历。今天业已证明,在中世纪早期法德两国商业发展的历史里,这些"候鸟"[②]

① "karlus rex exactionem de thesauris ecclesiarum et omnibus mansis ac negociatoribus, etiam paupertinis fecit."

② 按季节迁徙之鸟;这里是指行商。——译者

从时间和重要地位来看，都走在坐商之前。在第九世纪，城市生活还未曾充分发展，市场权利很不明确，地方管理很不稳定；所以各省贸易不能同更有利的东方奢侈品的“过路”贸易竞争。甚至迟至十一世纪，法国的情况似乎依然如此，如果我们可从“上帝休战”作出推论的话；它的条文旨在保护商人的人身，而没有一句话说及固定的市场。试把康边的《征税令》（那是向在巴黎设着店铺的商人们征税的）同基尔赛诏令第三十一条对比一下，就可看出有三种行商——基督徒、犹太人和卡比商人。其中关于犹太人的商业活动，已经周知，无须再事论述；也许只要指出在那个时期法国犹太商人的人数看来比平常要多，因为罗塞耳在 855 年曾把犹太人从意大利逐出。但谁是第三十一条所说的基督徒商人呢？那当然不是指巴黎的“水上商人”，因为他们已按康边《征税令》付过税。尽管没有人敢于提出，但我敢说，这里所指的是意大利商人，虽然没有特殊资料来说明这批人就是他们。

当然，这项信念的论据，是从推论得来的，但我认为是有可能性的。那有一部分是以秃头查理晚年时代法意两国间存在着很密切的政治关系为基础的。这种关系比一般所认为的更接近，更亲密。修道院院长度申当论及教皇约翰八世的困难时，曾中肯地说，“一个意大利人或罗马人处之泰然地住在阿尔兹、伟恩、里昂，甚至像理姆、松斯圣登尼斯和都尔一类城市，对他来说，也不见得完全陌生。他在自己的语言中，已经熟悉它们的地方名称和风俗习惯了。”

第九世纪里，意大利人，特别是威尼斯人，是西欧最著名的基督徒商人，而在这一时期（877 年），意大利和法国间的关系特别有利于两国的接触。罗塞耳一世和路易二世都在不久之前,同威尼斯签订了条约,规定威尼斯商人在缴纳惯例通行税后得在水陆两路自由往来于他们的领土上。皇帝路易二世在854年还曾特别努力保护到罗马去的商人和朝圣者(从阿尔卑斯山那边?)使之不受骚扰。海德曾大胆推测:意大利商人可能早在这个时期,已经转运利凡得商品到阿尔卑斯山之外,但他所援引的唯一论证是:在达哥伯特时代有人曾提及在圣登尼斯寺院市集上已有伦巴商人;那对第八、第九世纪来说是没有道理的。849年时,卢普·得·菲利厄曾出使罗马城。我们不知道他曾走什么道路,但他的书信(第六十六封信)是有趣味的。他带着几匹日耳曼麻布作为赠给教皇的礼物,并预先写信给意大利边境上一个主教,要替他准备好一些"意大利银币"。舒尔茨说明了在第十世纪后期,阿尔卑斯山路在商业上的使用情况,并指出了威尼斯商人曾独占斐拉腊和巴费亚市集上的东方贸易。

但是克里尼·鄂多所著奥里腊克·吉拉尔德《传记》第二十七章中的一节文字是涉及894年的。在那一年吉拉尔德为了他要建造一所修道院,曾往罗马城去觐见教皇福马萨斯。在回来时,他停留在巴费亚,即旅客走过圣伯尔纳德山路的经常出发地点,在那里他碰到了几个威尼斯商人。这段文字是有趣味而又有结论性的例证,说明第九世纪在巴费亚市集上,已有经营东方商品的威尼斯商人。舒尔茨对威尼斯商人在这样早的时期越过了阿尔卑斯山这件事,有所怀疑。他认为法德两国商人在伦巴城,特别是在巴费亚和斐拉腊,找到了接触地点;理由是,"一般讲,商品过手的人数,从古代以来,已大大增加了"。但据我看来,越过阿尔卑斯山的贸易,与其说是由法兰克商人经营，不如就是由意大利商人经营的，而察柏斯是意大利人同法兰克人交换商品的地点。察柏斯的地位和它对商人的异常重要性，似乎证明了上项意见是不错的；而基尔赛诏令特别指出这些商人，是明显地不同于康边《征税令》里被课税的法兰克商人。

应该记牢：在这时期，阿尔卑斯山路是开放着的，还没有被萨拉森人骚扰，并且至少在政治和军事事务方面是常常使用这条山路的。从意大利入法国的常走的道路，是由巴费亚、伊甫里阿、阿俄斯塔，越过大圣伯尔纳德山路；从那里再分出两路：(1)经由圣摩里士和瓦雷达到里昂；(2)经由日内瓦湖、奥勃彭太里尔以及旧罗马路达到贝臧松并从那里到隆格耳和香宾。另一条到里昂的路，是经由圣约翰·得·马里安和钱伯里的。

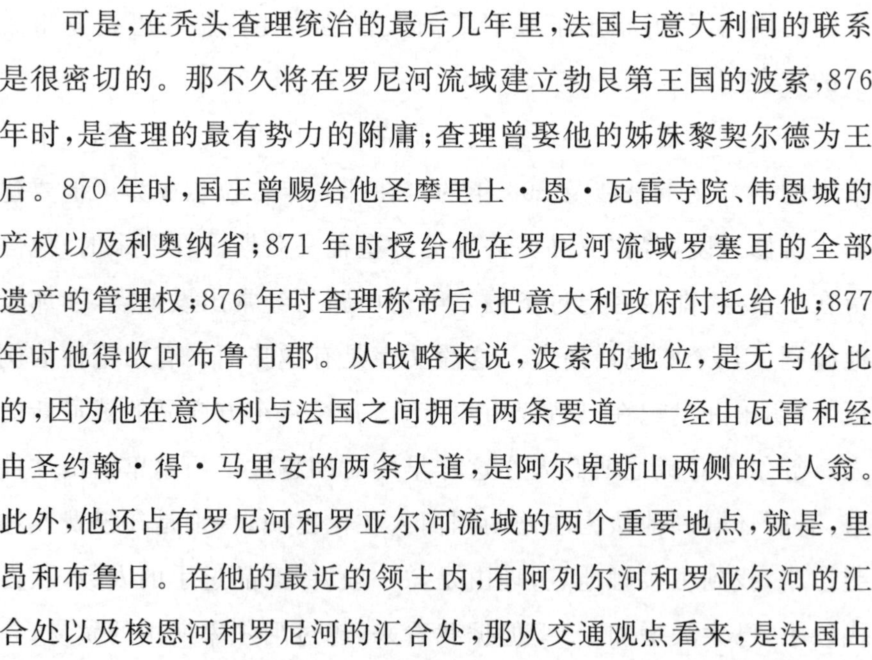

可是，在秃头查理统治的最后几年里，法国与意大利间的联系是很密切的。那不久将在罗尼河流域建立勃艮第王国的波索，876年时，是查理的最有势力的附庸；查理曾娶他的姊妹黎契尔德为王后。870年时，国王曾赐给他圣摩里士·恩·瓦雷寺院、伟恩城的产权以及利奥纳省；871年时授给他在罗尼河流域罗塞耳的全部遗产的管理权；876年时查理称帝后，把意大利政府付托给他；877年时他得收回布鲁日郡。从战略来说，波索的地位，是无与伦比的，因为他在意大利与法国之间拥有两条要道——经由瓦雷和经由圣约翰·得·马里安的两条大道，是阿尔卑斯山两侧的主人翁。此外，他还占有罗尼河和罗亚尔河流域的两个重要地点，就是，里昂和布鲁日。在他的最近的领土内，有阿列尔河和罗亚尔河的汇合处以及梭恩河和罗尼河的汇合处，那从交通观点看来，是法国由南到北、自西至东的焦点地区。

阿尔卑斯山两条主要山路和法国河流系统的中心都集合在一个人手里这一事实，一定便利了意大利和法国之间的商业交往。情况一定是这样的。在香宾市集达到它们的极重要地位之前好久，这地方的商业在第九世纪，已预示着这国家的未来命运。上塞纳河察柏斯的重要性，已可看出。但摩城在这个时期也有一个商人居留地，那里的居住区是在 862 年被北欧人破坏了的。的确，早在第九世纪，香宾未来市集的轮廓已经表现得非常清楚，所以著名的小说《加林·得·洛厄伦》(“Garin de Loherain”)里所描写的已经一半是历史，一半是故事；它把那里市集的建立归功于秃头查理。这些市集比过去所设想还要古老得多。963 年时，弗罗杜尔曾明白提及玛恩河畔夏龙的一个市集。

在第九世纪，察柏斯曾是香宾的主要商埠。今天，它是奥布州塞纳河畔巴尔区内的一个穷苦村庄，约距特罗伊两公里。近代的历史研究不仅发现了这地方的巨大历史重要性，而且发现了察柏斯的真正所在地，那是这种研究的一个有意义的例证。直到近时为止，只知道察柏斯是十二世纪中属于香宾伯爵的一个城堡区，但它在这个家族的采邑中已是一个“看不见的星座”，因为它的地位已不为人所知。到了十二世纪，关于它早期商业上的重要性，已被忘得干干净净。

但是，察柏斯的商人是哪一类的商人呢？他们当然不是法兰克商人，因为后者如上文所述，在康边《征税令》里已被课税。也不是“基督徒商人”(见第三十一条)和犹太商人，因为“卡比人”(“Cappi”)和这两种商人有区别。“卡比人”可能是在法国的叙利亚商人。希腊字"Kapelos"从希罗多德直到安娜·昆尼那时代是通用的。这个字传入叙利亚,成为"Kapila",意即"商人";从那里这个名词通过西欧的叙利亚商人,又收入在法兰克法律的词汇里。

从史料来判断,到了第八世纪,那些原在墨洛温朝时代人数如此多的叙利亚人,已经减少,而在第九世纪,对他们竟没有直接提及,除了一个例子,即一个叙利亚学者曾帮助虔诚者路易阅读《新约全书》这一事。罗马和君士坦丁堡间为了破坏偶像问题所发生的破裂以及查理曼和东罗马帝国的摩擦,可能对叙利亚人的贸易,产生了不利的影响。在查理曼时代,东方贸易的数量是不很大的,至少他和巴格达的商业关系是不密切的。然而,难于置信:叙利亚人在几百年中在西欧已成为东方贸易的主要代表人,竟会在这个时期完全被关在门外。说叙利亚商人在第八世纪以后不再常到西欧这一论点,只是"从没有记载得来的论点"。当然,法兰西国家的东方贸易已经缩减,但在查理曼以后并不是完全没有的。

有当代的资料,可证明利凡得货物在法国流通的情况。阿波描述北欧人围攻巴黎(885—886 年)的著名叙事诗里尽量讥讽了那些被东方奢侈品、豪华服饰、太尔紫衣、宝石及安提阿皮革腐化到精神萎靡的人。此外,我们还可获得圣加尔寺院高僧的证明,那是大家所熟知的;他表面上是在论述查理曼时代,但实际上是更多地反映了他的时代的文明。

上面指出第九世纪后期法国可能有叙利亚商人之后,就有一个问题发生了:他们是经过什么道路来的?他们是否像从前一样,取道海路,经过马赛和罗尼河三角洲上的马利亚纳港而来呢?在那里,科比在 716 年曾被授予征收香粉和香料的关税之权。从查理曼时代到十字军时代,在高卢著名城市中,再也没有比马赛的历史,更加模糊的了。848年时萨拉森海盗船曾劫掠马赛,此后几百年中它被一块纱幕遮盖着了。可是,尽管这些海盗在海上出没以及多年中意大利和布罗温斯沿海遭受他们的骚扰,我们还找出了资料可证明基督徒船只运输能顺利地冲破这些危险关头。因为844年时秃头查理在给圣登尼斯寺院的特权证状里,豁免了属于僧侣或僧侣商业代理人的贸易船只的一切捐税。"他们(商业代理人——译者)代表那些人的利益……不论通过什么不同的港口……为了经营贸易,来到马赛。"①其次,878年时,教皇约翰八世经由海路曾来到阿尔兹,从那里还旅行到里昂和特罗伊。然而,在这些年代里,关于罗尼河三角洲上商业的最饶趣味的叙述,是920年国王布罗温斯·路易给阿尔兹大主教马拿西的一件特许状,内有一处直接提及希腊商人,也有一处暗指叙利亚和犹太商人。

叙利亚商人之所以被逐出西欧,可能是因为威尼斯人日益激烈的竞争;威尼斯人逐渐把他们从商业领域内排挤出去,虽然他们至少在整个第九世纪中,还能在察柏斯立住脚。因为,如果威尼斯人早在这个时期已经经营越过阿尔卑斯山的贸易这一论点可以站得住脚的话,那么,他们的大部分商品一定是从利凡得得来的。像上文所述,威尼斯商人在查理曼、罗塞耳和路易二世时代已享有异乎寻常的便利,而且在第九世纪后半期,大部意大利和君士坦丁堡

① "qui pro eorum utilitate ad Massiliam... seuper diversos portus... mercatus negotiandi gratia advenissent."

之间的关系是非常密切的。由于萨拉森人在南意大利的侵掠,教皇约翰八世和皇帝路易二世都和皇帝巴锡尔一世签订了盟约。

从上文所引的例据看来,显然,北欧人的侵犯不仅没有像过去所说的那样,破坏了商业,法国在第九世纪商业的数量和种类反比过去所曾想象的还要大。虽然西欧和利凡得间的商业关系,随着罗马帝国的衰败而垮下去了,可是叙利亚人在高卢维持他们的商业传统,比以前所设想的要长久得多。也许连在中世纪时代中最艰难的时期,法国也没有完全回复到一个纯农业的社会组织。有些经济史家认为,所谓庄园制度的"自给自足"是一种幻想;这项意见甚至从第九世纪的很少的资料里,也可获得了有力的支持。

在本章结束时,我们可略为谈一谈关于第九世纪法国境内的旅行。毫无疑问,公路上的情形已经恶化,除了交通上大不便利以外,还有盗贼横行,使陆上旅行比水上旅行更不安全,而且水路运货比陆路要便宜。可是,不可能相信,不安全的状态竟会严重到像编年史家所描写的那种程度。虽然,如果一个有高级社会地位的人或携带贵重物品的人要旅行,途中保卫几乎是必要的。可是那时,即使在和平的时期,显贵人员和富裕商人也一向是在保卫下旅行的。在卢普·得·菲利厄的书信里,可找到一件关于旅行的危险的出奇的例子,生动地反映了第九世纪的生活状况。这封信是他写给他的朋友理姆·欣克马尔大主教的:

> 我害怕把比德著《评注》一书送给你,因为书很大,不能藏在大衣内,也不能安放于手袋里携带着;而且即使能够用这种或那种方法,还须害怕路上碰到流氓,他们看到这手抄本如此

漂亮,一定会起贪心的;这样我和你就都将失掉它了。所以,最妥当的是我亲自把书交给你,承上帝佑助,只要我们能够安然在某处会面,我就这样做。

第十章　北欧人的扩展和殖民*

第九世纪北欧人——瑞典人、丹麦人和挪威人——的扩展，是中世纪历史上一个重要的课题。正确地来说，它是一个向外迁徙、征服和殖民于新土地的运动；它和后来十六世纪欧洲人向海外扩展是相类似的。而且，像后来的那个运动一样，北欧人扩展的根源和动力，在于经济利益、社会条件以及冒险和发现的精神。

为了理解这些强悍的人们在第九世纪所以大批向外迁徙的原因，我们必须知道一些关于他们所住国家的性质以及他们原始性的生活方法。因为他们所处的自然环境，对他们的移动，曾起巨大影响。

丹麦半岛，即丹麦人的老家，差不多是一片有沼地和茂密的山毛榉树林和橡树林的沙洲。只偶然在森林的空隙处，有一些可耕的地带。丹麦人住于海滨，住于海湾畔和通海的紫色水小河口畔的村落里；他们主要靠捕鱼和海盗行为来维持生活。至于斯堪的那维亚半岛，也不适合于居住，情况和丹麦差不多。试翻阅地图就可看出：纵贯半岛轴心是一条层峦起伏的山脉；沿海湾峡众多，形成了锯齿状的缺口，外缘还有岩石岛屿；瑞典号称“千湖地区”；瑞

* 地图：本章没有合适的地图以资说明，但可参阅锡倍德：《历史地图册》，第45、58页。

典和挪威的可居住部分,都是一条窄狭的海边。这种贫瘠而又多沙石的土壤,这个面积窄狭的耕地,即在今天看来,也是不够维持当地的人口的。但是,在几百年以前,对一个从历史时期的铜器时代刚出现的部族来说,那不足的程度要有多大呢?当时,他们在制造武器和造船方面虽已有显著的技能;可是从物质文明观点来看,还是在一种简陋状态里。

从古代以来,北欧人一定曾是以航海为业的民族。他们好战成性,一遇机会,便很自然地放弃了捕鱼和捕鲸事业而转向海盗行为。起初,他们也许曾互相打劫,但当他们熟悉海上生活之后,他们就沿海下行,越走越远,终于冒险渡过波罗的海和北海,因而发现了新地。第五世纪,"下萨克逊人"、犹特人、盎格鲁人在不列颠所建立的殖民地,预示了第九世纪丹麦人在英法两国所进行的事情。

战争和海上劫掠是自由北欧人的职业。据一种古史的记载,他们让村夫乡愚去"训练耕牛、制造犁头、建筑房屋、铸金属器皿、造运货车以及耕耘土地"。至于自由人,则从事航海、捕鱼、追捕鲸鱼、贸易、战争以及在需要时还干海盗行为。但是,北欧人并不是经常以野蛮的海盗姿态出现的。他们常常也是和平的经商者,只在必要情况下,才采用战斗方法。这些商人不是海盗;他们购买东西,或者以物易物,可是他们一向是很有力量来保卫他们的货物的。当时,在战士等级和商人阶层之间,还没有划清界线。我们看到,酋长本人也享受商业利润,并不以此而觉得羞耻。

英国的东海岸与海峡沿岸以及法里西亚与法国的海峡沿岸,是最先遭受北欧人侵袭的地区。值得注意的是英国东部和法国北部与西部的自然地势，使它们特别容易受到这批海盗的攻击；因为在英国，恒伯河和泰晤士河的湾口以及瓦士大海湾，在法国谢耳德河、塞纳河、罗亚尔河各河口以及吉伦特河湾口，都把国家的腹地开放给北欧人掠夺。在法国，除了格罗内河以外，各河流像辐从轴心一样地放射出来；在它的中部，上塞纳河、上罗亚尔河、上谬司河以及上梭恩河各水流彼此之间相距不多几里；在这些地区，北欧人几乎可随心所欲地移动，深入河流的上游，甚至把他们的船只拖过陆地，从一条河上行，从另一条河下行。

按这些侵袭的激烈程度，可明显地标出各个阶段；而这些阶段是具有重要意义的，因为它们表明一个进步性的转变，即从纯粹掠夺到永久居住和最后大批殖民的转变。在英国，这转变出现于851年，当时，丹麦人第一次在涅特过了冬。879年的韦德摩条约把英国划分为两部分，从泰晤士河口到提兹河的整个东英格兰部分，割让给丹麦人，以求和解；这就是丹麦人从侵犯到殖民的转折点。

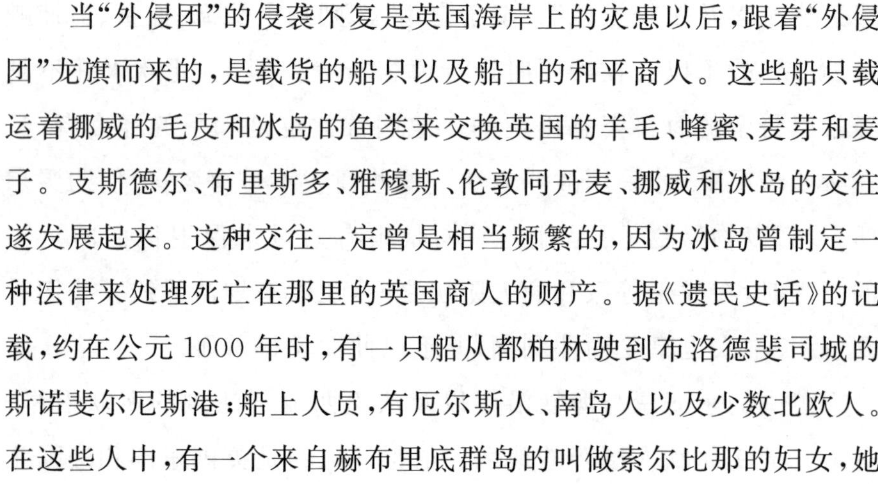

当“外侵团”的侵袭不复是英国海岸上的灾患以后，跟着“外侵团”龙旗而来的，是载货的船只以及船上的和平商人。这些船只载运着挪威的毛皮和冰岛的鱼类来交换英国的羊毛、蜂蜜、麦芽和麦子。支斯德尔、布里斯多、雅穆斯、伦敦同丹麦、挪威和冰岛的交往遂发展起来。这种交往一定曾是相当频繁的，因为冰岛曾制定一种法律来处理死亡在那里的英国商人的财产。据《遗民史话》的记载，约在公元1000年时，有一只船从都柏林驶到布洛德斐司城的斯诺斐尔尼斯港；船上人员，有厄尔斯人、南岛人以及少数北欧人。在这些人中，有一个来自赫布里底群岛的叫做索尔比那的妇女，她带来的铺盖“都是精制的”——英制被单、一条丝棉被、床上挂帐、床上装饰物；这类的东西，在冰岛是从来没有见过的。

在丹麦占优势时期，到英国的丹麦殖民有助于促进英国和斯堪的那维亚国家间的商业联系。因为是主要商人，所以他们对于把新城市建立于适合商业的地点方面，也有着影响。卡纽特大帝（1000—1035 年）和外国签订了各种重要的通商条约。我们看到资料，可说明斯堪的那维亚商人在英国几个城市里特别是在伦敦的势力，无论在他们的人数方面和重要地位方面；在那里，他们有自己的教会、市场和法院。在约克城他们也有巨大势力。约克城的几条街道的名称，是以“迦特”（“gate”）作为尾词的。在约克城，过去至少约有二十条这样名称的街道，几乎不可能曾有那么多的“迦特”（门）。所以，“如果说‘迦特’不是从老的斯堪的那维亚的‘迦太’（gata 意即街道）这一名词得来，那倒是一个问题了，尤其是当它出现于复合词时，像彼得迦特（petersgate）、曼丽迦特（marygate）、斐雪迦特（fishergate）等等。这些名称和斯堪的那维亚街道名称是有显著的相同点的”。

在法兰克帝国内，丹麦人在 850 年第一次永久定居于法里斯兰。但是在此之前，他们曾凶猛地掠夺过法兰克高卢，比在同一时期掠夺英国更加凶猛。835 年时，杜尔斯特德化为灰烬。836 年时，安特卫普——第一次在历史上被提及——也被烧毁。845 年时巴黎被劫，而 857 年时再次被劫。实际上，在第九世纪，所有法国沿海岸或沿大河的重要城市都被北欧人抢劫过；其中有的好多次被劫——例如，亚眠、卢昂、巴黎、南特、都尔、沙脱尔、布腊、波尔多；连那旁、马赛和瓦伦斯也是这样。因为他们的船只已绕过西班牙而驶入了地中海。860年时，意大利的比萨城也被袭击。

然而，在法国，北欧人的侵入有另一方面的影响：看来奇怪，法国贸易曾被北欧人刺激起来，因而有新市场开设着；法国商业非但没有缩减，反而进步了；北欧人的侵入还产生了深刻的经济和社会结果。丹麦人是法里西安人商业上的老顾客，他们以毛皮和蜡来换取日耳曼铁、法里西安的布匹以及莱茵兰的葡萄酒。安斯卡是到丹麦人中间去的第一位北欧使徒，所以他的《传记》是富于这类资料的。"北欧'外侵团'不单是野蛮的海盗，他们也是有企业心的商人，他们力图在各方面获得财富……虽然关于这一时期的历史资料是很少的，但我们却可从中看出，在第九世纪还存在强大的商业活动。"

现在我们还要追寻北欧人历史上关于下列重要事态的线索：这线索好久以前，曾由诺曼底第一位历史家达多所指出；当时，他借口于诺曼底第一位公爵洛尔夫，说出一句有意义的话："我们争取贸易与和平的代价。"①

前一章里，我们已说过：在秃头查理时代，法国境内所进行的贸易总额比起平常所想象的要大。在有些地方，这项贸易看来确是被北欧人的侵入刺激起来的。查理的诏令曾多次而徒劳地禁止同北欧人交易，特别是关于出售军火和马匹的交易。冒险的小贩和流动的商人尾随着他们的军队来做生意。我们看到关于一个小贩的例子："他带了一头驴跟他们走着，从一城到另一城；不管什么东西，他在一处购进的，就以更高的价格，在另一处售出了。"

---

① "Vendendi atque sequestram pacem petimus."

有时，北欧人的商业关系上所显出的文雅气味，大于海盗和掠夺的作风。例如，873 年当路易日耳曼人驻在瓦牧附近的步尔斯塔特的时候，西格夫里，即丹麦国王，与他弟兄哈夫丹都是统治者——两人都是丹麦王霍里奇二世的儿子——亲自到那里去，“为的是要媾和，使彼此王国的商人可以和平地进行买卖”。[①] 同一年内，罗亚尔河的北欧人同意：如果其时他们的市场不受骚扰，他们将在一个规定的日子秋毫无犯地从南特撤退，而 882 年时，在胖子路易围攻埃耳斯卢后进行谈判的时期中，北欧人的营帐曾开放大门，而有些法兰克人为了做生意竟冒险进入。

看来，侵犯者所获得的大量赃物，常常使市场好像睡了一夜即跳跃起来。864 年的《皮特里诏令》第 19 条内指出了这一点。在这一条文里，查理力图确定：什么市场过去已经存在，曾否获得王室的批准，什么新市场在近时期已开放出来。有一件关于一个兵士的事情：他占夺了村民为求安全而存放在教会里的葡萄酒，并在那里开设了一爿酒店——“好像在这教会里建立了一爿店，他同自己的伙伴开始出售它（酒）。”[②]显然，在法国，不是到处的商业都受损害；相反地，在许多地方，一定曾被刺激起来的。北欧人当然严重地扰乱了秩序，可是他们常常把他们的战利品在当地出售。由于旧市场的衰败，或者在旧地方太易遭到危险而转移位置时，新市场一定会兴起的。关于这类事情，我们看到下列一个特殊例子：秃

① “pacis faciendae gratia... et ut negotiatores utriusque regni... mercimonia... emerent et venderent pacifice.”

② “quasi tabernam constituens in eadem ecclesia，paribus suis illud vendere coepit.”

头查理曾以都尔附近罗亚尔河右岸的大量土地，赐给罗伯特“强人”，其中包括有布立加，在那里后来兴起了圣巴塞洛缪市集和圣辛福林教会，还有一个港口。那里的市场和港口税曾是一个有利的收入源流。这是861年的事。

其次：北欧人以“丹麦金”形式从教会和贵族的资产里所勒索得来的数量无限的钱款，有时对于贸易也一定曾起补药的效用。自从罗马帝国衰亡以来，高卢和全部西欧一样，曾感到流通货币数量上的大大缩减。大部货币已被抽调到东方去，要不然，已被窖藏起来。现在，它又被迫出现于光天化日之下了。很多货币果然已被剪去边缘，可是它似乎还刺激了贸易。法国还有自由工人存在着。《皮特里诏令》证明了这点，虽然他们在数量上正在递减。

我们可把862年作为法兰克人开始认识到北欧人侵犯的严重性的日期，这一年秃头查理曾命令他的北方全部省区，普遍地建造城堡。在那个时期，北欧人事实上已占有整个海峡沿岸，从那里法兰克地主阶级一定已被逐出，虽然有很多不自由农民一定还留在那里。“塞纳河左岸，居民几乎已经放弃，因而那些愿意留下来的侵入者，有广阔的空地来移殖；看来，当地居民，特别是农夫对他们不一定是憎恶的。北欧人果然进行了抢劫和破坏，但是向来有很多人没有什么东西可被抢劫破坏的。”到912年时，政府和教会都已看清楚：不能用武力来打退北欧人的日子已经来到，也不能用缴纳“丹麦金”来买走他们。他们正是为了可移住的土地以及为了他们愿意在哪里就在哪里进行自由贸易的权利而斗争。在那一年，老实人查理让给洛尔夫全部海峡沿岸地，从索谟河延伸到布勒塔尼边境上为止。这些土地按照北欧人的量地法，用绳子丈量出来，并分配给移民。诺曼底大封邑就这样地建立起来了。北欧人曾经建立的最大殖民地开始了历史的一章，从此，诺曼人的势力北越海峡而达到了英国，南至南意大利和西西里而创立了王朝；在西班牙和“圣地”上，诺曼人还深深地留着影响的痕迹。

在整个第九世纪中，北欧人在越来越大的圈子里，扩展着。不仅法国和英国，而且苏格兰和法罗、谢特兰、奥克兰各岛以及爱尔兰和冰岛，都感受着哈夫尔斯湾战役（872 年）的反冲影响，在这战役里，美发者哈罗德粉碎了那些竞争首领的权力。“很多酋长逃奔出国，携带妻子儿女、奴隶、自由人、臣属、家具和饰物，也就是，一切可装在船上的东西。”在爱尔兰，他们早在 830 年已定居在亚尔马，随即在都柏林建立了王国，而这王国延续到 1014 年为止。爱尔兰人称他们为“东方人”（Ostmen）。北欧人之所以能保持并伸展他们的势力，是由于爱尔兰在两百年中，氏族和氏族间互相残杀的斗争所造成。他们对芒斯特进行劫掠，直到“闵斯德全境，没有一个港口，没有一个登陆码头，没有一个丘阜，没有一个炮台，没有一个要塞，而不见丹麦人和海盗的船队为止”。然而，尽管他们这样活动，他们从来没有能够把爱尔兰变成为一个“诺曼底”。

北欧人是爱尔兰生活中的一个巨大的商业动力。由于不能征服全岛，他们自然而然地退守沿海岸来发展贸易。都柏林、瓦特福德和里摩黎克，即使不是由北欧人建立起来的，但是它们的重要地位首先是从东方人方面获得的。这些市镇不仅和像布里斯多与支斯得尔那样的附近市镇，而且和遥远的国家进行着贸易。它们和法国南部产葡萄酒区，有很密切的联系。这项葡萄酒生意是如此重要，所以 900 年时在芒斯特定有管理它的法律。在都柏林，有很多外国商人。挪威和冰岛同爱尔兰都有密切的交往。早在第九世纪一个冰岛人叫做旅行者拉丰·里摩黎克,因为他常旅行于冰岛和里摩黎克之间。《史话》中还提到其他的冰岛商人也到过都柏林。爱尔兰商人到过冰岛这一事情,从《遗民史话》里获得了证明:“与基督信仰在冰岛成为合法的同一夏天,有一只船渡海而来,驶到斯诺斐尔尼斯,那是一只都柏林的平底船。”

860 年之前,文明世界实在还没有知道冰岛,虽然爱尔兰传教士已先于北欧人到达了那里。870 年时,有一个挪威人名叫英哥尔夫者,在冰岛住过一个冬天后,为要料理他的财产,回到挪威;后来在 874 年,他定居于现在叫做雷克雅维克的地方,即今天冰岛的首都。

这新地不久成了那些在美发者哈罗德胜利下的牺牲者的避难所。但除了这批因流亡在外而侨居冰岛上的失意酋长之外,据《狡猾的鲑鱼野史》(*Laxdaela saga*)所告诉我们的,还有人受下列传说吸引而来的:“那里可自由拣选土地,也无须购买牲口”;那里“有大量漂浮到海滩的鲸鱼、鲑鱼渔场、捕鱼海滩,四季都好”。

不是全部冰岛都由挪威人来居住的,试阅维格佛逊和鲍威尔合著《岛民起源论》第一卷中所举出的殖民地表,就可知道移民是从多少不同的国家来的。除了从挪威来的以外,也许人数最多的是来自不列颠群岛、苏格兰和爱尔兰的移民,它们提供了人数较多的移民。赫布里底、奥克尼、谢特兰和法罗各岛也提供了它们的人口;法兰德斯、丹麦和瑞典也是如此。不是所有从这些国家来的移民,都是属于他们所移出的国家的国民。有很多是来自“西方海外”的挪威人;他们曾在一个很短时期内逗留在奥克尼或谢特兰或爱尔兰，然后再转到冰岛上的。例如，深思者奥特，挪威的凯提尔·法拉特尼布的女儿，都柏林王“白人”奥拉夫的妻子，曾住在凯司涅斯若干年，“她请人在森林里秘密造了一只商船；当船造成以后，她装备了这只船，携带了动产财物”，终于在892年时，驶往冰岛。奥特的弟兄东部人边恩曾从挪威到达赫布里底群岛，住过两个冬天，又于886年时航行到冰岛。那些从西方岛屿上来的人们，大多定居在冰岛的西部、北部和西北部。

殖民地一旦建立以后，它就迅速发展起来，到了930年时，岛上大多可居住部分，都已被占据。在900年时，岛上的优良地方已由移民居住着。“在那些日子(900年)里，布洛德斐斯全境都已住着移民了，”很多其余的地方也是这样。

在早期，当冰岛还大部是一个无人地区的时候，是从船上抛出椅子腿的方法来进行选择土地的。这些椅子腿漂浮到哪里的海岸，就在哪里设立殖民地。后来，这种惯例改变了；于是占取土地采用了某种契约形式。一般讲，酋长“按照尊严的地位”占取土地，虽然有时也使用抽签的办法。取得土地的所有权，是使用火炬来“视土地属于自己”的方法；就是，一个人手里举起火炬转绕自己土地一周的惯例。为了防止一个人占取过多，国王哈罗德不久就制定了一项规则：占有的土地不得多于他和他的船员带着火炬能在一天之内所走过的范围。显然，酋长占取了很广大的土地，而很有势力的酋长所占取的，包括着阔大无边的地带。酋长们把这些地带作为赠品，分给他们的亲戚朋友；这样一来，酋长和他的后裔就成为这土地的世袭首领。一旦占领土地以后，跟着就将建造房屋和庙宇；那是每个酋长的必要建筑物。

在建造房屋之后，甚至在此之前，移民必须努力为漫长的寒冬准备食粮。所以我们应来谈一谈岛上的食粮和产物。主要的食品是肉类和奶类。所说的肉类，一般是鱼肉和兽肉。鱼肉包括有嘉鱼、风干鱼、鲑鱼或鲸鱼肉。冰岛上并不盛产野猪，所以兽肉是羊肉、牛肉或马肉。在奶类中，干酪和牛奶是最普通的。去壳的燕麦是老百姓的主要谷物食料。

鱼是冰岛的最有利的产品。四面皆水，岛民自然而然地成了渔民。海湾和海口众多，特别是在冰岛的西部；它们给从事这项渔业的人提供了广大机会；有时，为了进行捕鱼而使其他的职业遭受了损害。举例说，在第九世纪后半期，弗罗基人驶入瓦特尼斯海湾时，看到了湾内这样"充满鱼类"（鱼、海豹和鲸鱼），以致"为了捕鱼，他们对割草毫不介意，因而他们的牲口在冬季饿死了"。捕鱼是家庭妇女为维持她们的家庭所从事的职业；也是有利的实业；有好多冰岛人曾靠此致富；在第十世纪上半期，钓鳕鱼者索尔斯坦因便是这样获得了成功。据《遗民史话》里所说，他"成为一个最大的富翁；他经常有六十个自由人伴随着；他是一个家庭用具的大搜集家，而且还一直继续捕鱼"。还有一个更加好的例证：奥德·乌斐格孙在十一世纪中期，离开家庭时只带了"一条钓丝……一组捕鱼具以及十二厄尔[①]的羊毛粗布，向瓦特尼斯地方上的渔夫公司赊购了一副捕鱼用具；经过三冬三夏后，他还清了所有的欠款，同时自己还有好多营业本钱"。于是，他开始了转运事业，购买了一只"平底船"的使用权，后来取得了这只"平底船"的所有权，而且，以捕鱼及

① 厄尔（ells）是量布匹的尺名。——译者

经营弥德斐斯和“海滨”之间的运货生意而富有起来。最后，他拥有几只运货船，能够航行出国，不久被称为冰岛上的最大富翁。

除了捕鱼业之外，最普通的实业似乎是养羊业。每个大酋长都有若干数量的阉羊；在夏天这些羊群被放出在山侧草地上吃草，而在收获季节，由那些专管寻找它们的人赶回到低地和盆地的牧场上，在寒冷的几个月内可把它们饲养在畜棚里，或者，如果冬季冷得太厉害，把羊群赶到南方去，以便在荒地上获得更适合的牧场。约 1000 年时，比德人的羊群就是这样的。然而，那些管理羊群的人不一定能够把全部羊群赶回来。常常有很多只羊失踪，为了追寻它们，将劳累好多天。邻近酋长之间也常常为了丢羊而发生争吵，一方怀疑对方应对羊的失踪负责任。

畜养牲口一定是普通的，虽然《史话》里很少提及它。岛上到处都有各色各样的马匹。有的在收获季节被宰杀，用作食品；有的用于驮载干草；有的叫做“木马”，因为它们驮运像干草一样多的浮木。在早期，冰岛上没有大路，但是有很多马走的小路，在陆地马匹实际上构成唯一的交通工具；所有的陆上旅行，不是徒步，便是乘马。家畜除了马、牛和羊以外，主要还有家禽和小鹰。在野兽中，驯鹿和熊在数目上也许较多。

岛上种植若干种谷物，但主要产物是干草。干草是一切牲畜所绝对必需的东西，特别是在冬季；又因为夏季很短，更加需要及时收割青草。收获时期一般是在八月中。如遇干草歉收，像有时在湿季中所遭到的情况那样，牲畜就将面临饥饿的灾难。在困难时期，藏着干草的人一般被迫售出干草，租户当然是以干草付租的；在歉收时，把若干数量牲畜宰杀了。

上文讲过，冰岛商人曾到过英国。在十二世纪后半期，他们在赫布里底群岛上的圣大地方，曾建立一座灯塔。在一个冰岛主教的传记里，我们看到记载，说冰岛同英格兰的林尼及其他的港口进行贸易。1224年时，曾有冰岛船只停泊在雅穆斯港口内。

挪威人在冰岛从事贸易的外国人中，占大多数，并越来越多地控制了冰岛的出口物；而冰岛对挪威的这种较大的经济依附性，引起了1262—1264年间两国的政治联合。那时卑尔根已成为冰岛产品的市场。挪威到冰岛的最短路线，是从斯特德角到冰岛东岸上的霍恩，但最通常使用的路线是从谢特兰和法罗群岛之北的卑尔根，绕过冰岛的西南岸而进入它目前首都所在地的河湾那一条路。

《史话》所引关于北欧人和他们所移住的各国之间的联系，在这早期内，不一定都是正确的。《史话》不止一次地只提及“那个夏季有一只船开往拉发哈佛穆斯去，另一只船开往达米尔尼斯去”，而没有说出它是从哪里开出的或谁是它的驾驶者。可是，尽管《史话》的叙述不一定都正确，但却是够多，使我们得以了解北欧人商业上射出的光芒如何广大。看来，在斯堪的那维亚世界里，每一个港口是有市场的。

在第九世纪早期，在瑞典人（他们的港口贝卡现在叫做边谷，西距斯德哥尔摩十八哩）和什列斯威的哈德比及法里西亚的杜尔斯特德之间，已建立商业关系。在虔诚者路易时代，北欧使徒安斯卡同杜尔斯特德的几个商人曾旅行到贝卡，那里据《安斯卡传》讲，“有很多富商、大量货物和金钱”。汉堡和哈德比商人常常来到贝卡那里。

瑞典向外扩展的天然路线，是越过波罗的海，而不是向西方去。《安斯卡传》还告诉我们，瑞典人曾征服“科立王国”（近代的库尔兰）内的五个市镇，其中提及都纳河畔的塞列堡以及温达瓦河畔的比尔登两个市镇。在这里，也可看到“基督教商人”；他们也许是从杜尔斯特德或哈德比来的法兰克人，搜购毛皮和琥珀。

然而，瑞典人进入广大而界线模糊的斯拉夫人领土之大门，是通过芬兰湾的；在第九世纪中期之前，“罗斯人”（“Rus”是个芬兰名词，意指“荡桨者”，芬兰人原用以称呼瑞典人的，而后来由斯拉夫人采用了）已定居在伊尔曼湖畔霍姆加尔德；这就是后来叫做“老诺夫哥罗得”或“大诺夫哥罗得”。

诺夫哥罗得和下第聂伯河畔的基辅成了瑞典人在俄罗斯的军事和贸易殖民地，像在爱尔兰的都柏林和在法国的卢昂一样。这些都是强加在斯拉夫人方面的军事商人殖民地。从诺夫哥罗得到黑海，开放着一条天然水路，即经过那由罗斯人不久发现了的伏尔科夫河与第聂伯河的水路——这就是著名的“发兰琴路”①。虽然“发兰琴”这个名词的意义相等于北欧人或斯堪的那维亚人，但它获得了一个经济的含义。发兰琴路成了北欧和东方之间的巨大环节。由于这条路线，不仅拜占廷而且巴格达哈里发同波罗的海区连接起来了。因为伏尔加河把诺夫哥罗得的这批冒险商人，向下运送到里海顶端伊铁尔（近代的阿斯脱拉罕）；在那里，他们同从巴格达来的阿拉伯商人建立了商业联系。罗斯人不久又发现了黑海

① “发兰琴”（Varangian）意即“北欧漂泊者”，特别是指约在第九世纪那些蹂躏波罗的海的北欧人。——译者

北岸拜占廷商人的殖民地，并对它们进行了残酷的劫掠。在 865 年夏季，他们甚至威胁了君士坦丁堡，当时东罗马皇帝正在同萨拉森人作战。由于向南扩展的结果，他们认识到诺夫哥罗得和尤克辛海之间有建立中间站的必要性，而这一需要由于北欧人在 852 年(?)占领基辅而获得了解决，当时基辅是喀扎尔人的附庸。这日期作为俄罗斯建国的开始日期，看来是重要的。因为俄罗斯是瑞典征服者在斯拉夫世界的中心区建立起来的另一个“诺曼底公国”。

北欧人对中世纪历史的影响，是不可胜计的。他们把整个北欧从不知道的境界提高到知道的境界。他们在俄罗斯、法国和英国的殖民地，连接了南北两方，并建造了一个比以前更广阔更巨大的欧洲。尽管这些殖民地是彼此独立的，并脱离了产生它们的母国，然而有一个紧密的文化统一性在整个北欧流行着。人们可搭渔船、贸易船、商人的内河木船或乘马自由往来于这广大的北欧人帝国内，从格陵兰直到里海和黑海为止。丹麦人、挪威人和瑞典人的语言是差不多相同的，所以凡能说斯堪的那维亚语的人可随便到什么地方去。商人和军事冒险家结队旅行，因而他们的人数和威力足够保证他们生命财产的安全。丹麦、瑞典、挪威、英国、北法、都柏林“王国”、冰岛、奥克尼、谢特兰、法罗、库尔兰、俄罗斯——甚至格陵兰——都可认为是属于十至十一世纪中一个空泛而广大的北欧人帝国的省份；这帝国有难于捉摸的统一性，像今天的英帝国那样。

统一性中最具体的也许是商业的统一。自从罗马帝国衰落以后，从来没有看见过可与伦比的国际商品交换。北欧的毛皮、鲸鱼和海象牙是在黑海口岸、基辅、诺夫哥罗得、阿斯脱拉罕出售，来换取东方的丝绸、糖、香料、碧玉、软膏、化妆品以及各种奢侈品。从冰岛来的鱼类和从格陵兰来的鲸鱼油都是在比斯开湾港口和西班牙港口出售。

阿拉伯海权封闭了西地中海区这一事实，如上文所说，阻碍了南欧的利凡得贸易，所以意大利西海岸和南法海岸港口市镇像比萨、热那亚和马赛那样，在街道上，变为杂草丛生，而它们的港口也凄绝无人。在很多年代中，威尼斯是西欧同利凡得直接联系的唯一港口。所以，庞大数额的东方商品乃由那些横渡里海和黑海并越过里海地峡的路线而入俄罗斯，从那里把商品分配于波罗的海和北欧地区。这俄罗斯—北欧人的商业继续是中世纪历史上的基本商业，直到十一世纪末期野蛮的库曼人蹂躏南部俄罗斯而中断了这贸易为止，直到同一世纪意大利沿海城市肃清了地中海区穆罕默德教海盗船为止，直到 1099 年后十字军为了拉丁和日耳曼西方，确立了"门户开放"政策，并对西欧商人开放了叙利亚和巴勒斯坦港口为止。在十一世纪，基辅有八所市场，它是一方面巴格达哈里发国、埃及、叙利亚、拜占廷和另一方面中欧、北欧与西欧之间的大中间商人。波罗的海和北海似可说成是一个北方地中海的双重盆地，而伦敦、不来梅、布鲁日、汉堡、律伯克、斯德丁、维斯比、但泽都发展成为重要的商业区。那条经第聂伯河、伏尔科夫河和伊尔曼湖的发兰琴商路，是同那穿过欧洲腰际的莱茵河与罗尼河的南欧和北欧间的老商路相竞争的。诺夫哥罗得是北欧的一个威尼斯。成千成万的拜占廷、阿拉伯、埃及、库斐克[①]，甚至印度的各种钱币，连同英国、丹麦、诺曼和日耳曼钱币，的确在这些路上已被发

① 即幼发拉底河畔的库发城。——译者

掘出来了。

还须指出，北欧人在商业冒险方面所具有的海员和航海家的技巧和大胆行为。他们的长型船和地中海大划船型的船，是不大相同的。这些船是按照情况，用帆或用桨来推进的，而它们的船主对气候和水流比南欧海员要熟悉得多。一个北欧海员能从海水的颜色、潮水的流动，甚至一阵顺风，说出海岸可能是多么远并在什么方向。他们不肯从事那种胆小的航行：即从地角到地角，从岛到岛徐徐行驶，唯恐迷失了航行方向，或者在夜间抛锚停泊，像地中海水手所做的那样。重雾和暗礁使他们小心，但并不能吓倒他们。他们的技能也能够和他的勇敢精神媲美。南欧水手没有一个人能知道抢风转舵的技巧，像北欧人所知道的那样，虽然后者也许早在第九世纪还没有发现这项方法。后来由英国和汉撒同盟的船舶在北方海上所发展起来的海权、海上法和航海技术，都是导源于北欧人的传统。这是一种可贵的遗产。

第十一章　萨克逊和萨利安德意志（919—1125 年）*

在封建德意志，经济向上发展很自然地成了一条曲线，其中每一段大约相当于三个皇朝中一朝的统治时期。萨克逊时期（919—1024 年）几乎是完全属于农业和土地经济时期。关于德意志在萨克逊时期的繁荣状态，是有许多具体证据的。其中之一是人口的增加；人口在第十世纪增加得慢，而到了十一世纪就增加得快了。另一个是河道交通的重要地位，特别是莱茵河上的交通。沿着这条河流，从阿尔卑斯山到北海，有一长列古代主教区城市，排成了梯形，像巴塞尔、斯特拉斯堡（它的主教埃肯巴德在 965 年制定了一项著名的法律，里面管理贸易的条文占着一大部分）、瓦牧、斯拜尔、马因斯、科伦（著名而又富饶的城市）和乌得勒支。就经济重要性论，堪与这些主教区城市相比拟的，是王室领的城市，像科不林士、波恩、安特那赫、威斯巴登。西方沿摩塞耳河，东方沿涅克河和美因河的其他贸易从特累甫、法兰克福和符次堡也流入莱茵河流域。重要的贸易品是忽布花、亚尔萨斯的木器、法里斯兰的法里西安布匹；后一种生意，如此重要，以致在美因斯有一条街叫做法里西安人街。科伦是以铁的贸易中心出名的，铁块是从瑟林吉亚矿

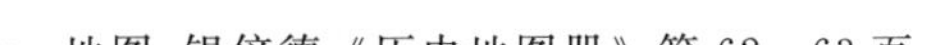

* 地图：锡倍德：《历史地图册》，第 62—63 页。

山里运下来的。

在讲到德意志萨克逊时期的一般经济社会历史之前,我们应当来谈一谈捕鸟者亨利为萨克逊本土所做的事情。因为萨克逊是法兰克人的最后征服地,所以,它在德意志王国内是最新的又是建立最晚的公爵领。从萨克逊人放弃崇拜叨尔神和倭丁神[①]而皈依基督教到这个时候,刚刚是一百年。法兰克政府原来是严峻残酷的,然而没有能铲除古代萨克逊人的风俗、制度和传统,也没有使封建制度在萨克逊土壤上根深蒂固。当那由土地而产生的农奴制在教会的大庄园上或最高级贵族的大庄园上流行的时候,法兰克或半法兰克血统的贵族的地位在萨克逊,和以前一样还是一个社会等级,并不包含也不具有世袭领占有权的意义。很多萨克逊贵族耕种着自己的田亩而生活,像朴素的乡绅那样——萨克逊人认为:在虔诚者路易时代,瓦拉的做法是可嘉的——他们受到那些不及他们富裕的邻人的尊重和景仰,可是并不被他们害怕。

萨克逊族的基本群众,是自由人,以自耕农或者租户的身份耕种田地;他们对天气所感的兴趣比战争要多。除了爱尔福特以外,很少有市镇。直到查理曼时代为止,历史上没有明白提到过萨克逊的什么市镇,虽然有理由可以设想,像巴度威克和麦则堡,甚至帕得鲍恩,是可以算作城市的。甚至主教区和寺院的所在地,也只不过是过度发展的村庄。汉堡、巴度威克、马德堡、哈勒、爱尔福特

① 叨尔神(Thor)即雷神,倭丁神(Woden)即斯堪的那维亚的主神,星期四(Thursday)从前者得名,星期三(Wednesday)从后者得名。——译者

原是对付汶德人的防御地点。自由农民像以前他们的祖先那样,住在沿河的或广阔平原上的散漫而空旷的村庄里。他们是农业人口,他们最引为骄傲的出产是马匹,而萨克逊即由此而出名。查理曼为了防患于未然,曾破坏几个古代萨克逊炮垒,像霍亨士堡、斯塔特堡、伊勒斯堡(威突金的最后一个要塞)那样,而这些建筑物除了遗迹以外,已没有别的东西留下了。

896年时,马扎儿人,即古代匈奴人与后来阿佛尔人的近族,已在台斯河两岸定居下来,他们遍布在多瑙河三角地带的大平原上。此后五十年时期,他们对东德意志和北意大利所进行的掠夺,都是恐怖行为。他们侵入这些国家所产生的影响,完全像北欧人在前一世纪侵入法国所曾发生的影响一样,就是,引起城堡的建造和市镇加筑墙垣的活动。900年时,巴伐利亚的恩斯堡,是用旧罗马的卡斯特拉·巴太瓦(巴苏)城垣的石头建造起来的。在德意志喀罗林朝的最后几年时期中,马扎儿人的掠夺是限于南德意志地区,他们横行于南德的因尼河和莱茵河之间,而多瑙河盆地成为他们侵入的一个天然通路。于是德意志采用了建造堡垒方法来保卫自己。原来当这侵犯开始的时候,在莱茵河和多瑙河区的古代罗马城市的城垣早已颓废,所有寺院的各种房屋,都是散乱无章地集合着,国王和贵族的领地都是空旷的田地,而各村庄也都是可以随意出入的田舍。

在又突然又普遍的灾难里,累根斯堡、奥格斯堡、喀姆布莱和麦次赶快修葺了罗马旧城垣,成了第一批避难所。由于这些措施,以及由于重复抢劫使德意志旧省内所可获得的赃物数量越来越少,马扎儿人逐渐把他们掠夺的矛头从莱茵河和多瑙河区转向萨

克逊了。可自由进出的村庄、无城垣保卫的主教区市镇和寺院以及萨克逊人原有的一切堡垒已经毁坏，使萨克逊受到马扎儿人的可怕进攻。而且，萨克逊人像原始日耳曼人那样，还是用密集队伍徒步作战的，而这些入寇者则是乘马作战的。萨克逊人尽管是勇敢的，但对这样的一种敌人却没有战胜的可能。

亨利一世清楚地看出这一点，并迅速地采取了行动。这与高卢在查理·马德尔时代当萨拉森人侵入时，或第九世纪在秃头查理时代当北欧人蹂躏法国时，所遇到的问题一样。但是，其结果是不相同的。在法国，王室已衰弱不堪，它不得不让私人倡议去建造堡垒，而这批建造堡垒的人不久就脱离了王室权力的控制。德意志的情形则相反，亨利一世是一个名副其实的国王。虽然他统治的方法，像封建时代里的一般方法那样，在形式上是很封建的，但他的封建政府却是有力的。亨利一世曾批准并监督建造这种堡垒。为了这项目的，他以纳贡九年的代价来获取马扎儿人的和平对待，而在这期间，他在瑟林吉亚和萨克逊建造了那些著名堡垒来保卫扎勒河和维拉河之间的一条防线，由于这一行动，他享有了盛名。

这些德意志的堡垒不是像法国的城堡那样的。它们不是建造在贵族私人土地上的孤单城堡。它们基本上不是属于一个家族的炮垒，像在法国的那样，而是旨在保护全社会的炮垒。这是在不同的名词里反映出来的。在法国，我们所看到的名词，是“城堡”(castellum)和“炮垒”(castrum)，很少看到“市镇”(oppidum)这一名词。但是，在德意志，所用的名词是“市镇”(urbs)、“城市”(civitas)和“市府”(municipium)。这样设防的社会单位，是王室领地，往往是一所寺院或主教所在地，而它已成为它周围人口的中心。由于这类社会性职能，德意志的这些堡垒既不同于法国的城堡，也不同于边境上所建造的防舍。它们不像两者中的任何一种；它们既不是城堡，也不是防舍，而是有城垣的社会。因此，魁德林堡、孟勒本、赫斯斐尔德、科维各寺院，曾经设防，而主教区城市：麦则堡、民登、哈伯斯塔特、凡尔登、不来梅、帕得鲍恩、喜尔得珊、瑙谟堡、马德堡、瓦牧、科伦、喀姆布莱、利格，在萨克逊时代，都曾以城垣围绕起来。有的主教区城，像诺德豪森、波厄尔德、杜德尔斯特德、格洛那，都是在公爵领上筑造了城垣的地点。这些城垣不是像所设想的那样，用石头来造成的。在第十世纪，中世纪的德意志切石和石工技术，还很落后，不能建造石头的建筑物。连教堂也是用木料建造的。所谓城垣就是木栅，由竖立于地面上的树干来造成的，牢固地联结在一起，在各个角上还有木头塔楼。有时，木栅是双重的，在外圈之内，还有一所更大的塔楼或卫城。

每九个自由人中，必须有一个人担任军役一个年头，他是驻在堡垒戍兵的一分子。人民大众，和旧时一样，依然住在空旷的乡间，可是为了更加安全起见，每一地区出产品的三分之一是贮藏在堡内的；在堡内，也举行一切会议、大会和宴会。亨利一世，即使没有建立“市镇”，但由于在这些被保护的地方集中贸易和进行社会活动，有力地帮助了它们后来的发展。因为这类地点自然地成为大家愿意居住或住在它们附近的地方，从而在早期发展了商业的重要性。结果，过了不久，在有城垣环绕的窄狭土地范围之内，人口就很稠密了，所以我们看到有过多的人口移住在靠近城垣的郊区。迈仙和麦则堡成长到这样的程度，以致在鄂图一世时代已有一个郊区。可是在第一位萨克逊国王的两代之前，汉堡已有郊区人口，而麦则堡，从它另一个名字阿尔腾堡(Altenburg 意即“老城”)来判断，在亨利一世时代，一定也是一个老城，而在它的旁边，发展了一个新城。

在亨利一世、鄂图一世和亨利二世时代，像一阵骤雨般地赐与市场[1]，通行税和造币各种权利，证明了萨克逊时代的商业和贸易的发展。连在赫洛茨威撒[2]的一首诗里，我们也看到关于一个乡村市集的叙述。亨利二世(1002—1024 年)似乎曾赐给寺院以市场权利，作为他把它们的土地没入国库的补偿。还有六个主教获得了在下列主教区内建立市场的权利：萨克逊的不来梅、奥斯那布律克、哈伯斯塔特；法兰哥尼亚的符次堡、瓦牧、斯拜尔。穿越森林和山岭的大路把那些有利于贸易的地点连接起来。这项贸易辏集于作为城市特征的市场上。很多市镇每年有一次市集，并有规模较小而次数多的市集来出售生活上的日常必需品。在每周或每天的市场上，肉类和谷物的买卖占重要部分。那些规模较大的每年一次的市场是经营工业出品的。单帮小贩则在乡村里走来走去做生意。在大城市里，那些经商为生的犹太人，拥有货栈和仓库。在萨克逊时代，整个德意志的地方贸易是活跃的，可是在古老的西部比在新的东部，它的意义要大得多。

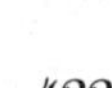

关于范围较大的贸易的明显特征，在于贸易由职业商人来经营。尽管有各种社会根源，它的基础无疑是犹太人。到处都需要

---

① 在中世纪，拉丁文“mercatue”起初指“市场权利”而后来指市场地点，但很少指抽象的商业。

② 赫洛茨威撒(Hroswitha，约 932—1002 年)是一个修女、诗人。——译者

并欢迎这些商人设立居留地。他们的最好保护人是国王。家庭所需的主要商品是:谷物、牲口、食盐、葡萄酒、鱼类、布匹、马鞍、武器、羊皮、鞋子、干酪、黄铜、蜡、烹饪用具和面包。最重要的商业中心是:乌尔穆、累根斯堡、多瑙河畔的巴苏、马因斯和莱茵河畔的科伦、不来梅、巴度威克、马德堡、麦则堡以及萨克逊的哈勒·科伦,即德意志的大海港,早在十一世纪已有六百个商人。马因斯,即“王室的黄金泉源”[①]有一个大市场,在那里欧洲各国的产品进行交换。甚至在第一次十字军以前,可以说,有些地方的商业生活已胜过农业生活。

莱茵河上征集通行税,是中世纪的一种措施,而在罗马行政上是没有先例的。罗马人之所以征集赋税是纯粹为了财政目的,而不是为了经济目的。他们没有征收过河道通行税,而莱茵河是一条自由河道。但是,这一切情况已一去不复返了。从第八世纪起,通行一项课税原则,即通行税是为了经济的理由而征收的,目的在于改进和维护航运。发给市场执照和控制商业的权利,原是属于帝国的一种特权。萨克逊皇帝依据这项“关税通则”,设立了莱茵河沿岸的通行税站。这些收税处一般位于河流上难以通过的地方,在那里船舶必须徐行或停驶。像其他的职位一样,收税的职务也是作为采邑恩赐的。通行税一般是以实物缴付的;就是,以船货的几分之几来缴付的。最普通的征费是一斐特[②]葡萄酒,因为葡萄酒是货运中的最普通的东西。在萨克逊和萨利安时期,这种税

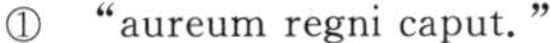

① “aureum regni caput.”

② 斐特(fuder)为量器名。——译者

收是有利于莱茵河商业的，因为那些进款是用在维持莱茵河的航运；但在亨利四世以年幼而未执政的长久时期中，这些通行税站有很多被主教们及其他领主占夺，而它们的收入遂被归入私囊了。后来，亨利四世追还这些税站，他一方面获得了莱茵城市的爱戴，而另一方面引起了莱茵主教（特别是科伦·安诺）及住在莱茵河两岸的封建贵族的愤恨。

德意志的对外贸易，是集中在边境城市：对匈牙利、波希米亚和波兰的贸易，集中在累根斯堡；对波罗的海区的贸易，集中在哈勒和马德堡；对北欧国家和英国的贸易集中在汉堡和不来梅。在邻近国家内，像在匈牙利、波兰、俄罗斯，商人是德意志人。在南德意志，多瑙河是商业上的自然动脉，而这里奥格斯堡和累根斯堡最出名。我们可以证明累根斯堡贸易是从罗马时代继续下来的。那里的商人殖民地似乎从来没有消灭过，而在第十世纪，这殖民地变为强有力了，那是因为德意志国家的双重领土扩展：向多瑙河（特别是在955年打败马扎儿人以后）以及向意大利扩展。在第十世纪我们看到，它已被称为"商人城市"了。954年在巴伐利亚公爵反叛的时候，鄂图一世曾使用这些商人的河上木船来进行运输。在1000年时马扎儿人皈依基督教以后，君士坦丁堡和德意志间的贸易，在数量上大大增加。累根斯堡，由于它的幸运地位，曾成为中欧和拜占廷之间的一个分配站，并从这早期贸易，获得了它早期的繁荣地位和财富基础。在十一世纪末期，萨尔斯堡大主教爱柏哈特，论及累根斯堡时说，它是德意志城市中最富庶的一个城市，而历史家君士坦士·伯诺尔德夸大其词地说，1094年时在十二周内那里有九千人染疫而死。奥格斯堡早在第六世纪，已筑起了城

垣,而城垣建造者的行会正是最早的手艺人行会。在第九世纪瓦牧也有一个行会。

关于十和十一世纪德意志的工业,我们所可说的,比关于商业要少,倒不是因为工业较不重要,而是因为它在创造性和广泛性方面差一些。工业几乎全部限于一种基本上是农业人口所从事的手工职业。妇女们从事纺织、缝纫,即在王室家庭内亦然。在世俗的和教会的庄园上,存在着各色各样的手艺工人。有铁匠、车轮匠、马鞍匠、鞋匠、肥皂工、啤酒工、葡萄酒工、编结网及其他工具者、锯木者、木匠、盾牌制造者、硝皮匠、刻木匠、刀剑匠、漂布者、箍桶匠,等等。在每个庄园的贮藏室里,可以看到床架、床垫、羽毛被褥、罩单、棉衣、坐垫、青铜、铅、铁和木制容器,键、锅钩、铇、钻、斧、刮刀、手斧及其他家庭制造的工具。在教会的大庄园上,或在大领主的有些大庄园上,设立了“工场”,由职工来制造东西,这些职工与其说是农奴,不如说是手艺奴役。这些制品的剩余部分,是拿到市场上去出售的。例如,我们知道,关于主教君士坦士·革布哈的下列一件事:有一天(993 年)他召集他的仆人,选择其中最好者,指派他们分别充当厨司和烘面包者、店员和漂布者、靴匠和园丁、车轮匠以及各种行业的技师。所有的盐场原来都属于国王,而现在他还保留着其中的大部分。著名的盐场,是位于哈勒、萨尔斯堡、赖肯哈尔、伦涅堡、图耳、弗尔达和哥尔兹的。玻璃广泛地使用在教会建筑方面。

在工业部门中,需要像工厂那样管理的,是磨坊、啤酒酿造厂、葡萄酒厂和盐场。在那里,工人是依附者。管理人有较多的田地来维持他们的生活;工人有分块的土地和茅舍。这些土地的产权逐渐由原来所有者移转到管理人或依附工人。工业工人在他们工作的时候，给予原料和一定数量的食品和饮料。在剩余的时间内，他们依靠他们的田地（工业田地）来维持他们的家庭；这些田地比一般份地（田地）要小。

然而，三种工人是有高级技术的，当然也是自由手艺者。他们是矿工、金属匠和刻石匠。班堡和喜尔得珊的罗马式大礼拜堂以及十一世纪早期城垣，是他俩手艺的例证。喜尔得珊大礼拜堂的精致的青铜门最明显地表明了从技巧手艺过渡到萨克逊时代所完成的真正艺术的过程；这大礼拜堂是为主教伯华德（死于995年）而建造的。它的设计模型者，是意大利人，而不是德意志人；但是它所用的金属是在德意志开采并冶炼出来的。造屋匠的艺术以及有关宗教建筑的装潢艺术在十和十一世纪中使人惊异地发展起来。论及伯华德时，有人写道："以又精致又漂亮的图案，装饰着墙头以及天花板。"[1]在这方面，班堡的亨利二世的大礼拜堂是一个历史性的纪念物。从记载的事实，我们可窥见那时曾闪现出一种近代式的微光，就是，建造这大厦的工人们曾"要求"较高的工资；那再一次表明了这种工人一定曾是自由人。

在整个这几百年的时期内，一个经济上突出而意义又日益增长的影响，是意大利的商业和货币对德意志的重要性。阿尔卑斯山路，以前主要是为军事和朝圣而用，但从962年德意志和意大利联合组成日耳曼民族罗马帝国[2]以后，这些山路获得了商业上的

① "exquisita ac lucida pictura tam parietes quam laquearia exornabat."

② 腓特烈一世加上了"神圣"这一称号。

重要性,那和伦巴城市的兴起是有关系的。意大利是德意志黄金供应的一个来源。越来越多的与东方的贸易,使黄金源源不绝地向阿尔卑斯山外流出。意大利的一位编年史家索拉克特·本尼狄克论及日耳曼人时,伤感地说,“萨克逊人把他们在意大利所可找到的一切黄金白银囊括而去了。”由于阿尔卑斯山路——大圣伯尔纳德和小圣伯尔纳德、斯普吕根、塞普替默、勃伦纳各山路——落入德意志的控制,它在欧洲享有一种商业上和财政上的无限利益;而这一切山路是条条通伦巴平原的。

中世纪德意志有四条和东方连接的路线:(1)经由威尼斯及其他意大利城市,(2)通过君士坦丁堡,(3)通过俄罗斯,或经由“发兰琴路”或经由累根斯堡到基辅,(4)经过穆罕默德教西班牙。这一切路线都给德意志提供了东方的消费品。在第九世纪晚期,圣加尔寺院的修道僧叙述说,查理曼朝廷上的贵族习惯于在巴费亚从威尼斯商人购买价值昂贵的利凡得布匹。他也许把他那个时代的风尚,套到查理曼时代了。908年时,主教奥格斯堡·阿达尔柏曾赠给圣加尔寺院修道僧们以价值昂贵的太尔紫色长袍。鄂图一世曾派遣一个德意志富商,叫做琉特法力德者,往君士坦丁堡去,而在973年有一个拜占廷使节来到魁德林堡。科维寺院的一本市场账簿提供了一张应用的香料表册,这账簿也许是从十世纪开始的。里面的数字,可使我们了解中世纪时代对香料需要的情况。账册中列出:蜡六百磅;胡椒和小茴香籽各一百二十磅;生姜七十磅;肉桂十五磅;丁香、姜根、大黄、香油膏、藿香、香树脂、乳香、没药和百里香各二磅。伊克哈德四世(死于1060年?)写道,圣加尔寺院曾在君士坦司采购过香料。

数量和种类日益增加的东方货物以及大量黄金源源流过了阿尔卑斯山路。阿尔卑斯山区的寺院和主教区，是这项贸易的特殊受益者和管理者。它们征收通行税，维持沿路的"站"，供给运输工具并保护道路和桥梁，尽管关于它们的勒索和疏忽方面，还有很多怨言。胖子查理给圣加尔寺院以位于马格其奥湖畔的盛产葡萄和橄榄地区内的马西诺礼拜堂。赖赫瑙寺院，除了它在科摩区所有的地产外，在朱理尔—塞普替默路上有伦茨以及在卢克马尼埃路上还有塔明斯和特林斯。狄逊提斯寺院在马格其奥湖区也有土地。这些土地的赠与可追溯到丕平时代，虽然在十二世纪之前，记载是缺少的。普非斐斯寺院在契维那附近有土地，并且早在998年时，据说"在靠近塞普替米山脚[①]处便已有哥登第宗教圣所"。鄂图一世赐给圣加尔寺院以君士坦司湖畔罗尔瑟赫的市场权利。现有一张约960年时亚俄斯塔的税率表。

但是，德意志也从新开放的下多瑙河路线，获得了商业利益。这路线几百年来由于"蛮族"即哥特人、匈奴人、阿佛尔人、保加尔人、马扎儿人的连续侵犯，而曾被闭塞。在1000年，匈牙利国王史梯芬正式皈依了拉丁基督教，于是在500年时期中多瑙河路线第一次开放，并直通巴尔干半岛。几乎立刻有大批商人和朝圣者开始涌到这一条到君士坦丁堡和"圣地"的最近路线上。"贝占"，就是拜占廷的金币，偶然曾由史家和诗人提及，现在，有的已从埋藏的地窖里被发掘出来了。

但不是所有的希腊和东方货币都是经由多瑙河而来的。因为

---

① "ecclesiam sancti Gaudentii ad pedem Septimimontis."

如上文所说,“发兰琴”贸易路,也使德意志通过波罗的海和东方取得联系。有一个穆罕默德教旅行家塔屠塞在973年到达德意志,在马因斯看到出售的丝绸、香料及其他的东方货物以及看到从撒马尔罕来的若干货币时,感到惊奇。波兰的美士谷曾送给鄂图三世来自基辅市场的一头骆驼。

德意志—西班牙的贸易大部是奴隶贸易。我们已说过,远在第九世纪,在德意志和穆罕默德教西班牙之间,已存在着一种奴隶贸易,而凡尔登曾是犹太奴隶贩子的基地。温德族奴隶是这项贸易中的最重要的货品,但也有其他的东西,像非洲的象牙、羽毛漂亮的鸟类、豹皮和狮皮、活泼的猴子。从西班牙来的路线,是渡海到罗尼河口,从那里再向北行。鄂图一世一心要终止穆罕默德教海盗船对意大利海岸的掠夺;为此,他派遣了洛林区哥尔兹寺院的住持约翰出使于哥尔多华。我们不知道这项出使的效果如何。但是,在1000年之前,奴隶贸易已趋萎缩,也许因为萨拉森人被逐出于布罗温斯,而犹太商人曾与他们狼狈为奸。在萨克逊时代,德意志对外贸易的另一扩充,是从科伦渡北海到英国的贸易。这些商人是经营德意志的铁和铜以及东方商品。英王厄特尔勒德(978—1016年)曾给予他们在伦敦经营商业的特殊权利。

就金属——白银、铜、铁——和食盐而言,中世纪德意志是欧洲的最惠国。当地中海区居民必须辛苦地在海岸上用蒸发方法在盐盆里来制造食盐时,当其他北欧的国家被迫从南欧输入食盐时,德意志有很多天然盐井。萨尔斯堡[①]这一名称,说明了这一事实。

① 萨尔斯堡(Salzsburg)是从“salt”(盐)这一字得来的。——译者

德文"哈尔"("hall")这一缀音,作为字头或字尾时,是用以指示当地盐场的一个地方名称,例子有:哈勒、哈尔斯大德、赖肯哈尔。洛林产铁和盐;瑟林吉亚产铁、银、铜和铅;上斯瓦比亚的诺立坎产铁;萨尔斯堡产铜和盐。在十世纪之前,士的里亚、提罗尔和萨尔斯堡的矿产已经开采。但是在十二世纪后期之前,正当波希米亚的矿产,尤其是厄尔士山脉的矿产,开始开发的时候,哈茨山脉是欧洲金属蕴藏最丰富的地方。不可能确定在罗马和德意志的开矿事业之间有什么关系,因为现有的关于墨洛温和喀罗林两朝的资料,实在太少了,我们不能依据它们来作出什么论断。

关于中世纪矿业的历史,实际上可以说是从开发哈茨山脉的矿产开始的。因为约在960年,当哥斯拉尔附近的兰米尔斯柏山大银矿被发现的时候,开矿事业里发生了一种类似革命的事情。德意志就因此一跃而居西方国家的前列,此外,它已享有由于铜、铁、铅的出产所获得的经济优势。在十世纪后半期,货币使用的显著增加已可看得出来,而这些货币除了上述的矿产以外,很少有别的来源。对于这些贵金属的生产,还须加上波兰人和波希米亚人的贡赋;因为这些贡赋像易北河斯拉夫人所纳的那样,是以金属而不是以货物来缴纳的。

可是,必须记住:尽管有商业和工业,封建德意志,像当时的全欧洲那样,主要是一个农业国家。种田、种葡萄园、种花园、种果园,是通常的职业。中世纪日耳曼人爱好果园、葡萄园和花园。诗人瓦拉弗里特·斯特累波所列举的赖赫瑙寺院园圃内的蔬菜和花卉种类，几乎和《庄园诏令》[①]所列举的相同。种田主要是按三田制进行的，但这项更好的、更多产的办法，还没有完全代替那种旧的耕种和休耕交替的两田制。历史家的证明(他们常常仔细地叙述气候条件，像严寒的冬季、干旱的夏季、潮湿的春季)、寺院庄园纪录簿的资料、萨克逊时代的刑法，这一切都表明了这一事实：萨克逊德意志按它的经济活动说，最大部分是属于农业经济的。甚至累根斯堡，虽然它的位置适宜于商业并有罗马的商业传统，但在鄂图一世时代，它之所以重要还大部在于它是周围地区的牲口市场。

到那个时候，莱茵区的葡萄园开始起重要作用。过去，摩塞耳流域比它重要得很多。在第六世纪威南塔斯·福图内塔斯曾以荒野的莱茵土地和耕种较多的摩塞耳土地相对照，后者是盛产甜葡萄的。在这个时期，只有安得那赫在莱茵河沿岸有重要的葡萄园；在那里葡萄种植是从第九世纪开始的。

摩塞耳沿岸的葡萄种植业，是从古代传下来的；而莱茵河沿岸的葡萄种植业，是在中世纪时代传入的。摩塞耳河由于它的许多弯曲、它的向阳斜坡、它的肥沃土壤等这些良好的自然条件，使之成为德意志葡萄的最早起源地。从德里佛斯到科不林士一带，葡萄园很多。德里佛斯的大主教，在麦提奥兰纳斯山上，有一个著名的葡萄园。奇怪的是今天著名的盛产葡萄的地方，在第九世纪还是未开垦的地方。霍克海默、策尔廷安和约罕涅斯柏安这些地方，那时连名字也还不知道。当时所选择的地点，是天然的斜坡。今

① 指查理曼的《庄园诏令》。——译者

天的大葡萄园，种植在峻峭的泥土岩的台地上，而在早期那里太不易攀登或太不方便。这些土地，直到十一世纪，随着萨利安时代人口的增加，才被占据，而直到十四世纪，才有很重要的地位。在十一和十二世纪，人们不得不去开垦泥土岩地；很可能，他们偶然发现而不是预先见到这些土地对葡萄种植的特别适宜性。从十一世纪起，我们有越来越多的资料，证明这些土地作为种植葡萄之用；那逐渐转变到了更合乎科学的"山岩地耕种方法"(Terrassenbau)。耕种得最精细的地区，是在阿尔河流域，那里的河流起于爱斐尔山，下流五十五哩后在辛西格地方注入莱茵河。在莱茵河畔，最早的葡萄园通常是在旧罗马城堡的地基上或在城市的周围，甚至在城内。迟到十二世纪，在马因斯的城垣之内还有葡萄园和耕地。

由于自然地势的关系，业主的葡萄园土地不是单一的打成一片的广阔地带，而是许多零块的土地；如果要把它们作为一个经济单位来管理，像管理庄园制度下的普通农场那样，那是有困难的。而且，修剪葡萄藤工作在农作中几乎是一种精细的技能。这种工作者可以说是劳工中的贵族。因此，出现了下列情况：在摩塞耳河和莱茵河的产葡萄地区，农奴制不像在德意志的别的地方那么流行，而园地是由付租的而非由不自由的租户耕种的。葡萄园有时出租给一个种葡萄人的集团，有时出租给一个人，园内产品按一定比例给予地主作为地租；但是经常订明这项数额不是勒索而是地租。

然而，在莱茵河和多瑙河盆地之外，当时的经济状况较为落后。必须记住：这两地区获得了罗马文明的益处；在那里，罗马的精神和物质的传统都还没有完全消灭。但是,在美因河上游的符次堡附近,在弗尔达河流域(那里有弗尔达和赫斯斐尔德的邦尼非斯教派寺院),在多瑙河最高点上的诺高区,在那布河流域,在黑森和瑟林吉亚,还可看到新开的土地和农业情况。弗尔达和赫斯斐尔德寺院是从事于牧畜业的修道僧会社。美因河上游的渡口的名称,"牲口津"(Ochsenfurt)和"猪津"(Schweinfurt)就表明了:那里的养牲口和养猪事业是一项重要活动。在瑟林吉亚森林里,农夫饲养几千头猪,它们吃山毛榉等果实。在这里,兴起了一个新的边境市镇,即瑙谟堡,在那里温德人同日耳曼小贩交换货物,那是查理曼所建造的一连串边境防御站的一个新环节。

鄂图时代的立法,大多是要防止有关土地的罪行,像盗窃牲口和侵占罪那样;由此可见,德意志主要是一个农业国家。商业大部限于两大河流及其支流的范围。工业几乎是完全不自由的,由庄园上和寺院里手艺人来从事的。在德意志的西部和南部,像造币厂和铸币权的赠与所表明的那样,一定有货币经济通行着,而在那些较落后的地区,一定仍常常使用实物支付和物物交换的办法。

萨克逊德意志有这么广大的森林,看来,圈围和私人占有它们是不可能的。在夏秋两季,牛羊和猪群差不多随便在那里奔走,牛羊群像鹿一般地吃着树枝,而猪群吃着散落在地面上的山毛榉实、橡实或槲实。森林也供应了穷人们鲜肉(因为牲口太贵,非在必要情况下不宰杀),它的湖沼供给他们鱼类。木柴和木材在森林里唾手可得。可是,虽然森林的确是带来好处的,但它仍经常被看作是一种讨厌的东西。它藏匿着豺狼,它占据了原可用于耕种的土地面积，它切断了村落和村落间的联系；在森林里要指出一条羊肠小道，已有困难，更谈不上康庄大道了。因此，到处的森林都被视若仇敌，被无情地削平了。在1147年，当康拉德三世批准赠给路恩林根寺院森林地带的时候，他另给一块广大无边的王室森林地作为赠品并附着指令说："这一寺院的僧侣们，应借助于他们的农奴拔除它（森林），砍倒它，使它的土地可以耕种，并把移民引到那里去，直到它完全被砍掉，连根拔出为止。"在德意志，森林的迅速伐除，是一个可悲而突出的事件。在十一世纪，圣特罗杜寺院曾有十三处森林；而在十二世纪中，一处也没有了。即使在还留有森林的地方，像在公地上那样，它也终于被大贵族圈围起来；在那里他们确定了他们的领主狩猎权利，出售木材和租出牧场的权利。

在莱茵河和摩塞耳河领土范围以外，大部德意志是一片很广的森林和宽阔的沼泽地，人口稀少而又很分散。在三百年期间，勤劳的农民一代又一代地斩伐着森休，弄干涸洼地，直到十三世纪萨克逊和中多瑙河地区克服了荒野状态为止。即在那时，还留存着大森林地带，其中"黑森林"和奥登森林只是萎缩了的残余而已。我们需要以相当的理想力来想象封建时代后期德意志自然外貌的大概轮廓。麋鹿、野猪、熊常常来到茂密的山毛榉、橡树林里；有多至包括着三百只强壮的狼的狼群，在一个隆冬时期，像在845—846年的冬季那样，使村落陷入了恐怖。与森林相提并论的，还有捕鱼业。有趣的是在莱茵河和摩塞耳河上，存在着人为的养鱼业，它是导源于罗马人时代的。为了养鱼的目的，池塘、河流和湖沼到处被使用着，而有时还特别建造了池塘。捕鱼所用的工具有：网、圆篓和鱼梁。

总而言之,关于德意志在萨克逊时代物资繁荣状态的历史例证,是广泛的,也是一致的。在诺曼诸王使英国安定之前好久,在法国的卡佩朝王政开始摆脱混乱局面之前好久,德意志萨克逊诸王不仅在中欧已建立有秩序的政府,而且也已把坚强而又有力的手伸到北意和中意方面,使那个富饶而多战争的地方初次尝到真正和平和繁荣的味道。而那是意大利从东哥特王国在第六世纪灭亡之后从未享受过的。德意志不需要教会以“上帝和平”[①]的形式来行使警察权的干涉。因为德意志的王室能使法律和秩序通行无阻。德意志僧侣们游历法国时,看到那里的强盗男爵和无政府状态,感到惊异;而这种混乱局面构成了沿洛林的法德边境上纠纷的一个永存的根源。

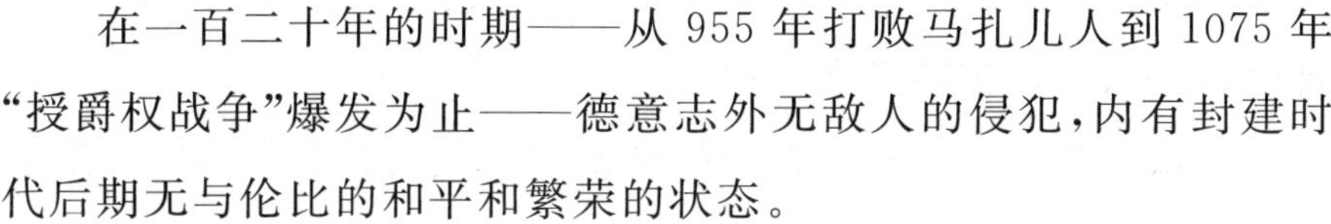

在一百二十年的时期——从955年打败马扎儿人到1075年“授爵权战争”爆发为止——德意志外无敌人的侵犯,内有封建时代后期无与伦比的和平和繁荣的状态。

在萨利安时代(1024—1125年),我们看到关于德意志继续繁荣的两个肯定的例证:人口的显著增加以及市民生活初次活跃的表现。当然,绝对的统计数字,连想都不要想,可是近代学者已作出相对的估计。在喀罗林时代,像摩塞耳河流域那样特别良好的地区,似乎已有稠密的人口。在第九世纪,据估计,德意志人口是在二百五十万和三百万之间。在萨克逊统治时期,人口一定曾增加

① “上帝和平”,另称“上帝休战”,是在1027年由教会所制定的;规定从星期三晚到星期一晨以及在若干宗教节日,军队间及个人间不得有敌对行为。——译者

到三百万甚至三百五十万。在萨利安统治的世纪中，尽管有着从1075到1093年间所进行的长期内战，人口却继续大大地增加着，可能在十二世纪的开始已增加到五百万。在萨克逊朝国王登极的时候(919年)，可以称为城市(这是在自由城市之前)的地方不超过三十处。二百年以后(1125年)，有一百五十个城市，有的是自由的或部分自由的。其他有关人口增加的例证是：居民继续移入新地方去[①]；乡村教长职位，跟着人口从乡间流入城市的趋势而衰落下去；而城市本身也扩大郊区和组织新教士区来适应伸展着的城市面积的需要。这些新城市中，很多是在王室土地上兴建起来的，因为这些土地往往在有利于商业的地点上，像法兰克福、亚琛、哥尔马耳、哥斯拉尔那样，而且，在那里国王的保护比别处要坚强。其他的新城市是在主教所在地，居民或者通过缓慢的解放过程获得了市民自由权，或者由于反叛而取得了它们。例子有：马因斯、科伦、瓦牧、斯特拉斯堡和马德堡。

德意志和意大利间的越来越亲密的商业关系和作为贸易地点的市镇日益增长的重要地位以及市民阶级的兴起，无疑是在萨利安时代德意志历史上最重要的经济、社会事实。莱茵城市当然站在领导地位。就先进城市地位说，科伦由于它接近法兰德斯，胜过马因斯，它的财富在那个时期，一定是巨大的。我们确知：它在1074年有六百个商人。它的力量已够强大，在五十年时期中两次反叛了大主教，一次在1074年，另一次在1125年。在两世纪中它

① 茨威发尔登(Zwifalten)的编年史说及居民称牧场为“Alb”，意即山侧或山坡上的高地牧场。在南德意志，直到今天，还可听到“往高地牧场去”(auf die Alb gehen)这一句话。

两次被迫扩大它的边界,并入了新的外围村庄并建造了新城垣。马因斯位于美因河和莱茵河在法兰哥尼亚中央的汇合处,在繁荣方面,稍微相形见绌。科不林士的1104年的通行税表,是按照商人所来的城市排列着的,列举了君士坦士、巴塞尔和苏黎支。而在五年后的税率上又包括了遥远的罗马城在内,并为罗马人制定了一种特别税率。亚琛和喀姆布莱发展得很快。不来梅在贤明大主教阿达尔柏统治下,成为整个北欧的大商埠,在那里德意志、俄罗斯、丹麦、冰岛、英国和法兰德斯各地商人进行着货物的交换。巴登的弗赖堡,是1118年时由扎林根族建立起来的,成为"黑森林"的商业中心,也是巴塞尔和符茨堡之间的、哥尔马耳、斯特拉斯堡、奥格斯堡和纽伦堡之间的分界点。哥斯拉尔的发展是惊人的。它的靠近哈茨山矿场的位置再加上它优良的地势,把它提高到这么重要的程度,亨利四世如果不曾有1075年的萨克逊大叛乱和授爵权战争的爆发,也许将永久定都在那里。就东西和南北的交通来说,哥斯拉尔的地位确是幸运的。通过它的有那条旧喀罗林朝公路,这条路从利普河口的杜易斯堡起,过帕得鲍恩,渡威塞尔河,再过哈伯司达而抵马德堡,而它的支线延入勃兰登堡。无论在这方面或那方面容易和这条大路相连接的有:多特蒙德、威尔、索斯特、德的摩尔、喜尔得珊、民登、布伦斯威克、魁德林堡。其次,哥斯拉尔是纵贯中德意志大路上的一个分界点,这条路从奥格斯堡起向北经过纽伦堡、班堡、爱尔福特、哥斯拉尔、布伦斯威克、伦涅堡、巴杜威克而达汉堡或不来梅。在多瑙河流域,累根斯堡,就重要地位说,赶过了奥格斯堡。那里有一个伦巴侨居商人的殖民地,在1038年初次见于文献里;多瑙味特出现于1030年。而最重要的,

是在王室领地上的纽伦堡，于1050年时提升到一个城市的地位，虽然它在1163年前，还没有领得特许状；它发展得这么有力量，在1105和1127年，它能够抵抗霍亨斯陶芬族的两次围攻。它的贸易，胜过了班堡的贸易。

保护商人和奖励贸易，成了萨利安诸王，尤其是亨利四世的主要目的。亨利三世和亨利四世的《公安条例》(*landfrieden*)及1093年的《巴伐利亚和约》保证给商人们特殊保护。授爵权战争和萨克逊叛乱(1075—1093年)几乎使国家破产，但在和平恢复之后，繁荣景象接踵而来了。亨利四世传记的作者，告诉我们说，"现在，船夫在河流上可安然无恙地划过那些强盗贵族的城堡，而他们以前原是靠掠夺财物而自肥的；公路上不复充斥着劫人的匪帮；森林不复成为盗匪出没之所；公路开放给商人旅客，使他们安全地来往；于是以劫掠为业的匪徒也陷入潦倒贫困状态，像他们曾这么长久地使别人遭受的那样。农民、手艺人和商人都歌颂国王，而他们从他的德政，获得了这种宝贵的安全；因为现在，土地的耕耘者、勤劳的手艺人、节约的市民，有些把握可以想望将来享受他们从劳动所得的成果了。"乌拉赫·伊克哈德在1104年写道："到处安宁。和平和繁荣同时存在。[①]"

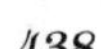

亨利四世确应获得市民所给予他的军事支持。一本编年史里说，"他的军队的最大部分是从商人方面来的。"[②]在亨利四世和格列高里七世冲突的时期中，德意志市民和手工业者阶层有着左右

① "Undique terra satis quievit, pace simul et fertilitate."

② "Maxima pars ejus exercitus ex mercatoribus erat."

局势的力量,他们成了特殊宣传的对象,无论在教皇党人或帝国党人方面。贸易利益影响了主教们在这冲突中究竟站在哪一方面的决定。巴塞尔主教的情况,正是这样的。

当我们看到:哈森堡·柏嘉特主教在1080年占有了布绰根的时候,试一翻地图,就可知道,他因此获得了对两条山路——哈汶斯坦因山路及由亚尔入奥尔腾的山路——的控制权;那使他可抵达那给巴塞尔城和阿尔卑斯山区间交通路线的瑞士大道。主教为争取普非斐斯寺院,曾进行长期的斗争;当我们想到这一寺院给主教利用塞普替默山路一个机会的时候,这一斗争遂具有一个完全新的意义了。主教还从国王取得了柔拉山路,作为对塞普替默山路的支撑点。这一切表明了:他的一切努力都朝向使他的商业赚钱的目标。这些赠与的重要性告诉了我们,主教在拥护帝国政策方面所获得的代价。由于想要获得阿尔卑斯山路的控制权(对他商业的成功,多么必要),柏嘉特遂成了皇帝亨利四世的一个最忠心的支持者。正是由于他的经商精神,再一次他参与废黜格列高里的阴谋,他同那些被选把命令送往伦巴各主教那里的人们站在一起,他也不得不伴随亨利四世往卡诺沙去,并反对皇帝的竞争者。所以,皇帝给主教的赠与,经济方面的重要意义越大,主教对帝国的政策也越多显出它的商业性质,就是说,这政策构成了他的商业计划链条中的一个环节①。

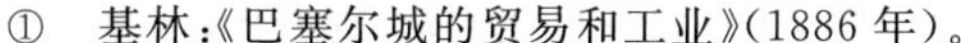

① 基林:《巴塞尔城的贸易和工业》(1886年)。

低级阶层、在领主的封建压力下激愤的小贵族、市民，甚至农民（萨克逊以外的，萨克逊的情况完全特殊）[①]，对亨利四世的忠心是个显著的事实，那指明了在十一世纪，德国的社会机构和经济状况已有深刻的改变。

理财的能力是萨利安王族的一种特长。它的创始人康拉德二世，在这方面，是卓越无比的。康拉德的孙子亨利四世在这方面表现了真正的天才。关于这项才干，再也不能比他在管理王室土地方面表现得更好了。他培养出一群有训练的官员，那“帝国官员”来管理它们，规定须有详细收入账册，企图用货币经济来替代实物支付的老方法，改革税制，改进荒地，恢复——或者用法律术语，“追还”——大量国库财产，这些财产在他未成年时期被贪得无厌的主教和贵族们非法地夺去了。但是，他追求效能的欲望，不止于

① 萨克逊人反对亨利四世的根源，在于萨克逊人反对德意志其他部分的封建制度推行到萨克逊。因为在萨克逊，封建制度尚属很初步的性质。在那里，差不多没有什么“军人等级”，“帝国官员”也是很少的。宗主和附庸的关系在萨克逊，不像在巴伐利亚或斯瓦比亚那样正式，而劳役也不那么繁重。虽有许多贵族，但也有大量自由农民。而且，在这些贵族中，大土地所有者人数也不多。他们有少数附庸和比较少的庄园。他们的显贵身份，是一个社会地位，而非政治的优越地位。萨克逊贵族与其说是一个大男爵，不如说是一个富裕业主，他使用租户的劳动力来耕种他祖传的田亩。他的生活是简陋的，而他的活动是属于乡村性的。他以他的阶级而骄傲，但并不穿贵族服装。萨克逊贵族憎恶亨利四世，因他要采行新式的封建法律和封建制度，如像领主和附庸间关系的硬性规定，相缗税——继承采邑的遗产税——新的司法程序、新的赋税种类以及国王对森林禁令的扩充。他们是刚直的保守着，而农民和他们也有同感。他们以最粗暴的萨克逊法律自豪，憎恨那要铲除古老的血统复仇制的努力，反对“上帝和平”；他们拘泥于法律属人主义的旧法观念以及他们的旧风俗，恪守萨克逊社会的等级差别，可是同时在阶级内部有民主；他们嫌恶任何种类的外人——斯瓦比亚人、巴伐利亚人、佛莱铭人等等——而且，他们仇恨亨利四世的“帝国官员”，因为这些官员既是出身微贱，又是外地人。自由农民的愤恨，主要是由于亨利四世的圈围大荒地所引起的。

此。巨大森林和广阔荒野是王室土地,然而,在此之前,王室从来没有利用过。亨利四世企图把这些土地并入国库,开发它们的资源,他圈围它们,停止在那里滥伐树木和烧炭的行为,禁止没有执照而在那里渔猎,并且以出租磨坊基地等等,来使它们成为政府收入的一种来源。这些措施所引起的反对是很激烈的,因为这行动违反了一切传统。过去几百年中,森林曾是穷人的住所。可是,自由农民阶层,从这些新办法所遭受的损害不像封建主和僧侣——主教少些——所遭受的那么多,因为后者曾侵占公家土地。所以,从这些"特殊利益"阶层所发出的抗议,比从民间来的抗议多得多。亨利四世的政策包含着某种近代性的气息。他的政策至少有些像罗斯福的政策,后者曾努力停止矿业和石油公司和经营畜牧场主开发美国西部的政府土地的行动。我们现代的"男爵"是商业和工业巨头;在封建德意志,他们是贵族、主教和住持,也是大土地业主,有扩充他们地产的野心。"我们知道贵族的怨言和萨克逊农民的怨言以及萨克逊种族要求独立的果断精神,是纠缠在一起的。"

正是属于这一富裕的、有势力的而又贪婪的阶级的人们,趁着亨利四世幼年未执政的长久时期,使自己发了财;而格列高里在他和亨利四世的冲突里,千方百计地想取得他们的支持。教皇有些惶恐地看到:国王受到市民和平民的爱戴,同时大住持和大贵族憎恨他的又廉洁又有效能的整个行政纲领。他成功地遏阻了王室官吏的勒索行为,他曾使他的公爵、伯爵、军事长官(边境上的守备军官和知事)以及贪得无厌的辩护士或宗教基金的保管人对他们自己的行为负责。他改革了司法,改组了赋税制度以及限制或取缔了几种最恶劣的封建惯例。这一切改革、追还、强制赔偿制,激起了犯罪者的狂怒，而教皇正是向这一个有势力而又有野心的阶层呼吁求助。

地理上的地方性和由授爵权战争所产生出来的社会分裂与矛盾，在德意志造成了一个不可磨灭的痕迹，并深刻地改变了它的民族精神和它的物质条件。所有日耳曼生活中的要素，像在一间沸腾的实验室里那样，在斗争的火焰中都已融解，并按新的比例化合而成了一个新的混合物。政府更动了，社会结构改变了，不习惯的社会和经济情况出现了。从物质方面看，德意志几乎已陷入破产状态。全国已被各党派扫得空无所有。王室庄园、教会和贵族的土地、农民的田庄都再三被蹂躏。盗贼横行。早在1078年，萨克逊与其说像一块人住的地方，倒不如说像一片荒野为妥。主教班堡·鲁伯特在1093和1095年之间说过，在萨克逊有大片土地寂无人烟。敌对双方及一切派系都以占夺王室土地、教会土地、贵族土地，并把它们分赠出去来收买自己手下的人。地方情感和集团利益的魔掌紧握着国家的命脉。城堡开始在一切山头上竖立起来。瓦特堡在1080年初次被提及。波克海姆的城堡在1105年出现。十二世纪的一个作家说道，城堡如雨后春笋般地出现，像在十一世纪的教会那样。在这些堡垒中很多是强盗窠。

的确，萨利安王朝从这反对教廷和惩罚反叛封建贵族的斗争里，赢得了胜利，并使德意志又一次恢复了和平秩序。但是，在十二世纪中期，霍亨斯陶芬起来统治的德意志，是一个变了样的德意志。十一世纪，正是萨克逊德意志从畜牧业和物物交换制过渡到一个更加安定的农业制度和一个觉醒起来的贸易的时期。教皇和皇帝间的战争，给了萨克逊这么严重的打击；它开荒的质朴状态与单纯的社会结构都已改变了。萨克逊按照法兰哥尼亚、斯瓦比亚和巴伐利亚的式样,变为封建化了。结果是:有刻苦耐劳精神的人们向东"流散"到新地方去,让那些替代了萨克逊自由农的教会和贵族的大庄园由佛莱铭和荷兰殖民来更细密地从事耕种。这批殖民在"低地国"的硬土地上原本习惯于深耕的。他们是由狮子亨利和霍耳斯敦·阿多夫移往萨克逊的。

第十二章 十字军前的法国 (877—1095年)*

法国喀罗林帝国衰亡以后,到处还遗留着它的行政、社会和经济制度的遗迹;就在这废墟上,那些强暴而有势力的地主贵族,使用武力、篡夺和诈骗的方法,逐渐建立起完全属于封建类型的新的政体、新的社会状态、新的经济制度,这是合乎时势的需要而产生的。

在第十世纪开端,法国濒于混乱局面。在查理曼帝国领土范围内,再也没有一个国家像法国那样接近瓦解。喀罗林朝末代帝王已成为无力而庄严的幻影,力图苟延残喘,在有势力而粗暴的贵族面前,仅居于有名无实的统治地位;这批贵族已到处建立了地方王朝政权。法王在一百一十年时期的有名无实的统治之后(从877年秃头查理逝世到987年查理五世逝世为止),终被休·卡佩族接替,因为在一个只容忍大领主存在的封建国家里,他们既没有土地来统治,也没有土地来分封。

关于封建法国的历史,我们必须从它的大省份的历史,甚至从它的小领主的历史里来找寻。法国的政治地理原来没有像一个蜂巢般的对称形态,可是它的结构倒是有些像一个蜂巢那样;因为它

---

* 地图:锡倍德:《历史地图册》,第69页。

的每一个省、每一个州,大多独自过着和邻人不同而又分隔的生活的。人民的整个政治、经济和社会生活在这些封建蜂房里并通过它们起着作用。到处流行着封建的和庄园的双重统治制度。封建国家经过分裂再分裂后,成为一大批间隔地区,而居住在那里的人们不是统治者,便是被统治者。

在这些紊乱状态之下,法国的文化情况在第十世纪退到衰落的最低程度。布勒塔尼和加斯科尼已濒于野蛮状态。这是一个粗鲁、艰难而又好战的时代。据说,柏立(Berry)省的名字,是从那意指"荒地"(beria)的一个古词得来的。除了这些隔绝状况和贵族经常私斗的灾祸以外,还有就是:道路不良(因为古代罗马的公路已经毁坏,很少修理,而有很少建筑新路)、各地对外来人的怀疑甚至敌对,以及流行种类繁多的语言和方言。甚至在十二世纪中,圣伯尔纳德对语言上的不便还发出怨言。

这种地方分裂的情况,还由于种族成分的复杂而大大地加剧了。布勒塔尼差不多纯粹是由凯尔特人居住的。海峡沿岸是由北欧人占领的,然而,他们因为在与当地血族和当地制度同化方面有特殊能力,很快就成为法国人了。在法兰德斯,有两个当地的种族:日耳曼血统的佛来铭人以及瓦伦人;后者在血统方面,和佛来铭人虽然没有多大的不同,但在语言方面是属于罗马语系。加斯科尼的居民,主要是巴斯克人;南法和罗尼河流域的居民,基本上属于强壮的罗马血统,夹杂着日耳曼血统,即勃艮第人和法兰克人。塞普替美尼亚的本地人口是哥特人,稍微夹着一些外来血缘。在第十世纪中,法国人口中血统最纯粹的是在塞纳河盆地——法兰西公爵领即法兰西岛。这块领土位于从奥尔良到波未一条直线和从理姆到沙脱尔一条横线的交叉点上，恰在王国的中央；而它的中心便是巴黎城。这一切自然地形和文化与历史条件，都有助于使法兰西岛成为封建法国的核心，并成为一个伟大民族王国的首都。

但还有比上述各种地方分歧更广更深的分歧，就是那区别整个北方和整个南方的文化上特出的二元性。罗亚尔河构成了北方和南方之间的分界线，这一条界线，甚至在十三世纪当法王已征服了南方各省，破坏了它的文化，消灭了它的政治独立地位，因而南法的破碎地区已可被北方政府同化的时候，还是没有完全被抹去。

在第十世纪，法兰西岛的这种同国家的其余部分隔离的状态，通过下列两种新势力的活动，具有了一种有力的新焦点地位。一种力量，是卡佩王朝崛起于巴黎；另一种力量，是理姆的宗教和文化的优势。从宗教的观点来看，格伯特有理由把理姆说成是“法兰克王国的首府”。塞纳河和玛恩河流域的主教区：巴黎、卢昂、沙脱尔、松斯、波未、琅城、夏龙、奥东、奥舍耳，甚至里昂和布尔日，在整个混乱时期中，仍然像蜜蜂般地紧密地依附理姆，把它看作法国教会的母亲和头脑。在这样情况下，法国公爵领和从那里出现的王朝，享有双重的重要地位。在政治上、宗教上和文化上，法兰西岛是所有那些破碎、分裂、散漫省份中的最健全而又最有力量的地区；而这些省份集合在一起的空泛关系总起来说，就是第十世纪的法兰西“王国”。

上述隔离状态由于环绕这区域的自然条件而加剧起来。封建冲突的混乱局势和北欧人的侵犯，实际上曾使这公爵领在北方和西方被一片荒芜地带环绕着。彭替安、安如、下布勒塔尼、拉·马士都是荒凉的，以致几乎渺无人烟。在颓废的寺院和城堡的断垣裂缝里，荆棘丛生，村庄已不可复见。那些受惊和破产的居民，纷纷逃到中心地区，以求安全，逃入了塞纳河的盆地，在那里还可找到一些安全，还有公爵、住持或主教来维持一些法律和秩序，虽然可能是粗暴的——佛罗杜尔德的《编年史》里常常提到理姆大主教的民兵。因此发生了这样的情况：法兰西岛因它的邻省的遭难而获得了利益，从而在物质和精神生活方面，能够显出活跃的力量。甚至早在第十世纪中，我们已可看到关于法兰西岛、香宾和勃艮第范围内的物质繁荣的资料。当时，巴黎还局限于岛上，在富饶和人口方面都比不上琅城和康边；可是我们已看到它被说成是“纽斯的里亚和勃艮第王国的头和口”①。未来香宾大市集的轮廓，可在夏龙看得出来；麦郎在巴黎上面的塞纳河弯曲处，是一个内河港，扼守着香宾-布里和罗亚尔河之间横渡塞纳河的渡口；弗勒里和费里厄寺院的船只，当然还有许多别的寺院的船只，往还于河流之上；弗勒里寺院甚至有羊群，那在森林茂密豺狼众多的时代是一种稀有的财产；葡萄种植几乎到处都在进行；在平安的寺院周围集结着农业劳动者的村庄，在有些寺院里，尤其是在圣里奎尔寺院里，像织布、硝皮、制木器和制肥皂这类工业技术已是这样大规模地进行着，以致手艺人在寺院的周围集成了街区。

在一个普遍从事农业的时代，法兰西岛公爵领、香宾和勃艮第在和王国的其余部分对照之下，是比较繁荣的，只有诺曼底可作为例外。塞纳河和玛恩河流域，那时和现在一样，是欧洲一个最丰富

① “caput et introitus regnorum Neustriae et Burqundiae.”

的产麦区；厄坦普周围的地区是一个完善的谷仓；勃艮第和香宾富于葡萄园和牲畜；除了从洛林输入盐铁以外，这三个毗连的省份几乎是自给自足的。教会所需要的、富人所渴望的少数利凡得商品是通过阿尔卑斯山路，主要经过日内瓦或里昂运入的。那插入诺曼底和法兰德斯之间的小港口，即海滨蒙特里伊尔港，是通海峡的出路，也是卡佩王朝唯一的海口。在莱茵河湾近乌得勒支的杜尔斯特德被北欧人破坏以后，并在卢昂复兴之前，蒙特里伊尔在第十世纪中是北方沿岸的最重要的商业据点。它的商业规模是相当大的，特别是和英国的商业，而它的港口收税很重（因为有很多运输船只发出了怨言）[①]。

必须指出：在从谬司河延伸到罗亚尔河并由塞纳河和玛恩河所灌溉的领土内，就是，法兰西岛、勃艮第和香宾这一范围内，第十世纪的生活状况比法国别的地方要好过得多。的确，封建贵族的斗争和家族的冲突是数见不鲜的，但是它们所发生的影响，不像我们所设想的那样大，是只限于一块地方的。991 年时，黎舍尔曾经长途旅行，从理姆到沙脱尔，只有一个童子伴随着，他所遭遇的没有什么比不良的道路、破坏了的桥梁和简陋的旅舍更坏的事情了。

诺曼底公爵在他们的领地内，早曾建立有力量而又有效能的政府。这些侵入者以令人惊异的速度，接受了基督教和封建法国的物质和精神文化。在两个世代的时期之内，北欧人变成为诺曼-法兰西人了。洛尔夫给外来的移民开放了他公爵领的大门，使人烟稀少的地方重住满了人。大批破产的自由人、被第九和第十世

① “eo quod ex navium advectationibus inde plures questus proveniant.”

纪早期的混乱逼得离乡背井的难民以及逃亡的农奴都纷纷投奔海峡沿岸的公爵领内,那可证明“诺曼和平”的效能了。当时在诺曼底,法律就是公爵的法律,附庸们不得横行无阻,而私争也是被严厉地取缔的。

在十字军之前,封建法国与地中海一带断绝了贸易,而它同日耳曼和意大利的联系也很少。但是,它和外界有一项注定要有巨大经济重要性的接触,虽然很少历史家曾注意到这事件的政治意义以外的意义。这就是诺曼人的征服英格兰,因此,英格兰被拖出“它的独立地位而和大陆国家取得了更密切的联系”。在这事件发生前的百年,978年时,厄特尔勒德二世对来自科伦的日耳曼商人居留地以及来自卢昂的商人居留地都曾赐给贸易特权;后来,忏悔者爱德华还扩大了卢昂人居留地的特权,以伦敦丹尼门附近一块地方,赐给他们,专作储货之用。

大批商人,主要是佛来铭人和诺曼人,跟着威廉的胜利军队渡海登陆,定居于英吉利海峡各港口和伦敦。有一个近代作家把征服者威廉描写成“一个为征服英国而组织的巨大股份公司的总经理”。一本编年史上说,“有些人是为土地而来,有些人是为金钱而来。”“那个时候,在英国的城乡市集上,可看到法国商人和商品。”威廉敏锐地意识到贸易的价值;这种贸易曾使他的诺曼祖先出名,并使“外侵团”成为海盗兼商人。英国的征服在全部诺曼底,也在全部海峡各省刺激了商业。卢昂的“资产阶级”成为一种力量。关于货币经济和活跃的汇兑,有着种种资料遗留下来。在渡海之前已经开始建造和配备船队的工作,把成百成千手艺人吸引到诺曼底,其中很多人一定是自由手艺人;大批冒险者和要发横财的兵士

(他们作战不是由于封建服务的需要而是由于雇佣的关系)获得了大量必要的现款。诺曼底的财富不久便为安如、法兰西岛、毕加第、法兰德斯邻近各省所嫉妒。随着横跨海峡的贸易的大量增加,海峡两岸的盎格鲁-诺曼统治者的收入也扩大起来。那些来自巴黎、毕加第、奥尔良、沙特累因和波亚图的贸易,都是通过卢昂的(虽然很多波特芬贸易经过拉·洛瑟尔出口)。但是,卢昂不能处理这一切新的运输,所以在诺曼海岸,仅仅是渔村也发展成为新的海峡市镇,那是我们所看到的一种有趣味的现象。其中最著名的是第厄普,威廉在1067年回到大陆时,曾在那里登陆。这城市是由于和英国通商而建立起来的。其他的例子是彭特-奥德麦、厄塔普尔、索谟河畔的圣瓦勒里。甚至像科德柏克(圣汪列尔寺院的旧港)一类的内河港口,也有欣欣向荣的景象。沿英国南部海岸也可看到同样的发展情况。"五港"[①]、温契尔西和扫桑普敦成为热闹的港口。在扫桑普敦和卢昂之间的葡萄酒贸易早已打下了基础。

通过亨利二世(1152年)和亚奎丹·埃利安诺尔的结婚而获得了法国省区之后,英法商业史上揭开了更大的一章。那个时候,控制泰晤士河、恒伯河和塞汶河的河口的国王,就是控制塞纳河、罗亚尔河、格罗内河和阿杜尔河口的国王。大量贸易管理章程表明,甚至早在十一世纪,扫桑普敦已是一个很重要的商业中心,在它的进口货表上法国葡萄酒已占极其显著的地位。普里穆斯原来被称为"肮脏地点,渔民的住所",而在十二世纪里,已成为西南英

① "五港"(Cinque ports)指多维、散德维区、洛谟尼、哈斯丁斯和亥司;因为它们的位置是在英国最接近欧洲大陆的部分,所以在很早时期它们已被称为"王国中五个最重要的港口"。——译者

格兰最重要的港口城市了。我们知道,卢昂在这两方面的商业,是多么繁盛,“商人的账册上没有一页不是写得满满的,商人像诺曼底的领主一样地有势力。”这是亨利二世时代的情况。当时,法国的主要出口品,是葡萄酒和明角石磨石;它的大宗进口物,是皮革、铅、铁、锡和羊毛。卢昂和都柏林间商业上的密切关系,使人有趣地忆及往昔“外侵团”时期的情况。实际上,所有爱尔兰的出口贸易:貂皮、筐篮、著名的爱尔兰猛犬、咸鲑鱼,都是经过卢昂的。诺曼底西部的冈城在采石和输出造屋石方面,享有特殊有利的贸易。那里的采石场是出名的,使很多有技术的自由工人获得了职业。所有用于建造“战役纪念寺院”的石头(这寺院是1066年由征服者威廉建造在战场上的),都是用船下行奥纶河渡海峡达哈斯丁斯,从那里再转运到内地去。冈城的大量石头也运往法国的其他各省去,因为当十一世纪宗教热忱的浪潮正在横扫欧洲的时候,大批教会的建造工程极需要这种石头;在这种建筑的高峰上,起初兴建了罗马式的教会,而后来还兴建了精致的哥特式教会;迄今我们还可在北法和英国南部看到这种壮丽的建筑物。

海峡两岸港口的大宗贸易品是鱼类,包括干鱼、熏鱼和咸鱼。第厄普有一个“养鱼池”,属一个住持所有(这事实本身是很有意义的),而在同一城里青鱼是以盐腌的。在附近城市有腌鱼场;第厄普、彭特-奥德麦和菲坎普各城是以腌青鱼场闻名的。在十二世纪后半期,卢昂出口的鱼是:海豚、鲟鱼、海鳗、鲭、绯鲵、鲣、鲽,最多的是青鱼。后一类鱼是诺曼底工业中的主要原料,也是在海峡及在别处的商业中的主要商品。捕鱼和腌鱼业是卢昂最重要的地方实业。卢昂还以硝皮业出名。有大批诺曼寺院,位于海峡港口地区;僧侣们一定是对捕鱼和腌鱼业很感兴趣的。研究寺院位置的结果,揭露出寺院在海岸附近多于在内地这一事实。在塞纳河口,不满五十哩的距离内,寺院多至十七所;在布勒塔尼极两端和俄斯坦德之间的海峡沿岸,有五十多所寺院。

腌鱼用的盐所占的重要地位,与寺院也是有相当关系的。寺院进款的一部分,是用盐和鱼来缴付的。亨利二世接受用青鱼、鲭及其他鱼类所缴的税款,并以此作为收入的一部分。北法用的盐大部分是从下列各地的盐井运来的:第厄普、阿夫勒、翁夫勒、罗尔、科德哥特、土克、奥达尔、奥舍尔和瓦拉维尔。所有这些地方都是和通达卢昂的大小商路连接着的。诺曼领主经常把这些盐井看作他们收入的一个重要部分,而卢昂商人是以盐来缴付塞纳河上的通行税的。

诺曼贵族在海峡两岸所占有的地产,设在英国境内的大批法国寺院(所谓外来的修道院),贵族和主教的时常往返,朝圣队的此往彼来,英国人往罗马城或康波斯提拉去,法国人和佛来铭人往格拉斯吞柏立寺院去(这寺院在圣托马斯·阿·柏刻特墓没有出名以前,是英国的最受尊敬的神殿);这一切对于贸易都起了促进作用,并使金钱在海峡两岸之间无阻碍地流通着。下列两事,可资证明:1114 年,琅城大礼拜堂的某些修道士,为要募款修建他们的教会,渡海旅行,“因为英国又富又繁荣”。他们在威桑搭船,在船上碰到几个佛来铭商人出国去采购英国羊毛。在英王约翰时代,有一个诺曼人,叫做布里奥兹·威廉,“管理着一个大型商业机关,它的分店散布在英国、爱尔兰和诺曼底……他的小船从法国各地下行罗亚尔河,而他的大船往来于英国和诺曼各港口之间”。

在英国,佛来铭人几乎和诺曼人一样地多。其中很多人是在1066年跟着威廉的军队去的。威廉的王后是法兰德斯·玛的尔达;这一事实也许可部分地说明他们人数所以多的原因,但是更加有力的影响是贸易。在征服英国之后不久,佛来铭沿海岸的一次大水灾驱逐了大批居民往英国去避难。法里西安人的古老织羊毛业在第九世纪北欧人侵犯时期,看来差不多已被破坏,而现在,法兰德斯接替了法里西亚的织布业。原来,这批难民定居于林肯郡,但是由于民众的坚决反对,亨利一世把他们的居留地向下迁移到威尔士边境上的彭布鲁克郡去。然而,英国和法兰德斯间的这项经济联系还是经常保持的。

在十二世纪早期,法国息斯脱西安教派出现于英国。在这时期,英国最肥沃的耕地久已被两个古老的寺院团,即本尼狄克派和克里尼派所占去。他们所可以获得的土地,只有在诺森伯兰的一片广阔荒芜地带内,就是,由"征服者"的残暴"掠夺"所破坏的废墟。息斯脱西安教派就来到这里,并不是十分不愿意的,因为他们的教规命令他们要在人迹罕至的地方找寻居留地。在他们从事养羊以代替耕种之后,塞吐[①]的僧侣们马上发现了:灾难是像隐藏在蟾蜍里头的珍珠一样。不久,这地方羊群密布,满地雪白;羊毛之对息斯脱西安教派,正像牲口、谷物和葡萄酒之对古老寺院那样。但是,英国当时只是出产羊毛原料。为了织成毛布,必须把羊毛打捆运过海峡到根特、伊伯尔、喀姆布莱及其他佛来铭城市去,这些城市到了十二世纪末期,都是欧洲著名的织造业中心。我们早已

① 塞吐(Citeaux)是息斯脱西安教派的创立人。——译者

窥见一些关于英国和法兰德斯间这项羊毛贸易的重要性。因为在英国的长期内战时期(这内战在1135年后曾使英国分裂),即在布腊的史梯芬和金雀花朝亨利争夺王位的时期,史梯芬的拥有东部各州,使他能够控制这项跨海的羊毛贸易,并使他获得了经费的供应。这还可部分地说明他为什么在英国使用了佛来铭雇佣兵。

在第十世纪,由于封建的混乱局面,西法的全部省份,从布勒塔尼到加斯科尼,都是情况恶劣。在布勒塔尼,关于经济生活复兴的最早象征,出现于阿郎·巴布-多尔特时代(938—952年)。《南特编年史》里指出,在第十世纪中期,南特还保持着它同爱尔兰和西班牙贸易的旧关系。沿海贸易还由那些往康波斯提拉去的朝圣者所进行的交易补充着;这些人是在南特搭船的。罗亚尔河口和吉伦特河之间的整个海岸,是一片沼泽地,直到十二世纪,才有人在那里垦荒。在北欧人侵犯、封建战争和寺院土地强制"还俗化"的时期,基恩和加斯科尼存在着野蛮状态,直到十一世纪为止。这不是一个偶然的事件。"上帝休战"最早出现于利穆威省。1004年,当弗勒里的阿波恩参观卡塞伊尔(即虔诚者路易的出生地,在拉·利奥尔附近)的时候,他看到它是一片荒凉。

总的来说,法国南部,从大西洋到地中海,在制度发展和文化方面,比法国北部落后一个世纪。法国地中海沿岸各省和意大利的全部西岸一起遭受了萨拉森海盗的蹂躏与实际占领,与北欧遭受诺曼人和东欧遭受马扎儿人的破坏同样严重。穆罕默德教侵入者终于被逐出,而诺曼人和马扎儿人皈依基督教并且加入了日耳曼-拉丁欧洲的国家里;这一事实曾使我们遗忘在第九和第十世纪他们侵犯的凶恶性质。810年,萨拉森人立脚于科西嘉和撒地尼亚。820年,他们蹂躏从尼斯到土伦的里维耶拉地区。到842年,他们穿过布奇杜伦进而劫掠了阿尔兹。有一个穆罕默德教徒军营在若干年内驻在下罗尼河的伊得卡马克,从那里它威胁着阿尔兹、奥伦治、亚威农、尼姆。幸而,这些城市原来是罗马所特别注意的城市,因而它们富于罗马遗迹、城墙、引水道、拱门,从这些废墟里容易取得石头来建造城垣。这样一来,它们不久便能够捍卫自己,像北欧城市为防御诺曼人所做的那样。但是,马赛似乎没有能够及时地这样做。虽然也许没有被萨拉森人长久占领,像芬提格里亚、尼斯、海耶耳、弗勒查斯、土伦那样,然而马赛已经破坏不堪,并和水陆交通隔绝,所以,它继续留在湮没无闻的地位,直到十字军东征时期才成为地中海沿岸的大港。

在第九世纪后半期,布罗温斯历史上的黑暗状态,由于鲁息雍的杰腊德和阿尔兹的罗兰的半历史性、半故事性的功绩,而被部分地消除了;其中一人,在阿尔兹附近的"大山"上,打败了萨拉森人,另一人,在卡马克肃清了他们,并在那里建造了堡垒来保卫下罗尼河。穆罕默德教徒的凶猛侵略,可能是促成879年组织波索的勃艮第"王国"的一个因素;如果历史对波索像对鲁息雍的杰腊德那样有详细的记载,那么关于他,我们就可以比现在知道的更多更透彻。波索的死在888年,正是穆罕默德教徒侵入布罗温斯的最凶狠的扩展时期,不是没有意义的。在那一年,他们的占领弗累克塞纳特标志着伊斯兰教在布罗温斯统治的开端,这统治继续到972年为止;在这时期,他们的侵袭向北推进,远达格勒诺布尔。他们只由于格勒诺布尔和西斯特伦的两位主教的英勇抵抗,才被阻挡住,而这两位主教还获得了下列人员的支援:布罗温斯的威廉伯爵及他的弟兄拉特波尔德、卡斯特兰的邦尼非斯伯爵和格里马第的吉巴林伯爵，后者的家族迄今还存留在里维耶拉地区。看来很使人惊奇，萨拉森人在好多年内占据了从地中海到日内瓦湖的每一条阿尔卑斯山路。他们甚至横越阿尔卑斯山，洗劫了皮德蒙特意大利的城市。苏萨萨流域变成了一片荒地。原来，商人和朝圣者从北欧越阿尔卑斯山而达意大利；这时这条交通路线已告中断，情况严重，以致所有的旅行都须转到日耳曼山路去。我们从奥热丹麦人的故事，可领会到萨拉森人的恐怖行为。故事告诉我们说：他怎样成为摩赫寺院的一个修道僧，并把他的战马交给寺院的石匠用作驮马；萨拉森人怎样来围攻摩赫；他怎样挺身而出，领导群众来抵抗他们；他所乘的每一匹马怎样在他的巨大重量之下，不支倒下，直到把他的老战马牵来给他，以及他怎样终于冲散了萨拉森人。

最后，972 年，弗累克塞纳特的萨拉森人的巨型炮垒被攻克，而里维耶拉地区摆脱了穆罕默德教徒的占领，虽然地中海还是在他们手里。接着，在布罗温斯全境发生了在中世纪移民史上一个最有趣味的运动。那些逃亡到山区去的残留下来的本地人逐渐下山，回到故乡，开始在荒地上进行那艰苦的复兴农业工作，他们连那里的山和水的名字，都已忘掉。其时，当地贵族擅自占取了大片的领地，作为他们奋勇抗敌的代价，往往毫不顾及过去所有人的权利；他们招募外地人移入。这样一来，以前为下布罗温斯几乎不知道的封建制度，现在就建立起来了。于是，地主贵族和地主僧侣、主教和住持在以前是自由小土地占有制流行的地方，在庄园制度还没有根深蒂固的地方，撒下他们的罗网。直到今天，布罗温斯的农民还时常用犁头或尖锄掘出萨拉森人精制的砖瓦片，而且在居民的面貌上、在房屋的建筑式样上、在地方甚至教会的节日上，还可看得出当年萨拉森人占领的痕迹。

从上面看来，在第十和十一世纪里，法国的经济图景像一件拼凑补缀的棉衣，里面每一省是一方分隔的块子。一省和一省的情况，都是不相同的。

可是，第九世纪法兰克帝国的灭亡到十一世纪末期(就是，随着十字军的开始，新日子的曙光出现于欧洲的时期)这两百年的时期中，法国的物质进展不是不大的。物质生活情况和社会经济惯例编成为法律了，这些法律在我们看来虽属粗鲁并带有野蛮性，但对第九世纪和十世纪早期所存在的混乱状态来说，必须认为这是个前进步骤，并且应该看到证明其进步的例子很多而且是多种多样的。我们可看到一项较之其他更具有普遍意义的农业繁荣的指标。在封建时代，葡萄种植和酿造葡萄酒传遍法国的大部地区这一事实，也许就是它经济发展的最明显的证据。葡萄像橄榄一样，需要多年的培植，需要精细适当的经营和防止战争的破坏；它是一个相当重要的文明的指标。葡萄对中世纪一切阶级的人来说，连最低下阶层的人在内，是饮料，也是食品。北欧人和马扎儿人很快地学会爱饮葡萄酒和种植葡萄园。885年，公爵哥得弗立德，即法里斯兰的征服者要求查理胖子应把科不林士、安得那赫、辛西格以及在下莱茵区的其他国库庄园让给他，“因为那里盛产葡萄，而法里西亚的地方不会产生用以制酒的葡萄”。有人反对说，葡萄不得认为是测验进步的适当尺度，因为它要依靠某种气候和土壤的条件。这项反对的意见，只在很有限的范围内才是正确的，因为中世

纪的人们不懂得葡萄的性质所以毫无顾虑地到处种植葡萄。而且，在高度封建时期的社会隔离状态里，一个人必须种植他自己所需要的东西。又因为每个人需要葡萄酒，而教会还必须有它，所以在法国和日耳曼，种植葡萄的地方比今天还多。在第六世纪，圣本尼狄克可能劝慰那些由于当地土质而不能获得葡萄酒的僧侣们说，“祈祷上帝，不要埋怨”，可是不久，僧侣们就不复让什么当地的土质来干涉他们的行动了。

在法国，正像在日耳曼一样，种植葡萄园传布到各种不适宜的地方去；这种情况之所以发生，是由于缺少商业和普遍隔离的状况的结果。在第九世纪后期，尤其是在第十世纪的社会不安定的局势下，贵族很不愿意把葡萄酒运出他们的领地，并采取了强硬措施来禁止运出葡萄酒。因此，葡萄园出现于像诺曼底、布勒塔尼和毕加第那样不适宜的地方上。巴黎周围种植着一些葡萄，因为圣泽门·得斯·普勒斯寺院所征收的部分地租(在 800 和 826 年之间)是用葡萄酒缴付的，可是在这寺院的土地上的葡萄园是例外。

然而，到十一世纪中期，隔离状态大部已告破裂，商人可平安地来往于各省之间，而贵族停止窖藏他们的葡萄酒，开始在这项贸易上谋取利润。一旦良好葡萄酒在市面上流转以后，北方的这些葡萄园大部就荒废了。可是，这时，在条件较优的地方上仍有很多葡萄园，它们继续繁荣着。在第十世纪波尔多以北的地方，现在叫做美多克，开始了它的葡萄生产的著名历史。900 年，基云好人波尔多伯爵，以布朗克福附近圣喜拉尔教会的土地和葡萄园赠给圣克拉·得·波尔多寺院。在十一世纪早期，据记载，还有其他赠与，而古文献也证明在英国统治的整个时期，在那个地区的很多寺院里有葡萄园。977 年的圣利奥尔的“习惯法”提供了关于种植葡萄的详细情形、关于种植葡萄的指示以及关于缴给住持的实物租。980 年时，在扎斯，982 年时在拉·利奥尔，各有一个葡萄酒市场。

葡萄酒，在法国和在日耳曼一样，成为一种主要的消费品，甚至在下层群众间也是习惯的饮料。船主们必须供给他们的水手葡萄酒。田地劳动者常常领取若干数量的葡萄酒，作为他们工资的一部分。在第十、十一和十二世纪，香宾、勃艮第、摩塞耳和莱茵地区的编年史里，常常提及葡萄园和葡萄酒，那表明了对葡萄种植的重视。理姆的佛罗杜尔德写道，“就在这一年(976 年)，七个德那[①]可购买一摩第[②]葡萄酒……就在这一年(977 年)，葡萄酒的产量如此丰富，所以卖者出售每一摩第葡萄酒只能从买者收取五个、四个或三个德那了”。[③] 再也没有别的丰收像葡萄丰收那样受到如此欢欣地庆祝。葡萄的荒年或者甚至收成缩减是一个灾难。葡萄是人们乐于生产的东西，并且经常支配着国内或国外市场。而且，由于河流网的分布和船舶在河上的往返航运，运输葡萄酒也很容易。

十一世纪在诺曼人征服亚浦利亚和西西里(1016—1090 年)之后，西西里和意大利的葡萄酒输入了法国。高卢葡萄酒输送到东方去。热那亚人把希腊和西班牙葡萄酒运到作为分发中心的法兰德斯；他们是那些转运南法葡萄酒到那里的许多代理商中的一

① 德那(denariis)是古代银币，也可译作便士。——译者

② 摩第(modius)是古代量器，约合英国的两加伦。——译者

③ “Ipso anno (976) septem denariis emebatur vini modius... Ipso anno (977) magna fuit copia vini in tantum ut non amplius pro uno vinimodio venditores nisi aut quinque aut quatuor seu tres denarios ab emptoribus accipiebant.”

部分。波尔多商人经由海道运送他们的葡萄酒到法兰德斯和日耳曼去。事实上葡萄酒是法国输入法兰德斯的主要商品。据说,阿努尔和罗多尔弗斯弟兄,在巴坡谟城堡,以拦劫那些往阿拉斯去的酒商而变为富翁。

然而,法国葡萄酒最重要的是输往英国。的确,那运到法兰德斯的大量葡萄酒,是转运到英国去,因为佛来铭人和法里西亚人都是这项贸易的大中间商。卢昂也同伦敦保持着经常的商业关系,以勃艮第和法兰西葡萄酒来交换英国的商品。在1152年后,大量葡萄酒从法国西南各省,经由波尔多港,直接运到英国去。英王赐给法国商人特权;直到亨利二世时代,才赐给日耳曼商人和法国人平等的巨大贸易特权。

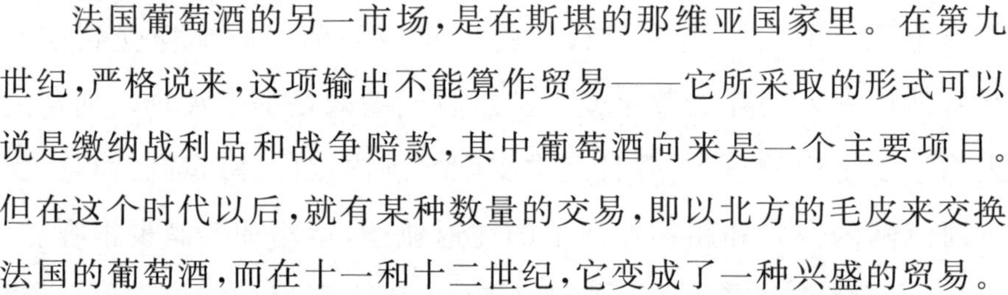

法国葡萄酒的另一市场,是在斯堪的那维亚国家里。在第九世纪,严格说来,这项输出不能算作贸易——它所采取的形式可以说是缴纳战利品和战争赔款,其中葡萄酒向来是一个主要项目。但在这个时代以后,就有某种数量的交易,即以北方的毛皮来交换法国的葡萄酒,而在十一和十二世纪,它变成了一种兴盛的贸易。

环绕着葡萄酒商业,形成了一种赋税、通行税和捐款的复杂制度。关于葡萄酒生产所征的捐税如下:一定的"地租",即实物税,是交给领主的:这种税叫做"葡萄税"或"葡萄园税"。"劳役"是农奴每年在领主的土地上(在这场合,就是在葡萄园里)做若干天的工作。"酿酒税"是迫使领主土地上所有的居民使用领主的酿酒机和量器;这种税是以实物缴付的。"葡萄酒税"是由领主土地上的一切酒店主或其他售酒商人付给领主的一种税。领主保有"禁售"的特权;就是,当他们的葡萄酒已经准备好的时候,他们可以禁止任何别人在他们领地上售酒一个月。然而,由于这项专利而可抬高的价格,比别人的酒,不得超过每甏两便士。领主有一个总管替他照管所有这些权利和捐税;总管不领工资,但分享利润。这种方法也可能导致相当大的舞弊和压迫。

领主特别提倡在他们自己的土地上设市场,从而获得大利。他们可从来往于市场的商人征税,并从出售的葡萄酒征收一种"市场税"(每桶约六便士)。大量捐税加在葡萄酒的运输上。国王所有的古老的"捕获"权,是港口、市集和市场通行税的根据。这权利原在捕获葡萄酒的形式下保持着,但后来逐渐改变为规定的数量或现款支付。在路上和桥头,还征收通行税。"车轮税"是对进出巴黎的葡萄酒所征的税,每车两便士。在巴黎,还有一种面包和葡萄酒税,每隔三年课征一次——每出售一大桶,征收一便士,不论批发和零售。塞纳河上和玛恩河上"运酒税"是对每船葡萄酒征四镑的税。法王在葡萄收获时期,对每船葡萄酒有权征收六十个苏[1]直到路易六世时代为止;他在1121年以这权利赐给巴黎商人公会作为一种永久的特权。

巴黎有一种古怪的风俗(也许当时酒肆主并不认为是古怪的),就是雇用葡萄酒叫卖人的风俗。这批人组成了公会;每个酒肆主至少必须雇用公会中的一个人来叫卖他的酒。他们打着皮鼓走来走去,给路人看葡萄酒的样品并喊出它的价格。

① 苏(Sou)是古代法国的铜币。——译者

第十三章　十字军前的意大利(887—1095年)*

第九世纪中意大利和法国与日耳曼相同,已成为一个地理名词。半岛已分裂为大批封建公侯国,它们经常从事战争。

王室呈现了破坏性最大的浪费景象。敌对的国王不仅把土地和官职分封出去,而且把今天我们所称的"公共财产"范围内的几乎全部东西——街道、桥梁、广场、公共建筑物、城垣、城门、城塔、炮垒等等——都让与出去;这批国王之所以这样做,是要收买支持者或获得经费。891年,贝伦加对维罗那的旧罗马圆剧场的处理,就是这样。

最健康的政治生活是在城市里,而"城市"这个名词意味着不仅大城市,并且也包括多斯加纳小山上的市镇和伦巴平原上的大村庄。在意大利,封建制度和庄园制度,除了在某些地方以外,从来没有获得像在欧洲其他地方那样的势力。总的说,我们可把甚至早在第九世纪的意大利,看作比西欧任何别的国家较少封建化的地区。但是,也有很多地方性的差别。当意大利封建制度达到高峰的时候,伦巴第遍布着大庄园网,偶然在这里或那里被农村公社冲破。"每一庄园看来是一个自足自给的整体,同时也是各种较

* 地图:锡倍德:《历史地图册》,第54页。

小的经济单位——奴隶、半自由人或自由人的保有地——的一个集合体。在这里,一块保有地中的可耕地带也不是构成一个孤立的整块地,而大部分是分散于田野中间的。然而,在多斯加纳,大庄园以及它们所征的劳役和租款是比较少见的,因为城市市民运动的活力已把封建制度压倒。在塞亚那附近,的确有大庄园,但在佛罗伦萨周围,则土地的占有权已操在城市手里,而农奴已转化为根据自由契约或租赁关系的农民了。”

意大利的城市精神,比欧洲其他各地,出现较早,而且更有活力。自由人与不自由人的比例在那里高出于阿尔卑斯山之北。下列三种影响有助于这种公社现象的保持:公地的经济影响,伦巴人血统的活力(属于这血统的阿列曼人是意大利自由农民阶级的祖先)以及后期罗马帝国遗留下来的制度。在欧洲各地的城市运动初次出现之前好久,意大利社会的公地的存留——必须记牢,公地不仅包括村庄内的“草地”而且包括大量森林、牧场和荒地——以及村民对这公地的管理,已产生了北意大利的农村自治公社。世俗和教会的地主阶级,也不知不觉地助长了这种精神;因为他们对那些愿意清除荒地的垦荒者,给与自由保有地的条件。一般说,他们把一半土地或一半产品给与垦荒者。因此,北意大利比法国、日耳曼或英国,有着更有活力、更多独立性、更自由的农民阶层。这种自己靠自己的精神,还由于城垣所提供的安全感而加强起来。

贵族间的战争和马扎儿人的掠夺,曾迫使城市修理它们的古老罗马城垣或建造新城垣。这样做的城市是:摩德拿、贝加摩、格里摩拿、巴费亚,特别是米兰;对米兰城斯波勒陀的蓝伯特曾围攻八个月而不得逞(896年6月—897年1月)。924年被马扎儿人焚烧的巴费亚，在下一年就能抵挡住马扎儿人的又一次围困。在同一年，摩德拿能从它新建的高城垣上抵抗马扎儿人，后者破坏了周围的乡村而去。到第十世纪中期，有一个意大利历史家说过，北意的大部城市是有城垣围绕着的（确实，还有几个最坚固设防的城市）[①]。甚至巴伐利亚和斯瓦比亚的难民也避难到这些意大利城市里。这些普通的市民，早在第十世纪里，已表现出市民所具有的那种精神，就是说，他们要求波河及其支流上的贸易自由权，在那里，封建主教设立了木栅、铁链和关卡。他们在那些深受大封建主压迫的小附庸以及自由农民中间找到了支持者。1036 年，这些集团一起发动了反对大贵族的起义，声势相当大，以致皇帝康拉德为了它们进行干涉。

因为意大利没有达到像阿尔卑斯山以北国家的高度封建化，所以它的商业和工业也活跃得多。的确，罗马在几百年中对商业和工业来说是一个死城，但是，威尼西亚、伦巴、利古里亚、南方诸省和西西里，都是商业活跃的地带。至于这种商业优势之所以形成，第一，因为意大利拥有活跃的商船队和海军力量，尤其是像威尼斯、热那亚、比萨和阿马斐那样；第二，因为意大利拥有大量资金，这些资金是从意大利的从未完全停滞过的贸易里积累起来的；第三，因为意大利和拜占廷、埃及与叙利亚港口之间的密切而又有利的联系，从那里运入东方的名贵商品；第四，因为在工业方面，它继承罗马帝国时代的工业技术遗产和传统。

意大利半岛是地中海的锁钥，从希腊时代起这“地中之海”，已

① “oppida vero cum nonnulla cum munitissima.”

是商品的巨大分发站。埃及、腓尼基、希腊、迦太基和罗马都是由于位在它的沿岸而变为富饶。萨拉森人在好多年中曾控制西部地中海地区,但是亚得里亚海和爱奥尼亚海从来没有被他们封锁过。因此,威尼斯、拉温那、大兰多、巴利、布林的西以及波河流域的伦巴人城市,经常能够维持和东方的接触。至于意大利两岸的城市,则情况有所不同了。在这里,热那亚、比萨和阿马斐的商业的发展被堵塞住,直到诺曼人在罗哲尔二世时代(他死于1090年)把在阿拉伯人手下的西西里征服为止。当时,意大利的资本主义较为发达;这一情况,可从下列事实看得出来:意大利是在欧洲反对犹太人经济势力的第一个国家,而且,在德意志和法国反对犹太人之前好久,它已这样做了。早在855年时,皇帝罗塞耳一世把意大利的犹太人驱逐出境,其中很多人迁移到法兰克高卢去,在那里,上文说过,他们在虔诚者路易的朝廷上享受恩宠,因而获得了巨大好处。

这里,在谈到意大利的区域经济史时,我们必须从威尼斯开始。威尼斯的起源,在于阿奎里亚和巴土亚难民建立的殖民地;他们在第五世纪中为逃避蛮族的侵犯而来到亚得里亚海中的礁湖岛上。威尼斯人开始依靠捕鱼和煮盐过活,在600年前,他们已从事航海和贸易,起初在亚得里亚海,后来在爱奥尼亚海,不久还冒险到拜占廷各港口和亚历山大港去。像天然运河般的亚得里亚海,位于东西方的中间,又通地中海,弯弯曲曲,使南欧海岸呈现锯齿状;它就是决定威尼斯历史的最大的单一因素。在亚得里亚海上,从外面深水来的潮水,在海岸和沿达尔马提亚岸的一长串岛屿之间向上流,而后再折向南,沿意大利海岸下流,复注入地中海;这一水流对向外和向内的船只,都是有帮助的。

威尼斯人的商业和航行史上的一个重要点，是他们和君士坦丁堡的联系与交易。从刚开始时起，他们已看出从这关系所可汲取的利益。他们曾大胆进行那些有利的冒险企业，而情势也帮助了他们。在狄奥多理时代，卡息奥多拉曾谈到威尼斯船的长距离航海。由于缺少历史文献，我们几乎不可能正确断定：威尼斯和拜占廷的商业联系第一次是什么时候并怎样建立起来的。威尼斯发展成为利凡得商品输入地；这一地位，早在 715 年卢易特普蓝同威尼斯和科马奇奥所签订的通商条约里，已可看出。这项条约是后来查理曼及其继承人所订条约的根据。依照这些条约，威尼斯得在帝国各城市中享有贸易的自由，只须缴付正式批准的通行税。威尼斯由于它在岛上的安全地位以及它和拜占廷的密切关系，能够压倒它的竞争者科马奇奥，后者衰亡于第九世纪。毫无疑问，威尼斯和东方贸易的开始，比所知的最早记载还要早，因为属于第十世纪末期的记载上（992 年）说，这是一件久已存在的事情。有一个与查理曼同时代的编年史家说：当皇帝驻在弗利河里的时候，那些从巴费亚来的他的随从人员，穿着五色缤纷的豪华丝织服装，并披着各种珍奇的毛皮，因为威尼斯人新近曾从海外把一批东方宝物运入了巴费亚。这一记载证实：威尼斯人和君士坦丁堡已有贸易关系，因为在那个时期君士坦丁堡是独占丝绸贸易的。而且，两国间的政治关系和相互需要，对巩固威尼斯和君士坦丁堡的联系也有不少帮助。威尼斯人为了避免像查理曼那样的西方征服者的统治，为了能够抵抗萨拉森人海盗船，力求东方皇帝的支援；而东方皇帝也毫不轻视威尼斯人的联盟，因为威尼斯的强大海军，大可帮助他们来反对阿拉伯人。在第九世纪初，东罗马口吃皇帝迈克

尔,曾向威尼斯人求助来反对共同敌人。

查理曼曾企图征服这个新兴岛国并把它并入他的伦巴王国,因为威尼斯是伦巴难民和拜占廷反法阴谋者的总部,同时他也想要制止威尼斯和埃及间的奴隶贸易;但查理曼这项徒劳无功的努力促成了共和国的团结。在日耳曼-斯拉夫人边境上不断进行战争的时期中所获得的大部分战利品和一半被捕获战俘,都被集中到威尼斯去了。“威尼斯贩子在供应穆斯林世界的闺房婢妾和奴隶方面,看来优越于所有的竞争者。有人提及伊斯的里亚的波拉城是他们交易的基地;我们还知道,在第十世纪,哥尔多华的哈里发有一队匈牙利奴隶的卫兵。”

虽然威尼斯没有正式脱离东方帝国,我们却可认为它已构成一个独立国家。威尼斯的财富和独立地位,由于它的商业和君士坦丁堡与穆罕默德教地区的联系,由于它的地位构成东方帝国和西方欧洲间的中间站,大大地增强了,尤其是在第九世纪法兰克帝国分裂以后。当西欧的其余地区正忙于冲突和侵略而不复想到大量贸易的时候,威尼斯却灌注全副精力于贸易方面。匈奴人、阿佛尔人、斯拉夫人、保加利亚人、后来马扎儿人,当他们侵犯多瑙河地区中部或者巴尔干腹地时,封闭了下多瑙河的通路,这样,所有的利凡得贸易都转入威尼斯人手里。当下多瑙河和撒夫河通路,在匈牙利人皈依基督教(1000 年)和巴锡尔二世征服保加利亚人(1018 年)以后重行开放的时候,威尼斯在通东方的海路上已立脚很稳,不在乎新的竞争者了。所以,这些蛮族的入侵中多瑙河区,对北意大利产生了商业革命的影响。威尼斯从来没有企图发展陆上运输的贸易。

968年，格里摩拿的卢易特普蓝在被鄂图一世派往君士坦丁堡时，曾看到威尼斯商船停泊在"黄金角"[1]内。992年，巴锡尔二世曾赐给威尼斯特权，并证实它已遗失的早期特权状；这样一来，威尼斯几乎完全垄断了从君士坦丁堡与小亚细亚港口向西方运输的贸易——这是一项极其有利的贸易，因为其中大部分是东方的奢侈品，像丝绸、贵重的木材、染料、香料、香粉、药膏、宝石和珠宝这一类。而且，为了报酬威尼斯供给船只把军队运到仍在拜占廷势力下的南意各省去的这项诺言，东方皇帝准许威尼斯商船缴付低于其他船只所付的港口和码头捐税。君士坦丁堡的威尼斯人居住区是在斯坦波尔。这居住区是所有君士坦丁堡商站中的最古老的一个（商站是在外国土地上享有储栈特仅的商人殖民地）。管理这殖民地的长官，是由威尼斯的统领[2]委派的。在这城内，威尼斯后来至少有四所教堂和一位教主。由于这项条约的结果，威尼斯船只实际上常常往来于希腊、小亚细亚和黑海的一切优良港口。

摩尔孟提说道，在君士坦丁堡从威尼斯人和从搭乘威尼斯船的伦巴人所收到的出口税，比在同一时期所收到的进口税，要多八倍。他认为威尼斯商人可能是依靠信用来领取货物，然后把它们在威尼斯、伦巴及其他欧洲国家里出售。当君士坦丁堡的出口数量这样大的时候，在君士坦丁堡东方商品的"转装出口"的重要性已属显然。在十一世纪，诺曼诗人亚浦利亚的威廉曾以雄壮的声调歌颂它，"威尼斯的商业洪流已这样壮阔"。当时，热那亚和比萨

---

① 君士坦丁堡的港口。——译者

② 威尼斯共和国的元首。——译者

在拜占廷帝国内,没有获得什么立脚点。

威尼斯早已和法提马朝埃及组成一项有利的商业联盟。我们看到,828年在亚历山大港已有威尼斯商船,从那里运回了圣马克的遗骨。和埃及进行的主要是奴隶和武器贸易。东方皇帝和罗马教皇都反对这项贸易,认为这是供给基督教国的敌人的贸易;尽管如此,它却几乎毫无间断地进行着。这贸易的利益实在太大,因此舍不得放弃了。利润大得惊人,因为除了奴隶和武装以外,威尼斯商人还经营别的东西:他们把达尔马提亚和士的里亚的铁和山坡上砍下来的木材出口到没有金属、没有木材的埃及去,把那里的丝绸、香料及其他"豪华东方"的奢侈品运回来;这些东西的价格很昂贵,而所占的地位却很小。据估计,一只商船往返一次,有时可获得多至1,200%的利润。这样看来,威尼斯人是在君士坦丁堡和在亚历山大城,通过中世纪世界的两个最富饶的首都来和东方接触的。

直到十字军东征时期为止,威尼斯和拜占廷一直保持友好关系,这对双方都有利。威尼斯舰队不时补充帝国海军的不足,特别是在1082年,当时,威尼斯前来支援皇帝亚历修,在都拉索港口消灭了罗柏特·基斯卡的舰队。罗柏特是下意大利的诺曼统治者,抱有征服拜占廷帝国的宏图。由于这项功绩,威尼斯获得了酬劳:在全帝国范围内,威尼斯商人的一切营业,都可免进口税、售货税、港口税和船坞费。

威尼斯满足于成为西欧利凡得货物市场的地位;至于转运这些货物到内地去,它自己不干而依靠别人,起初,主要是依靠犹太人。他们是威尼斯和它的最自然的市场日耳曼之间的中间商。在860年的严冬里,当亚得里亚海结冰的时候,我们看到这批商人越过坚冰而到了威尼斯。1017 年,有四只载运香料的船到达威尼斯的时候,麦则堡主教第特马把这一消息记入了他的《编年史》。然而,对非洲阿拉伯人的贸易方面,威尼斯却落在巴勒摩、那不勒斯、阿马斐后面。根据穆拉托里的话,在第八世纪中期,威尼斯商人曾在罗马城开设市场来购买大量奴隶,为的要把他们贩运到萨拉森人那边去。

现在我们从威尼斯转到拉温那的历史。它是罗马帝国在西方的最后首都,早期也是一个主教区的总部和狄奥多理东哥特人的首府;所以拉温那的历史,比任何其他意大利城市,除罗马城以外,表现出更大的历史继续性,而较少支离破碎情况。在威尼斯赛过它以前,拉温那是北意的主要商业中心。在西欧,再也没有别的地方在第九和第十世纪这样早的时期就有了工业行会,就是有也不会像拜占廷与后期罗马帝国的行会有这样明白的联系。从没有记载而得出的论断,长期以来一直否认在十一世纪以前西欧存在什么行会,而从拉温那工业历史看来,使用这项论断似乎是有危险的。

对波比奥大寺院,即北意景富的寺院,伦巴国王和喀罗林朝诸王在第八和第九世纪都曾慷慨捐赠基金;这寺院对工业情况给了有趣味的阐述,同时也指出了这些工业团体不一定是出于一个根源的。波比奥的住持华拉(834—836 年)的记载里,详细地告诉我们关于监督和使用那些附属寺院的很多不自由的手艺人如像裁缝、鞋匠、木匠、皮革匠、刷毛工、织工等等的训令。所有这一批人按他们的行业技术来分门别类;他们都住在寺院墙垣周围的"各街区"内。

北意大利的这些大寺院给我们提供了关于经济方面的有趣的资料。从土地制度,可看出罗马丈量法的残余,丈量单位是从罗马

“百亩制”得来的。例如，在波比奥，寺院位于领地的中央，由它的农业和工业的不自由的依附者环绕着；这一形式很清楚地是与古代罗马别墅相同的。领地的其余部分划分为小块土地给自由租户耕种，缴付庄园税；但按性质论，这种关系是契约性的并可重订。自由农民的地位当然优越于纯粹农奴，这一阶层的广泛存在表明：或者在第六世纪，伦巴人的征服没有像一般所设想的那样起降低农民身份的效果，或者是北意大利从那时起已出现巨大的经济社会复兴，二者必居其一。

北意大利的城市和寺院，至少在第十世纪中期以前，似乎大多经营农业，而且几乎是自给自足的；它们生产谷物、牲畜、羊毛、皮革等等来满足自己的需要。波河及其支流，同平原上很多运河相连接；它们提供了便利的交通和运输路线。很少城市或寺院不是位于这河流网道范围以内的，而这些水路比陆路重要得多。因此它们猛烈地争夺水道，就是，占夺课征像通行税、码头捐一类河流捐税的权利。在喀罗林朝后期，寺院曾是这些特权赠与的主要受惠者，包括市场权利在内。但当城市随着马扎儿人的侵犯而建造城垣和贵族为了保护自己而建造堡垒以后，它们也开始设立市场并课征商业税。最可获利的是盐税，盐是在波河三角洲上，特别是在科马奇奥周围的沼地上，用蒸发方法制成的。盐贩子是属于一个特权阶级的；从伦巴国王时代起，已是这样；他们是商人中的骄子，因为在文献中他们被称为“武士”，好像他们几乎已属于武士阶级那样。

伦巴第的良好水道系统、接近阿尔卑斯山路的地位以及稠密的人口(可能在第九和第十世纪它的人口超过西欧任何别的地区的人口)，引起了不平常的商业竞争。内地商人和从亚得里亚海岸

来的商人相竞争；寺院（它们的船只来往于每一条河流上）、主教和贵族，是这些世俗商人的劲敌。如上文所说，甚至早在第十世纪，已有资料可说明城市对世俗的和教会的封建主横加在商业上的苛捐杂税进行反抗；这是十一世纪伦巴第城市起义的先驱。

有人说得对，伦巴城市的兴起，就是“一个民族的传记”。这民众运动的根苗，不是像曾经设想的那样，在于什么古代罗马市政制度的残余，因为没有这些残余存在；也不是在于什么日耳曼起源的有机的结合；也不是在于商业或工业行会。行会是在城市出现以后形成的。伦巴城市的真正起源，像欧洲别处很多其他城市一样，在于农村或城市的牧师区。中世纪的牧师区，远远超出一个宗教单位。它是一个有机性的邻人组织；这些邻人具有共同的社会水平、共同的经济生活；对于牧师区内地方性的、微小而并非不重要的事务，像审理邻人间的地界争执、修建道路、取缔小偷等，他们都很感兴趣[①]。

① “在牧师区内所结合的小集团，渐渐认为自己已构成一个实际的社会单位。那些爱护他们牧师区教会的简朴老百姓……将讨论有关道路、牧场、牲畜、河流这一类有关公共利益的事务。至于城市里，街道与牧师区的邻人，也将同样地注意于有关水池、泉源、公共卫生、教堂的维持和修葺等各项问题。从牧师区成员中所选出的正直人士，审查那些交给他们的各种乡邻问题，并可能甚至立刻被召来充当判官来解决有关同一牧师区人中间的纠纷。这种平凡的、几乎看不见的自发活动，在几百几千个小中心里，在城市里，也在乡村里，到处出现；又由于中央权力的衰败而加速展开；还因为这种活动实在健全，能够满足最急切的而又最基本的社会需要，它不仅注定要存留下来，而且要成长并从当地撑出……封建制度……到十一世纪，我们看到有选举的代表，叫做‘好人’；他们同封建地主签订契约；审判他们的同胞，很像一个常规法院；还同其他‘好人’开会讨论毗连牧师区，甚至更大地区的共同事务。至于城市里，人口住得较为稠密，必须依靠互相合作；所以，共同行动的需要甚至比在乡村更加迫切。”摘自什维尔：《塞亚那志》，第48—50页。参阅法·司乃得：《意大利城市和乡村的牧师区》。

在这类城市社会里,这些集团后来很自然地落入工商业分子手里,于是,较雏形成熟的城市政府就出现了。

那些密布在富饶的伦巴平原上的大批城市,由于962年鄂图一世的统一日耳曼和意大利而获得了极大利益。萨克逊朝和萨利安朝诸帝从开始起就看到:城市的友谊是有助于制止封建主的敌对的。虽然在十一世纪之前很少把皇室特权状赐给它们,但皇室的态度是毫无问题的,因为所有的特权状都提及并认可以前的惯例。

日耳曼的统治有双重影响。第一,它建立了意大利和日耳曼之间的密切联系,给那些扼守阿尔卑斯山路的意大利城市以新的军事和商业的重要地位,因为它们变为——特别是米兰城——东方贸易和日耳曼之间的重要中间站。第二,日耳曼的统治,由于在那里建立了强固的政府而终结了在伦巴第、多斯加纳和罗马纳百余年来的封建混乱局面。在萨克逊朝和萨利安朝统治者给伦巴城市的保护里,在给它们的特权里,可以看出一个重要因素,就是后来促使伦巴城市发展市政制度的因素。巴费亚、帕马、阿克奎、罗地、诺瓦拉、格里摩拿、勒佐、波伦亚、巴土亚、科摩、贝加摩和佛罗伦萨各城市,从鄂图一世,或者获得了不受伯爵管辖的特权,或者获得了它们原有特权的批准。米兰、阿奎里亚、拉温那和皮斯托雅的特权,都是从鄂图三世取得的。鄂图诸帝系统地推行了一种在未来将有巨大成果的贤明的投机的计划。全部上意大利,由于这变更而改换了面貌;因为即使很多城市的情况已经没有证据可资证明,但结果还是证实了事实的真实性。

伦巴商业,主要是中间商业。伦巴城市是利凡得货物的"清算

所”，这些货物从东方输入，由米兰、巴费亚及其他城市的商人转运并分发给北方诸国。

如果不注意到伦巴第的位置和地势，是不可能来研究它的经济史的。关于地理对历史的影响，再也没有比伦巴城市的兴起更为明显的例子。伦巴第是位于阿尔卑斯山和亚平宁山之间的一个肥沃的冲积平原，约略地说，是波河及其支流的大平原。在中世纪时期，欧洲再也没有别的地方，像伦巴第那样密布城市和村落的。其理由是无须远求的。理由在于那供给城市食粮的大平原的肥沃土质，在于那交通便利的河流网，在于波河流域通亚得里亚海的出口，在于阿尔卑斯山南侧的水道是东西欧往来的天然公路这一事实，最后在于一项并非不重要性的条件，即差不多全部越阿尔卑斯山到法国或日耳曼去的山路都在伦巴第控制之下。塞尼山及小圣伯尔纳德山路，使伦巴第连接多非内和罗尼河流域；大圣伯尔纳德山路，即向西北方的唯一山路，使伦巴第连接日内瓦、里昂、香宾市集和巴塞尔；或者可走另一条道路，即从圣摩里士绕过日内瓦湖东端，上溯罗尼河以至终极处；意大利的湖沼还提供了其他的通路。马格基奥湖通到新普伦山路；卢加诺湖通到圣哥特哈特山路（然而，这一山路直到十三世纪才开放）；科摩湖通到斯普吕根山路。东伦巴第，包括它的最主要城市维罗那[①]和孟都亚，主要使用着勃伦纳山路，即最低的一条山路。果然每一个伦巴城市都从阿尔卑斯山路获得了好处，但米兰是所有山路的集中点（除勃伦纳外），是一切跨越阿尔卑斯山贸易的自然焦点。阿尔卑斯山路像手指头一

① 维罗那隶属日耳曼，是附于巴伐利亚的一个“边防区”。

样,从米兰的手掌伸出去。米兰掌握着全部北欧的商业钥匙。虽然勃伦纳山路在所有的阿尔卑斯山路中是离中部最远的,但它却是最出名的;因为它是最低的一条山路,也是在 1387 年塞普替默山路放宽之前,唯一的宽阔可通马车的山路。在所有其他的山路上,必须使用骡马来驮运货物。在 950 和 1250 年间,德意志军队曾有四十三次通过勃伦纳山路。而在德国帝王们一百四十四次越过阿尔卑斯山中,有六十六次是取道勃伦纳山路的。

伦巴第争取市民自由和贸易自由的斗争是和对贵族、封建和乡村的势力的斗争联在一起的。在这斗争里,城市巧妙地挑拨主教和男爵之间互相敌对,从而坐收渔人之利。当时,有一个新的政治社会,正在形成;有一大批从前压在底下而现在翻身起来的群众,决心要从封建统治阶级争取政治和社会的地位。这项漫长的斗争,也是以土地为基础的旧财产形式和以工商业收入为基础的新财产形式之间的斗争,就是,不动产和动产间的矛盾。城市的财富对封建城堡的财富进行斗争,而在这斗争里,封建制度失败了。市民战胜贵族,城市战胜乡村,动产战胜不动产,工商业战胜农业。早在 1106 年时,佛罗伦萨城曾召请它周围村庄的全部农民离弃他们的领主而来到城内。有些城市为了吸引农民移入,允许在几年时期以内,从一年到十年不等,给予市民自由权;有些城市允许他们在某一期间内享免税权。在意大利,乡村农民流入城市这项趋势,特别是在十字军开始震动全欧社会之后,是一个极其突出的现象。封建主曾企图限制他们的农民移出,但他们都是枉费心机。领主在被他们的农奴遗弃以后,就没有人来耕种他们的土地,所以他们除了也移入城市外,没有别的办法了;要不然的话,他们只有

在荒芜的土地上，过艰难而凄凉的生活。在近代“工业革命”的兴起使人口从田野流入大工商业中心之前，我们在欧洲没有看到过一个与此类似的运动。这种从乡间移入城市的人口，到十三世纪已这样众多，以致很多城市变为人口过多。1247 年波伦亚颁布法律，禁止新的移民入城。

关于多斯加纳和多斯加纳的城市佛罗伦萨、塞亚那、勒佐、费勒拉、摩德拿、帕马的历史，在伟大女伯爵玛的尔达的时代（1046—1115 年）之前，我们知道得很少。就后来佛罗伦萨和塞亚那的重大经济地位看来，这事实似乎是奇特的。然而这是容易说明的。古代罗马人曾破坏那里的伊特拉斯坎文明，而没有在它的废墟上建成一种罗马文明。在罗马帝国时代，多斯加纳是意大利的一个最落后而未发展的省份……“由于违反经济原则的地主制度，那里的人口一向是稀少的”。这种落后状况和这地方的山区性有很大关系。封建制度在多斯加纳生根需要很长时间，因为封建制度显然是农业制度，它只在广阔的平原或肥沃的流域，像塞纳河盆地、摩塞耳河与莱茵河流域那样，才容易达到高峰。在中世纪早期，多斯加纳的土地，落在它的很多寺院手里，大多是用在养羊和种植葡萄。又因为这些寺院是自给自足的，所以，多斯加纳和外面世界很少有经济接触，直到十二和十三世纪由于欧洲对内和对外的大规模商业和工业的发展而发生的经济革命为止。在此之前，多斯加纳城市仅仅是个大村庄而已。甚至佛罗伦萨的历史，在十一世纪之前，也还是湮没无闻的。上述的伟大女伯爵似乎是这领土上的第一位要改变现状的统治者，也就是说，使多斯加纳摆脱它的经济昏睡和隔离状态。但甚至她的企图，也显然局限于改进交通方面；

她建造道路、桥梁,并在佛罗伦萨的阿诺河上建造水坝来防止春汛。当意大利的其余地方已感觉到新活力的时候,多斯加纳还是处在经济落后的状态里;我们从没有发现过一个女伯爵玛的尔达的货币这一事实,就是明证。

在第十世纪前的中世纪史上,几乎没有提到过利古里亚湾沿岸城市,热那亚、比萨和卢加,而在十字军开始之前,它们没有什么经济重要性。比萨在860年遭受那些地中海上横行的北欧人的劫掠;热那亚及其整个海岸在931和935年两次惨遭北非穆罕默德教海盗的洗劫。甚至972年,在萨拉森人被逐出于布罗温斯之后,沿海城市还是继续遭难。因为科西嘉、撒地尼亚和巴利阿利群岛还是在穆罕默德教徒手里。比萨在1004和1011年又两次被抢劫。此后,1016年,当热那亚和比萨的联合舰队进攻撒地尼亚的时候,它们从历史的黑暗里一跃而进入光明的历史了。在这壮举里比萨是更为大胆的。这是有意义的,比萨的最古编年史是从这一年的胜利开始的:"比萨与热那亚和摩吉多(摩吉德·易宾·阿达拉,海军司令,玛约喀的穆罕默德教总督)在撒地尼亚作战;承天佑助,战胜了他。"[①]1050年卡格利亚里港内的海战终使穆罕默德教徒从岛上撤退。跟着,科西嘉和撒地尼亚也被征服[②]。此后,比萨和热那亚两个城市成为西地中海贸易的激烈竞争者,它们的船

① "Fecerunt Pisani et Januenses bellum cum Mugieto in Sardiniam et gratia Dei vicerunt illum."

② "撒地尼亚富于牲畜群、谷物和奴隶;它的沼泽提供了实际上取之不竭的盐源。它的山岭藏着贵金属矿苗,而它的海岸多海绵和珊瑚。比萨和热那亚都想在商业上利用它。两雄不并立,当萨拉森人被打败之后,胜利者立刻就掉转武器,来互相攻击了。"黑胡德著:《比萨志》,第23页。

只和商人云集在布罗温斯、西班牙以及非洲北岸各港口。

有一个中世纪诗人，在1063年写作时，描述比萨说，它是"一个富饶的城市，它的船只航行到西西里和非洲各港口；在它的街道上，可看到许多国家的商人，基督教徒和异教徒都有"。但在十字军开始之前，热那亚和比萨似乎都没有冒险进入东方的更富地区。读者应该注意下一个重要的历史事实：在十一世纪中，热那亚、比萨和阿马斐在西地中海日益增长的海权，开始推翻了伊斯兰教在那里曾称雄二百五十年的优势。欧洲从庄园状况和几乎完全农业的生活中觉醒过来的时期，恰恰正是它再向东方开放商路和在地中海恢复海权的时期。比萨人和热那亚人首先是商人；他们所有的战争和他们所有的航程，归根到底都是为了经济理由。

罗马城的历史，从第九世纪末期到十一世纪教廷复兴时期，无论在政治或经济方面，都是没有重要性的[1]。

在1084年诺曼人抢劫并焚烧罗马城之后，"罗马公所及其周围的东西完全不可复见，几乎也不复存留于活人的忆念中了。"所有残留下来的居民，都聚集在利奥奈因城垣之内[2]。从历史上看，罗马向来是一个消费城，而不是一个生产城。有趣的是在北意大利城市中，我们可看到商人和工业行会，而在罗马城，只有园丁、畜养牲口者和种植橄榄者团体。在十二世纪以前，我们看不到关于

① "社会和经济情况"〔布赖斯说道〕，"已是这样；新制度只有在宗教的体系之内才能兴起……市民分为三个等级：军事等级，包括留剩下来的旧贵族在内；僧侣等级，即隶属于不可胜数的教会和寺院的一群教士、僧侣和修女；以及所称为平民，即无职业、无手艺的贫困群众……在喀罗林帝国瓦解之后，罗马城陷入一种放纵野蛮的状态，甚至在那个时候，欧洲也无与伦比，它承袭了文明的缺陷，而没有承袭它的优点。"

② 罗马城的一部分，在台伯河西岸。——译者

手艺人的记载，而就是在十二世纪，也只有关于编草鞋者和制革者的记载而已。

然而，教皇通过征取“彼得便士[①]”和朝圣者的礼物，获得了金钱来纵欲于利凡得奢侈品，像丝绸、香料、珠宝这一类。阿马斐人和尼亚波利人是这项贸易里的主要中间商。因为奥斯替亚港已经破坏，台伯河口的港口工程已经毁坏，所以，这些进口物大部须经由基泰港口而运到罗马城，而基泰名义上是像阿马斐和那不勒斯那样的沿海小共和国，而实陈上在教皇世仇塔斯邱兰男爵的统治下，因而使罗马付出巨大代价。直到1153年，教皇才能摆脱塔斯邱兰的负担，当时这一有势力的家族，由于财产的分裂、债务和家庭仇怨，已陷于贫困。当他们把他们的土地出典的时候，尤金三世就聪明地购进了这抵押品。

但是在经济活动的一种形式——金融和银行业方面，罗马教廷在十二世纪中掌握到势力。从十二世纪以后，喜尔得布兰的改革以及由此而来的教皇权力的增长，使黄金源源流入圣彼得教会的钱柜里。此外，教廷的教使制度，通过勒索的方法，经常也使教廷发财，或者使教使本人发财。教使的视察往往很像古罗马总督的巡视。“教会隐匿它们的财富、埋藏它们的宝物，或者致送贿赂，以求免除检查。”圣伯尔纳德关于控诉大主教的教使约但·得·厄息尼的勒索的一封信，生动地阐明了教廷的财政政策；对这些舞弊，教皇除了间接负责以外，不一定负什么直接责任。中世纪教会的横征暴敛政策，是从十二世纪开始的。在金融和汇兑方面，罗马

① 中世纪北欧诸国缴给罗马教廷的年税。——译者

和威尼斯或热那亚相匹敌。罗马最富的银行家，是一个犹太家族，姓彼尔利奥尼。这个杰出家族的创始人，是彼尔，他在利奥九世时代曾任过类似教廷银行家的职位(1049年)；利奥还说服了他皈依基督教。他的儿子为了纪念教皇，把“利奥尼”加到姓名上，因而叫做“彼尔利奥尼”；在“授爵权战争”时期，他是教廷的热烈支持者。他的孙子彼尔利奥尼是中世纪罗马城的革拉苏[①]，因娶罗马贵族的女儿而成为贵族。他是古老的马塞拉斯戏院的所有人；他把它改成了一个炮垒。他死于1128年。他的墓上碑铭迄今还保存着，赞扬他是“一个举世无匹的人物，财物无限，子孙满堂”——那确是犹太人的特点。乌尔班二世死于这个中世纪教皇的债主和朋友的宫殿里。彼尔利奥尼的一个儿子曾任教皇，另一个成为“罗马元老”，据说，有一个女儿曾嫁给西西里王罗哲尔二世。

有人说得很对：南意大利是“注定要从南方接收文明而要从北方接受主人的一块地方”。关于文明方面，它是一张羊皮纸。古代希腊人、罗马人、哥特人、伦巴人、拜占廷人、最后诺曼人，先后蹂躏过那里，并在它上面盖下了烙印。西西里的历史，除了日耳曼的影响以外，和南意的历史有很多相同之点。在几乎三百年期间——九、十和十一世纪——下意大利是由四个不同的种族居住着，由四个不同的法律体系统治着，并且在它的疆界以内，除伊斯兰教外，还有两种不同的基督教形式。希腊人、拉丁人、伦巴人和阿拉伯人分割了它的宗教和统治。从政治上说，自从第六世纪以来，南意各省属于拜占廷帝国，其中最重要的，是亚浦利亚和喀拉布里亚两省。

---

① 罗马最大富翁。——译者

拜占廷帝国通过亚浦利亚、喀拉布里亚和西西里,同西欧洲取得了直接的接触,而且,从这一源流有不少物质和精神文化经由意大利传到日耳曼、法国,甚至英国去。在封建时代,西欧文学和艺术生活上所有的一些希腊文化的色彩大多是从拜占廷意大利来的。

在第九世纪早期,从开温总督区(近代的突尼斯)来的萨拉森海盗开始骚扰第勒尼安海,使意大利处于危险状态中。利奥三世,即为查理曼加冕的教皇,被迫于罗马沿海地带建造守望塔。813年,维奇亚城被攻。在827和895年间,整个西西里曾遭受阿拉伯人、柏柏人以及亡命的西班牙穆罕默德教徒的蹂躏。846年,罗马被攻,所以,后来不久,利奥四世在圣彼得大教堂周围筑造墙垣来保护它。这项危险十分严重,以致南方海港如阿马斐、基泰和那不勒斯(所有这些海港都是靠着和君士坦丁堡的贸易而兴盛起来的)组成了同盟,并在849年,在奥斯替亚港口外赢得了一次海战胜利。萨拉森俘虏被用来建造梵蒂冈城。876年,坎帕纳遭受了可怕的破坏。其时,萨拉森人,虽然在海上被英勇的教皇约翰八世暂时遏阻,但却已从西西里渡海到意大利本土;像北欧人在法国那样,萨拉森人不久发现:寺院是财物的主要贮藏所;所以残酷地搜劫希腊和拉丁寺院。使事情更恶化的是,教皇垂涎南方诸省而计划兼并它们于教皇世袭领内;他们的这项阴谋策略以及那里的伦巴居民对拜占廷的潜在的敌意,使伊斯兰教的传布获得了便利。当时,拜占廷的统治机构集中在巴利,在经济上,是横征暴敛的,在行政上是贪污腐败的。因此,在希腊人、伦巴人和海港之间,经常有冲突。

然而,尽管处在上述的不利条件下,南意大利生活中坚定的经

济社会因素:喀拉布里亚尤其是亚浦利亚的肥沃土质(今天这两地已一半被瘴气破坏了)、广阔的牧场、茂密的栗树林、葡萄和橄榄园、喀拉布里矿产(从那时起已经枯竭)、居民的辛勤工作(当时这些省内的人口比今天也许要稠密)、大批航海和刻苦耐劳的人员;这一切使那里的居民能够克服各种困难,以至兴盛。在十一世纪之前,西欧在经营东方进口货的种类和规模方面,除了威尼斯以外,再也没有其他城市堪和巴利、阿马斐、那不勒斯、撒列诺、大兰多各城并驾齐驱。因为这些城市里的商业人口,由于牟利心重,不容宗教偏见来阻碍他们的贸易行为。利奥·马塞坎那斯,即蒙特·卡西诺的编年史作者,在第九世纪中曾痛骂阿马斐人和撒列诺人,因为他们把营业放在宗教之上,而同穆罕默德教非洲进行贸易。

在南意所有的这些沿海商业城市中,阿马斐最富于企业精神;它和威尼斯竞赛,并赶上热那亚和比萨。它是非洲和穆罕默德教西班牙之间的贸易的主要中介。早在第十世纪,阿马斐商人在亚历山大城与开罗、在叙利亚、在君士坦丁堡已建立他们的殖民地。当巴锡尔二世击溃保加利亚人势力的时候,阿马斐和威尼斯商人都在都拉索开辟了竞争性的贸易区。研究一下阿马斐的繁荣怎样受拜占廷繁荣的影响,并怎样反映出拜占廷海陆权力的兴衰是很有趣的。拜占廷金币作为地中海地区交换的媒介这一优势,又是一个显著的经济事实。在十和十一世纪,除铜便士外,不复有伦巴人的地方货币。只有阿马斐和撒列诺还有自己的货币;而耐人玩味的是这些货币上面刻着阿拉伯字;显然是为了便于在埃及和北非穆罕默德教国家内进行贸易而制造出来的。当西欧,包括除威尼斯和南意以外的一切地方,还用银币计算的时候,伊斯兰教西班牙和非洲、西西里、南意大利、拜占廷帝国、叙利亚和埃及,是按金本位来交易的。这一事实雄辩地证明了:和东方国家对比之下,西欧在经济发展方面是落后的。

西欧长期的经济落后,很大部分是因为穆罕默德教占着地中海地区的优势。热那亚和比萨、阿马斐和撒列诺的兴起,部分地弥补了这种逆差。可是,只要萨拉森人一天占着西西里而控制了地中海的"海腰",基督教欧洲的航运和商业就要仰伊斯兰教的鼻息。西欧的经济解放要依靠基督徒推翻伊斯兰教的海权并征服西西里,即地中海的锁钥。

至于阿马斐和撒列诺,它们同西西里、突尼斯的萨拉森人订立了一项"临时措施",使双方互有利益;因此,西西里在穆罕默德教手里,对它们来说,是没有什么关系的。相反地,它们甚至因此获益。但比热那亚更前进的比萨,在第十世纪后期,曾企图推进到东地中海更富饶的地区,以求扩展贸易;对这项企图,拜占廷,甚至威尼斯,表示欢迎,因为阿拉伯人对属于拜占廷的南意各省,是个经常威胁。975年,拜占廷和比萨的联合舰队进攻墨西拿。1006年,在勒佐港口外拜占廷在比萨的帮助之下,又对阿拉伯舰队进行了一次大海战,而赢得了胜利。为了酬劳比萨,拜占廷给予在东方帝国各港口内自由贸易之权,这一赠与惹起阿马斐和撒列诺的深刻嫉妒,因为它们痛恨对抗性的竞争。1011年,阿拉伯人为了报复比萨在1006年支援拜占廷,而劫掠比萨,这是他们最后一次进攻意大利。

上述南意和西西里的复杂的政治、宗教、商业竞争,在十一世纪由于诺曼人的征服亚浦利亚和西西里,一定变为简单化了。诺曼人的宝剑斩断了这一症结，并在地中海中部建立了一个统一政权的强大优势。诺曼人的征服南意和西西里，原来是作为冒险行为开始的，但转化为像后来1066年的征服英国那样的殖民运动了。他们终于建立了一个有创造性的光辉灿烂的文明国家；这一国家历时两百年之久。

这些诺曼“骑士”并不是那些由扈从围绕着的发财贵族。1016年第一批骑士离开他们的本土诺曼底而到南意，因为他们穷苦——据编年史家杰弗里·马拉特勒的话，他们在诺曼底看到：由于各子平均继承遗产的法律，他们所可获得的土地太少了。而且，在他们中间，还有很多因为违犯禁止私战的国法而被放逐的男爵。事实上，这些想发横财的士兵只不过是冒险家伙和匪徒而已。为求胜利，他们不择任何手段。他们从山顶城堡冲下，劫掠平原；背信弃义，破坏城市；引诱敌人陷入埋伏阵地——这些就是关于意大利第一批诺曼人首领，即汤克勒德·得·豪特维尔的诸子及其伙伴们的家喻户晓的故事。在第一批诺曼队伍到达意大利之后，他们占有了城堡；为求分享一份战利品，新的队伍源源而来了。

这些冒险家伙在下意大利的富庶省份内所得的财产，是数量惊人的。他们之间有一个人向他的伙伴们说：“你们可以统治这些肥沃平原的时候，为什么还要像老鼠那样在洞里过活呢?”关于这块良好地方的消息传回了诺曼底，此后的五十年间，诺曼骑上贵族源源不绝地涌到南方去，最后，这个中世纪里进行征服和殖民的最大种族，在地中海地区创立了另一个诺曼底。这一个意大利诺曼底是在1053年由这批冒险家伙中的最勇敢者，可畏的罗柏特·基斯卡(“狡猾者”)所创立。1063年的一次战役使诺曼人占有全部西西里,除巴勒摩以外;后者在1072年被占领。到1090年,罗哲尔一世(基斯卡的最幼兄弟)把诺曼人对西西里的征服全部告成。

诺曼人的征服南意和西西里,使地中海地区发生了一次经济革命。就是说,穆罕默德教徒的商业霸权已转入基督徒手里,现在后者扼守着地中海上交通线的轴心。诺曼人的征服西西里,给基督徒的商业开放了墨西拿海峡。基督教海权替代了穆罕默德教海权。现在有一个贤明而又有力量的政府在商业上监督并指导几百年来素以经商著名的人口的活动,其中包括有希腊人、犹太人、意大利人、阿拉伯人。所有过去竞争的敌对港口:阿马斐、撒列诺、巴利、大兰多、巴勒摩,都联合在一个统一政府的治理之下。巴勒摩成为一个商业辐射的中心;它的活动路线,向西远至加的斯,向东达到亚历山大城、安提阿和君士坦丁堡。

但是在打败伊斯兰教以后,胜利者自己之间不久便开始了激烈的商业斗争。地中海局势的转变对拜占廷、威尼斯、比萨和热那亚,仍是一个很大威胁,像过去阿拉伯人的海权和商业冒险对它们的威胁那样。因为雄才大略的诺曼国王在商业上和在领土上与政治上一样是有野心的。他们以"最惠国"特权给予开温商人。诺曼国王由于扼守意大利和非洲之间的航路,计划迫使比萨和热那亚以及后来马赛和巴塞罗纳的一切船只与货物在通过这航路时,不论向东或向西,都须缴付通行税。为要使威尼斯降到商业附庸的地位,罗柏特·基斯卡在1081年企图自己占有都拉索,从而控制亚得里亚海入口处,即仅五十哩宽的窄狭海峡两岸的桥头堡——俄特兰陀和都拉索。但由于诺曼人舰队被威尼斯舰队所毁,这项大计划终告流产。诺曼人对威尼斯和拜占廷帝国通商的威胁,使两国缔结了密切联盟。希腊人把罗柏特·基斯卡及其凶狠的两子，波希蒙德和罗哲尔，比成毛虫和蝗虫:这个没有吞掉的东西，那个来了就一扫而光。基斯卡并不因为他的早期失败而灰心，在1084年又认真准备去征服君士坦丁堡本城。这项大胆计划使人有些困惑不解。如果这计划能成功的话，南欧和地中海地区的整个商业会落在他的控制之下。经过三次海战，又遇风暴和疾疫，他的大计划终告失败;结果威尼斯获得了从这事件所产生的一切利益。因为“亚历修害怕再被攻击……从威尼斯共和国求得一项重要援助;包括有三十六只运输船、十四只大艇、九只大帆船，即特别坚固的巨型的船舰。为酬报威尼斯人的援助，亚历修慷慨地赐给他们营业执照，即贸易专利权，还赠予丰富的礼物，即君士坦丁堡港口上的很多店铺和房屋，还给圣马克寺院一份献礼;最后一项是最受威尼斯人欢迎的，因为这是从他们的竞争者阿马斐人所征的一种税款得来的”。

这些海陆军的出征、这些意大利人、希腊人和穆罕默德教徒海盗船的冒险行动、这些激烈的商业竞争，都是准备十字军运动的象征，而且每种对那个大运动都曾起它的作用。欧洲地中海港口，特别是意大利港口，在十一世纪末期，云集着形形色色的冒险人物，他们来自好战而又扰攘不安的社会的各阶层——依长子继承法被剥夺了继承祖传土地的封建家族的幼子们、想发横财的士兵、商人、小贩、走私者、贪图名利者、游僧、逃亡农奴、逃犯、码头夫役、犹太高利贷者和收受赃物者。从所有这些人看来，利凡得的穆罕默德教地区似乎是一个黄金世界。十字军将是形形色色的人物混杂在一起的，各自抱着不同的动机。

第十四章　十字军前东罗马帝国（802—1096年）*

从802年主张改良的伟大爱索立安王朝的终止，到1096年十字军使帝国受到致命打击这一时期的东罗马帝国的历史，是一个国运起伏不定的历史；有时濒于破灭，有时声势煊赫；其间还不止一次地发生过宫廷革命。在这时期，我们看到下列事件：第一保加利亚帝国的兴亡，罗斯对拜占廷的威胁，拜占廷对萨拉森斗争的延续和它在曼西克特战役后（1071年）丧失亚美尼亚及全部小亚细亚于新兴而强大的塞耳柱土耳其人。可是，在这多事之秋，帝国一直是照常过去，它的不知不觉而缓慢的变化起于内部有机的改变，倒远多于外部事件的影响。

奈斯波拉斯一世推翻女皇爱里尼后即位。他的统治（802—811年）是以财政和赋税的强硬措施而著名。这新皇帝不是一位不做事的国库长官。他精密地修正田赋制度，使大地产也包括在内。为使国内土地不致荒芜起来，他迫使大地主负责耕种他们附近的土地。爱里尼曾豁免寺院和教会财产缴纳那代替人头税的炉灶税；而教会由于这项宽大待遇，便肥壮起来。现在，奈斯波拉斯强制教会缴纳炉灶税并使用强硬措施来征集欠税。他还恢复5%

* 地图：锡倍德：《历史地图册》，第59，67页。

的死亡税(像近代的遗产税那样)。对不劳而获的增值,也课以赋税;那是近代拥护单一税论者会觉得满意的一种税。

还有有关商业的措施:修改收入税,比旧税提高$\frac{1}{12}$;对取道赫勒斯滂的家庭奴隶,课以新税。那些做生意的小亚细亚居民被迫购买地产。在各项法律中,最令人沮丧的——也是极其奇特的——是禁止收取利息的法令。当然,贸易会受损害。为了补救这项情势,奈斯波拉斯贷出国库黄金,每份十二镑,利息从 $16\frac{2}{3}\%$ 到 20% 不等。

在奈斯波拉斯时代,赋税是繁重的。常常有人企图暗杀奈斯波拉斯这一事实,证明他是不得民心的。而且,当代的历史家竭力把他描写成为一个贪得无厌的残暴流氓,以昭示后世;因为他的措施打击了曾由爱里尼豁免炉灶税的寺院;也打击了那些已经富裕而力能付税的大地产和大商业利益。如我们所预料,教会对他特别痛恨。但除了禁止利息这项不吉的法令之外,奈斯波拉斯的措施是计划得好的。他需要现款,而且的确迫切地需要现款;但他是把赋税尽力加在有负担能力的人们的头上的。近代研究拜占廷的最伟大学者写道:"奈斯波拉斯是一个贤明的国君、一个有才干的理财家,即使他不得不占夺教会的财产,也是为了弥补国库亏空的目的。"

总的说,第九和第十世纪是东罗马帝国的外患严重的时期,直到巴锡尔二世(976—1025 年)扭转局势为止。小亚细亚,由于阿拉伯人的侵袭,经常处于不安静状态;还加上了农民反对大地主压迫的零星而无效果的起义——像 821—824 年的起义——这些起义使亚洲的小土地所有者消失了。巴尔干各地遭受保加利亚人的侵入;他们在半岛的腹地建立了一个强大帝国,而这帝国继续存在到1018年。诺曼人征服南意大利。萨拉森人蹂躏西西里。罗斯人征服黑海殖民地,并多次威胁君士坦丁堡。

可是,尽管拜占廷遭受这些外患,但在这一时期,它的商业却是很繁荣的。以前或以后,从来没曾有过世界上这样广大地区的商业这样集中于一个城市里,像在第九世纪集中于君士坦丁堡那样。可以看出,帝国的财富在于它的贸易。当时,关税率是适中的,特权是被谴责的。有一个皇帝,甚至禁止他的朝臣从事贸易,免得他们奢侈成害。拜占廷货币,价值稳定,声誉卓著,以致它成为全欧洲的货币标准。我们看到,第九世纪拜占廷商业,经过陆路,远达东方各地;同阿拉伯人的贸易很繁荣;同北方罗斯人的贸易也日益增长;同时,在西方,拜占廷的商业也达到这样的繁荣状态,使它的统治者得积聚大量现金窖藏。在浪费的提阿非罗(829—842年)时期和在他节约的妻子提奥多拉为儿子摄政的时期,国库除开支之外,还积储了二千五百万美元巨款(其中也得助于若干新矿的发现)。试把这数字同英国王室在1431年亨利五世征服法国之后的收入,比较一下,可看到英王每年二十五万美元的收入是小得可怜的。当时,拜占廷的海军和商船队称霸于世界。对商人发给措词审慎的特许状,使他们在指定地区内进行贸易。皇帝的政策是要维持贸易路线的现状。提阿非罗禁止他的朝臣从事船运事业,因为害怕他们使交通运输离开老路线。这样一来,商人在他们经营贸易地区内所得的利润,大到像垄断的利润那样,即使在那里垄断是不存在的。我们看到希腊商人的记载;他们曾到过保加利亚和多瑙河地区、赫尔逊以及伏尔加河和里海地区。君士坦丁合法继承人曾绘制一幅地图,指示下第聂斯德河的航行路线,并标出罗斯人拖运他们的小船绕过急流的地点。

当我们研究君士坦丁堡的工业制度的时候，我们就可看到：对于一切商品，无论制造的或进口的，都有精密的监督。第四世纪由罗马政府加以仔细监督的行业团体制度，在君士坦丁堡还是维持着。那里有很多行会，像丝业商人、紫色染工、香料商人的行会；它们控制着大量原料并在政府监督下进行制造。皇帝制定关于一切商品买卖的详细规程，而国库收入的大部是从征收行会的捐税得来的。《总监便览》一书是由〔聪明人〕皇帝利奥（886—912 年）所编订的，表明拜占廷工业组织得如何精密①。

① 君士坦丁堡的工人组织有城市总监作为它们的头脑。凡关于新会员的加入、职员的推选、各行会团体间的关系、团体的整个有机生活，事实上，都是掌握在他手里，由他决定。他处在行会和政府之间，在大多场合下还站在行会和外侨之间。正是他，审判并处罚一切违犯规则的行为……《总监便览》所显露的君士坦丁堡，乃是垄断、特权和家长主义的乐园。不仅不同行业间的通路为法律严密地封闭着，而且任何一个团体的活动都须受千百条款的限制。国家干涉一切；控制一切；随意进入什么地方，店铺和储栈，并查核账目。它规定工人的工资、每一种货品出售的日子、地点和价格、制造者不得直接采购，甚至选择他所需要的原料，对于存货的质量，甚至数量，也从来不能有何烦言。在有原料运入城内时，购买本行业所需要的原料，是制造者所属的组织的事情。他所能做的事情，仅仅是付出在总成本中他所占的比例数，和领受社团分配给他的部分。各种行会成员的增加，遭受极严厉的限制；雇主无权支配他和工人所签订的契约，甚至也无权支配他们认为必要的学徒人数。国家的干涉还不止于此。为了保持城市对某些工业技术的独占地位，把陌生人看作间谍；严格限制他们的居留的时间。他们被幽禁于旅馆内，由警察在外看守；如果他们采购的商品价值超出规定的最高限度，就要受到重大处罚。一般人只准经营一种行业不得兼做其他行业。他们必须在指给的地点上营业。雇主预雇工人一般不得超过一个月，预付工资也不得多于三十天。凡违犯者即将其超出部分没收。所以，这制度对个别技工还很妥善；但是这批人必然是为数有限的，而且当西地中海区日益发展的城市吸引职工的时候，也不可能留住他们。这一诏令所规定的精密侦查办法，需有大批官员在总监指挥之下进行工作。总监的代表、他的官员、他的稽查员、他的下属不停止地往来查察，而所有行会的会长，必须尽力予以援助。总监还利用一大群辅助人员，包括君士坦丁堡所有的工人和商人；关于这方面，他应用很简单而又很便宜的方法——互相告发方法。事实上，法律把"互相告发"作为城内每个行业团体的每个成员之强制性的义务。法律的条文规定得越严密，处罚就越多而越严厉。大量罚款、没收财产、放逐、鞭打、削发——这一切总监都经常使用，借以提醒在他管辖权下的那些人注意自己的缺点，尊重他的权威。最后两种处罚方法，鞭打和削发，尤其是家常便饭。

这种组织看来可能是麻烦透顶,甚至干预过多的限制。但应该指出:在两点上,它比过去的工业情况,已有进步。第一,对于行会团体,不再课以公役。第二,行会的会员资格不再像在罗马帝国那样,是强制世袭的。

在君士坦丁堡,叙利亚人、阿拉伯人、罗斯人、匈牙利人、保加利亚人都可进行贸易,但他们的往来和交易须受到严密的监视。一个外国商人在城内逗留的时期,不得超过三个月。在三个月以内,只要付了进口税以后,就可随意自由交易,不需要再交付别的捐税。但是他的货物,当售给行会采购员时,必须经过检查。他所收取的货价,可能不合乎自然的市场价格,因为皇家官吏掌握平衡主要商品价格的办法。不论运入的谷物数量多少,价格必须一律。在市场上销售的数量,是按照现货供应的情况和规定的价格来调节增减的。

阿拉伯人和希腊人间的宗教反感,不久化为乌有。基督教的朝谒"圣地"在阿拉伯统治下还在进行。像阿拉伯人和希腊人这两种这样爱好贸易的人民,而又住得如此靠近而不进行贸易,那是难以想象的。利奥五世(813—820年),因为伊斯兰教徒对"圣地"有一种亵渎行为,曾禁止希腊船只驶往叙利亚或埃及去。但是宫廷需要埃及的织品,而在第九世纪宫殿里已有很多阿拉伯制品。我们把希腊-阿拉伯商业的兴盛时期放在第十世纪中,那是不会错的。皇家工场所制造的丝绸,在数量上不够供应宫廷中的需求,因而其他精致的织品须从东方输入。由于需要这些华丽织品以及香料、胡椒、医药品和香粉,希腊人突破了一切政治和宗教的障碍,同穆罕默德教徒进行直接的贸易。海德指出:在第九世纪初,已有关于这项贸易的第一批明确的资料；而到第十世纪，希腊人和阿拉伯人间的商业获得了巨大发展。

但是，因为阿拉伯人已完全控制红海、波斯湾和横跨大陆的亚洲商路，而巴格达和埃及的穆罕默德教哈里发又使这有利的运输贸易尽量负担苛重的捐税，从而西方消费者付出高价，所以，拜占廷帝国努力使那条经过中亚细亚而不受阿拉伯控制的北方商路开放着。这一条商路，起自特勒比遵德，越过里海地峡，绕道里海南岸，从那里穿过鞑靼汗领土：麦尔夫、撒马尔罕、布喀拉等等达塔什干，再从那里前往印度或中国。

历史再一次地重演了。因为这是和在波斯萨萨尼朝时代罗马帝国的策略，在科斯洛厄兹大帝时代查士丁尼的策略相同的。这样，黑海的东方口岸在第九和第十世纪中恢复了它们商业上的重要地位。特勒比遵德，除君士坦丁堡外，是拜占廷帝国的最大商业城市。这边疆城市成了亚美尼亚人、穆罕默德教徒、希腊商人间的交换商品的中心。在第十世纪，阿拉伯地理学家伊斯特拉第写道，"特勒比遵德是希腊人的边疆城市，我们商人都往那里去；所有希腊制的精美布匹、所有输入穆斯林领土的锦缎，都是经过特勒比遵德的。"

然而，这条特勒比遵德横跨地峡的商路，也有它严重的不利的地方。亚美尼亚，在拜占廷和巴格达冲突时期，一直是个缓冲省份，像过去它在罗马和波斯冲突时期的地位那样。亚美尼亚人自己强烈地希望独立，常常挑拨那两个竞争的帝国互相冲突；此外，高加索和埃耳柏兹山区的野蛮部族，像库尔德人那样，动辄劫掠商队。所以，后来我们看到，人们便逐渐地使用另一条比第一条更北的北方通路。这条路线,来自印度和中国,沿阿姆河顺流而下,到咸海,绕里海顶端,过乌拉尔河口的萨拉坎谷达伏尔加河口的伊铁尔或阿斯脱拉罕,从那里上至萨来,于是,下行顿河到亚速夫海的罗斯托夫。这里,在大草原陡峭的斜面上位着克勒诺伊(Kremnoi)或"悬崖";这名词是希罗多德用以称希腊商人的贸易中心的;几百年前,希腊商人也曾到过那里,同西徐亚人进行贸易。这条路除了不受穆罕默德教徒的阻挠,并能避免山区野蛮部落的抢劫之外,还另有一项优点,就是它几乎全部是水路。

这条新商路的开辟,使一个叫做喀扎儿人的古怪部族在商业上有了突出的地位;他们原来住于德尔朋上面的里海大草原上,并一般被认为是同突厥族有血缘关系。早在第八世纪,君士坦丁五世曾娶喀扎儿族的一位公主,就是著名的皇后爱里尼。那时,喀扎儿人已经放弃游牧生活而成为定居的部族;他们经营鱼类、毛皮、奴隶、羊毛、蜂蜜、蜡、脂肪等相当数量的贸易。他们的首都,是在伊铁尔(阿斯脱拉罕),但是"他们王国的领土范围是从高加索起向北到伏尔加河并远抵该河的下游;它包括顿河盆地,西至第聂伯河两岸,达属叨立克族[①]的刻索人的地区"。

喀扎儿人采用犹太教作为他们的宗教这一个特殊的事实,比一个鞑靼部族的迅速吸收文明,更觉奇怪。但这是一项聪明的措施。因为喀扎里亚位于巴格达的伊斯兰教哈里发国家和基督教拜占廷之间,它遭受双方根据利害关系发出的巨大压力;它就用这种

① 叨立克族(Tauric)是古代克里米亚半岛上的穴居人,可能就是克里米亚人。——译者

妥协办法规避它们；同时，还有另一种利益，即吸引犹太商人到阿斯脱拉罕市场来，以便特别促进喀扎儿人的商业。阿拉伯历史家易宾·库尔达达巴在第九世纪告诉我们说：甚至西班牙犹太商人也经常来到阿斯脱拉罕；当然，他们途经萨罗尼加和君士坦丁堡时，一定会停留的。但是拜占廷和西班牙的商业，不都是单方面的。《阿欣麦兹编年史》告诉我们说：在第十世纪君士坦丁合法继承人曾派遣使节到哥尔多华的阿布的拉曼三世那边，以求促进穆罕默德教西班牙和东方帝国间的贸易关系。"因为当亚历山大城对西方哈里发国的商业开放停止以后，它的臣民从君士坦丁堡经常受到欢迎，而获得了巨大的补偿。"

刻索的古代希腊殖民地上的商人，现在开始惹人注意了；刻索是北方和克里米亚居留地商业的中心。关于这些有历史意义的地点（刻索、狄奥多西亚、欧巴托里亚、番那哥立亚、坦纳、索尔德亚）的历史，可以追溯到"阿哥远征队"的故事[①]。这些地方在第四和第五世纪的大混乱里曾遭受严重的破坏，而在查士丁尼时代，曾部分地恢复；在第二次亚洲蛮族即阿佛尔人和马扎儿人侵犯的高潮里，它们再次被蹂躏；到第九世纪，正在它们第三次开始繁荣的时候，侵入俄罗斯的瑞典人又使它们遭受了危害。

现在我们必须相当详细地追述罗斯人和拜占廷帝国间关系的历史。第聂伯河是罗斯人国家（现在的俄罗斯）的主要经济动脉和最重要的商业通路。第聂伯河的源流接近那通波罗的海的两条最重要的水路，就是西德维纳河和伊尔门湖的整个盆地；而伏尔科夫

---

① 希腊神话：哲孙（Jason）率其党徒，到科尔奇斯（Colchis）求金羊毛。——译者

河则将俄罗斯中部和拉多牙湖接连起来。

斯拉夫人的居住区大部分在中第聂伯河的盆地上,特别是平原的多树林的地区。这个地区给他们提供了贸易的商品,因为他们打猎可以获得生皮,养蜂可以获得蜂蜜,而新开垦的森林地能出产谷物和大麻;这地区迄今还是俄国著名的谷仓。所以,从早期起,生皮、蜜和蜡就是俄罗斯的主要出口物;而且从那个时候起,斯拉夫人就开始集中地开发森林的富源;一直继续了几百年之久,对俄罗斯的民族性格发生了深刻的影响。

古斯拉夫人没有货币,而代之以兽皮,特别是貂皮和松鼠皮。所以,古代俄罗斯货币"基尼"(kunic)这名词是从貂的名称"基尼察"(Kunitza)得来的。他们以兽鼻或小块兽皮作为小辅币。某种数量的兽皮被作为一个"格里夫纳"(Grivna);但这数量是按照市场情况而波动的。

斯拉夫人居住在互相隔离的宅院内,周围挖沟,并在附近森林里设置蜂房和陷阱,并开垦小块田地。这些宅院起初分布于第聂伯河及其支流地区,到后一时期,斯拉夫移民才开始住到伏尔加河上游流域。他们常常把宅院围以矮墙,以求自卫,并保护牲口免遭野兽侵害。城市就是从这些宅院逐渐形成的,其中最早闻名的是基辅。

俄罗斯经济生活的最早的类型是猎人、养蜂者和商人,由于商业可以提供巨大的利润,斯拉夫人直到第十世纪末期,才发展农业。他们侵掠周围的部族,因而积聚了大批奴隶;他们便把大量奴隶输出到"东方帝国",因为他们农业很缺少,不需要这些奴隶的劳动。

罗斯的贸易在很大程度上获得了当时的外面局势的帮助。约在斯拉夫人移居第聂伯河流域的同一时期，住在黑海和里海之间的喀扎儿人已成为波罗的海和西亚间的重要商人；因而他们大有助于阿拉伯与俄罗斯之间的贸易的发展。从第聂伯河盆地所掘出的大批阿拉伯“第伦”币，就可看出在第七和第十世纪之间这项贸易的范围了。

斯拉夫商人在第聂伯-伏尔科夫商路上的繁荣状态，使设防的宅院变成了贸易站，并有很多城市建造在第聂伯河及其支流沿岸。关于基辅、佩里雅斯拉夫尔、斯摩棱斯克、诺夫哥罗得及很多其他城市之起源，没有可靠的记载。时常有捕鸟兽者和养蜂者来到这些地方，以求交换他们的兽皮、蜂蜜和蜡。其中有些地点或村庄市场成了其他工业地方的分配站。

一般把瑞典人在852年(?)立足于基辅这一件事，作为俄国历史特别的开始日期。但是有资料可以说明，流动的罗斯人——因为侵入者这样地称呼自己——实际上远在第八世纪已经深入罗斯中部。有一种模糊不清的证据说，约在787年诺夫哥罗得的罗斯人曾企图占夺克里米亚；这比以前所知关于罗斯人要占有黑海领土的企图要早。在法兰克高卢的《圣柏坦寺院的编年史》里，保留下来一件有趣味的事情，也许稍可阐明这一问题：839年那一年的纪录谈到罗斯人国家的某些使节来到君士坦丁堡，他们的目的是重订一项通商条约。但是，他们害怕比瑟尼格人，所以不愿再循原路回国，这时，比瑟尼格人已征服和罗斯人友好的喀扎儿人。皇帝便派他们带了一封给虔诚者路易的信返国，结果路易发现：他们是斯堪的那维亚人，即发兰琴人。

这些罗斯使节是谁，这是一个值得思索的问题。第聂伯地区城市和拜占廷帝国已有一项通商条约,可能是历时很久的条约。他们所代表的是这些城市的斯拉夫人呢,还是他们自己的国家呢?可能是代表前者,在那种情况下,他们之所以被选为斯拉夫人使节,可能是因为发兰琴人对于水路具有优越的经验和知识的原故。

上文已经说过,比瑟尼格人的侵犯大大阻碍了喀扎儿人对斯拉夫人在第聂伯河贸易的保护,并切断了基辅同黑海和里海的商业中心的贸易关系。因为喀扎儿人不复能够保护商人,第聂伯盆地上的重要商业城市认为必须由自己起来保护商路。所以,从那个时候起,那里的商人就开始在他们的城市设防,并派遣雇佣兵来武装护送他们的船只。这样一来,那些贸易中心和原料堆储所便成了设防的城市。而且,对雇佣兵的需要也更大;当时的发兰琴人的在军事上的优良品质与这项工作正是十分适合的;因而他们大批受雇于部落酋长来护送商船。此外,还有那么多的罗斯人,以商人的地位定居于城市中,以致这些城市人口的性质往往由斯拉夫人的变成发兰琴人的了。所以,据古代编年史所载,诺夫哥罗得城起初是斯拉夫人的,但后来,由于罗斯人特别是在 842 年路列克统率下的罗斯人之大量流入,它就变为发兰琴人的城市了。在阿斯科尔德和狄尔抵达基辅之前,那里住着的斯堪的那维亚人是那样的多,所以,这两个首领一到那里,就感到从当地斯堪的那维亚人中就可募集一支充分有力的军队从喀扎儿人手里夺取这个城市。后来,他们竟敢于用这支军队进攻了君士坦丁堡。

所以,显然可见,第一批来到俄罗斯的发兰琴人,或者是到拜占廷富饶市场去的路过的武装商人,或者是在第聂伯地区城市营业的商人,或者是自愿充当雇佣兵的人。从下列事实,可说明:发

兰琴人一般是被看作商人的:直到今天,"发兰格"[1]的意义还是小贩或者跑单帮的商人。但是,不久以后。发兰琴人便由斯拉夫人同行商人,或者为斯拉夫船只充当武装护送队的地位,转变为统治者的地位。在第九世纪后半期,在诺夫哥罗得的路列克的领地、在比洛奥塞罗(白湖)的息尼厄斯的领地、在易斯巴斯克的特鲁伏尔的领地、在基辅的阿斯科尔德和狄尔的领地,就这样地形成了。

然而,在上述各个罗斯人的领地中,享有卓越地位的并不是诺夫哥罗得城,而是"罗斯城市之母"基辅城。这是大部因为基辅在商业上的便利较之其他一切城市有一定的优越性。因为它是俄罗斯的商业交汇之处;从伏尔科夫河、从德维纳河、从下第聂伯河及其支流来的船舶都云集于此。这样看来,俄罗斯城市在经济上依靠着基辅来进行南方的贸易;而这项贸易则占国内总贸易的极大部分。谁能统治基辅,谁就享有对俄罗斯商业的卓越控制权。这可说明:为什么俄罗斯王公为夺取这个最重要的中心而进行冲突。关于这一点,还应顺便注意:当奥列格进行从阿斯科尔德和狄尔手里夺取基辅的时候,他冒充为一个发兰琴商人;显然因为经商是罗斯人的最普通的职业,因而不会引起丝毫怀疑的。

阿斯科尔德和狄尔,还占有基辅的时候,在865年对君士坦丁堡进行第一次进攻。涅斯脱和总主教福细阿斯(后者曾目睹这项进攻)告诉我们说:罗斯人趁着皇帝迈克尔三世离京的机会,确曾深入博斯普鲁斯海峡,围攻了君士坦丁堡。我们对这进攻的详细

① "发兰琴人"(Varangians)这名词是从发兰格(Varyag)得来的。——译者

情况，虽不感兴趣，但却应注意这一事实：据福细阿斯说，这项出征的原因，是为了有些罗斯商人遭受侮辱因而进行报复。这侮辱可能是起于希腊人企图赖掉他们所欠的债款。这次进攻是一系列冲突中的第一次；罗斯人企图用冲突来迫使希腊人恢复他们与希腊人的通商关系；显然这种关系大约由于希腊人的主动而不时中断。所以，这一次进攻君士坦丁堡，是一个最早的历史资料，可说明：甚至在866年之前，在这有关的两国之间，确实有通商关系，而这种关系是由一项外交条约来建立并保障的，其中基铺是条约的当事人之一。

当奥列格接替阿斯科尔德和狄尔的基辅王位之后，他继续保持前人对拜占廷帝国的贸易的政策。我们知道：奥列格在巩固基辅的防务以后，进行另一次对君士坦丁堡的征伐；结果签订了另一次的商业条约。显然，前次的进攻所建立的关系，早又被希腊人置之度外了。值得注意的是：在阿斯科尔德和奥列格两人之下，参加进攻的都是第聂伯河沿岸大商业城市的代表人；就是，那些对东方帝国的贸易有着切身个人利益的人们。举例说，906年奥列格用以进攻君士坦丁堡的军队中，有诺夫哥罗得人和基辅人、白湖的芬兰人、罗斯托夫人、克力维奇部族、赛维立安族、波力安族、拉提米奇族、杜力伊比族、科尔瓦提族以及提维尔茨族，当然还有发兰琴人的队伍。奥列格拥有两千艘轻快船；每只船除一队骑兵外，还配备着四十个步兵。奥列格使用这种凶猛的军队而赢得了一次大胜；因此，帝国政府被迫同胜利者进行媾和。结果，两国签订了一项和约。然而涅斯脱告诉我们说，有两项条约：一项条约是907年当奥列格军队还在君士坦丁堡城下时签订的，另一项条约的日期是

912年，由奥列格的特别使团所签订的，这两项条约的关系是含糊的。907年的条约本质上是完全属于通商性质的，包括下列各款：

Ⅰ.除付赔款给一切奥列格所统治的城市之外，还应对胜利军中的每一个士兵付给赔款。

Ⅱ.每一个罗斯客人或商人到君士坦丁堡后，希腊皇帝必须供应他们面包、酒、鲜肉、鱼类和水果，为期六个月；他们也得自由进出公共浴场，并可领到归程所需的各种食品、船用绞舻锚、卷索、帆以及其他一切必需品。

希腊人虽然是失败者，但仍能要求作了若干的修正，而将修正点同样地载入条约。他们的要求如下：

Ⅰ.凡是非为经商而为其他目的住在君士坦丁堡的罗斯人，无权领取按月补助费。

Ⅱ.（俄罗斯）公爵应禁止他的臣民损害希腊地方和城市的居民。

Ⅲ.罗斯人得居住在城垣和博斯普鲁斯之间的圣马马斯区，他们必须向市政府报告他们的到达日期，向市政府登记他们的姓名于登录簿上，并按下列顺序发给他们每月补助费：基辅、彻尔尼谷夫、佩里雅斯拉夫尔及其他城市。他们并且必须由靠近帝国港口的一个城门出入，不得携带武器，而每次结队入城的人数，不得超过五十人；然后，他们可以在君士坦丁堡城内自由经商，不付任何捐税。

912年的条约是关于两个国家间的关系，但是除下列第Ⅶ和第Ⅹ两条规定以外，对贸易关系，没有特殊的意义。

> Ⅶ.如在希腊购买的奴隶中找出任何罗斯人，或在俄罗斯购买的奴隶中找出任何希腊人，这种奴隶将按商人为购买他们所付的原价，予以赎回。战俘付二十苏里德赎金后得回祖国。然而，那些自愿为皇帝服务的罗斯人，应准予留在希腊，他们愿留多少时间，就留居多少时间……
>
> Ⅹ.如在希腊境内的罗斯商人或其他的人中，发现有国内缉拿的犯人，即使其本人反对的话，基督教皇帝也须遣送其返国。关于在俄罗斯境内的希腊人，应实行同一程序。

所以，从这些俄罗斯和东方帝国间的早期通商条约中，我们可看到国际公法的发端。

奥列格不仅贯彻了一种有利的对外贸易政策，而且他的成功对俄罗斯的内政上，也发生了很重要的影响。我们已提过，第聂伯流域的商业城市曾帮助他进攻君士坦丁堡，因为他们贸易利益和奥列格计划的成功有密切的关系。现在，由于奥列格的卓越战功，使所有的这些城市都入于基辅统治者的领导之下。这不是一种强制的征服，而是一种自愿的臣服；从而把基辅提升到第一个全俄罗斯政权的地位。所以，把路列克的短命的诺夫哥罗得侯国作为俄罗斯国家的开端，那是不正确的，因为俄罗斯斯拉夫国家的政治统一的光芒不是从诺夫哥罗得而是从基辅放射出来的。而这个结果是由于共同的商业利益通过自然而和平的团结方法产生的。

另一促成斯拉夫各部族团结在基辅主权下的因素，是需要防止比瑟尼格人的侵犯。这些掠夺者盘踞在通黑海和里海的各商路上；所以俄罗斯人需要一个强有力的中央权力来阻遏他们。正是基辅如此有力地承担了这一角色，所以其他商业城市认为接受那个侯国的控制，是对己有利的事情。

现在，不仅职业商人和贩子，而且首先公爵本人都在经营商业，因为商业通过奥列格条约已在稳固基础上建立起来。由于向来是半商半兵的罗斯人，掌握政权之后没有放弃其经商性质，所以在一个长时期中，他们还是继续经营商业。事实上，他们几乎是由于必要而不得不然，因为公爵对臣民征集的贡赋都得用实物支付的。在冬季，公爵带着卫兵，从一省到另一省，征集这种贡赋，而在夏季，则以这些征集来的实物进行贸易。这些卫兵从这贡赋里领取了一部分实物，作为工资，因而他们也被卷入商业圈子里了。

皇帝君士坦丁合法继承人(905—959 年)[①]曾描写罗斯船只每年航行到希腊的情况如下：

> 他们是从诺夫哥罗得、斯摩棱斯克、琉比契、彻尔尼谷夫和维希哥罗得来到君士坦丁堡的。在罗斯人统治下的斯拉夫人——例如，克力维奇族、卢察安族及其他部族——在冬季从他们的山上砍下树木并建造船只；我们称之为“独木船”，因为它们是用一棵树干造成的。在第聂伯河不结冰的时候，斯拉夫人来到基辅，把这些船只售给罗斯人；后者从他们的旧船上

① 君士坦丁七世合法继承人的在位时期应是 913—959 年。——译者

> 取下的桡架和划桨来配备它们。在 4 月中,整个罗斯船队集合在维提奇夫,从那里船队前驶到急流。当商人们抵达第四急流处(叫做涅雅西斯提亚,那是最危险的地方)的时候,他们便把货物全部卸到岸上,牵引被牢固地锁着的全部奴隶上岸,并沿河步行走去,大约要走六千步左右。比瑟尼格人,则按照他们的惯例,在急流之外,在那叫做克拉立斯基渡头的附近,埋伏等待着(在这地点,刻索希腊人从俄罗斯回来时曾渡过第聂伯河)。击退了这些盗匪之后,他们前行到圣格列高里岛,在那里献祭他们的神;此后,他们脱离了危险,直到他们抵多瑙河的支流萨利纳河。在那里,如果偶然被暴风迫上岸的话,他们再一次须同比瑟尼格人战斗。于是,最后他们通过卡诺普、君士坦查;在渡过保加利亚的伐那和狄兹那两河口之后,他们达到麦森布利亚,第一个希腊城市。显然,他们的贸易一定是俄罗斯人的一个大财源,因为他们冒着这样多的危险,并且费了这样多的劳动;又因为他们同帝国所签订的一切和平条约,也都是为了这一目的的。

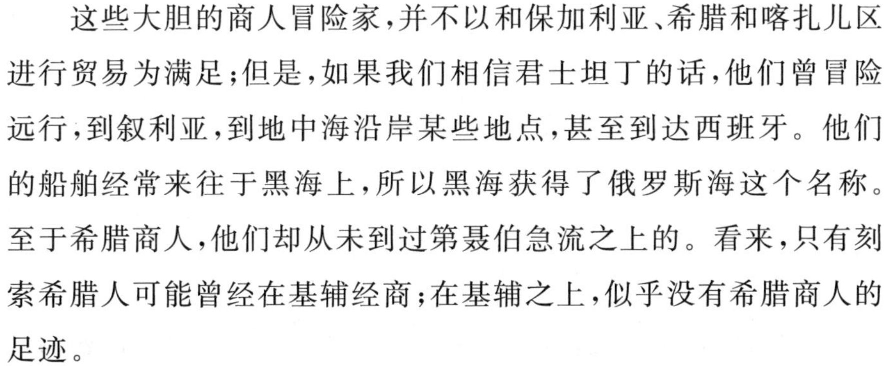

这些大胆的商人冒险家,并不以和保加利亚、希腊和喀扎儿区进行贸易为满足;但是,如果我们相信君士坦丁的话,他们曾冒险远行,到叙利亚,到地中海沿岸某些地点,甚至到达西班牙。他们的船舶经常来往于黑海上,所以黑海获得了俄罗斯海这个名称。至于希腊商人,他们却从未到过第聂伯急流之上的。看来,只有刻索希腊人可能曾经在基辅经商;在基辅之上,似乎没有希腊商人的足迹。

罗斯人在君士坦丁堡的贸易，与其说是一种现款交易，不如说是一种物物交换。他们以俄罗斯的生皮、蜂蜜、蜡、奴隶来交换丝绸和紫色衣料、豪华装饰的服装（然而，从伊哥尔条约以后，在数量上，不得超过买价五十金苏里德的限度）、麻布、皮革、黄金饰品、酒、香料和水果。

伊哥尔在继奥列格登上基辅王位之后，又进行出征帝国（在935年）。虽然他的武装部队人数很多，结果却遭受了惨败，尤其是因为遭受"希腊火炬"的攻击。为了进行复仇，凶狠的伊哥尔召集了另一支军队，而在944年发动了另一次出征。这次出征非常成功，伊哥尔获得了另一项通商条约，945年的条约；这条约进一步规定并加强了两国之间的商业关系。与这问题关系较密的规定，有下列条文：

> Ⅱ.罗斯人的大公爵及其卫兵，可自由派遣他们的搭乘使节和客人的船只进入希腊境内。客人像过去所规定的那样，应携带银印，而使节则应携带金印，但从今天起，他们还须随带一封公爵的公函，以证明他们的来意是和平的，并证明船队所包括的人数和船数。如未携带这种公函，他们将被扣留看管，直到我们把这事情通知俄罗斯公爵。在这种情况下，如果他们抗拒我们因而丧失生命，俄罗斯公爵不得归罪于我们。如果他们逃到俄罗斯，那么，我们希腊人把他们逃亡的经过通知公爵；至于如何处理他们，公爵得酌量办理。

关于俄罗斯人到君士坦丁堡后居住地点及其每月补助费的规

定，是和奥列格条约内的条文相同的。然而，也有若干附加条件，内容如下：

俄罗斯客人将由一个皇家官员随行保护；如与希腊人发生争执便由他们解决。凡俄罗斯人所购买而在数量上超过五十苏里德价值限度的所有的丝绸，必须交此官员验看，由后者在丝绸上盖印[①]。当他们离开君士坦丁堡时，将按本条约所规定，供给他们各种食品以及他们船上所需的一切东西。但是，他们不得在圣马马斯区过冬，而必须在保护之下返国……

Ⅴ.如果有罗斯人偷窃希腊人的东西，或有希腊人偷窃罗斯人的东西，这类罪犯，应按其本国法律处罚；他须归还所窃的东西，并须照它的价值加倍偿还。

Ⅵ.如果罗斯人把希腊战俘带至君士坦丁堡，他们每带来一个强壮年轻男人和女人，可领到十苏里德，带来一个四十岁的人可领取八个苏里德，带来一个老人或少年人可领取五个苏里德。如果希腊人将罗斯人购作奴隶，如属战俘他们可以领取十苏里德，如系贩买来的奴隶，所有人须宣誓声明原付的价格，然后照这一价格领款……

罗斯人对在第聂伯河口捕鱼的刻索人〔希腊人〕，不得加以损害。而且，罗斯人没有权利在第聂伯河口过冬，也不得在

① 这表面上奇特的条件可由其他证据来证实：例如，卢易特普蓝本人在获准离开君士坦丁堡之前，必须把他的行李呈验，某皇家官吏即未批准他保留某种特别贵重丝绸衣料，而偿还给了他原付的货价。提出的理由是因为“希腊人在财富和智慧方面，胜过其他民族；所以他们在服装华丽方面，也应胜过他们”(见《卢易特普蓝教使传》)。

> 比洛、贝里格[白海岸]、在圣爱特立厄斯〔现在第聂位河口的贝利赞〕过冬，而应在秋季来临时，回到他们的国家俄罗斯去。

值得注意的是：这条约提及一些过去的办法（“像过去所规定的那样”），依这些办法，客人应呈验一颗银印，使节应呈验一颗金印，以取得合法的地位。所有流传下来的条约对任何这样的办法都没有提及过。是否在《编年史》所记载的以外，还有其他条约呢？看来，根据上面的引述，至少还有一种这样的条约，而这条约的条件，已如此明确地知道，所以只要提及它，就认为已经足够。这样，我们可以作出结论说：俄罗斯和东方帝国间商业关系的发展情况和它们用条约所规定的明确关系，在程度上超过我们一向希望从保留下来的史册所可找到的消息。

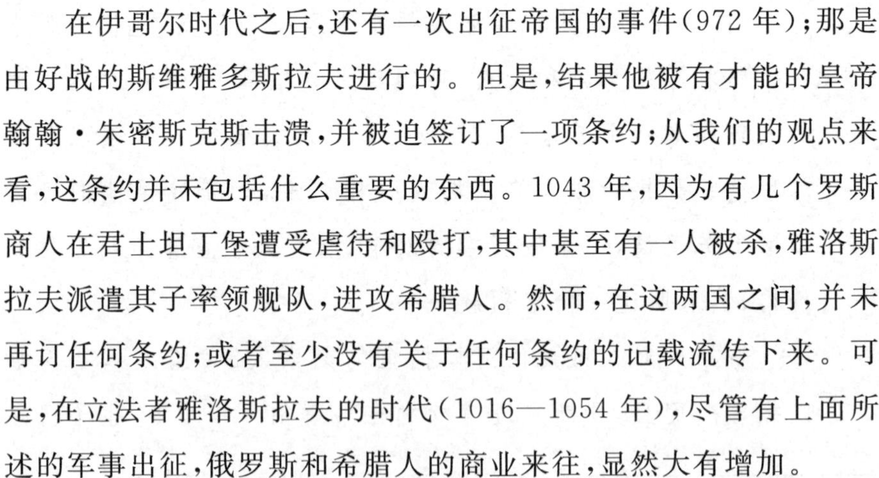

在伊哥尔时代之后，还有一次出征帝国的事件（972 年）；那是由好战的斯维雅多斯拉夫进行的。但是，结果他被有才能的皇帝翰翰·朱密斯克斯击溃，并被迫签订了一项条约；从我们的观点来看，这条约并未包括什么重要的东西。1043 年，因为有几个罗斯商人在君士坦丁堡遭受虐待和殴打，其中甚至有一人被杀，雅洛斯拉夫派遣其子率领舰队，进攻希腊人。然而，在这两国之间，并未再订任何条约；或者至少没有关于任何条约的记载流传下来。可是，在立法者雅洛斯拉夫的时代（1016—1054 年），尽管有上面所述的军事出征，俄罗斯和希腊人的商业来往，显然大有增加。

在此之后，还有几种关于通商情况的记载；它们都可作为商业活动的证明。每年有商船队从君士坦丁堡到达墓辅；这些船队对整个国家的福利和公爵的私人财源，都是如此丰富，如此重要，以致公爵惯于派遣兵士远至卡涅夫，为的要保护这些船上的名贵船货，以防止波洛夫茨之类的抢劫部族的掠夺。从基辅到黑海这一段的第聂伯河，当时俗称为“希腊通路”。除了上文说过的商品以外，俄罗斯人还扩展他们的营业活动范围；他们在陶里斯购买食盐，把它转运到苏达克(克里米亚半岛上的索尔德亚)——连同他们旧有的大宗商品——来换取丝绸衣料和东方香料。

这样，对外贸易使基辅接触了外国文明并在很大程度上提高了自己的文明。当时，货币大量地流通着。到十一世纪末期，据记载，有一个小贵族从他的斯摩棱斯克省，收到了一笔巨款，不折不扣地等于今天的十五万卢布。基辅显出了一个世界都市的性质，因为希腊人、亚美尼亚人、犹太人、日耳曼人、摩拉维亚人、威尼斯人在那里并肩杂处着。这些外国商人之所以被吸引到那里的，是因为这城市提供了极其良好的贸易条件，还因为俄罗斯人有着好客之风。麦则堡·提特马在 1018 年认为基辅确有四百座教堂和八所市场。

从雅洛斯拉夫去世到基辅灭亡(在 1169 年)为止，出现了一个混乱、内战和逐渐衰败的时期。关于这一时期的商业状况，没有特殊文献可资稽考。但可以妥当地说，尽管在这混乱的时代里，贸易还是繁盛的。

上面对俄罗斯历史的讨论，已使我们的叙述超过了拜占廷历史的范围。

在 962 到 968 年间，皇帝罗曼纳斯二世和奈斯波拉斯二世弗卡斯，对西里西亚和北叙利亚的萨拉森人，进行着几乎连绵不息的战争。这战争纯粹是侵略性的。在东方伟大哈里发国家分裂为大批软弱的总督区以后，皇帝看到机会，可以收复失去已久的，特别是叙利亚方面的领土。传统和偏见使他们闭眼不见这一事实：越过托鲁斯山脉之后，他们是在走出一条优良的军事界线，去攻取一块绝难防守的领土。因为这地区满布着设防良好的城市，所以战事必然拖长；又因为它远离供应基地，战争的消费是非常浩大的。结果是：获得一些光荣和占有安提阿（它的一部分商业希腊人已经享有），另一方面，消耗的军费一定是可怕的。

叙利亚战争是一个不必要的行动；而俄罗斯战争和扑灭保加尔人的危险的战争，则是为保卫帝国安全上所必需的。这些战争都是劳民伤财的。在前一次战争里，为弥补军事预算已不得不增收税赋；又因遭到严重的饥荒（927—932 年），事情便更加复杂化。最后，甚至采用了可耻的办法，把优良的拜占廷货币贬值。后来接着的战争（除了巴锡尔的亚美尼亚的冒险行动以外），则更为必要，但亦无法比第一次战争消耗的少。这些战争没有经费是不行的。

而且，正在这一时期，土地向一小撮大地主手里集聚的长期过程，却进行得很快，尤其是在小亚细亚方面；在那里，自由小农沦为租户，甚至农奴，而农业也衰落。柏立教授在他出版的吉本著作所附的一篇精辟论文内，描述了这项过程：

> 小农阶层的衰落，包括以下的两种原因：修道理想的影响和当时经济条件的缺陷。寺院生活的吸引力诱导了很多地主参加寺院，并以他们的土地赠给那些接受他们的寺院；或者，如果他们是十分富有的话，就建立新的寺院的或教会机构。这样，土地就移转给教会，因而这些土地的耕种，也从自耕业

主转到租户手里了。健全信贷制度的缺乏(因为不懂政治经济学)以及从而产生的商业萧条,使土地成为唯一可靠的投资资本;结果,那些拥有资本的土地所有者,便经常力求获得更多的土地。因此,他们利用各种机会来引诱左近的穷人,那些做一天吃一天毫无积蓄的人在窘迫的时候抵押或出售土地。农民这样地出售土地以后,往往成为他们自己原有土地的租户。政府对大地产的增长,是抱着不赞同的怀疑的看法的。922年,罗曼纳斯一世开始了反对大地主的运动;当时,他在规定优先购买权的法律里,禁止大土地所有者土地购买或接受小农的任何土地,除非有亲属关系。还规定:凡如此获得的土地,只在占有十年之后,才可永远成为他自己的财产。但是,几年以后,巨头碰到一个非常有利的机会,因而他们不能抗拒那利用这机会的诱惑力。在长时期中庄稼继续歉收,又遇着严寒冬季(927—932年),因此整个国家陷入大灾难状况。小农贫困万分,在饥饿线上挣扎;他们为了自己和家族购买面包,除抵押他们的小块土地给富裕邻人以外,别无办法。因为抵押土地是他们唯一可以得到放款的条件。在罗曼纳斯的时代,这些年代的饥馑构成了农民所有制历史上的一个纪元。显然,那些把自己土地抵押出去的农民,在十年期限之内,没有机会来购回他们的土地,而在十年期满之后,他们的土地将是不可购回的。小农阶层将来势必整个消灭,所从,罗曼纳斯又企图以直接立法来预防这项灾难。他在934年颁布《附律》说:在过去几年中对农民不公平的处理,应予以纠正;而在将来也不准再有同样的事情发生。后继的皇帝遵循了罗

曼纳斯的政策。他们力图阻止小农阶层的消灭，禁止富人从穷人取得村庄和农田，甚至禁止宗教机关接受土地的赠与。关于这个问题，曾公布一系列法律(947 年、959—963 年、964 年、967 年、988 年、996 年的法律)；这些法律表明：地主因为他们的利益遭受危险，对帝国的政策，曾进行过顽强的抵抗。虽然这项立法从来没有废止过，除了有关教会利益部分以外(由巴锡尔二世撤销)，虽然废止发财地主取得农民的土地这项条文，仍然是帝国的法律，但毫无疑问，这项法律等于具文，而在帝国的末期，自耕农的土地确已成为凤毛麟角。在十一世纪，小亚细亚大部已是大庄园的地区。

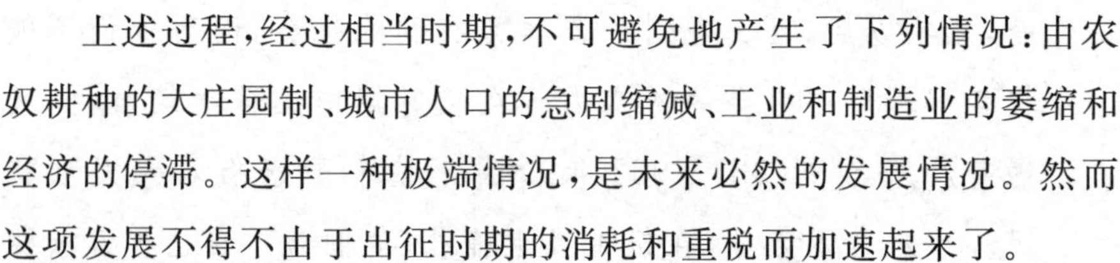

上述过程，经过相当时期，不可避免地产生了下列情况：由农奴耕种的大庄园制、城市人口的急剧缩减、工业和制造业的萎缩和经济的停滞。这样一种极端情况，是未来必然的发展情况。然而这项发展不得不由于出征时期的消耗和重税而加速起来了。

巴锡尔二世在他反时代趋势的斗争里所获得的成功，只是暂时的。当时要有一个品质非凡的和有经济观察力的人物，才能把帝国恢复到健康状态。这一情况可充分证明：国家繁荣在很大程度上已走下坡路了。而登帝位者，是无能而又放荡的查士丁尼八世。他把各省交给他的贪得无厌的宠臣，并贪婪地征集已由巴锡尔取消的赋税欠款。

但是，尽管有各种损害，拜占廷的经济磨盘(当然特别是首都，它比各省所受的损害较少)还能很好地转动；所以在那二十九年时期中(在这时期中的统治者都是从和君士坦丁的女儿们的婚姻关系而得来的皇位)社会还能够“酣睡于繁荣状态里”。这是酣睡,虽然是危险的贫血症酣睡。

只要一考查东罗马帝国的经济政策,就可看到,如上文所述,它对政治经济的愚昧无知的状态几乎令人难于置信。财政立法几乎完全基于财政的理由和国库的急需,而没有任何建设性的。其次,帝国信贷制度的缺陷,对商业必然要起不利的作用;同时如上文已述,它的危险影响也加强了大土地所有者的势力。

帝国政府的盲目性,即自满于一种“消极”性的商业和准许意大利的沿海城市,如威尼斯、阿马斐、比萨、热那亚来垄断到西欧去的运输贸易的政策,不仅剥夺了帝国臣民那原来自己可获得的利益;而且激起西欧人贪得无厌的欲望达到一种危险的程度,这一欲望由于十字军东征而激增,并注定要在1204年毁灭帝国才能求得满足。

当1081年诺曼人围困都拉索时,威尼斯人已控制亚得里亚海并对利凡得商业深感兴趣。皇帝亚历修为了获得威尼斯人的援助,把帝国内不下于三十个港口,包括君士坦丁堡本城在内的免税权利赠给威尼斯商人。无怪乎这一行动被说成是“经济癫狂”的行为。

希腊教会也须对帝国的衰败负担一部分责任。在谴责东方帝国时,在说明它毁灭的原因时,历史可公平地把很大部分的责任归于希腊寺院制度。在东方宗教史上,再也没有一章比它更令人鄙视的了。964年奈斯波拉斯·弗卡斯曾禁止建造新寺院,并讽刺地提醒僧侣们注意:寺院理想和它们的规程所教导的,是禁欲主义和贫困。这禁令不久就有明文规定了。巴锡尔二世虽曾征服过保加利亚人，但既没有勇气又没有力量来取缔寺院制度的弊端。988年奈斯波拉斯的受人反对的诏令被正式废止。在十一世纪的紧张局势时期，伊撒克·昆尼诺斯和后来他的儿子亚历修·昆尼诺斯有一时曾大胆夺取寺院的剩余财物；但是由于渎神罪和破坏圣像的呼声，他们不得不停止进行。在1158年，麦纽尔·昆尼诺斯又重申反对新寺院的诏令；结果，城市由于疯狂群众的捣毁而破碎不堪，乡村由于被僧侣煽动的一些暴怒的农民的掠夺而陷入无政府状态，他们烧毁皇室领上的田庄、仓库、干草堆和谷物。东罗马帝国在十字军前夕的情况，就是这样。

第十五章　巴格达哈里发国家和伊斯兰教的扩张*

在上面的一章里，关于东方穆罕默德教文明的历史，我们曾讲到750年巴格达的建立为止；现在再从这个时期起，接续讲到1096年十字军的开始。

巴格达哈里发国家，在它的最盛时期，领土辽阔，从阿姆河到非洲的黎波里，从阿拉伯沙漠到高加索。可是它的核心是在阿萨西德和萨萨尼波斯。埃及、里比亚、的黎波里、巴勒斯坦、叙利亚、亚美尼亚和乔治亚，都可认作藩属，因为这些地方的主要的人口既不是阿拉伯人，也不是穆罕默德教徒。这些地区可以说构成一个外围，构成西亚穆罕默德教世界和欧洲基督教世界之间的一个屏障。当然，我们将按照这项差别来叙述哈里发国家的商业和工业；然后讨论它的对外贸易。

哈里发国家的核心包括八个省(几乎每个省可称为国家)：(1)美索不达米亚，即幼发拉底和底格里斯两河流域，它的地面上“确实散盖着古代所遗留下来的瓦砾……属于巴比伦时代的碎砖……穆罕默德教还正在孩提时代所烧成蓝色的瓦片”。在这历史性的低原省内有下列主要城市：巴格达、瓦塞特、库发、巴士拉、摩苏尔

---

* 地图：锡倍德：《历史地图册》，第53，102—103页。

和勒卡。(2)阿达尔拜疆。它的主要地区是:塔布里士和阿达贝尔。(3)米太,阿拉伯人称之为阿尔·朱巴尔。那里的大城市是:柯尔曼、哈马丹、雷和伊思巴罕。(4)库昔斯丹位在阿尔·朱巴尔之南,有塔斯太和阿瓦兹两城。(5)法斯,即"古代波斯和波斯王国的摇篮",绵亘于库希斯坦之东,濒波斯湾。法斯的最重要城市是:歇拉茨、栖拉夫和雅兹德。(6)法斯的东面,即柯尔曼的一片荒芜地区,有柯尔曼和赫尔马茨两城。(7)塞斯坦省跨越沙漠,对着柯尔曼。(8)哥拉森,即"波斯的东方大省"位在塞斯坦的西北。这里有 4 个重要城市:尼沙普尔、麦尔夫、赫拉特和巴尔克。

每个省有着某种形式的地方企业——农业、纺织业和制造业,使它获得经济的重要性。下美索不达米亚以地上天堂著称;因为土质肥沃而又有很多灌溉运河。易宾·霍卡尔是一个商人,也是第八世纪中的一个旅行家和作家;他说过,那里有着多至十万条灌溉运河,其中有两万条运河可航运的。巴士拉城周围,是富饶的牧场,牧场外还绵亘着枣椰树林,这里生产的枣椰子就其重要性来说,占到哈里发国家出口物的第二位。枣椰子收获的时节,好像乡间的节日,所有邻近的农场上都是采集熟枣椰的人。有些人对捕鱼有兴趣,有些人从事于编席,还有些人在玻璃工场做工,制造那些嵌着蓝色装饰和题词的雪白玻璃灯之类的东西。在巴格达,制造出彩色玻璃和花纹玻璃,昂贵的散金框子是用这种玻璃造成的。其他出品还有:水壶、碗、杯、碟以及各式各样的玻璃瓶。上美索不达米亚的勒卡有着优良的市场,是大量贸易的中心。它是以木瓜、橄榄油、肥皂和制笔芦苇著名的。阿密德是以它的羊毛和麻织品出名,而首府摩苏尔,是以棉织品(薄棉纱布)、谷物、蜂蜜、炭、干酪、奶油、水果和咸肉闻名的。阿达尔拜疆富于水果园，并有出名的养羊牧场和葡萄园。然而，主要贸易在于马匹和牛羊和制成品，而在制成品中，有丝绸、绵羊毛衣料、麻布和羊毛。这些东西染成深红色，然后制成为腰带、起棱的被单、毛毯、地毯、椅垫和幕布。

在通过米太或阿尔·朱巴尔的哥拉森大路上，有以干酪和番红花，也以狐皮和貂皮、锡和造船著名的哈马丹。在这地区内，棉花纺成纱，然后染成蓝色；雷的条纹外套，是出名的；针、梳和大碗是为出口而制造的，后两种东西是用塔巴里斯坦森林的细纹硬木来制成的。雷还以桃子和甜瓜、干枣椰和咸肉出名。另有很多其他物品，例如，大衣、皮囊、射手用的弓、马勒、踏蹬和挂锁是从那里出口的。

库昔斯丹的土壤，特别适于种植甘蔗。在第十世纪后期，穆卡达塞写道，在他的时期，唯一出口的糖是从这个省内运来的。其次，在这个时候，阿瓦兹有着大型储栈，从内地城市来的商品，在转运到巴斯克最后出售和出口之前，堆储在那里。塔斯太周围有着园地，在那里盛产葡萄、桔子和枣椰子。本城出产世界闻名的锦缎、地毯和精致布匹。库昔斯丹的运输甚为简便，因其河流和运河均可航行船舶。还有起自巴斯克及其他附近城市而集中在阿瓦兹的陆路。

法斯省一向是以玫瑰油精出名的。易宾·霍卡尔说过，玫瑰水从这里运到印度、中国、哥拉森各地去，也运到非洲西北部、叙利亚以及埃及。棕花水、香油以及用芹菜、睡莲、水仙、素馨、桃金娘、甜薄荷、甜瓜和桔子各种花所制成的软膏，输出到东方去。此外，法斯还以出产毯子、绣品和锦缎衣料著名；这些东西是专为供苏丹使用而制造的。这些产品上织有代表苏丹的缩写花字。另外还有用金线织成的、绣花的孔雀蓝和绿色的毛织品，也是专供王室使用的。从首府歇拉茨运来的有：薄纱、锦缎和生丝原料以及制外套用的细布。波斯湾上的栖拉夫城，在商业上和巴士拉城相竞争。据说，在第十世纪，它曾是波斯的主要港口。它制造品质优良布巾和亚麻幕布。作家伊斯塔克里说过，法斯最富的商人是住在栖拉夫港口。他们用从森杰地区运来的麻栗木所建造的那些巍峨大厦便是一个证明。有一个商人甚至用了三千第那建造他的住宅。

在商业方面，柯尔曼的地位远逊于法斯，虽然当地有枣椰子输出哥拉森，靛青运销法斯，谷物运往波斯湾上的赫尔马茨。关于塞斯坦的出产，穆卡达塞只谈到枣椰子篓(Zanabel)、棕绳和芦席。库希斯坦以毯子、跪拜垫毡及棉麻织物商品著名。易宾·霍卡尔说过，哥拉森最著名的出口货是来自尼沙普尔和麦尔夫的，后者尤其是织造一切丝绸、棉布及各种幕布的地点。在那里的市场上，还可看到绵羊、骆驼和突厥奴隶；那里也制造像头巾料子、麻布、呢绒、锦缎、羊毛布、外套、细线这一类的东西。来自尼沙普尔的蓝宝石是很有名的。

为了维持这些产品的交换，阿拉伯人曾设置出一种从大商路分出来的精细道路系统。这些道路的另一目的，是为了到麦加进香的便利；但是，阿拉伯人把贸易和宗教结合得十分密切，所以对其中一项的改进便等于改进了另一项。各省中最著名的道路，是哥拉森大路。这一条路以伊拉克的巴格达为中心，向东北到赫尔文，向东到柯尔曼沙，前行到东朱巴尔的雷，越沙漠到尼沙普尔，经塔斯和麦尔夫，再经布喀拉和苏格第亚那的撒马尔罕到印度和中国边境上。上面所提的几个城市——柯尔曼、雷、尼沙普尔、麦尔夫和布喀拉——是通达其他城市的支路之交点。

关于巴格达哈里发国家的工业，柏吞写道，“各种行业在各自的首领（政府对于他们是管制不多的）之下，分为若干行会和工业集团。它们……管理各个行业，奖赏勤劳者，处罚狡诈者；正像今天我们在开罗还看得到的那样，他们有作为个人为其成员申辩的义务。”

巴格达哈里发国家的工业活动，和它的农业生产与商业企业，并驾齐驱。对于制造金属和纺织花样繁多的织品，它具有特殊的专长。各地的棉花产品以及摩苏尔、阿密德和尼西柏所制造出来的麻布，闻名于全世界。高价的红色和黄色“摩洛哥”皮革，也同样出名。巴格达城以珠宝、金银花瓶、陶器、绣品、丝绸等产品著名。东北方的斐加那输送大量生铁到巴格达来。从柯尔曼，沿着波斯湾，运来熟铁以及武器和盔甲，而这些东西有着很大需要。宝剑是从叙利亚运来的，但大马士革的宝剑在较后期才出名。现在，从所找出的遗迹来看，穆罕默德教徒在炼钢方面曾达到高度的优良技术。

关于织布业，各省有着自己的特征。在伊拉克，有很多东西，用羊毛、棉花和驼毛制造出来的。柯尔曼出产很精美的布匹、头巾料子以及边饰美丽的头巾。巴格达在织品方面变为这样出名，以致其他省份制造赝品，来冒充巴格达丝绸或棉布出售。南阿拉伯半岛，像在后来的时期那样，以锦缎、麻布和丝绸出名。在亚丁，制造并输出外套。棉花、丝绸或麻布用在缝制漂亮衣服，而羊毛和驼毛大多用于制造粗糙的外套、大衣、毯子、帷幕和被单方面。

缝制这些服装的料子总是很美观的;阿拉伯人之所以重视精巧手艺,是因为古兰经推荐它作为上帝所喜悦的事情。在这方面,东方的成就是卓越无比的。阿拉伯人对这种美观衣料的需要,起于亚洲人爱好文雅和仪表漂亮的旧风俗,起于波斯人嗜好闪闪发光的颜色、漂亮衣服和黄金色;所有这些风尚,阿拉伯人在和这些民族的接触中感染了这些喜好。这项需要的另一原因,是宫廷中奢侈风气的日增。衣服越来越昂贵,而当时还流行着那种波斯旧风俗:统治者在举行隆重典礼时,应以皇家衣袍赐给王公大臣,而这些衣袍的价值应相称于王公的官位;此外,赠给大使的礼物一般也是奇珍而又昂贵的。不仅对于哈里发本人,而且对省长和他们的女眷,也赠送礼物。为了使礼物更加珍贵,执政的哈里发把他的名衔用金线绣在或织入所赐的衣袍上。这类事情如此重要,以致设立特别店铺来办理,并委派一个最可靠的王公主管其事。库昔斯丹的一个省长设立了这类店铺达八所之多。

有钱有势的阿拉伯人,不仅穿着昂贵的服装,而且用真正的东方奢侈品来布置他们的住宅。所以,除了织造服装料子外,织机上还需出产大量帷幕和毯子之类的笨重产品。库昔斯丹的塔斯太城出产有特别艺术性的挂布和帷幕,绣着金线人物像。据说,塔斯太城曾供给麦加城卡巴庙的帷幕。

关于东方毛毯编结的历史,我们知道得很少,除了它在穆罕默德教兴起之前已经存在这一事。在第六世纪,波斯萨萨尼朝诸王已有这类毛毯,像在特息丰科斯洛厄兹王白宫里那一条毛毯那样。

然而，伊斯兰教由于严厉禁止一切偶像画片的缘故，毫无疑问使艺术的表现集中在这个特殊领域里，而又加强起来。它鼓励在毛毯编结上表现自然界的形象。这些花样以不同的形式，在不同的部族和种族里，逐渐成为常套。有些部族严格模仿它们原来的模型发展图案，另外一些部族转向纯粹几何画的形式。后一种，主要在于原来和蒙古人血统强度混杂的部族，而雅利安族则保持常套的花卉草蔓的模型，早些时候，还保持走兽形象的模型……

毛毯编结的艺术，在它传入城市之前……已在游牧部落中兴起。这种工作起初是由妇女儿童们来做的。漂泊的牧人在荒野上牧放牛羊，在帐幕下躺在空空的土地上时，欣赏着到处遍开有如毛毡的花草；这自然风景在春季的几星期中，形成了一幅奇异的镶嵌细工；但好景不长，在夏季烈日之下，它们迅即消逝，只剩下一片枯草和尘埃。这一单调的风景，没有别的景色可以调节；其他的季节中，不是满地布着干枯褐色，便是一片白雪。可是，这短暂的开花季节，在漂泊于亚洲大草原上的部族的理想里，不失为难忘的一段日子。他们渴望把这风景永远保持下去，使它在干燥风尘的日子里，在霜雪满地的日子里，也能够留在他们的周围；由于这一愿望，他们就用他们周围沙漠植物，煎出色水，染出五彩的线，装饰那些黑驼毛帐幕的粗席……

中世纪阿拉伯作家，尽东方幻想的能事，淋漓尽致地描写了波斯萨萨尼朝国王科斯洛厄兹的著名“冬毯”。“冬毯”的目的，是要使国王在严冬的几个月里忘掉满园春色的消逝。当时，他的园丁致力于编结这条毛毯，模拟春季的花坛、潺潺的溪流、纡曲的小路和青枝绿叶的树木。我们看到后来的毛毯还竭力模仿有溪流、花树、花坛和小路这一种花园图案。由此我们可略知这类毛毯的起源。城内居民像草原游牧人一样，也渴望春天的回来。他们企图使那转眼即过的妩媚季节永远存在，长驻左右不离。所以，很自然的，中世纪具有高度文明的波斯人逐渐改进了毛毯的编结艺术，直到它们成为手艺上的真正奇迹，而对后来的一切图案影响很大。这类毛毯表明了：艺术和文明同登了最高峰这一事实[①]。

制造幕帐跟着挂帷和毛毯的编结而发展起来。幕帐对东方人说是必需的，因为他们常常去麦加城旅行，而且在漫长的旅程中，他们很少宿处。幕帐可用以避日光和风雨；而且轻便而易于携带。其中有的是很奢华的。哈伦·阿尔·拉希德在旅行时所携带的幕帐，是用黑缎制成的。柱子是镀银的，环圈是黄金的，绳子是用各种颜色的羊毛或丝线编成的。幕帐的内部铺有昂贵的肩巾布。有的幕帐是圆形的，有的是方形的；穷人所常用的幕帐有一个顶和两个侧面；还有一种式样非常简单的幕帐，仅仅是一方帆布，张在两根柱子之间，作为避日光和风雨的场所。

阿拉伯人随着他们奢侈风尚的增长，逐渐注意珠玉宝石；波斯湾内有采集珍珠的地点，而波斯的山区里出产宝石。他们还使用粉刷术来装潢墙壁和屏风。马克立西告诉我们，在斯拉的有一所

① 《活的时代》杂志，1925 年 11 月 14 日。

绘图学校，还有两个住在宰相巴苏里家里的画家，他们的作品表明绘图和粉刷术已达到相当高的程度。

哈里发国家本土上这些工业的活动，大大地受到外来思想的鼓舞，而这些思想是从有交通联系的外国传入的。珍珠和宝石来自锡兰；用亚麻造纸的思想自中国传入。这种工业最早在撒马尔罕发展起来的。有一时朗，东方的麻造纸和西方的棉造纸有着很大的竞争，虽然麻造纸直到十三世纪上半期才输入欧洲。当然，在很早的时候，关于桑树和养蚕的知识，已从中国传入。桔子、柠檬、甜瓜、稻子和靛青，最初是从印度来的。

哈里发国家另一种自然产品是香水，那是用阿拉伯和波斯的香草、花朵和水果制成的。还有玫瑰油和芹菜、柳兰花、素馨和甜瓜等油。阿拉伯以产乳香和没药出名。穆罕默德教徒还以他们的蜜糖、蜜渍果脯出名。其中最基本的是农业——种植甘蔗、番红花、指甲花（专供制造化妆品的）、棉花、亚麻和桑树。棕树之所以受到重视是因为阿拉伯人把它看作上帝的一种礼物，而这种礼物只赐予信徒。这些地方的居民很喜欢种植葡萄、花草和果树的花园。他们知道怎样生产各种品种的水果、香味葡萄、形状异常的桔、梨。他们懂得怎样接枝和接芽。他们通过玫瑰和扁桃树的杂交，长出稀奇美丽的花卉。而且，他们知道怎样训练良马、饲养小鸟、鸽子和家禽。

巴格达继承了巴比伦、塞琉息亚和特息丰各古城的光荣传统。巴格达看来真像一座地上天堂：它位于阿巴斯帝国最富庶地区的中央；由底格里斯和幼发拉底两河及其无数支流很好地

> 灌溉着;四周有花园环绕着,在那里既有自然风景又有巧夺天工的设计;此外还有水陆两路与外界密切地相联系……在城中之城内住着数以千计的王公大臣;哈里发宫殿位于〔底格里斯河〕西岸,庭院宽广,寺院耸峙;周围林立着那些依靠供应宫廷奢侈品来维持的各行业街区。河东岸上,有时髦的住宅区,埃耳·马第所造的宫殿,巴米赛大族的宅邸和花园。数不清的寺院尖塔像高高的塔心草般地高插云霄。①

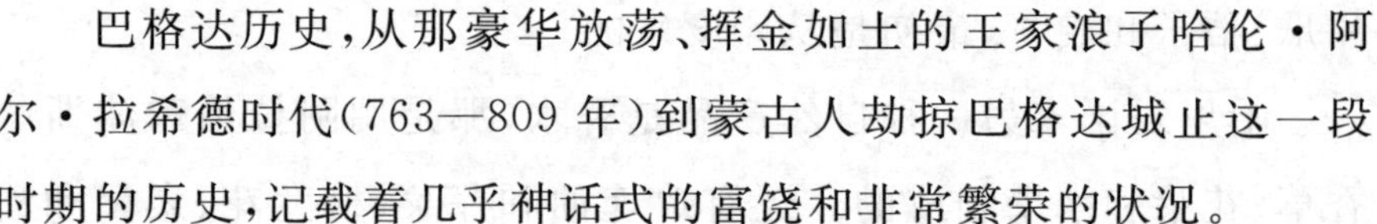
巴格达历史,从那豪华放荡、挥金如土的王家浪子哈伦·阿尔·拉希德时代(763—809 年)到蒙古人劫掠巴格达城止这一段时期的历史,记载着几乎神话式的富饶和非常繁荣的状况。

> 由哈里发亲自督察而管理良好的进贡和纳税的程序,国内河流和灌溉运河网的密布、附有栈道、桥梁、商队宿舍的公路系统以及使用乘马信使的驿站制度;这一切使它(巴格达)能够把外界的财富源源不绝地吸收进来……在铁一般的行政管理下,农业和商业,即国家繁荣的两个砥柱,必然会欣欣向荣的。由于科学的运河制度和从古代留传下来的灌溉工程,美索不达米亚平原成为"凯密",即"黑地"(埃及)的竞争者。在那里种田的人,可以很有把握地获得利润,不像那些纯粹靠天吃饭的人们,必须依靠变化无常的雨水。广大矿场的遗址证明:公共富源没有被忽视;航运法律鼓励了运输和交通;捕

① 柏吞:《天方夜谭》,第 10 章,第 167 页。

鱼的命令，旨在发展阿拉伯人的一项新的实业部门。黄金从世界各地的源源流入、豪华奢侈宫廷的存在，以及那样一个文明所需要的新艺术和新工业曾给予贸易和商业、制造业和手工业，以实质的鼓励①。

在萨第的《花园》一书里②，我们看到一幅出色的图景，描写在哈里发国家盛世一个巴格达商人的广泛兴趣。

我认识一个商人，他有一百五十头驮货的骆驼，四十个跟从的奴隶和仆人。有一天晚上，他在波斯湾凯希岛上他的住宅内招待我，我们接着谈了一整夜；他说："在土耳其斯坦，我有这样一个货栈；在印度斯坦我有那样一批货物；这个是某某大庄园的抵押契单；那个是某某个人商号的债券。"接着他说，"我想到亚历山大城去，那里的空气，对健康是有裨益的；但不能办到，因为地中海并不安静。啊，萨第，我想再作一次旅行。这个愿望实现以后，我就从此退隐，不再经商了。"我问道："什么旅行呢？"他答道，"我准备把波斯的硫磺运到中国去卖，据我所知，硫磺在那里，可以售得高价；然后我再把中国的陶器运到希腊；把希腊的或威尼斯的锦缎运到印度；再将印度的钢带到阿勒波；把阿勒波的玻璃器运到也门；然后带着也门的条纹衣料，回到波斯。此后，我将放弃国外贸易而退居于一所大商店里。"

① 柏吞：《天方夜谭》，第10章，第173—176页。

② 萨第是波斯诗人，生于1184年。《花园》(*Gulistan*)是他的最著名的作品。——译者

叙利亚和埃及一样，主要是一个基督教国家，而披着伊斯兰教文明的外衣，这一件外衣在叙利亚内地比在沿海岸要厚得多。叙利亚所感受的政治上的变迁——十世纪叙利亚在一个地方王朝统治下脱离巴格达国家而独立，十一世纪埃及法提马王朝统治它，继在 1086 年塞尔柱土耳其人推翻法提马朝统治而占有它——对它的商业繁荣，影响很少。我们必须清楚地区分东方或内地叙利亚和西方或沿海叙利亚；在沿海区叙利亚人口比较稠密，还加上了希腊人、亚美尼亚人和犹太人。在内地，主要城市有：北部的阿勒波和南部的大马士革；在沿海还有安提阿、太尔和的黎波里各重要城市。

阿勒波位于一个众山环抱灌溉充足的平原上，滨沙漠边缘；从远古以来，它就是从波斯湾到幼发拉底河的商路，和来自中亚队商路之集合点；货物都从那里转运到地中海各港口。十世纪中叶以前，阿勒波隶属于巴格达哈里发国家，但在 948 年，被一个地方王公所占夺。他的竞争者请求拜占廷干涉；因而在 961 年，在短期内它被罗马帝国占领。但甚至在帝国退出之后，拜占廷商人在阿勒波仍保有商业上的特权。在双方所签订的条约里，有一项条文规定：保护那些在阿勒波经商或偶然经过阿勒波城及其领土的希腊商人。希腊商人在阿勒波境内不受骚扰；希腊队商从希腊领土转入穆罕默德教领土后，给予充分护卫直到他们抵达阿勒波城为止。列在应课税货物表上的有黄金、白银、希腊丝、生丝、锦缎、棉布衣料、麻布、宝石、珍珠、牲口等等。从这一条约，我们可以很清楚地看出，作为商业中心的阿勒波的重要性。它是东方的一个最重要的商业中心，也是队商从小亚细亚和叙利亚到美索不达米亚、巴格达、波斯和印度的一个集合地点和在地中海和亚洲内地之间的一个停留站。阿勒波在十二世纪曾三次被毁于地震（1114、1139、1170 年），而三次重行建造；在十三世纪它曾两次被蒙古人破坏（1260、1280 年）。

大马士革比阿勒波更大，位于叙利亚灌溉最充足的平原上。的确，它是这么富饶，这么秀丽，以致初到那里的阿拉伯人看来，它几乎真像一座地上天堂。大马士革正像阿勒波一样，而且在更大的程度上，是重要商路纵横交会之处，而且从辽远的历史时代以来就是一个大商业城市。如上文所说，它是穆罕默德教政权在阿拉伯半岛以外的第一个首都；甚至在哈里发国家的首都迁到巴格达以后，大马士革还保留着它的重要地位。它很早脱离了巴格达而落入埃及手里。大马士革的钢在十字军时期驰名于全世界，但大马士革的布匹的名气也不逊色。大马士革与埃及的贸易很盛，尤其是在埃及和叙利亚联合的时期。它也有自己的聪明而又辛勤的工人。他们织造各类的丝绸；所出产的金线绣缎织造得非常好，仅次于伊斯巴罕和尼沙普尔的出品。它的蜜饯和染料也是著名的。它是为到麦加去的队商而设的主要供给站。在这一方面大马士革胜过了近东任何其他城市。

阿勒波和大马士革作为内地城市来看，是面向东方的。但安提阿和的黎波里是地中海城市。安提阿，位于风景秀美、土质肥沃的奥伦梯河平原上，它不是一个海口，但邻近海岸。它位于两条商路的交叉点上：一条是从幼发拉底河到海岸的重要商路；另一条是在黎巴嫩和安替力巴那之间广阔盆地上的商路，经过西里西亚大门而达小亚细亚。安提阿是拜占廷和伊斯兰教间争夺得最激烈的一个城市。

从638到969年的时期，安提阿是在穆斯林统治之下，从奥米耶朝经阿巴斯朝到法提马朝，直到969年皇帝奈斯波拉斯·弗卡斯克服它为止；而在1081年，正在十字军开始之前，它又落入塞尔柱土耳其人手里。在这四百年时期中，安提阿的历史，是一段衰败的历史。一次又一次的地震破坏了城市，而拜占廷和波斯间以及拜占廷和伊斯兰教间的长期战争，又使它周围的乡村遭受蹂躏，程度十分严重，使得农村居民回到半野蛮的状态。匪徒，甚至狮子，侵扰了道路，以致它和阿勒波与幼发拉底河的交通路线受到损坏。另外，必须记住：安提阿不在沿海岸，只依靠着圣西缅小港，所以它从来没有从地中海沿岸贸易获得了多大利益。

在阿拉伯占优势的整个三百年时期中，两帝国（阿拉伯和拜占廷帝国）间的和平时期是很少的，因而交通是困难的。事实上，在较早时期，是有一条宽广的备受破坏而无人占据的地带，通过阿拉伯属叙利亚和"拉谟区"即小亚细亚之间。拜占廷船只驶入罗马海的沿岸的几个协议的港口……在这些世纪中，由于安提阿的从属地位，我们不可能作出任何有关的叙述。历史家很少提及它，我们的资料大部是从阿拉伯地理家和旅行家得来，而他们所描写的是这地方的自然形势、它的贸易和物产……商业是相当活跃，也有少数新工业传入。甘蔗从波斯传入，种植于沿海岸上；在十世纪，桔子也从印度传入，桔树林种植在安提阿周围及其他城市里……纺织业在全境内都很活跃，因而阿拉伯文"安提阿"(Antakiya)这一名词，获得

> 了“被单”或“毯子”的意义。织造丝绸及其他贵重衣料的技术，已经有了高度的发展；并已能制造棉造纸，此外，在戴克里先时代已首次提到过的一所兵工厂，还继续存在……不论对阿拉伯和拜占廷文明各自的优点所抱的见解如何，几乎无可置疑，它的地位，由于一个稳定政府的建立（969年），已有所改进，因为在前些年代里这个城市曾遭到各部族的冒险家伙轮番的劫夺。然而，从人口的性质（利凡得人种族混杂，他们略知希腊文，但更熟悉阿拉伯文，他们信奉基督教，但浸沉于粗俗的迷信和圣迹的崇拜）来看，也谈不上有什么复兴的[①]。

十一世纪后期，当阿马斐和威尼斯商人开始常到圣西缅港口的时候，安提阿开始复兴。到了十字军东征的时候，安提阿又变为一个重要市场了。

太尔位于突出海面的峻峭地角上。因此，它在穆斯林统治时期较之安提阿繁荣。在它的旧工业之外，又添加了制糖业。但它的商业因有海盗的骚扰而遭受损失，直到奈斯波拉斯·弗卡斯在十世纪后半期，由于征服克里特和塞浦路斯而恢复了拜占廷海权为止。在下一世纪，阿马斐、威尼斯和比萨商人的来临，进一步帮助了太尔的复兴，而在十字军的前夕，它已是“一个风景优美、工商业兴盛而财富富足的城市”。正是在叙利亚港口，西欧人首次接触到砂糖。砂糖在出口品的地位上，几乎和丝绸相匹敌。丝绸制造业，由于获得种类繁多的染料而有所提高；紫色染料来自海里，而

① E. S. 鲍彻：《安提阿简史》。

茜草根和靛青植物则在奥伦梯河流域培植。

亚美尼亚位于美索不达米亚之北，向北延伸到高加索和黑海南岸，向西延伸到小亚细亚和希腊帝国。阿拉伯人和这一地区，有着广大的贸易。境内虽多山岭，但它的河流盆地是很肥沃的。山中出产木材和金属。养羊是一项重要行业，而贸易上对亚美尼亚羊毛的需要是很大的。像在古代那样，亚美尼亚一般通过幼发拉底河，来供应美索不达米亚的食粮。得比尔是亚美尼亚省的主要地点；它所产的大部羊毛，是在那里进行加工的。著名的紫色地毯就是用这里的羊毛制成的。这种颜色是从常见于阿拉拉特山周围的一种虫得来的。

兰恩省，即现在的乔治亚，位于亚美尼亚之东，靠近里海。它的首府是梯弗利斯。在这里，大规模地进行养蚕。这一省通过伏尔加河与里海北岸的斯拉夫居民贸易——主要是同喀扎儿人及保加尔人（他们住在喀扎儿地区之外）贸易。这些部族是独立的，但受到阿拉伯人的商业影响。他们有着几个城市和某种政治组织，从事农业，同北方和东方居民并与波罗的海区有广泛的贸易。

埃及在 866 年脱离了巴格达哈里发国家；在 969 和 1171 年之间受法提马朝的统治。从阿拉伯征服后 330 年时期中，埃及人口的混合过程进展迅速，产生像今天这样的埃及人；穆斯林占人口中的大部分。在早期良好国君的统治下，埃及的人口和商业都有所增加。

《地方志》（雅库比所著的一本地理书，约在 891 年出版）告诉我们说：在那个时期法斯塔特约占亚历山大城面积的1/3；亚历山大城是埃及最重要的商业城市；上埃及的阿士曼纳，以大规模织布厂著名，提尼斯以织布和金线绣花著名，亚历山大城、达米伊塔（达马亚特）和沙塔以锦缎和金线绸布著名，法雍以帆布著名，息乌特以毛毯著名，阿克民以草席和皮制品著名，大哈以陶器著名。在那个时期，像在古代一样，埃及的大宗出口品是谷物（麦子），主要是运往汉志去的。[①]

这新王朝的权力，在十年以内，扩充到叙利亚；现在埃及的版图从幼发拉底河和小亚细亚延伸到巴尔加[②]。这新政权的创始人，阿默德·易宾·图伦是一个贤明而又有才干的统治者。“尽管需要大量经费来支持他的宏伟计划和豪华建筑以及他的宫廷浪费，他不仅没有提高赋税，反而取消新税；他提倡农民占有土地制，用近代术语来说，即自耕农制。所以他的进款与其说是从勒索，不如说是从改进农业得来的。他给国库遗留下一万第那。”埃及所达到的富饶和繁荣程度比以前要大。然而，这种繁荣表现在商业方面的比在农业方面的多。阿拉伯人，作为农民来看，从来没有什么了不起，但作为商人来看则一向是出色的。这一事实，我们从他们农业的衰败上看得出来；阿拉伯人对农业以及农业亟需的灌溉制度的毁损，是漠不关心的。地税的减少，也可说明这一点。

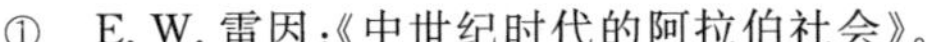

① E. W. 雷因：《中世纪时代的阿拉伯社会》。

② 巴尔加（Barca）在北非洲，位于的黎波里之东。——译者

但是，埃及这种农业的衰落，从法提马朝时代的商业和工业的大量发展，获得了部分的补偿。国家的物质财富增加得骇人听闻。有一位埃及公主，死时遗下五袋绿柱石，其他宝石不在其内，此外，她还遗下三千只银器、三万方西西里绣品、九十只水晶瓶。另有一位公主，临死留下一万二千件丝绸衣服。埃及的织品、玻璃和陶瓷品传遍全世界。福斯塔特所制的陶器的透明程度，使一个人能透过它看见自己的手。开罗和亚历山大城所织的丝绸如此细密，以致整个一件衣服可以穿过一只指戒。阿塞厄特织造头巾布，贝特尼萨制造白色呢绒，达米伊塔成为斜纹布的名称。

然而，法提马朝不能长久维持在 868 年和 969 年间所获得的优势；在这时期，埃及舰队把西西里和非洲沿岸控制在它的势力之下，甚至侵掠摩尔西班牙的沿海岸。但在此之后，埃及的商业和造船所都衰落下去。埃及和非洲各地间的联系瓦解了。叙利亚企图叛离。965 年的时疫已使埃及受到大损害。而在埃耳-哈金时代(996—1021 年)尼罗河又连续三年没有泛滥。另一灾难，是国王的疯狂行为，他的暴政竟至封闭市场和驱逐商人出境。1025 年，尼罗河又一次没有出现泛滥，所以国家在贫困和暴政的夹攻之下，走到毁灭的边缘。“公牛价格涨到每头五十第那，还必须严禁宰牛，以防灭绝。驮物骆驼很少，而作为埃及人普通食物的家禽，却连找也找不到了……老百姓由于饥饿而生病以至死亡，壮者变为盗匪，抢劫队商，甚至朝拜圣地者；道路上盗贼充斥……国库空虚，赋税拖欠，奴隶暴动。”①

① E. W. 雷因：《中世纪时代的阿拉伯社会》。

后来，埃及从虐政和天灾里获得了转机。1046 年，有一个旅行家，在埃及看到繁荣和安宁景象。有魄力的宰相厄尔-雅苏里（1050—1058 年）大胆采用了改进农业的措施：他禁止小麦的投机交易，取缔高利贷者的可恶行为，即买进谷物青苗与屯货居奇勾当。不幸，这些措施遭受阻碍；1050 年，尼罗河的汛信又未至，而时疫和饥馑还接踵而来。1055 年埃及政府曾企图从克里米亚购买二百万蒲式耳谷物，但拜占廷政府坚持要和埃及签订攻守同盟来反对巴格达哈里发国家作为一项条件，因此，这计划作为罢论。这正是塞尔柱土耳其人在巴格达得势（1058 年）的时期，也是十字军东征的前夕。但是，更大的灾难，方兴未艾。在七年的长久时期中（1065—1072 年），尼罗河没有出现过一次泛滥。于是，1025 年的混乱局势重演起来，并延续了好多年。土耳其和黑人队伍喧变起来，它们的散兵参加了普通股匪；沙漠中的贝督英人又来侵扰边境。开罗和福斯塔特的接济被割断。水坝坍倒或被破坏。饥馑到处流行。乡村中已看不见一头家畜。在哈里发可容万匹马的厩舍里，只剩三匹马了。街上行人时遭暗杀而被吃去；人肉甚至公开出售。连最富的富翁也变为穷汉；他们出售珠宝、家具、房屋以换取食物。当时有三个总督充当浴室堂倌。宅邸和宫殿遭受洗劫；所有珠宝、器皿、丝绸、家具、货币都永远散失。藏书十万卷以上的王家图书馆被毁，而这图书馆是代表伊斯兰世界的智慧的。这项损失，仅次于第五世纪亚历山大图书馆被毁的损失。埃及居民纷纷流亡出境，那些最富的家族都迁往巴格达。

最后，在 1073 年，尼罗河回复了惯常的泛滥，因此得到了一次丰收。哈里发因为被土耳其人卫兵逼得走投无路，召来了一个前

亚美尼亚奴隶并委派他为宰相。这个人在叙利亚战争中已升登高位，并以敌对土耳其的压迫而出名。他恢复埃及的法律和秩序，修建水坝和公路，于是开始征讨黑人和沙漠部族（1076 年）。"农夫在他的强大、公平和仁慈的统治下，不久就享受到好多年来未曾有过的安全和繁荣。1090 年的一个赋税报告里指出：埃及和叙利亚的税收，从通常的二百万或至多二百八十万增加到三百一十万第那。"所以，当十字军开始东征的时候，埃及在政治上是有力量的，而在经济上是繁荣的。隶属于埃及这样长久的叙利亚，初被塞尔柱土耳其人占领，后被十字军占领。这项损失，对埃及来说，实在是"塞翁失马"。

当美索不达米亚的巴格达和埃及的开罗是穆罕默德教世界的商业首都的时候，正像有关伊斯兰教早期扩展的一章里所提及的那样，商业的企业曾把阿拉伯人带到天涯海角去。阿拉伯人在他们征服的过程中，接触到希腊、罗马世界的地理论文；这些论文激起了他们对地理发现和商业冒险两方面的兴趣。阿拉伯人的地理著作是中世纪文学的一个重要部门。但是，更可奇怪的，是阿拉伯人竟然和古代希腊人或诺曼人一样容易地熟练了航海事业。过去阿拉伯航海家还编写了关于红海和非洲、阿拉伯半岛、波斯、印度海岸的许多引水手册。

> 随着伊斯兰教的兴起，出现了一类新的探险家……他们寻找新的商业航路。现在，我们所要讲的，就是关于这批探险家及其商业冒险活动的奇异成绩。在海上主人翁甚至陆上主人翁中，所有曾经指挥各民族命运的海陆军优势，再也没有像

> 阿拉伯人的优势那样，在地理探险领域中，如此遍布着的。全世界就是他们所探险的全世界。他们的船只远涉重洋来寻找新航路，甚至像他们的哈里发在陆地上开辟新通路一样；而他们所有这些活动的根源，在于闪族的商业本能……伊斯兰教的宝剑威力，只是为奴隶主和商人打通道路来跟随着走而已……在世界上，再也没有比阿拉伯人在亚洲、非洲和西欧迅速展开的征服，更可令人惊异的事件了。甚至在英语中，至今还存在着阿拉伯海员所使用的航海名词。我们的“海军司令”（“Admiral”）这一字，除了阿拉伯字“海上司令”“Al-mir-ul-bahr”的来源以外，或者我们的“船舶”（“Barge”）这一字，除了阿拉伯字“战舰”（“Barija”）的来源外，还有什么来源呢？[①]

下面我们将开始综述穆罕默德教在北非领地的状况。

第十世纪，法提马朝在占得北非沿海岸上优势之后，再向西推进，而到了公元991年，所有北非沿岸，远至摩洛哥止，都并入他们的版图。在进行征服的时候，西方的阿拉伯领土，包括北非海岸和西班牙在内，叫做“马格勒布”或“西方”。后来，“马格勒布”这一名词，用以指现在的阿尔及利亚和摩洛哥；而“伊夫力基亚”用以称突尼斯和的黎波里。为了方便起见，非洲领土可分成为：（一）非洲本部，包括阿尔及利亚、突尼斯和的黎波里，直到塞替斯；（二）摩里得尼亚，包括费兹和摩洛哥两省；（三）内地。

在这里，和在别处一样，商业是尾随宗教而到的，因而非洲能

① 霍耳狄奇：《印度的大门》。

恢复它古代的繁荣状态。内地是一片炎热的沙漠，但沿海地区是肥沃的。牲口饲养业到处兴盛，因而埃及从这一地区，每年获得大量羊、马和牛。巴尔加输出小麦。再向西并在亚特拉斯山脉之北，位着伊斯兰教的最富饶地区之一。农业伸展到辽远的南方，上至亚特拉斯山脉雪水所灌入的河流盆地。农田通常种植着甘蔗和棉花，到处都种植枣椰子；在这地区内，用力少而出产多。山岭出产木材，还蕴藏着银、铁、铜各矿。阿拉伯人比伽太基人更懂得怎样利用这地区；后者因为在那里找不出矿苗，曾往西班牙去寻找贵金属。

到了第九世纪，非洲的穆罕默德教徒，因占有西西里、撒地尼亚、科西嘉各岛，也已成为一个重要的经商民族；他们发展了海权，并希望使地中海成为穆罕默德教的内湖。跟着，发生了他们和意大利与南法沿海城市之间的激烈战争；在阿马斐、比萨、热那亚各城舰队的兴起之前，在诺曼人逐出阿拉伯于西西里（1060—1090年）之前，优势属于穆罕默德教徒方面。非洲沿岸上的突尼斯、波那、布吉亚、奥伦、修达和丹吉尔各港口，有着相当大的进出口贸易。这些港口，是非洲产品的仓库，也是转运到西欧去的亚洲商品之集散地点。在这里，叙利亚和埃及商船以它们的船货交换西班牙和西西里商船的船货。伊伯里安半岛被卷入阿拉伯文明和商业圈内，而摩洛哥是深切感受到这项密切关系的好处的。它的首都费兹，对那些从西班牙放逐出来的人们，提供了避难所。这批难民把塞维尔和哥尔多华的各种工业技术传入这里，其中包括把羊毛和马革染成红色和黄色的技术；因而费兹成为很兴盛的皮革市场。那叫做“费兹”的无边红色帽子，就是在这里起源的。费兹的染色、肥皂和香油是闻名的，它的金属器也同样闻名的。

在以后几百年中，由于政府统治的稳固，很少发生战争，因而在非洲和意大利与南法城市之间存在着互相友好的关系。柏柏尔人需要欧洲的很多产品，而欧洲国家也是他们很多剩余产物的销售市场。所以，通商条约，对双方都是有利的；南法或意大利城市，时常同北非和西班牙的统治者，缔结了这类的条约。

> 海盗行为，在非洲国家所订的通商条约里，一向是明文禁止的；然而，海盗行为照旧继续着，而基督徒所干的最为顽强。希腊人、撒地尼亚人、马尔他人和热那亚人，像条约本身所证明那样，是海盗帮会中的最最坏的家伙。在十字军的刺激下，商业的增加引诱了这种冒险行为①。

在 893 和 911 年之间，非洲各省脱离埃及统治，像埃及本身曾脱离巴格达的统治那样；它们组成了独立国家——巴尔加、的黎波里、突尼斯（开温）和马格勒布（阿尔及利亚和摩洛哥）。古代努米底亚人、摩尔人和柏柏尔人是剽悍成性而不受羁绊的。甚至他们的宗教，虽然在形式上还是伊斯兰教，但实际上已脱离了正宗的穆罕默德教。从来没有过一个哈里发，有足够力量来统治这整个区域的。其中以开温为最强。

开温位于撒哈拉大沙漠的边缘上，那时住在沙漠边缘上的人口比今天要密，所有的绿洲比现在还多。阿拉伯历史家易宾·卡

① 兰·蒲尔：《巴巴利海盗船》，第 7 页。

尔顿的著作是“在阿拉伯文学中独一无二的历史杰作”；书中记载说：在穆罕默德教征服的时期中，“茫无边际的丛林，散布在的黎波里和丹吉尔之间的广阔地区上，在它的荫影之下，兴起了互相接连着的小村落。”但今天，这块土地已变为没有树木、几乎没有青草的平原，在那里常可看到，古罗马油坊的残破遗址，而现有人口不到从前它所能维持的人口的1/10了。

阿拉伯宗教和商业影响之从东海海岸渗入非洲的中心，是很缓慢的。但是，这些影响从地中海渗入时却并不缓慢。我们有理由可以相信：伽太基曾同撒哈拉沙漠的黑人地区和奈格耳河区，建立贸易联系。但我们不能断定：伽太基商人曾否越过沙漠到那里；这些商人是不是来自乍德湖地区的本地人；努米底亚人和柏柏尔人是不是中间商人。据布尼克人的传说，有过一个叫做加拉曼德的部族，带了一些驮着东西的公牛，穿过了撒哈拉大沙漠；我们还有公元第二世纪的一段罗马铭文，指出碎金、象牙和鸵鸟羽毛从中非洲输入了罗马属非洲省。但是，我们关于撒哈拉和苏丹历史的真正知识，是从阿拉伯对的黎波里、突尼斯和马格勒布的征服以及骆驼的来到开始的。

阿拉伯人在征服地中海沿岸后不久，就开始伸入沙漠腹地。斐赞王国[①]是在徙志节后五十年内征服的。我们有确实的资料知道：斐赞人在第九世纪后期，和科华进行贸易；不久商路从科华延长到乍德湖。但是开温因有过通突尼斯与波那达地中海的出路很快在乍德湖商路上和的黎波里相竞争，而且，在第九世纪末期前，

① 斐赞王国，在北非的黎波里之南。——译者

还在更西的地方，开辟了一条新路，穿过撒哈拉沙漠达奈格耳河弯曲处的桑盖。

开温成为阿拉伯人军事、宗教和商业扩展的主要基地；他们深入并穿过撒哈拉沙漠，和中苏丹人有了接触。这项成就，按重要性说，堪与诺曼人把北欧国家提到历史舞台上之功绩相提并论。阿拉伯人第一次把中非洲（苏丹）和地中海与欧洲取得密切联系。只要记起：撒哈拉沙漠连同它的火热的沙土、山脉、多石高原和分散绿洲在内，按面积比美国还要大这一事实，我们就可领会这项功绩的伟大性。我们看到：在第十世纪，另有一条跨越沙漠的道路，即“西方大路”，从摩洛哥经奥杜卡斯特达廷巴克图。这样，就有三条穿过撒哈拉的贸易动脉了。东方和西方两条路标志着沙漠的最狭部分，因为在每一条路上，那肥沃的沿海地像长舌般地伸入这干燥地带内。但那从开温起点的中间一条路是很长的。这些商路的路线，几百年来都是由绿洲和水井的位置来决定的。甚至战争也没有把它们抹去。在绿洲上，有着商队寄宿所，同时也有休息所和储藏所。这些沙漠大路的长度真使人吃惊：约有一千五百哩、一千八百哩和二千哩。货物从乍德湖或廷巴克图运到海岸上，需时九个月。贸易的项目包括：奴隶、碎金、树胶、兽皮、象牙、天然碱、鸵鸟羽毛（使突尼斯奇怪的是有一次竟运来一头长颈鹿），用这些商品来交换食盐、枣椰子、珊瑚、丝绸、香料和砂糖。在十字军东征时期，还有由阿拉伯商人从巴勒斯坦运来的铠甲衬衫转运到苏丹去。

必须清楚知道：苏丹过去不是，现在也不是沙漠地。苏丹的气候分为两个季节：七个月的干季和五个月的湿季。在湿季里，下降

的雨量充沛，注入当地的河流：奈格耳河、巴勒加扎尔河、沙立河和塞内加尔河。在这广大无边的地面上，黑人和似黑人的居民，那时和现在一样，也不同于住在更南的较低级的种族。豪萨族人①住在用泥墙围绕的市镇里；他们基本上是牧人；他们的工业，是基于牧养牲口和山羊业的，例如，硝皮和制革业（为了这项目的，他们使用一种本地产的植物红染料）。他们也织造一种粗糙而优美的布匹，用本地产的靛青来染色，在的黎波里、费兹、突尼斯和开温各市场上出售。"当穆罕默德教商人约在公元1000年来到苏丹时，他们看到一种井井有条的商业制度"——豪萨文化——阿拉伯人把自己的文化盖在豪萨文化的上面。"自从有历史记载的任何时期起，苏丹的北方一带已由比似黑人较高级的种族所占据着。当阿拉伯人在公元第八和第九世纪，经由西方路线，第一次达到黑人区的时候，他们看到加那黑人国王正是在他们的极盛时期。"②

阿波的·哈金死于870年；他是第一个提及"黑人区"的穆罕默德教作家，但是他没有关于黑人区的知识。约在一百年以后，旅行家和地理学家易宾·霍卡尔，关于黑人区还是知道得很少；这足以证明：阿拉伯人的渗入那里是在公元1000年以后。

> 易宾·霍卡尔死于968年。他逝世一百年之后，在1067年，有人写出了一本书，书中的描写生动，和易宾·霍卡尔的枯燥描写形成了一个鲜明的对照。书名一般译作《道路和王国》。

---

① 豪萨(Hausa)族，住在尼日利亚北部的似黑人种族之一。——译者

② 卢加德女士：《一个热带属国》，第84页。

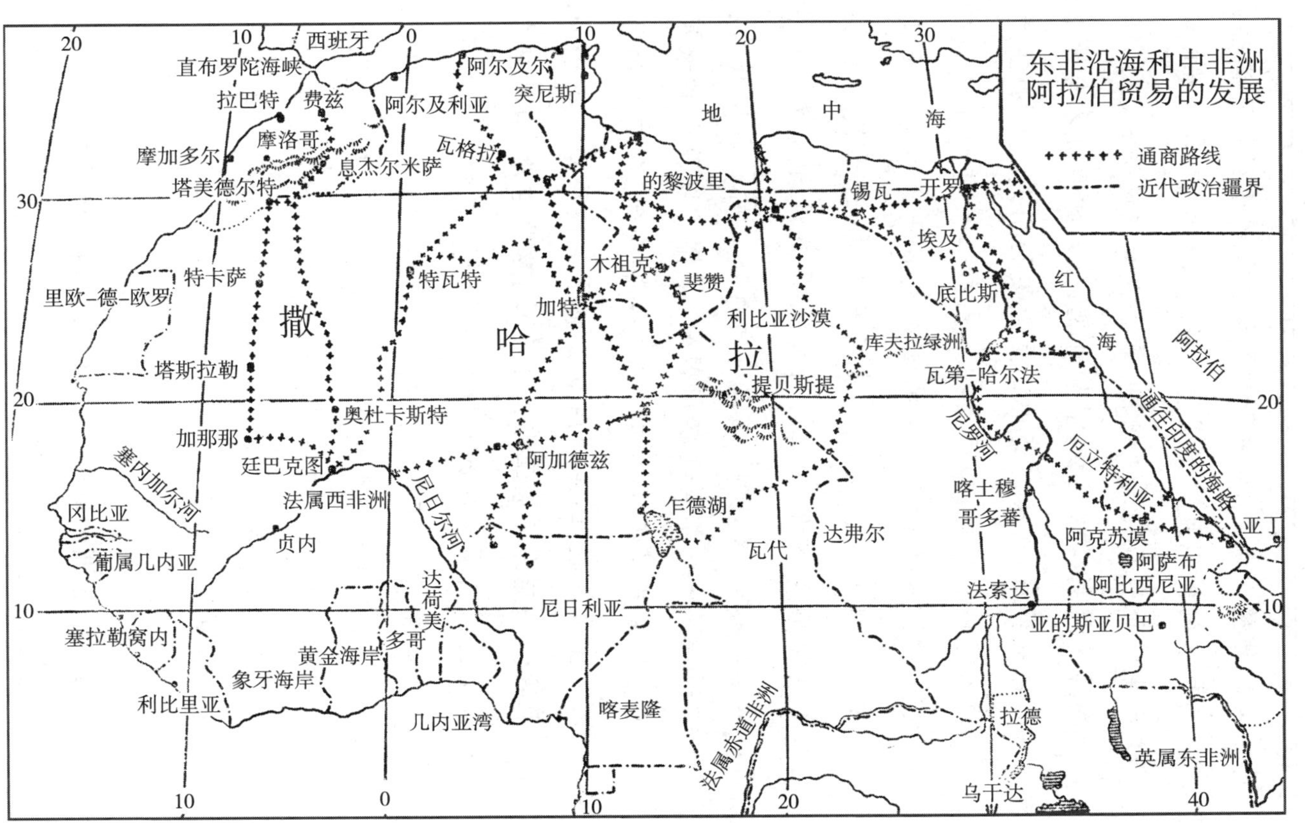
东非沿海和中非洲
阿拉伯贸易的发展
通商路线
近代政治疆界
西班牙
直布罗陀海峡
拉巴特
费兹
摩洛哥
摩加多尔
塔美德尔特
息杰尔米萨
阿尔及尔
突尼斯
阿尔及利亚
瓦格拉
的黎波里
地
中
海
锡瓦—开罗
埃及
底比斯
红
海
阿拉伯
特卡萨
里欧-德-欧罗
撒
哈
拉
特瓦特
木祖克
斐赞
加特
利比亚沙漠
库夫拉绿洲
瓦第-哈尔法
提贝斯提
塔斯拉勒
奥杜卡斯特
加那那
廷巴克图
阿加德兹
尼罗河
通往印度的海路
厄立特利亚
喀土穆
哥多蕃
亚丁
塞内加尔河
冈比亚
葡属几内亚
法属西非洲
贞内
尼日尔河
乍德湖
瓦代
达弗尔
阿克苏谟
阿萨布
阿比西尼亚
法索达
达荷美
多哥
尼日利亚
亚的斯亚贝巴
塞拉勒窝内
黄金海岸
象牙海岸
利比里亚
几内亚湾
喀麦隆
法属赤道非洲
拉德
英属东非洲
乌干达

他叙述整个北非，但关于“黑人区”，叙述得特别详细；所记载的直接的知识足以指明和苏丹交接的发展……埃耳·贝克里出生的正确日期是可疑的，最有权威的说法是在1028年……埃耳·贝克里的记载，显然可见：苏丹和西班牙与地中海沿岸国家的贸易，在长时期内都是重要得引起人们的注意和兴趣的……塔非勒特，即阿拉伯人所知道的并经常说及的“息杰尔米萨”，是在到苏丹去的道路上离开摩洛哥肥沃领土的最后一个站……据埃耳·贝克里所说，这市镇是在公元757年建造的。他说，它位于平原上几条溪流的交接点上，在那里，土壤充满着食盐，而且非常肥沃。居民种植谷物，其中有“中国麦”……那里还盛产葡萄、枣椰子以及各种水果，此外，它还以制造葡萄干出名。有着一种金币，很奇特的是息杰尔米萨金币的收付，是按照数量而不是按照重量的……息杰尔米萨……是许多条道路的汇合处：这些道路，有的来自瓦吉伦以及巴巴利国家内苏丹贸易的市场所在的其他地点；也有来自摩洛哥、特伦坎和沿海岸的。这市镇由于有着这些道路的交通线，成为到沙漠去的最西入口处。在“黑人区”，从息杰尔米萨到加那止，需要约两个月的跋涉，来横过实际上渺无人烟的沙漠……他说，没有市镇……除了距息杰尔米萨有五天路程的瓦德·特拉①。

在渗入中非洲的同时，阿拉伯人也沿东海岸经由海路，从大陆

① 卢加德女士：《一个热带属国》，第16—17页。

的海湾，扩展他们的势力直到哥连德角（南纬 24 度 4 分）。红海与波斯湾都是入印度洋的出口；它们成为这项扩展的基地。波斯湾内的巴林群岛以及那些引入红海的亚丁岛与湾内的索哥德拉岛都是路上的重要海军和商业站。马加多克索、布拉瓦、索发拉、最重要的启尔窝（就是，后来葡萄牙的魁罗阿）、蒙巴萨、彭巴、马飞阿、哥摩罗以及莫三鼻给都因此而建造的。贸易的项目是：奴隶、碎金、象牙、树胶、龙涎香。阿拉伯人向内地推进到多少深，是一个可疑的事件。有些作家把建造罗得西亚的神秘遗迹，归功于阿拉伯人。马达加斯加是否由阿拉伯人发现，也是一个问题。在那里，找不出什么中世纪居留地的证据。莫三鼻给海峡的激流及哥连德角外的可怕波浪，也许阻止了阿拉伯航海家这样远距离地出海航行。

阿拉伯人伸入亚洲大陆和伸入非洲一样，从陆路（中亚细亚和印度）也由海路进行；他们的双重热忱，宗教的和商业的，引导他们几乎到天涯海角去。

我们将先叙述阿拉伯人由陆路伸入中亚细亚的历史，而后再描写他们由海路向远东的扩展。上文已说过，阿拉伯人在征服波斯与叙利亚以及建立巴格达哈里发国家时，已控制横贯亚洲的大商路，而这商路的最初历史在古代已经散失。早在亚历山大大帝时代，通印度的产棉区和中国的产丝地之道路，已经开辟。这一条路以美索不达米亚为起点，越环绕西波斯的崇山峻岭——海拔五千呎——经雷、尼沙普尔、麦什特以及麦尔夫的富庶绿洲、布喀拉、撒马尔罕，达喀什噶尔；最后两地在 711 和 714 年由伊斯兰教征服的。这一地区在中世纪比在今天灌溉得好些。从第八到十五世纪，这些地区是在阿拉伯统治下的繁荣都市。它们的衰败是从帖木儿时期开始的。

从麦尔夫或撒马尔罕起，这条商路就分成两条了，干路通往中国，支路折向东南往巴尔克和喀布尔，续往印度去。在撒马尔罕和喀什噶尔间，这条世界上最长的商路穿越两座大山脉而后进入“天朝帝国”，沿和阗（当时富庶的地区，而现在一片沙漠）的南边，缘喀拉科陇山脉的峭壁而行，经喀什噶尔与和阗（城）而达肃州，即中国的极西城市，从那里起黄河流域流入了中国中心地带①。

中国在第七世纪时期，正在极盛时代，由于627年登极的唐太宗皇帝的宽大而又有野心的政策，它和西方的关系，比历史上任何以前的时期更为密切。他的首都长安开放给景教徒和穆罕默德教徒。基督教于634年由一个景教徒传入了中国；638年第一所基督教会在中国建造起来。使节源源不绝地从印度、尼泊尔、波斯和拜占廷来到中国；因为在波斯和拜占廷两个敌对国家间的最后搏斗中，双方都曾向天朝皇帝乞援。最后，哈里发奥玛和哈里发鄂斯曼也派使节到中国来。

萨拉森人善于利用中亚细亚的政治局势来扩展他们的版图。在瓦利德统治时代（705—715年）：

> 在德兰索西阿那，住着伊朗人和白匈奴人（嚈哒人）的混合种，他们也被突厥人征服……在库太巴的征伐时期，在德兰索西阿那，出现了穷人对富人的反叛运动。萨拉森征服者，极

① 从中国到西方，有着三条路线：(1)西北路线，(2)经过西藏的路线，(3)经过肃州或四川和云南的路线。第一条路线，由于游牧族的抢劫，是危险的；第二条路线，由于需越过高原及无数山岭，是困难的；第三条路线是最安全又最便利。

其巧妙地利用了这两派的分裂……征服法加那所费的力量比征服索格狄亚那要多。这里，萨拉森人和西藏佛教徒相接触，后者新近反叛了中国的皇帝。这些西藏人的队伍越过了南部大山路，来在阿姆河和查克萨提地区掠夺。他们和萨拉森人结成友谊关系，而萨克逊人也在喀什噶尔侦察形势。对萨拉森人来说，控制中国的南部大门是很重要的，因为这能扼守住一条由东方到西方的新商路。但是那将夺去突厥人的买卖，因为突厥人以前已是中国和西亚间的中间商人，控制着北方大门，并阻止任何别人来控制南方大门。因此，突厥汗遂进行干涉[①]。

但是，在这突厥人抵抗的背后，还有中国政府；它决心不让穆罕默德教部族窜扰中国西部省区，像他们涌入波斯、埃及和叙利亚那样。可是，中国不能关闭西方门户。到第八世纪中期，穆斯林商人和传教师从德兰索西阿那、布喀拉和撒马尔罕，大批流入中国西部诸省。到742年时，陕西省会建起了一所伊斯兰教寺院。

但是，进入远东的真正"大门"不是在陆地上，而是在海上。像前面一章里所谈到的那样，波斯和中国间商业关系早已存在；在巴士拉港口，常见从中国经过马六甲海峡、锡兰和印度的马拉巴沿海而来的帆船。但是，如果中国帆船能冒险航行这么长距离的海路，阿拉伯帆船当然也能这样航行的。

在阿拉伯海岸上，有着一种出海的商人；从古代以来，这

① 吉本：《罗马帝国衰亡史》，柏立版，第5卷，第414页。

种商人已经熟悉印度西岸的港口。阿拉伯商人从波斯湾内的西拉夫和赫摩兹开船，沿海而行，达印度河口，再前行抵萨皮拉和卡贝；要不然的话，他们甚至从他们在奥曼的加尔哈特和库拉雅特的港口，大胆直航到科利库特及其他马拉巴海岸各港口①。

他们沿马拉巴海岸航行到锡兰，从那里他们横渡孟加拉海湾达马来群岛，并在安达曼群岛、新加坡、婆罗洲、爪哇、苏门答腊及中国建立了殖民地。

我们有理由相信：早在公元300年时，阿拉伯商人已在广州建立居留地。到了第五世纪就肯定有了，而在第八世纪，这个包括阿拉伯人和穆罕默德教化的波斯人和犹太人的团体是庞大而重要的。700年时，广州对外商开放，在外商中阿拉伯人一定是首领。758年时，阿拉伯人和当地叛徒联合一起，烧毁了城市。在795年的中国革命之后②，他们主要通过坎富港即现代的杭州③，进行贸易；但为谨慎起见，把他们的主要基地移往马来半岛的喀拉。

在九、十、十一和十二世纪的整个四百年中，坎富的阿拉伯殖民地和中国人间的政治关系，除了将近第九世纪末期一度微有裂痕外，继续保持着和睦状态。在第九世纪中，阿拉伯在东方的贸易

---

① 罗灵逊：《帕提亚帝国》。

② 指黄巢起义。按黄巢起义的爆发是在875年，不是在795年。原文误。——译者

③ 按关于坎富之位置，有两说：一说，是在广东广州，一说是在浙江杭州。孰是孰非，迄无定论（参阅桑原骘藏：《中国阿拉伯海上交通史》，冯仪译，商务印书馆1929年版，第16页）。——译者

达到了它发展的最高峰。关于这方面，商人索来曼提供了最好的证据。从这个商人的记载里，我们可获得关于中国情况和贸易性质的很多消息。索来曼清楚地指出了一个事实：中国内地贸易和商业在这些年代里是很安全的。他说，除了在国内从每个人按照他所有的财产课税外，并不从土地征收什么税；阿拉伯人及其他外人的纳税，和本地人相同。在中国境内，内地来往是不禁止的，但在严密监督之下的。凡是要从一省旅行到另一省的人必须取得护照；护照上注明旅行者所要走的路线，详载他本人及其他随从者的情况，并标出他的职业和所携带的现款数额。由于这种精细的办法，商人或旅客的人身和贸易受到了保护；毫无疑问，那是有助于东方和其他国家间的商业关系的。而且，穆斯林人在中国是受皇帝所委派的一个"番长"即法官的管辖，而这法官的权力很大。关税章程，虽然严格，但公平而又宽大。当商人的货物到达中国之后，货物立即提到货栈内并在那里保藏六个月。其时，对每种商品课以 3% 到 30% 的税，其余的货物概还给所有人。皇帝一向是保留优先购买权的，但是他付给"最高的代价"，所以"交易立即办好，没有丝毫不公平之处"。在索来曼的时期，广州的穆斯林居留地的重要性，可从下一事实来判断："中国当局委派一个穆斯林人负责维持他的教友间的秩序并执行伊斯兰教的法律。在斋戒日子里，他念祷告词，背诵古兰经，并为哈里发祝福。"然而，在 875 年，在中国发生了一次叛乱，商业关系因此大受阻碍。当中国皇帝恢复了政权之后，地方官吏仍横行不法；由于这种事态的结果，阿拉伯人把他们的总部迁往喀拉。这里，他们运入印度支那的产品，像樟脑、丁香、沉香、苏木、檀香、椰子、豆蔻这一类。在这一世纪里，输

入中国的主要商品，据索来曼所说，是：铁、乳香、黄铜、龟贝、樟脑和犀牛骨。

在以后的五世纪中，我们看到很多关于阿拉伯人和中国人间关系的记载。在十四世纪，易宾·巴托塔详述：他在中国的极东部分，会见了他的一个少年朋友；这朋友出生于广州而是做生意的。

与此同时，阿拉伯商人也由陆路到达印度。我们看看亚洲地图，就可知道：曾由英国统治过的俾路支斯坦是波斯和印度间一个联系的环节。这海岸的沿海贸易，也许比陆上的队商贸易要早，但是水陆两路的贸易都是在古代亚述与波斯时代开始的。在上古和中古时代，这块领土，正确地说，它的沿海地带，叫做马克兰，而它的内地被称为塞斯坦。这一条从波斯到印度的陆路在穆罕默德教历史的早期，已经开辟。因为商业的推进在公元 712 年历史性的入侵印度之前，一定已经存在。阿拉伯商人云集在马克兰，那里有着良好道路、良好旅舍。河流是用小船搭成桥梁来摆渡的。在同一时期，阿拉伯和叙利亚侨民也居住在塞斯坦。我们可看到：它的古都扎林治的遗迹，散布的面积很广。在平原上，密布着一片雪白的棉花；遍地盛开着紫红的罂花。山侧铺设阶石，直到山岭；而现在已经消失的运河灌溉网，当时是从山上分配水流的。“有着数不清的运河，并经常有着风和风车。”塞斯坦的贸易能够找得通路；不是通过沿海道路，便是经过横断陆路；这陆路，虽多困难但可通行，向西北延伸到波斯的麦什特为止。

今天，几乎所有关于这当年的伟大文明的遗迹，都已不可复见。它的破坏，与其说由于战争(虽然葡萄牙人和土耳其人曾干过破坏工作)，不如说由于后来季节风向的奇怪转移；这转移使这一

地区丧失了从印度洋吹来的雨水，使它陷入半干燥状态，即使不是真的沙漠地①。

值得注意的是：关于穆罕默德教权力在亚洲这种大扩张，阿拉伯地理学家提供了大量原始资料，可资稽考。第一，他们有着引水手册、旅行记、战役记、商人和朝拜圣地者的记载。第二，他们引用了埃及人、科普特人、希腊人和波斯人的资料。而且，航海家本身也从过去文明中汲取了很多关于航海的知识。地理学家伊德里西写道，“船主常常坐在船尾楼上，装备着很多有用仪器的船只的船尾”——这些仪器中间一定有观象仪、测深锤、也许还有罗盘针。

穆罕默德教的旅行家和地理学家写了大量著作，叙述阿拉伯人同印度、非洲和中国所进行的贸易情况。《辛德巴德史话》是根据《两个穆斯林旅行家》的游记和类似的记载，例如米萨·阿尔·杜拉夫（他于942年到中国）的记载，编写而成的；还以希腊神话、亚历山大大帝的传说、印度故事以及波斯野史作了补充。那是欧洲《约翰·孟第维尔奇闻录》②的一个东方形式。辛德巴德所举的地点，已证明为日本（？）、中国、婆罗洲、苏门答腊、锡兰、卡鲁满德海岸和马达加斯加（？）。阿布-泽伊德的记载，较多可靠性，他叙述878年时坎富的遭劫。在第九世纪，易宾·科尔达柏记载印度、锡兰、东印度、中国的坎富、扬子江口和黄河口，似乎还有关于高丽和

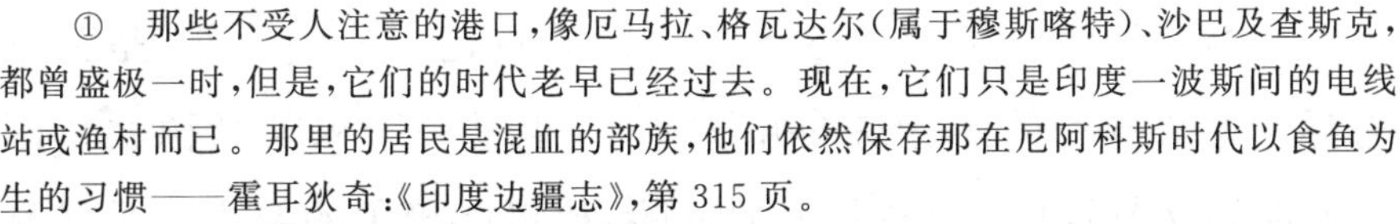

① 那些不受人注意的港口，像厄马拉、格瓦达尔（属于穆斯喀特）、沙巴及查斯克，都曾盛极一时，但是，它们的时代老早已经过去。现在，它们只是印度—波斯间的电线站或渔村而已。那里的居民是混血的部族，他们依然保存那在尼阿科斯时代以食鱼为生的习惯——霍耳狄奇：《印度边疆志》，第315页。

② 孟第维尔（John Mandeville）是编写一本著名游记者的笔名。这游记出版于1357和1371年之间，原文系法文，曾译成所有的欧洲文字。——译者

日本的一些消息，也许从中国商人方面得来的。在同一世纪里，易宾·霍卡尔知道非洲和印度，但还不知道远东。在十世纪中，马库第也是这样；他知道波斯、印度、锡兰、从斐加那到里海的中亚细亚、北非和西班牙，但还不知道马六甲海峡或中国。在十二世纪，伟大地理学家伊德里西，游历了很多地方并作了广泛的研究之后，定居于巴勒摩的罗哲尔二世的宫廷里，编写了一本关于已知道的阿拉伯世界的有价值的地理书。

但是，在阿拉伯旅行家中，易宾·巴托塔最为著名；他是十四世纪的人，出生于摩洛哥。甚至马可波罗也不能和这位不倦的旅行家相提并论。他无间断地旅行了三十多年；两次从大西洋穿过非洲到红海；四次朝谒麦加城；到过埃及、“圣地”、叙利亚、小亚细亚、君士坦丁堡、俄罗斯——在那里他走到辽远的北方来看午夜的太阳；他在往中国的路上，经过巴格达哈里发国家的大多数省份，远至喀什噶尔；越过兴都库什山的可怕山路而入印度；游历印度、锡兰、马来半岛、婆罗洲、爪哇、苏门答腊；住在中国若干时期——在那里，各种工业，特别是制陶业给他留下了深刻的印象——而且碰到一个他在德里认识的老友；他搭船往阿拉伯半岛，第四次到麦加去朝拜；然后渡红海，第二次走过苏丹，游历廷巴克图和奈格耳河地区；在苏丹的中心区，他碰到他的胞兄弟，他兄弟告诉他，父亲已在十五年之前去世。这样，他便回到费兹的故乡，用其余的岁月写了一本在任何语文中最令人惊异的旅行记。他的著作，是关于穆罕默德教徒的世界贸易的知识宝库，也是关于穆罕默德教帝国伟大性的文献证明。“旅程上的危险，比可能想象的要少。虽然易宾·巴托塔偶然陷入危险的境地，但一般看来，他的旅行是悠闲而

舒服的，而且，穆罕默德教的一种可佩的互助精神，就是使一个穆罕默德教徒从直布罗陀到广州止受到欢迎的精神，给他（易宾·巴托塔）保证了一种衷心的款待，只要他是在伊斯兰教流行的地方。”

中世纪时代，在整个东方，穆罕默德教的流行和阿拉伯语的传布等于是商人和小贩的通行证。阿拉伯语在中世纪东方的地位，像今天英语在那里的地位那样。阿拉伯人，是中世纪东方世界的英国人。吉本说得对：“阿拉伯伟大势力的一帆风顺地伸展，必须归结到这个民族的精神。”他们是一个商人的民族。在中世纪时代，所有那时已知道的非洲，就是，从地中海到赤道止，所有的西部亚洲、印度的一半和大陆的整个海岸以及印度洋上各岛屿都在穆罕默德教权力和文明之下，那是一个可惊异的事实。历史上除了近代大不列颠帝国外，再也没有像它一样的帝国，而两者都主要地是商业帝国。

穆罕默德教商人甚至侵入了罗斯，而阿斯脱拉罕、萨里、基辅以及黑海港口，都是他们所熟悉的地点。阿斯脱拉罕的商业来自河流和海上，就是，伏尔加河广阔流域的进进出出的贸易；此外，它还和更远的地区，有着贸易联系。罗斯南部的产品——水果、酒、香料、细布、香粉、奢侈品——交换罗斯北部地区的产品——主要是，奴隶、毛皮、皮、蜜、蜂蜡、脂肪、大麻、绳索和木材。在鄂图大帝时代（936—973 年）至少有一个野心的穆斯林旅行家塔西佗到过日耳曼；他在那里因见到在马因斯所出售的东方香料和丝绸而感到惊异；还有人曾拿撒马尔罕的货币给他看过。

在巴格达哈里发国家的领土和罗斯与波罗的海区之间，高加索地峡是天然的桥梁，而里海是天然的水道环节。高加索外的喀扎儿人成了阿拉伯贸易的中间商。伊铁尔是喀扎儿人的首府,但阿拉伯商人对伊铁尔市场上从第三者采购东西并不完全满意。所以,他们搭船上溯伏尔加河,前进到保加尔城即旧保加利亚的首府,但他们不敢再向前行。在保加尔城,阿拉伯人从来自诺夫哥罗得的罗斯人直接购买他们为东方朝廷所竭力争求的价值珍贵的毛皮:主要是,貂皮、银鼠皮、黑貂皮、海獭皮、黑狐皮;而这些东西是东方宫廷所急需的。此外,罗斯人还以奴隶和黄色琥珀售给他们。

现在已经从下列地区发掘出印着阿拉伯国王肖像的大量货币:在伏尔加河上游和中游、在第聂伯河上游地区、在波罗的海的北部沿岸以及在芬兰湾畔、在芬兰和瑞典之间的各岛上、在挪威的南岸、在丹麦的各岛上。在日德兰和什列斯威境内,也已经发现从第七到十一世纪阿拉伯国王所铸造的很多货币。其中最多的,是属于第九世纪末到十世纪中期的货币。这些古钱的标本,总数达一万三千多枚,耐人寻味地证明了阿拉伯的贸易范围如何广大。连在梅喀棱堡、波美拉尼亚和西普鲁士,也已发掘出一些阿拉伯古币。

第十六章　十字军(1095—1291年)*

在十一世纪之前,西欧人大部过着一种农村生活,每一地区和它的邻近地区分隔着。他们同穆罕默德教徒很少发生关系,除非遇到他们的侵入或者冒险的基督徒参加对东方的战争。穆罕默德教徒所占领的是那些保存最高度的古代文明、工艺和科学的地区。地中海地区和西部亚洲的穆罕默德教国家走在西欧基督教国家的前面。十世纪阿拉伯文明在东方和在西班牙发展的最高峰,正是西欧最野蛮而又最贫困的时期。但是到了十一世纪末期,这种隔离状态结束了:这两种人民间已建立恒久的接触,主要在下列三个地区:十字军所建立的公国、西班牙和西西里。

十字军是最有趣地也最伟大地表现那在十一世纪中觉醒着的集体意识,或集团心理的运动。这种意识已如此多样地显示出来:集体进香、圣迹崇拜、教堂建造、教会命令暂时停止私斗、农民骚动、经济上的不满、商业冒险、异端集团、共产精神最早时期的鼓动。十字军运动鲜明地印上集体性质的烙印。对这一点,当代的锐敏作家已经看出。曼兹柏立·威廉写道(虽然有些言过其实),“不管多么辽远,多么偏僻,没有一个国家未曾出过力……土地荒废,无人耕种,房屋无人居住,竟有整个市镇一起迁移的。”也许历

* 地图:锡倍德:《历史地图册》,第66—67,70—71,73页。

史上再也找不出像这种暗示作用传染性的例证。从心理来看，十字军表明了大批群众怎样在强烈的情绪刺激的压力下，竟会一起染着神经错乱症或癫狂症的。

十字军像任何其他伟大历史运动那样，是由于好久以来起着作用的复杂力量所产生的结果，也是由许多个别运动逐渐汇合而成的顶峰。十字军的根苗已深植于中世纪的历史土壤里。其中最长而又最深的根苗，是朝拜“圣地”的惯例，这是早往第四世纪已经开始的惯例。

教会也要求以朝拜圣地作为忏悔某种罪行的行为。因为朝拜圣地是一个路途遥远、艰苦、用费浩大、有时还冒着危险的旅程。关于这种赎罪行为，有着两类方式。大朝圣，是到罗马城、康波斯提拉。圣詹姆士寺院以及耶路撒冷圣地。小朝圣，是到距离较近地方的神殿去。可是要从像漫游僧侣、逃亡丈夫和私奔妻子、托钵僧、走江湖者这一类的游荡者中区别出忠诚香客，向来是不易的。747 年，圣邦尼非斯向坎特布里·卡司柏特诉说，“脸蒙面纱的妇女们正在往罗马城去；”跟着他还说，“在伦巴第、在法国或在高卢，很少城市没有一个属于英格兰族的娼妓。”未婚的妇女以及没有丈夫陪伴的已婚妇女都被禁止出去朝圣。其他一些离奇的社会道德纠葛也发生了。有时竟会发生这样的事情：因为朝拜圣地的人出门已久，妻子认为他已死去，因而再嫁，但后来那个远游的丈夫回来了。即使那个朝拜圣地的人不曾回来，在那个时代也难于证明他是否已经死亡，特别是因为出门朝圣本来是一个遗弃配偶的好方法。我们可看到一批诺曼妇女在 1068 年写给她们离家丈夫的一封信，里面说，如果他们不立即回家，她们就要另嫁了。

朝拜圣地者数以千计地来来往往，所以大路上的寺院里早已附设旅舍和招待所，特别是在阿尔卑斯山和比利牛斯山各山路上寺院里。弗尔达的寄宿所是出名的。哈德良一世曾向查理曼恳切地说明关于阿尔卑斯山中需要旅舍；虔诚者路易在塞尼山路上曾建造一所旅舍。855年皇帝路易二世曾下令修理所有阿尔卑斯山中的旅舍。在十世纪中，萨拉森人和匈牙利人的掠夺破坏了很多旅舍，可是下一世纪的建筑狂和朝圣热使这些旅舍很快地修葺起来，而且有新的旅舍建造起来，例如，著名的圣伯尔纳德旅舍。在匈牙利人接受基督教(1000年)后，当到东方去的多瑙河路线开放的时候，有很多寺院和旅舍，像麦尔克旅舍，为了接待香客而出现于沿途了。

叙利亚和巴勒斯坦在近代是落后的，但我们不该就认为它们在过去一向是如此的。奥托曼土耳其人在十五世纪中几乎破坏了世界上一个人口最密、条件最优的国家——叙利亚。它在希腊人、罗马人和早期拜占廷帝国的统治下，在工商与农业方面，是一个繁荣的省。正是由于这项财富，使它成为哈里发国家和拜占廷帝国的一个战场。在那里，小地主的数目比别处多得多。帝国法律说明：在十和十一世纪，皇帝曾竭力保护小地主防止大地主和教会的兼并过程。大庄园是由农奴和奴隶劳动来耕种的，但是大量土地却由实际的所有人，就是，自耕农、橄榄和葡萄种植者来耕种的。

第七世纪阿拉伯的统治，在风暴过去以后，尤其是在阿巴斯时代，是和缓而又公平的。的确，教会和大地主曾丧失他们的土地；而这些土地归于穆罕默德教国库、伊斯兰教寺院以及高级文武官员所有。但是，当地的基本民众很少遭受骚扰。阿拉伯政府所课的土地税和人头税，和过去拜占廷帝国所征的，没有什么不同之处；新的变更是所有的贡税都由非穆罕默德教臣民来缴付的。可是，叙利亚人的繁荣和工业的发展足以使阿拉伯人的课税不成为一种负担。叙利亚的自由农和农奴，在穆罕默德教的统治下，都没有感受过什么过度的痛苦。我们可以适当地说，叙利亚和巴勒斯坦在阿巴斯朝统治下的内部和平与繁荣，优于在拜占廷统治下的情况。在耶路撒冷曾由奥米耶朝所建立的年市集，吸引了大批西欧商人和朝圣者云集东来。在《圣阿丹南传》里，对下列情况表示了惊讶："来自各国的无数商人群众，常聚集于耶路撒冷来互相进行买卖。"①

给圣地送去定期的捐款，早已成为西欧的惯例。在这方面，法王虔诚者路易实现了他父亲的愿望；他从王室领土的每一庄园征收少量捐税来支持圣地；他还同耶路撒冷主教长通过信。在 870 年，约翰八世趁着耶路撒冷三个修道士来到罗马之便，赠送一笔捐款；他还抱歉地说：因受"异教徒的破坏"，捐款的数目微小。另一方面，耶路撒冷教长也没有错过机会来请求这种帮助，他所派遣的代表"遍走欧洲"。他们走到英国，又走到了君士坦丁堡，在那里他们领取了君士坦丁"合法继承人"的礼物。881 年，教长赫力阿斯三世曾给"查理曼世系的全体国王和西欧僧侣们"写信，介绍吉斯柏特和雷拿德两个僧侣作为收取补助金的代表，为的是要弥补耶路撒冷教会由于重建很多圣殿而造成的财政亏空。十世纪中，在

① "diversarum gentium undique prope innumera multitudo. . . in Hieresolymis convenire solet ad commercia mutuis venditionibus et emptonibus peragenda."

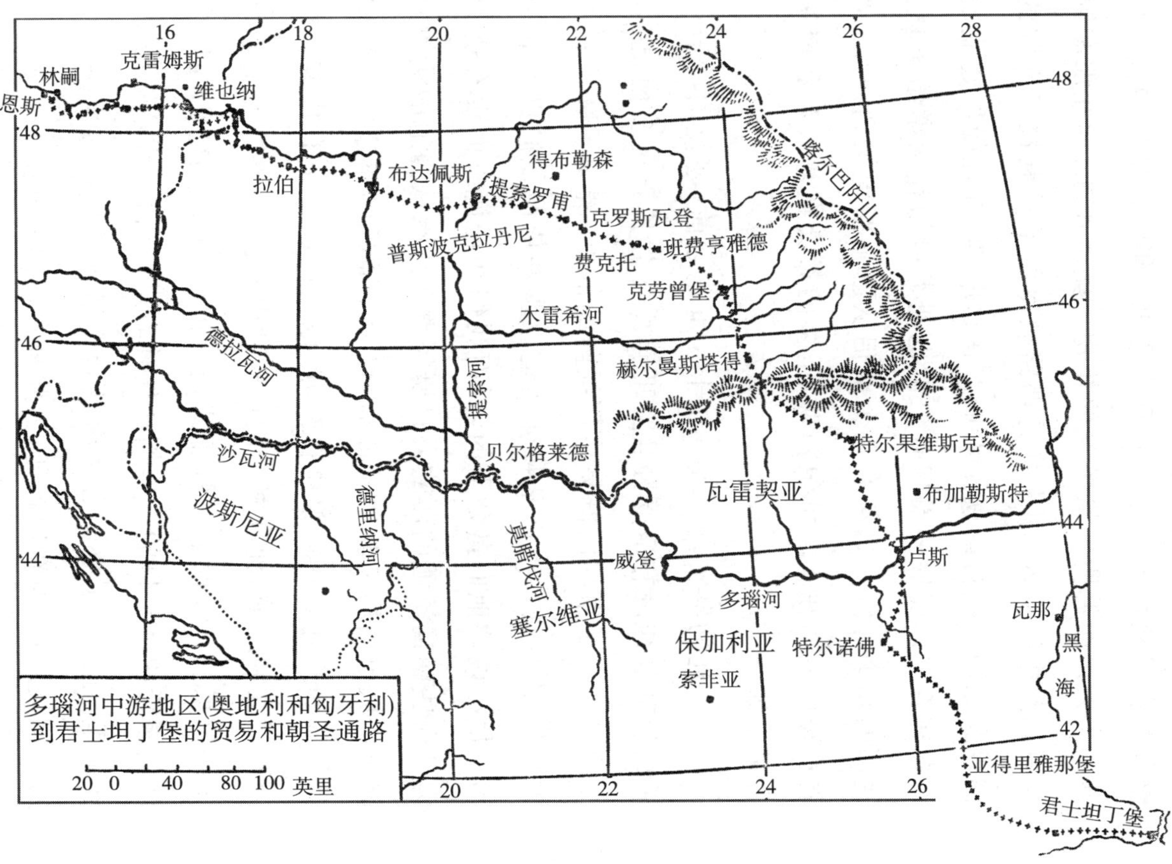

多瑙河中游地区(奥地利和匈牙利)到君士坦丁堡的贸易和朝圣通路

西欧捐赠基金给圣地寺院的惯例已经风行；耶路撒冷的僧侣们从这些基金里获得了收入。下面就是993年时多斯加纳侯爵休格和他的夫人朱丽德所捐给圣墓的礼物。奥微亚托、索瓦那和阿奎彭登特三州中的岁入，用来维持耶路撒冷的圣马利拉丁寺院的僧侣们以及他们所招待的朝圣者们。在这时期，查理曼所建立的教会还存在着。诺曼底公爵理查二世也把类似的礼物赠给圣墓，也给赛那的几个寺院。每年有几个僧侣从巴勒斯坦来到卢昂，他们带着礼物而返。在十一世纪初期，圣墓的教会在意大利和南法拥有大量土地。

从上述的事实，可看出：在十一世纪之前，阿拉伯统治下的巴勒斯坦基督徒没有遭受骚扰。耶路撒冷教长狄奥多西，在869年写给君士坦丁堡的同僚易格那提阿的信里，赞扬了萨拉森人的宽大政策，因为他们准许基督徒建造教堂并依照他们自己的法律过活。信里说，“他们是公平的，因而我们在任何方面没有遭受到压力。”那些朝谒圣地的西欧人只要经常注意承认当地的法律并向所路过的城市当局呈验通行证后，可无阻碍地继续通行。高僧伯尔纳德从866到870年曾住在东方，他的记载是很有代表性的。在离开意大利之前，他和两个同伴曾到巴利去（从840年起它已隶属于萨拉森人），领取了一张正式通行证；证内载明他们的情况以及他们旅行的确定目的。他们从他林敦搭船启程，到达亚历山大城，在那里，他们为了登岸必须缴纳六个奥莱。他们每次进入一个新市镇后，必须调换新通行证，为此每人须付十三便士。如果遗忘或昧于这种规矩，他们将在“巴比伦”（开罗）受到短期禁锢的处罚。这种征税果然是苛重的，但比起在同一时期西欧所征的税要少；由此可见那里是事态正常的。在下面一段文字里伯尔纳德盛称旅客在这些国家里所可享有的安全。

> 如果那只驮载我疲瘠身躯的租来的马偶然死于路上，又如果我把我行李抛在那里无人看管而到附近村庄去找另一只乘马，在回来时，我会看到一切东西都完整无缺。这就是他们所维持的太平状况。但如果有人在城内、在海上或在路上无论夜里或白天游荡着而没有一张盖着那里某王公或某长官的印章的证件或通行证，他就要被禁锢，直到确定他不是一个间谍为止。

从十世纪初期起，到圣地朝拜的人越来越多，但是，史家所记载的，只有世俗的或教会的大人物。这些行动是和封建社会的冒险精神相符的。有的是由于在危险情况中起誓许愿的结果；其他是由于想要瞻仰圣徒的遗迹；有时，他们想看看东方国家的好奇心里夹杂着宗教的考虑；有时，他们把朝圣作为必要的赎罪方式。试把这一时代的重要香客列举出来，那当然是乏味的，但足以表明西方和巴勒斯坦间接触频繁情况。约在920年，君士坦士主教康拉德曾三次朝谒圣地；965年，北方大侯爵格洛的姊妹，斯瓦比亚女伯爵喜尔达，在朝圣的时期，死于耶路撒冷；970年，鄂图大帝的弟妇朱狄司也作过同样的旅行。帕马·圣约翰到过耶路撒冷六次；阿利热摩斯的弟兄、卡西诺山寺院的住持利奥，从圣地携回了一个真十字架；贝尼温敦的约翰，后来是这同一寺院的住持，也参谒过圣地；阿梭斯山寺院、斯达维洛特的住持波波在990年到圣地去朝圣；凡尔登伯爵腓特烈在997年去；可畏的安如伯爵佛尔克·涅拉的第一次朝圣是在1002年；非基克寺院住持罗哲尔的第一次朝圣是在1005年。所有这些朝圣者的旅行似乎都很顺利而没有遇到什么大的阻碍；他们也没有组成大队，但只结合着几个同伴偕行而已。所以在十世纪末期在穆罕默德教国家里，那使高僧伯尔纳德感到惊奇的安全状态，依然存在着。当时，很多西欧人的脑子里萦绕着到圣地朝圣的思想。那些无力作长途旅行的人们采取下列办法聊以自慰：阅读全欧风行的游记，瞻仰由耶路撒冷带回来的圣物；在按圣墓圆型教堂式样所建造起来的欧洲教堂里做祷告。朝圣运动，连西欧的极远地区，也被波及。在十世纪末期，我们看到第一批从斯堪的那维亚来到圣地的朝圣者，其中还有来自冰岛的。

在十一世纪中期以前，朝圣行动是属于个别朝圣者的，至多是小集团的性质。然而，在这以后，情况改变，我们所看到的，不是少数人的朝圣集团而是几百甚至几千人的旅行集团。1011年当罗马和君士坦丁堡间关系还是和睦的时候，安如伯爵佛尔克·涅拉随身只带由教皇写给拜占廷皇帝的一封介绍信，作为他的全部安全保证。在君士坦丁堡，那里供给他向导来引导他到达圣地；在耶路撒冷，他必须缴付捐税，那是穆罕默德教徒对那些愿意进城的基督徒所课的贡赋；他还援助了一批穷苦的朝圣者；他们因为缺少现款进不得城。约在同一时期，特累甫的大主教迈因哥尔德，只由一个人伴随着到耶路撒冷去，那个伴随，就是隐士圣西缅；他是一个西西里希腊人，由于常到东方，成为一个优良向导。在十一世纪中期，乌尔立喜，后来担任泽耳寺院的院长，同他的仆人往“圣地”去，两人同乘一马；每天他在上马之前，背诵一首赞美诗。1058年，编年史家赫斯斐尔德·蓝伯特曾不告住持而离开了他的寺院。他横越大陆,到达耶路撒冷之后,回到原地。

匈牙利人在圣史梯芬时代(997—1038 年)皈依基督教,经由多瑙河的一条路对朝圣大为便利。因此,未来十字军所穿越的大陆道路,已经开放;在这条路上已有许多显贵为了供给朝圣者的休息所建造的旅舍。奥得里克·维塔利斯举出一所这类的建筑物,位于"巴伐利亚人和匈牙利人之间的边疆上",据珀茨的话,位在奥地利的摩尔克,由一个已受圣职的诺曼骑士掌管,名叫安斯哥特;他是托厄尼·罗哲尔的一个亲戚,所以,到耶路撒冷的朝圣已开始有了一种新组织。

但是除了上述个人个别所作的旅行之外,我们还看到开始组织远行队;这些队伍横越欧洲和东方,有时已被卷入同当地居民的敌对行动里。第一批这类朝圣队之一,是圣瓦内寺院住持理查所率领七百个朝圣者的朝圣队,其中包括很多诺曼骑士。这一队伍是在 1026—1027 年间出发,由诺曼底公爵理查二世出资;而后者对有关圣地的一切事情,都是很热心的。同一年,安科赖伯爵威廉,由很多西法兰西住持和一大批贵族跟着,经过巴伐利亚和匈牙利,到达了耶路撒冷;这批朝圣者曾受到匈牙利国王的款待,并顺利完成了他们的旅行。下一年,若干西欧贵族,由于受到他们例子的鼓舞,进行了一次新的旅行,波亚蒂尔和里摩日主教以及安如伯爵佛尔克·涅拉又一次前往圣地去。据劳伊尔·格拉伯的话,1033 年时,圣墓上朝圣云集,人数比起以前所可看到的任何朝圣群还要多。各阶级和各等级的人,上自王公贵族,下至老百姓都有人参加"那是从来没曾有过的事情:有些贵族,大批贫民,同时进行这种旅行;其中有许多人宁愿死去而不愿回到他们的故乡去。"若干年后,在1035年,著名的诺曼底公爵罗伯特魔鬼,在凑集为置备礼品所必需的金银以后,启程到巴勒斯坦去,"带着他的大群臣民"同行。他在返国途中死于尼西亚并埋葬在那里。但在所有这些远行队中,最著名而又最重要的,是1065年南部日耳曼的若干主教和骑士在班堡的主教冈瑟领导下所进行的远行队,人数达一万一千多人。为了这大队的旅行,曾在事先准备好寄宿所。

显然,在真正的第一次十字军前的二三十年中,我们已可看到一个新的现象。统计数字还会使这一事实更加清楚。第八世纪有六次朝圣,第九世纪有十二次,十世纪有十六次,十一世纪则有一百一十七次了!这些都是有记录可查的。到了十一世纪,圣地从作为一个朝圣地点来看,已经开始代替康波斯提拉城古老的圣詹姆士圣殿和罗马城。巴勒斯坦旧的游览指南,数量激增,而新的指南书也编写出来,以便利旅行者,甚至也为便利来自冰岛的朝圣者们。很多朝圣者把做生意和宗教连在一起,沿途做着买卖。扎克·得·维特里曾写道,"有些人为了做生意,别的人为了宗教热忱与旅行;"[①]太尔·威廉也说过,〔他们〕"具有宗教热忱或商业动机,或两者兼有"[②]。十二世纪的歌曲和纪事诗,"并不像人们一度所曾设想的那样,是依据中世纪早期的诗歌和英雄故事而来的,当时的文学,大部分是为了……在朝圣大路上的旅行群众,即朝圣者和市集常客而编写的。既然是由旅行者并为旅行者而编写的,所以,它

① "Alii causa negotiationis tracti, alii causa devotionis et peregrinationis."

② "Devotionis aut commerciorum aut utriusque gratia."

们必须就罗马城和康波斯提拉城的情况，予以解释；同时，原来被认为显有差别的社会阶层，在旅途上却表现出极其密切的合作精神”。

这些远行队，还不得算作十字军。它们除了参加者人数较多之外，同普通朝圣没有什么不同之点。然而，它们在十字军起源的历史上曾起过重要作用。因为它们使西欧人熟悉到巴勒斯坦路上的各站；那有助于决定后来十字军所采取的路线；它们还鼓起了欧洲人对圣地的狂热心理。

但是，我们看到另有一批把宗教和贸易紧密联合着的朝圣者。他们是意大利商人；其中最早的是阿马斐商人。在十世纪末期，阿马斐商人利用拜占廷帝国给他们的保护来建立了他们同埃及与叙利亚的商业关系。摩里和判塔里奥尼的两富族，在意大利同拜占廷的经济关系上起着巨大作用；从它们在安提阿和在耶路撒冷建造旅舍方面看来，它们已表现出对圣地的热忱。在 1080 年，它们曾建造圣约翰医院，那就是后来十字军救护骑士团[①]总部所在地。这医院不加歧视地接待所有来自西欧的朝圣者。西欧的捐款或多或少定期地送到巴勒斯坦去，而在 1083 年后，东方的这类新组织在南部法兰西，尤其是在阿尔比的主教区，获得了固定的土地赠与。

在同一时期，地中海上海权的比重已有转变，过去将近三百年间伊斯兰教国家的海上优势，现在由于热那亚和比萨舰队的海战胜利而失掉。这种形势，又由于诺曼人征服西西里(1090 年)而肯

① 它是在十字军东侵时期所组织的骑士团；它的主要目的，是看护十字军兵士中的患病或负伤者和接待从外地来的朝谒圣墓者。——译者

定下来，因此意大利沿岸各共和国的商业野心受到了有力的刺激。乌尔班二世在第一次十字军队伍出发之前，已向热那亚呼吁使用它的船舶，这不是没有意义的。

已经说过，虽然这些运动还不是十字军，但应指出：在第一次十字军之前，即在十一世纪中，欧洲事实上已有过三次具有十字军性质的行动。在前面几章内已经提过：卡斯提尔的反摩尔人战争（1072—1099 年）、诺曼人征服亚浦利亚和西西里（1016—1090 年）和诺曼人征服英国（1066 年），这些都是真正的十字军；它们的动机和后来促成大规模的正式十字军的动机大部是在程度上的差别。这三件大事，以它们的榜样和影响感染力，曾刺激西欧民族的好战精神和经济欲望。有大批参加过上述事件中某次远征的冒险分子，后来也参加了十字军的东征。

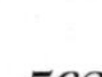

在十字军兵士的行为里或他们的信件里，很少可指明，他们已经一般地放弃那些其他中世纪战争里所反映的动机和欲望。诚然，他们的幻想由于朝圣者的艰苦景象和神圣地点被污辱的情况而燃烧起来；可是他们也热中于下列传说（似乎是更起作用的一点），东方神话式的财富、黄金、白银、美女正在等待掠夺者的手，诸如此类的故事……人们愈加乐于接受这项号召，因为欧洲人口尽管有时疫和战争，却已增加到这样的程度，收获递减律已开始使人们遭受痛苦。那成为以后五百年中一个严重的社会问题，即幼子问题[①]……已经出现。在

① 按当时的法律，长子享有继承遗产权，而幼子没有继承权。——译者

土地继承权已经确定而又没有荒地可开辟为新庄园的地方上,幼子被迫用他的宝剑来寻找生路了。在实施土地再分割惯例的地方上,封建主所保有的土地,越来越小,以致他们不再能维持他们习以为常的生活方式;因而他们加紧压迫农奴,使农奴贫困化来弥补自己的亏空;但尽管如此,许多封建地主还是负债累累,陷于绝境。由于所有这些原因,发生了社会骚扰和不靖状态;于是,无土地的和贫困的各阶层的人们,准备干着任何危险的事情,只要有希望免除苦难的话。对所有这些人来说,十字军看来确是一个来自上帝的号召了[①]。

皇帝亚历修在曼西克特惨败之后,向法兰德斯伯爵请求西方援助的"呼吁书",可能是真的,也可能是伪造的。但是我们不能不重视其中所说的"爱好金银和喜欢美女"的诱惑力[②]。

在产生欧洲好战精神的这项过程里,我们不该忽视停止私斗运动对十字军精神发展上的影响。当这个运动力图抑止私斗恶习的时候,那些提倡的僧侣们同时也认识到:封建社会对战争恶习已经根深蒂固,不可能把战争完全压制住。为使战争的矛头转向于外,教会,尤其是克里尼教派,把反对伊斯兰教战争理想化为正义战争。西班牙是这种新性质战争的第一战场。"吉拉特·得·鲁息雍"歌曲清楚地指出了在十一世纪思想上的这种变化。十字军运动由于给贵族提供了无可限量的前程,会做到停止私斗运动所

① 《政治学季刊》第15卷,第600页。

② "amor auri et argenti et pulcherimarum feminarum voluptas."

未能做到的事情。

早期教会曾反对一切战争。从罗马帝国和教会结合之后，它承认了：那些保卫国家和财产的战争是合法的。但从查理曼征服萨克森人时期起，反对异教——不信上帝的——人民的战争，也被认为是正义的。在封建制度发展的时代，欧洲是一个内战的世界，而停止私斗以及对西班牙和对圣地的十字军运动，大有助于它摆脱这种局势。十字军把战争看作神圣的，而这观念最后约在1150年的格累细亚"诏令"里确立起来，"当时，军事精神和宗教狂热混淆在一起，僧侣和军队汇成为宗教-军事团，而上帝战争代替了上帝休战了"。而且，迟至第二次十字军时期，圣伯尔纳德还抱怨说："根据什么任性的决定把我推选为这次出征的将领和领导人呢？我为什么竟来负责一营，走在武装兵士的面前呢？"

把封建贵族中大批最残暴倔强之徒转到外地去，使西欧社会免于劫掠，那无疑地是僧侣们之所以提倡十字军的一个动机。为了这个目的，在十字军开始前的好多年，西班牙半岛上的战争曾受到一种灵巧而又有组织的宣传的支持，而这宣传方法，当十字军兴起的时候，也得到更巧妙的利用。

刚在十字军之前和十字军时期中，宣传品泛滥欧洲；其中包括有教皇的训谕、传阅文件、外交文件、官方布告、十字军战士的信札、记事、传说、诗歌，数量庞大。这些宣传品很多是纯粹虚构的、临时捏造的，旨在鼓起兴趣；例如，教长西缅写给乌尔班二世和西欧诸王公的信件，叙述污辱圣墓和对朝圣者的暴行，又如，所谓关于发现神枪的故事。所有这一切，不管真伪如何，都属于所谓"鼓动文学"这一类型，并且是富于词藻的文章。

从西欧到东方的朝圣者们,对于所受到的待遇,没有正当理由来发出怨言。在969年前,他们也没有发出过怨言。在那一年,由于战争的变化,叙利亚再度转到拜占廷统治之下,于是帝国政府为了增加财政收入,对朝圣者课征了特别捐税。在这以后,直到1071年土耳其人占领叙利亚和耶路撒冷为止,所有西欧人的诉苦,都是完全针对着拜占廷的。

在塞尔柱土耳其人的统治下,叙利亚和巴勒斯坦人民的地位,没有多大变动。他们主要的新负担,就是加在土地上的新税,以维持土耳其驻防军的经费,而这些军队是用以保卫国土,以防御拜占廷从小亚细亚或从海上来进攻的。正在十字军运动爆发之前,关于朝圣者在东方遭受土耳其人虐待的痛苦之大部分流行的传说,是由于反伊斯兰教的宣传而起的;这种宣传利用了群众的轻信心来煽起群众的狂热。的确,小亚细亚的基督教居民受苦深重,但那是因为拜占廷帝国还在和土耳其人争夺那些省区的控制权的缘故。在那里,连绵的战争和劫掠状态继续存在,直到曼西克特战役惨败之后拜占廷在小亚细亚的权力崩溃为止。但是在圣地和叙利亚的情况则不同;在那里土耳其的统治,已是一个既成事实。

> 塞尔柱苏丹以极其宽大和容忍的态度,来统治他们的基督教臣民,甚至有偏见的拜占廷历史家,也隐约谈到:基督徒在很多情况下宁愿受苏丹的统治而不愿受皇帝的统治……在塞尔柱统治下的基督徒比在拜占廷帝国中部的基督徒,要幸福些,而最苦恼的,是拜占廷边境上的居民,在那里他们蒙受继续不断的侵掠。至于宗教迫害,在塞尔柱时代,没有一点痕

迹……我们也不可能不作出结论：许多基督徒已成为穆罕默德教徒①。

我们来分析研究一下，第一次十字军的开始时，教皇乌尔班二世在1095年所发表的演说，是有意思的，因为它表明了教皇怎样巧妙地利用了各种可以鼓动的动机。教皇的演说，是由四个听讲的人记录下来的，所记的不是教皇原来的话，而是他所讲的大意；我们还有其他没有直接听讲的人所记的演说词。演说中所引基督徒在东方的痛苦、土耳其人的"暴行"以及狂热的语调和完全赦罪的允诺，当然可打动一切人的情绪；冒险的爱好、战争的希望以及采邑的前景，感动了封建主阶层；商业的机会和贸易的扩展，虽然在演说中没有谈到，但在教皇为请求海上援助写给热那亚人的信里，却是明白地说出了。最有意思的，是教皇在讲到法国的领土时说：它"太狭窄不够容纳它的稠密人口；它的财富也不多；连它所产的食粮也几乎不够供应它的种田的人们。因此，你们互相厮杀吞噬，你们进行战争"。

在第一次十字军时代的历史家中，不止一个头脑清晰的人曾观察出其中所包含的复杂动机；宣传者花言巧语，是瞒不过他们的。

因为有些人由于好奇心而到东方去；其他的人由于家中生活窘困而需要打仗，不管是反对基督教的仇敌也好，朋友也

① 拉姆塞：《弗里加的城市和主教区》，第1卷，第27页，《当代评论》第90期。

好,以此来终止他们的贫困状态;还有别的人要逃避他们的债务,要逃避他们应该履行的义务,或要逃避为了他们的罪行而应得的处罚。只有少数人,没有屈服于流俗所崇拜的东西,而是由一个神圣目的所激动起来的。

十字军,对欧洲的尤其是法国的农民,在经济上产生了有力的影响。大批平民以非常的热情,投入了运动。基柏特·得·诺根特,一个目睹的人,在下面一段精彩的文字里,描写了当时的情景:

法国人在这时期遭到饥荒;接续而来的歉收,使谷物价格飞腾上涨。唯利是图的商人们,按照他们的惯例,靠着一般人的苦难,还在进行投机买卖。食粮又少又昂贵,穷人吃树根野草来充饥。十字军突如其来地喊声一起,立刻到处得到响应,仓库的大门打开了。于是,原来价格贵得不得了而无人能买的食品,而现在当大家被激发起来而要出发远征的时候,就不计什么价格出售了。我们曾看到七头羊只售五便士。饥荒情况消逝,富饶景象接踵而来了。因为大家都急切要走上十字军的道路,大家赶快把旅程上所不需要的一切东西转换为现款;于是出售的价格,不是由卖者而由买者来规定。最值钱的物品是旅程上所需要的东西,但其余的东西,则不计什么价钿而卖掉了。

在分析这一段记载之后,我们清楚地看出:法国这种饥荒情况,不是由于自然的原因,而是由于粮食商投机行为的人为原因所

引起的；十字军的号召打破了这项垄断居奇行为，因而价格暴跌；那使行将要离去的人们受到严重损失，而使留下的人们获利。在这一时期奥拉·伊克哈德住在德意志，他写道：法国农村遭受着私战的痛苦；国内发生了饥荒，而与此同时，德意志在亨利四世有力而又贤明的统治之下，则是繁荣的。他还扼要地说，“他们〔指法国封建主——译者〕荒废了自己的土地来贪得无厌地争夺别人的土地。”基柏特·得·根特在他的《圣战史》里写道，“在这个时候，骚乱使整个法兰西王国四分五裂；到处有盗劫、交通阻断和放火行为。”在西欧，尤其是在封建暴力最强横的法国，当看到这批穿着盔甲的捣乱分子向东方驰骋而去的时候，人们一定会立刻深为庆幸的。好战的本能，已由停止私斗运动部分地压制下去，而现在又找到了新的活动场所。关于这种庆幸情绪，我们从苏哲尔简洁的信里，获得鲜明的证据；他是法国的宰相，当路易七世为了第二次十字军东征而长期留在东方的时候，他写信给国王请他返国。信里说，“亲爱的国王陛下，我必须请您听听全王国的呼声。当您王国的男爵和贵族们已经回来，您为什么还逗留于野蛮人〔穆罕默德教徒〕中间呢？您王国的捣乱分子又进入了王国，而应捍卫王国的您，反而像放逐般地逗留在外。您把羊群交给了豺狼，把领地交给了暴徒。我们恳求陛下，我们本着对您的忠诚提请您注意，我们祈求您怜惜，我们请求您恩宠。请勿逗留在外。请即返国，要不然的话，您在上帝的目光中，将犯有破坏您登极时的宣誓之罪了”①。

① 《英国历史评论》，第 27 期，第 767 页。

第一次十字军空前地需要现款，这一点终于打破了这个时代的“自然经济”状态。当然，对一个要到东方去的十字军士兵来说，完全不可能把足够的物品随身携带来在路上维持自己的生活。结果是那窖藏了好多年甚至几百年的货币，由住持、主教、贵族，甚至农民，拿出来得重见天日；数量可观，足以驳倒西欧货币的缺少是由于货币外流到东方去之论点。真正的原因，是随着法兰克帝国的分裂和早期封建的不靖状态所发生的混乱局势，曾使人们把他们的货币窖藏起来。

参加十字军须先准备现款，也就是说用抵押财产或用出售财产来获得现款。“神圣道路”不是供穷汉走的。为此，很多贵族、很多自由人负债重重，无以自拔。凡愿参加十字军的人，贵族也好，农民也好，无论从什么地方，用什么方法，必须获得行装和现款；所从，他们出售或抵押财产，或掠夺犹太人。基柏特所描写的十字军士兵出发前的情况，表明了经济上的明显混乱。

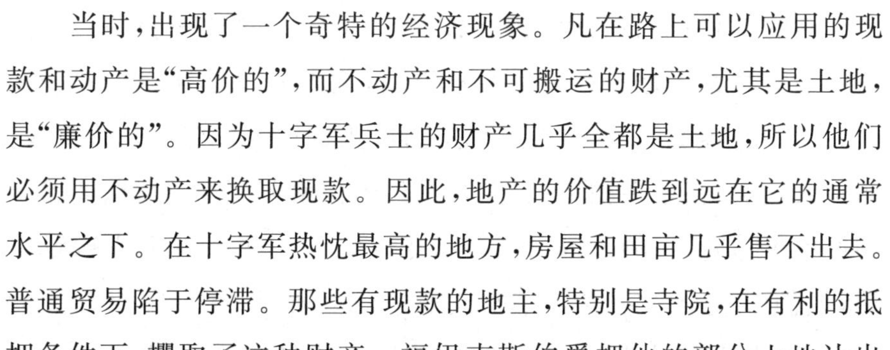

当时，出现了一个奇特的经济现象。凡在路上可以应用的现款和动产是“高价的”，而不动产和不可搬运的财产，尤其是土地，是“廉价的”。因为十字军兵士的财产几乎全都是土地，所以他们必须用不动产来换取现款。因此，地产的价值跌到远在它的通常水平之下。在十字军热忱最高的地方，房屋和田亩几乎售不出去。普通贸易陷于停滞。那些有现款的地主，特别是寺院，在有利的抵押条件下，攫取了这种财产。福伊克斯伯爵把他的部分土地让出来以应付开支；黑诺特·鲍尔文把他的大批庄园抵押给利格主教。摩雷斯姆寺院所做的交易例子，有意义地表明了领主为了到耶路撒冷去怎样获得必要的经费。有一个地主出售他的土地给僧侣，获得二十七镑，两个弟兄出售他们的财产，一个获得一头骡，另一个获得三十先令；另有一个抵押他的庄园，获得十六镑。我们很有趣地注意到：在这种财产的转移中，有很多是和小土地有关系，完全是自由地的范围。“我们不致作出结论说：宗教机关依靠十字军兵士的需要来大发其财，或十字军运动使土地变为市场上的滞销货。但是明显的，十字军造成了对现款的新需要，富裕的人们由于拥有多余的钱，得从这运动里获得利益。”法国腓力一世以一千五百银马克，从布尔日伯爵那里购得布尔日郡。罗伯特·柯托斯把诺曼底抵押给他的弟兄，英国威廉·鲁佛斯。

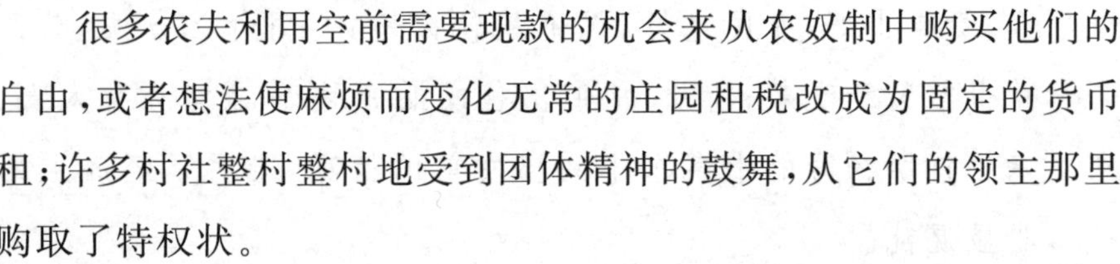

很多农夫利用空前需要现款的机会来从农奴制中购买他们的自由，或者想法使麻烦而变化无常的庄园租税改成为固定的货币租；许多村社整村整村地受到团体精神的鼓舞，从它们的领主那里购取了特权状。

这些交易对于那些手中有现款，又够聪明而留在家内的人们，是有利的，因为他们利用牺牲他们邻人的宗教热忱来获利。可是这变动对犹太人是不利的。在这以前，犹太人曾是社会中被轻视而又受到宽容的成员。在十字军之前，大部商人可能都是犹太人，而犹太社会，在很多城市里，尤其是位于像莱茵河和罗尼河商路上的城市里，是富裕的。因为法律禁止犹太人住在乡村里或购置土地，他们曾完全依靠贸易和放款来过活。所以，在十字军开始的时候，犹太人是欧洲唯一出名的有相当数量现款的阶层。由于这个缘故,在这以后,西欧犹太人成为经济上广受妒忌的牺牲品,因为这种妒忌心理,由于当时的宗教狂热,更加厉害。反闪族主义是在十字军运动里诞生出来的,起于经济的妒忌多于宗教的仇恨。于是犹太人到处受苦深重。群众痛打他们,屠杀他们,都成为家常便饭;我们可把这个时期作为中世纪城市里犹太人区的开端。

乌尔班二世原来计划:第一次十字军队伍完全由欧洲武装骑士来组成。但是,他没预见到下层群众在这运动里已经大大地觉醒。教皇委派一批正式传教士到欧洲各地向骑士阶层宣传十字军运动,但除了他们之外,还有自告奋勇的、无知而又狂热的马路演说家,像臭名昭著的彼得隐士那样;他们跑来跑去,在市场上,在十字路口,向农民鼓吹十字军运动。结果,在许多地方,特别是在法兰德斯及莱茵兰,出现了农民的自发队伍;而他们原来是顺服地忍受着农奴的命运的。当十字军的号角一声响起,成千也许上万农民群众离开了他们所附着的土地,摆脱了他们所负担的庄园义务,离乡背井,走上了十字军道路。由于这自下而来的压力,封建社会的陈腐外壳迸裂了。基柏特·得·根特以下面的话,生动地描写了这些组成所谓"农民十字军"的可怜而又受迷的徒步旅行群众。他说道:"再也没有如此令人伤感的事情,像我们看到这些可怜人的情况那样:他们以牛羊当作马用,沿途拖着双轮小车,车上堆着破碎行李和他们的孩子们。每经过一个堡垒,一个城市,孩子们伸出他们的手问道,这是耶路撒冷吗?"在中世纪社会下层群众间这种大骚动中,古老的民间传说、旧日耳曼的异端邪说、法国古老的

督伊德教迷信[1]又重新出现了。有人告诉我们说:农民无目的地走来走去,寻找圣地;他们除了用绳牵着的山羊或雌鹅(条顿神话中的神圣禽兽)作为向导外,再也没有别的向导;农民还把灯笼挂在橡树枝上来占卜吉凶;那是导源于督伊德教崇拜橡树的仪式的。

然而,对于农民队伍混乱状态的描写,可能有些夸大其词。必须记牢,几乎所有的编年史家都是僧侣或贵族;而他们无例外地是敌视任何农民的行动表示的。那些跟着彼得隐士和华尔特穷汉走的群众,在开始时一定曾带着现款,因为保加利亚人曾在尼西附近,劫夺彼德隐士的钱箱。当这队伍不复有钱来购买食品而开始沿途掠夺田舍农庄之后,纪律遂荡然无存了。这些农民"军队"没有一队曾经到达耶路撒冷那里。这队伍由于贫困、疾病和殴斗,在到达君士坦丁堡之前,已死伤很多。这些可怜队伍的残余分子,又由于饥饿和土耳其人的进攻,大部死在小亚细亚。

在农民队伍出发几个月之后,武装贵族和骑士也走上了征途。但他们一到君士坦丁堡,就以贪婪和妒忌心理来注视这个大城市。的确,在西欧方面,再也没有一个城市,如此宽广,如此富饶,如此富于壮丽的宫殿、教堂、广场、街道、浴场像君士坦丁堡那样。沙脱尔·富耳奇惊欢地喊着,"多么伟大的城市,多么华丽,那里有这样多的寺院和富丽堂皇的宫殿。这城内的制造业,使人一看就感到惊奇。如果我把城内一切好东西,黄金、白银和贵重衣料怎样丰富的情况叙述一番,那会令人吃惊的。它的港口时时刻刻有船进口,

---

① 督伊德教是古代高卢人的信仰。教徒认为五点花样(Druid's foot)具有奇效;现在欧洲咒语中还使用它。——译者

满载着一切为人类所需用的东西。”这些情况使十字军兵士油然想起:这样的一个首都竟落在宗教分裂派的希腊人手里;从而他们很快就对这些人显露着轻蔑的态度;另一方面,希腊人也把西欧人看作可怕而粗暴的野蛮人。法国人的饶舌,还使他们感到惊讶。波希蒙德是那个曾阴谋占领黄金角畔城市[①]的可畏罗伯特·基斯卡的儿子。他最垂涎欲滴地注视着这伟大首都,并在六年之后曾白费心机地企图完成他父亲的未竟之志。

关于十字军军队在小亚细亚的进军以及围攻安提阿(1097 年 10 月 20 日—1098 年 6 月 28 日)时所遭遇的艰难情况,我们无须论述。但在这里应提及十字军兵士第一次尝到甘蔗这一回事。曼兹柏立·威廉写道,“在围攻过程中,霪雨连绵,困苦突增,很多可怜人冻死,因为他们没有衣服可换,又在连续好多天里不能找得避风雨的地方。当时,帐幕和木头都感缺少。但他们为了稍减饥饿,经常咀嚼他们叫做‘蜜茎’的甜芦,即甘蔗。”亚斯·艾伯特还说道,“这一类草,是每年费了巨大劳力来种植的。在成熟以后,他们把它放在石臼内捣碎,绞出它的汁液,再把汁液倒入锅内使它凝结而硬化,直到状若白雪或白盐为止。他们把它的碎屑调入面包内或溶解于水里。这种茎,他们称之为‘苏克拉(zucra)’”。

十字军相继蹂躏了叙利亚、以得撒和巴勒斯坦;1099 年 7 月在占领耶路撒冷之后,即成立了耶路撒冷王国。这是一个奇特的现象。在历史上我们第一次看到欧洲封建制度扩展到它本部以外,而在很古老东方的领土上建立了一个基于封建原则的国家。

① 指君士坦丁堡。——译者

在那里输入了古怪的官衔，像安提阿亲王、的黎波里伯爵、以得撒伯爵，半寺院性半军事性团体，像圣殿骑士团和十字军救护骑士团；外国封建制度的政治组织，外国法律、外国风俗、外国习惯、外国语言等等。

从地形上看来，耶路撒冷王国是地中海东岸的一条又长又宽的地带；它原来是一系列有古老历史的省份（现在叫做男爵领或封邑）。它最宽阔的地带，是在北部，在那里以得撒连接着上幼发拉底河；在南部，它的保护权扩展到赛那的寺院和红海畔阿利亚小港那边。但在东方，十字军兵士始终未能占领阿勒波、哈马，尤其是大马士革；后者像矛头一样，对着拼凑成的王国领土中最脆弱的环节。附属于安提阿侯国的，有西里西亚，即小亚美尼亚。耶路撒冷王国所处的危险地位，从来没有被解除过。在东边，有一个敌对的穆罕默德教世界；在南边，埃及不断地进行威胁；在西边，拜占廷帝国一向对它抱着半敌对的态度。

从经济社会史的观点看来，十字军的利益和重要性，在于它是欧洲国家第一次向欧洲境外的扩展，是欧洲人在外国土地上和外国人民中最早一次向外殖民的试验，也是一次又庞大又复杂的商业冒险行动。关于这些方面，十字军在欧洲史上引入了一个新的运动。后来在地理大发现时期及其后，即在十六、十七、十八和十九世纪中，欧洲更大规模的殖民和商业的海外扩张，只不过是跟着十字军开始的运动之延续。

诺曼人在意大利、西西里和英国所获得的经验和那些支援西班牙基督徒而定居在那里的几千法国人所获得的经验，作为先例看，对十字军解决叙利亚和圣地的殖民问题，都是没有多大帮助的。因为情况是大不相同的。诺曼人及其他法人在叙利亚和巴勒斯坦的居留地,迥然不同于南意大利和英国的诺曼殖民地,也迥然不同于 1204 年巴尔干半岛上和希腊的法-意殖民地。因为在这些地方尽管在种族、语言、风俗和文化上分歧很大,但所有被征服的居民,总是基督徒。然而,在东方则不同,穆罕默德教和基督教的欧洲文明没有什么共同之点。它是敌视西方文明的。至于他们所看到的当地基督教居民,主要是叙利亚人,虽对十字军士保持外表的中立,但实际上他们和穆斯林人是友好的。

上述封建政府的建立,使土地的原主遭受剥夺。在封建等级制里,穆罕默德教地主和叙利亚地主都没有什么地位。这项措施的不智和不公平,注定要成为耶路撒冷王国在不到百年期内归于毁灭的一个基本原因,因为这批被剥夺的地主(其中很多是基督徒)被迫投入穆罕默德教阵营,而成为十字军的死敌。十字军使这种敌对情绪更剧烈化,因为他们把本地基督教居民和"异教徒"相混淆,一概加以屠杀。这种残暴行为,注定要在叙利亚种下祸根。有一篇论文里说,"的确,异教部族逃到山上和荒野里,离开住宅、茅舍与充满各种财物的堡垒。"[①]富裕的叙利亚财主,是主要的受难者。小土地所有者在新地主的土地上沦为农奴,或潜伏于港口城市内,在那里他们设法充当夫役和手艺人以求糊口,直到征服的初次风暴过去为止。

农奴不是叙利亚人,便是阿拉伯人;但其中极大部分是叙利亚

① "Pagana vero gens fugiebat in montes et in valles et dimittebat domos et casales et castella plena omnibus bonis."

人。农奴的境遇比西欧的还要困难，因为在西欧，到了 1100 年时，由于租税的规定、实物租改为货币租及有关农奴的法令和农奴的释放，使农奴的生活状况达到可以容忍的地步。农奴不复是一个“可任意被课税”的人。但是在东方，我们看不到这种减轻负担的特征，这一事实自然使叙利亚的不自由阶层回想到拜占廷或阿拉伯时代是个黄金时代，并使他们成为东方边境外穆罕默德教政权的秘密朋友。而且，教会土地上的叙利亚农奴的命运也不见得比世俗土地上的要稍微好些。教会在亚洲和在欧洲一样，是硬心肠的税吏。

基督徒和阿拉伯人通婚所生的子女，被称为“杂种”，像印度的“欧亚”人或半种姓的人那样。“法兰克语”是一种混杂语，包括法文、意大利文、希腊文和阿拉伯文，像中国的洋泾浜英语一样；它是商业用语。在非本地人和非奴隶的人们中间，希腊人系最低阶层。十字军轻视希腊人，因为害怕他们同君士坦丁堡和巴格达有所勾结。但他们的营业技能、他们的熟练语言、他们的和蔼态度，使他们成为有用之人。亚美尼亚人的地位较好。小亚美尼亚还保持着它的独立地位，它的国王又是十字军的同盟者。亚美尼亚人善于做官，而且经商也是非常成功的。在整个王国内，有着好几千亚美尼亚人；他们的望族和十字军的望族互相通婚。叙利亚和圣地的犹太人，人数不多，但所受到的待遇是不差的；和这个时候他们在西欧所经受的待遇相比，有天渊之别。这批犹太人是商人、手艺人和手工业者（染色业几乎完全在他们手里）、货币兑换商、征税员、庄园的管账员和管家。他们保存了他们的宗教集会和学校。犹太人虽可能是不受欢迎的，但是也得到容忍。

王国的东境上的贝督英部族是很活跃的;他们饲养无数的牲口群,马匹、羊、骆驼;他们不断地从一个牧场移到另一牧场;碰上他们敢于或能够行动时,他们对基督教领土进行掠夺侵袭。他们当中有少数部族比其他部族较少游牧性,但它们都是"强悍而冒险的部族",并对基督徒的敌人,有默契的倾向。萨拉丁在1187年举行大进攻时,善于利用这些部族;因而占领了耶路撒冷。

欧洲人的源源流入,对耶路撒冷王国的军事力量,是很少裨益的。因为其中大部分是朝圣者、旅行家、僧侣、商人。王国经常急切需要有力的军队;军队力量不足,显然是十字军为什么未能征服叙利亚内地、占领大马士革和阿勒波的主要原因。在占领"圣城"之后,很多十字军士,认为他们的任务已经完成而遄返本国了。还有更多的人,离开那里,因为他们的幻想已经破灭,或者因为他们在大规模的占夺土地中,运气不佳。因此,不多年以后,只有一小撮贵族留在那里。如果这支军队不是不时地由十字军的新队伍来补充,耶路撒冷王国的军事效能将会十分减弱,连征服加黎利和那普鲁斯也将成为不可能了。除在非常紧张的时期,像在1146—1147年和1187—1190年穆罕默德教的威胁达到顶峰的那样,真正十字军对固定人口的增加,所补无多。他们和朝圣者一样时常来来往往。真正移入境内而永久居住的人,是从地中海沿岸港口来的商人阶层。因此,商业兴旺起来,但这是唯一的繁荣象征。政府无能,政治腐败。然而,另有一批人,蜂拥而来,而他们是最坏的分子;就是,西欧社会的渣滓:码头流氓、海岸上拾荒者、陆上小偷和水面小偷、乞丐、走江湖者、亡命之徒、得到假释许可状的犯人、逃犯、释放犯。扎克·得·维特里曾写过一篇精彩文章来描写这

一批家伙。

为了移民于受到破坏的地区，国王鲍尔文一世曾力图吸引一部分住在约但外部的基督徒移入。在1182年，马伦教派[①]虽在安提阿教长面前宣誓要放弃他们的旧信仰，但拒绝离开他们在黎巴嫩山上的要塞。在耶路撒冷王国内，亚美尼亚人、查科拜派[②]、希腊人和叙利亚人消极地接受了拉丁统治，但是他们没曾宣誓要放弃他们原来的基督教宗教形式。这些居民在城市里构成了又活动又聪明的中等阶级；他们享有保持财产之权，并在他们自己长官（叫做"雷斯"）的管理下，享有行政自治之权。

叙利亚的基督教殖民地在十二世纪时，尽管它们的政治组织是不稳固的，但还是欣欣向荣地发展着，这一状态对欧洲的一般文明是有贡献的。主要是因为大批意大利移民从事于经商的活动。在占领的初期，港口各城市民阶层被禁止占有土地。但这项禁令不久废止了。要阻止聚集在叙利亚和巴勒斯坦的法兰西人、意大利人、佛来铭人、日耳曼人、英国人在城市中获得小块土地作为花园、葡萄园、果园和住宅，那是不可能的。于是，在东方形成了一个专心致志于贸易而不能作战的市民社会，这一社会很快地抓住太尔、西顿、凯撒利亚、亚克、贝鲁特、扎发、亚实基伦各城的商业。这里，由于需要和环境关系，还不得不撤销封建法律，因而不事战争的人口日益成长起来。贵族阶层，尤其是在军队任职的骑士，由于高傲的习气，不愿同平民军队并肩作战；而在同一时期，西方的市

① 由叙利亚僧侣马伦（Maron）所创立；这一派基督徒住在黎巴嫩山侧。——译者

② 即一性派，由查科布斯（Jacobus）所创立。——译者

民军队在作战方面已表现得很好，像伦巴城市的市民军队，1176 年在累格纳，1214 年在布文所表现的那样。

连被轻视的叙利亚人、犹太人和希腊人到后来也像从西欧来的有钱者那样，成了小土地所有者。在这一类的居民中，有着甚至比意大利人更为锐敏的商人，因为他们是本地人；但是他们在军事方面，比西欧商人更少有影响，因为他们被疑是同情于敌人的；他们固然不愿意去作战，即使他们愿意去的话，在战场上，也不会被信任的。这个市民阶层在东方颇有势力。当十字军队到达叙利亚和巴勒斯坦的时候，他们已看到拜占廷政府的大批民法依然有效，因为阿拉伯人曾很聪明地保留它作为臣服基督教徒的法律。这种法律后来大量地并入一种特别法典，叫做"市民法院法令汇编"，这是在 1173 和 1180 年间编订的。这一法典值得一提，因为当这类法律在西欧方面，还是一件新奇的事情时，它已是一部完备的市民法典。当时，在西欧所有的少数城市宪章，还远不能认为是市民政府的完备组织法。只有 1183 年伦巴城市的大宪章最为近似。

十字军队的侵入"圣地"，原来是经由陆路的，所以必须获得海口来维持通达欧洲的交通线。意大利城市的舰队之所以帮助他们这样做，不是由于什么宗教的观念而是由于要获得商业利益的动机。对威尼斯、热那亚和比萨来说，十字军似乎是替它们"开放门户"。它们从开始时起，即抓取这种机会；当十字军使用它们的舰队，不论用在战斗像在进攻太尔城那样，或用在西欧的运输时，它们就要索取大量报酬。意大利城市舰队曾给予很多极其有效的帮助。1101 年 4 月 25 日，鲍尔文一世曾和热那亚人缔结了条约，规定热那亚在每个由于他们援助而占领的港口城市里，可获得一个

“居住区”和 1/3 的战利品。于是，十字军立即开始对叙利亚海岸港口的进攻，而且城市一个接一个地被占领——1101 年占领阿苏夫和凯撒利亚，1106 年占领阿帕米亚，1109 年占领雷奥狄西亚，1124 年占领太尔。甚至还在征服之前，他们已对这些土地作了瓜分！热那亚首先援助了波希蒙德，即当时的耶路撒冷国王，来占领的黎波里；因此，它在安提阿、耶路撒冷和的黎波里各获得一个“居住区”。比萨因援助耶路撒冷国王而获得了扎发的一个“居住区”。威尼斯也曾帮助过耶路撒冷和的黎波里。

拉斯金在《圣马克墓》[①]一书里，生动地描写威尼斯在有力的总督多米尼谷·迈克尔领导下，怎样在太尔获得了最大部分的战利品：

> 总督留他的儿子负责国政，自己率领四十只大艇及二十八只有铁嘴的战舰，启程往“圣地”去……每只有铁嘴的战舰各有一百支桨……它们引诱萨拉森舰队出海，而后予以猛攻……在这次战役之后……跟着召开了军事会议，会上激烈辩论：应围攻太尔，还是应围攻亚实基伦。因为意见纷纭，莫衷一是，这事情提给上帝判断。他们把这两个城的名字放入一只签筒内……太尔中签……当时，它尚是一个光荣的城市，尚是海上财宝的王后；它主要以玻璃和紫袍出品而出名，它控制一个富饶的平原，水量充足，灌溉完善；它也以出产甘蔗而著名……为了援

---

① 拉斯金（1819—1900 年）是英国艺术家与文学家；他所著《圣马克墓》（*St. Mark's Rest*）是叙述威尼斯的历史的。——译者

助这次大围攻，威尼斯人提出条件：在每个隶属耶路撒冷国王的城市里，威尼斯人应获得一条街道、一块广场、一个浴场、一所烘面包房……以及饮水和面包的适当控制，全部免税；他们应使用自己的天平和度量衡……于是，法国十字军士和威尼斯人就分段围攻太尔城；前者从陆上，后者从海上进攻……其时，他(总督)所带发给水兵的饷银，已经用尽。但他并不想要依靠汇款来接济。他制造一种革币，上面盖着圣马克和他自己的盾牌印章。他允诺他的士兵说：每个这样盖着印章的革币将来在威尼斯可换兑一个金币……这样，围攻继续进行，直到太尔人绝望而乞降时为止。于是太尔人获得人身和财产的安全保证；但这使基督教兵士深为愤怒，因为他们原来想要劫掠太尔城的。后来，太尔城分为三部分，其中两部分给予耶路撒冷国王，而第三部分则给予威尼斯人……威尼斯人在他们所得的部分内指派了一个文官来管理民政，一个武官来负责军事……这样一来，威尼斯国家在亚洲建立了一个稳固的殖民地……而殖民地同萨拉森人能保持着和睦的关系。

在十字军之前，马赛似乎已是在南部法兰西富有商业冒险精神的唯一城市；它名副其实地是意大利城市的劲敌；它把十字军早期的部分贸易拉到自己的港口。历史没有告诉我们关于马西利亚人[①]在拜占廷帝国内有过什么机构的遗迹，我们也找不到有任何马赛商人在君士坦丁堡获得特权的记载。但我们有着各种资料，

① 即马赛人。——译者

说明马赛在巴勒斯坦所获得的成功以及它参加十字军的情况。1117 年,鲍尔文二世曾认可马西利亚人在耶路撒冷组织一个由他们单独居住的“居住区”。国王鲍尔文的继承人佛尔克,因为他们对他服务有功,准许他们在耶路撒冷王国全境内豁免捐税。1152 年,鲍尔文三世赐给他们巴勒斯坦各港口的商站,连同惯例特权在内。在“圣城”失去以后,在 1190 年,盖羽·得·拉西格南回复了马赛人的所享有的特权;他们的船只,不论大小,一概豁免港口税;他们在圣贞德城设立了自己的法院。这些事件,说明马赛在亚洲的商业里所有的活动和所有的利益了。1190 年,马赛已有充分的海上权力,能够运输大批跟着狮心理查到东方去的十字军队。

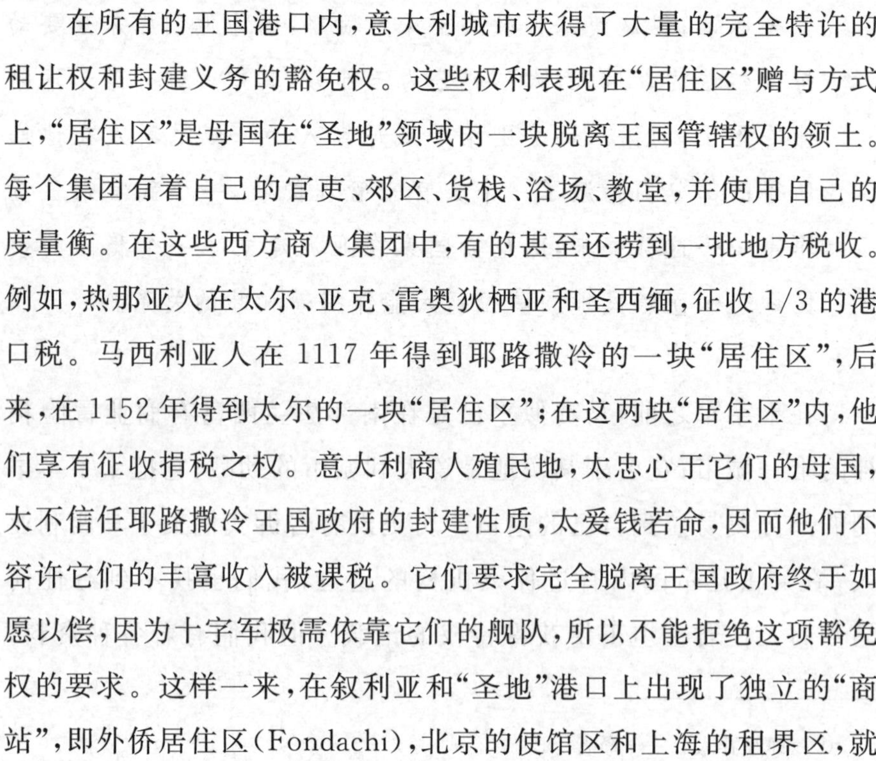

在所有的王国港口内,意大利城市获得了大量的完全特许的租让权和封建义务的豁免权。这些权利表现在“居住区”赠与方式上,“居住区”是母国在“圣地”领域内一块脱离王国管辖权的领土。每个集团有着自己的官吏、郊区、货栈、浴场、教堂,并使用自己的度量衡。在这些西方商人集团中,有的甚至还捞到一批地方税收。例如,热那亚人在太尔、亚克、雷奥狄栖亚和圣西缅,征收 1/3 的港口税。马西利亚人在 1117 年得到耶路撒冷的一块“居住区”,后来,在 1152 年得到太尔的一块“居住区”;在这两块“居住区”内,他们享有征收捐税之权。意大利商人殖民地,太忠心于它们的母国,太不信任耶路撒冷王国政府的封建性质,太爱钱若命,因而他们不容许它们的丰富收入被课税。它们要求完全脱离王国政府终于如愿以偿,因为十字军极需依靠它们的舰队,所以不能拒绝这项豁免权的要求。这样一来,在叙利亚和“圣地”港口上出现了独立的“商站”,即外侨居住区(Fondachi),北京的使馆区和上海的租界区,就是这些商站的近代抄本。“Fondaco”(单数)这个名词从希腊字“Pandocheion”(意指一个贸易地点,或者像东印度公司所使用的“商站”的旧意义)得来;这个名词阿拉伯人改为Funduk,而意大利人改为Fondaco。

“商站”是一个基本上为了商业利益而联合起来的社会,但它在外国领土内保留着它的居民在母国所享有的社会利益和活动。在围墙内,往往占有面积很大而经常沿着河边的地方,有一所教堂、一条街道或一所市场、一块广场、几所浴场、烘面包房和酿酒作坊、一所办公室以及其他住所,还有几所储藏货物的大储栈。这种居留地有时竟包括一个市镇或一个城郊的整个地区。外国商人在他们自己法律的管辖下住在那里。这项治外法权经常载入特许状里;有时还有一项条文:凡本地人和外人间的诉讼案件,概归外人法院并按外人法律审理。意大利商人依靠这种特权的保护,易于垄断利凡得的商业。除经营商业之外,殖民地上的行政,是由母国政府派专员来掌管,叫做“领事”(热那亚人和比萨人),或叫做“监督”(威尼斯人)。这些职位由意大利最大望族来充任,在尊严和财富方面,堪与近代英属印度各省的总督相等。

在叙利亚和巴勒斯坦的港口上,“三巨头”——威尼斯、热那亚、比萨——不是完全势均力敌的,但像在太尔和亚克这一类的最重要海港上,它们都有“居住区”,其中亚克城最为重要。威尼斯人在爱琴海、君士坦丁堡和小亚细亚各港口的商业活动,比在“东方”还要大;在叙利亚和“圣地”内,热那亚占第一位,比萨占第二位,而阿马斐占第三位,直到马赛赶过它为止。利凡得港口是古代商路的终点;这些来自波斯湾一端、美索不达米亚、波斯、印度和中国的商路，自古代以来，都辏集于地中海沿岸。叙利亚和巴勒斯坦两地构成一种类似亚洲和地中海间的缓冲国，经过这里，它们和欧洲维持接触。从海岸向后，有两座平行的山脉，两山之间是又深又宽的盆地。这双重的屏障，有时被横截的山路所切断，主要是在阿勒波和安提阿之间、在霍姆斯和的黎波里之间、在大马士革和太尔之间；商路就是通过这些地点的。像哈马和波斯特拉这一类的内地城市，因为成为从穆罕默德教腹地来的商路上的中途站而获得利益。后来，无孔不入的意大利商人，渗入这些内地市场；甚至在阿勒波和大马士革也设立了支店。我们也应谈到有些像米丹和伊布林那样的季节市集。在拜占廷和阿拉伯统治时代很出名的耶路撒冷九月市集，仍由十字军继续举行。从香宾市集来的商人们都会集在圣贞德城里。

东方流通的货币，和人口的复杂情况一样，种类繁多。当十字军征服叙利亚和巴勒斯坦的时候，他们看到那里不仅使用着拜占廷帝国货币，也使用着穆斯林人货币，为的是使贸易关系不致中断。此外，十字军也从西欧带来了各色各样的大量货币。耶路撒冷国王和王国的大男爵不久也建立他们的造币厂。但市面上最流通的货币，还是拜占廷和阿拉伯货币。主要金币，是希腊“贝占”币（值一百八十银便士）和阿拉伯地那币。银币中，有希腊银币、法国图尔银币、的黎波里银币以及安提阿银便士。十字军国家没有铸造过铜币，只把自己的图案刻在拜占廷和阿拉伯铜币上面。“耶路撒冷宪章”列举“贝占”、“地那”、“银马克”、“苏”（即苏里德，等于十二便士）各种货币；还有小辅币：阿拉伯第伦（dirhem 从希腊文 drachma 得来）、卡洛布（kharoub 从希腊文 cheration 得来）以及拉波因(rabouin)。银马克不是一种货币,而是一种计算价值的标准,像今天英国的基尼[1]那样。贝占、地那和法国圣路易金币是差不多等价的金币,它们的实价约合十先令或美元二元五角,但它们的购买力在中世纪时代远超过这个数额。银币折合美国的五角币,或者约合英国的半皇冠币(二先令,六便士)。但是,也须注意到购买力方面的差别。在十三世纪中,威尼斯和热那亚百合币[2]和佛罗伦萨百合币出现于利凡得。为了便利内地贸易起见,曾铸造出一种特别货币,叫做"萨拉塞那"(sarracenat),一面刻着基督教象征和文字,另一面刻着穆罕默德教象征和阿拉伯文字。这种汤克勒德[3]所发行的货币,今天是世界上最稀罕的一种货币。

这种东方贸易中所包括的商品,有当地产品和进口货两种。叙利亚在农业方面出产橄榄、葡萄酒、食糖、枣子、无花果。黎巴嫩的杉木提供有价值的木料。叙利亚棉织品和丝织品是很珍贵的。生丝出产于安提阿、的黎波里、托托萨;安提阿的锦缎、太尔的玻璃器和金属器、灯盏、杯盆、陶器、珐琅品,都是出名的;金线布和帷帐在亚克制造;有很多染坊,设在的黎波里、拉塔奇亚、萨基塔、希伯伦和耶路撒冷;太尔是一个制糖业中心。在约但河出口处气候近于热带的冲积平原地,我们还可看到十字军制糖厂的遗址,但现在已荆棘丛生。肥皂在安提阿、托托萨和亚克制造;甘露酒、果浆到处都有;耶路撒冷有一所制造一种叫做啤酒的酿酒坊。食盐是在死海沿岸煮炼的。

---

① "基尼"的价值规定为二十一先令。——译者

② 百合币(florin)是表面上印有百合花纹的金币。——译者

③ 第一次十字军中诺曼人的领导人。——译者

利凡得商品，主要是属于奢侈品的贸易。关于这一点，有保留下来的税册可资证明。这些商品中包括有棉织品和丝织品、金银线织成的衣料、太尔玻璃、陶瓷器、锡兰珍珠、印度宝石、象牙、染料木、药材、阿拉伯香粉、香料、香味及香料酒。还有装饰品、香粉、调味品等等。这些产品除在利凡得外，不能从任何别的地方找到。像胡椒、丁香、麝香、肉桂和生姜这一类的东西所可获得的唯一地方，是巽他群岛。所以和利凡得进行贸易是必要的；所转运的商品，容量小而价值高，但可有巨大的利润。

在交换方面，西方国家除了下列原料之外，再也没有什么别的东西可以出口：谷物、奴隶、羊毛、皮革和毛皮。所以，所有贸易上的差额，经常用金银的出口来抵消。正是由于这种情况，十二世纪中引起了现款的巨大需要，因而刺激了贵金属的流通。由于这个缘故，封建欧洲的自然经济遭受破坏；而它的地位开始被货币经济所接替；这样，在十二世纪中，欧洲的整个生活上发生了复杂的革命。

我们容易看出：什么东西需要最大，而这种需要的动机是西欧对那些有吸引力的奢侈品之欲望。但是，我们不能很容易地确定：这种欲望在十一世纪末期是否完全是新的，即是否是由十字军所创造并刺激出来的。换句话说，历史家在讨论这一段重要历史并企图就有关的力量作出相对的估价时，茫然不知：什么是原因，什么是结果。十字军是造成这种欲望呢？还是这欲望刺激了十字军呢？对于这个不能理解的问题，没有明晰的答复。

我们很惊异地发现：耶路撒冷国王没有好好利用他们周围的这些财富而获得了利益。他们所拥有的物质财源，确然比当时西欧君主所拥有大得多。从本地人用阿拉伯文字所写并保存着的关税章程看,各港口所课的关税,似乎已给他们很庞大的进款。还有向队商征收的通行税,以及按拜占廷先例而在工业方面所实施的很多专利事业。铸币权完全属于国王、属于安提阿亲王、属于的黎波里和以得撒的伯爵。国王有权订立或撤销赋税,他占有港口最有利的关税(亚克的关税包括一百十四项东西);他课征船税和队商税;他收集穆斯林人和犹太人的人头税;王室领地,范围广大,包括森林、葡萄园、果园、矿产、采石场。可惜国王不善于使用这笔大财产,而把它浪费于教会和军事寺院团方面;不使用它来雇佣兵士保卫王国而让它从他的手指间落到贪官污吏手里;甚至让唯利是图的资产者也分沾其中一部分。

教会在东方所得的利益最多,而所给予社会的报答却最少。当十字军进入巴勒斯坦后,希腊教会被推翻。希腊教长逃亡在塞浦路斯岛上。新建立的寺院收到大批土地赠与,因而在东方和在西方早已存在的情况那样,僧侣也成了大地主。他们甚至在欧洲也拥有庞大数量的地产。1178 年时,耶路撒冷的郇山寺院所拥有的财产包括:郇山及其附属地,城内的一个完整的“居住区”和开放一个城门的权利,叙利亚、亚实基伦、扎发、那普鲁斯、凯撒利亚、亚克、太尔、安提阿的乡村地产,太尔的若干房产和一所教堂,西里西亚的阿达那河上航行免税权。此外,在欧洲下列各地区内,都有教堂和房产:西西里的格尔真提和喀大尼亚主教区内,意大利的亚尔巴诺和巴费亚的主教区内,法国的奥尔良、布尔日、波亚叠、瓦伦斯等的主教区内。

几乎所有的东方寺院以及军事寺院团在西方也有规模很大的

领地，这是在十字军首次热潮里像阵雨般地赠给寺院的捐赠；拉丁圣马利寺院、郇山寺院和约瑟发特圣母院所收到的特别多。那为保护朝圣者而建立的意大利圣雅科波·达尔托帕沙寺院团，在巴黎拥有财产。关于这种领地的巨大规模，我们可以十字军救护骑士团的例子来说明。它们在西方所占有的土地，数量上这么多，以致把欧洲划分为七省，叫做“方言区”，再分成为修道院区。这种按方言的划分法，不是没有意义的。遗留下来的文献资料包括产权证、租簿、什一税簿、登录册、地产账簿等等形式以及关于这些财产的管理，数达几万件之多。单就奥汾涅“方言区”来说，这些文献有四万多件。在这些卷册内，列满着骑士团的采邑表。下列事实可说明对军事寺院团的热潮达到了多么高涨的程度：亚拉岗和纳瓦尔国王阿尔凡索一世在1131年逝世时，把他的整个王国留给圣墓教会、神庙骑士团和十字军救护骑士团；这一赠予由于国内各等级的反对而未曾实行。

与其说教会是王国的一个砥柱，不如说它是王国的一个弱点。教会的财产，包括土地、葡萄园、果园、市场权利、港口特权已这么多，后来虽欲用法律来限制给教会的赠与亦属徒然。这些财富激起了贵族和军事寺院团的贪得无厌心理，因而王国的统治力量比前更加分裂而互相敌对。而且，教会采邑在“圣地”不像在西欧那样，是不负担军事服务的。这些土地租给小农、园丁等等，或者由不自由的劳动力来耕种。教会的领地日益靠着牺牲贵族和国王的领地而增长起来，但男爵与国王是王国的当然捍卫者。

军事寺院团，虽是王国外部穆罕默德教敌人的可畏仇人，但它们却也是一个内部衰弱的根源。它们完全脱离政权而独立，只对教皇负责,好像纯粹的寺院团那样;它们保有土地而不负担军队服役义务的。实际上,军事寺院团和教会一样,已构成国中之国。它们的财富是庞大的——整区的领土、广阔的领地、城市、堡垒、要塞、葡萄园、果园、羊群和牲畜场、矿场、采石场、市场权利、港口豁免权;此外军事寺院团在基督教欧洲每个国家里还拥有类似的赠地。然而,据说,它们的土地比僧侣的或男爵的土地管理得好,耕种得精细。它们从欧洲土地上的收入,大部送到东方去,来建造宏大的城堡;这些城堡的遗址,今天在耶路撒冷王国的旧边境上,还使游客们惊羡不止。

其时,当东方出现上述的事情时,在西欧方面,第一次十字军也产生了一些奇怪而又出乎意料的效果。封建欧洲的整个社会被投入了一种流动的状态里。旧的情况开始迅速消逝,而新的事物也接踵而来。普遍浮动状态渗入所有的阶层,部分由于宗教的激动,但大多由于新的不习惯的经济和社会条件所引起。自从罗马帝国时代以来,欧洲从没看见过有这么多货币在流通着。成千上万的农奴已得到自由,而那些仍被奴役的人们则满腔不满而有贰心。骑士和贵族继续押出他们的土地以求现款;寺院以及那些窖藏现金的狡猾之徒因此获利;高利率到处流行;抵押期满还款拖延;因而债主拒绝承认赎回权而占取了抵押品。城市正在要求特许状;市民阶层成长为一个人数众多而突出的阶级。僧侣阶层势力膨胀,世俗君主大为震惊,因而对教会改革者所竭力提倡的"教会自由",比前更加侧目而视。参加十字军成为有利可图的职业,因为热心的亲戚朋友往往以金钱、马匹和盔甲等礼物,慷慨地馈送给行将出发的十字军战士。

在上述的影响和因素里，所谓“十字军的特权”产生了一种又新又不调和的状况。乌尔班二世对十字军曾允许消除罪孽，也许还曾允许物质利益。确然，物质利益不久就给予那些参加十字军的人们；可是这也发生了不得人心的反射作用。这批人在离开的时期，不得因为债务而受到控诉；他们终身或在某一时期内豁免付税；他们无须领主的同意可转让他们的土地；他们不得被传唤到世俗法院去受讯，而在法律程序方面，获得僧侣特权。十字军战士的妻子、儿女、财产和所有物，受到每个主教区主教的保护。这使封建主阶层深为愤慨；他们认为：他们的监护权遭受了侵犯，而这监护权对他们来说是有利可图的。在十字军战士返国前，或在死亡未证实前，对他们的财产，不得提起任何诉讼。教会曾宣布一项十字军战士延付债款的命令。1145 年尤金三世曾发布命令说，“如果任何欠债的人愿诚心走上神圣旅程，他们得不付已经到期的利息；又如果他们或别人曾宣誓过付利息的话，我们以我们使徒的权力来解除他们的誓约。如果他们的亲戚或他们所住土地的领主不能或不愿供给他们必要的现款，他们无须获得他们领主的同意，得把他们的土地及其他财产典当给教会、僧侣或其他的人。”

当然，教皇这种高压手段的立法会触怒世俗王公的，因为那是对宗主的封建特权，进行了大胆的侵犯；而且，这种立法从经济观点来看，也是不公平的，因它剥夺了债主阶层的合法进款和收入，也没有按法定程序而取消了债务者阶层的义务。准许附庸没有获得他们宗主的同意得处理他们的土地这一办法，动摇了封建政府本身的基础。除这些怨言之外，还有农奴要求自由作为走上十字军道路的报酬，如果受到拒绝，他们就一走了事。

腓力奥古斯都,刚在 1190 年第三次十字军离国之前,制订了法律来取缔这种债务上的流弊;规定未来的十字军战士可展期两年清偿他们的债务;但附有一项条款:1/3 的债款必须在出发前交付,1/3 在一年后,最后一批在第二年底。凡有土地的债务人,可把土地转交给他们的债权人;领主对此行为,不得加以阻挠,除非他们已和附庸的债权人亲自协商妥当。僧侣和骑士,没有土地或其他财物作抵押者,在出发往东方之前,必须提出保证人。在债务人离开的时期,债主不得对他提出诉讼,除非诉讼在债务人参加十字军前,已经开始。如果有任何十字军战士抵押或转交他的土地,定期若干年,债务人在第一年应收取土地上的产物或收入;但债权人为了取得这一年的补偿,在这抵押或转交的产业满期后还可继续保持一年。然而,如果债权人耕种这抵押的土地,他得收取收获的一半作为劳动的报酬。

可是,教廷继续恪守那早期不公平的和破坏性的政策,即照顾债务人而损害债权人的政策。1215 年时英诺森三世规定:所有的十字军战士概将豁免捐税、关税及其他的赋税;如果有人对十字军战士的财产进行诉讼,将处以宗教谴责的处分。到期的利息积累,连利息的欠款在内,都被专横地取消。"如果有债权人勒索利息,应以宗教惩罚方法迫使他退还所收的利息。"犹太人当然由于这不利的教会立法而倒霉。"我们命令:世俗政权应责成犹太人退还利息;在他们退还利息之前,一切忠实基督信徒不得和他们来往,违者将处以驱逐出教的处罚。世俗政府为无力归还犹太人债款的人,规定一个有效的延付时期;使他们在启程之后不将为了付息而蒙受不便,直到对他们的死亡或回来已经确实知道时为止。还应责成犹太人在扣除必要开支之后，把其时从抵押的财产所收到的进款算作归还的本金，因为这一种偏袒，即延缓归还而不撤销债务，看来不会产生多大损失的。”

毫无疑问，教廷所颁布的这种横暴而不合商业常规的立法，使欧洲的统治阶级、拥有产业的阶层以及爱钱若命的中产阶级对教廷的不满情绪大大地加剧起来。教廷所采取的措施，就是那项声名狼籍的财政政策的一部分，后来流弊丛生，以致较稳健的分子都起而反抗。1303 年，邦尼非斯八世的垮台，是这些弊端的累积所引起的。教皇的财政政策对欧洲有产者和债权人是不公平的，对商业又是有破坏性的，但穷人，负债者阶层当然是欢迎的；因为这批人乐于一笔勾销了他们的债务或减去了他们债务的一半。教廷以这种措施来献媚于群众，但它对商业的稳定性和任何稳固的社会来说，是有破坏性的；所以教廷终于收获了它浅见的、诡诈的、不公平的政策的果实。

其时，在十二世纪后期，东方的形势，更为恶化。1144 年，以得撒的丧失加速了第二次十字军的东征，但完全失败了。只有在圣伯尔纳德到过的地方，才对第二次十字军有着狂热。他的火焰般的激烈演说，使成千上万的听众陷于情不自禁的状态。当他讲话的时候，听众从他身上撕下布条，做成十字架。他写道，“我张口讲话后，城市村庄顿变荒地。大家到处只看到寡妇，而她们的丈夫还活着。”情况更恶劣的是，在大马士革有一个新的可怕的穆罕默德教国家形成起来，在那里总督努勒丁脱离了巴格达哈里发国家，自立为一个独立的统治者并不久控制了巴格达劲敌埃及法提马朝国家。阿拉伯叙利亚和埃及的这一联合使耶路撒冷王国陷入老虎钳口当中了;因为过去当埃及和巴格达互相敌对的时候,圣地可获得某种程度的安全保障。努勒丁的继承人,是库尔德族酋长萨拉丁;他是十字军时代最伟大的穆罕默德教首领;在 1187 年他占领耶路撒冷,并蹂躏了“圣地”;但对基督教叙利亚没有进攻。他是个公正而又崇高的人物。

> 萨拉丁在占领耶路撒冷的时候,准许基督徒携走他们所有的财产,并给予四十天期限使他们拣选所愿意拿去的东西。阿拉伯作家举出例证来说明这项准许曾被利用到什么程度。易宾·厄尔·阿提尔说道:“法兰克人的大教长离开城市的时候,携带教会的财宝数量惊人,只有上帝才知道这财宝的总值。”伊马德丁当看见教长带走基督墓上的金银饰物时,向萨拉丁谏诤说,墓上“现有价值二十万金币以上的东西。您给基督徒的安全是为保障他们的财产的,而不是为保障他们夺去教会的饰物”。萨拉丁回答道:“让他们去吧。要不然的话,他们会指责我们的背信。他们不懂得条约的真正意义。让他们有机会来赞扬我们宗教的宽宏大量吧。”

为要了解耶路撒冷王国的不幸的来由,我们必须从比王国内部衰弱和分裂更远的根源来寻找其原因。王国的保卫,不仅依靠军事寺院团、骑士及其他军事附庸的力量,而且依靠那由十字军所产生的海权之维持与完整。但这项海权,是分裂的而不是统一的。威尼斯、热那亚和比萨在商业上是激烈的竞争者。

显然,没有充分的财富可满足所有这些贪得无厌的商业城市的；它们各想要求垄断地位；结果，比萨人对威尼斯人开战（1099年）；比萨人劫掠阿马斐城（1135 年）；阿马斐的商业权力从此垮台；热那亚和比萨在叙拉古作战。圣伯尔纳德在第二次十字军前对热那亚和比萨的冲突的调解，暂时得告成功，但不久以后，它们之间又爆发敌对行动。1155 年比萨人和热那亚人在君士坦丁堡打过一次仗；在 1156—1158 年间，热那亚、威尼斯和比萨之间在亚克打仗。参加这些冲突的还有：加达鲁尼亚人和圣约翰骑士团，他们是支持热那亚的；布罗温斯人、教长、圣殿骑士团和条顿骑士团，他们是站在威尼斯方面的。威尼斯和热那亚是主要竞争者。威尼斯享有最大部分的对通过君士坦丁堡与拜占廷帝国各港口的贸易，而对埃及的贸易几乎获得垄断的地位。太尔的威廉说过，亚历山大城是“两个世界的市场”。重要性次于亚历山大城的是达米伊塔，也在尼罗河三角洲上。

威尼斯在埃及多年来所享有的垄断地位，不能持久。在十二世纪后半期，热那亚人和比萨人渗入了亚历山大城和达米伊塔，在那里，他们也获得了商站。至于个别的商人，他们从各地蜂拥而来。西班牙犹太人杜德拉·本杰明（死于 1173 年），游遍东方各地，他举出有二十八个国家或城市的商人出现于亚历山大城的商站和商场上。由于商业竞争的缘故，海权国家间互相分裂对峙；这就是耶路撒冷王国的最大弱点。威尼斯和埃及秘密勾结，来阻止亚实基伦的占领；这一事件表明一个基督教国家多么严重地背叛了十字军的事业。

耶路撒冷的陷落加速了第三次西方对东方的大出征。英国理查一世、法国腓力奥古斯都和德王兼神圣罗马皇帝红胡子腓特烈这三位国王联合行动。可是,虽没有像第二次十字军那样遭到大失败,第三次十字军也未获成功。皇帝溺死于西里西亚。法国腓力不久返国,理查在表现惊人的勇敢以后,即使不是失败而归,也是狼狈返国的。所有第三次十字军所真正完成的,只是克服亚克而已。

在第三次十字军的历史里,我们得窥见一种属于经济性质的有趣情况。叙利亚、小亚美尼亚、小亚细亚和君士坦丁堡,对于"圣地"的丧失,并不和西欧一样地感到遗憾,因为这事件使贸易稍微移转到它们方面。威尼斯过去对于亚克的丧失,曾庆幸热那亚所受到的打击,因为在那里热那亚比它更有势力,现在亚克的克服使它感到愤怒。其时,威尼斯在太尔的势力比热那亚要强。至于拜占廷皇帝,在这个时期由于很怕威尼斯人在黄金角的傲慢态度,1189年同萨拉丁进行谈判。在第三次十字军里,十字军队势力的集中点不是在耶路撒冷,而是在沿海岸城市,因为它们对意大利城市是很需要的。由此可见,城市的经济自利心超过十字军宗教动机。克服"圣墓"和"圣地",不复是主要的目标了。

据一个阿拉伯史家的记载,当腓力奥古斯都和狮心理查来到圣贞德城的时候,围攻已进行了两年之久而未有结果,虽然在那里集结着六十万大军。在基督徒军队中,纪律和统一指挥一向是缺少的。在盖羽·得·拉西格南和蒙斐拉侯爵之间,爆发了激烈的冲突。他们各想把新来的人拉入自己方面作战。另一方面,十字军营阵,以其全部长度,已成为一个大市镇,建造得几乎像一个永久性的城市一样,有教会并有陈列着一切东方商品的市场和商场。按兵不动是对军队纪律的一个致命伤。在初冬,那完全经过海道送来的军粮供应中断了，因而对十字军队来说，开始了一个饥饿受苦时期。在1190—1191年冬季，他们不得不宰杀军马作为食物；有些基督徒甚至逃入土耳其人营阵，而成为穆斯林，以求一饱。他们搜集树皮草叶来作汤羹。当时有两个中士所有的财产，只剩一个安泽芬便士；他们商量好久之后，决定用它来买一些蚕豆；商人给他们十三粒蚕豆来换取他们的便士，他们发现其中一粒是虫蛀的；一个中士不惜走了很长的路程来调换它。还有疫疾，跟着饥饿而来；冬季雨水泛滥营帐，并引起了流行病。“每个人开始咳嗽而变成声哑，两腿开始浮肿，而头也如此。牙齿脱落。”最后，到了春季，有几只运粮船开到，而在下一天，麦价就从每担一百贝占猛跌到四贝占了。

在这长期围攻里，获得了一个出乎意料的结果，就是在战斗间歇期中，穆罕默德教徒和基督徒之间建立了几乎是亲密的关系。他们彼此懂得尊重对方，有时他们还互相开开玩笑。“圣战史”的作者，尽管害怕萨拉森人的宗教，但情不自禁地赞扬他们。商业关系也依然继续着；贵重的奢侈品，经过双方协议，得通过战线；这一交易使穆罕默德教徒和基督徒都得到好处。

在一次停战时期，萨拉丁同理查一世约定：商业契约和商业应继续进行。1191年7月13日，亚克被围的穆罕默德教守兵觉得没有什么希望乃投降。依照下列条件，守兵获得自由出城的权利：萨拉丁应付二万贝占赎款，归还“真正十字架”和释放基督徒俘虏。关于条约执行，规定四十天的暂时停战期；被围者交出二千人质作为执行条约的保证。热那亚人和比萨人恢复了他们原先的“居住区”。一个当时代的历史家写道，“兑换商人及其他做生意的人，在城内公开市场里获得了营业所;这些营业所是在他们每年缴付适当租金的谅解下,由国王官吏配给他们的。"

显然,到这一时期(1190—1192年),十字军已有深刻的变化。基督徒的进攻,不是针对耶路撒冷,而是针对意大利城市所殷切需要的港口城市。威尼斯、热那亚和比萨的商业利益和商业竞争已成为左右局势的最高力量。

在十字军队中间,新的不睦不断发生,使进军耶路撒冷的每次企图成为不可能。比萨人和热那亚人互争霸权,而蒙斐拉侯爵和勃艮第公爵之间还公开打起仗来。

在这个时期,业已迁到亚克城的耶路撒冷王国又延长了寿命,并经历着"海上的又丰富又奇异的事物的转变"。理查一世在他的前进途中,已占领塞浦路斯岛,在那里有一个叛乱的拜占廷省长曾建立政权,而自称"皇帝"。这项占领,在理查看来,似乎是没有什么用处的。他把这个"地中海上的产铜王后"售给圣殿骑士团,换取十万金贝占,其中四万贝占当即支付。但圣殿骑士团无力续付其余的款子,因而理查按同一条件再度出售这个岛给盖羽·得·拉西格南,即那被逐的耶路撒冷国王。他约定:支付六万金贝占给英王,并归还四万金贝占给骑士团。

盖羽·得·拉西格南颇有见识,在塞浦路斯岛努力吸引殖民来到岛上;他用慷慨赠与土地和赐给封建性与商业性特权的方法,成功地吸引入了那批被萨拉丁的征服而弄得无家可归的移民。太尔的威廉的门人说道:"我们看到穷苦的制鞋匠、石匠以及那批只依靠代书谋生的公共代书人,突然在塞浦路斯岛上成为骑士和大业主了。"不久,法国殖民遍布岛上,他们在本地居民中间,构成了关系紧密的集团。法文成为整个岛上的通用语，甚至上层希腊人也说法文，而希腊文反而降到一种土语的地位。法国建筑师把他们的地方性的建筑式样，传入塞浦路斯岛上，而教堂和城堡似雨后春笋地出现岛上，这些遗迹今天还可证明西欧人的影响。

十二世纪中，使意大利颤动不已的激烈、复杂、竞争和商业的生活，到了下一世纪，精力充沛地表现出来了。那是从它过去一切活动自然地产生的一个给人印象极深的高峰。在十三世纪，教廷正在极盛时代；当它对半个欧洲政治命运挥舞威风凛凛的大棒时，威尼斯控制着大部分意大利和利凡得的商业命运。

1187 年“圣地”的丧失和第三次十字军恢复“圣地”的失败，对意大利沿海共和国的商业，是一个沉重的打击；威尼斯、热那亚、比萨都受到了损失。但威尼斯很现实，并不徒然悲伤，因而它鼓足勇气要取得比以前更大的利润来回复元气。于是它着眼于征服拜占廷帝国，因为皇帝亨利六世，于 1190 年兼任西西里国王后，重温起罗伯特·基斯卡和罗哲尔二世的大胆梦想，要征服黄金角的城市，它就更加兴奋；这项计划差一点就实现了(1197 年)。

拜占廷帝国，在一个又无能又腐败政府下，又在叛乱时起的状态下，急剧地趋于瓦解。海军已衰败，贸易已落在意大利人手里并远比以前大大萎缩了。因为叙利亚、小亚美尼亚和“圣地”在第一次十字军后所经历的“繁盛”已把君士坦丁堡的商业拉去了。西欧商人，宁愿通过利凡得的较多特权的港口来进行贸易。据估计，在十二世纪，君士坦丁堡的商业比原来数量跌落了 1/3 到 1/2。拜占廷货币的贬值，也与此有重要关系，而且这是闻所未闻的事情，因为拜占廷货币自从君士坦丁时代以来，是欧洲和世界上最稳定的钱币。由于它的贬值,威尼斯和热那亚的金币和后来佛罗伦萨的百合币逐步取其位而代之。昆尼诺斯朝末代诸帝不是很弱就是很坏。这皇朝的权力原来是依靠着地主贵族和威尼斯的友谊的支持。但安德洛奈卡皇帝(1183—1185年)改变了政策,转而依靠那些憎恶威尼斯商业优势的君士坦丁堡的居民和商人阶层。更坏的,他残暴地削减封建贵族的力量,而建立了恐怖统治。安德洛奈卡曾企图改革行政,像制止官场的贿赂、整顿各种赋税、采用省长定额俸禄等;但这些改革所产生的良好效果,都被他所树立的敌人打消了。甚至当他由于害怕诺曼人的攻击再度向威尼斯人请求缔结联盟并给予新特权的时候,威尼斯对他尚未释然于怀。威尼斯征服君士坦丁堡的计划在它的实行之前二十年已经制订。

另一方面,尽管帝国政府又衰弱又腐败,但帝国内有些省区城市还是兴盛的。底比斯在诺曼人劫掠之后,已恢复元气,它的丝绸制造业又恢复了重要地位。哈尔米洛斯,是一个大商场。萨罗尼加位于瓦尔达耳河口的海湾,是在多瑙河贝尔格莱德和爱琴海之间摩拉瓦—瓦尔达耳河水道之终点,它的重要性不见得亚于君士坦丁堡本城。拉里萨出产无花果和葡萄酒;帖撒利平原是首都的谷仓。地峡上的科林斯和阿克洛科林斯,以靠交叉贸易而兴盛起来,而科林斯还是出产生丝和小葡萄干的中心〔小葡萄干(currants)就是从科林斯城(corinth)这名词得来的〕。在伯罗奔尼撒的西岸上,佩特拉斯的商业相当发达,并有范围很大的犹太人殖民地;它的重要地位可从下列事实获得证明:威尼斯人在同希腊帝国最后签订的一项商约里,曾要求那里的贸易便利。斯巴达附近维发那六月市集,每年吸引着希腊和巴尔干半岛上大批人到那里。威尼斯垂涎于黑海和爱琴海的有利贸易。当时拜占廷帝国困难重重：新保加利亚政权被英诺森三世所煽动威胁着它；威尼斯越来越多地要求商业特权，剥削着它；内忧外患同时并发；在这样的情况下，看来它已濒于瓦解。在所有的希腊省内，在各岛屿上，在小亚细亚区内，地方权力继续扩张，对于它们，中央政府已束手无策。

按照教皇所拟定的计划，第四次十字军的目的地，原来是在埃及；通过征服埃及，西方国家希望获得军事基地来对占有"圣地"的穆罕默德教徒进行战斗。但威尼斯，关于它所要扮演的角色方面，有着自己的秘密打算。在 1201 年，有六位使臣来到威尼斯同总督亨利·丹多罗谈判运输条件，其中包括有第四次十字军未来历史家维里哈道在内。我们知道，丹多罗又瞎又老，但狡猾得很，他迫使法兰克人接受苛刻条件，"如此不利于我们方面"[①]。他无需乎取得"资本家的精神"，或从任何人吸取剥削的经验。依据 1201 年 3 月签订的条约，威尼斯政府同意运送四千五百骑士、九千骑兵和二万步兵连同九个月的军粮到东方去。而十字军承担对每匹马付出四马克，每个人付出二马克的费用，总共八万五千马克，并把所有未来可能征服的领土的一半移交给威尼斯。但十字军的人数比预计的要少得多。因此，不能付出条约上所规定的总额。于是，威尼斯总督提出了一个新建议。他提议"延期支付三万四千银马克的欠款，直到上帝保佑我能靠征服来获得这笔款项时为止"。他的意思是：十字军应帮助威尼斯克服扎拉；这是在亚得里亚海上威尼斯的竞争对手，位于达尔马提亚沿岸，属于匈牙利王国的。于是签

① "tant con nostre compaignie durra."

订了条约,1202年11月,远征队乘船出发。扎拉遂被征服。

十字军的征服欲,由于这次胜利而加剧,因而他们成为威尼斯诡计的顺服工具。威尼斯急于要使原拟定的出征改变方向,不往埃及去,因为在那里它和穆罕默德教徒有着巨大商业利益与和平交接。正在这一时期,它为它在君士坦丁堡的地位很感焦虑。君士坦丁堡新近所发生的革命,已严重地损坏了威尼斯在拜占廷帝国内的优势。亚历修三世袒护比萨人;他不仅限于违反和威尼斯所签订的条约条款,还对威尼斯商人课以新税。另一方面,威尼斯支持一个皇位觊觎者①来对抗他。

威尼斯与十字军间的合同,直到征服扎拉之后,才正式签订。阴谋家公然不顾教皇要把进攻一个基督教国家的人们驱逐出教之警告,加紧进行他们的计划。十字军总司领蒙斐拉的邦尼非斯,虽未参加出征扎拉之役,但不久就到达那里的十字军营幕里。于是,威尼斯舒展了巧妙的手腕。它使皇位觊觎者允许付给十字军士二十万银马克巨款,亲身参加十字军以求恢复"圣地"并在那里维持一个五百骑士的队伍。这种安排是聪明的,因为威尼斯可披着十字军的外衣来掩盖它进攻君士坦丁堡的计划,虽然教皇已识破这项阴谋,并断然禁止了十字军进攻希腊帝国的行动。

1203年6月12日,舰队开到达达尼尔海峡口外。维里哈道在他的出色一章里②,描述帝国首都对西欧人所产生的深刻印象。

① 指亚历修·安泽拉(Alexius Angelus),爱撒克二世的儿子,他从狱中逃出到西欧请求援助,以求争夺拜占廷的皇位。——译者

② 指他的名著《君士坦丁堡的征服》内的一章。本书叙述1198—1207年的事件。——译者

1204 年 4 月 13 日，这个大城市成为十字军的牺牲品。抢劫情况，是欧洲史上最黑暗的一页。君士坦丁堡原来是基督教国家中从古希腊时代以来一脉相承古代高度文化和物质文明的一个大城市代表。现在，几乎全部珍奇遗产都被破坏无遗。我们知道，在这以前，大部分古代希腊文学和很多希腊艺术品还是存留着的。物质的毁坏虽比不上人类所遭受的文学和艺术上的损失，但也是令人痛心的。图书馆、宫殿和浴场化为瓦砾场所。维里哈道是一个目睹者，又是一个军队的指挥官；他写道，“所得的战利品，多得不得了，没有人能够告诉你究有多少。黄金、白银、器皿、宝石、锦绣、银线布匹、长袍、灰鼠皮、银鼠皮以及各种最精致的东西，散乱在地上……自从世界创造以来从来没有从任何一个城市，可获得这么多的战利品的。过去的穷汉，现在又富又豪华了。”

在 1204 年 3 月，刚在第二次围攻之前，威尼斯和男爵们间所签订的合同上，有着下列的规定：在占领之后，战利品将平均分配；由六个威尼斯人和六个法国人所组成的选举团将推选一个新皇帝，而新皇帝将获得 1/4 的征服地和君士坦丁堡的两座宫殿。在分割的拜占廷帝国内其余 3/4 的土地中，威尼斯将获得一半，所剩下来的部分，将按照西欧的模型，用封邑的形式来分配给军队的将领。后来“拉丁”皇帝获得了君士坦丁堡城的 5/8，威尼斯获得了 3/8 和圣索非亚大教堂。蒙斐拉的邦尼非斯获得了帖撒罗尼迦和马其顿；法兰德斯的亨利成了阿德拉米兴的领主；布腊的路易成了尼西亚的公爵[①]，勒尼尔·得·特列茨成了菲利波波利的公爵；圣

① 他从未获得过这块领地。

波尔的休格成了迪狄摩太春的领主。小块封地,按照每个指挥官的等级和随员的人数,分成 100 个、60 个、50 个、40 个骑士封地等直到十个骑士封地来分配的。

威尼斯人为自己的共和国,保留了那些可保证它的海上优势的部分领土——摩利亚半岛上的摩敦和科隆港(以洋红出名)、伊庇鲁斯、阿卡内尼亚、爱奥尼群岛、伯罗奔尼撒、爱琴海中岛屿、科孚、过去叫做优卑亚、现在叫做涅格勒滂的大岛、色雷斯港口(就是,加利波利和罗多斯陀),连同内地的亚得里雅那堡。根据 1204 年 8 月和蒙斐拉的邦尼非斯所签订的秘密条约,威尼斯还获得了将要占领的克里特岛的产权。

> 威尼斯人由于他们商业上的狡猾成性和由于他们较多熟悉地方情形,在瓜分条约里,曾获得所有利凡得的最优良港口、岛屿和市场。几乎没有一只战舰,没有一只商船,在驶入"多岛海"[①]、黑海或亚速夫海时,不被科隆和摩敦港口上的威尼斯守兵所看到的;这两港很合适地被称为"共和国的眼睛"[②]。

在伯罗奔尼撒半岛之上,像百年前在巴勒斯坦那样,施行着拉丁的封建统治。法国语成了宫廷上的谈话用语和法律用语。在希腊所建立的"新法兰西"(用教皇霍挪留三世写给王后布兰奇的信里所用的确切说法,和威尼斯政权并肩而立)。鄂图・得・拉洛士

① 即爱琴海。——译者

② W. 密勒:《拉丁人在利凡得》。

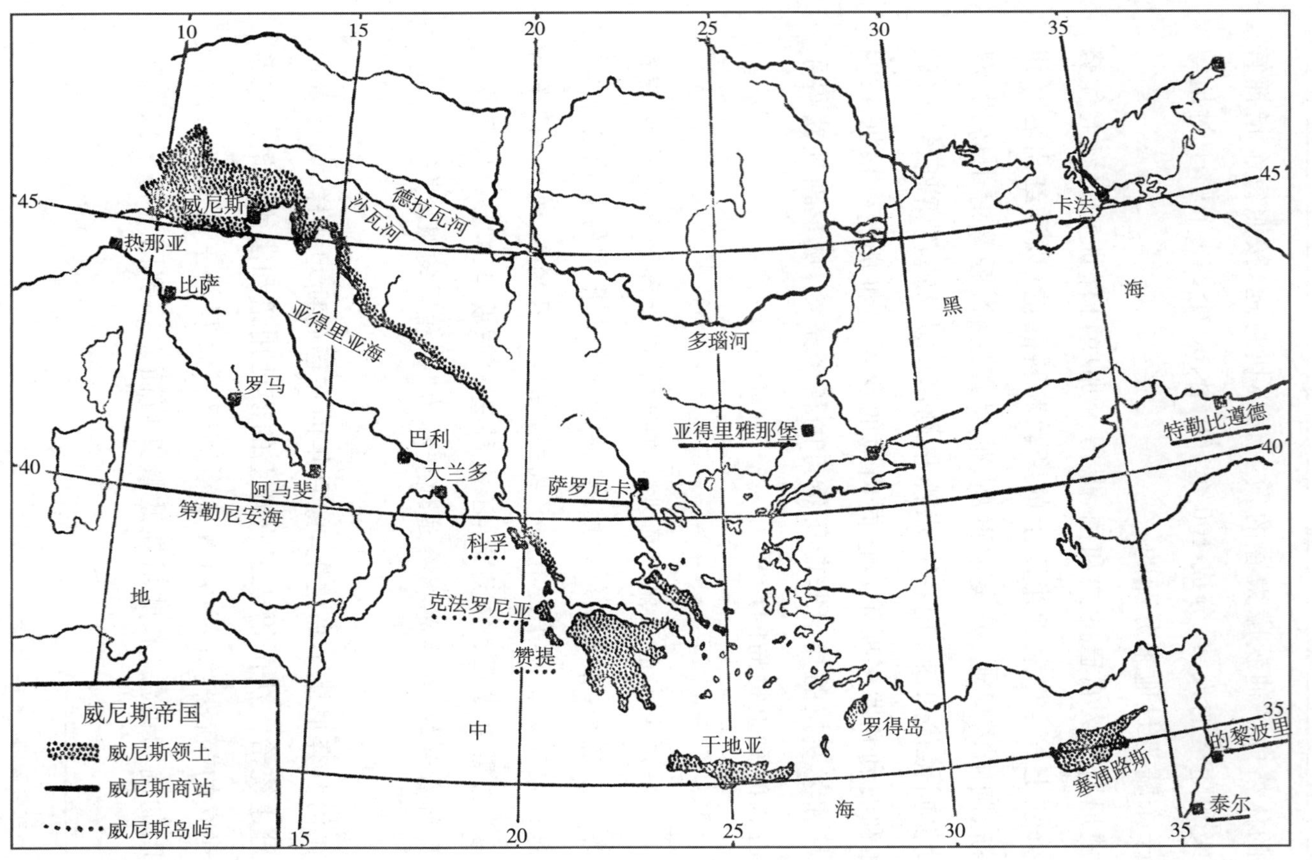
威尼斯帝国
威尼斯领土
威尼斯商站
威尼斯岛屿
威尼斯
热那亚
比萨
罗马
阿马斐
巴利
大兰多
亚得里亚海
第勒尼安海
德拉瓦河
沙瓦河
多瑙河
萨罗尼卡
亚得里雅那堡
科孚
克法罗尼亚
赞提
干地亚
罗得岛
塞浦路斯
的黎波里
泰尔
特勒比遵德
卡法
黑
海
地
中
海

夺取了雅典;赭弗理·得·维里哈道曾征服了摩利亚。威尼斯的优势增加了。它从“禁海”里逐出每个商业竞争者,尤其是热那亚。它对本地居民所进行的彻头彻尾的剥削行为,需要武力的支持;所以它利用了往东方去的十字军士和军事冒险家,来为自己的目的服务。1209年,威尼斯借口教皇已批准十字军出征克里特岛,征服了它。马立诺·萨纽杜自己出资组织一次海盗式出征来征服昔加拉第群岛;他夺得那克索斯并充任该岛的公爵;他把邻近岛屿以封邑的形式分给他的战友们。优卑亚起初是以蒙斐拉的邦尼非斯的名义获得的;但威尼斯却派遣一个官吏去统治。

十二世纪,是中世纪希腊在商业上非常活跃的时期。帖萨罗尼迦几乎堪与君士坦丁堡争雄。它在10月市集里,最为热闹,届时,在它的街道上拥挤着保加利亚人、意大利人、西班牙人、葡萄牙人和法国人。看来,这些人在城内可能是保有财产的。克里特和罗得西亚岛的港口,是到东方去的路上的半途站,它给一切国家的船舶提供避风暴所这就更不待说了。

从罗马衰亡到1498年到印度去的航路的发现之时期,第四次十字军对利凡得贸易史上进行了最重要的革命。因为它使威尼斯成为近代第一个殖民帝国。意大利沿海共和国,在叙利亚和“圣地”,已形成这一种制度的要素,但一个商业帝国还需要更深更广的基础。

威尼斯所获得的新领土,对“共和国”来说,似乎是非常重要的,所以,元老院竟想要总督迁居到君士坦丁堡去。对比萨,而非对热那亚,准予保留它的旧“居住区”以及在希腊皇帝统治时期所享有的权利。阿马斐殖民地在拉丁帝国时代也勉强维持着。伦巴人、丹麦人、布罗温斯人、西班牙人和安科尼坦人也去补充君士坦丁堡的人口。但所有这些人,都靠着威尼斯的恩赐而留在那里,现在它的一句话等于皇帝的一道诏令。威尼斯是城内的支配权力,它享有绝对的贸易自由,并收取从这些商业区所得的3/8的进款。

威尼斯人由于占据坚固设防的加利波利,由于占有博斯普鲁斯海峡和君士坦丁堡的3/8面积,获得了黑海航行的垄断地位。到1223年时,他们在克里米亚半岛上已建立若干“商站”。

那些滨黑海北岸的地区,是君士坦丁堡的谷仓。而且,还有一部分印度和亚洲的贸易达到尤克辛海(黑海)。威尼斯人熟悉黑海地区的资源。他们的航海家有的已侵入那里,因为1196年威尼斯曾派遣一个舰队开到亚密苏斯;在克里米亚半岛上,它也设立若干商业机构。他们的国旗飘扬在多瑙河、顿河和法息斯河各河口上。他们在顿河口曾建立一块殖民地,命名为塔那,这就是今天的亚速夫。这块殖民地成为亚洲商业的一个主要商埠。商队转运印度商品,从恒河口横穿广大无边的大陆,达奥克斯河(即阿姆河)岸,从那里货物用船装运到里海,在阿斯脱拉罕卸下——因为在十三世纪奥克斯河流入里海,而不是注入咸海的。从阿斯脱拉罕,货物用骆驼转运到塔那,从那里把货物分散到黑海各港口去。威尼斯和亚洲内地的蒙古族王公所签订的条约使威尼斯人得和这些游牧部族进行有利的贸易。

但当威尼斯人举杯饮胜利酒的时候,杯中有着一滴苦酒。他们还没有占领小亚细亚。拜占廷帝国的残余分子在下列两地建立了政权——在君士坦丁堡对面的亚洲尼西亚和在黑海畔的特勒比遵德。征服尼西亚,为在陆路上取得和叙利亚的交通线是必要的,而特勒比遵德把一大部分横穿亚洲的贸易拉到它的港口去,这样,使威尼斯共和国在尤克辛海上本来可完全垄断的贸易受到了阻碍。正是在1215年,当拉特蓝宗教会议禁止基督徒和穆罕默德徒通商时,威尼斯同爱科尼安苏丹签订了同盟条约来反对狄奥多·拉斯卡立斯。1219年同爱科尼安苏丹阿拉丁签订了另一项条约,依这条约,威尼斯商人在苏丹所有的省内获得了一般的安全保证,并对某种物品所征收的关税也明确规定;而且特别指出:珍珠、黄金和精细羽毛不在此限。

威尼斯虽然不能占领特勒比遵德,但它成功地垄断亚美尼亚商业也可作为部分补偿。据史载,亚美尼亚国王和威尼斯之间签订了两次通商条约:一次在1201年,另一次在1245年。亚美尼亚的葡萄酒贸易是相当大的。亚美尼亚首都陶利斯,是一条通东方商路的终点(这一条路经过伊思巴汗、巴尔克和布喀拉),也是那些沿底格里斯河折向南方商路的终点。1229年,威尼斯还同阿勒波苏丹签订了条约;由于这项条约,它得吸取横贯亚洲大陆的队商贸易。这项条约还赋予威尼斯人在阿勒波享有一个商站、教堂和领事裁判权的权利。

威尼斯在获得君士坦丁堡和垄断爱琴海和黑海贸易的辉煌功绩,使热那亚的仇恨达到疯狂程度。这两个海洋国家为争夺利凡得的贸易控制权而起的冲突,是十三世纪地中海世界的突出的商业事件;几乎所有大海沿岸的国家,都被卷入漩涡。

教皇的野心、路易九世的十字军、安如·理查的成功或亚拉岗诸王的成功,都是依靠并集中在这两个大海军国家身上;

因为它们,也只有它们,是地中海的主人翁。在威尼斯和热那亚作战的时候,要进行十字军的出征,是不可能的,因而教皇费了无穷的时间、加以耐心劝解和恫吓以求和平的实现。路易不能从亚格-摩特开船,除非获得这个或那个竞争者的帮助。亚拉岗国王的登陆以及同理查的冲突是依靠热那亚的帮助的。可是,对于这些事情,热那亚和威尼斯都毫不介意。它们各专心致志于遏制对方,如属可能,还要粉碎对方。什么能使它们真正感到兴趣的是:它们的海军司令,像它们所曾做过的那样,将携回亚克的热那亚塔上的石头到威尼斯来,携回君士坦丁堡的威尼斯宫殿上的石头到热那亚来。达达尼尔海峡口,对它们来说,比"圣墓"还要宝贵得不知多少倍。

热那亚痛恨威尼斯,因为它被挤出于黑海之外。威尼斯也极其担心于丧失那项贸易的可能性,所以尽其全力来维持它。这两个国家的竞争震动了每个港口。在这斗争里,比萨因为和热那亚在利古里亚沿岸有着商业竞争,成了威尼斯的同盟,因而热那亚对它愤怒的程度,几乎和对威尼斯不相上下。可是,威尼斯毕竟是更可怕的仇敌,所以热那亚就以战争来迫它。

1255 年,在圣贞德城,情势发展到一个危急关头。威尼斯人和热那亚人竞争占夺那里的一所宫殿和一所教堂。热那亚人在战斗里,击沉了几只威尼斯船,并占领了一座属比萨人的塔。威尼斯舰队不久即出现于亚克城前。它们烧毁了三十二只热那亚船。热那亚人遭到惨败而被迫退到太尔城。十字军救护骑士团站在热那亚方面,而圣殿骑士团站在威尼斯方面。据说,有两万人死于这次战争里。亚克被看作一个征服的城市;从那里所夺取的战利品,不可胜计。教皇进行干涉,也无效果。最后,1258年6月24日,热那亚舰队在亚克停泊处全部毁灭,而被俘的热那亚人被迫宣誓:三年之内不回到叙利亚。亚克的热那亚"居住区",分给威尼斯人和比萨人。后来,这两个交战国继续苦战;这项战争扼杀了十字军运动并终于使"圣地"完全丧失。

1261年1月,热那亚晴天霹雳般地反攻威尼斯。尼西亚的皇帝迈克尔·巴列奥洛哥欣然接受热那亚所提关于签订反对威尼斯同盟的建议;在奈法昂条约里皇帝允诺:如值拉丁帝国推翻,热那亚人得享有威尼斯人1204年前在拜占廷帝国内所曾享有的一切权利和特权。当威尼斯舰队正在围攻黑海畔的一个城市的时候,迈克尔的将军亚历修·斯特拉特哥波洛,在1261年7月25日,进入了君士坦丁堡。在博斯普鲁斯,威尼斯的权力被推翻,迈克尔实行了条约上所规定的条件;给予热那亚人圣母教堂、威尼斯人的卫城以及他们在君士坦丁堡的墓地。热那亚人得意洋洋地拆毁这个卫城,把它的石头作为战利品运到热那亚去。热那亚人还在下列城市内获得了"居住区":士麦拿(因为土耳其人的侵入,存在不久)、阿德拉米兴、卡散德拉、凯奥斯、列斯堡、克里特和涅格勒滂。直到1267年迈克尔和他的同盟间发生了龃龉之后,热那亚人才获得加拉塔[①]"居住区",那里的塔楼事先被毁坏,作为一项预防措施。1303年以后,安德洛奈卡·巴列奥洛哥二世,扩大了这个"居住区"。迈克尔只给热那亚人以通过达达尼尔海峡的商业自由。

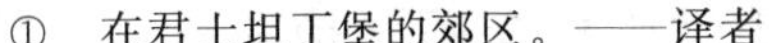

① 在君士坦丁堡的郊区。——译者

从这个时期起，热那亚在君士坦丁堡占着优势，而威尼斯则永远不复能恢复它以前所享有的最高权力了。热那亚继承了黑海的贸易，虽然它没有能够维持像威尼斯所曾享有的严密的垄断地位。从这事件开始，标志着热那亚在利凡得的优势。

通过 1317 年的法律，我们还可看到关于热那亚人在加拉塔“居住区”城垣内所过生活的大概情况。由热那亚所指派的长官，对所有住在希腊帝国境内的热那亚公民和领事，有着最高的管辖权。他对皇帝举行宣誓，并参与宫廷的活动，好像他已是一个大使。他的行政责任，由一个大会议和一个小会议分担着。除了特殊少数案件外，他对所有的热那亚公民间所发生的纠纷，进行判理。对贸易是有限制的，因为黄金和白银不能输出。热那亚人在帝国境内不得经营食盐或乳香的贸易；从 1304 年起，麦子的出口也被禁止。他们得享有完全的宗教自由。在“考古家”时代，其他参加君士坦丁堡贸易的城市有：安科纳、巴利、特拉尼、阿马斐、拉古萨、巴塞罗纳、马赛，也许还有蒙特皮列和那旁。

在黑海，热那亚的主要基地是在克里米亚半岛上古代罗马狄奥多西亚城旧址的附近；在那里他们曾建立卡法殖民地。这殖民地后来是很兴盛的。它建立的准确年代，已不能确定，但可以断言：那是在希腊人回到君士坦丁堡后不久的时期，也许是在 1266 年时。起初，卡法只不过是用木栅围绕的一个市镇，为了建造它，非得鞑靼汗的特殊准许状是不行的。后来，用城垣和城池来围绕它以防当地部族的抢劫。它隶属于以一个领事为领导的市政府；领事从热那亚派出，任期一年。从这一地点，热那亚人把他们的商业活动扩展到利凡得去。卡法成了外国产品的交易地点。在那里有皮货市场，也出售波斯制造的丝绸和棉织品，也出售经过阿斯脱拉罕运来的印度产品。热那亚人甚至在高加索地区，也建立了商站，那里的丰富矿产对他们是有吸引力的。即在今天，我们还可看到他们在山间所设立的工场遗迹。据称这些工场，在卡法于1475年被穆罕默德二世占领之后，还继续了三百年之久。

关于黑海上冒险、探险和殖民的荒诞而浪漫的故事，有乘阿哥船远航觅金羊毛者的故事的情调。在这地区，热那亚和威尼斯继续着它们的冲突，它们也许甚至认为这是它们的主要战场。在这一地区，除了特勒比遵德帝国以外，大部分是在希腊势力之外，和鞑靼人保持接触。世界上很少地方的历史，能比黑海北岸的这些港口的历史更激起人们的幻想。这些地方从前是古代希腊人的殖民地，他们称之为克索尼萨斯；后来它们是米斯理帝国的首都所在地；再后，它们落入罗马手里，后来又落入拜占廷手里，而在查士丁尼时代，它们成了重要的贸易地点。在第九世纪，基辅和诺夫哥罗得的瑞典人占领了它们；此后，它们转入比瑟尼格和库曼蛮族之手，后来由拜占廷帝国克服，而在1204年，帝国对那里的贸易又丢给威尼斯，而在1261年热那亚又从威尼斯夺得了那里的贸易。在克里米亚半岛上，这些古代世界的很多地点还有留存，虽然它们的名称已经改变。例如，近代的巴拉克拉瓦是热那亚的塞巴洛和希腊的帕拉开昂；英克曼是古代的狄奥多罗；俄国的非奥多西亚是古代希腊的狄奥多西亚；近代的克契是中世纪的伏斯波罗(或博斯普鲁斯)，也是希腊人的帕第克比姆。第聂斯德河口的塔那以及塞科，是在中世纪建立的。在所有这一些地点或在它们的周围，今天还可找出热那亚人的城墙、堡垒和塔的断垣残碣。

几乎在它丧失君士坦丁堡的优势的同时，威尼斯赶快同埃及苏丹马列克-厄尔-阿达尔签订了一项新条约。这类性质的许多条约也跟着产生了，但加上了各种补充条文。所有以前条约中所确定的主要条款，也都予以重申。在这类条约中，第一次条约所注明的日期，是在1262年，正是威尼斯被逐出于君士坦丁堡后的下一年。这项条约包括二十八条款，给予威尼斯人关于人身和财产的安全保证，关于他们享有房屋、货栈、教会和浴场的权利；还规定他们所应付的各种赋税。后来的一项条约，在1303年签订，扩充了这些规定条文。在威尼斯人方面，他们保证不再骚扰苏丹的运输。关于在这个时代埃及和威尼斯间商业的状况和性质，在马立诺·萨纽杜所著的《忠实信徒的私议》一书里说得最为清楚；该书是献给教皇，作为克服埃及和"圣地"的计划的。在其第一部分里，作者以一个目睹者的身份，详细叙述了亚历山大城及其他港口的贸易情况。从印度，由海道运来胡椒、生姜、白桂以及一些丝绸和棉织品，虽然大部分丝绸是由陆路运来的。还有从马拉巴沿岸和锡兰岛运来的珍珠、香木等等。其他大部分香料、香草、豆蔻实、荜澄茄，似乎是经由巴格达运来的。红海口的亚丁，是印度货物的第一贸易站。特别有一种作香料用的珍贵树脂，是从阿拉伯半岛运来的。威尼斯船只把这些货物以及谷物、枣子、糖和棉花从埃及运往欧洲；而威尼斯方面运去生铁、来自达尔马提亚的建筑木材以及来自德意志北部的而不像从前那样来自罗斯的毛皮，作为交换品。

威尼斯在不断找寻新贸易和新贸易路线的过程里，甚至侵入巴巴利沿海港口，而这些港口是几百年来为热那亚和比萨商业活动的特殊场所。而且，这些大胆的威尼斯商人还不以这些港口上的商业为满足。他们的商队曾冒险冲入内地;在 1320 年同突尼斯王马索斯所签订的一项条约里,他们获得了下列权利:他们的商队得自由出入境内,如遇劫掠可获得赔偿,他们的牲畜可得免费牧场,任何威尼斯的信使不得被扣留或耽误,此外,还约定:穆罕默德教政府依据他们领事的要求,对他们的商队给以保护。关于这些商队所经过的路线,我们只能作些推测,因为没有什么正确资料。意大利城市对巴巴利海岸的这项贸易,至少可以说,是十字军的一项间接后果。

现在我们必须回到叙利亚和"圣地"来研究它们在十三世纪的历史。所有上述的庞大无比的商业,是十字军的丧钟。教廷咆哮如雷地曾颁布禁止同穆罕默德教贸易的命令,但无效果;它终于废止了禁令,除了那项绝对禁止的奴隶贸易以外。然而,连这项禁令,也是具文。到了这个时候,十字军已蜕化为单纯的冒险行动,或者成了悲惨的出征,像"儿童十字军"那样;或者在绝望的冒险中,一败涂地,像圣路易在埃及的十字军(1245—1248 年)那样。由于威尼斯、热那亚和比萨之间的商业竞争和海军战斗(在这些战斗里,比萨最后和威尼斯结成同盟),每次为进攻伊斯兰教所作的军事努力,变成无效。当时,太尔是在威尼斯的控制下;马西利欧·佐哥在 1240 年充任全叙利亚的威尼斯行政官;他留下关于威尼斯在太尔周围所占有的二十四个庄园的账册,这些产业从海岸延伸到高地,呈现一片广阔无限的田野、菜圃、葡萄园、橄榄园、无花果园以及大块甘蔗地。这些土地是由叙利亚人来耕种;他们取得 2/3 或 3/4 的收获——这是一个很大的比例。此外,所有太尔港口捐税的 1/3,也归于威尼斯所有。

但是，亚克还是占着太尔的上风。在这里，安科纳似乎第一次在东方有着一块独立的居留地，包括教堂、货栈和宫殿。在这里，在十三世纪也可找到佛罗伦萨人、卢奇塞人、塞亚那人的居留地。亚克的商业，非常兴旺，所以欧洲银钱业在那里设立了分号。在这个国际性城市里，马赛和蒙特皮列各有自己的居住区和教会，并享有豁免纳税之权。这个城市还庇护一个英商的居留地。从下一事实，在这个时期从基辅到大马士革，到处都有亚克商人的足迹，可见亚克势力之大。在安提阿，热那亚和比萨，他们仍保持着“居住区”，1264 年的一项文件表明：热那亚人还控制它周围的地区。约在 1222 年时，热那亚人由于比萨烧毁他们在亚克的居住区而未能获得赔偿，愤而离开该城往贝鲁特去；后者在 1197 年已由基督徒重行占领，并注定要比亚克和太尔维持得更为久远。而且，腓特烈二世和他的儿子曼夫勒德给热那亚人在西西里的许多特权，他们在岛上享有最惠国的待遇。甚至在威尼斯势力很强大的希腊，热那亚人在雅典和底比斯也有“商站”(1270 年)，在那里他们有一个公所，受自己领事的裁判，并经营丝织制造业。

法兰西南部诸城市在十二世纪中在叙利亚已得立脚点，而在十三世纪达到更加重要的地位。马赛在布罗温斯伯爵统治下很繁盛。“红皮书”(1255 年?)内容包括有该城的法律，它谈及不仅和叙利亚而且和非洲的贸易。在利凡得的各城市里，它没有什么巨大“居住区”，只有货栈。虽然关于马赛情况我们所知的很不够，但似已看清楚，只要叙利亚继续在基督教统治下，马赛在那里的财产和特权，能够维持下去。次要的城市是圣齐尔兹、那旁和亚格-摩特。

西班牙人很少参加十字军，但在十三世纪中巴塞罗纳的商人却在太尔出现。然而蒙特皮列甚至比巴塞罗纳更加重要。在这个时期，它受亚拉岗国王的统治，而亚拉岗的商业是很大的。在亚克和的黎波里，它享有特权并委派一个领事；虽然它来得最晚，但它可与任何竞争者并驾齐驱。

远在十三世纪中期以前，已可清楚地看出基督教东方摇摇欲坠征象。甚至早在1201年，耶路撒冷的救护团团长在写给英国的骑士团采邑区的信里，说道："我们由于萨拉森人的无限资源而感到战栗，当他们财富又由很多商人运来的商品而增加起来的时候，这种感觉就更强，这一情况使我们异乎寻常地感到震惊。"

当十字军的失败越来越明显的时候，欧洲哀诉式的宣传达到歇斯底里的状态；荒诞无稽的"残暴"故事到处流传。在1245年，连一个最博学的历史家马太·帕理斯，也记载了那种谰言："萨拉森人在运到西方的胡椒中放置毒药，因而很多法国人被毒死。"另一荒诞的谣言是：商人自己捏造反对新运来的胡椒的传说，因为他们的货栈里还堆储着尚未出售的陈胡椒的。1245年时，里昂会议枉费心血地继续咒诅一切同穆罕默德教徒做铁、造船木材、战争机械等禁品生意的人们，或咒诅一切像很多基督教兵士那样替穆罕默德教政府的舰队和陆军服务的人。会议的命令说："教会的怀抱，不会给这样的人们敞开，除非他们以从这种该死的贸易所得的全部利润，再加上他们自己的财产的相等数量来援助圣地。"

在这个时期叙利亚的各个公国，实际上已被西欧抛弃而置于孤立无援的境地；所以，它们越来越加危险了。没有西欧的支持而它们再能继续半世纪之久，只是因为穆罕默德教政局的动荡。大马士革的苏丹同埃及的曼麦琉克朝发生冲突。后来，蒙古人在征服巴格达(1258 年)之后,跟着又征服阿勒波和大马士革(1260 年),于是,蒙古人在这斗争里,构成了第三种势力。在阿勒波和大马士革的陷落之后,小亚美尼亚国王就承认蒙古人的宗主权。如果利凡得的其他基督教公侯也表示同样慎重的政治态度,情形将会好些;因为蒙古人对基督徒是容忍的,而曼麦琉克朝则反是。

在蒙古人和曼麦琉克朝的战争里,"圣地"的港口和叙利亚的城市腹背受敌。下列事件是对它们的不幸:旭烈兀,即巴格达、阿勒波和大马士革的蒙古占领者,由于大汗逝世的消息,被召回到远东去。旭烈兀留守的将官被埃及曼麦琉克朝指挥官俾巴斯击溃杀死。俾巴斯出身蒙古族,作为奴隶出售到埃及;他成了一个狂热的穆罕默德教信徒,后来也成了一个凶猛的军事首领。在蒙古将官失败之后,俾巴斯成为叙利亚以及阿勒波和大马士革的主人翁,于是他梦想把东方基督教国完全推翻。凡是萨拉丁由于智慧和容忍态度所未做的事情,这个可怕的狂人企图予以完成。他以勒索性的关税横加在通过亚历山大城的地中海和印度间的贸易身上,因而汲取了庞大无比的进款。

俾巴斯完全明白基督教国家的弱点;刚在统治埃及之后,他即准备进攻它们。1261 年 11 月,他离开阿勒波,对安提阿的领土加以蹂躏。次年,波希蒙德的舰队在塞琉细亚港口被焚毁。此后,年年有着一次新的侵犯。1263 年,圣贞德城被攻击。热那亚原拟援助俾巴斯来挫折威尼斯,但毕竟不敢这样去做。基督徒向小亚美尼亚的海敦及蒙古人乞援。俾巴斯在 1267 年占领凯撒利亚和阿苏夫作为报复;海敦企图以禁止羊毛、铁及其他必需品从西里西亚出口来打击埃及,结果哈马总督侵入境内,大肆烧杀。1267 年太尔进贡埃及一万五千金币。1268年扎发被征服,俾巴斯不久出现于安提阿城前,在两天之内即攻陷它。于是的黎波里、西顿和亚克互相分隔了。

1277年,俾巴斯的逝世,使这种危险的局势化为乌有。属曼麦琉克朝的大马士革省长,原来由俾巴斯委任的,现在反叛埃及的新苏丹,而向蒙古人求助了。1281年埃及军和蒙古人在奥伦梯河两岸上的埃麦萨地方进行决战;蒙古人惨败。"圣地"上基督教残余领土在被西欧遗弃的情况下,面临着埃及人的暴怒。在这个时期耶路撒冷王国已只剩下列领土:亚克城及七十三个村庄、西顿城及十五个村庄、凯法斯与卡麦尔及七个村庄、贝鲁特的领地、马加特的城堡以及的黎波里郡。1291年5月28日在一次英勇抵抗之后,圣贞德城被埃及的穆罕默德徒占领。1291年7月,凯法斯、太尔、西顿、贝鲁特或被占领或被放弃。"耶路撒冷王国除了一段光荣的史迹外,没有留下什么了。"

可是,谁也不需要为叙利亚的基督教国家的覆亡而哭丧。即使有理由来为十字军作辩护——那是有问题的——欧洲由于愚笨、由于虚伪、由于不公平,失掉了对东方要求任何权利的根据。由十字军带来的移民在物质和精神方面堕落的事实,已是无可争辩的。最伟大的近代英国历史家写了下面一段周详的文字:

> 腐化和瓦解的过程,由于地方的和偶然的情势而加速起来。首批移民在他们的新土地上,生活的时间不长,而他们的在这地方出生的孩子们,是一个退化的种族。在十二世纪中,耶路撒冷共有十一个国王。头四个国王都是出生于欧洲的,

在他们的时代，国家是在创建和巩固的过程中；后四个国王都是出生于巴勒斯坦的，在他们的时代，气候的影响和东方习俗的沾染，已很明显；在这四个国王中，三个人在未成年时即位，另一个还是麻风病患者。贵族家族，像王室一样，没有从欧洲吸收新成员来补充，他们老早已陷于柔弱腐败的深渊。在当地出生的法兰克人的一般性格，就是他们欧洲祖先的缺点与那些和他们共同生活的民族的缺点相结合而形成的。虽然从个人来说，他们是勇敢的，因为在下一世代里，赭弗理和波希蒙德的遗风尚在；可是，一般讲，他们既残酷又柔弱，既狂暴又无信义，既奢侈又贪婪，所以，他们的榜样所产生的影响是：诱使新来的朝圣者陷入不名誉和堕落的迷途，可能远多于指导他们走上胜利的道路，或使他们朝气蓬勃的精力纳入正轨；在这里，他们理应以自己的经验来教导他们说：西方国家的方针，如果是有真实性的话，必须使之实行……生命的短促和朝不保夕的情况，是不可救药的病源，而它的效果，也是无法补救的……在王国内，唯一健全的因素，是军事寺院团的组织。它们从欧洲经常获得新鲜而又健康的血液的补充；它们的成员，都是年壮力强，没有未成年者来充数；它们的私利同王国的强大是分不开的……如果巴勒斯坦曾采用这种组织。它可能继续留在基督徒手里，或者至少能和塞浦路斯王国①继续到同样长久。甚至那后来用以统治利凡得国家的威尼斯制度，也

① 在1291年十字军在东方的最后基地亚克城被占领后，塞浦路斯国王改称为耶路撒冷国王；在十五世纪末期，王国被并入威尼斯版图。——译者

> 可能保证王国的一个较长寿命;因为这制度可获得新血液的注入,而可避免巴勒斯坦历史上足以垂戒的祸害;事实上利凡得也没有灭亡,直到威尼斯已十分衰老无力再来支持它为止……但是,还另有一个原因,……十字军军队的庞杂成分:它们缺少共同的或统一的组织,在队伍中夹杂着大批非战人员的大群朝圣者;这批人只要有工资,愿为任何主人服务;他们靠着十分不稳定的收入来糊口。他们衣食不周,而又无所依靠,所以,成为十字军的一个经常负担,又是一个经常饥馑和疾病的来源……〔它是〕一个内部互相敌对的王国,在一个毫无权力的外国人统治下,充满着封建贵族;而这批贵族对欧洲基督徒的畏恨心理比对穆斯林还要厉害……它被一般衰败过程压碎了……当地居民,不是被歼灭,便是互相敌对……世袭的贵族既堕落又分裂,注意于他们的私利远多于注意于他们的国家或他们基督徒的品质[①]。

在这以后,小亚美尼亚和塞浦路斯,是基督徒在东方的硕果仅存的据点。小亚美尼亚维持它的独立地位,直到 1375 年被穆罕默德徒征服为止。塞浦路斯王国持续到 1489 年;它是威尼斯和热那亚之间商业争霸的牺牲品,它也受到埃及和奥托曼土耳其人的威胁。1489 年,威尼斯完全占有塞浦路斯岛,并继续保持着该岛,直到 1571 年它被土耳其人占领为止。

在叙利亚和亚克丧失之后,塞浦路斯法马古斯塔港成了西欧

① 斯达布斯:《案卷丛书导论》,第 343 页及以下。

人在利凡得区最大商埠。在这里,意大利城市有着商站,附有教堂、货栈、浴场和烘面包房,完全像我们在叙利亚所看到的那样。热那亚起初所享有的特权,比威尼斯要大。它的一个全权代表保护热那亚人在全岛上的权利(从1329年起);它的执行官吏甚至有权审理有关死刑案件,而且它是不缴付关税的。1306年,亨利二世也免除威尼斯人缴纳一切商业税,并在购买土地而不建造炮台的条件下,允许他们在岛上三个主要城市里,建立货栈、教堂等等。在意大利城市中,安科纳、比萨、佛罗伦萨和墨西拿同法马古斯塔港有着贸易关系;在那里,法国是由那旁和蒙特皮列,西班牙是由巴塞罗纳、塔拉哥纳和萨拉哥撒等城市代表的。

十字军失败的各种原因,从刚开始起,已经蕴藏在内。所有跟着而来的困难,东方移民的不公正,统治阶级的利益分歧,激烈的商业竞争,蜂拥而来的欧洲侨民所表现的轻浮、图利或腐败作风和欧洲血统移民的德性沦丧(他们丧失西方习惯的、传统的禁忌);这一切都是失败的基本原因。而且,那如此长久地煽起了十字军火焰的狂热,已经衰退。最后,只有教廷还保持着这种热情。

但是,十字军所从出的西欧情况,也是有着影响的。欧洲的幻想已经破灭。新生的世俗文学——不是浪漫派的抒情诗人和弹唱诗人的文学,而是讽刺家和寓言家的文学——损伤了十字军士的动机和行动了。律特柏夫所写的《一个十字军士和一个骑士的辩论》可作为一个例证,作者是十三世纪的一个平民出身的朱未那尔[①]。

① 律特柏夫是法国的弹唱诗人,生于1230年;朱未那尔是罗马的著名讽刺诗人。——译者

到了十三世纪,那由英雄歌曲所激起的高度热忱和第一次十字军的狂热已冷下来了。单纯感情的呼吁已不行了。僧侣们必须说服听众。除了靠像"国王的军旗"歌和"再会吧,神圣十字架"歌这一类的煽动尚武精神的歌曲以外,还必须同听众争辩一番。于是,出现了一批伟大的辩论家:扎克·得·维特里、埃田·得·波旁、罗曼的杭柏特,他们的演说词是经过精密准备好的而又富于争辩性的论文。这些演说家特别企图驳倒那些以各种借口和遁词来逃避教会所加的义务的人们。这些借口包括有健康的和财产的理由,或家庭关系或缺少现款的理由——因为到了这时期,如上文所说,十字军出征已变成资本家的事业似的,需要大量金线来予以维持;同时,那在早期赠给十字军士现款、马匹和行装的热潮也已退落。这些怀疑的听众甚至对宣传者戏弄讥笑——"他们以碎布做成的十字架成为各色各样的可笑资料"[①]。

因此,教会对那些愿意去的人们添加恩惠,并增加了宗教的和世俗的利益,而对那些拒绝去的人们加重了所加的处罚。教会广泛赐给完全的和特殊的恩惠,精神处罚的撤销、过去所加的驱逐出教处分的取消、财产税和人头税的豁免以及契约或其他约言的解除等权利。

这些出征的开支是浩大的。我们有很完备的统计资料,可大概算出 1248 年圣路易的十字军使法国所消耗的经费。国王的开支达一百五十三万七千五百七十"图尔镑"[②];我们就货币购买力

① "derisiones multimodas faciunt de assumentibus crucem."

② "图尔镑"是图尔城所铸造的货币,值十便士。——译者

的今昔之差别来折算，这一笔巨款约可折合三千五百万美元。跟随国王去的大贵族和骑士所花费的，可能和国王所花费的相等；所以，这次十字军使法国总共消耗了大约七千万美元。不难理解：这类性质的一次出征怎样损伤了法国财富，并怎样使很多人贫困化。而且，这些数字，并没有包括全部费用。因为它们还没有包括那笔为赎回国王所付的巨款，也没有包括那笔为赎回在曼苏拉战役里被俘的法国俘虏所需的数目。柏格尔估计，赎金的总额按照现代货币计算，约合四亿美元；他说，在曼麦琉克王朝手里约有一万二千个法国俘虏。有一船现款，由卡斯提尔的布兰奇送出，沉没海中。法国僧侣受到谴责，因为他们把原来可用以援助法王的金钱，输送到罗马去。教廷曾怂恿这次十字军的出征；但现在，他要粉碎腓特烈二世比帮助路易九世更为殷切。王后布兰奇抗议：英诺森四世在法国宣传组织十字军来反对康拉德四世；因为当时法王还在东方做俘虏。

乔伊维尔是圣路易的最忠心的臣仆，在他所著的《圣路易传》里，有一段出色的文字，反映这种幻想的破灭和理性的回复。他写道：

> 法王恳切地劝我去参加十字军出征（这是关于1270年法王的第二次十字军出征）；走上朝圣的十字道路。但我回答他说，当我以前在国外替国王服务的时候（1246—1250年），国王的官吏对我族人如此勒索压迫，使他们穷到这样地步，我不能想象无论他们或者我将会从这损失里恢复元气。我清楚地看到：如果我再一次走上十字军的道路，我可怜的人们将会整

个地完蛋;而且,我已听到很多人说,那些倡导十字军的人们犯了大错,并造了大孽。

其时,欧洲的旧商路已经扩展,许多路加以修整,像在阿尔卑斯山中的那样,还有许多新路,尤其是在地中海地区的,也已开辟。海上力量已变得很重要。对一切阶级来说,旅行已变成普遍事情,而且,比以前要舒适些。正式的海上航路已经规定出来,而某种定期的航行已经建立。为了适应新的需要,建造了各种类型的和大小不等的船只。普通类型的船舶是帆桨并用的。只在顺风行驶的时候,才利用船帆。航海技术已有很大进步,而最灵便的船只,采取直线航路,来代替沿海岸航行,或从一角到一角、一岛到一岛的航行。在气候良好、海面平静的条件下,帆桨并用的船只从马赛到亚克,需时十五天。"船舶法"建立了海员和乘客中间的纪律。

关于十字军对商业的影响以及关于所转运的商品种类,上文已讲过。这项贸易在开始时,原像一条小溪那样,而后来汇成一条宽阔的大河;商品源源不绝地流遍全欧,连冰岛也被波及。例如,在扫桑普敦的市政录里充满着关于同威尼斯通商的资料。进口货物,原来是奢侈品,而现在变为必需品了;它们在很大程度上影响了欧洲人的生活标准。新织品,像棉布和丝绸一类,新食品,像砂糖、香料、胡椒、生姜、东方的蜜饯水果一类,至少改变了欧洲的上层阶级的卫生和饮食,也有助于居民物质享受的提高。浴池的使用(一个东方的习俗),虽然永未普遍化,但至少对于富裕阶层已更加寻常化了。

十字军虽没有建造西欧的城市,但他们刺激了城市的生活,使城市扩大并富裕起来。

十字军的一个重要创造，是关于营业方式的发展。拜占廷商人像意大利城市的商人和银行家那样，是资本家。威尼斯、热那亚、马赛的出口商人、圣殿骑士团以及一切宗教团体也都是如此；犹太人也不例外。有重要意义的，亚历山大三世在1176年给热那亚城大主教的一项训谕里，禁止高利贷并特别谈到香料一项；当时，热那亚正在同比萨争夺地中海的商业霸权。中世纪的兑换商由于营业的发展，成为银行家；今天我们所熟悉的银行营业的方法和规程，当时已被采用。兑换商在设立现款存储所后，经过相当时期，就发展成为真正的银行家了。起初，他们经营像收付钱款这一类的单纯商业营业；后来，他们兼营仓库业，代替他们顾客间汇划账款，代收钱款等等。于是，银行家变为交换商品的中间商；他们接受那些存在保税仓库内的货物，并把它们转运到其他的国家去。早在十二世纪银行营业上发生了类似革命式的改变：就是，以象征移转来代替真正移转，以收据来代替真正货币；这种收据，就是汇划票。佛罗伦萨人和大部伦巴人专门做这类汇划生意。伦巴人是法王和英王的财政代理人。在十三世纪，银行家开始效法犹太人，收取利息，经营放款和贴现营业。

因为高利贷被禁止的，所以不得不采用权宜的办法。放款人以一个团体的名义出面，来掩盖自己的身份。这办法是有危险的，但它可保护个人。这样一来，遂出现了股份公司。在十五世纪，热那亚的圣乔治银行，便是一例。简言之，在近代商业生活中，我们所看到的制度，像领事、商业法院、海上法、汇划票、银行、股份公司以及后来商业公会这一类，都是在十字军时期或不久以后从意大利商业城市中产生出来的。

意大利银行家,成了国王、大王公和教皇的不可缺少的财政顾问。十三世纪末期,在法国腓力四世和英国爱德华一世的政府中,我们可看到这类官员。关于这种“新财政”对政治史的影响,还有待于研究很多史料。例如:

> 爱德华一世,在从“圣地”返国途中,到奥微亚托访问教皇;然后他又前往波伦亚和佛罗伦萨,他在有一处获得了一个大法学家,因而他能够进行司法改革,在另一处,获得了一项充分的财政支援,这大有助于他的冒险事业,尤其是对苏格兰的战争。贵族们当然憎恨任何使国王无须依赖他们资助的事情,起来反对爱德华二世,并立刻逐出多斯加纳的财政专家;而他们后来由于急欲恢复他们的优势,再资助爱德华三世的远征;后者带领大部从黑诺募来的外国佣兵,渡海到法国。[①]

在十字军开始时,没有贸易习惯法的。商业法的制订和编纂,是由十字军迫出来的。在这种发展上,像在银行与财政方面那样,意大利人也是先驱。他们在西欧首先编订管理商业来往的习惯法。其他国家采用并模仿他们的法律。于是,商业法院和通商法出现了,而商业法的大部分,是从拜占廷法律和出名的“罗得西亚岛法典”得来的。

---

① 《曼特斯图亚特·格兰特·达夫的日记》,第 1 卷,第 306 页(同历史家 J. R. 格林的谈话记录)。

为了管理它们国外的商业殖民地，意大利城市共和国派遣了叫做领事的官员；领事同时受命管理它们在外国的臣民并代表国家同驻在国的元首办理交涉。今天的领事还保留着这两种任务，但是这种任务的重要性已倒置了。在中世纪时代，一个领事的主要责任是管理和执行法律，因为殖民地就它所在地区的范围内说，是一个独立自主的主权。在近代，领事已失掉这项权力；他的主要地位，是一个代表者的地位。所以，最先的制度，是领事馆制度。为了判理商务案件，设立了特别领事法院，它的程序，它的法律是异于封建法院的；角斗、神意裁判和宣誓证明制都没有；裁判是根据证据的；每个意大利城市都派遣它的商务领事，他享有一种特殊管辖权。这项制度，法国、西班牙以及其他国家都予以采用。到今天，还有称为领事法官的官员。

还有一种国际惯例的体系逐渐建立起来；这些惯例，是关于公海上冲突事件的，或关于各国的船主间或其他官员、水手、商人之间的冲突事件的。海上贸易所需要的法律与规程稍稍不同于陆上贸易的法律与规程；又因为海洋主要是属于国际性的，所以国际法中的一个重要部分是从海上法发展出来的。最早出现的海上法典中有：比萨的“习惯法”(1160 年)——它的前身可能是阿马斐的简直像传说的“表法”——特拉尼的“法典”(1183 年)，蒙特皮列的“习惯法”(1223 年)，马赛的“习惯法”以及威尼斯的“航海条例”(1255 年)。比这些法律出现较后而内容更加完备的(虽然大部从它们得来的)是：很出名的加达鲁尼亚(巴塞罗纳)的“海上管辖权”、“鄂列伦的案卷”以及再后来，在十四世纪里北欧的最早商业和航海法典：律伯克、不来梅和维斯比的“法典”。

在对所谓十字军的结果作出评价时,我们所感困难的,是区别哪些事情似乎是起源于十字军的;哪些现象是在十字军时出现,但它们可能是——也可能不是——由十字军所产生的。换句话说来,有时不可能确定什么是前因,什么是后果;也不可能确定哪种力量占优势和断定它们之间的关系。西欧人对东方奢侈品的嗜好——这问题上文已提过——激起东方的商业呢?还是东方的贸易关系激起这种嗜好呢?

下引两段话,可以表明:历史家在解释方面的意见,有多么大的分歧。

“我们几乎不可能找出一个政治的、军事的、商业的、工业的、科学的、艺术的甚至宗教的生活领域,没有从东方获得某种影响而丰富起来的。”(库格勒语)

“毫无疑问,十字军对基督教社会果然有些一般影响,但对所有这些结果,西欧人自己中间,却有着更积极、更有效力的原因。”(塞诺波斯语)

十字军的间接刺激,似可说由于变换了欧洲的空气,比十字军的直接影响,可能具有更大的积极效果。也许引用下面的说法,会更接近真实性:与其说“十字军的后果”倒不如说“阿拉伯和拜占廷文明的影响”。不可能来区别:什么文明是从十字军产生的,什么文明是在十字军时期发展起来的。

还有其他的——也是较少关于物质方面的——改变,这些改变是有关历史上不可衡量的东西的,一句话说,它们就是使西欧人的智慧和道德方面改换面貌,产生了新的社会理想。东方人原来有着一种不同的宗教、各种不同的礼节、不同的风俗;西欧人同他们接触以后，必然会睁开眼睛看到这一真实：东方存在着有智慧而又有文化的民族，而且有着一种等于甚至超过封建欧洲文明的文明。十字军创造了一种新的看法。

除了旅行和广大接触所产生的扩展眼界的效果之外，十字军也把成千累万的西欧人带来同异教徒和不信神者直接会面；这批异教徒，按正宗教义的说法，一概不能获得灵魂的救渡；因为只有在一个真正"教会"的范围之内，人们才可获得救渡。但在君士坦丁堡，西欧人看到了一种他们从来没有想到的财富、权力和豪华景象以及一种文化和文明比他们自己的还优越得很多。他们又看到，甚至那些被鄙视又被憎恨的异教徒，在许多方面，也是属于恶魔的蔼然可亲的孩子们。在巴勒斯坦，至少也有若干人，认真地联想到当年基督和使徒们的生活和服务，想到他们的贫困和微贱地位；这些都是和现在西欧教会上层的财富和骄矜态度截然不同的；人们就会奇怪：怎样会有这种情形呢？伊斯兰教不仅使人感动，而且使人改变信仰。因为我们看到对基督教"叛徒"所提的控诉说，他们竟抛弃十字架来换取新月；连僧侣阶层的成员，也有这样做的。有一个被派到非洲去的法兰西斯派传教士，变成了穆罕默德教徒。此外，穆罕默德徒和基督徒之间的又庞大而又有利的商业关系也促进了宗教容忍态度的成长，因为国际商业需要宗教的容忍。宗教狂热是不利于贸易的发展的。

一件最奇怪的事情可以看到：即欧洲人怎样在东方会忘掉他们过去的宗教狂热和他们反对穆罕默德教徒的种族的与社会的偏见。政治的仇恨果然还有，但这些观感已经消逝。乌尔班二世会感到伤心的，只要他知道了下列情况：在占领"圣城"后的一世代之内,穆罕默德教商人在耶路撒冷王国境内到处自由来往;伊斯兰教寺院依然存在;在安提阿和的黎波里,古兰经还在伊斯兰教学校里讲授。十字军士的第二代说阿拉伯语,像他们说本国语一样地流利;他们穿着东方服装,他们模仿阿拉伯人的礼节,他们用东方的家具、挂帷、地毯来布置他们的房屋和别墅,他们还用阿拉伯和波斯的艺术品和图案来装饰这些地方。

东方的灿烂文明,在基督徒看来,是如此新鲜,如此不同于他们在西欧城堡里所过的窄狭而又单调的生活,所以,不久他们向它屈服了。东方的宽大服装,在他们看来比他们的民族服装似乎是更适合于气候。在他们的头上,他们缠着阿拉伯头巾,即一种防御日光的绕头巾;他们力求穿用金线或珍珠来装饰着的丝绸衣服,着弯曲足尖的鞋子;他们对于精细的烹饪、对于奢侈的室内布置以及对于东方人的豪华宴会,也已习惯而成自然。总之,西欧人已知道使自己适应于他们新的生存条件。

在这种半东方化的服装下(除修道士外,连僧侣也如此),那些属于军事寺院团的留须而戴帽的骑士,一定会显出一种严肃的神态:圣殿骑士穿红色十字的白色外套;救护骑士穿白色十字的黑色外套;在 1190 年建立起来的条顿骑士,穿黑色十字的白色外套。

封建式的而又好战的西欧之粗鲁方式让位给东方文雅态度了。战士典型的好斗的男爵转化成为一个有文化的、有优良的(虽非典雅温柔的)风度的绅士。贝鲁特老翁就是这些在第二代里文明化的贵族的一个典型例子:那个叫做约翰·提柏林的著名作家称之为他的“老伯伯”。这个文质彬彬的老贵族,是伊柏林、阿苏夫、扎发、兰勒各封邑的所有人,也是贝鲁特港的领主;他研究艺术、爱好文学，又是一个大法学家。不像英国人在印度那样，这些贵族东方化、叙利亚化了；而跟着时间的进展，他们成为一个簇新而又特殊的贵族阶层，他们是本地人而非外人，是容忍异教的基督徒，而又是熟练世故的文化人；在他们看来，辽远法国内的堂弟兄似乎是陌生人，正像那里的堂弟兄也把他们当作陌生人那样。

西方人的精神生活，由于十字军在东征过程中所得到的知识和经验而活跃起来。对东方的兴趣以及东方的商品引起旅行家的东游，像马哥孛罗那样。科学研究也获得了一大刺激。西欧人对于奇异的植物和走兽，发生高度趣味，因而他们设立了植物园和动物园。十字军导入了一个航海和发现的时期，那终于导致新世界的发现。总之，十字军增加了欧洲人的知识，扩大了他们的兴趣，刺激了他们的思想。如果没有十字军，文艺复兴不会蓬勃发展，不能像它所表现的那样的。

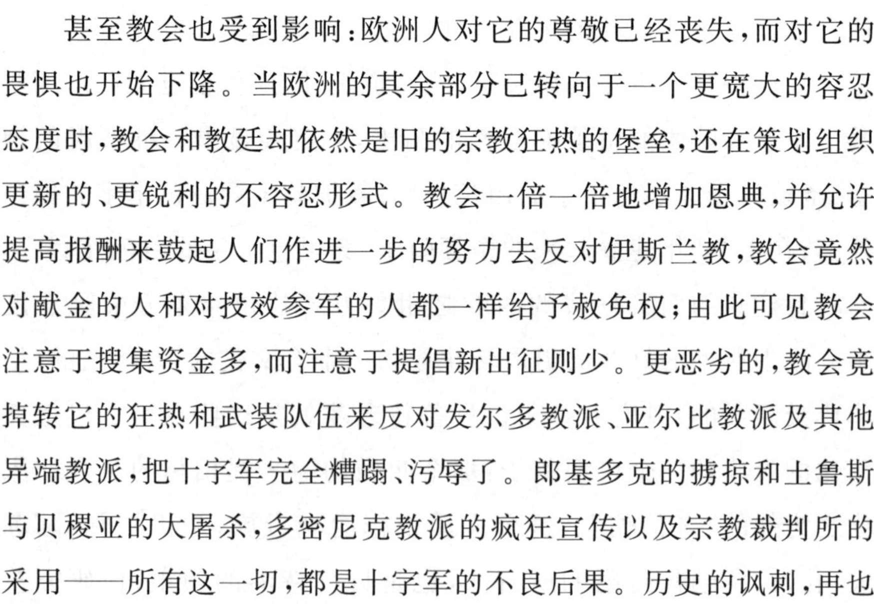

甚至教会也受到影响：欧洲人对它的尊敬已经丧失，而对它的畏惧也开始下降。当欧洲的其余部分已转向于一个更宽大的容忍态度时，教会和教廷却依然是旧的宗教狂热的堡垒，还在策划组织更新的、更锐利的不容忍形式。教会一倍一倍地增加恩典，并允许提高报酬来鼓起人们作进一步的努力去反对伊斯兰教，教会竟然对献金的人和对投效参军的人都一样给予赦免权；由此可见教会注意于搜集资金多，而注意于提倡新出征则少。更恶劣的，教会竟掉转它的狂热和武装队伍来反对发尔多教派、亚尔比教派及其他异端教派，把十字军完全糟蹋、污辱了。郎基多克的掳掠和土鲁斯与贝稷亚的大屠杀，多密尼克教派的疯狂宣传以及宗教裁判所的采用——所有这一切，都是十字军的不良后果。历史的讽刺，再也没有比在这些事件里表现得更为明显了。教廷一向是十字军最热心的提倡者,而现在亲眼看到它所提倡的运动反过来竟然打到自己头上了。

译名对照表

三 画

大马士革 Damascus
大流士 Darius
大伽图 Cato major
大兰多 Tarento
大哈 Taha
士麦拿 Smyrna
士的里亚 Styria
士鲁斯 Toulouse
土克 Touque
土伦 Toulon
凡尔登 Verdun
也门 Yemen

四 画

尤金 Eugene
尤西比阿斯 Eusebius
尤克辛 Euxine
巴塞罗纳 Barcelona
巴隆 Ballon
巴本堡尔族 Babenbergers
巴勒摩 Palermo
巴伏 Bavo
巴塞洛缪 Bartholomew
巴登 Baden
巴苏 Passau
巴度威克 Bardowick
巴特里克 Patrick
巴纳特 Banat
巴门梯尔 Parmentier
巴锡尔 Basil
巴拉斯特勒 Balastra
巴克达 Bagaudae
巴布・厄尔・曼得 Bab-el-Mandel
巴格达 Bagdad
巴斯克人 Basgue
巴克特里亚 Bactria
巴塞姆斯 Barsymes
巴勒姆 Bahram
巴伐利亚 Bavaria
巴利 Bari
巴斯塔尼亚 Bastania
巴库 Baku
巴塞尔 Basel
巴塔维亚人 Batavians
巴登威勒 Badenweiler
巴斯特尼人 Basternae
巴叶 Bayeux
巴比伦 Babylon
巴索林姆 Bussolium
巴特勒 Butler
巴土亚 Padua
巴费亚 Pavia
巴士拉 Basra
巴尔克 Balkh
巴勒加扎尔河 Bahr el Ghazal
巴苏里 Bazury
巴米赛族 Barmecides

巴扎斯	Bazas
巴坡谟	Baparme
巴拉克拉瓦	Balaklava
巴巴利	Barbary
巴林群岛	Bahrein Islands
巴利阿利	Balearic
巴尔加	Barca
厄赛那斯	Ursinus
厄尔士山脉	Erzgebirge
厄尔斯人	Erse
厄波	Ebo
厄息尼	Ursini
厄马拉	Urmara
比尔登	Pilten
比耳克罗恩	Bierkeroen
比德	Bede
比斯开	Biscay
比哥尔	Bigorre
比特	Bitter
比瑟尼格人	Pechenegs
比利牛斯山	Pyrenees
开温	Kairwan
开罗	Cairo
什留塞斯	Schlusis
什列斯威	Schleswig
什维尔	Schvill
丹多罗	Daudolo
丹尼门	Dunegate
文森兹	Vincenes
文得力科伦	Vindelicorum
日内瓦	Geneva
日德兰	Jutland
方坦那	Fontanas
方坦	Fontaines
太尔	Tyre
不来梅	Bremen
支斯得尔	Chester
“五港”	“Cinque Ports”
扎克・得・维特里	Jacque de Vitry
扎林治	Zarinje
扎拉	Zara
扎勒河	Saale
扎林根	Zahringen
扎发	Jaffa
韦德摩	Wedmore
韦尔柴姆	Welzheim

五　画

尼斯特洛姆	Nystrom
尼科坡力斯	Nicopolis
尼西	Nish
尼卡笃	Nicator
尼罗河	Nile
尼尼微	Nineveh
尼奥波利斯	Neapolis
尼特里亚	Nitria
尼西亚	Nicaea
尼门河	Nimen
尼禄	Nero
尼姆	Nimes
尼尔华	Nerva
尼哥米底亚	Nicomedia
尼萨	Nyssa
尼士比	Nisibis
尼森	Nicene(Nice)
尼斯	Nice(Nicene)
尼沙普尔	Nishapur
尼西柏	Nisiber
尼阿科斯	Nearkos
尼亚波利	Neopolis
尼日利亚	Nigeria
尼威根	Nimwegen
尼塔尔德	Nithard
尼日尔河	Niger
加斯科尼	Gascony

加斯太堡	Gasteiberg
加沙	Gaza
加奥尔	Cahors
加拉曼特人	Garamantes
加纳	Ghana
加利波利	Gallipolis
加拉塔	Galata
加尔哈特	Kalhat
加尔达	Garda
加他罗	Gattaro
加列特	Ghariat
加达美斯	Ghadames
加拉提亚	Galatia
加力古拉	Caligula
加尔西顿	Chalcedon
加黎利	Galilee
加尔	Gall
加力伊那斯	Gallienus
加第斯	Gades
加的斯	Cadiz
加柏斯	Gabes
加利福尼亚	California
加萨尔	Cassal
加达尔几维	Guadalquivir
加里西亚	Galicia
加森基	Guthungi
卡利尼克斯	Callinicus
卡皮	Carpi
卡尼鄂拉	Carniola
卡贝	Cambay
卡西诺	Cassino
卡提林	Catiline
卡拉里斯	Caralis
卡格利亚里	Cagliari
卡息亚那斯	Cassianus
卡息奥多拉	Cassiodorus
卡尔息斯	Chalcis
卡尔斯堡	Carlsburg
卡伯林纳斯	Capellianus
卡纽特	Canute
卡帕多细亚	Cappadocian
卡嫩敦	Carnuntum
卡鲁满德海岸	Coromandel Coast
卡麦尔	Carmel
卡塞伊尔	Casseuil
卡斯特兰	Castellane
卡司柏特	Cathbert
卡诺普	Kanop
卡涅夫	Kanev
卡散德拉	Cassandra
卡法	Kaffa
卡则勒拉斯	Cazerellus
卡斯特拉·巴太瓦	Castra batava
卡斯特	Castor
卡佩	Capetian
卡卡逊	Carcassonne
卡诺沙	Canossa
卡拉卡拉	Caracalla
卡匹托来	Capitoline
卡尼克	Carnic
布里斯多	Bristol
布洛德斐斯	Broadfirth
布腊	Blois
布立加	Briga
布伦希德斯	Brunhildis
布勒顿	Breton
布伦斯威克	Brunswick
布鲁日	Bruges
布伦	Boulogne
布绰根	Buchogan
布罗温斯	Provence
布拉替安	Brutium
布勒替安	Brittium
布勒塞尔	Bresal
布鲁特斯	Brutus
布尔日	Bourges

布林的西	Brindisi
布尼克	Punic
布里昂	Brehon
布勒塔尼	Brittany
布累根茨	Bregenz
布哈拉	Bokhara
布朗克福	Blanquefort
布拉瓦	Brava
布里奥兹	Briouze
瓦塞特	Wasit
瓦伦斯	Valens
瓦德·特拉	Wad Dra
瓦内	Vanne
瓦兹河	Oise
瓦特堡	Wartburg
瓦拉	Wala
瓦斯特	Vaast
瓦尔德伦	Waldalen
瓦伦丁尼安	Valentinian
瓦勒里安	Valerian
瓦鲁	Varro
瓦尔达耳河	Vardar
瓦伦第诺波立斯	Valentinopolis
瓦雷	Valais
瓦伦斯	Valence
瓦拉弗里特	Walafrid
瓦勒里	Valery
瓦拉维尔	Varaville
瓦利德	Walid
瓦仑西恩	Valenciennes
瓦那	Varna
瓦特福德	Waterford
瓦特尼斯	Waterness
瓦士	Wash
瓦尔德·那布	Wald Nab
瓦吉伦	Wargelan
瓦伦人	Walloons
瓦雷契亚	Wallachia
瓦牧	Worms
圣泽门-得斯-普勒斯	St. Germain-des-Pres
圣马丁-得斯-香	St. Martin-des-Champs
圣泽门	St. Germain
圣大	Sanda
圣大非	Santa Fe
圣雅科波·达尔托帕沙	San Jocopo d'Alto-passo
圣哥特哈德	St. Gothard
圣贞德	St. Jean d'Acre
兰米尔斯柏	Rammelsberg
兰登	Landon
兰普勒赫	Lamprecht
兰哥巴第	Langobardium
兰恩	Ran
兰勒	Ramleh
兰伯底阿	Lampadius
兰·蒲尔	Lane-Poole
弗雷德卡	Fredegar
弗雷德良第	Fredegundis
弗里茨拉尔	Fritzlar
弗伦提纳	Frontinus
弗里加	Phrygia
弗洛拉斯	Florus
弗勒里	Fleury
弗罗杜尔	Flodoard
弗赖堡	Freiburg
弗勒查斯	Frejus
弗累克塞纳特	Fraxinet
弗雷泽	Frazer
弗利阿里	Friuli
弗卡斯	Phokas
弗斯塔特	Fustat
弗卡斯	phocas
弗洛登堡	Freudenberg
弗萨拉	Fussala

弗日	Vosges
弗斯特尔	Fustel
弗罗基	Floki
弗尔达	Fulda
弗莱兴	Freising
以弗所	Ephesus
以得撒	Edessa
左赖曼	Zoleiman
本尼狄克丁	Benedictine
本尼狄克	Benedict
本都	Pontus
本哈特	Berhard
本杰明	Benjamin
布奇杜伦	Bouches-du-Rhone
布文	Bouvines
布吉亚	Bouchier
布尔乔亚	Bourgeois
布赖斯	Bryce
布兰德斯	Brandes
布林的西	Brindisi
布兰奇	Blanche
汉撒同盟	Hanseatic League
汉志	Hedjaz
汉堡	Hamburg
他林敦	Tarentum
皮德蒙特	Piedmont
皮斯托雅	Pistoia
皮特阿斯	Pytheas
皮西底亚	Pisidia
皮特拉	Petra
皮特	Pitt
皮图	Pettau
皮克特人	Picts
皮阿扎	Piacenza
皮特里森	Pitres
宁发尔	Nimphal
台维斯特	Theveste
台斯河	Theiss
台伯河	Tiber
史梯芬	Stephen
外侵团	Vikings
北欧人	Norsemen
民登	Minden
幼发拉底河	Euphrates
乍德	Chad
卢加诺	Lugano
卢加	Lucca
卢加德	Lugard
卢察安	Luchane
卢奇塞	Lucchesi
卢普·得·菲利厄	Loup de Ferrieres
卢克马尼埃	Luxmanier
卢索维姆	Luxovium
卢赛威尔	Luxeuil
卢易特普蓝	Liutprand
卢昂	Rouen
卢佛尔	Louvre
卢森堡	Luxemburg

六　画

伊·得·卡马克	Ile-de-Camarque
伊马德丁	Emadeddin
伊西多	Isidore
伊庇鲁斯	Epirus
伊斯的里亚	Istria
伊斯塔克里	Istakhri
伊拉克	Irak
伊夫力基亚	Ifrikia
伊特拉斯坎	Etruscan
伊尔门湖	Ilmen lake
伊斯特拉第	Istradi
伊布林	Iblin
伊哥尔	Igor
伊思巴罕	Ispahan
伊柏林	Ibelin

伊德里西	Idrisi
伊铁尔	Itil
伊甫里阿	Ivrea
伊塞尔河	Yssel
伊泊尔	Ypres
伊立斯波	Erispoe
伊勒斯堡	Eresburg
伊克哈德	Ekkehard
伊里	Ely
伊塞克	Ezsek
伊塞格	Ezseg
伊逊左河	Isonzo
伊里连	Illyrian
伊斯的里亚	Istria
伊特鲁立亚	Etruria
伊梨里根	Illyricum
伊里诺斯州	Illinois
伊斯库里亚	Iskuriah
伊撒克	Isaac
伊伯里安	Iberian
伊利里亚	Illyria
亚密苏斯	Amisus
亚格·摩特	Aigues-Mortes
亚尔比教派	Albigensians
亚斯	Aix
亚达诺	Adano
亚尔巴诺	Albano
亚丁	Aden
亚特拉斯	Atlus
亚伯拉罕	Abraham
亚理士多德	Aristotle
亚美尼亚	Armenia
亚尔萨斯	Alsace
亚实基伦	Ascalon(Askelon)
亚尔马	Armagh
亚达	Adda
亚基拉	Aquila
亚平宁	Apepnines
亚述	Assyria
亚速夫	Azof
亚琛	Aachen
亚俄斯塔	Aosta
亚列尔	Allier
亚尔	Aar
亚得里瓦尔德	Adrevald
亚达里克斯	Ardaricus
亚贝威勒	Abbeville
亚尔丁	Ardennes
亚威农	Avignon
亚浦利厄	Apuleius
亚诺比厄	Arnobius
亚基列	Aquileia
亚勒索	Arezzo
亚特拉斯	Atlas
亚克兴	Actium
亚得里亚海	Adriatc
亚诺尔德	Arnold
亚浦利亚	Apulia
亚得里雅那堡	Adrianople
亚琪雷厄	Archelaus
安极乐	Angelo
安提阿	Antioch
安提阿姆	Antium
安科纳	Ancona
安敦·庇护	Antonius-pius
安布洛兹	Ambrose
安那格拉特	Anagrates=Anegray
安东尼那	Antoninus
安密亚那斯	Ammianus
安泰奥卡斯	Antiochus
安东尼	Antony
安蒙	Ammon
安达卢西亚	Andalusia
安布立亚	Ambria
安吉尔	Alger

安如	Anjou	多米尼克派	Dominican
安泽芬	Angevin	多瑙河	Danube
安德洛奈卡	Andronicos	多哥伯特	Dogobert
安斯哥特	Ansgot	多斯加纳	Tuscan
安科赖	Angouleme	多米提阿斯	Domitius
安达曼	Andaman	多米蒂安	Domitian
安科尼坦人	Anconitans	多米尼谷	Domenicho
安吉尔伯特	Angilbert	多非内	Dauphiny
安斯卡	Anskar	多道夫	Dorndorf
安得那赫	Andernach	多瑙味特	Donauworth
安娜·康尼那	Anna Comnena	多柏特	Dobbert
安特卫普	Antwerp	多特蒙德	Dortmund
安诺	Anno	米兰尼亚	Melania
安替-黎巴那	Anti-Libanus	米西亚	Moesia
伏德	Vaud	米兰	Milan
发兰琴	Varangian	米伦	Milne
发尔赫棱	Walcheren	米利都	Miletus
发尔多教派	Waldensians	米尔森	Meersen
西西里	Sicily	米萨·阿尔·杜拉夫	Misar-al-Dolaf
西塞罗	Cicero	米斯理	Mithridates
西姆马朱斯	Symmachus	米丹	Medan
西加拉第	Cyclades	吉斯柏特	Gisbert
西提奥	Citeaux	吉拉特	Girart
西利亚	Coelia	吉巴林	Gibalin
西里西亚	Cilicia	吉伦特	Gironde
西蒙	Simeon	吉尔柏	Gilbert
西徐斯	Scythis	吉本	Gibbon
西班牙	Hispania	吉比德	Gepid
西顿	Sidon	吉美厄治	Jumieges
西薇士德	Sylvester	吉拉尔德	Gerald
西斯陀华	Sistova	吉尔多	Gildo
西西尼那斯	Sicininus	托尔达	Thorda
西斯特伦	Sisteron	托伦堡	Thoremburg
西拉夫	Siraf	托勒密	Ptolemy
西格夫里	Siegfried	托利多	Toledo
西格河	Sieg	托纳斯	Taunus
多那特教派	Donatists	托鲁斯	Taurus
多利安人	Dorian	托力克	Tauric

托托萨	Tortosa
托厄尼	Toeni
朱未那尔	Juvenal
朱密斯克斯	Tzimiskes
朱丽德	Juliet
朱理雅	Julia
朱理安	Julian
朱狄司	Judith
朱理尔	Julier
朱拉	Jura
色雷克斯	Thrax
色雷斯	Thrace
乔治亚	Georgia
乔治	George
毕加第	Picardy
毕尔比利斯	Bilbilis
毕尔巴鄂	Bilbao
华尔特	Walter
列塞默	Ricimer
列日	Liege
列斯堡	Lesbos
边恩	Bjorn
边谷	Bjorko
伏尔科夫	Volkhov
伏匹斯卡斯	Vopiscus
伏加斯提勃斯	Wogastiburc
优卑亚	Euboea
冰岛	Iceland
考富曼	Kaufman
吉雷西阿斯	Gelasius
艾伯特	Albert
犹琴尼厄斯	Eugenius
朴茨默斯	Posthumus
乔济	Choisy
乔伊维尔	Joinville
休格	Hugh
因尼	Inn
刘特华	Liutward
扫桑普敦	Southampton
伦茨	Lenz
伦巴人	Lombard
伦巴第	Lombardy
伦涅堡	Luneburg
伟人阿郎	Alain Le Grand
伟恩	Vienne
芝诺	Zeno
芝加哥	Chicago
那塞里・库斯兰	Nasiri-Khusran
那息萨斯	Narcisus
那邦内细亚	Narbonensia
那泥	Narni
那巴	Narbo
那锡士	Narses
那尼亚	Narnia
那不勒斯	Naples
那普鲁斯	Naplouse
那瓦	Navarre
那克索斯	Naxos
那旁	Narbonne
那布河	Nab

七　画

克勒卡	Kreka
克勒芒	Clermont
克罗特人	Croats
克劳第乌斯	Claudius
克立索斯吞	Chrysostom
克里尼派	Clunians
克里米亚	Crimea
克力奥	Clio
克洛维斯	Clovis
克朗马克诺厄	Clonmacnois
克拉尼	Cluny
克洛那德	Clonard
克劳曾堡	Klausenburg
克列斯马	Klysma

克尔海姆	Kehlheim
克利安得	Cleander
克力维奇	Krivichi
克里特	Crete
克旺都维克	Quantovic
克里摩拿	Cremona
克契	Kertch
克拉	Croix
克拉立斯基	Krariisky
克伦第亚人	Carinthians
克利奇	Clichy
克鲁太尔	Chlotair
克洛杜冈	Chrodogang
贝尔吉卡	Belgica
贝伦涅斯	Berenice
贝鲁特	Beirut
贝督英	Bedouin
贝尔格莱德	Belgrade
贝尼温陀	Benevento
贝利撒留	Belisarius
贝基安塞斯	Beguensis
贝臧松	Besançon
贝云	Bayonne
贝卡	Birka
贝稷亚	Beziers
贝基奥	Birkio
贝特尼萨	Bethnesa
贝尼温敦	Beneventum
贝伦加	Berenger
贝加摩	Bergamo
里摩黎克	Limerick
里奎尔	Riquier
里柏利	Ripuli
里摩日	Limoges
里发斯·阿尔特斯	Rivus Altus
里阿尔托	Rialto
里维耶拉	Riviera
里细亚	Raetia
里次尔	Laegaire
里巴尼斯	Libanius
里迈	Remi
里普里安	Ripuarian
里塞默	Ricimer
里瓦	Riva
里曼	Le mans
里吉安	Rhegium
里昂	Lyons
麦提奥兰纳斯	Mediolanus
麦细亚	Mercia
麦利	Merri
麦列克·厄尔·阿达尔	Malek-el-Adel
麦尔夫	Merv
麦则堡	Merseburg
麦尔克	Melk
麦郎	Melun
麦纽尔	Manuel
麦什特	Meshed
麦森布里亚	Mesembria
麦卡德	Murchadh
麦琪	Magie
麦尔默第	Melmedy
狄奥达特	Theodat
狄逊提斯	Dissentis
狄顿霍芬	Diedenhefen
狄兹那	Ditzina
狄奥多罗	Theodoro
狄麦特琉	Demetrius
狄西阿	Decian(Decius)
狄奥多理	Theodoric
狄奥多西	Theodosius
狄奥多西亚	Theodosia
狄奥多	Theodore
伯诺尔德	Bernold
伯华德	Bernward
伯尔纳德	Bernard

伯利恒	Bethlehem
伯尔尼	Bern
伯罗奔尼撒	Peloponnesus
达谢	Dacia
达马萨	Damasus
达克斯	Dux
达米伊塔	Damietta
达里厄尔	Dariel
达夫	Duff
达多	Dudo
达哥伯特	Dagobert
达米尔尼斯	Dagmealness
达尔马提亚	Dalmatia
达马亚特	Damyat
利普	Lippe
利奥	Leo
利奥尔	Reole
利维亚	Livia
利凡得	Levant
利奥维吉德	Leovigild
利比亚	Libya
利希脱	Richter
利穆辛	Limousin
利奥奈因	Leonine
利古里亚	Liguria
希马斯(巴尔干山)	Haemus
希罗多德	Herodotus
希拉克略	Heraclius
希力奥波力	Heliopolio
希拉波立	Hierapolis
希伯伦	Hebron
沙特累因	Chartrain
沙巴	Charbar
沙脱尔	Charties
沙立	Shari
沙塔	Shata
杜森	Duchesne
杜力伊比	Dulyeby
杜德拉	Tudela
杜易斯堡	Duisburg
杜德尔斯塔德	Duderstadt
杜尔斯特德	Duurstede
杜罗	Durrow
多米提阿斯	Domitius
辛科维奇	Simkhovitch
辛尼加	Seneca
辛西格	Sinzig
辛布赖	Cimbri
辛福林	Symphorien
辛德巴德	Sindbad
君士坦查	Constantza
君士坦士	Constance
君士坦丁	Constantine
君士坦都	Constantius
迈仙	Meissen
迈罗	Milo
迈奥斯-霍尔木斯	Myos-Hormus
迈克尔	Michael
迈因哥尔德	Meingold
坎特布里	Canterbury
坎帕纳	Campagna
坎佩尼亚	Campania
坎塔布立亚	Cantabria
伽图	Cato
伽理略	Galerius
来巴哈	Laibach
来比锡	Leipzig
李亚	Lea
努米底亚	Numidia
努勒丁	Nureddin
启尔窝	Kilwa
廷巴克图	Timbuctoo
廷尼斯	Tinnis
汪达尔人	Vandal
汪列尔	Wandrille
伯斯塔特	Burstadt

但泽	Danzig
犹提喀	Utica
彻尔尼谷夫	Chernigov
佐息马斯	Zosimus
佐哥	Giorgo
亨利・缅因	Henry Maine
邦尼非斯	Boniface
沃姆斯	Wolms
芒斯特	Munster
阿提喀	Attica
阿塔内细阿	Athanasius
阿利阿	Arius(Arian)
阿那托力奥斯	Anatolios
阿适	Arsheh
阿匹安	Appian
阿斯都里亚	Asturias
阿波卡斯特	Arbogast
阿卡狄阿斯	Arcadius
阿塞杜那	Asidona
阿那斯塔细亚	Anastasius
阿伦人	Alans
阿拉发特	Aravat
阿尔及利亚	Algeria
阿拉克赛	Araxes
阿拉美易卡	Aramaica
阿坡利那里	Apollinaris
阿尔-奥芬	Alt-ofen
阿尔丁堡	Altenburg
阿勒拉特	Arelate
阿奎坦尼亚	Aquitania
阿卡莫因	Argamoyn
阿姆尔・伊宾・厄尔・阿斯	Amr-Ibn-el-As
阿根托拉敦	Argentoratum
阿文丁	Aventine
阿特里亚	Atria
阿尔-穆哈利布	Al-Muhaleb
阿拉波那	Arrabona
阿耳凡索	Alfanso
阿利振	Origen
阿基尔夫	Arculf
阿提那	Atina
阿尔・摩吉拉・伊布・秀巴	Al-mughira-ibn-shubah
阿勒曼尼克	Allemanic
阿立奥维斯塔	Ariovistus
阿利根尼	Allegheny
阿拉列	Alaric
阿布第拉	Abdera
阿辛诺伊	Arsinoe
阿杜力斯	Adulis
阿索安	Assouan
阿尔俾那	Albinus
阿提拉	Attila
阿格利巴	Agrippa
阿加狄亚	Arcadia
阿勒颇	Aleppo
阿尔卑斯山	Alpine
阿柏哈特	Eberhard
阿梭斯	Athos
阿莫尼堡	Amoeneburg
阿利斯	Arles
阿拉德	Alard
阿斯那帕	Asnapum
阿尼安	Aniane
阿尔兹・苏・德赫	Arles-sur-Tech
阿尔琴	Alcuin
阿波	Abbo
阿哥巴	Agobard
阿克太	Actard
阿尔腾堡	Altenburg
阿达尔柏	Adalbert
阿斯脱拉罕	Astrakhan
阿多夫	Adolph
阿尔	Ahr
阿塔克萨塔	Artaxata

阿比西尼亚	Abyssinia
阿克苏谟	Axum
阿尔匹安	Ulpian
阿姆河	Oxus(Amu-Daria)
阿格利柯拉	Agricola
阿敦里斯	Adonlis
阿利奥巴扎尼斯	Ariobarzanes
阿佛尔人	Avar
阿马斐	Amalfi
阿哥远游队	Argonauts
阿斯科尔德	Askold
阿达巴尔	Ardabal
阿尔·朱巴尔	Al-Jubal
阿瓦兹	Ahwaz
阿密德	Amid
阿努尔	Arnoul
阿拉斯	Arras
阿奎里亚	Aquileia
阿克奎	Acqui
阿欣麦兹	Ahimaaz
阿布德·拉曼	Abd-er-Rahman
阿杜尔	Adour
阿波恩	Abbon
阿郎·巴布-多尔特	Alain Barbe-torte
阿克洛科林斯	Akrocorinth
阿德拉米兴	Adramyttion
阿卡内尼亚	Acarnania
阿利亚	Alia
阿苏夫	Arsuf
阿帕米亚	Apamea
阿布·泽伊德	Abu-zeyd
阿丹南	Adamnan
阿奎彭登特	Aquapendente
阿利热摩斯	Aligermus
阿布的·哈金	Abd-el-Hakem
阿奎丹	Aquitaine
阿斯旺	Assuan
阿里斯多芬	Aristophanes
阿曼	Oman
阿巴斯	Abassi
阿塞厄特	Asyut
阿士曼纳	Ashmunen
阿克民	Akhmin
阿默德·易卜·图伦	Ahmad-ibn-Tulun
苏伊士	Suez
苏维汇人	Suevi
苏特喜尔	Soothill
苏斐图拉	Sufetula
苏格拉底	Socrates
苏丹	Sudan
苏瓦桑	Soissons
苏黎支	Zurich
苏哲尔	Suger
苏格第亚那	Sughdiana
苏达克	Sudak
苏萨萨	Susasa
芬雷	Finlay
芬奇阿斯	Vincius
芬得力哥鲁	Vindelicorum
芬提格里亚	Vintiglia
劳狄栖亚	Laodicea
劳伊尔	Raoul
劳郎	Laurent

八　画

拉达加萨斯	Radagaisus
拉斯·阿布·森默	Ras-Abu-Somer
拉丁姆	Latium
拉格杜南息	Lugdunensis
拉特里那斯	Ratherius
拉克坦蒂阿	Lactantius
拉特契斯	Ratchi
拉特波尔德	Ratbold

拉姆塞	Ramsay	波多西	Potosi
拉谟	Rum	波斯尼亚	Bosnia
拉多牙湖	Ladoga Lake	波的亚	Boeotia
拉提米奇	Radimichi	波尔多	Bordeaux
拉温那	Ravenna	波克亥姆	Bockelheim
拉基塞斯	Largesses	波亚蒂尔	Poitiers
拉戚斯坦	Lazistan	波特芬	Poitevin
拉伯斯雷	Lapsley	波恩	Bonn
拉特蓝	Lateran	波亚图	Poitou
拉古萨	Ragusa	波希米亚人	Bohemian
拉丰	Rafn	波索	Boso
拉·格拉斯	La Grasse	波河	Po
拉发哈佛穆斯	Lavahavemouth	波里那斯	Paulinus
拉格涅·罗德布洛克	Ragnar Lodbrok	波耳克利塔	Polgcleitus
		波留	Beaulieu
拉塔奇亚	Latakia	波厄尔德	Poehlde
拉里萨	Larissa	罗多尔弗斯	Rodolphus
拉西格南	Lusignan	罗尔	Leure
拉洛士	LaRoche	罗哲尔	Roger
拉斯卡立斯	Lascaris	罗马纳	Romagna
拉·马士	La Marche	罗得西亚	Rhodesia
拉·洛瑟尔	La Rochelle	罗灵逊	Rawlinson
拉斯金	Ruskin	罗斯托夫	Rostov
拉·列奥尔	La Reole	罗曼	Romans
拉克斯厄	Luxeuil	罗曼纳斯	Romanus
波比奥	Bobbio	罗多斯陀	Rodosto
波伦亚	Bologna	罗地	Lodi
波力安族	Polyane	罗兰	Rolland
波洛夫茨	Polovtzy	罗塞达	Rosetta
波未	Beauvais	罗提尔	Rowthiel
波美拉尼亚	Pomerania	罗尼河	Rhone
波波	Poppo	罗斯托夫捷夫	Rostovtzeff
波旁	Bourbon	罗耳士	Lorsch
波希蒙德	Bohemond	罗因河	Loing
波那	Bona	罗塞耳	Lothar
波斯特拉	Bostra	罗尔瑟赫	Rohrschach
波拉	Pola	罗亚尔	Loire
波希米亚	Bohemia	罗得岛	Rhodes

帕马	Parma
帕拉开昂	Palakaion
帕得鲍恩	Paderborn
帕夫拉哥尼亚	Paphlagonia
帕特南	Putnam
帕雷狄阿斯	Palladius
帕科密阿斯	Pachomius
帕拉斯	Pallas
帕特洛尼阿	Petronius
帕尔迈拉	Palmyra
帕诺波立斯	Panopolis
帕提亚人	Parthians
帕特洛克利斯	Patrocles
帕第克比姆	Pamticapaeum
帕提那克斯	Pertinax
帕拉泰因	Palatine
帕诺马斯	Panormus
法息斯	Phasia
法加那	Farghana
法马古斯塔	Famagusta
法提马朝	Fatimite
法斯	Fars
法兰德斯	Flanders
法兰西斯派	Franciscan
法兰西岛	Ile-de-France
法拉米西	Faramish
法里西安	Frisian
法里西亚	Frisia
法里斯兰	Friesland
法尔康	Falcon
法拉特尼布	Flatneb
法罗	Faroe
法兰哥尼亚	Franconia
法兰克福	Frankfurt
法雍	Fayum
易北河	Elbe
易宾·阿布德·哈坎	Ibn Abdel Hakon
易宾·库尔达达巴	Ibn Khurdadabach
易宾·卡尔顿	Ibn-Khaldun
易宾·厄尔·阿提尔	Ibn el Athir
易格那提阿	Ignatius
易宾·科尔达柏	Ibn Khordabeh
易宾·巴托塔	Ibn Batuta
易斯巴斯克	Izborsk
易宾·霍卡尔	Ibn Hawkal
和阗	Khotan
非奥多西亚	Feodosyia
非基克	Figeac
非拉得尔斐斯	Philadelphus
佛卡塞	Vogasus
佛亚	Foix
佛来铭人	Flemings
佛罗伦萨	Florence
佛尔克	Fulk
佛吉尔	Virgil
佛吉力阿	Virgilius
帖木儿	Timurlane
帖撒利	Thessaly
帖撒罗尼加	Thessalonica
帖奥度尔夫	Theodulf
彼特洛尼尔	Petronell
奈斯波拉斯	Niceporus
奈法昂	Nymphaion
孟都亚	Mantua
孟斐斯	Menphis
孟加拉	Bengal
孟第维尔	Mandeville
孟勒本	Memleben
林肯郡	Lincolnshire
林尼	Lynn
林斯德	Leister
林哥尼斯	Lingones
林斯马尔	Linsmore
图尔	Toul
图拉真	Trajan
图柏多	Thuburto

图尼　Turnu
底格拉尼　Tigranes
底比斯　Thebes
坦纳易斯　Tanais
坦尼　Taine
坦纳　Tanai
坦涅特　Thanet
的里亚斯特　Trieste
的黎波里　Tripoli
佩特拉斯　Patras
佩拉　Pella
佩斯奇亚拉　Peschiera
佩鲁查　Perugia
佩里雅斯拉夫尔　Pereyaslavl
冈城　Caen
冈瑟　Gunther
冈特雷姆　Guntram
冈曾霍逊　Gunzenhausen
奇微塔-维奇亚　Civita-Vecchia
奇尔　Chelle
杭廷顿　Huntington
杭柏特　Humbert
松斯　Sens
雨果　Hugo
彼尔利奥尼　Pierleone
欧内斯特·雷南　Ernest Renan
欧巴托里亚　Eupatoria
昆尼诺斯　Comnenos
门的内哥罗　Montenegro
岱雅那　Diana
杰腊德　Gerard
杰弗里　Geoffrey
杰罗姆　Jerome
迦萨　Gaza
卑尔根　Bergen
迪狄摩太春　Didymoteichon
弥德斐斯　Midfirth
欣克马尔　Hincmar
庞培　Pompeii(Pompeiusl)

九　画

科伦　Cologne
科不林士　Cob enz
科琉麦拉　Columella
科兰巴　Columba
科替安·阿尔卑斯　Cottine Alps(Cottian Alps)
科伦西尔　Columcille
科斯洛厄兹　Chosroes
科林斯　Corinth
科索立那　Cosolina
科尔奇斯　Colchis
科普多斯　Coptos
科普特人　Copts
科西嘉　Corsica
科比　Corbie
科尼斯　Caunes
科米里　Cormery
科德柏克　Caudebec
科维　Corvey
科立　Kori
科马杜斯　Comodus
科摩　Como
科兰班　Columban
科尔瓦提　Khorovaty
科马奇奥　Comachio
科隆　Coron
科孚　Corfu
科德柏克　Caudebec
科德哥特　Caudecote
科利库特　Calicut
科瓦尔　Kawar
哈尔斯塔　Hallstadt
哈茨山脉　Harz
哈德比　Haddeby

哈斯丁斯	Hastings
哈夫丹	Halfdan
哈夫勒	Harfleur
哈勒	Halle
哈托	Hatto
哈伯斯塔特	Halberstadt
哈尔斯大德	Halzstat
哈伦·阿尔·拉希德	Harun-ar-Rashid
哈德拉孟敦	Hadrumentum
哈赤	Hatch
哈德良	Hadrian
哈那克	Harnack
哈森堡	Hasenburg
哈汶斯坦因	Havenstein
哈夫尔斯峡湾	Hafrsfjord
哈罗德	Harold
哈马丹	Hamadan
哈尔米洛斯	Halmyros
哈马	Hamah
威斯巴登	Wiesbaden
威南塔斯	Venantus
威特金	Widukind
威特兰	Witlan
威尔	Werle
威特拉	Witla
威斯马	Wismar
威堡	Viborg
威桑	Wissant
威尔士	Welsh
威尼西亚	Venetia
威森堡	Weissenburg
威拉·马格那	Villa Magna
威塞尔河	Weser
威廉	William
威力巴德	Willibald
威尼斯	Venice
约翰·得·柏林	Jean-d'-Ibelin
约瑟发特	Josaphat
约但	Jordan
约克	York
约翰·得·马里安	Jean-de-Maurienne
约伯	Job
约瑟福斯	Josephus
约但尼斯	Jordnes
柏德勒	Bedr
柏勒尼斯	Berenice
柏柏尔人	Berbers
柏立	Bury
柏舍琉	Besalu
柏尼瓦尔	Berneval
柏嘉特	Burchard
柏坦	Burtin
柏基	Bergues
柏格尔	Berger
柏吞	Burton
查尼邱兰	Janiculum
查士丁尼	Justinian
查士丁	Justin
查理曼	Charlemagne
查科拜教派	Jacobites
查克萨提	Jaxartes
查斯克	Jask
美因河	Main
美士谷	Mieszko
美拉	Malar
美哥	Mago
美因斯	Meinz
美黎达	Merida
美索不达米亚	Mesopotamia
美多克	Medoc
勃伦纳山路	Brenner
勃兰登堡	Brandenburg
勃艮第人	Burgundians
俄亥俄	Ohio

俄勒冈	Oregon
俄特兰陀	Otranto
俄斯坦德	Ostend
契尔得柏特	Childebert
契尔柏立克	Chilperic
契尔得立克	Childeric
契维那	Chiavenne
契索尼斯	Chersonese
香宾-布里	Champagne-Brie
香宾	Champagne
恩斯河	Enns
恩斯堡	Ennsburg
恩诺狄阿斯	Ennodius
迦太基	Carthage
保林	Paulin
保加尔人	Bulgars
律特柏夫	Ruteboeuf
律伯克	Lubeck
英格尔亥姆	Ingelheim
英克曼	Inkerman
英哥尔夫	Ingolf
英诺森	Innocent
革拉苏	Crassus
革坡德	Gepids
洛尔夫	Rolf
洛塔列	Rothari
洛林	Lorraine
施奈德	schneider
施勒尼	Cyrene
叙拉古	Syracuse
突尼斯	Tunis
昆斯坦斯	Constans
南特	Nante
拜路・奥塞罗	Byelo Ozere
拜占廷	Byzantium
耶逊	Jason
耶路撒冷	Jerusalem
恒伯河	Humber
兹波斯	Tzibos
封特内	Fontenay
郇山	Mount Zion
柯尔曼	Kirman
柯托斯	Curthose
珀勒摩	Peremoum
珀茨	Pertz
珀琉细安	Pelusium
珀皮南	Perpignan
咸海	Aral sea

十　画

马格那	Magna
马朱斯	Majus
马脱那斯	Maternus
马克息马斯	Maxmus
马克森细阿	Maxentius
马歇阿尔	Martial
马赛	Marseilles
马西利亚	Massilia
马塞里纳	Marcellinus
马约林	Majonium
马尔巴赫	Marbach
马斯・拉特立	Mas Latrie
马科曼族	Marcomanni
马德尔	Martel
马扎儿人	Magyars
马拉松	Marathon
马卡斯	Marcus
马洛斯	Maros
马利亚	Malea
马格斯	Margus
马库第	Macoudi
马哥波罗	Marco Polo
马索斯	Massouth
马西利欧	Marsilio
马克立西	Makkrissi
马格里布	Magrib

马伦教派	Maronites	特拉比左斯	Trapezos
马塞拉斯	Marcellus	特兰西瓦尼亚	Transylvania
马飞阿	Mafia	特勒芬	Treffen
马达加斯加	Madagascar	特息丰	Ctesiphon
马拉特勒	Malaterra	特图良	Tertullian
马塞坎那斯	Marsicanus	特稜特	Trent
马太	Matthew	特拉西那	Terracina
马加特	Margat	持拉斯特维尔	Trastevere
马马斯	Mamas	特伦杰姆	Trondhjem
马利	Mary	特德柏特	Theudebert
马立诺	Marino	特罗杜	Trudo
马格基奥	Maggiore	特罗伊	Troyes
马西诺	Massino	特林斯	Trins
马拿西	Manasseh	爱索立安	Isaurian
马德堡	Magdeburg	爱奥尼亚海	Ionian Sea
马斯特立希	Maestricht	爱索立亚	Isauria
马康	Macon	爱斯图尔夫	Aistulf
马伦海	Marlenheim	爱达布	Aidab
马拉巴	Malabar	爱里尼阿斯	Irenaeus
马克兰	Makran	爱提安人	Aeduan
马尔他人	Maltese	爱琴海	Aegean Sea
马加多克索	Magadoxo	爱里尼	Irene
马斯尔	Mussel	爱特立厄斯	Etherius
马朱麻	Majuma	爱德华	Edward
马塞兹尔	Mascezel	爱科尼安	Iconium
马拉加	Malaga	爱丹普斯	Etampes
马克	Mark	爱因哈德	Einhard
马桑	Marcion	爱蒙	Aimon
马洛	Maro	爱斐尔	Eifel
特拉尼	Trani	爱尔福特	Erfurt
特伦坎	Telemcan	息塞克	Sziszek
特列茨	Trith	息太耶伏	Scitarjevo
特鲁伏尔	Truvor	息普立安	Cyprian
特累伏伦	Trevorum	息里内易卡	Cyrenaica
特里尔	Trier	息杰尔米萨	Sidjilmessa
特累甫	Treves	息斯脱西安	Cistercians
特普力茨	Teplitz	息坎米诺斯	Sycaminos
特勒比遵德	Trebizond	息乌特	Siut

息尼细阿斯	Synesius	格洛那	Grona
息维力斯	Civilis	格勒诺布尔	Grenoble
息多尼阿	Sidonius	格里马第	Grimaldi
息尼厄斯	Sineus	索谟河	Somme
息立尔	Cyril	索拉克特	Soracte
息立	Scyri	索格狄亚那	Sogdiana
息米立亚	Cimmeria	索左门	Sozomen
息德那斯	Sydnus	索伦多	Sorrento
息泽柏特	Sigebert	索非亚	Sophia(Sofia)
库昔斯丹	Khuzistan	索伦尼斯	Solemnis
库希斯坦	Kuhistan	索哥德拉	Sokotra
库尔德族	Kurdish	索发拉	Sofala
库格勒	Kugler	索尔比那	Thorbunna
库尔德人	Kurds	索尔斯坦因	Thorstein
库太巴	Kutaiba	索尔	Thor
库发	Kufa	索尔德亚	Soldaia
库拉雅特	Kurayyat	索瓦那	Sovana
库尔敦	Coulton	索斯特	Soest
库斐克	Cufic(Kufic)	索来曼	Soleyman
库尔兰	Kurland	乌格罗-宾尼克	Ugro-Binnic
库曼人	Kumans	乌马那	Humana
库坦斯	Coutances	乌得勒支	Utrecht
库尔	Kur	乌尔斯特	Ulster
库波德	Kobad	乌耳赫尔	Urgel
库兰杰	Coulanges	乌尔班	Urban
格列高里	Gregory	乌斐格孙	Ufeigson
格累细亚	Gratian(Gratian-us)	乌尔穆	Ulm
		乌拉赫	Urach
格拉斯吞柏立	Gladstonbury	乌斯特河	Oust
格力斯坦	Gulistan	乌尔立喜	Ulrich
格罗内	Garonne	哥连德	Corrientes
格罗	Gero	哥摩罗	Comoro
格伯特	Gerbert	哥得弗立德	Godefrid
格布哈	Gebhard	哥拉森	Khorasan
格兰特	Grant	哥尔兹	Gorze
格瓦达尔	Gwadur	哥斯拉尔	Goslar
格拉伯	Glaber	哥尔马耳	Colmar
格陵兰	Greenland	哥特兰	Gothland

哥的克斯	Gothicus
哥尼留	Cornelius
哥尔杜巴	Corduba
哥尔多华	Cordova
涅雅西斯提亚	Neyasystya
涅拉	Nerra
涅格勒滂	Negrepont
涅微伊	Nervii
纽西亚	Nursia
纽伦堡	Nuremburg
纽弗勒特	Neauplette
纽斯的里亚	Neustria
班诺尼亚	Pannonia
班哥	Bangor
班堡	Bamberg
根特	Ghent
根达拉	Gandhara
埃匹非尼阿	Epiphanius
埃塞尔乌德	Ethelwold
埃尔-喀斯	El-kass
埃塞尔勒德	Ethelred
埃耳斯卢	Elsloo
埃斯令根	Esslingen
埃耳·马第	El-Mahdi
埃耳·哈金	El-Hakim
埃耳·雅苏里	El-Yazuri
埃耳·贝克里	El-Bekri
埃塔普尔	Etample
埃利安诺尔	Eleanor
埃皮内	Epinay
埃耳柏兹	Elburz
埃麦萨	Emesa
埃东	Edom
埃波罗	Ebro
埃田	Etienne
埃皮克提特	Epictetus
埃肯巴德	Erkembald
埃提阿斯	Aetius
埃塞俄比亚	Ethiopia
埃西	Isis
高摩达	Commodus
祖巴伊达	Zubaydah
高卢	Gaul
热勒斯·得·拉·弗龙德拉	Xerez de la Frontera
热那亚	Genoa
桑盖	Songhay
泰晤士河	Thames
泰巴喀	Thabaca
浦尔契亚	Pulcheria
修达	Ceuda
闪族(塞姆族)	Semites
盎格鲁-撒克逊	Anglo-Saxon
哲佛	Gervais
秘鲁	Peru
翁夫勒	Honfleur
朗格勒	Langres
朗基多克	Languedoc
倭丁神	Woden(Odin)
夏龙	Chalons
都纳河	Duna
都尔内	Tournai
都柏林	Dublin
都尔	Tours
都兰斯	Durance
都拉索	Durazzo

十一画

第聂斯德河	Dniester
第勒尼安海	Tyrrhenian Sea
第聂伯河	Dnieper
第尔	Dill
第奥塔鲁斯	Deiotarus
第阿罗得斯	Diarrhytus
第次	Dietz
第戎	Dijon

第尔廷安	Zeltinger
第萨耳本	Desarborn
第南特	Dinant
第厄普	Dieppe
第特马	Thietmar
基尔赛	Kiersey
基耳得尔	Kildare
基辅	Kiev
基林	Geering
基云好人	Guillaume le Bon
基柏特	Guibert
基斯卡	Guiscard
基恩	Guienne
基泰	Gaeta
琉息安	Lucian
琉息坦尼亚	Lusitania
琉卡尼亚	Lucania
琉特法力德	Liutfrid
琉比契	Liubech
康波斯提拉	Compostella
康玛其尼	Commagene
康诺得	Connaught
康拉德	Conrad
康边	Compiegne
康波斯特拉	Compostella
康华尔	Cornwall
勒尼尔	Renier
勒立克	Reric
勒米	Remy
勒敦	Redon
勒卡	Rakka
勒佐	Reggio
勒吉斯	Regius
勒赫	Lech
勒恩	Rennes
俾巴斯	Bibars
俾路支斯坦	Baluchistan
俾斯尼亚	Bithynia
俾替卡	Baetica
曼兹柏立	Malmesbury
曼西克特	Manzikert
曼苏拉	Mansourah
曼特斯图亚特	Mountstuart
曼麦琉克	Mamelukes
曼夫勒德	Manfred
曼刹拉特	Manzalat
海滨蒙特里伊尔	Montreuil-Sur-Mes
海敦	Hayton
海伍德	Heywood
海派希亚	Hypatia
海基夫	Haguef
海耶	Hyeres
海洛尼马斯	Hieronymus
海厄拉	Hiera
海德	Heyd
符茨堡	Wurzburg
符登堡	Wurtemburg
理查	Richard
理姆	Rheims
得拉夫-撒夫	Drave-save
得比尔	Debil
得拉瓦河	Drave
累格纳	Legnago
累根斯堡	Regensburg
密勒	Miller
莫三鼻给	Mozambique
盖羽	Guy
戚特鲁克	Tschitluk
梵蒂冈	Vatican
培因斯	Bains
梭恩	Saône
崔格马	Zeugma
纳塞安曾	Nazianzan
纳苏斯	Naissus
纳穆提尔	Noirmoutier

陶利斯	Tauris
梯弗利斯	Tiflis
梅喀陵堡	Mecklenburg
梅斯	Metz
鄂列伦	Oleron
鄂斯曼	Othman
鄂图	Otto
鄂斯人	Osmen
鄂多	Odo
鄂多瓦	Odoacer(Odovacar)
鄂图·西克	Otto Seeck
菲坎普	Fecamp
菲利波利	Philippolis
菲力柏特	Philibert
菲利波波利	Philippopolis
莱茵河	Rhine

十二画

斯特德	Stead
斯德哥尔摩	Stockholm
斯瓦比亚	Swabia
斯特林加	Stellinga
斯诺斐尔尼斯	Snowfel ness
斯普吕根	Splugen
斯特累波	Strabo
斯达维洛特	Stavelot
斯图密	Sturmi
斯瓦比亚人	Swabian
斯路	Sluys
斯拉窝尼亚	Slavonia
斯达维洛特	Slavelot
斯特拉斯堡	Strassburg
斯坦因	Stein
斯洛文人	Slovenes
斯奎拉斯	Squillace
斯多噶学派	Stoics
斯帕拉托	Spalato
斯特鲁马	Struma
斯皮斯	Spes
斯波勒陀	Spoleto
斯图加特	Stuttgart
斯底利哥	Stilicho
斯克拉维尼斯	Sclavenes
斯提里特斯	Stylites
斯摩棱斯克	Smolensk
斯维雅多斯拉夫	Svyatoslav
斯坦波尔	Stamboul
斯达布斯	Stubbs
斯巴达	Sparta
斯德丁	Stettin
斯拜尔	Speyer
斯塔特堡	Stadtberge
喀扎儿人	Khazars
喀波那里	Carbonari
喀姆布莱	Cambrai
喀山	Kazan
喀他基那	Cartagena
喀罗林朝	Carolingian
喀尔巴阡山	Carpathian
喀拉布里亚	Calabria
喀什葛尔	Kashgar
喀布尔	Kabul
喀大尼亚	Catania
喀拉	Kalah
喀拉科陇	Karakoram
普勒孟斯特拉派	Premonstratensians
普立息力安派	Priscillianists
普拉克息特利	Praxiteles
普林尼	Pliny
普洛巴斯	Probus
普力斯克斯	Priscus
普里珀特	Pripet
普里穆斯	Plymouth
普洛科匹阿	Procopius

普丁格	Peutinger	雅利安	Aryan
普提奥利	Puteoli	雅穆斯	Yarmouth
普弗赖姆特	Pfreimt	腓力	Philip
普萨尔蒙第	Psalmondi	腓力伯特	Philibert
普非斐斯	Pfavers	腓尼基	Phoenician
提贝易德	Thebaid	腓利	Phile
提阿非罗	Theophilus	腓特烈	Frederick
提奥多里塔斯	Theodoretus	凯尔特	Celt
提庇里亚	Tiberias	凯撒利亚	Caesarea
提罗尔	Tyrol	凯撒	Caesar
提庇留	Tiberius	凯法斯	Caiphas
提尼斯	Tinis	凯希	Keish
提维尔茨	Tivertzy	凯奥斯	Chios
提尔	Tiel	凯密	Kemi
提比里	Thibery	凯提尔	Ketil
提罗安尼	Therouanne	凯司涅斯	Caithness
提兹河	Tees	温契尔西	Winchelsea
提斯诺	Ticino	温达瓦	Windawa
喜拉尔	Hilaire	温德族	Wends
喜尔得加德	Hildegarde	彭巴	Pemba
喜尔杜因	Hilduin	彭坦波里斯	Pentapolis
喜尔得珊	Hildesheim	彭布鲁克郡	Pembrokeshire
喜尔达	Hilda	彭替安	Ponthieu
喜尔得布兰	Hildebrandine	彭特-奥德麦	Pont-Audemer
喜坡	Hippo	彭太里尔	Pontarlier
喜斯特里亚	Histria	彭提昂	Ponthion
黑林	Schwarzwald	彭廷	Pontine
黑森	Hesse	彭特·西斯陀	Pontesisto
黑塞哥维那	Herzegovina	彭他兹	Pontoise
斐立柏特	Philibert	费拉得尔菲亚	Philadelphia
斐西尔	Fisher	费勒拉	Ferrara
斐拉腊	Ferrara	费勒罗	Ferrero
斐加那	Ferghana	费兹	Fez
斐赞	Fezzan	费里厄	Ferriers
斐林	Phelim	汤克勒德	Tancred
雅洛斯拉夫	Yaroslav	森杰	Sanj
雅兹德	Yazd	路列克	Rurik
雅库比	Ya'Kubi	博斯普鲁斯	Bosporus

景教的	Nestorian
舒尔茨	Schultze
斑诺尼亚	Pannonia
督伊德教徒	Druid
浑斯特列克	Hunsdruck
登尼斯	Denis
隆城	Laon
贾耳斯	Giles
富耳奇	Fulcher
塔布里士	Tabriz
塔斯太	Tustar
塔巴里斯坦	Tabaristan
塔斯	Tus
塔拉哥纳	Tarragona
塔拉科那	Tarragona
塔拉	Tara
塔什干	Tashkent
塔非勒特	Tafilet
塔那	Tana
塔斯邱兰	Tusculum
塔明斯	Tamins
塔图塞	Tartusi
塔普萨斯	Thapsus
塔喀普	Tacape
塔里法	Tarifa
塔贝那	Tabenna
塔苏斯	Tarsus
塔西佗	Tacitus
塔里夫·伊宾·马力克·阿布左拉	Tarif Ibn Malik Abuzura

十三画

奥哈拉斯	O'Haras
奥克里斯	O'Kellys
奥康诺	O'Connors
奥法勒尔	O'Farrells
奥托尔斯	O'Tooles
奥顿诺基斯	O'Donoghues
奥德威尔斯	O'Dwyers
奥康尼尔	O'Connells
奥马兹	Ormuz
奥斯替亚	Ostia
奥伊亚	Oea
奥尔良	Orleans
奥索尼	Oszony
奥登堡	Oedenburg
奥尔索瓦	Orsova
奥尔比亚	Olbia
奥弗斯	Orpheus
奥赛阿	Osius
奥赛烈司	Osiris
奥得	Oder
奥米耶	Ommeyad
奥古斯丁	Augustine
奥斯特拉西亚	Austrasia
奥古斯都	Augustus
奥俾内	Aubigny
奥科伦喀斯	Oxyrhyncus
奥舍耳	Auxerre
奥赛摩	Osimo
奥格斯堡	Augsburg
奥林拜杜鲁斯	Olympiodorus
奥微亚托	Orvieto
奥得里克	Orderic
奥达尔	Oudalle
奥舍尔	Orcher
奥伦治	Orange
奥热	Ogier
奥列格	Oleg
奥伦梯河	Orontes
奥伦	Oran
奥玛	Omar
奥纶河	Orne
奥拉	Aura
奥汾涅	Auvergne
奥杜卡斯特	Audoghast

奥索尼阿斯	Ausonius
奥东	Autun
奥顿涅尔	O'Donnells
奥尼尔	O'Neils
奥杜格尔多斯	O'Doughertos
奥汉隆斯	O'Hanlous
奥古斯大	Augusta
奥勃	Orbe
奥古尼	Orkney
奥拉夫	Olaf
奥德	Odd
奥特	Auth
奥里腊克	Aurillac
奥布	Aube
奥法	Offa
奥麦	Omer
奥柏普法茨	Oberpfaez
奥斯那布律克	Osnabrück
奥登瓦尔得	Odenwald
奥尔腾	Olten
奥理略	Aurelius
奥利连	Aurelian
塞芬	Cevennes
塞提斯	Syrtes
塞易斯	Sais
塞斯坦	Seistan
塞亚那	Siena
塞维立那	Severinu
塞第卡	Serdica
塞拉匹	Serapeum
塞维林	Severin
塞普替密斯	Septimius
塞弗拉斯	Severus
塞塔	Cirta
塞琉细亚	Seleucia
塞拉皮斯	Serapis
塞纳河	Seine
塞维尔	Seville
塞普顿	Septem
塞兰克曼	Szlankamen
塞尔维亚人	Serbs
塞琉息兹	Seleucids
塞普替默	Septimer
塞普替美尼亚	Septimania
塞列堡	Seleburg
塞巴洛	Cembalo
塞科	Cerco
塞替斯	Syrtis
塞内加尔河	Senegal
塞尼山	Mont Cenis
塞汶	Severn
塞诺波斯	Seignobos
塞尔柱	Seljuk
雷拿德	Rainard
雷因	Lane
雷	Ray
雷朗	Lerins
雷苏	Lezoux
雷翁	Leon
雷普提斯	Leptis
雷克雅维克	Reykjavik
新基德纳姆	Singidunum
新辛纳图	Cincinnatus
新普伦	Simplon
路求·阿夫立加那	Lucius Africanus
路求·派索	Lucius Piso
路恩林根	Ruemlingen
瑟塞尔	Schesel
瑟拉拉特	Sherarat
瑟林吉亚	Thuringia
顿尼尔	Donnel
歇拉茨	Shiraz
詹姆士	James
瑙谟堡	Naumburg
蓝伯特	Lambert
蒙特·卡西诺	Monte Cassino

蒙特皮列 Montpellier
蒙托留 Montolieu
蒙斐拉 Montferrat
蒙巴萨 Mombasa
蒙西诺尔 Monsignor
蒙特 Monte
蓬真 Bondje

十四画

赫尔逊 Kherson
赫伊 Huy
赫斯斐尔德 Hersfeld
赫布里底群岛 Hebrides
赫洛茨威撒 Hrotswitha
赫斯塔尔 Heristal(Herstal)
赫芒达列 Hermunduri
赫茹里 Heruli
赫斯珀立第 Hesperides
赫勒斯滂 Hellespont
赫诺提康 Henotikon
赫勒纳 Helena
赫尔马茨 Hurmuz
赫拉特 Herat
赫尔文 Hulwan
赫力阿斯 Helias
赫摩兹 Hurmuz
维希哥罗得 Vyshegorod
维罗那 Verona
维斯帕西安 Vespasian
维那西姆 Vimnacium
维塔利 Vitalis
维里哈道 Villehardouin
维密那西 Viminacium
维克多 Victor
维逊肖 Vesontio
维尼德人 Veneds
维奇亚 Vecchia
维发那 Vervaina
维提奇夫 Vitichev
维格佛逊 Vigfusson
维斯比 Wisby
维特列·勒·弗朗斯瓦 Vitry-le-Francois
维吉尼亚 Virginia
维特力阿斯 Vitellius
维斯杜拉河 Vistula
维多利亚 Vitoria
福图内塔斯 Fortunatus
福斯 Fos
福马萨斯 Formosus
福察姆 Forcheim
福伊克斯 Foix
福斯塔特 Fostat
福细阿斯 Photius
福吉尔斯堡 Vogelsberg
玛恩河 Marne
玛纳 Marnay
玛摩拉海 Marmora
玛喀比 Maccabees
玛戴特人 Mardaites
玛约里安 Majorian
玛的尔达 Matilda
豪萨 Hausa
豪特维尔 Hauteville
豪兰 Hauran
魁罗阿 Quiloa
魁德林堡 Quedlinburg
魁迪 Quadi
盖塞立克 Gaiseric
慕尼黑 Munich

十五画

摩拉瓦 Morava
摩尔道 Moldau
摩里士 Maurice
摩塞耳河 Moselle

摩利亚 Morea
摩洛哥 Morocco
摩德拿 Modena
摩尔孟提 Molmenti
摩雷斯姆 Molesme
摩苏尔 Mosul
摩尔克 Molk
摩里得尼亚 Mauritania
摩敦 Modon
摩洛克 Moloch
摩勒斯 Maurus
摩尔 Maur
摩拉维亚人 Moravians
摩城 Meaux
德里纳 Drina
德尔朋 Derbend
德维纳 Dvina
德摩比利 Thermopylae
德拉倍泰 Therapeutai
德尔莫德 Dermod
德里佛斯 Treves
德文特 Dventer
德的摩尔 Detmold
德勒 Dreux
德里 Delhi
德兰索西阿那 Transoxiana
撒夫 Save
撒哈拉 Sahara
撒加利 Zachary
撒马利亚 Samaria
撒地尼亚 Sardinia
撒狄卡 Sardica
撒摩撒达 Samosata
撒列诺 Salerno
撒马尔罕 Samarkand
撒罗门 Salomon
墨累 Murray
墨洛温朝 Merovingians
墨士卡特 Muskat
墨西拿 Messina
鲁吉兰 Rugiland
鲁伯特 Rupert
鲁佛斯 Rufus
鲁息雍 Rouissillon
黎巴嫩 Lebanon
黎舍尔 Richer
黎契尔德 Richilde
潘提昂 Pantheon
察柏斯 Chappes
蕃那哥立亚 Phanagoria

十六画

诺米诺 Nomenoe
诺曼底 Normandy
诺夫哥罗得 Novgorod
诺德豪森 Nordhausen
诺干 Nordgan
诺森伯兰 Northumberland
诺瓦拉 Novara
诺根特 Nogent
诺耳马 Norma
诺立克 Noric(Noricum)
诺威巴萨 Novi-Bazar
诺拉 Nola
诺维细安 Novatian
诺立坎 Noricum
霍耳斯顿 Holstein
霍恩奇 Horich
霍克海默 Hochheimer
霍恩 Horn
霍姆斯 Homs
霍耳狄奇 Holdich
霍比斯特斯 Hoeppestus
霍勒斯 Horace
霍里亚 Horrea
霍姆加尔德 Holmgaard

霍治金	Hodgkin
霍亨士堡	Hohensyburg
霍密斯达	Hormisdus
霍亨斯陶芬	Hohenstaufen
霍挪留	Honorius
锡倍德	Shepherd
锡兰	Ceylon
赖肯哈尔	Reichenhall
赖赫瑙	Reichnau
赖纳赫	Reinach
穆斯喀特	Muskat
穆拉托里	Muratori
穆卡达塞	Mukaddasi
穆萨	Musa
鲍索里	Pozzuoli
鲍彻	Bouchier
鲍多	Bauto
鲍威尔	Powell
钱伯里	Chambery
钱马维安人	Chamavian
薛西斯	Xerxes
泽耳	Zel

十七画

赛那	Sinai
赛伊尼	Syene
赛维立安	Syevryane
谢特兰	Shetland
谢巴	Sheba
谢尔德河	Scheldt
戴奥斯邱里亚	Dioscurias
戴奥多拉斯	Diodorus
戴克里先	Diocletian

十八画

萨利安	Salian
萨罗尼卡	Salonika
萨米士基得斯达	Sarmizegetusta
萨克逊	Saxon
萨罗尼加	Salonika
萨巴	Saba
萨伏衣	Savoy
萨波拉特	Sabracte
萨萨尼朝	Sassanid
萨拉密斯	Salamis
萨卑尼那斯	Sabinianus
萨卑那姆	Sabinum
萨拉森人	Saracens
萨拉	Zara
萨尔维	Salvian
萨拉坎谷	Saracanco
萨来	Sarai
萨皮拉	Sapera
萨第	Sadi
萨拉哥撒	Saragossa
萨基塔	Sagetta
萨里	Sari
萨浦尔	Sapor
萨利纳	Salina
萨纽杜	Sanudo
萨拉丁	Saladin
萨摩	Samo
萨尔斯堡	Salzburg
萨特	Sarthe
谬司河	Meuse

十九画

澜河	Lahn

图书在版编目(CIP)数据

中世纪经济社会史:300—1300年.上册/(美)汤普逊著;耿淡如译.—北京:商务印书馆,2017
(汉译世界学术名著丛书:120年纪念版:珍藏本)
ISBN 978-7-100-14150-5

Ⅰ.①中…　Ⅱ.①汤…②耿…　Ⅲ.①经济史—欧洲—中世纪　Ⅳ.①F150.93

中国版本图书馆CIP数据核字(2017)第139010号

汉译世界学术名著丛书
(120年纪念版·珍藏本)
中世纪经济社会史
(300—1300年)
上　册
〔美〕汤普逊　著
耿淡如　译

商 务 印 书 馆 出 版
(北京王府井大街36号　邮政编码100710)
商 务 印 书 馆 发 行
南京爱德印刷有限公司印刷
ISBN 978-7-100-14150-5

2017年12月第1版　　开本710×1000　1/16
2017年12月第1次印刷　　印张42　插页5
定价:205.00元